融資租賃法律手冊

（2010—2015）

张稚萍　主编

当代中国出版社
Contemporary China Publishing House

图书在版编目(CIP)数据

融资租赁法律手册(2010—2015) / 张稚萍主编. --
北京:当代中国出版社, 2016. 4
ISBN 978-7-5154-0668-8

Ⅰ. ①融… Ⅱ. ①张… Ⅲ. ①融资租赁—金融法—中国—手册 Ⅳ. ①D922.282-62

中国版本图书馆 CIP 数据核字(2016)第 049304 号

出 版 人　曹宏举
责任编辑　袁又文　胡志华
责任校对　康　莹
扉页题字　闵一民
封面设计　古涧文化
出版发行　当代中国出版社
地　　址　北京市地安门西大街旌勇里 8 号
网　　址　http://www.ddzg.net　邮箱:ddzgcbs@sina.com
邮政编码　100009
编 辑 部　(010)66572264　66572154　66572132　66572180
市 场 部　(010)66572281 或 66572155/56/57/58/59 转
印　　刷　北京润田金辉印刷有限公司
开　　本　720 毫米×1060 毫米　1/16
印　　张　28.75 印张　2 插页　537 千字
版　　次　2016 年 4 月第 1 版
印　　次　2016 年 4 月第 1 次印刷
定　　价　79.00 元

序

为《融资租赁法律手册》作序，是在六年以前。

短短的六年，融资租赁从蓄势待发到大势已成，在我国服务业发展历程中是十分少见的。

六年来，融资租赁行业交易主体、市场规模都呈爆发性增长，行业布局、区域布局日趋合理，制造业、金融机构、独立机构投资的租赁公司各具特色，除经济发达的长三角、珠三角、京津冀外，东北地区、中西部地区甚至西藏地区均已设立融资租赁公司，基本实现地域全覆盖，虽还未达到常说的“仅次于银行贷款的第二大融资渠道”之程度，但与银行、证券、保险、信托等四大金融工具鼎立的态势已经出现，形势喜人，前途光明。

基于融资又融物、与实体经济紧密结合的特质，融资租赁作为推动产业升级、促进社会投资和经济结构调整的积极力量，在拓宽中小微企业、“三农”融资渠道、优化资源配置、有效服务实体经济、促进经济转型、产能转移与合作等方面的价值日益被政府认可、鼓励、推崇和期许。国家领导人多次提出要大力发展融资租赁业，各级政府发布了许多促进租赁业发展的文件，特别是今年9月国务院办公厅连续发布《关于加快融资租赁业发展的指导意见》(国办发〔2015〕68号)和《关于促进金融租赁行业健康发展的指导意见》(国办发〔2015〕69号)，为行业发展奠定了政策基础和制度基础。融资租赁在配合、服务“走出去”、“一带一路”、京津冀协同发展、长江经济带、“中国制造2025”等国家重大战略，推动大众创业、万众创新方面，必将有更大的作为。星星之火已成燎原之势，未来更值期待。

随着行业的发展，融资租赁监管政策、税收环境、司法环境得以继续完善，阻碍行业发展的法律难题渐被逐个提上议事日程，解决之时指日可待。更为可喜的是，国办文件明确提出“完善（融资租赁）法律法规和政策扶持体系”，“逐步完善金融租赁行业法律法规”，“研究建立具有法律效力的租赁物登记制度”，融资租赁立法时机已经成熟。

本书是2010年版《融资租赁法律手册》的续篇，相信会继续成为融资租赁从业人员研究、实践的工具书，也会成为融资租赁立法、司法和研究人员的有益的参考资料。

行业的发展离不开业内人士的支持和推动，北京市汇融律师事务所专注于融资租赁法律服务，以其所长，在改善融资租赁法律环境方面也付出了辛勤的劳动，做出了积极的贡献。希望社会各界继续关心、支持融资租赁业的健康发展，使这一利国利民的新兴金融服务业为促进我国经济发展做出更大的贡献。

是为序。

吴晓灵*

2015 年 12 月 9 日

---

* 吴晓灵女士系十一届、十二届全国人大常委会委员、全国人大财经委员会副主任委员，清华大学五道口金融学院院长，中国人民银行原副行长，国家外汇管理局原局长。

前　言

融资租赁是市场主体在实践中根据需求创造出的一种新型交易，是基于资产的融资，既涉及债权，又涉及物权，往往突破传统的法律理论，创新性很强。融资租赁交易涉及法律、会计、税收、外汇管理、海关管理等多方面的规定，这些规定分散在各处，不便于集中学习、使用。2009年，为便利工作，我们编纂了《融资租赁法律手册》一书，将截止到2009年12月底的融资租赁相关法律、法规、部门规章、国际公约、外国法律等256件集结成册。之后，我国融资租赁蓬勃发展，不论是市场主体数量、资产规模，还是从业人数、社会认知度，都发生了几何级数的增长和提高，与几年前的情况不可同日而语。行业发展与法律环境的改善交互相伴前行，有顺境，也有逆行。这六年来，各级政府充分认识到融资租赁的作用，发布了一系列促进租赁业发展的文件，用心良好。但是，租赁公司仍然面临很多法律障碍，例如营改增过程中遇到的曲折，诉讼时物权与债权的选择被干预，作为租赁物的动产登记、不动产登记、车辆登记仍然存在问题，租赁公司作为抵押权人在有些部门无法登记等，法律的完善还有一段很长的路要走。因此，将与融资租赁相关的法律文件汇集成册，仍有必要；站在现有法律文件整体构架之上，与业内人士、有识之士共同推动和促进融资租赁的发展，尤其是融资租赁法律环境的完善，仍有必要。

作为融资租赁专业法律工作者，我们经常接到客户咨询，常常要引用相关的法律、法规。最近几年新颁布的法律、法规、部门规章越来越多，我们随时收集、整理，继续集结成册，形成这本《融资租赁法律手册（2010—2015）》。

《融资租赁法律手册（2010—2015）》是2010年版《融资租赁法律手册》的续篇，仍沿用《融资租赁法律手册》的体系，共分七编，分别从租赁法律、租赁监管、租赁税收、会计政策、外汇管理、租赁业促进，以及国际公约与部分国家、地区租赁法律等方面对我国自2010年1月起至2015年11月止发布并有效施行的融资租赁相关法律、法规、政策，以及部分国家、地区的相关租赁法律进行了收集、甄别与翻译整理，并集中编纂成册，其中《移动设备国际利益公约关于空间资产特定问题的议定书》是由本所冯尧律师和王雅洁律师参考李剑刚和段康翻译、王冀莲审校的该议定书（草案）中文译本，结合国际统一私法协会官方网站上公布的《移动设备国际利益公约关于空间资产特定问题的议定书》（终稿）（英文版）修订、翻译而成，在此向草案的译者致敬。本书的编纂得到中国外商投资企业协会租赁业工作委员会秘书长刘开利先生和王雪钰女士的帮助，他们与本所成员一起组成编委会，参与了本书的编辑工作。希望本书对融资租赁从业人员及其他读者起到积极的指导意义。

本书仍沿用我国融资租赁的开创者之一闵一民* 先生题写的书名；十二届全国人大财经委吴晓灵副主任在百忙之中再次为本书作序；我国融资租赁的积极推动者及本书的总策划屈延凯先生特别为本书撰写跋文。对此，我们深表感谢。

囿于自身水平，如有疏漏，敬请读者批评、指正。

张稚萍

2015 年 12 月 15 日

* 闵一民先生曾受荣毅仁先生指派带队赴日本考察融资租赁，并担任我国第一家融资租赁公司——中国东方租赁有限公司首任董事长，三十多年来一直关注、致力于推动我国融资租赁业的健康发展。

目　录

第一编

租赁法律

第1章　法律

中华人民共和国民用航空法（节录）

1995年10月30日第八届全国人民代表大会常务委员会第十六次会议通过　根据2009年8月27日第十一届全国人民代表大会常务委员会第十次会议《关于修改部分法律的决定》第一次修正　根据2015年4月24日第十二届全国人民代表大会常务委员会第十四次会议《关于修改〈中华人民共和国计量法〉等五部法律的决定》第二次修正

……

第二章　民用航空器国籍

第五条　本法所称民用航空器，是指除用于执行军事、海关、警察飞行任务外的航空器。

第六条　经中华人民共和国国务院民用航空主管部门依法进行国籍登记的民用航空器，具有中华人民共和国国籍，由国务院民用航空主管部门发给国籍登记证书。

国务院民用航空主管部门设立中华人民共和国民用航空器国籍登记簿，统一记载民用航空器的国籍登记事项。

第七条　下列民用航空器应当进行中华人民共和国国籍登记：

（一）中华人民共和国国家机构的民用航空器；

（二）依照中华人民共和国法律设立的企业法人的民用航空器；企业法人的注册资本中有外商出资的，其机构设置、人员组成和中方投资人的出资比例，应当符合行政法规的规定；

（三）国务院民用航空主管部门准予登记的其他民用航空器。

自境外租赁的民用航空器，承租人符合前款规定，该民用航空器的机组人员由承租人配备的，可以申请登记中华人民共和国国籍，但是必须先予注销该民用航空器原国籍登记。

第八条　依法取得中华人民共和国国籍的民用航空器，应当标明规定的国籍标志和登记标志。

第九条　民用航空器不得具有双重国籍。未注销外国国籍的民用航空器不得在中华人民共和国申请国籍登记。

第三章　民用航空器权利

第一节　一般规定

第十条　本章规定的对民用航空器的权利，包括对民用航空器构架、发动机、螺旋桨、无线电设备和其他一切为了在民用航空器上使用的，无论安装于其上或者暂时拆离的物品的权利。

第十一条　民用航空器权利人应当就下列权利分别向国务院民用航空主管部门办理权利登记：

（一）民用航空器所有权；

（二）通过购买行为取得并占有民用航空器的权利；

（三）根据租赁期限为六个月以上的租赁合同占有民用航空器的权利；

（四）民用航空器抵押权。

第十二条 国务院民用航空主管部门设立民用航空器权利登记簿。同一民用航空器的权利登记事项应当记载于同一权利登记簿中。

民用航空器权利登记事项，可以供公众查询、复制或者摘录。

第十三条 除民用航空器经依法强制拍卖外，在已经登记的民用航空器权利得到补偿或者民用航空器权利人同意之前，民用航空器的国籍登记或者权利登记不得转移至国外。

第二节 民用航空器所有权和抵押权

第十四条 民用航空器所有权的取得、转让和消灭，应当向国务院民用航空主管部门登记；未经登记的，不得对抗第三人。

民用航空器所有权的转让，应当签订书面合同。

第十五条 国家所有的民用航空器，由国家授予法人经营管理或者使用的，本法有关民用航空器所有人的规定适用于该法人。

第十六条 设定民用航空器抵押权，由抵押权人和抵押人共同向国务院民用航空主管部门办理抵押权登记；未经登记的，不得对抗第三人。

第十七条 民用航空器抵押权设定后，未经抵押权人同意，抵押人不得将被抵押民用航空器转让他人。

第三节 民用航空器优先权

第十八条 民用航空器优先权，是指债权人依照本法第十九条规定，向民用航空器所有人、承租人提出赔偿请求，对产生该赔偿请求的民用航空器具有优先受偿的权利。

第十九条 下列各项债权具有民用航空器优先权：

（一）援救该民用航空器的报酬；

（二）保管维护该民用航空器的必需费用。

前款规定的各项债权，后发生的先受偿。

第二十条 本法第十九条规定的民用航空器优先权，其债权人应当自援救或者保管维护工作终了之日起三个月内，就其债权向国务院民用航空主管部门登记。

第二十一条 为了债权人的共同利益，在执行人民法院判决以及拍卖过程中产生的费用，应当从民用航空器拍卖所得价款中先行拨付。

第二十二条 民用航空器优先权先于民用航空器抵押权受偿。

第二十三条 本法第十九条规定的债权转移的，其民用航空器优先权随之转移。

第二十四条 民用航空器优先权应当通过人民法院扣押产生优先权的民用航空器行使。

第二十五条 民用航空器优先权自援救或者保管维护工作终了之日起满三个月时终止；但是，债权人就其债权已经依照本法第二十条规定登记，并具有下列情形之一的除外：

（一）债权人、债务人已经就此项债权的金额达成协议；

（二）有关此项债权的诉讼已经开始。

民用航空器优先权不因民用航空器所有权的转让而消灭；但是，民用航空器经依法强制拍卖的除外。

第四节 民用航空器租赁

第二十六条 民用航空器租赁合同，包括融资租赁合同和其他租赁合同，应当以书面形式订立。

第二十七条 民用航空器的融资租赁，是指出租人按照承租人对供货方和民用航空器的选择，购得民用航空器，出租给承租人使用，由承租人定期交纳租金。

第二十八条 融资租赁期间，出租人依法享有民用航空器所有权，承租人依法享有民用航空器的占有、使用、收益权。

第二十九条 融资租赁期间，出租人不得干扰承租人依法占有、使用民用航空器；承租人应当适当地保管民用航空器，使之处于原交付时的状态，但是合理损耗和经出租人同意的对民用航空器的改变除外。

第三十条 融资租赁期满，承租人应当将符合本法第二十九条规定状态的民用航空器退还出租人；但是，承租人依照合同行使购买民用航空器的权利或者为继续租赁而占有民用航空器的除外。

第三十一条 民用航空器融资租赁中的供货方，不就同一损害同时对出租人和承租人承担责任。

第三十二条 融资租赁期间，经出租人同意，在不损害第三人利益的情况下，承租人可以转让其对民用航空器的占有权或者租赁合同约定的其他权利。

第三十三条 民用航空器的融资租赁和租赁期限为六个月以上的其他租赁，承租人应当就其对民用航空器的占有权向国务院民用航空主管部门办理登记；未经登记的，不得对抗第三人。

第四章　民用航空器适航管理

第三十四条 设计民用航空器及其发动机、螺旋桨和民用航空器上设备，应当向国务院民用航空主管部门申请领取型号合格证书。经审查合格的，发给型号合格证书。

第三十五条 生产、维修民用航空器及其发动机、螺旋桨和民用航空器上设备，应当向国务院民用航空主管部门申请领取生产许可证书、维修许可证书。经审查合格的，发给相应的证书。

第三十六条 外国制造人生产的任何型号的民用航空器及其发动机、螺旋桨和民用航空器上设备，首次进口中国的，该外国制造人应当向国务院民用航空主管部门申请领取型号认可证书。经审查合格的，发给型号认可证书。

已取得外国颁发的型号合格证书的民用航空器及其发动机、螺旋桨和民用航空器上设备，首次在中国境内生产的，该型号合格证书的持有人应当向国务院民用航空主管部门申请领取型号认可证书。经审查合格的，发给型号认可证书。

第三十七条 具有中华人民共和国国籍的民用航空器，应当持有国务院民用航空主管部门颁发的适航证书，方可飞行。

出口民用航空器及其发动机、螺旋桨和民用航空器上设备，制造人应当向国务院民用航空主管部门申请领取出口适航证书。经审查合格的，发给出口适航证书。

租用的外国民用航空器，应当经国务院民用航空主管部门对其原国籍登记国发给的适航证书审查认可或者另发适航证书，方可飞行。

民用航空器适航管理规定，由国务院制定。

第三十八条 民用航空器的所有人或者承租人应当按照适航证书规定的使用范围使用民用航空器，做好民用航空器的维修保养工作，保证民用航空器处于适航状态。

……

第2章　司法解释及司法文件

最高人民法院
关于审理融资租赁合同纠纷案件适用法律问题的解释

2013年11月25日最高人民法院审判委员会第1597次会议通过

法释〔2014〕3号

为正确审理融资租赁合同纠纷案件，根据《中华人民共和国合同法》、《中华人民共和国物权法》、《中华人民共和国民事诉讼法》等法律的规定，结合审判实践，制定本解释。

一、融资租赁合同的认定及效力

第一条　人民法院应当根据合同法第二百三十七条的规定，结合标的物的性质、价值、租金的构成以及当事人的合同权利和义务，对是否构成融资租赁法律关系作出认定。

对名为融资租赁合同，但实际不构成融资租赁法律关系的，人民法院应按照其实际构成的法律关系处理。

第二条　承租人将其自有物出卖给出租人，再通过融资租赁合同将租赁物从出租人处租回的，人民法院不应仅以承租人和出卖人系同一人为由认定不构成融资租赁法律关系。

第三条　根据法律、行政法规规定，承租人对于租赁物的经营使用应当取得行政许可的，人民法院不应仅以出租人未取得行政许可为由认定融资租赁合同无效。

第四条　融资租赁合同被认定无效，当事人就合同无效情形下租赁物归属有约定的，从其约定；未约定或者约定不明，且当事人协商不成的，租赁物应当返还出租人。但因承租人原因导致合同无效，出租人不要求返还租赁物，或者租赁物正在使用，返还出租人后会显著降低租赁物价值和效用的，人民法院可以判决租赁物所有权归承租人，并根据合同履行情况和租金支付情况，由承租人就租赁物进行折价补偿。

二、合同的履行和租赁物的公示

第五条　出卖人违反合同约定的向承租人交付标的物的义务，承租人因下列情形之一拒绝受领租赁物的，人民法院应予支持：

（一）租赁物严重不符合约定的；

（二）出卖人未在约定的交付期间或者合理期间内交付租赁物，经承租人或者出租人催告，在催告期满后仍未交付的。

承租人拒绝受领租赁物，未及时通知出租人，或者无正当理由拒绝受领租赁物，造成出租人损失，出租人向承租人主张损害赔偿的，人民法院应予支持。

第六条　承租人对出卖人行使索赔权，不影响其履行融资租赁合同项下支付租金的义务，但承租人以依赖出租人的技能确定租赁物或者出租人干预选择租赁物为由，主张减轻或者免除相应租金支付义务的除外。

第七条　承租人占有租赁物期间，租赁物毁损、灭失的风险由承租人承担，出租人要求承租人继续支付租金的，人民法院应予支持。但当事人另有约定或者法律另有规定的除外。

第八条　出租人转让其在融资租赁合同项下的部分或者全部权利，受让方以此为由请求解除或者变更融资租赁合同的，人民法院不予支持。

第九条 承租人或者租赁物的实际使用人，未经出租人同意转让租赁物或者在租赁物上设立其他物权，第三人依据物权法第一百零六条的规定取得租赁物的所有权或者其他物权，出租人主张第三人物权权利不成立的，人民法院不予支持，但有下列情形之一的除外：

（一）出租人已在租赁物的显著位置作出标识，第三人在与承租人交易时知道或者应当知道该物为租赁物的；

（二）出租人授权承租人将租赁物抵押给出租人并在登记机关依法办理抵押权登记的；

（三）第三人与承租人交易时，未按照法律、行政法规、行业或者地区主管部门的规定在相应机构进行融资租赁交易查询的；

（四）出租人有证据证明第三人知道或者应当知道交易标的物为租赁物的其他情形。

第十条 当事人约定租赁期间届满后租赁物归出租人的，因租赁物毁损、灭失或者附合、混同于他物导致承租人不能返还，出租人要求其给予合理补偿的，人民法院应予支持。

三、合同的解除

第十一条 有下列情形之一，出租人或者承租人请求解除融资租赁合同的，人民法院应予支持：

（一）出租人与出卖人订立的买卖合同解除、被确认无效或者被撤销，且双方未能重新订立买卖合同的；

（二）租赁物因不可归责于双方的原因意外毁损、灭失，且不能修复或者确定替代物的；

（三）因出卖人的原因致使融资租赁合同的目的不能实现的。

第十二条 有下列情形之一，出租人请求解除融资租赁合同的，人民法院应予支持：

（一）承租人未经出租人同意，将租赁物转让、转租、抵押、质押、投资入股或者以其他方式处分租赁物的；

（二）承租人未按照合同约定的期限和数额支付租金，符合合同约定的解除条件，经出租人催告后在合理期限内仍不支付的；

（三）合同对于欠付租金解除合同的情形没有明确约定，但承租人欠付租金达到两期以上，或者数额达到全部租金百分之十五以上，经出租人催告后在合理期限内仍不支付的；

（四）承租人违反合同约定，致使合同目的不能实现的其他情形。

第十三条 因出租人的原因致使承租人无法占有、使用租赁物，承租人请求解除融资租赁合同的，人民法院应予支持。

第十四条 当事人在一审诉讼中仅请求解除融资租赁合同，未对租赁物的归属及损失赔偿提出主张的，人民法院可以向当事人进行释明。

第十五条 融资租赁合同因租赁物交付承租人后意外毁损、灭失等不可归责于当事人的原因而解除，出租人要求承租人按照租赁物折旧情况给予补偿的，人民法院应予支持。

第十六条 融资租赁合同因买卖合同被解除、被确认无效或者被撤销而解除，出租人根据融资租赁合同约定，或者以融资租赁合同虽未约定或约定不明，但出卖人及租赁物系由承租人选择为由，主张承租人赔偿相应损失的，人民法院应予支持。

出租人的损失已经在买卖合同被解除、被确认无效或者被撤销时获得赔偿的，应当免除承租人相应的赔偿责任。

四、违约责任

第十七条　出租人有下列情形之一，影响承租人对租赁物的占有和使用，承租人依照合同法第二百四十五条的规定，要求出租人赔偿相应损失的，人民法院应予支持：

（一）无正当理由收回租赁物；

（二）无正当理由妨碍、干扰承租人对租赁物的占有和使用；

（三）因出租人的原因导致第三人对租赁物主张权利；

（四）不当影响承租人对租赁物占有、使用的其他情形。

第十八条　出租人有下列情形之一，导致承租人对出卖人索赔逾期或者索赔失败，承租人要求出租人承担相应责任的，人民法院应予支持：

（一）明知租赁物有质量瑕疵而不告知承租人的；

（二）承租人行使索赔权时，未及时提供必要协助的；

（三）怠于行使融资租赁合同中约定的只能由出租人行使对出卖人的索赔权的；

（四）怠于行使买卖合同中约定的只能由出租人行使对出卖人的索赔权的。

第十九条　租赁物不符合融资租赁合同的约定且出租人实施了下列行为之一，承租人依照合同法第二百四十一条、第二百四十四条的规定，要求出租人承担相应责任的，人民法院应予支持：

（一）出租人在承租人选择出卖人、租赁物时，对租赁物的选定起决定作用的；

（二）出租人干预或者要求承租人按照出租人意愿选择出卖人或者租赁物的；

（三）出租人擅自变更承租人已经选定的出卖人或者租赁物的。

承租人主张其系依赖出租人的技能确定租赁物或者出租人干预选择租赁物的，对上述事实承担举证责任。

第二十条　承租人逾期履行支付租金义务或者迟延履行其他付款义务，出租人按照融资租赁合同的约定要求承租人支付逾期利息、相应违约金的，人民法院应予支持。

第二十一条　出租人既请求承租人支付合同约定的全部未付租金又请求解除融资租赁合同的，人民法院应告知其依照合同法第二百四十八条的规定作出选择。

出租人请求承租人支付合同约定的全部未付租金，人民法院判决后承租人未予履行，出租人再行起诉请求解除融资租赁合同、收回租赁物的，人民法院应予受理。

第二十二条　出租人依照本解释第十二条的规定请求解除融资租赁合同，同时请求收回租赁物并赔偿损失的，人民法院应予支持。

前款规定的损失赔偿范围为承租人全部未付租金及其他费用与收回租赁物价值的差额。合同约定租赁期间届满后租赁物归出租人所有的，损失赔偿范围还应包括融资租赁合同到期后租赁物的残值。

第二十三条　诉讼期间承租人与出租人对租赁物的价值有争议的，人民法院可以按照融资租赁合同的约定确定租赁物价值；融资租赁合同未约定或者约定不明的，可以参照融资租赁合同约定的租赁物折旧以及合同到期后租赁物的残值确定租赁物价值。

承租人或者出租人认为依前款确定的价值严重偏离租赁物实际价值的，可以请求人民法院委托有资质的机构评估或者拍卖确定。

五、其他规定

第二十四条　出卖人与买受人因买卖合同发生纠纷，或者出租人与承租人因融资租赁合同发生纠纷，当事人仅对其中一个合同关系提起诉讼，人民法院经审查后认为另一合同关系的当事人与案件处理结果有法律上的利害关系的，可以通知其作为第三人参加诉讼。

承租人与租赁物的实际使用人不一致，融资租赁合同当事人未对租赁物的实际使用人提起诉讼，人民法院经审查后认为租赁物的实际使用人与案件处理结果有法律上的利害关系的，可以通知其作为第三人参加诉讼。

承租人基于买卖合同和融资租赁合同直接向出卖人主张受领租赁物、索赔等买卖合同权利的，人民法院应通知出租人作为第三人参加诉讼。

第二十五条 当事人因融资租赁合同租金欠付争议向人民法院请求保护其权利的诉讼时效期间为两年，自租赁期限届满之日起计算。

第二十六条 本解释自 2014 年 3 月 1 日起施行。《最高人民法院关于审理融资租赁合同纠纷案件若干问题的规定》（法发〔1996〕19 号）同时废止。

本解释施行后尚未终审的融资租赁合同纠纷案件，适用本解释；本解释施行前已经终审，当事人申请再审或者按照审判监督程序决定再审的，不适用本解释。

最高人民法院关于适用《中华人民共和国物权法》若干问题的解释（一）

2015 年 12 月 10 日最高人民法院审判委员会第 1670 次会议通过，自 2016 年 3 月 1 日起施行

为正确审理物权纠纷案件，根据《中华人民共和国物权法》的相关规定，结合民事审判实践，制定本解释。

第一条 因不动产物权的归属，以及作为不动产物权登记基础的买卖、赠与、抵押等产生争议，当事人提起民事诉讼的，应当依法受理。当事人已经在行政诉讼中申请一并解决上述民事争议，且人民法院一并审理的除外。

第二条 当事人有证据证明不动产登记簿的记载与真实权利状态不符、其为该不动产物权的真实权利人，请求确认其享有物权的，应予支持。

第三条 异议登记因物权法第十九条第二款规定的事由失效后，当事人提起民事诉讼，请求确认物权归属的，应当依法受理。异议登记失效不影响人民法院对案件的实体审理。

第四条 未经预告登记的权利人同意，转移不动产所有权，或者设定建设用地使用权、地役权、抵押权等其他物权的，应当依照物权法第二十条第一款的规定，认定其不发生物权效力。

第五条 买卖不动产物权的协议被认定无效、被撤销、被解除，或者预告登记的权利人放弃债权的，应当认定为物权法第二十条第二款所称的“债权消灭”。

第六条 转让人转移船舶、航空器和机动车等所有权，受让人已经支付对价并取得占有，虽未经登记，但转让人的债权人主张其为物权法第二十四条所称的“善意第三人”的，不予支持，法律另有规定的除外。

第七条 人民法院、仲裁委员会在分割共有不动产或者动产等案件中作出并依法生效的改变原有物权关系的判决书、裁决书、调解书，以及人民法院在执行程序中作出的拍卖成交裁定书、以物抵债裁定书，应当认定为物权法第二十八条所称导致物权设立、变更、转让或者消灭的人民法院、仲裁委员会的法律文书。

第八条 依照物权法第二十八条至第三十条规定享有物权，但尚未完成动产交付或

者不动产登记的物权人，根据物权法第三十四条至第三十七条的规定，请求保护其物权的，应予支持。

第九条　共有份额的权利主体因继承、遗赠等原因发生变化时，其他按份共有人主张优先购买的，不予支持，但按份共有人之间另有约定的除外。

第十条　物权法第一百零一条所称的“同等条件”，应当综合共有份额的转让价格、价款履行方式及期限等因素确定。

第十一条　优先购买权的行使期间，按份共有人之间有约定的，按照约定处理；没有约定或者约定不明的，按照下列情形确定：

（一）转让人向其他按份共有人发出的包含同等条件内容的通知中载明行使期间的，以该期间为准；

（二）通知中未载明行使期间，或者载明的期间短于通知送达之日起十五日的，为十五日；

（三）转让人未通知的，为其他按份共有人知道或者应当知道最终确定的同等条件之日起十五日；

（四）转让人未通知，且无法确定其他按份共有人知道或者应当知道最终确定的同等条件的，为共有份额权属转移之日起六个月。

第十二条　按份共有人向共有人之外的人转让其份额，其他按份共有人根据法律、司法解释规定，请求按照同等条件购买该共有份额的，应予支持。

其他按份共有人的请求具有下列情形之一的，不予支持：

（一）未在本解释第十一条规定的期间内主张优先购买，或者虽主张优先购买，但提出减少转让价款、增加转让人负担等实质性变更要求；

（二）以其优先购买权受到侵害为由，仅请求撤销共有份额转让合同或者认定该合同无效。

第十三条　按份共有人之间转让共有份额，其他按份共有人主张根据物权法第一百零一条规定优先购买的，不予支持，但按份共有人之间另有约定的除外。

第十四条　两个以上按份共有人主张优先购买且协商不成时，请求按照转让时各自份额比例行使优先购买权的，应予支持。

第十五条　受让人受让不动产或者动产时，不知道转让人无处分权，且无重大过失的，应当认定受让人为善意。

真实权利人主张受让人不构成善意的，应当承担举证证明责任。

第十六条　具有下列情形之一的，应当认定不动产受让人知道转让人无处分权：

（一）登记簿上存在有效的异议登记；

（二）预告登记有效期内，未经预告登记的权利人同意；

（三）登记簿上已经记载司法机关或者行政机关依法裁定、决定查封或者以其他形式限制不动产权利的有关事项；

（四）受让人知道登记簿上记载的权利主体错误；

（五）受让人知道他人已经依法享有不动产物权。

真实权利人有证据证明不动产受让人应当知道转让人无处分权的，应当认定受让人具有重大过失。

第十七条　受让人受让动产时，交易的对象、场所或者时机等不符合交易习惯的，应当认定受让人具有重大过失。

第十八条　物权法第一百零六条第一款第一项所称的“受让人受让该不动产或者动

产时”，是指依法完成不动产物权转移登记或者动产交付之时。

当事人以物权法第二十五条规定的方式交付动产的，转让动产法律行为生效时为动产交付之时；当事人以物权法第二十六条规定的方式交付动产的，转让人与受让人之间有关转让返还原物请求权的协议生效时为动产交付之时。

法律对不动产、动产物权的设立另有规定的，应当按照法律规定的时间认定权利人是否为善意。

第十九条　物权法第一百零六条第一款第二项所称“合理的价格”，应当根据转让标的物的性质、数量以及付款方式等具体情况，参考转让时交易地市场价格以及交易习惯等因素综合认定。

第二十条　转让人将物权法第二十四条规定的船舶、航空器和机动车等交付给受让人的，应当认定符合物权法第一百零六条第一款第三项规定的善意取得的条件。

第二十一条　具有下列情形之一，受让人主张根据物权法第一百零六条规定取得所有权的，不予支持：

（一）转让合同因违反合同法第五十二条规定被认定无效；

（二）转让合同因受让人存在欺诈、胁迫或者乘人之危等法定事由被撤销。

第二十二条　本解释自2016年3月1日起施行。

本解释施行后人民法院新受理的一审案件，适用本解释。

本解释施行前人民法院已经受理、施行后尚未审结的一审、二审案件，以及本解释施行前已经终审、施行后当事人申请再审或者按照审判监督程序决定再审的案件，不适用本解释。

最高人民法院关于审理买卖合同纠纷案件适用法律问题的解释

法释〔2012〕8号

为正确审理买卖合同纠纷案件，根据《中华人民共和国民法通则》、《中华人民共和国合同法》、《中华人民共和国物权法》、《中华人民共和国民事诉讼法》等法律的规定，结合审判实践，制定本解释。

一、买卖合同的成立及效力

第一条　当事人之间没有书面合同，一方以送货单、收货单、结算单、发票等主张存在买卖合同关系的，人民法院应当结合当事人之间的交易方式、交易习惯以及其他相关证据，对买卖合同是否成立作出认定。

对账确认函、债权确认书等函件、凭证没有记载债权人名称，买卖合同当事人一方以此证明存在买卖合同关系的，人民法院应予支持，但有相反证据足以推翻的除外。

第二条　当事人签订认购书、订购书、预订书、意向书、备忘录等预约合同，约定在将来一定期限内订立买卖合同，一方不履行订立买卖合同的义务，对方请求其承担预约合同违约责任或者要求解除预约合同并主张损害赔偿的，人民法院应予支持。

第三条　当事人一方以出卖人在缔约时对标的物没有所有权或者处分权为由主张合同无效的，人民法院不予支持。

出卖人因未取得所有权或者处分权致使标的物所有权不能转移，买受人要求出卖人承担违约责任或者要求解除合同并主张损害赔偿的，人民法院应予支持。

第四条　人民法院在按照合同法的规定认定电子交易合同的成立及效力的同时，还应当适用电子签名法的相关规定。

二、标的物交付和所有权转移

第五条　标的物为无需以有形载体交付的电子信息产品，当事人对交付方式约定不明确，且依照合同法第六十一条的规定仍不能确定的，买受人收到约定的电子信息产品或者权利凭证即为交付。

第六条　根据合同法第一百六十二条的规定，买受人拒绝接收多交部分标的物的，可以代为保管多交部分标的物。买受人主张出卖人负担代为保管期间的合理费用的，人民法院应予支持。

买受人主张出卖人承担代为保管期间非因买受人故意或者重大过失造成的损失的，人民法院应予支持。

第七条　合同法第一百三十六条规定的“提取标的物单证以外的有关单证和资料”，主要应当包括保险单、保修单、普通发票、增值税专用发票、产品合格证、质量保证书、质量鉴定书、品质检验证书、产品进出口检疫书、原产地证明书、使用说明书、装箱单等。

第八条　出卖人仅以增值税专用发票及税款抵扣资料证明其已履行交付标的物义务，买受人不认可的，出卖人应当提供其他证据证明交付标的物的事实。

合同约定或者当事人之间习惯以普通发票作为付款凭证，买受人以普通发票证明已经履行付款义务的，人民法院应予支持，但有相反证据足以推翻的除外。

第九条　出卖人就同一普通动产订立多重买卖合同，在买卖合同均有效的情况下，买受人均要求实际履行合同的，应当按照以下情形分别处理：

（一）先行受领交付的买受人请求确认所有权已经转移的，人民法院应予支持；

（二）均未受领交付，先行支付价款的买受人请求出卖人履行交付标的物等合同义务的，人民法院应予支持；

（三）均未受领交付，也未支付价款，依法成立在先合同的买受人请求出卖人履行交付标的物等合同义务的，人民法院应予支持。

第十条　出卖人就同一船舶、航空器、机动车等特殊动产订立多重买卖合同，在买卖合同均有效的情况下，买受人均要求实际履行合同的，应当按照以下情形分别处理：

（一）先行受领交付的买受人请求出卖人履行办理所有权转移登记手续等合同义务的，人民法院应予支持；

（二）均未受领交付，先行办理所有权转移登记手续的买受人请求出卖人履行交付标的物等合同义务的，人民法院应予支持；

（三）均未受领交付，也未办理所有权转移登记手续，依法成立在先合同的买受人请求出卖人履行交付标的物和办理所有权转移登记手续等合同义务的，人民法院应予支持；

（四）出卖人将标的物交付给买受人之一，又为其他买受人办理所有权转移登记，已受领交付的买受人请求将标的物所有权登记在自己名下的，人民法院应予支持。

三、标的物风险负担

第十一条　合同法第一百四十一条第二款第（一）项规定的“标的物需要运输的”，是指标的物由出卖人负责办理托运，承运人系独立于买卖合同当事人之外的运输业者的情形。标的物毁损、灭失的风险负担，按照合同法第一百四十五条的规定处理。

第十二条　出卖人根据合同约定将标的物运送至买受人指定地点并交付给承运人后，标的物毁损、灭失的风险由买受人负担，但当事人另有约定的除外。

第十三条　出卖人出卖交由承运人运输的在途标的物，在合同成立时知道或者应当知道标的物已经毁损、灭失却未告知买受人，买受人主张出卖人负担标的物毁损、灭失的风险的，人民法院应予支持。

第十四条 当事人对风险负担没有约定，标的物为种类物，出卖人未以装运单据、加盖标记、通知买受人等可识别的方式清楚地将标的物特定于买卖合同，买受人主张不负担标的物毁损、灭失的风险的，人民法院应予支持。

四、标的物检验

第十五条 当事人对标的物的检验期间未作约定，买受人签收的送货单、确认单等载明标的物数量、型号、规格的，人民法院应当根据合同法第一百五十七条的规定，认定买受人已对数量和外观瑕疵进行了检验，但有相反证据足以推翻的除外。

第十六条 出卖人依照买受人的指示向第三人交付标的物，出卖人和买受人之间约定的检验标准与买受人和第三人之间约定的检验标准不一致的，人民法院应当根据合同法第六十四条的规定，以出卖人和买受人之间约定的检验标准为标的物的检验标准。

第十七条 人民法院具体认定合同法第一百五十八条第二款规定的“合理期间”时，应当综合当事人之间的交易性质、交易目的、交易方式、交易习惯、标的物的种类、数量、性质、安装和使用情况、瑕疵的性质、买受人应尽的合理注意义务、检验方法和难易程度、买受人或者检验人所处的具体环境、自身技能以及其他合理因素，依据诚实信用原则进行判断。

合同法第一百五十八条第二款规定的“两年”是最长的合理期间。该期间为不变期间，不适用诉讼时效中止、中断或者延长的规定。

第十八条 约定的检验期间过短，依照标的物的性质和交易习惯，买受人在检验期间内难以完成全面检验的，人民法院应当认定该期间为买受人对外观瑕疵提出异议的期间，并根据本解释第十七条第一款的规定确定买受人对隐蔽瑕疵提出异议的合理期间。

约定的检验期间或者质量保证期间短于法律、行政法规规定的检验期间或者质量保证期间的，人民法院应当以法律、行政法规规定的检验期间或者质量保证期间为准。

第十九条 买受人在合理期间内提出异议，出卖人以买受人已经支付价款、确认欠款数额、使用标的物等为由，主张买受人放弃异议的，人民法院不予支持，但当事人另有约定的除外。

第二十条 合同法第一百五十八条规定的检验期间、合理期间、两年期间经过后，买受人主张标的物的数量或者质量不符合约定的，人民法院不予支持。

出卖人自愿承担违约责任后，又以上述期间经过为由翻悔的，人民法院不予支持。

五、违约责任

第二十一条 买受人依约保留部分价款作为质量保证金，出卖人在质量保证期间未及时解决质量问题而影响标的物的价值或者使用效果，出卖人主张支付该部分价款的，人民法院不予支持。

第二十二条 买受人在检验期间、质量保证期间、合理期间内提出质量异议，出卖人未按要求予以修理或者因情况紧急，买受人自行或者通过第三人修理标的物后，主张出卖人负担因此发生的合理费用的，人民法院应予支持。

第二十三条 标的物质量不符合约定，买受人依照合同法第一百一十一条的规定要求减少价款的，人民法院应予支持。当事人主张以符合约定的标的物和实际交付的标的物按交付时的市场价值计算差价的，人民法院应予支持。

价款已经支付，买受人主张返还减价后多出部分价款的，人民法院应予支持。

第二十四条 买卖合同对付款期限作出的变更，不影响当事人关于逾期付款违约金的约定，但该违约金的起算点应当随之变更。

买卖合同约定逾期付款违约金，买受人以出卖人接受价款时未主张逾期付款违约金为由拒绝支付该违约金的，人民法院不予支持。

买卖合同约定逾期付款违约金，但对账单、还款协议等未涉及逾期付款责任，出卖人根据对账单、还款协议等主张欠款时请求买受人依约支付逾期付款违约金的，人民法院应予支持，但对账单、还款协议等明确载有本金及逾期付款利息数额或者已经变更买卖合同中关于本金、利息等约定内容的除外。

买卖合同没有约定逾期付款违约金或者该违约金的计算方法，出卖人以买受人违约为由主张赔偿逾期付款损失的，人民法院可以中国人民银行同期同类人民币贷款基准利率为基础，参照逾期罚息利率标准计算。

第二十五条　出卖人没有履行或者不当履行从给付义务，致使买受人不能实现合同目的，买受人主张解除合同的，人民法院应当根据合同法第九十四条第（四）项的规定，予以支持。

第二十六条　买卖合同因违约而解除后，守约方主张继续适用违约金条款的，人民法院应予支持；但约定的违约金过分高于造成的损失的，人民法院可以参照合同法第一百一十四条第二款的规定处理。

第二十七条　买卖合同当事人一方以对方违约为由主张支付违约金，对方以合同不成立、合同未生效、合同无效或者不构成违约等为由进行免责抗辩而未主张调整过高的违约金的，人民法院应当就法院若不支持免责抗辩，当事人是否需要主张调整违约金进行释明。

一审法院认为免责抗辩成立且未予释明，二审法院认为应当判决支付违约金的，可以直接释明并改判。

第二十八条　买卖合同约定的定金不足以弥补一方违约造成的损失，对方请求赔偿超过定金部分的损失的，人民法院可以并处，但定金和损失赔偿的数额总和不应高于因违约造成的损失。

第二十九条　买卖合同当事人一方违约造成对方损失，对方主张赔偿可得利益损失的，人民法院应当根据当事人的主张，依据合同法第一百一十三条、第一百一十九条、本解释第三十条、第三十一条等规定进行认定。

第三十条　买卖合同当事人一方违约造成对方损失，对方对损失的发生也有过错，违约方主张扣减相应的损失赔偿额的，人民法院应予支持。

第三十一条　买卖合同当事人一方因对方违约而获有利益，违约方主张从损失赔偿额中扣除该部分利益的，人民法院应予支持。

第三十二条　合同约定减轻或者免除出卖人对标的物的瑕疵担保责任，但出卖人故意或者因重大过失不告知买受人标的物的瑕疵，出卖人主张依约减轻或者免除瑕疵担保责任的，人民法院不予支持。

第三十三条　买受人在缔约时知道或者应当知道标的物质量存在瑕疵，主张出卖人承担瑕疵担保责任的，人民法院不予支持，但买受人在缔约时不知道该瑕疵会导致标的物的基本效用显著降低的除外。

六、所有权保留

第三十四条　买卖合同当事人主张合同法第一百三十四条关于标的物所有权保留的规定适用于不动产的，人民法院不予支持。

第三十五条　当事人约定所有权保留，在标的物所有权转移前，买受人有下列情形之一，对出卖人造成损害，出卖人主张取回标的物的，人民法院应予支持：

（一）未按约定支付价款的；

（二）未按约定完成特定条件的；

（三）将标的物出卖、出质或者作出其他不当处分的。

取回的标的物价值显著减少，出卖人要求买受人赔偿损失的，人民法院应予支持。

第三十六条 买受人已经支付标的物总价款的百分之七十五以上，出卖人主张取回标的物的，人民法院不予支持。

在本解释第三十五条第一款第（三）项情形下，第三人依据物权法第一百零六条的规定已经善意取得标的物所有权或者其他物权，出卖人主张取回标的物的，人民法院不予支持。

第三十七条 出卖人取回标的物后，买受人在双方约定的或者出卖人指定的回赎期间内，消除出卖人取回标的物的事由，主张回赎标的物的，人民法院应予支持。

买受人在回赎期间内没有回赎标的物的，出卖人可以另行出卖标的物。

出卖人另行出卖标的物的，出卖所得价款依次扣除取回和保管费用、再交易费用、利息、未清偿的价金后仍有剩余的，应返还原买受人；如有不足，出卖人要求原买受人清偿的，人民法院应予支持，但原买受人有证据证明出卖人另行出卖的价格明显低于市场价格的除外。

七、特种买卖

第三十八条 合同法第一百六十七条第一款规定的“分期付款”，系指买受人将应付的总价款在一定期间内至少分三次向出卖人支付。

分期付款买卖合同的约定违反合同法第一百六十七条第一款的规定，损害买受人利益，买受人主张该约定无效的，人民法院应予支持。

第三十九条 分期付款买卖合同约定出卖人在解除合同时可以扣留已受领价金，出卖人扣留的金额超过标的物使用费以及标的物受损赔偿额，买受人请求返还超过部分的，人民法院应予支持。

当事人对标的物的使用费没有约定的，人民法院可以参照当地同类标的物的租金标准确定。

第四十条 合同约定的样品质量与文字说明不一致且发生纠纷时当事人不能达成合意，样品封存后外观和内在品质没有发生变化的，人民法院应当以样品为准；外观和内在品质发生变化，或者当事人对是否发生变化有争议而又无法查明的，人民法院应当以文字说明为准。

第四十一条 试用买卖的买受人在试用期内已经支付一部分价款的，人民法院应当认定买受人同意购买，但合同另有约定的除外。

在试用期内，买受人对标的物实施了出卖、出租、设定担保物权等非试用行为的，人民法院应当认定买受人同意购买。

第四十二条 买卖合同存在下列约定内容之一的，不属于试用买卖。买受人主张属于试用买卖的，人民法院不予支持：

（一）约定标的物经过试用或者检验符合一定要求时，买受人应当购买标的物；

（二）约定第三人经试验对标的物认可时，买受人应当购买标的物；

（三）约定买受人在一定期间内可以调换标的物；

（四）约定买受人在一定期间内可以退还标的物。

第四十三条 试用买卖的当事人没有约定使用费或者约定不明确，出卖人主张买受人支付使用费的，人民法院不予支持。

八、其他问题

第四十四条 出卖人履行交付义务后诉请买受人支付价款，买受人以出卖人违约在先为由提出异议的，人民法院应当按照下列情况分别处理：

（一）买受人拒绝支付违约金、拒绝赔偿损失或者主张出卖人应当采取减少价款等补救措施的，属于提出抗辩；

（二）买受人主张出卖人应支付违约金、赔偿损失或者要求解除合同的，应当提起反诉。

第四十五条 法律或者行政法规对债权转让、股权转让等权利转让合同有规定的，依照其规定；没有规定的，人民法院可以根据合同法第一百二十四条和第一百七十四条的规定，参照适用买卖合同的有关规定。

权利转让或者其他有偿合同参照适用买卖合同的有关规定的，人民法院应当首先引用合同法第一百七十四条的规定，再引用买卖合同的有关规定。

第四十六条 本解释施行前本院发布的有关购销合同、销售合同等有偿转移标的物所有权的合同的规定，与本解释抵触的，自本解释施行之日起不再适用。

本解释施行后尚未终审的买卖合同纠纷案件，适用本解释；本解释施行前已经终审，当事人申请再审或者按照审判监督程序决定再审的，不适用本解释。

最高人民法院
关于审理道路交通事故损害赔偿案件适用法律若干问题的解释

法释〔2012〕19号

为正确审理道路交通事故损害赔偿案件，根据《中华人民共和国侵权责任法》、《中华人民共和国合同法》、《中华人民共和国道路交通安全法》、《中华人民共和国保险法》、《中华人民共和国民事诉讼法》等法律的规定，结合审判实践，制定本解释。

一、关于主体责任的认定

第一条 机动车发生交通事故造成损害，机动车所有人或者管理人有下列情形之一，人民法院应当认定其对损害的发生有过错，并适用侵权责任法第四十九条的规定确定其相应的赔偿责任：

（一）知道或者应当知道机动车存在缺陷，且该缺陷是交通事故发生原因之一的；

（二）知道或者应当知道驾驶人无驾驶资格或者未取得相应驾驶资格的；

（三）知道或者应当知道驾驶人因饮酒、服用国家管制的精神药品或者麻醉药品，或者患有妨碍安全驾驶机动车的疾病等依法不能驾驶机动车的；

（四）其它应当认定机动车所有人或者管理人有过错的。

第二条 未经允许驾驶他人机动车发生交通事故造成损害，当事人依照侵权责任法第四十九条的规定请求由机动车驾驶人承担赔偿责任的，人民法院应予支持。机动车所有人或者管理人有过错的，承担相应的赔偿责任，但具有侵权责任法第五十二条规定情形的除外。

第三条 以挂靠形式从事道路运输经营活动的机动车发生交通事故造成损害，属于该机动车一方责任，当事人请求由挂靠人和被挂靠人承担连带责任的，人民法院应予支持。

第四条 被多次转让但未办理转移登记的机动车发生交通事故造成损害，属于该机动车一方责任，当事人请求由最后一次转让并交付的受让人承担赔偿责任的，人民法院应予支持。

第五条 套牌机动车发生交通事故造成损害，属于该机动车一方责任，当事人请求由套牌机动车的所有人或者管理人承担赔偿责任的，人民法院应予支持；被套牌机动车所有人或者管理人同意套牌的，应当与套牌机动车的所有人或者管理人承担连带责任。

第六条 拼装车、已达到报废标准的机动车或者依法禁止行驶的其他机动车被多次转让，并发生交通事故造成损害，当事人请求由所有的转让人和受让人承担连带责任的，人民法院应予支持。

第七条 接受机动车驾驶培训的人员，在培训活动中驾驶机动车发生交通事故造成损害，属于该机动车一方责任，当事人请求驾驶培训单位承担赔偿责任的，人民法院应予支持。

第八条 机动车试乘过程中发生交通事故造成试乘人损害，当事人请求提供试乘服务者承担赔偿责任的，人民法院应予支持。试乘人有过错的，应当减轻提供试乘服务者的赔偿责任。

第九条 因道路管理维护缺陷导致机动车发生交通事故造成损害，当事人请求道路管理者承担相应赔偿责任的，人民法院应予支持，但道路管理者能够证明已按照法律、法规、规章、国家标准、行业标准或者地方标准尽到安全防护、警示等管理维护义务的除外。

依法不得进入高速公路的车辆、行人，进入高速公路发生交通事故造成自身损害，当事人请求高速公路管理者承担赔偿责任的，适用侵权责任法第七十六条的规定。

第十条 因在道路上堆放、倾倒、遗撒物品等妨碍通行的行为，导致交通事故造成损害，当事人请求行为人承担赔偿责任的，人民法院应予支持。道路管理者不能证明已按照法律、法规、规章、国家标准、行业标准或者地方标准尽到清理、防护、警示等义务的，应当承担相应的赔偿责任。

第十一条 未按照法律、法规、规章或者国家标准、行业标准、地方标准的强制性规定设计、施工，致使道路存在缺陷并造成交通事故，当事人请求建设单位与施工单位承担相应赔偿责任的，人民法院应予支持。

第十二条 机动车存在产品缺陷导致交通事故造成损害，当事人请求生产者或者销售者依照侵权责任法第五章的规定承担赔偿责任的，人民法院应予支持。

第十三条 多辆机动车发生交通事故造成第三人损害，当事人请求多个侵权人承担赔偿责任的，人民法院应当区分不同情况，依照侵权责任法第十条、第十一条或者第十二条的规定，确定侵权人承担连带责任或者按份责任。

二、关于赔偿范围的认定

第十四条 道路交通安全法第七十六条规定的“人身伤亡”，是指机动车发生交通事故侵害被侵权人的生命权、健康权等人身权益所造成的损害，包括侵权责任法第十六条和第二十二条规定的各项损害。

道路交通安全法第七十六条规定的“财产损失”，是指因机动车发生交通事故侵害被侵权人的财产权益所造成的损失。

第十五条 因道路交通事故造成下列财产损失，当事人请求侵权人赔偿的，人民法院应予支持：

（一）维修被损坏车辆所支出的费用、车辆所载物品的损失、车辆施救费用；

（二）因车辆灭失或者无法修复，为购买交通事故发生时与被损坏车辆价值相当的车辆重置费用；

（三）依法从事货物运输、旅客运输等经营性活动的车辆，因无法从事相应经营活动所产生的合理停运损失；

（四）非经营性车辆因无法继续使用，所产生的通常替代性交通工具的合理费用。

三、关于责任承担的认定

第十六条　同时投保机动车第三者责任强制保险（以下简称“交强险”）和第三者责任商业保险（以下简称“商业三者险”）的机动车发生交通事故造成损害，当事人同时起诉侵权人和保险公司的，人民法院应当按照下列规则确定赔偿责任：

（一）先由承保交强险的保险公司在责任限额范围内予以赔偿；

（二）不足部分，由承保商业三者险的保险公司根据保险合同予以赔偿；

（三）仍有不足的，依照道路交通安全法和侵权责任法的相关规定由侵权人予以赔偿。

被侵权人或者其近亲属请求承保交强险的保险公司优先赔偿精神损害的，人民法院应予支持。

第十七条　投保人允许的驾驶人驾驶机动车致使投保人遭受损害，当事人请求承保交强险的保险公司在责任限额范围内予以赔偿的，人民法院应予支持，但投保人为本车上人员的除外。

第十八条　有下列情形之一导致第三人人身损害，当事人请求保险公司在交强险责任限额范围内予以赔偿，人民法院应予支持：

（一）驾驶人未取得驾驶资格或者未取得相应驾驶资格的；

（二）醉酒、服用国家管制的精神药品或者麻醉药品后驾驶机动车发生交通事故的；

（三）驾驶人故意制造交通事故的。

保险公司在赔偿范围内向侵权人主张追偿权的，人民法院应予支持。追偿权的诉讼时效期间自保险公司实际赔偿之日起计算。

第十九条　未依法投保交强险的机动车发生交通事故造成损害，当事人请求投保义务人在交强险责任限额范围内予以赔偿的，人民法院应予支持。

投保义务人和侵权人不是同一人，当事人请求投保义务人和侵权人在交强险责任限额范围内承担连带责任的，人民法院应予支持。

第二十条　具有从事交强险业务资格的保险公司违法拒绝承保、拖延承保或者违法解除交强险合同，投保义务人在向第三人承担赔偿责任后，请求该保险公司在交强险责任限额范围内承担相应赔偿责任的，人民法院应予支持。

第二十一条　多辆机动车发生交通事故造成第三人损害，损失超出各机动车交强险责任限额之和的，由各保险公司在各自责任限额范围内承担赔偿责任；损失未超出各机动车交强险责任限额之和，当事人请求由各保险公司按照其责任限额与责任限额之和的比例承担赔偿责任的，人民法院应予支持。

依法分别投保交强险的牵引车和挂车连接使用时发生交通事故造成第三人损害，当事人请求由各保险公司在各自的责任限额范围内平均赔偿的，人民法院应予支持。

多辆机动车发生交通事故造成第三人损害，其中部分机动车未投保交强险，当事人请求先由已承保交强险的保险公司在责任限额范围内予以赔偿的，人民法院应予支持。保险公司就超出其应承担的部分向未投保交强险的投保义务人或者侵权人行使追偿权的，人民法院应予支持。

第二十二条　同一交通事故的多个被侵权人同时起诉的，人民法院应当按照各被侵权人的损失比例确定交强险的赔偿数额。

第二十三条　机动车所有权在交强险合同有效期内发生变动，保险公司在交通事故发生后，以该机动车未办理交强险合同变更手续为由主张免除赔偿责任的，人民法院不予支持。

机动车在交强险合同有效期内发生改装、使用性质改变等导致危险程度增加的情形，发生交通事故后，当事人请求保险公司在责任限额范围内予以赔偿的，人民法院应予支持。

前款情形下，保险公司另行起诉请求投保义务人按照重新核定后的保险费标准补足当期保险费的，人民法院应予支持。

第二十四条 当事人主张交强险人身伤亡保险金请求权转让或者设定担保的行为无效的，人民法院应予支持。

四、关于诉讼程序的规定

第二十五条 人民法院审理道路交通事故损害赔偿案件，应当将承保交强险的保险公司列为共同被告。但该保险公司已经在交强险责任限额范围内予以赔偿且当事人无异议的除外。

人民法院审理道路交通事故损害赔偿案件，当事人请求将承保商业三者险的保险公司列为共同被告的，人民法院应予准许。

第二十六条 被侵权人因道路交通事故死亡，无近亲属或者近亲属不明，未经法律授权的机关或者有关组织向人民法院起诉主张死亡赔偿金的，人民法院不予受理。

侵权人以已向未经法律授权的机关或者有关组织支付死亡赔偿金为理由，请求保险公司在交强险责任限额范围内予以赔偿的，人民法院不予支持。

被侵权人因道路交通事故死亡，无近亲属或者近亲属不明，支付被侵权人医疗费、丧葬费等合理费用的单位或者个人，请求保险公司在交强险责任限额范围内予以赔偿的，人民法院应予支持。

第二十七条 公安机关交通管理部门制作的交通事故认定书，人民法院应依法审查并确认其相应的证明力，但有相反证据推翻的除外。

五、关于适用范围的规定

第二十八条 机动车在道路以外的地方通行时引发的损害赔偿案件，可以参照适用本解释的规定。

第二十九条 本解释施行后尚未终审的案件，适用本解释；本解释施行前已经终审，当事人申请再审或者按照审判监督程序决定再审的案件，不适用本解释。

最高人民法院
关于审理船舶油污损害赔偿纠纷案件若干问题的规定

法释〔2011〕14号

为正确审理船舶油污损害赔偿纠纷案件，依照《中华人民共和国民法通则》、《中华人民共和国侵权责任法》、《中华人民共和国海洋环境保护法》、《中华人民共和国海商法》、《中华人民共和国民事诉讼法》、《中华人民共和国海事诉讼特别程序法》等法律法规以及中华人民共和国缔结或者参加的有关国际条约，结合审判实践，制定本规定。

第一条 船舶发生油污事故，对中华人民共和国领域和管辖的其他海域造成油污损害或者形成油污损害威胁，人民法院审理相关船舶油污损害赔偿纠纷案件，适用本规定。

第二条 当事人就油轮装载持久性油类造成的油污损害提起诉讼、申请设立油污损害赔偿责任限制基金，由船舶油污事故发生地海事法院管辖。

油轮装载持久性油类引起的船舶油污事故，发生在中华人民共和国领域和管辖的其他海域外，对中华人民共和国领域和管辖的其他海域造成油污损害或者形成油污损害威胁，当事人就船舶油污事故造成的损害提起诉讼、申请设立油污损害赔偿责任限制基金，由油污损害结果地或者采取预防油污措施地海事法院管辖。

第三条　两艘或者两艘以上船舶泄漏油类造成油污损害，受损害人请求各泄漏油船舶所有人承担赔偿责任，按照泄漏油数量及泄漏油类对环境的危害性等因素能够合理分开各自造成的损害，由各泄漏油船舶所有人分别承担责任；不能合理分开各自造成的损害，各泄漏油船舶所有人承担连带责任。但泄漏油船舶所有人依法免予承担责任的除外。

各泄漏油船舶所有人对受损害人承担连带责任的，相互之间根据各自责任大小确定相应的赔偿数额；难以确定责任大小的，平均承担赔偿责任。泄漏油船舶所有人支付超出自己应赔偿的数额，有权向其他泄漏油船舶所有人追偿。

第四条　船舶互有过失碰撞引起油类泄漏造成油污损害的，受损害人可以请求泄漏油船舶所有人承担全部赔偿责任。

第五条　油轮装载的持久性油类造成油污损害的，应依照《防治船舶污染海洋环境管理条例》、《1992 年国际油污损害民事责任公约》的规定确定赔偿限额。

油轮装载的非持久性燃油或者非油轮装载的燃油造成油污损害的，应依照海商法关于海事赔偿责任限制的规定确定赔偿限额。

第六条　经证明油污损害是由于船舶所有人的故意或者明知可能造成此种损害而轻率地作为或者不作为造成的，船舶所有人主张限制赔偿责任，人民法院不予支持。

第七条　油污损害是由于船舶所有人故意造成的，受损害人请求船舶油污损害责任保险人或者财务保证人赔偿，人民法院不予支持。

第八条　受损害人直接向船舶油污损害责任保险人或者财务保证人提起诉讼，船舶油污损害责任保险人或者财务保证人可以对受损害人主张船舶所有人的抗辩。

除船舶所有人故意造成油污损害外，船舶油污损害责任保险人或者财务保证人向受损害人主张其对船舶所有人的抗辩，人民法院不予支持。

第九条　船舶油污损害赔偿范围包括：（一）为防止或者减轻船舶油污损害采取预防措施所发生的费用，以及预防措施造成的进一步灭失或者损害；（二）船舶油污事故造成该船舶之外的财产损害以及由此引起的收入损失；（三）因油污造成环境损害所引起的收入损失；（四）对受污染的环境已采取或将要采取合理恢复措施的费用。

第十条　对预防措施费用以及预防措施造成的进一步灭失或者损害，人民法院应当结合污染范围、污染程度、油类泄漏量、预防措施的合理性、参与清除油污人员及投入使用设备的费用等因素合理认定。

第十一条　对遇险船舶实施防污措施，作业开始时的主要目的仅是为防止、减轻油污损害的，所发生的费用应认定为预防措施费用。

作业具有救助遇险船舶、其他财产和防止、减轻油污损害的双重目的，应根据目的的主次比例合理划分预防措施费用与救助措施费用；无合理依据区分主次目的的，相关费用应平均分摊。但污染危险消除后发生的费用不应列为预防措施费用。

第十二条　船舶泄漏油类污染其他船舶、渔具、养殖设施等财产，受损害人请求油污责任人赔偿因清洗、修复受污染财产支付的合理费用，人民法院应予支持。

受污染财产无法清洗、修复，或者清洗、修复成本超过其价值的，受损害人请求油污责任人赔偿合理的更换费用，人民法院应予支持，但应参照受污染财产实际使用年限与预期使用年限的比例作合理扣除。

第十三条 受损害人因其财产遭受船舶油污，不能正常生产经营的，其收入损失应以财产清洗、修复或者更换所需合理期间为限进行计算。

第十四条 海洋渔业、滨海旅游业及其他用海、临海经营单位或者个人请求因环境污染所遭受的收入损失，具备下列全部条件，由此证明收入损失与环境污染之间具有直接因果关系的，人民法院应予支持：（一）请求人的生产经营活动位于或者接近污染区域；（二）请求人的生产经营活动主要依赖受污染资源或者海岸线；（三）请求人难以找到其他替代资源或者商业机会；（四）请求人的生产经营业务属于当地相对稳定的产业。

第十五条 未经相关行政主管部门许可，受损害人从事海上养殖、海洋捕捞，主张收入损失的，人民法院不予支持；但请求赔偿清洗、修复、更换养殖或者捕捞设施的合理费用，人民法院应予支持。

第十六条 受损害人主张因其财产受污染或者因环境污染造成的收入损失，应以其前三年同期平均净收入扣减受损期间的实际净收入计算，并适当考虑影响收入的其他相关因素予以合理确定。

按照前款规定无法认定收入损失的，可以参考政府部门的相关统计数据和信息，或者同区域同类生产经营者的同期平均收入合理认定。

受损害人采取合理措施避免收入损失，请求赔偿合理措施的费用，人民法院应予支持，但以其避免发生的收入损失数额为限。

第十七条 船舶油污事故造成环境损害的，对环境损害的赔偿应限于已实际采取或者将要采取的合理恢复措施的费用。恢复措施的费用包括合理的监测、评估、研究费用。

第十八条 船舶取得有效的油污损害民事责任保险或者具有相应财务保证的，油污受损害人主张船舶优先权的，人民法院不予支持。

第十九条 对油轮装载的非持久性燃油、非油轮装载的燃油造成油污损害的赔偿请求，适用海商法关于海事赔偿责任限制的规定。

同一海事事故造成前款规定的油污损害和海商法第二百零七条规定的可以限制赔偿责任的其他损害，船舶所有人依照海商法第十一章的规定主张在同一赔偿限额内限制赔偿责任的，人民法院应予支持。

第二十条 为避免油轮装载的非持久性燃油、非油轮装载的燃油造成油污损害，对沉没、搁浅、遇难船舶采取起浮、清除或者使之无害措施，船舶所有人对由此发生的费用主张依照海商法第十一章的规定限制赔偿责任的，人民法院不予支持。

第二十一条 对油轮装载持久性油类造成的油污损害，船舶所有人，或者船舶油污责任保险人、财务保证人主张责任限制的，应当设立油污损害赔偿责任限制基金。

油污损害赔偿责任限制基金以现金方式设立的，基金数额为《防治船舶污染海洋环境管理条例》、《1992 年国际油污损害民事责任公约》规定的赔偿限额。以担保方式设立基金的，担保数额为基金数额及其在基金设立期间的利息。

第二十二条 船舶所有人、船舶油污损害责任保险人或者财务保证人申请设立油污损害赔偿责任限制基金，利害关系人对船舶所有人主张限制赔偿责任有异议的，应当在海事诉讼特别程序法第一百零六条第一款规定的异议期内以书面形式提出，但提出该异议不影响基金的设立。

第二十三条 对油轮装载持久性油类造成的油污损害，利害关系人没有在异议期内对船舶所有人主张限制赔偿责任提出异议，油污损害赔偿责任限制基金设立后，海事法院应当解除对船舶所有人的财产采取的保全措施或者发还为解除保全措施而提供的担保。

第二十四条 对油轮装载持久性油类造成的油污损害，利害关系人在异议期内对船舶所有人主张限制赔偿责任提出异议的，人民法院在认定船舶所有人有权限制赔偿责任的裁决生效后，应当解除对船舶所有人的财产采取的保全措施或者发还为解除保全措施而提供的担保。

第二十五条　对油轮装载持久性油类造成的油污损害，受损害人提起诉讼时主张船舶所有人无权限制赔偿责任的，海事法院对船舶所有人是否有权限制赔偿责任的争议，可以先行审理并作出判决。

第二十六条　对油轮装载持久性油类造成的油污损害，受损害人没有在规定的债权登记期间申请债权登记的，视为放弃在油污损害赔偿责任限制基金中受偿的权利。

第二十七条　油污损害赔偿责任限制基金不足以清偿有关油污损害的，应根据确认的赔偿数额依法按比例分配。

第二十八条　对油轮装载持久性油类造成的油污损害，船舶所有人、船舶油污损害责任保险人或者财务保证人申请设立油污损害赔偿责任限制基金、受损害人申请债权登记与受偿，本规定没有规定的，适用海事诉讼特别程序法及相关司法解释的规定。

第二十九条　在油污损害赔偿责任限制基金分配以前，船舶所有人、船舶油污损害责任保险人或者财务保证人，已先行赔付油污损害的，可以书面申请从基金中代位受偿。代位受偿应限于赔付的范围，并不超过接受赔付的人依法可获得的赔偿数额。

海事法院受理代位受偿申请后，应书面通知所有对油污损害赔偿责任限制基金提出主张的利害关系人。利害关系人对申请人主张代位受偿的权利有异议的，应在收到通知之日起十五日内书面提出。

海事法院经审查认定申请人代位受偿权利成立，应裁定予以确认；申请人主张代位受偿的权利缺乏事实或者法律依据的，裁定驳回其申请。当事人对裁定不服的，可以在收到裁定书之日起十日内提起上诉。

第三十条　船舶所有人为主动防止、减轻油污损害而支出的合理费用或者所作的合理牺牲，请求参与油污损害赔偿责任限制基金分配的，人民法院应予支持，比照本规定第二十九条第二款、第三款的规定处理。

第三十一条　本规定中下列用语的含义是：

（一）船舶，是指非用于军事或者政府公务的海船和其他海上移动式装置，包括航行于国际航线和国内航线的油轮和非油轮。其中，油轮是指为运输散装持久性货油而建造或者改建的船舶，以及实际装载散装持久性货油的其他船舶。

（二）油类，是指烃类矿物油及其残余物，限于装载于船上作为货物运输的持久性货油、装载用于本船运行的持久性和非持久性燃油，不包括装载于船上作为货物运输的非持久性货油。

（三）船舶油污事故，是指船舶泄漏油类造成油污损害，或者虽未泄漏油类但形成严重和紧迫油污损害威胁的一个或者一系列事件。一系列事件因同一原因而发生的，视为同一事故。

（四）船舶油污损害责任保险人或者财务保证人，是指海事事故中泄漏油类或者直接形成油污损害威胁的船舶一方的油污责任保险人或者财务保证人。

（五）油污损害赔偿责任限制基金，是指船舶所有人、船舶油污损害责任保险人或者财务保证人，对油轮装载持久性油类造成的油污损害申请设立的赔偿责任限制基金。

第三十二条　本规定实施前本院发布的司法解释与本规定不一致的，以本规定为准。

本规定施行前已经终审的案件，人民法院进行再审时，不适用本规定。

最高人民法院
关于扣押与拍卖船舶适用法律若干问题的规定

法释〔2015〕6号

为规范海事诉讼中扣押与拍卖船舶，根据《中华人民共和国民事诉讼法》《中华人民共和国海事诉讼特别程序法》等法律，结合司法实践，制定本规定。

第一条 海事请求人申请对船舶采取限制处分或者抵押等保全措施的，海事法院可以依照民事诉讼法的有关规定，裁定准许并通知船舶登记机关协助执行。

前款规定的保全措施不影响其他海事请求人申请扣押船舶。

第二条 海事法院应不同海事请求人的申请，可以对本院或其他海事法院已经扣押的船舶采取扣押措施。

先申请扣押船舶的海事请求人未申请拍卖船舶的，后申请扣押船舶的海事请求人可以依据海事诉讼特别程序法第二十九条的规定，向准许其扣押申请的海事法院申请拍卖船舶。

第三条 船舶因光船承租人对海事请求负有责任而被扣押的，海事请求人依据海事诉讼特别程序法第二十九条的规定，申请拍卖船舶用于清偿光船承租人经营该船舶产生的相关债务的，海事法院应予准许。

第四条 海事请求人申请扣押船舶的，海事法院应当责令其提供担保。但因船员劳务合同、海上及通海水域人身损害赔偿纠纷申请扣押船舶，且事实清楚、权利义务关系明确的，可以不要求提供担保。

第五条 海事诉讼特别程序法第七十六条第二款规定的海事请求人提供担保的具体数额，应当相当于船舶扣押期间可能产生的各项维持费用与支出、因扣押造成的船期损失和被请求人为使船舶解除扣押而提供担保所支出的费用。

船舶扣押后，海事请求人提供的担保不足以赔偿可能给被请求人造成损失的，海事法院应责令其追加担保。

第六条 案件终审后，海事请求人申请返还其所提供担保的，海事法院应将该申请告知被请求人，被请求人在三十日内未提起相关索赔诉讼的，海事法院可以准许海事请求人返还担保的申请。

被请求人同意返还，或生效法律文书认定被请求人负有责任，且赔偿或给付金额与海事请求人要求被请求人提供担保的数额基本相当的，海事法院可以直接准许海事请求人返还担保的申请。

第七条 船舶扣押期间由船舶所有人或光船承租人负责管理。

船舶所有人或光船承租人不履行船舶管理职责的，海事法院可委托第三人或者海事请求人代为管理，由此产生的费用由船舶所有人或光船承租人承担，或在拍卖船舶价款中优先拨付。

第八条 船舶扣押后，海事请求人依据海事诉讼特别程序法第十九条的规定，向其他有管辖权的海事法院提起诉讼的，可以由扣押船舶的海事法院继续实施保全措施。

第九条 扣押船舶裁定执行前，海事请求人撤回扣押船舶申请的，海事法院应当裁定予以准许，并终结扣押船舶裁定的执行。

扣押船舶裁定作出后因客观原因无法执行的，海事法院应当裁定终结执行。

第十条 船舶拍卖未能成交，需要再次拍卖的，适用拍卖法第四十五条关于拍卖日七日前发布拍卖公告的规定。

第十一条 拍卖船舶由拍卖船舶委员会实施，海事法院不另行委托拍卖机构进行拍卖。

第十二条 海事法院拍卖船舶应当依据评估价确定保留价。保留价不得公开。

第一次拍卖时，保留价不得低于评估价的百分之八十；因流拍需要再行拍卖的，可以酌情降低保留价，但降低的数额不得超过前次保留价的百分之二十。

第十三条 对经过两次拍卖仍然流拍的船舶，可以进行变卖。变卖价格不得低于评估价的百分之五十。

第十四条 依照本规定第十三条变卖仍未成交的，经已受理登记债权三分之二以上份额的债权人同意，可以低于评估价的百分之五十进行变卖处理。仍未成交的，海事法院可以解除船舶扣押。

第十五条 船舶经海事法院拍卖、变卖后，对该船舶已采取的其他保全措施效力消灭。

第十六条 海事诉讼特别程序法第一百一十一条规定的申请债权登记期间的届满之日，为拍卖船舶公告最后一次发布之日起第六十日。

前款所指公告为第一次拍卖时的拍卖船舶公告。

第十七条 海事法院受理债权登记申请后，应当在船舶被拍卖、变卖成交后，依照海事诉讼特别程序法第一百一十四条的规定作出是否准予的裁定。

第十八条 申请拍卖船舶的海事请求人未经债权登记，直接要求参与拍卖船舶价款分配的，海事法院应予准许。

第十九条 海事法院裁定终止拍卖船舶的，应当同时裁定终结债权登记受偿程序，当事人已经缴纳的债权登记申请费予以退还。

第二十条 当事人在债权登记前已经就有关债权提起诉讼的，不适用海事诉讼特别程序法第一百一十六条第二款的规定，当事人对海事法院作出的判决、裁定可以依法提起上诉。

第二十一条 债权人依照海事诉讼特别程序法第一百一十六条第一款的规定提起确权诉讼后，需要判定碰撞船舶过失程度比例的，当事人对海事法院作出的判决、裁定可以依法提起上诉。

第二十二条 海事法院拍卖、变卖船舶所得价款及其利息，先行拨付海事诉讼特别程序法第一百一十九条第二款规定的费用后，依法按照下列顺序进行分配：

（一）具有船舶优先权的海事请求；

（二）由船舶留置权担保的海事请求；

（三）由船舶抵押权担保的海事请求；

（四）与被拍卖、变卖船舶有关的其他海事请求。

依据海事诉讼特别程序法第二十三条第二款的规定申请扣押船舶的海事请求人申请拍卖船舶的，在前款规定海事请求清偿后，参与船舶价款的分配。

依照前款规定分配后的余款，按照民事诉讼法及相关司法解释的规定执行。

第二十三条 当事人依照民事诉讼法第十五章第七节的规定，申请拍卖船舶实现船舶担保物权的，由船舶所在地或船籍港所在地的海事法院管辖，按照海事诉讼特别程序法以及本规定关于船舶拍卖受偿程序的规定处理。

第二十四条 海事法院的上级人民法院扣押与拍卖船舶的，适用本规定。

执行程序中拍卖被扣押船舶清偿债务的，适用本规定。

第二十五条 本规定施行前已经实施的船舶扣押与拍卖，本规定施行后当事人申请复议的，不适用本规定。

本规定施行后，最高人民法院1994年7月6日制定的《关于海事法院拍卖被扣押船舶清偿债务的规定》（法发〔1994〕14号）同时废止。最高人民法院以前发布的司法解释和规范性文件与本规定不一致的，以本规定为准。

最高人民法院
关于审理民间借贷案件适用法律若干问题的规定

法释〔2015〕18号

为正确审理民间借贷纠纷案件，根据《中华人民共和国民法通则》《中华人民共和国物权法》《中华人民共和国担保法》《中华人民共和国合同法》《中华人民共和国民事诉讼法》《中华人民共和国刑事诉讼法》等相关法律之规定，结合审判实践，制定本规定。

第一条 本规定所称的民间借贷，是指自然人、法人、其他组织之间及其相互之间进行资金融通的行为。

经金融监管部门批准设立的从事贷款业务的金融机构及其分支机构，因发放贷款等相关金融业务引发的纠纷，不适用本规定。

第二条 出借人向人民法院起诉时，应当提供借据、收据、欠条等债权凭证以及其他能够证明借贷法律关系存在的证据。

当事人持有的借据、收据、欠条等债权凭证没有载明债权人，持有债权凭证的当事人提起民间借贷诉讼的，人民法院应予受理。被告对原告的债权人资格提出有事实依据的抗辩，人民法院经审理认为原告不具有债权人资格的，裁定驳回起诉。

第三条 借贷双方就合同履行地未约定或者约定不明确，事后未达成补充协议，按照合同有关条款或者交易习惯仍不能确定的，以接受货币一方所在地为合同履行地。

第四条 保证人为借款人提供连带责任保证，出借人仅起诉借款人的，人民法院可以不追加保证人为共同被告；出借人仅起诉保证人的，人民法院可以追加借款人为共同被告。

保证人为借款人提供一般保证，出借人仅起诉保证人的，人民法院应当追加借款人为共同被告；出借人仅起诉借款人的，人民法院可以不追加保证人为共同被告。

第五条 人民法院立案后，发现民间借贷行为本身涉嫌非法集资犯罪的，应当裁定驳回起诉，并将涉嫌非法集资犯罪的线索、材料移送公安或者检察机关。

公安或者检察机关不予立案，或者立案侦查后撤销案件，或者检察机关作出不起诉决定，或者经人民法院生效判决认定不构成非法集资犯罪，当事人又以同一事实向人民法院提起诉讼的，人民法院应予受理。

第六条 人民法院立案后，发现与民间借贷纠纷案件虽有关联但不是同一事实的涉嫌非法集资等犯罪的线索、材料的，人民法院应当继续审理民间借贷纠纷案件，并将涉嫌非法集资等犯罪的线索、材料移送公安或者检察机关。

第七条 民间借贷的基本案件事实必须以刑事案件审理结果为依据，而该刑事案件尚未审结的，人民法院应当裁定中止诉讼。

第八条 借款人涉嫌犯罪或者生效判决认定其有罪，出借人起诉请求担保人承担民事责任的，人民法院应予受理。

第九条 具有下列情形之一，可以视为具备合同法第二百一十条关于自然人之间借款合同的生效要件：

（一）以现金支付的，自借款人收到借款时；

（二）以银行转账、网上电子汇款或者通过网络贷款平台等形式支付的，自资金到达借款人账户时；

（三）以票据交付的，自借款人依法取得票据权利时；

（四）出借人将特定资金账户支配权授权给借款人的，自借款人取得对该账户实际支配权时；

（五）出借人以与借款人约定的其他方式提供借款并实际履行完成时。

第十条 除自然人之间的借款合同外，当事人主张民间借贷合同自合同成立时生效的，人民法院应予支持，但当事人另有约定或者法律、行政法规另有规定的除外。

第十一条 法人之间、其他组织之间以及它们相互之间为生产、经营需要订立的民间借贷合同，除存在合同法第五十二条、本规定第十四条规定的情形外，当事人主张民间借贷合同有效的，人民法院应予支持。

第十二条 法人或者其他组织在本单位内部通过借款形式向职工筹集资金，用于本单位生产、经营，且不存在合同法第五十二条、本规定第十四条规定的情形，当事人主张民间借贷合同有效的，人民法院应予支持。

第十三条 借款人或者出借人的借贷行为涉嫌犯罪，或者已经生效的判决认定构成犯罪，当事人提起民事诉讼的，民间借贷合同并不当然无效。人民法院应当根据合同法第五十二条、本规定第十四条之规定，认定民间借贷合同的效力。

担保人以借款人或者出借人的借贷行为涉嫌犯罪或者已经生效的判决认定构成犯罪为由，主张不承担民事责任的，人民法院应当依据民间借贷合同与担保合同的效力、当事人的过错程度，依法确定担保人的民事责任。

第十四条 具有下列情形之一，人民法院应当认定民间借贷合同无效：

（一）套取金融机构信贷资金又高利转贷给借款人，且借款人事先知道或者应当知道的；

（二）以向其他企业借贷或者向本单位职工集资取得的资金又转贷给借款人牟利，且借款人事先知道或者应当知道的；

（三）出借人事先知道或者应当知道借款人借款用于违法犯罪活动仍然提供借款的；

（四）违背社会公序良俗的；

（五）其他违反法律、行政法规效力性强制性规定的。

第十五条 原告以借据、收据、欠条等债权凭证为依据提起民间借贷诉讼，被告依据基础法律关系提出抗辩或者反诉，并提供证据证明债权纠纷非民间借贷行为引起的，人民法院应当依据查明的案件事实，按照基础法律关系审理。

当事人通过调解、和解或者清算达成的债权债务协议，不适用前款规定。

第十六条 原告仅依据借据、收据、欠条等债权凭证提起民间借贷诉讼，被告抗辩已经偿还借款，被告应当对其主张提供证据证明。被告提供相应证据证明其主张后，原告仍应就借贷关系的成立承担举证证明责任。

被告抗辩借贷行为尚未实际发生并能作出合理说明，人民法院应当结合借贷金额、款项交付、当事人的经济能力、当地或者当事人之间的交易方式、交易习惯、当事人财产变动情况以及证人证言等事实和因素，综合判断查证借贷事实是否发生。

第十七条 原告仅依据金融机构的转账凭证提起民间借贷诉讼，被告抗辩转账系偿还双方之前借款或其他债务，被告应当对其主张提供证据证明。被告提供相应证据证明其主张后，原告仍应就借贷关系的成立承担举证证明责任。

第十八条 根据《关于适用〈中华人民共和国民事诉讼法〉的解释》第一百七十四条第二款之规定，负有举证证明责任的原告无正当理由拒不到庭，经审查现有证据无法确认借贷行为、借贷金额、支付方式等案件主要事实，人民法院对其主张的事实不予认定。

第十九条 人民法院审理民间借贷纠纷案件时发现有下列情形，应当严格审查借贷发生的原因、时间、地点、款项来源、交付方式、款项流向以及借贷双方的关系、经济状况等事实，综合判断是否属于虚假民事诉讼：

（一）出借人明显不具备出借能力；

（二）出借人起诉所依据的事实和理由明显不符合常理；

（三）出借人不能提交债权凭证或者提交的债权凭证存在伪造的可能；

（四）当事人双方在一定期间内多次参加民间借贷诉讼；

（五）当事人一方或者双方无正当理由拒不到庭参加诉讼，委托代理人对借贷事实陈述不清或者陈述前后矛盾；

（六）当事人双方对借贷事实的发生没有任何争议或者诉辩明显不符合常理；

（七）借款人的配偶或合伙人、案外人的其他债权人提出有事实依据的异议；

（八）当事人在其他纠纷中存在低价转让财产的情形；

（九）当事人不正当放弃权利；

（十）其他可能存在虚假民间借贷诉讼的情形。

第二十条 经查明属于虚假民间借贷诉讼，原告申请撤诉的，人民法院不予准许，并应当根据民事诉讼法第一百一十二条之规定，判决驳回其请求。

诉讼参与人或者其他人恶意制造、参与虚假诉讼，人民法院应当依照民事诉讼法第一百一十一条、第一百一十二条和第一百一十三条之规定，依法予以罚款、拘留；构成犯罪的，应当移送有管辖权的司法机关追究刑事责任。

单位恶意制造、参与虚假诉讼的，人民法院应当对该单位进行罚款，并可以对其主要负责人或者直接责任人员予以罚款、拘留；构成犯罪的，应当移送有管辖权的司法机关追究刑事责任。

第二十一条 他人在借据、收据、欠条等债权凭证或者借款合同上签字或者盖章，但未表明其保证人身份或者承担保证责任，或者通过其他事实不能推定其为保证人，出借人请求其承担保证责任的，人民法院不予支持。

第二十二条 借贷双方通过网络贷款平台形成借贷关系，网络贷款平台的提供者仅提供媒介服务，当事人请求其承担担保责任的，人民法院不予支持。

网络贷款平台的提供者通过网页、广告或者其他媒介明示或者有其他证据证明其为借贷提供担保，出借人请求网络贷款平台的提供者承担担保责任的，人民法院应予支持。

第二十三条 企业法定代表人或负责人以企业名义与出借人签订民间借贷合同，出借人、企业或者其股东能够证明所借款项用于企业法定代表人或负责人个人使用，出借人请求将企业法定代表人或负责人列为共同被告或者第三人的，人民法院应予准许。

企业法定代表人或负责人以个人名义与出借人签订民间借贷合同，所借款项用于企业生产经营，出借人请求企业与个人共同承担责任的，人民法院应予支持。

第二十四条 当事人以签订买卖合同作为民间借贷合同的担保，借款到期后借款人不能还款，出借人请求履行买卖合同的，人民法院应当按照民间借贷法律关系审理，并向当事人释明变更诉讼请求。当事人拒绝变更的，人民法院裁定驳回起诉。

按照民间借贷法律关系审理作出的判决生效后，借款人不履行生效判决确定的金钱债务，出借人可以申请拍卖买卖合同标的物，以偿还债务。就拍卖所得的价款与应偿还借款本息之间的差额，借款人或者出借人有权主张返还或补偿。

第二十五条 借贷双方没有约定利息，出借人主张支付借期内利息的，人民法院不予支持。

自然人之间借贷对利息约定不明，出借人主张支付利息的，人民法院不予支持。除自然人之间借贷的外，借贷双方对借贷利息约定不明，出借人主张利息的，人民法院应当结合民间借贷合同的内容，并根据当地或者当事人的交易方式、交易习惯、市场利率等因素确定利息

第二十六条　借贷双方约定的利率未超过年利率24%，出借人请求借款人按照约定的利率支付利息的，人民法院应予支持。

借贷双方约定的利率超过年利率36%，超过部分的利息约定无效。借款人请求出借人返还已支付的超过年利率36%部分的利息的，人民法院应予支持。

第二十七条　借据、收据、欠条等债权凭证载明的借款金额，一般认定为本金。预先在本金中扣除利息的，人民法院应当将实际出借的金额认定为本金。

第二十八条　借贷双方对前期借款本息结算后将利息计入后期借款本金并重新出具债权凭证，如果前期利率没有超过年利率24%，重新出具的债权凭证载明的金额可认定为后期借款本金；超过部分的利息不能计入后期借款本金。约定的利率超过年利率24%，当事人主张超过部分的利息不能计入后期借款本金的，人民法院应予支持。

按前款计算，借款人在借款期间届满后应当支付的本息之和，不能超过最初借款本金与以最初借款本金为基数，以年利率24%计算的整个借款期间的利息之和。出借人请求借款人支付超过部分的，人民法院不予支持。

第二十九条　借贷双方对逾期利率有约定的，从其约定，但以不超过年利率24%为限。

未约定逾期利率或者约定不明的，人民法院可以区分不同情况处理：

（一）既未约定借期内的利率，也未约定逾期利率，出借人主张借款人自逾期还款之日起按照年利率6%支付资金占用期间利息的，人民法院应予支持；

（二）约定了借期内的利率但未约定逾期利率，出借人主张借款人自逾期还款之日起按照借期内的利率支付资金占用期间利息的，人民法院应予支持。

第三十条　出借人与借款人既约定了逾期利率，又约定了违约金或者其他费用，出借人可以选择主张逾期利息、违约金或者其他费用，也可以一并主张，但总计超过年利率24%的部分，人民法院不予支持。

第三十一条　没有约定利息但借款人自愿支付，或者超过约定的利率自愿支付利息或违约金，且没有损害国家、集体和第三人利益，借款人又以不当得利为由要求出借人返还的，人民法院不予支持，但借款人要求返还超过年利率36%部分的利息除外。

第三十二条　借款人可以提前偿还借款，但当事人另有约定的除外。

借款人提前偿还借款并主张按照实际借款期间计算利息的，人民法院应予支持。

第三十三条　本规定公布施行后，最高人民法院于1991年8月13日发布的《关于人民法院审理借贷案件的若干意见》同时废止；最高人民法院以前发布的司法解释与本规定不一致的，不再适用。

最高人民法院关于执行程序中计算迟延履行期间的债务利息适用法律若干问题的解释

法释〔2014〕8号

为规范执行程序中迟延履行期间债务利息的计算，根据《中华人民共和国民事诉讼

法》的规定，结合司法实践，制定本解释。

第一条 根据民事诉讼法第二百五十三条规定加倍计算之后的迟延履行期间的债务利息，包括迟延履行期间的一般债务利息和加倍部分债务利息。

迟延履行期间的一般债务利息，根据生效法律文书确定的方法计算；生效法律文书未确定给付该利息的，不予计算。

加倍部分债务利息的计算方法为：加倍部分债务利息 = 债务人尚未清偿的生效法律文书确定的除一般债务利息之外的金钱债务 × 日万分之一点七五 × 迟延履行期间。

第二条 加倍部分债务利息自生效法律文书确定的履行期间届满之日起计算；生效法律文书确定分期履行的，自每次履行期间届满之日起计算；生效法律文书未确定履行期间的，自法律文书生效之日起计算。

第三条 加倍部分债务利息计算至被执行人履行完毕之日；被执行人分次履行的，相应部分的加倍部分债务利息计算至每次履行完毕之日。

人民法院划拨、提取被执行人的存款、收入、股息、红利等财产的，相应部分的加倍部分债务利息计算至划拨、提取之日；人民法院对被执行人财产拍卖、变卖或者以物抵债的，计算至成交裁定或者抵债裁定生效之日；人民法院对被执行人财产通过其他方式变价的，计算至财产变价完成之日。

非因被执行人的申请，对生效法律文书审查而中止或者暂缓执行的期间及再审中止执行的期间，不计算加倍部分债务利息。

第四条 被执行人的财产不足以清偿全部债务的，应当先清偿生效法律文书确定的金钱债务，再清偿加倍部分债务利息，但当事人对清偿顺序另有约定的除外。

第五条 生效法律文书确定给付外币的，执行时以该种外币按日万分之一点七五计算加倍部分债务利息，但申请执行人主张以人民币计算的，人民法院应予准许。

以人民币计算加倍部分债务利息的，应当先将生效法律文书确定的外币折算或者套算为人民币后再进行计算。

外币折算或者套算为人民币的，按照加倍部分债务利息起算之日的中国外汇交易中心或者中国人民银行授权机构公布的人民币对该外币的中间价折合成人民币计算；中国外汇交易中心或者中国人民银行授权机构未公布汇率中间价的外币，按照该日境内银行人民币对该外币的中间价折算成人民币，或者该外币在境内银行、国际外汇市场对美元汇率，与人民币对美元汇率中间价进行套算。

第六条 执行回转程序中，原申请执行人迟延履行金钱给付义务的，应当按照本解释的规定承担加倍部分债务利息。

第七条 本解释施行时尚未执行完毕部分的金钱债务，本解释施行前的迟延履行期间债务利息按照之前的规定计算；施行后的迟延履行期间债务利息按照本解释计算。

本解释施行前本院发布的司法解释与本解释不一致的，以本解释为准。

天津市高级人民法院办公室
关于审理融资租赁物权属争议案件的指导意见（试行）的通知

为了维护融资租赁交易安全，平等保护当事人的合法权益，推进我市金融信用体系建设，在审理融资租赁物权属争议案件中，统一法律适用原则，正确处理案件。根据《中华人民共和国合同法》、《中华人民共和国物权法》和《中华人民共和国商业银行法》，结合天津市人民政府金融服务办公室、中国人民银行天津分行、天津市商务委员会、中国银行业监督管理委员会天津监管局联合下发的津金融办〔2011〕87号《关于做好融资租赁登记和查询工作的通知》(以下简称《通知》)并审判实际，制定本指导意见。

第一条　从事融资租赁交易的出租人，应当依照《通知》的规定，在“中国人民银行征信中心融资租赁登记公示系统”将融资租赁合同中载明的融资租赁物权属状况，予以登记公示。

未依照前款规定办理登记公示的，出租人对租赁物的所有权不得对抗《通知》中所列机构范围内的善意第三人。

第二条　《通知》中所列各机构在办理动产抵押、质押、受让等业务时应当依照《通知》中所规定的必要程序，登录“中国人民银行征信中心融资租赁登记公示系统”对所涉标的物的权属状况进行查询。

未依照前款规定查询的，在该标的物的出租人主张权利时，《通知》中所列各机构作为第三人以未查询、不知标的物为租赁物为由抗辩，应当推定该第三人在受让该租赁物或以该租赁物设定抵押权、质权等权利时，未尽到审慎注意义务，因而不构成善意。

第三条　本意见在天津市辖区范围内试行。

本意见施行前已经审理终结的案件不得依据本意见提起再审。

本意见施行后，出现新的法律、行政法规和司法解释与本意见不一致时，按照法律、行政法规和司法解释执行。

本意见自下发之日起施行。

天津市高级人民法院办公室

二○一一年十一月十一日

北京市高级人民法院
关于计付迟延履行利息、迟延履行金若干问题的解答

2012年12月10日　京高法发〔2012〕384号

为统一执行工作的司法尺度，规范执行行为，切实保护当事人的合法权益，依照《中华人民共和国民事诉讼法》及相关司法解释的规定，就迟延履行利息、迟延履行金计付中的有关问题解答如下。

1. 计付迟延履行利息、迟延履行金应当遵循的指导思想是什么？

答：迟延履行利息、迟延履行金属于申请执行人的民事权利，其有权予以处分。迟延履行利息、迟延履行金的计付，依法可由当事人协商解决；协商不成的，适用本解答的相关意见。

2. 如何确定计付迟延履行利息、迟延履行金的起算日？

答：被执行人迟延履行的，迟延履行利息或迟延履行金自执行依据指定的履行期间届满的次日起计算；执行依据未指定履行期间的，迟延履行利息或迟延履行金自执行依据生效之日的次日起计算。执行依据确定分期履行义务的，对每一期的迟延履行利息或迟延履行金分别予以计算。

3. 如何确定计付迟延履行利息、迟延履行金的截止日？

答：执行过程中，若执行的财产为货币类财产，计算迟延履行利息截至案款到达执

行法院账户之日，但因可归责于被执行人的原因而未发还案款的除外；若执行的财产为非货币类财产，需对该财产予以拍卖、变卖或以其他方式变价的，计算迟延履行利息截至拍卖、变卖裁定送达买受人之日或以物抵债裁定送达申请执行人之日。

执行中需要进行案款分配的，计算迟延履行利息截至分配方案确定之日。分配方案确定之日，以分配方案最终核准人的核准时间为准。

计算迟延履行金截至行为义务履行完毕之日。

4. 执行依据生效后、申请执行前，被执行人主动要求履行执行依据所确定的给付义务而申请执行人拒绝受领的，如何确定计付迟延履行利息的截止日？

答：执行依据生效后、申请执行前，被执行人主动要求履行执行依据确定的给付义务并作出实际履行行为，有证据表明申请执行人无正当理由拒绝受领的，计算迟延履行利息截至被执行人作出实际履行行为之日。

5. 诉讼前、诉讼中已对被执行人的财产采取保全措施的，执行依据生效后如何计算迟延履行利息？

答：诉讼前、诉讼中已足额保全财产，执行依据生效后未申请执行的，若被保全的为货币类财产，不计算迟延履行利息。若被保全的为非货币类财产，计算迟延履行利息截至拍卖、变卖裁定送达买受人之日或以物抵债裁定送达申请执行人之日；被执行人在判决生效后向申请执行人表示愿以被保全的财产履行债务并催促申请执行人及时申请执行，申请执行人不及时申请执行的，自被执行人向申请执行人作出催促申请执行的意思表示之日至申请执行之日，不计算迟延履行利息。

诉讼前、诉讼中已保全财产但未足额，执行依据生效后未申请执行的，对已保全财产的债务部分，参照上述意见计算迟延履行利息。

6. 哪些情形下可以扣除迟延履行利息、迟延履行金的计付期间？

答：非因可归责于被执行人的原因而暂缓执行或中止执行的，暂缓执行或中止执行期间不计算迟延履行利息或迟延履行金。

当事人达成和解协议后，因被执行人不履行和解协议导致恢复执行的，和解协议履行期间计算迟延履行利息或迟延履行金。

被执行财产拍卖成交后，买受人迟延支付拍卖价款但法院未决定重新拍卖的，该迟延支付拍卖价款期间的迟延履行利息由买受人承担。

被执行人申请不予执行公证债权文书被驳回的，申请不予执行公证债权文书案件的审查期间计算迟延履行利息或迟延履行金。

7. 如何确定迟延履行利息的计算基数？

答：迟延履行利息的计算基数包括执行依据确定的主债务本金、利息、违约金（罚息、滞纳金）。对于案件受理费、申请保全费、评估费、鉴定费、公告费、仲裁费等因诉讼或仲裁所支出的费用，执行依据的主文未确定由一方当事人向另一方当事人支付的，不计算迟延履行利息；执行依据的主文确定由一方当事人向另一方当事人支付的，计算迟延履行利息。

执行依据确定的为外币给付义务，执行时以人民币给付的，迟延履行利息的基数以被执行人实际履行义务之日该种外币的汇率兑换为人民币的金额计算。

8. 如何确定计算迟延履行利息的利率？

答：被执行人迟延履行执行依据确定的金钱给付义务的，应当按照中国人民银行公布的同期贷款基准利率的双倍计算迟延履行利息。

计算迟延履行利息所依据的利率档次，按照迟延履行期间的长短与对应的中国人民银行规定的同期贷款基准利率的档次确定。迟延履行期间，中国人民银行公布的同期贷款基准利率发生变化的，根据该利率的变化分段计算迟延履行利息。

迟延履行期间逾1年的，每整年的迟延履行利息按照同期贷款基准利率的年利率计算，剩余期间的迟延履行利息按照同期贷款基准利率的日利率计算。日利率按照同期贷款基准利率的年利率除以365天计算。

9. 执行案款不足的，如何确定本金、迟延履行利息及因诉讼或仲裁所支出费用的清偿顺序？

答：执行案款不足的，应当先行扣除案件受理费、申请保全费、申请执行费、评估费、鉴定费、公告费、仲裁费等因诉讼或仲裁所支出的费用，剩余部分按照《最高人民法院关于在执行工作中如何计算迟延履行期间的债务利息等问题的批复》规定的本息并还原则办理。

10. 能否要求执行担保人或被变更、追加后的被执行人承担给付迟延履行利息、迟延履行金的义务？

答：案外人在执行过程中为被执行人提供担保，若无特别约定的，担保责任的范围包括迟延履行利息或迟延履行金。

变更或追加被执行人的，被变更或追加后的被执行人承受原被执行人给付迟延履行利息或迟延履行金的义务，法律、司法解释另有规定的除外。

11. 应当通过什么程序来确定迟延履行利息、迟延履行金？

答：申请执行人主张迟延履行利息或迟延履行金的，应当由其提供计算迟延履行利息或迟延履行金的方法及结果，被执行人对此没有异议或者虽有异议但经协商后与申请执行人达成一致的，经执行实施机构审查确认后即可认定迟延履行利息或迟延履行金的数额。当事人对迟延履行利息或迟延履行金的计算无法达成一致的，由执行实施机构作出书面决定。

12. 迟延履行金的数额如何确定？

答：被执行人迟延履行非金钱给付义务，给申请执行人造成损失的，应当双倍补偿申请执行人的损失。申请执行人提出有损失并要求双倍补偿其损失的，其在主张迟延履行金时应当列明所受损失的具体数额，并提供相应证据。

被执行人迟延履行非金钱给付义务，未给申请执行人造成损失或者申请执行人未主张有损失的，应当综合迟延履行的原因、迟延履行期间的长短、迟延履行给申请执行人造成的影响等因素酌定迟延履行金的数额。

13. 申请执行人在执行立案时或执行过程中未明确表示放弃迟延履行利息或迟延履行金的，执行标的额是否包括迟延履行利息、迟延履行金？

答：申请执行人在执行立案时或执行过程中未明确表示放弃迟延履行利息或迟延履行金的，执行标的额包括迟延履行利息、迟延履行金。执行法院可以根据被执行人可能要承担的迟延履行利息或迟延履行金数额，对相应价值的被执行人财产采取控制性措施。

14. 债权人能否就支付迟延履行利息或迟延履行金单独申请执行？

答：执行依据生效后申请执行前，债务人已自动履行完毕执行依据确定的主债务，债权人认为债务人未支付迟延履行利息或迟延履行金而就此单独申请执行的，执行法院应予受理。

执行案件实体性结案后（即执行依据确定的债权债务消灭），但迟延履行利息、迟延履行金未执行或未全部执行，申请执行人认可结案，其再就计付迟延履行利息、迟延履行金单独申请执行的，执行法院不予受理；申请执行人未认可结案，其就计付迟延履行利息、迟延履行金主张继续执行的，执行法院应予执行。

15. 执行财产刑案件、行政非诉案件，是否计付迟延履行利息或迟延履行金？

答：执行财产刑案件、行政非诉案件，不计付迟延履行利息或迟延履行金。

16. 不履行调解协议的当事人承担了该协议约定的民事责任后，是否还要承担迟延履行利息或迟延履行金？

答：根据《最高人民法院关于人民法院民事调解工作若干问题的规定》第十条、第十九条的规定，调解协议约定了一方不履行该协议应当承担的民事责任，且不履行该协议的当事人已承担了该民事责任，对方当事人又要求其给付迟延履行利息或迟延履行金的，执行法院不予支持。

17. 当事人就迟延履行利息、迟延履行金的计算提出异议的，应当如何处理？

答：当事人对执行法院就迟延履行利息、迟延履行金的计算作出的书面决定提出异议，执行审查机构经审查发现迟延履行利息、迟延履行金的计算确有错误的，可以交由执行实施机构自行纠正，也可以裁定撤销该执行行为，由执行实施机构重新计算。

第二编

租赁监管

第3章　综合类

商务部关于“十二五”期间促进融资租赁业发展的指导意见

商服贸发〔2011〕487号

融资租赁是集融资与融物、贸易与技术服务于一体的现代交易方式，融资租赁业已经成为我国现代服务业的新兴领域和重要组成部分，对于扩大内需、带动出口、促进经济发展等发挥了重要作用。为促进“十二五”期间融资租赁业快速发展，根据《国民经济和社会发展第十二个五年规划纲要》，提出以下意见：

一、充分认识加快发展融资租赁业的重要意义

改革开放初期，融资租赁作为一种新的交易方式，为我国吸引外资、引进国外先进设备、支持国内企业技术改造等作出了突出贡献。经过三十年的发展，我国融资租赁企业经营规模和能力显著提高，服务领域日益广泛，业务范围不断拓展。截至2010年末，我国已有各类融资租赁企业260多家，融资租赁合同余额达到7000亿元，潜在租赁资产承载能力超过1万亿元。融资租赁服务范围已经从交通运输、工业装备、工程建筑等传统领域，向农业、医疗、文化教育等新兴领域拓展，部分企业开始“走出去”发展。

“十二五”是我国加快转变经济发展方式、促进国民经济长期可持续发展的关键时期。加快融资租赁业发展，对于有效扩大相关行业的投资、生产和消费、支持中小企业融资、帮助企业开拓国际市场、带动现代服务发展等，具有十分重要的意义。但是，目前我国融资租赁业还存在市场规模小、法律法规和政策体系不完善、市场监管不统一、行业标准与交易规则缺失、统计体系基础薄弱、业务模式及融资渠道单一等问题亟需解决。

二、指导思想、基本原则和发展目标

（一）指导思想。

深入贯彻落实科学发展观，以加快行业发展为主线，以完善法律法规和政策体系为基础，以规模化、规范化、专业化为方向，以完善行业规划、加强市场监管为重要手段，进一步加强融资租赁行业管理与指导，建立健全体制机制，改善内外部环境，促进融资租赁业持续健康快速发展。

（二）基本原则。

坚持发展与规范相结合，引导企业合法、依规、有序发展；坚持促进与监管相结合，同步推动政策促进体系和市场监管体系建设；坚持融资与融物相结合，指导企业增强资产管理能力，提高专业化水平，服务于实体经济发展；坚持国内与国外相结合，在服务于国内市场的同时，大力拓展海外市场。

（三）发展目标。

通过五年的努力，使融资租赁行业的社会认知度显著提高，法律法规和政策扶持体系不断完善，统一有效的行业管理制度基本建立，行业标准与统计体系基本健全，经营范围和业务领域有序拓展，融资租赁交易额占固定资产投资总额比例稳步提高，形成一批规模大、竞争优势突出、业务拓展能力强的龙头企业，不断提升融资租赁业发展水平和在国民经济发展中的地位。

三、主要任务

（一）创新融资租赁企业经营模式。

鼓励融资租赁企业发挥各自优势，集中发展优势业务领域，突出经营特色，实现差异化发展。加快业务创新，借鉴发达国家经验，综合采用多种业务模式开展融资租赁业务，提升企业发展能力。引导融资租赁企业优化产品组合、交易结构、租金安排、风险控制等设计，创新盈利模式，提升服务水平。

（二）优化融资租赁业发展布局。

鼓励融资租赁业发展较快的地区充分利用政策优势，积极探索、先行先试，培育形成融资租赁业发展集聚示范区，加快中西部地区融资租赁业发展，增强融资租赁业对国家重点经济发展区域的支持和带动作用。大力支持工业制造、大型工程及基础设施建设等具有产业背景的大型企业开展融资租赁业务，鼓励服务运营商、各类投资机构等非厂商机构投资设立融资租赁公司，促进投资主体多元化。

（三）支持企业拓展新兴业务领域。

继续做大飞机、船舶、工程机械等传统融资租赁领域，增强对产业链发展的带动作用。引导融资租赁企业支持农业发展，开拓农村市场，开展农村基础设施和新农村建设重点工程设备等标的物的融资租赁业务。鼓励融资租赁企业拓展节能环保、新一代信息技术、高端装备制造、新能源、新材料、生物医药等战略性新兴产业市场。研究出台鼓励政策，大力支持融资租赁企业为中小微企业服务。

（四）大力开拓海外资产租赁市场。

鼓励制造商采用融资租赁方式开拓国际市场，发展跨境租赁，扩大出口份额。引导融资租赁企业加强与海外施工企业合作，开展施工设备的海外租赁，积极参与国外基础设施建设。支持有实力的企业开展跨境兼并重组。积极研究出台外汇使用等支持融资租赁企业发展海外业务的政策。鼓励商业保险机构发展海外租赁保险业务，加大对海外租赁业务的支持保障力度。

（五）拓宽企业融资渠道。

引导融资租赁企业增加中长期资金来源，规避资金风险。支持融资租赁企业运用保理、上市、发行债券、信托、基金等方式拓宽融资渠道，降低融资成本。鼓励企业通过资产证券化等方式盘活租赁资产，创新融资模式。鼓励融资租赁企业加强与银行、信托等金融机构合作。支持设立融资租赁产业基金，引导民间资本加大投入。

（六）提高企业风险防范能力。

指导融资租赁企业加强风险控制体系和内控管理制度建设，建立健全客户风险评估机制，增强风险防范能力。强化资产管理能力，积极稳妥发展售后回租业务，严格控制经营风险。建立市场预警机制，定期发布行业发展报告，加强信息引导。推动建立融资租赁信用担保体系，支持担保公司开展融资租赁担保业务，鼓励保险公司开发租赁保险产品。

（七）加快融资租赁相关产业发展。

研究出台鼓励政策，加快建立程序标准化、规范化、高效运转的租赁物与二手设备流通市场，完善融资租赁资产退出机制。支持专业咨询、技术服务、鉴定评估等相关服务业发展。

四、保障措施

（一）进一步加强行业管理。

积极推动建立统一的融资租赁行业管理制度，进一步加强行业指导与管理。加快内资融资租赁试点工作，完善试点工作机制，建立试点企业评估和退出制度，积极引导外资开展融资租赁业务。建立融资租赁企业管理信息系统，强化监管手段，完善行业监管机制。各地商务主管部门要充分发挥作用，会同有关部门加强市场监管，及时研究解决行业发展中出现的新情况、新问题，为行业持续、快速、健康发展创造良好条件。

（二）完善法律法规和政策体系。

加强融资租赁业法制建设，推动出台融资租赁业专项法律法规和部门规章，推动建立租赁物登记制度，积极解决法律法规不健全、不配套问题。加强与有关部门沟通协调，研究出台税收抵免、加速折旧、出口退税等各项财税政策。各地商务主管部门要加强协调，结合本地区实际研究制订促进融资租赁业发展的政策措施。

（三）建立健全行业统计和标准化体系。

逐步建立统一、全面的融资租赁业统计制度和评价指标体系，完善融资租赁业统计方法，提高统计数据的准确性和及时性。建立部门间、地区间、协会间信息共享机制，加强统计信息交流与成果应用，提高对行业发展的引导作用。建立融资租赁行业标准化体系，制订融资租赁交易、二手设备流通、租赁物分类评估等行业标准，加强标准实施宣贯，提高融资租赁业标准化、规范化水平。

（四）提高融资租赁社会认知度。

利用传统媒体、网络媒体等多种渠道，加大融资租赁理念和知识的宣传和普及，不断提高融资租赁业的社会影响力和认知度，为行业发展创造良好的舆论氛围。加强行业交流与国际合作，支持举办国内外研讨会等各类交流活动。

（五）加强行业组织和人才队伍建设。

充分发挥行业协会作用，推动设立全国性行业协会，完善地方行业协会组织。大力支持行业协会开展信息咨询、统计分析、预测预警、培训教育、经验推广、业务交流等工作，增强行业协会在行业自律、监督、协调、服务等方面的功能。加强人才队伍建设，研究建立从业人员资格认定和准入制度，积极推动高等院校设立融资租赁专业，支持企业组织从业人员开展法律、销售、税收、金融、财务会计等方面的基础培训，提高从业人员的综合素质，培养一批具有国际视野和专业能力的融资租赁人才。

商务部

二〇一一年十二月十五日

中华人民共和国国际海运条例实施细则（节录）

2003 年 1 月 20 日交通部发布，根据 2013 年 8 月 29 日交通运输部《关于修改〈中华人民共和国国际海运条例实施细则〉的决定》修正，交通运输部令 2013 年第 9 号

……

第二章　国际海上运输及其辅助性业务的经营者

……

第十三条　没有在中国港口开展国际班轮运输业务，但在中国境内承揽货物、签发提单或者其他运输单证、收取运费，通过租赁国际班轮运输经营者船舶舱位提供进出中国港口国际货物运输服务；或者利用国际班轮运输经营者提供的支线服务，在中国港口承揽货物后运抵外国港口中转的，应当按照本实施细则的有关规定，取得无船承运业务经营资格。但有《海运条例》第十四条第三款规定情形的除外。

……

第三章　国际海上运输及其辅助性业务经营活动

……

第二十四条　中国国际船舶运输经营者增加运营船舶，包括以光船租赁方式租用船舶增加运营船舶的，应当于投入运营前15日向交通运输部备案，取得备案证明文件。备案材料应当载明公司名称、注册地、船名、船舶国籍、船舶类型、船舶吨位、拟运营航线。

交通运输部收到备案材料后，应当在3个工作日内出具备案证明文件。

……

融资租赁企业监督管理办法

商流通发〔2013〕337号

第一章　总　则

第一条　为促进我国融资租赁业健康发展，规范融资租赁企业的经营行为，防范经营风险，根据《合同法》、《物权法》、《公司法》等法律法规及商务部有关规定，制订本办法。

第二条　本办法所称融资租赁企业是指根据商务部有关规定从事融资租赁业务的企业。

本办法所称融资租赁业务是指出租人根据承租人对出卖人、租赁物的选择，向出卖人购买租赁物，提供给承租人使用，承租人支付租金的交易活动。

融资租赁直接服务于实体经济，在促进装备制造业发展、中小企业融资、企业技术升级改造、设备进出口、商品流通等方面具有重要的作用，是推动产融结合、发展实体经济的重要手段。

第三条　融资租赁企业应具备与其业务规模相适应的资产规模、资金实力和风险管控能力。申请设立融资租赁企业的境外投资者，还须符合外商投资的相关规定。

第四条　融资租赁企业应配备具有金融、贸易、法律、会计等方面专业知识、技能和从业经验并具有良好从业记录的人员，拥有不少于三年融资租赁、租赁业务或金融机构运营管理经验的总经理、副总经理、风险控制主管等高管人员。

第五条　融资租赁企业开展经营活动，应当遵守中华人民共和国法律、法规、规章和本办法的规定，不得损害国家利益和社会公共利益。

第六条　商务部对全国融资租赁企业实施监督管理。省级商务主管部门负责监管本行政区域内的融资租赁企业。

本办法所称省级商务主管部门是指省、自治区、直辖市、计划单列市及新疆生产建设兵团商务主管部门。

第七条　鼓励融资租赁企业通过直接租赁等方式提供租赁服务，增强资产管理综合能力，开展专业化和差异化经营。

第二章　经营规则

第八条　融资租赁企业可以在符合有关法律、法规及规章规定的条件下采取直接租赁、转租赁、售后回租、杠杆租赁、委托租赁、联合租赁等形式开展融资租赁业务。

第九条　融资租赁企业应当以融资租赁等租赁业务为主营业务，开展与融资租赁和租赁业务相关的租赁财产购买、租赁财产残值处理与维修、租赁交易咨询和担保、向第三方机构转让应收账款、接受租赁保证金及经审批部门批准的其他业务。

第十条 融资租赁企业开展融资租赁业务应当以权属清晰、真实存在且能够产生收益权的租赁物为载体。

融资租赁企业不得从事吸收存款、发放贷款、受托发放贷款等金融业务。未经相关部门批准，融资租赁企业不得从事同业拆借等业务。严禁融资租赁企业借融资租赁的名义开展非法集资活动。

第十一条 融资租赁企业进口租赁物涉及配额、许可等管理的，应由购买租赁物方或产权所有方按有关规定办理相关手续。

融资租赁企业经营业务过程中涉及外汇管理事项的，应当遵守国家外汇管理有关规定。

第十二条 融资租赁企业应当按照相关规定，建立健全财务会计制度，真实记录和反映企业的财务状况、经营成果和现金流量。

第十三条 融资租赁企业应当建立完善的内部风险控制体系，形成良好的风险资产分类管理制度、承租人信用评估制度、事后追偿和处置制度以及风险预警机制等。

第十四条 为控制和降低风险，融资租赁企业应当对融资租赁项目进行认真调查，充分考虑和评估承租人持续支付租金的能力，采取多种方式降低违约风险，并加强对融资租赁项目的检查及后期管理。

第十五条 融资租赁企业应当建立关联交易管理制度。融资租赁企业在对承租人为关联企业的交易进行表决或决策时，与该关联交易有关联关系的人员应当回避。

融资租赁企业在向关联生产企业采购设备时，有关设备的结算价格不得明显低于该生产企业向任何第三方销售的价格或同等批量设备的价格。

第十六条 融资租赁企业对委托租赁、转租赁的资产应当分别管理，单独建账。融资租赁企业和承租人应对与融资租赁业务有关的担保、保险等事项进行充分约定，维护交易安全。

第十七条 融资租赁企业应加强对重点承租人的管理，控制单一承租人及承租人为关联方的业务比例，注意防范和分散经营风险。

第十八条 按照国家法律规定租赁物的权属应当登记的，融资租赁企业须依法办理相关登记手续。若租赁物不属于需要登记的财产类别，鼓励融资租赁企业在商务主管部门指定的系统进行登记，明示租赁物所有权。

第十九条 售后回租的标的物应为能发挥经济功能，并能产生持续经济效益的财产。融资租赁企业开展售后回租业务时，应注意加强风险防控。

第二十条 融资租赁企业不应接受承租人无处分权的、已经设立抵押的、已经被司法机关查封扣押的或所有权存在其他瑕疵的财产作为售后回租业务的标的物。

融资租赁企业在签订售后回租协议前，应当审查租赁物发票、采购合同、登记权证、付款凭证、产权转移凭证等证明材料，以确认标的物权属关系。

第二十一条 融资租赁企业应充分考虑并客观评估售后回租资产的价值，对标的物的买入价格应有合理的、不违反会计准则的定价依据作为参考，不得低值高买。

第二十二条 融资租赁企业的风险资产不得超过净资产总额的10倍。

第二十三条 融资租赁企业应严格按照国家有关规定按时缴纳各种税款，严禁偷逃税款或将非融资租赁业务作为融资租赁业务进行纳税。

第三章 监督管理

第二十四条 商务部及省级商务主管部门依照法律、法规、规章和商务部有关规定，依法履行监管职责。

各级商务主管部门在履行监管职责的过程中，应依法加强管理，对所知悉的企业商业秘密应严格保密。

第二十五条　省级商务主管部门应通过多种方式加强对融资租赁企业的监督管理，对企业经营状况及经营风险进行持续监测；加强监管队伍建设，按照监管要求和职责配备相关人员，加强业务培训，提高监管人员监管水平。

第二十六条　省级商务主管部门应当建立重大情况通报机制、风险预警机制和突发事件应急处置机制，及时、有效地处置融资租赁行业突发事件。

第二十七条　在日常监管中，省级商务主管部门应当重点对融资租赁企业是否存在吸收存款、发放贷款、超范围经营等违法行为进行严格监督管理。一旦发现应及时提报相关部门处理并将情况报告商务部。

第二十八条　省级商务主管部门要定期对企业关联交易比例、风险资产比例、单一承租人业务比例、租金逾期率等关键指标进行分析。对于相关指标偏高、潜在经营风险加大的企业应给予重点关注。

商务主管部门可以根据工作需要委托行业协会等中介组织协助了解有关情况。

第二十九条　省级商务主管部门应于每年6月30日前向商务部书面上报上一年度本行政区域内融资租赁企业发展情况以及监管情况。如发现重大问题应立即上报。

第三十条　商务部建立、完善“全国融资租赁企业管理信息系统”，运用信息化手段对融资租赁企业的业务活动、内部控制和风险状况等情况进行了解和监督管理，提高融资租赁企业经营管理水平和风险控制能力。

第三十一条　融资租赁企业应当按照商务部的要求使用全国融资租赁企业管理信息系统，及时如实填报有关数据。每季度结束后15个工作日内填报上一季度经营情况统计表及简要说明；每年4月30日前填报上一年经营情况统计表、说明，报送经审计机构审计的上一年度财务会计报告（含附注）。

第三十二条　融资租赁企业变更名称、异地迁址、增减注册资本金、改变组织形式、调整股权结构等，应事先通报省级商务主管部门。外商投资企业涉及前述变更事项，应按有关规定履行审批、备案等相关手续。

融资租赁企业应在办理变更工商登记手续后5个工作日内登录全国融资租赁企业管理信息系统修改上述信息。

第三十三条　商务主管部门要重视发挥行业协会作用，鼓励行业协会积极开展行业培训、从业人员资质认定、理论研究、纠纷调解等活动，支持行业协会加强行业自律和依法维护行业权益，配合主管部门进行行业监督管理，维护公平有序的市场竞争环境。

第三十四条　融资租赁企业如违反我国有关法律、法规、规章以及本办法相关规定的，按照有关规定处理。

第四章　附　则

第三十五条　本办法由商务部负责解释。

第三十六条　本办法自2013年10月1日起施行。

中国银监会关于中国（上海）自由贸易试验区银行业监管有关问题的通知（节录）

银监发〔2013〕40号

各银监局，各政策性银行、国有商业银行、股份制商业银行、金融资产管理公司，邮政储蓄银行，银监会直接监管的信托公司、企业集团财务公司、金融租赁公司：

根据党中央、国务院关于建设中国（上海）自由贸易试验区的决定，经国务院同意，现就自贸区内银行业监管有关问题通知如下：

……

二、……支持金融租赁公司在区内设立专业子公司。

……

2013年9月28日

国务院办公厅 关于加强影子银行监管有关问题的通知（节录）

国办发〔2013〕107号

……

（五）……典当行和融资租赁公司等非金融机构要严格界定业务范围，典当行业要回归典当主业，不得融资放大杠杆。融资租赁公司要依托适宜的租赁物开展业务，不得转借银行贷款和相应资产。

……

中国证监会 关于进一步推进证券经营机构创新发展的意见（节录）

证监发〔2014〕37号

……

（七）支持开展固定收益、外汇和大宗商品业务。加快债券产品创新，完善做市商交易机制。发展应收账款、融资租赁债权、基础设施收益权等资产证券化业务，积极探索开展信贷资产证券化业务。依法开展大宗商品和外汇的期现货交易。

……

2014年5月13日

中国人民银行关于使用融资租赁登记公示系统进行融资租赁交易查询的通知

银发〔2014〕93号

中国人民银行上海总部，各分行、营业管理部，省会（首府）城市中心支行，副省级城市中心支行；国家开发银行，各政策性银行，国有商业银行，股份制商业银行，中国邮政储蓄银行：

为保护融资租赁交易当事人和第三人的合法权益，促进资产支持融资行业的健康发展，维护金融资产安全，降低信贷交易风险，根据《中华人民共和国物权法》、《中华人民共和国合同法》和《中华人民共和国商业银行法》等法律法规，现就使用融资租赁登记公示系统进行融资租赁交易查询的有关事项通知如下：

一、中国人民银行征信中心建立的融资租赁登记公示系统（http://www.zhongdengwang.com），通过互联网为全国范围内的机构提供租赁物权利登记公示与查询服务。各单位要充分认识利用融资租赁登记公示系统进行融资租赁交易登记与查询在明确金融资产权属状况、预防交易风险、保护交易安全方面的积极意义。

二、融资租赁公司等租赁物权利人开展融资租赁业务时，可以在融资租赁登记公示系统办理融资租赁登记，公示融资租赁物权利状况，避免因融资租赁物占有与所有分离导致的租赁物权属冲突。

融资租赁公司等租赁物权利人，在融资租赁登记公示系统办理租赁物登记时，应按照中国人民银行征信中心发布的登记规则如实填写登记事项，公示融资租赁合同中载明的租赁物权属状况，并对登记内容的真实性、完整性和合法性负责。

三、银行等机构作为资金融出方在办理资产抵押、质押和受让等业务时，应当对抵押物、质物的权属和价值以及实现抵押权、质权的可行性进行严格审查，并登录融资租赁登记公示系统查询相关标的物的权属状况，以避免抵押物、质物为承租人不具有所有权的租赁物而影响金融债权的实现。

请中国人民银行分支机构将本通知转发至辖区内地方性金融机构，并加强组织协调，做好贯彻落实工作。执行过程中若发现问题，请及时报告中国人民银行。

商务部关于利用全国融资租赁企业管理信息系统进行租赁物登记查询等有关问题的公告

商务部 2014 年第 84 号

最高人民法院《关于审理融资租赁合同纠纷案件适用法律问题的解释》（法释〔2014〕3号，以下简称司法解释）已于 2014 年 3 月 1 日正式施行。为保护融资租赁交易当事人和第三人的合法权益，防范和规避企业经营风险，根据《中华人民共和国物权法》、《中华人民共和国合同法》等法律和《融资租赁企业监督管理办法》，现将利用全国融资租赁企业管理信息系统进行租赁物登记查询等有关问题公告如下：

一、全国融资租赁企业管理信息系统（http：//leasing.mofcom.gov.cn）是商务部建立的综合性融资租赁服务平台，可为内资融资租赁试点企业、外商投资融资租赁企业及相关企业、组织和个人提供公共信息、租赁物登记公示查询、交流合作等服务。按照司法解释第 9 条有关规定，为避免租赁物权属冲突，商务部将全国融资租赁企业管理信息系统作为租赁物登记公示和查询平台。

二、各融资租赁企业在开展融资租赁业务时，可及时通过商务部统一配发的账号和密钥，在全国融资租赁企业管理信息系统进行租赁物登记，公示租赁物权利状况，规避租赁物被非法出售、抵押等风险。

融资租赁企业在进行租赁物登记时，可以按照要求在合同登记表中完整、准确地将融资租赁合同中载明的租赁物权属状况进行登记，并对登记内容的真实性、完整性、准确性和合法性负责。租赁物名称、型号、唯一识别码等信息应当明确、易于识别。

为保护融资租赁企业商业秘密，系统仅对与租赁物权属关系有关的信息提供公开查询服务，其他涉及企业商业秘密的信息予以保密，不提供公开查询服务。

三、各融资租赁企业在受让物权，办理抵押、质押等业务，特别是开展售后回租业务时，可以登陆全国融资租赁企业管理信息系统对标的物权属状态进行查询，避免产生权属冲突，防止“一物多融”，维护交易安全。

四、其他企业、经济组织和社会公众在受让物权，办理抵押、质押或进行其他物权变动交易时，可以登陆全国融资租赁企业管理信息系统查询已经登记的融资租赁企业名录和租赁物权属状态，防止租赁物恶意转卖，规避交易风险。

五、各省级商务主管部门应高度重视租赁物登记公示工作，及时通知、督促本地区融资租赁企业利用全国融资租赁企业管理信息系统进行租赁物登记公示，依法保护自身合法权益，防范交易风险，维护交易安全。

商务部

2014 年 12 月 4 日

广州市人民政府办公厅
关于加强融资租赁企业风险防范工作的通知

穗府办函〔2014〕126 号

各区、县级市人民政府，市政府各部门、各直属机构，各融资租赁企业：

融资租赁业被誉为“新经济的促进者”，是重要的融资工具。各有关单位要把发展融资租赁业作为当前促进经济发展的重点工作，通过发展融资租赁业为更多的优质产业提供有力的资金支持。为促进我市融资租赁业健康发展，规范融资租赁企业（本通知所称融资租赁企业是指外商投资融资租赁公司、内资试点融资租赁公司和金融租赁公司）的经营行为，防范经营风险，根据商务部《融资租赁企业监督管理办法》（商流通发〔2013〕337 号）、《外商投资租赁业管理办法》（商务部令 2005 年第 5 号）及银监会《金融租赁公司管理办法》（银监会令 2014 年第 3 号）的有关规定，经市政府同意，现就加强融资租赁企业风险防控工作通知如下：

一、严格遵守国家有关管理办法，依法经营

（一）提高企业风险防控能力。融资租赁企业应具备与其业务规模相适应的资产规模、资金实力和风险管控能力。应当建立完善的内部风险控制体系，形成良好的风险资产分类管理制度、承租人信用评估制度、事后追偿和处置制度以及风险预警机制等。

（二）规范业务开展范围。除金融租赁公司可以吸收非银行股东 3 个月（含）以上定期存款外，其他融资租赁企业不得从事吸收存款、发放贷款、受托发放贷款等金融业务。严禁融资租赁企业借融资租赁的名义开展非法集资活动。

（三）强化租赁物权属登记。按照国家法律规定，租赁物的权属应当进行登记。我市融资租赁公司在开展融资租赁业务时，应按照《中国人民银行征信中心融资租赁登记规则》的规定，在中国人民银行征信中心融资租赁登记公示系统如实办理融资租赁登记，公示融资租赁合同中载明的融资租赁物权属状况，避免因融资租赁物占有与所有分离导致的租赁物权属冲突。融资租赁公司应对登记内容的真实性、完整性和合法性负责。融资租赁企业不应接受承租人无处分权的、已经设立抵押的、已经被司法机关查封扣押的或所有权存在其他瑕疵的财产作为售后回租业务的标的物。融资租赁企业在签订售后回

租协议前，应当审查租赁物发票、采购合同、登记权证、付款凭证、产权转移凭证等证明材料，以确认标的物权属关系。

二、开展行业自律，促进行业良性发展

支持广州融资租赁产业联盟（以下简称产业联盟）以及其他相关行业组织加强行业自律和依法维护行业权益，配合有关部门进行行业监督管理。

（一）建立融资租赁行业信息管理平台。依托产业联盟以及其他相关行业组织建立广州融资租赁行业信息管理平台，健全、完善行业信息统计体系，即时反馈市场信息和行业预警，市经贸委、外经贸局、金融办、国税局、地税局、工商局、人力资源和社会保障局和广州海关、国家外汇管理局广东省分局等各相关职能部门可提供相关数据，通过该管理平台实现信息共享，开展扁平化管理，有效地监督行业发展。同时，各相关职能部门为纳入管理平台的融资租赁企业提供绿色服务通道，引导融资租赁企业使用管理平台。

（二）积极推进行业自律公约。在广州范围内从事融资租赁的出租方、承租方、供货方企业必须遵守行业自律公约，共同推进行业自律，创造行业良好发展环境。任何单位和个人均有权向产业联盟以及其他相关行业组织检举会员企业违反行业自律公约的行为，产业联盟以及其他相关行业组织可根据检举开展调查，对违反行业自律公约、存在不良行为的企业、产业联盟以及其他相关行业组织可在行业内通报批评，并通过会刊、杂志、网站等媒体向社会披露不良信用信息和违规、违法行为，向有关部门提出采取依法处理措施的建议。

三、加强部门联动，提高监管效率

（一）明确部门职责。市经贸委、外经贸局、金融办等相关主管部门根据相关规定负责并配合省级商务主管部门、银监部门加强对融资租赁行业的监管。按照“谁批设机构，谁负责风险处置”的原则，市经贸委负责配合省级商务主管部门开展全市内资试点融资租赁公司监管和风险处置；市外经贸局负责配合省级商务主管部门开展全市外商投资融资租赁公司监管和风险处置；市金融办负责配合广东银监局开展全市金融租赁公司监管和风险处置。

（二）加强行业动态管理。内资试点融资租赁公司和外商投资融资租赁公司应当按照商务部的要求使用全国融资租赁企业管理信息系统，及时如实填报有关数据。融资租赁企业变更名称、异地迁址、增减注册资本金、改变组织形式、调整股权结构等，企业通报省级主管部门的同时，及时向市级相关主管部门和产业联盟以及其他相关行业组织通报。

（三）及时上报行业发展情况。在日常监管中，各市级有关部门应当重点对融资租赁企业是否存在非法集资、超范围经营等违法行为进行严格监督管理，对融资租赁企业违反规定和不配合监管等行为，一经发现应及时提交省级相关部门依法处理。

广州市人民政府办公厅

2014 年 9 月 10 日

第4章　市场准入类

金融租赁公司管理办法

中国银监会令 2014 年第 3 号

第一章　总　则

第一条　为促进融资租赁业务发展，规范金融租赁公司的经营行为，根据《中华人民共和国银行业监督管理法》、《中华人民共和国公司法》等法律法规，制定本办法。

第二条　本办法所称金融租赁公司，是指经银监会批准，以经营融资租赁业务为主的非银行金融机构。

金融租赁公司名称中应当标明“金融租赁”字样。未经银监会批准，任何单位不得在其名称中使用“金融租赁”字样。

第三条　本办法所称融资租赁，是指出租人根据承租人对租赁物和供货人的选择或认可，将其从供货人处取得的租赁物按合同约定出租给承租人占有、使用，向承租人收取租金的交易活动。

第四条　适用于融资租赁交易的租赁物为固定资产，银监会另有规定的除外。

第五条　本办法所称售后回租业务，是指承租人将自有物件出卖给出租人，同时与出租人签订融资租赁合同，再将该物件从出租人处租回的融资租赁形式。售后回租业务是承租人和供货人为同一人的融资租赁方式。

第六条　银监会及其派出机构依法对金融租赁公司实施监督管理。

第二章　机构设立、变更与终止

第七条　申请设立金融租赁公司，应当具备以下条件：

（一）有符合《中华人民共和国公司法》和银监会规定的公司章程；

（二）有符合规定条件的发起人；

（三）注册资本为一次性实缴货币资本，最低限额为 1 亿元人民币或等值的可自由兑换货币；

（四）有符合任职资格条件的董事、高级管理人员，并且从业人员中具有金融或融资租赁工作经历 3 年以上的人员应当不低于总人数的 50%；

（五）建立了有效的公司治理、内部控制和风险管理体系；

（六）建立了与业务经营和监管要求相适应的信息科技架构，具有支撑业务经营的必要、安全且合规的信息系统，具备保障业务持续运营的技术与措施；

（七）有与业务经营相适应的营业场所、安全防范措施和其他设施；

（八）银监会规定的其他审慎性条件。

第八条　金融租赁公司的发起人包括在中国境内外注册的具有独立法人资格的商业银行，在中国境内注册的、主营业务为制造适合融资租赁交易产品的大型企业，在中国境外注册的融资租赁公司以及银监会认可的其他发起人。

银监会认可的其他发起人是指除符合本办法第九条至第十一条规定的发起人以外的其他境内法人机构和境外金融机构。

第九条 在中国境内外注册的具有独立法人资格的商业银行作为金融租赁公司发起人，应当具备以下条件：

（一）满足所在国家或地区监管当局的审慎监管要求；

（二）具有良好的公司治理结构、内部控制机制和健全的风险管理体系；

（三）最近 1 年年末总资产不低于 800 亿元人民币或等值的可自由兑换货币；

（四）财务状况良好，最近 2 个会计年度连续盈利；

（五）为拟设金融租赁公司确定了明确的发展战略和清晰的盈利模式；

（六）遵守注册地法律法规，最近 2 年内未发生重大案件或重大违法违规行为；

（七）境外商业银行作为发起人的，其所在国家或地区金融监管当局已经与银监会建立良好的监督管理合作机制；

（八）入股资金为自有资金，不得以委托资金、债务资金等非自有资金入股；

（九）承诺 5 年内不转让所持有的金融租赁公司股权、不将所持有的金融租赁公司股权进行质押或设立信托，并在拟设公司章程中载明；

（十）银监会规定的其他审慎性条件。

第十条 在中国境内注册的、主营业务为制造适合融资租赁交易产品的大型企业作为金融租赁公司发起人，应当具备以下条件：

（一）有良好的公司治理结构或有效的组织管理方式；

（二）最近 1 年的营业收入不低于 50 亿元人民币或等值的可自由兑换货币；

（三）财务状况良好，最近 2 个会计年度连续盈利；

（四）最近 1 年年末净资产不低于总资产的 30%；

（五）最近 1 年主营业务销售收入占全部营业收入的 80% 以上；

（六）为拟设金融租赁公司确定了明确的发展战略和清晰的盈利模式；

（七）有良好的社会声誉、诚信记录和纳税记录；

（八）遵守国家法律法规，最近 2 年内未发生重大案件或重大违法违规行为；

（九）入股资金为自有资金，不得以委托资金、债务资金等非自有资金入股；

（十）承诺 5 年内不转让所持有的金融租赁公司股权、不将所持有的金融租赁公司股权进行质押或设立信托，并在拟设公司章程中载明；

（十一）银监会规定的其他审慎性条件。

第十一条 在中国境外注册的具有独立法人资格的融资租赁公司作为金融租赁公司发起人，应当具备以下条件：

（一）具有良好的公司治理结构、内部控制机制和健全的风险管理体系；

（二）最近 1 年年末总资产不低于 100 亿元人民币或等值的可自由兑换货币；

（三）财务状况良好，最近 2 个会计年度连续盈利；

（四）遵守注册地法律法规，最近 2 年内未发生重大案件或重大违法违规行为；

（五）所在国家或地区经济状况良好；

（六）入股资金为自有资金，不得以委托资金、债务资金等非自有资金入股；

（七）承诺 5 年内不转让所持有的金融租赁公司股权、不将所持有的金融租赁公司股权进行质押或设立信托，并在拟设公司章程中载明；

（八）银监会规定的其他审慎性条件。

第十二条 金融租赁公司至少应当有一名符合第九条至第十一条规定的发起人，且其出资比例不低于拟设金融租赁公司全部股本的 30%。

第十三条 其他境内法人机构作为金融租赁公司发起人，应当具备以下条件：

（一）有良好的公司治理结构或有效的组织管理方式；

（二）有良好的社会声誉、诚信记录和纳税记录；

（三）经营管理良好，最近2年内无重大违法违规经营记录；

（四）财务状况良好，且最近2个会计年度连续盈利；

（五）入股资金为自有资金，不得以委托资金、债务资金等非自有资金入股；

（六）承诺5年内不转让所持有的金融租赁公司股权，不将所持有的金融租赁公司股权进行质押或设立信托，并在公司章程中载明；

（七）银监会规定的其他审慎性条件；

其他境内法人机构为非金融机构的，最近1年年末净资产不得低于总资产的30%；

其他境内法人机构为金融机构的，应当符合与该类金融机构有关的法律、法规、相关监管规定要求。

第十四条 其他境外金融机构作为金融租赁公司发起人，应当具备以下条件：

（一）满足所在国家或地区监管当局的审慎监管要求；

（二）具有良好的公司治理结构、内部控制机制和健全的风险管理体系；

（三）最近1年年末总资产原则上不低于10亿美元或等值的可自由兑换货币；

（四）财务状况良好，最近2个会计年度连续盈利；

（五）入股资金为自有资金，不得以委托资金、债务资金等非自有资金入股；

（六）承诺5年内不转让所持有的金融租赁公司股权、不将所持有的金融租赁公司股权进行质押或设立信托，并在公司章程中载明；

（七）所在国家或地区金融监管当局已经与银监会建立良好的监督管理合作机制；

（八）具有有效的反洗钱措施；

（九）所在国家或地区经济状况良好；

（十）银监会规定的其他审慎性条件。

第十五条 有以下情形之一的企业不得作为金融租赁公司的发起人：

（一）公司治理结构与机制存在明显缺陷；

（二）关联企业众多、股权关系复杂且不透明、关联交易频繁且异常；

（三）核心主业不突出且其经营范围涉及行业过多；

（四）现金流量波动受经济景气影响较大；

（五）资产负债率、财务杠杆率高于行业平均水平；

（六）其他对金融租赁公司产生重大不利影响的情况。

第十六条 金融租赁公司发起人应当在金融租赁公司章程中约定，在金融租赁公司出现支付困难时，给予流动性支持；当经营损失侵蚀资本时，及时补足资本金。

第十七条 金融租赁公司根据业务发展的需要，经银监会批准，可以设立分公司、子公司。设立分公司、子公司的具体条件由银监会另行制定。

第十八条 金融租赁公司董事和高级管理人员实行任职资格核准制度。

第十九条 金融租赁公司有下列变更事项之一的，须报经银监会或其派出机构批准。

（一）变更公司名称；

（二）变更组织形式；

（三）调整业务范围；

（四）变更注册资本；

（五）变更股权或调整股权结构；

（六）修改公司章程；

（七）变更公司住所或营业场所；

（八）变更董事和高级管理人员；

（九）合并或分立；

（十）银监会规定的其他变更事项。

第二十条　金融租赁公司变更股权及调整股权结构，拟投资入股的出资人需符合本办法第八条至第十六条规定的新设金融租赁公司发起人条件。

第二十一条　金融租赁公司有以下情况之一的，经银监会批准可以解散：

（一）公司章程规定的营业期限届满或者公司章程规定的其他解散事由出现；

（二）股东决定或股东（大）会决议解散；

（三）因公司合并或者分立需要解散；

（四）依法被吊销营业执照、责令关闭或者被撤销；

（五）其他法定事由。

第二十二条　金融租赁公司有以下情形之一的，经银监会批准，可以向法院申请破产：

（一）不能支付到期债务，自愿或债权人要求申请破产的；

（二）因解散或被撤销而清算，清算组发现财产不足以清偿债务，应当申请破产的。

第二十三条　金融租赁公司不能清偿到期债务，并且资产不足以清偿全部债务或者明显缺乏清偿能力的，银监会可以向人民法院提出对该金融租赁公司进行重整或者破产清算的申请。

第二十四条　金融租赁公司因解散、依法被撤销或被宣告破产而终止的，其清算事宜，按照国家有关法律法规办理。

第二十五条　金融租赁公司设立、变更、终止和董事及高管人员任职资格核准的行政许可程序，按照银监会相关规定执行。

第三章　业务范围

第二十六条　经银监会批准，金融租赁公司可以经营下列部分或全部本外币业务：

（一）融资租赁业务；

（二）转让和受让融资租赁资产；

（三）固定收益类证券投资业务；

（四）接受承租人的租赁保证金；

（五）吸收非银行股东 3 个月（含）以上定期存款；

（六）同业拆借；

（七）向金融机构借款；

（八）境外借款；

（九）租赁物变卖及处理业务；

（十）经济咨询。

第二十七条　经银监会批准，经营状况良好、符合条件的金融租赁公司可以开办下列部分或全部本外币业务：

（一）发行债券；

（二）在境内保税地区设立项目公司开展融资租赁业务；

（三）资产证券化；

（四）为控股子公司、项目公司对外融资提供担保；

（五）银监会批准的其他业务。

金融租赁公司开办前款所列业务的具体条件和程序，按照有关规定执行。

第二十八条 金融租赁公司业务经营中涉及外汇管理事项的，需遵守国家外汇管理有关规定。

第四章 经营规则

第二十九条 金融租赁公司应当建立以股东或股东（大）会、董事会、监事（会）、高级管理层等为主体的组织架构，明确职责划分，保证相互之间独立运行、有效制衡，形成科学高效的决策、激励和约束机制。

第三十条 金融租赁公司应当按照全面、审慎、有效、独立原则，建立健全内部控制制度，防范、控制和化解风险，保障公司安全稳健运行。

第三十一条 金融租赁公司应当根据其组织架构、业务规模和复杂程度建立全面的风险管理体系，对信用风险、流动性风险、市场风险、操作风险等各类风险进行有效的识别、计量、监测和控制，同时还应当及时识别和管理与融资租赁业务相关的特定风险。

第三十二条 金融租赁公司应当合法取得租赁物的所有权。

第三十三条 租赁物属于国家法律法规规定所有权转移必须到登记部门进行登记的财产类别，金融租赁公司应当进行相关登记。租赁物不属于需要登记的财产类别，金融租赁公司应当采取有效措施保障对租赁物的合法权益。

第三十四条 售后回租业务的租赁物必须由承租人真实拥有并有权处分。金融租赁公司不得接受已设置任何抵押、权属存在争议或已被司法机关查封、扣押的财产或所有权存在瑕疵的财产作为售后回租业务的租赁物。

第三十五条 金融租赁公司应当在签订融资租赁合同或明确融资租赁业务意向的前提下，按照承租人要求购置租赁物。特殊情况下需提前购置租赁物的，应当与自身现有业务领域或业务规划保持一致，且与自身风险管理能力和专业化经营水平相符。

第三十六条 金融租赁公司应当建立健全租赁物价值评估和定价体系，根据租赁物的价值、其他成本和合理利润等确定租金水平。

售后回租业务中，金融租赁公司对租赁物的买入价格应当有合理的、不违反会计准则的定价依据作为参考，不得低值高买。

第三十七条 金融租赁公司应当重视租赁物的风险缓释作用，密切监测租赁物价值对融资租赁债权的风险覆盖水平，制定有效的风险应对措施。

第三十八条 金融租赁公司应当加强租赁物未担保余值的估值管理，定期评估未担保余值，并开展减值测试。当租赁物未担保余值出现减值迹象时，应当按照会计准则要求计提减值准备。

第三十九条 金融租赁公司应当加强未担保余值风险的限额管理，根据业务规模、业务性质、复杂程度和市场状况，对未担保余值比例较高的融资租赁资产设定风险限额。

第四十条 金融租赁公司应当加强对租赁期限届满返还或因承租人违约而取回的租赁物的风险管理，建立完善的租赁物处置制度和程序，降低租赁物持有期风险。

第四十一条 金融租赁公司应当严格按照会计准则等相关规定，真实反映融资租赁资产转让和受让业务的实质和风险状况。

第四十二条 金融租赁公司应当建立健全集中度风险管理体系，有效防范和分散经营风险。

第四十三条 金融租赁公司应当建立严格的关联交易管理制度，其关联交易应当按照商业原则，以不优于非关联方同类交易的条件进行。

第四十四条 金融租赁公司与其设立的控股子公司、项目公司之间的交易，不适用本办法对关联交易的监管要求。

第四十五条　金融租赁公司的重大关联交易应当经董事会批准。

重大关联交易是指金融租赁公司与一个关联方之间单笔交易金额占金融租赁公司资本净额5%以上，或金融租赁公司与一个关联方发生交易后金融租赁公司与该关联方的交易余额占金融租赁公司资本净额10%以上的交易。

第四十六条　金融租赁公司所开展的固定收益类证券投资业务，不得超过资本净额的20%。

第四十七条　金融租赁公司开办资产证券化业务，可以参照信贷资产证券化相关规定。

第五章　监督管理

第四十八条　金融租赁公司应当遵守以下监管指标的规定：

（一）资本充足率。金融租赁公司资本净额与风险加权资产的比例不得低于银监会的最低监管要求。

（二）单一客户融资集中度。金融租赁公司对单一承租人的全部融资租赁业务余额不得超过资本净额的30%。

（三）单一集团客户融资集中度。金融租赁公司对单一集团的全部融资租赁业务余额不得超过资本净额的50%。

（四）单一客户关联度。金融租赁公司对一个关联方的全部融资租赁业务余额不得超过资本净额的30%。

（五）全部关联度。金融租赁公司对全部关联方的全部融资租赁业务余额不得超过资本净额的50%。

（六）单一股东关联度。对单一股东及其全部关联方的融资余额不得超过该股东在金融租赁公司的出资额，且应同时满足本办法对单一客户关联度的规定。

（七）同业拆借比例。金融租赁公司同业拆入资金余额不得超过资本净额的100%。

经银监会认可，特定行业的单一客户融资集中度和单一集团客户融资集中度要求可以适当调整。

银监会根据监管需要可以对上述指标做出适当调整。

第四十九条　金融租赁公司应当按照银监会的相关规定构建资本管理体系，合理评估资本充足状况，建立审慎、规范的资本补充、约束机制。

第五十条　金融租赁公司应当按照监管规定建立资产质量分类制度。

第五十一条　金融租赁公司应当按照相关规定建立准备金制度，在准确分类的基础上及时足额计提资产减值损失准备，增强风险抵御能力。未提足准备的，不得进行利润分配。

第五十二条　金融租赁公司应当建立健全内部审计制度，审查评价并改善经营活动、风险状况、内部控制和公司治理效果，促进合法经营和稳健发展。

第五十三条　金融租赁公司应当执行国家统一的会计准则和制度，真实记录并全面反映财务状况和经营成果等信息。

第五十四条　金融租赁公司应当按规定报送会计报表及银监会及其派出机构要求的其他报表，并对所报报表、资料的真实性、准确性和完整性负责。

第五十五条　金融租赁公司应当建立定期外部审计制度，并在每个会计年度结束后的4个月内，将经法定代表人签名确认的年度审计报告报送银监会或其派出机构。

第五十六条　金融租赁公司违反本办法有关规定的，银监会及其派出机构应当依法责令限期整改；逾期未整改的，或者其行为严重危及该金融租赁公司的稳健运行、损害客户合法权益的，可以区别情形，依照《中华人民共和国银行业监督管理法》等法律法规，采取暂停业务、限制股东权利等监管措施。

第五十七条 金融租赁公司已经或者可能发生信用危机，严重影响客户合法权益的，银监会依法对其实行托管或者督促其重组，问题严重的，有权予以撤销。

第五十八条 凡违反本办法有关规定的，银监会及其派出机构依照《中华人民共和国银行业监督管理法》等有关法律法规进行处罚。金融租赁公司对处罚决定不服的，可以依法申请行政复议或者向人民法院提起行政诉讼。

第六章 附 则

第五十九条 除特别说明外，本办法中各项财务指标要求均为合并会计报表口径。

第六十条 本办法由银监会负责解释。

第六十一条 本办法自公布之日起施行，原《金融租赁公司管理办法》（中国银行业监督管理委员会令 2007 年第 1 号）同时废止。

中国银监会关于金融租赁公司在境内保税地区设立项目公司开展融资租赁业务有关问题的通知

银监发〔2010〕2 号

各银监局，中国外贸金融租赁公司：

为促进金融租赁公司融资租赁业务创新，加强监管和防范风险，根据《中华人民共和国银行业监督管理法》、《中华人民共和国公司法》等法律法规和相关规定，现就金融租赁公司在境内保税地区设立项目公司开展融资租赁业务的有关问题通知如下：

一、本通知所称项目公司，是指金融租赁公司依照相关法律法规在境内保税地区为从事融资租赁业务而专门设立的租赁项目子公司。

二、金融租赁公司在境内保税地区设立的项目公司可开展融资租赁以及与融资租赁相关的进出口业务、接受承租人的租赁保证金、受让和转让应收租赁款、向金融机构借款、境外外汇借款、租赁物品残值变卖及处理、经济咨询等业务，以及经中国银监会批准的其他业务。

三、金融租赁公司在境内保税地区设立的项目公司可以购买的设备类型包括飞机（含备用发动机）、船舶、海洋工程结构物以及经中国银监会认可的其他设备资产。

四、金融租赁公司在境内保税地区设立的项目公司开展融资租赁业务，应遵守境内保税地区有关海关监管、税收、外汇管理等法律法规及相关规定。

五、金融租赁公司在境内保税地区设立项目公司开展融资租赁业务应经中国银监会批准取得业务资格。

六、金融租赁公司申请在境内保税地区设立项目公司开展融资租赁业务资格，应具备以下条件：

（一）资本充足率不低于 8%；

（二）提足各项损失准备金后的净资产不低于 10 亿元人民币；

（三）具备健全的公司治理、内控制度和风险管理机制，且执行良好；

（四）具备开办业务所需要的有相关经验的专业人员、会计核算系统和信息管理系统；

（五）制定了开办业务所需的业务操作流程、风险管理、内控制度和会计核算制度，并经董事会批准；

（六）最近三年内无重大违法违规经营记录；

（七）银监会规定的其他审慎性条件。

七、金融租赁公司申请在境内保税地区设立项目公司开展融资租赁业务资格，应向中国银监会报送以下材料（一式三份）：

（一）申请书；

（二）可行性分析报告；

（三）设立项目公司开展融资租赁的业务管理制度，必须包括对业务操作流程、风险管理、内部控制、会计核算、信息披露等内容的相关规定；

（四）经办业务的有关人员名单、拟承担工作职责及简历；

（五）金融租赁公司最近两年的年度审计报告；

（六）董事会同意在境内保税地区设立项目公司开展融资租赁业务的决议；

（七）公司对提交材料真实性及依法合规开展业务的承诺书；

（八）银监会要求提交的其他文件和资料。

八、金融租赁公司申请在境内保税地区设立项目公司开展融资租赁业务资格的审批程序按照《非银行金融机构行政许可事项实施办法》中申请开办新业务的有关规定执行。

九、取得业务资格的金融租赁公司在境内保税地区设立项目公司时，应在项目公司签订租赁合同后十五个工作日内向中国银监会或其派出机构报告，包括项目可行性分析报告、项目公司章程、负责该项目的人员情况、律师事务所对项目公司项下融资租赁项目或相关合同文本出具的法律意见书以及中国银监会或其派出机构要求提交的其他文件和材料。

十、每个项目公司对应一笔租赁合同；每个项目公司实行单独管理，单独核算。项目公司存续期间的各项收入和成本、开支应遵循租赁项目相关的合同约定。

十一、金融租赁公司应定期检查项目公司的经营情况，对项目公司项下设备资产的运营情况实施有效的风险监控。

十二、项目公司的会计核算应遵守《企业会计准则》的相关规定。

十三、金融租赁公司应在公司年度财务会计报告附注中单独说明在境内保税地区设立项目公司有关情况，并由外部审计事务所对金融租赁公司在境内保税地区设立项目公司开展融资租赁业务出具专项审计意见。

十四、金融租赁公司应将项目公司业务纳入中国银监会监管报表的统计范围，并根据中国银监会要求填报与项目公司相关的专项报表。

十五、金融租赁公司按季度以专项报告形式向中国银监会及其派出机构报送设立项目公司开展融资租赁业务的相关情况，包括报告期内新设、存续和关闭项目公司情况；租赁资产类型和规模；财务状况和经营成果；经营环境和风险分析；运行管理和风险控制措施。

十六、项目公司履行租赁合同完毕或发生重大事项，包括股权转让、资产出售、标的物损毁、灭失等重大损失及发生诉讼情况，金融租赁公司应在十个工作日内向中国银监会或其派出机构报告。

十七、项目公司项下与租赁业务有关的合同履行完毕后，金融租赁公司应及时解散项目公司。金融租赁公司负责组织清算组进行清算，并于清算工作结束后十五个工作日内向中国银监会报告。

十八、金融租赁公司设立的所有项目公司的资本金之和不能超过其公司净资产（合并报表口径）的50%。

十九、金融租赁公司违反本通知规定开展业务，或者因未采取有效风险管理措施致使相关业务出现重大风险和损失的，中国银监会依法暂停或取消其业务资格，并依据《中华人民共和国银行业监督管理法》、《金融租赁公司管理办法》的有关规定进行处罚。

二十、本通知所称融资租赁同《金融租赁公司管理办法》的定义，根据《企业会计准则第21号——租赁》在会计上可分为融资性租赁和经营性租赁。

二十一、本通知所称境内保税地区，是指经国务院批准设立、实行封闭管理，货物出区进入国内销售按货物进口的有关规定办理报关手续，并按货物实际状态征税，国内货物入港视同出口，实行退税的保税港区、综合保税区等特殊海关监管地区。

请各银监局将本通知转发至辖内金融租赁公司。

二〇一〇年一月十三日

商务部关于鼓励和引导民间资本进入商贸流通领域的实施意见（节录）

商流通发〔2012〕207号

……

（三）支持民间资本发展融资租赁业务。加快融资租赁业立法步伐，建立健全行业标准体系，完善金融、财政、税务、外汇、海关等政策，加强行业监管，支持符合条件的民营企业规范发展融资租赁业务。鼓励民营融资租赁企业为中小微企业、“三农”企业提供交通运输工具、生产设备、工程机械、农用机械等融资租赁服务，通过设备融资租赁方式参与铁路、电信、电力、石油天然气、水利工程等基础产业建设。支持民营融资租赁企业加强与各类金融机构合作，拓宽融资渠道。

……

商务部

二〇一二年六月十八日

商务部办公厅关于加强和改善外商投资融资租赁公司审批与管理工作的通知

各省、自治区、直辖市、计划单列市及新疆生产建设兵团商务主管部门：

近年来，外商投资融资租赁公司快速发展，投资主体日趋多元化，服务领域不断扩大，业务模式不断创新，成为有效利用国内外资金、合理配置资源的重要载体和平台。为加强对各地审批外商投资融资租赁公司的工作指导，促进行业健康发展，现就有关事项通知如下：

一、各地商务主管部门在当年度本行政区域内外商投资企业联合年检中对2010年6月以后设立的外商投资融资租赁公司加强信息统计与后续核查。各地应按照商务部《外商投资租赁业管理办法》（以下简称《管理办法》）的要求，在每年6月30日之前（2013年度为8月15日之前）将本行政区域内外资融资租赁公司上一年的业务经营情况报告（具体格式见附件1）和经会计师事务所审计的财务报告汇总报送商务部（外资司）。

二、中国外商投资企业协会租赁业工作委员会（以下简称租赁委）具体负责报送材料的收集、核对和汇总工作。因特殊情况不能在规定日期前报送的，应及时告知租赁委。

三、商务部网站（外资司子站“结果公开”栏目）将公布已按要求报送材料的企业名单。未在商务部网站公示的外资融资租赁公司，各地不得为其办理后续变更手续。

四、对在上一会计年度内未开展实质性融资租赁业务、年检不合格以及发生违法违规行为的企业，各地应责令其整改，并将整改情况及时报商务部（外资司）。

五、各地在审批外资融资租赁公司时，要切实履行外商投资租赁业行业主管和外资主管部门职责，参照《外商投资融资租赁公司准入审批指引》（见附件 2）开展工作，加强外资融资租赁公司的后续管理，指导企业积极稳妥地开展各项业务。

六、外资融资租赁公司不得从事吸收存款、发放贷款、受托发放贷款等活动；未经相关部门批准，不得从事同业拆借、股权投资等业务。

七、为有效防范财政金融风险，根据《国务院关于加强地方政府融资平台公司管理有关问题的通知》（国发〔2010〕19 号），外资融资租赁公司不得以任何形式为承担政府公益性项目的地方政府融资平台公司提供直接或间接融资。

各地在执行中有何情况及问题，请及时向商务部（外资司）反映。

外资司联系人：孟醒　　电话：010-65197893

传真：010-65197322

租赁委联系人：刘开利　　电话：010-85226254

传真：010-85226283　　电邮：lkaili@clba.org.cn

附件 1. 外商投资融资租赁公司经营情况统计表

2. 外商投资融资租赁公司准入审批指引

商务部办公厅

2013 年 7 月 11 日

附件 1

外商投资融资租赁公司经营情况统计表

（______ 年度）单位：　万元　公司名称：

项目	数量	金额
本期新签融资租赁合同		
其中：直接租赁		
出售回租		
融资租赁合同余额金额		
收入		
其中：融资租赁业务收入		
租赁业务收入		
其中：实现利润		
缴纳税收		
总资产		
其中：融资租赁资产		

续表

其中：交通运输设备	
印刷设备	
工程机械设备	
医疗设备	
办公设备	
其他设备	
未实现租金	
逾期租金	
其中：对股东逾期租金	
逾期一年以上租金	
总负债	
其中：对股东负债	
银行贷款	
保证金	
委托资金	
外债余额	
其中：外债直接登记额	
外债转贷登记额	
从业人数	

附件 2

外商投资融资租赁公司准入审批指引

一、申报条件

（一）关于投资者资格：

1. 申请设立融资租赁公司的投资者须为公司、企业或其他经济组织。外方投资者或其境外母公司应资信良好，在境外已合法注册并从事实质性经营活动。

2. 投资各方应向审批机关提供投资各方经会计师事务所审计的最近一年的审计报告，审计报告显示资不抵债的不符合申请资格。外方投资者的总资产不得低于 500 万美元。

3. 存续未满一年的投资者暂不具备申报条件。符合条件的外方投资者境外母公司以其全资拥有的境外子公司（SPV）名义投资设立融资租赁公司，可不要求存续满一年。

（二）关于从业人员任职资格：

1.《外商投资租赁业管理办法》第九条第（三）款所述“专业人员”指具备履职所需的金融、贸易、法律、会计、工程技术管理等方面专业知识、技能和从业经验，有良好的从业记录的人员。

2. “高级管理人员”指总经理（副总经理）、业务主管、财务主管、风险控制主管以及运营主管。

3. “具有相应专业资质”指具备其分管业务领域专业知识并且取得本行业主管机构或权威机构颁发的相关执业证照，一般具备本科以上学历。

4. “不少于三年的从业经验”指三年以上融资租赁公司或相关金融机构的管理经验。

二、申报材料

（一）对新设立外商投资融资租赁公司的申请，应注意审查所提交的可行性研究报告内容是否完整，是否涵盖了拟设公司的未来业务发展规划、拟开展业务的行业和领域、组织管理架构、效益分析以及风险控制能力分析等主要内容。

（二）对已设立外商投资融资租赁公司的增资申请，应注意核查原注册资本是否已全部到位，并要求公司对运营及已开展业务情况、增资资金具体用途等进行如实说明。

（三）同一投资者及其母公司在境内设立两家以上融资租赁公司，须提供已设立融资租赁公司的审计报告、验资报告（须按期到位）、业务情况说明。新设公司的业务领域应与已设公司有明显区别。

三、审核要点

（一）外商投资融资租赁公司名称中须注明“融资租赁”字样，名称及经营范围中不得含有“金融租赁”字样。

（二）融资租赁公司可以经营与租赁交易相关的担保业务，但不得为主营业务，且企业名称中不得有“担保”字样。

（三）应要求境外投资者如实披露实际投资人的背景信息，严格审查其境外资产情况。

（四）合营合同/章程无需规定“投资总额”，批复文件及批准证书中也无“投资总额”项；注册资本不低于1000万美元。

（五）外商投资比例不得低于25%。

（六）合营合同中规定分期缴付出资的，外方投资者第一期出资不得低于认缴出资额的15%，且应在营业执照签发之日起三个月内缴清。在实缴投资额未达到认缴的全部出资额前，外方投资者不得取得企业决策权，不得将其在企业中的权益、资产以合并报表的方式纳入该投资者的财务报表。

（七）经营期限一般不超过30年。

商务部办公厅关于融资租赁行业推广中国（上海）自由贸易试验区可复制改革试点经验的通知

为贯彻落实《国务院关于推广中国（上海）自由贸易试验区可复制改革试点经验的通知》（国发〔2014〕65号）精神，推动融资租赁行业快速健康发展，商务部决定将中国（上海）自由贸易试验区融资租赁行业改革试点经验在全国范围内推广，允许融资租赁公司兼营与主营业务有关的商业保理业务，融资租赁公司设立子公司不设最低注册资本限制。现将有关事项通知如下：

一、做好规划引导

各地商务主管部门要做好本行政区域融资租赁行业规划引导和政策协调，充分认识融资租赁在推动产业创新升级、拓宽中小微企业融资渠道、带动新兴产业发展和促进经济结构调整等方面的重要作用，努力营造有利于融资租赁业发展的环境，推动本行政区域融资租赁业快速健康发展。

二、完善公共服务

各地商务主管部门要利用全国融资租赁企业管理信息系统，建立和完善本行政区域融资租赁行业统计制度，要求本行政区域内外资融资租赁企业及时、准确报送相关数据，通过对统计数据的分析掌握行业发展的趋势和内在规律，指导企业健康有序发展，定期发布本行政区域行业发展报告，提供更好的咨询服务。

三、加强行业监管

各地商务主管部门要按照商务部关于进一步完善行业监管制度的相关要求，利用信息化系统等多种监管手段，加强对重点环节以及吸收存款、发放贷款等违法违规行为的监督，及时了解企业经营状况，掌握企业各项业务合规情况，切实守住不发生系统性、区域性风险的底线。同时，要注重发挥本行政区域行业协会在规范企业经营行为、加强行业自律等方面的重要作用。

各地商务主管部门要严格要求融资租赁公司遵守《融资租赁企业监督管理办法》，以融资租赁等租赁业务为主营业务，兼营的商业保理业务与主营业务有关，在兼营商业保理业务时，参照商业保理行业管理相关规定执行。

商务部办公厅

2015 年 7 月 23 日

商务部关于支持自由贸易试验区创新发展的意见（节录）

商资发〔2015〕313 号

天津市、上海市、福建省、广东省商务主管部门：

为落实党中央、国务院部署，积极推进自由贸易试验区（以下简称自贸试验区）建设，发挥自贸试验区改革开放排头兵、创新发展先行者的作用，现提出以下意见：

……

三、降低投资准入门槛

（十一）支持自贸试验区所在地省级人民政府进一步简政放权，在法定职权范围内可依照法定程序，将省级商务部门外商投资、对外投资、融资租赁、典当、拍卖等管理权限委托给自贸试验区管理机构。商务部将做好业务指导和有关技术支持服务。

……

（十三）支持自贸试验区开展商业保理试点，探索适合商业保理发展的外汇管理模式，积极发展国际保理业务，充分发挥商业保理在扩大出口、促进流通、解决中小企业融资难等方面的积极作用。

……

（十五）支持自贸试验区内企业加大融资租赁业务创新力度，允许符合条件的融资租赁公司设立专业子公司；支持融资租赁公司在符合相关规定的前提下，设立项目公司经营大型设备、成套设备等融资租赁业务，并开展境内外租赁业务。允许注册在自贸试验区内的内资融资租赁企业享受与现行内资融资租赁试点企业同等待遇。

……

（二十）在自贸试验区内试点开展融资租赁管理改革，统一内外资融资租赁企业的管理模式，建立统一的现场监管、机构约谈、信息报送及核查等监管制度，探索建立登记备案、经营异常名录管理、监管评级等制度。

……

商务部

2015 年 8 月 25 日

中国银监会办公厅
关于金融租赁公司专业子公司管理暂行规定

银监办发〔2014〕198号

第一章　总　则

第一条　为提高金融租赁公司专业化经营管理水平，规范金融租赁公司设立专业子公司融资租赁业务行为，促进金融租赁行业健康发展，根据《中华人民共和国银行业监督管理法》、《中华人民共和国公司法》、《金融租赁公司管理办法》等法律法规，制定本规定。

第二条　本规定所称专业子公司，是指金融租赁公司依照相关法律法规在中国境内自由贸易区、保税地区及境外，为从事特定领域融资租赁业务而设立的专业化租赁子公司。

本规定所称的特定领域，是指金融租赁公司已开展、且运营相对成熟的融资租赁业务领域，包括飞机、船舶以及经银监会认可的其他租赁业务领域。

专业子公司的名称，应当体现所属金融租赁公司以及所从事的特定融资租赁业务领域。

第二章　专业子公司设立、变更与终止

第一节　境内专业子公司

第三条　金融租赁公司申请设立境内专业子公司，应当具备以下条件：

（一）具有良好的公司治理结构，风险管理和内部控制健全有效；

（二）具有良好的并表管理能力；

（三）《金融租赁公司管理办法》规定的各项监管指标达标；

（四）权益性投资余额原则上不超过净资产（合并会计报表口径）的50%；

（五）在业务存量、人才储备等方面具备一定优势，在专业化管理、项目公司业务开展等方面具有成熟的经验，能够有效支持专业子公司开展特定领域的融资租赁业务；

（六）入股资金为自有资金，不得以委托资金、债务资金等非自有资金入股；

（七）遵守国家法律法规，最近2年内未发生重大案件或重大违法违规行为；

（八）银监会规定的其他审慎性条件。

第四条　金融租赁公司设立的境内专业子公司应当具备以下条件：

（一）有符合《中华人民共和国公司法》和银监会规定的公司章程；

（二）有符合规定条件的发起人；

（三）注册资本最低限额为5000万元人民币或等值的可自由兑换货币；

（四）有符合任职资格条件的董事、高级管理人员和熟悉融资租赁业务的从业人员；

（五）有健全的公司治理、内部控制和风险管理体系，以及与业务经营相适应的管理信息系统；

（六）有与业务经营相适应的营业场所、安全防范措施和其他设施；

（七）银监会规定的其他审慎性条件。

第五条　金融租赁公司设立境内专业子公司原则上应100%控股，有特殊情况需引进其他投资者的，金融租赁公司的持股比例不得低于51%。引进的其他投资者应符合《金融租赁公司管理办法》规定的金融租赁公司的发起人条件，且在专业子公司经营的特定领域有所专长，在业务开拓、租赁物管理等方面具有比较优势，有助于提升专业子公

司的业务拓展能力和风险管理水平。

第六条 金融租赁公司申请设立境内专业子公司须经筹建和开业两个阶段。金融租赁公司应在收到开业核准文件并领取金融许可证后，办理工商登记，领取营业执照。

第七条 境内专业子公司董事、高级管理人员实行任职资格核准制度。

第八条 金融租赁公司境内专业子公司有下列变更事项之一的，应报经银行业监督管理机构批准：

（一）变更公司名称；

（二）变更注册资本；

（三）变更股权或调整股权结构；

（四）修改公司章程；

（五）变更董事和高级管理人员；

（六）银监会规定的其他变更事项。

第九条 金融租赁公司境内专业子公司有以下情况之一的，经银监会批准可以解散：

（一）公司章程规定的营业期限届满或者其他解散事由出现；

（二）股东决定或股东（大）会决议解散；

（三）因合并或者分立需要解散；

（四）其他法定事由。

第二节 境外专业子公司

第十条 境外专业子公司的发起人为金融租赁公司。

第十一条 金融租赁公司申请设立境外专业子公司，除适用本规定第三条规定的条件外，还应当具备以下条件：

（一）确有业务发展需要，具备清晰的海外发展战略；

（二）内部管理水平和风险管控能力与境外业务发展相适应；

（三）具备与境外经营环境相适应的专业人才队伍；

（四）经营状况良好，最近2个会计年度连续盈利；

（五）所提申请符合有关国家或地区的法律法规。

第十二条 金融租赁公司申请设立境外专业子公司，需由银行业监督管理机构批准后，再按照拟注册地国家或地区的法律法规提出申请。

第十三条 境外专业子公司董事、高级管理人员实行任职资格核准制度。

第十四条 境外专业子公司发生本规定第八条第四项变更事项的，应在相关事项发生后十个工作日内，向金融租赁公司所在地银行业监督管理机构书面报备。本规定第八条其他变更事项和本规定第九条事项，应报经银行业监督管理机构批准。

第十五条 金融租赁公司应在境外专业子公司正式设立十五个工作日内向银监会及其派出机构报告，报告内容包括公司名称、成立时间、注册地点、注册资本、注资币种，以及银监会认为必要的其他内容。

第三章 业务经营规则

第十六条 金融租赁公司可以在其业务范围内，根据审慎经营原则对所设立专业子公司的业务范围进行授权，并报银行业监督管理机构备案。同业拆借和固定收益类证券投资业务不在授权范围内。

第十七条 专业子公司开展融资租赁业务所涉及领域，须与其公司名称中所体现的特定融资租赁业务领域相匹配。

第十八条 专业子公司可以在境外设立项目公司开展融资租赁业务。专业子公司在境外设立项目公司开展融资租赁业务时，应遵循项目公司所在地法律法规，并参照执行金融租赁公司在境内保税地区设立项目公司开展融资租赁业务的相关报告规定。

第十九条　境外专业子公司应在符合注册地国家或地区监管要求的前提下，开展本规定第十六、十八条规定的相关业务。

第二十条　专业子公司开展各类业务和关联交易时的具体要求和程序，按照金融租赁公司开展业务的有关规定执行。

第二十一条　专业子公司发行境外债券、设立的境外项目公司开展融资租赁业务后，应按季向所在地银监局及金融租赁公司所在地银监局报告。

第二十二条　专业子公司应按照金融租赁公司风险管理和内控要求进行管理，建立完善的法人治理组织架构，明确部门之间的职责划分，确保部门之间独立运行、有效制衡，形成科学、高效的决策、激励和约束机制。

第二十三条　专业子公司主要负责人原则上应由金融租赁公司的高级管理人员兼任。

第四章　监督管理

第二十四条　银监会及其派出机构依法对金融租赁公司专业子公司实施监督管理。

第二十五条　银监会对金融租赁公司专业子公司实施并表监管，金融租赁公司根据并表口径统一执行银监会针对金融租赁公司的相关监管指标要求。银监会可以根据监管需要，针对专业子公司制定具体监管规定。

第二十六条　境内专业子公司资本净额与风险加权资产的比例不得低于银监会最低监管要求。

第二十七条　金融租赁公司应将下属专业子公司各项业务数据合并纳入统计范围，根据银监会要求填报有关报表。

第二十八条　境内专业子公司应当按规定向所在地银监局报送会计报表和银监会及其派出机构要求的其他报表，并对所报报表、资料的真实性、准确性和完整性负责。

第二十九条　金融租赁公司应按季度以专项报告形式向银监会或其派出机构报送下属专业子公司有关情况。报告内容包括业务开展情况和规模、财务状况和经营成果、经营环境和风险分析、运行管理和风险控制措施、境外负债和境内外项目公司业务情况等。

第三十条　专业子公司应参照银监会对金融租赁公司的相关规定，构建资本管理体系、资产质量分类制度、准备金制度和内部审计制度等。

第三十一条　境外专业子公司发生的重大事项，包括公司遭受的重大损失、发生的重大诉讼、所在国家或地区监管要求变化等情况，金融租赁公司应在十五个工作日内向银监会及其派出机构报告。

第三十二条　金融租赁公司违反本规定设立专业子公司，或者专业子公司违规经营的，银行业监督管理机构依据《中华人民共和国银行业监督管理法》、《金融租赁公司管理办法》等法律法规采取监管措施或实施处罚。

第三十三条　金融租赁公司在香港特别行政区、澳门特别行政区和台湾地区设立的专业子公司，比照本规定境外专业子公司进行管理。我国法律、行政法规另有规定的，依照其规定执行。

2014 年 7 月 11 日

中国银监会非银行金融机构行政许可事项实施办法（修订）（节录）

中国银监会令 2015 年第 6 号

第一章 总 则

第一条 为规范银监会及其派出机构非银行金融机构行政许可行为，明确行政许可事项、条件、程序和期限，保护申请人合法权益，根据《中华人民共和国银行业监督管理法》、《中华人民共和国行政许可法》等法律、行政法规及国务院的有关决定，制定本办法。

第二条 本办法所称非银行金融机构，包括经银监会批准设立的金融资产管理公司、企业集团财务公司、金融租赁公司、汽车金融公司、货币经纪公司、消费金融公司、境外非银行金融机构驻华代表处等机构。

第三条 银监会及其派出机构依照本办法和《中国银行业监督管理委员会行政许可实施程序规定》，对非银行金融机构实施行政许可。

第四条 非银行金融机构以下事项须经银监会及其派出机构行政许可：机构设立，机构变更，机构终止，调整业务范围和增加业务品种，董事和高级管理人员任职资格，以及法律、行政法规规定和国务院决定的其他行政许可事项。

第五条 申请人应按照《中国银监会非银行金融机构行政许可事项申请材料目录和格式要求》提交申请材料。

第二章 机构设立

……

第二节 金融租赁公司法人机构设立

第二十三条 设立金融租赁公司法人机构，应当具备以下条件：

（一）有符合《中华人民共和国公司法》和银监会规定的公司章程；

（二）有符合规定条件的发起人；

（三）注册资本为一次性实缴货币资本，最低限额为 1 亿元人民币或等值的可自由兑换货币；

（四）有符合任职资格条件的董事、高级管理人员，并且从业人员中具有金融或融资租赁工作经历 3 年以上的人员应当不低于总人数的 50%；

（五）建立了有效的公司治理、内部控制和风险管理体系；

（六）建立了与业务经营和监管要求相适应的信息科技架构，具有支撑业务经营的必要、安全且合规的信息系统，具备保障业务持续运营的技术与措施；

（七）有与业务经营相适应的营业场所、安全防范措施和其他设施；

（八）银监会规章规定的其他审慎性条件。

第二十四条 金融租赁公司的发起人包括在中国境内外注册的具有独立法人资格的商业银行，在中国境内注册的、主营业务为制造适合融资租赁交易产品的大型企业，在中国境外注册的融资租赁公司以及银监会认可的其他发起人。

银监会认可的其他发起人是指除符合本办法第二十五条至第二十七条规定的发起人以外的其他境内法人机构和境外金融机构。

第二十五条 在中国境内外注册的具有独立法人资格的商业银行作为金融租赁公司发起人，应当具备以下条件：

（一）满足所在国家或地区监管当局的审慎监管要求；

（二）具有良好的公司治理结构、内部控制机制和健全的风险管理体系；

（三）最近1年年末总资产不低于800亿元人民币或等值的可自由兑换货币；

（四）财务状况良好，最近2个会计年度连续盈利；

（五）为拟设立金融租赁公司确定了明确的发展战略和清晰的盈利模式；

（六）遵守注册地法律法规，最近2年内未发生重大案件或重大违法违规行为；

（七）境外商业银行作为发起人的，其所在国家或地区金融监管当局已经与银监会建立良好的监督管理合作机制；

（八）入股资金为自有资金，不得以委托资金、债务资金等非自有资金入股；

（九）承诺5年内不转让所持有的金融租赁公司股权（银监会依法责令转让的除外）、不将所持有的金融租赁公司股权进行质押或设立信托，并在拟设公司章程中载明；

（十）银监会规章规定的其他审慎性条件。

第二十六条　在中国境内注册的、主营业务为制造适合融资租赁交易产品的大型企业作为金融租赁公司发起人，应当具备以下条件：

（一）有良好的公司治理结构或有效的组织管理方式；

（二）最近1年的营业收入不低于50亿元人民币或等值的可自由兑换货币；

（三）财务状况良好，最近2个会计年度连续盈利；

（四）最近1年年末净资产不低于总资产的30%；

（五）最近1年主营业务销售收入占全部营业收入的80%以上；

（六）为拟设立金融租赁公司确定了明确的发展战略和清晰的盈利模式；

（七）有良好的社会声誉、诚信记录和纳税记录；

（八）遵守国家法律法规，最近2年内未发生重大案件或重大违法违规行为；

（九）入股资金为自有资金，不得以委托资金、债务资金等非自有资金入股；

（十）承诺5年内不转让所持有的金融租赁公司股权（银监会依法责令转让的除外）、不将所持有的金融租赁公司股权进行质押或设立信托，并在拟设公司章程中载明；

（十一）银监会规章规定的其他审慎性条件。

第二十七条　在中国境外注册的具有独立法人资格的融资租赁公司作为金融租赁公司发起人，应当具备以下条件：

（一）具有良好的公司治理结构、内部控制机制和健全的风险管理体系；

（二）最近1年年末总资产不低于100亿元人民币或等值的可自由兑换货币；

（三）财务状况良好，最近2个会计年度连续盈利；

（四）遵守注册地法律法规，最近2年内未发生重大案件或重大违法违规行为；

（五）所在国家或地区经济状况良好；

（六）入股资金为自有资金，不得以委托资金、债务资金等非自有资金入股；

（七）承诺5年内不转让所持有的金融租赁公司股权（银监会依法责令转让的除外）、不将所持有的金融租赁公司股权进行质押或设立信托，并在拟设公司章程中载明；

（八）银监会规章规定的其他审慎性条件。

第二十八条　金融租赁公司至少应当有一名符合第二十五条至第二十七条规定的发起人，且其出资比例不低于拟设金融租赁公司全部股本的30%。

第二十九条　其他境内法人机构作为金融租赁公司发起人，应当具备以下条件：

（一）有良好的公司治理结构或有效的组织管理方式；

（二）有良好的社会声誉、诚信记录和纳税记录；

（三）经营管理良好，最近2年内无重大违法违规经营记录；

（四）财务状况良好，最近2个会计年度连续盈利；

（五）入股资金为自有资金，不得以委托资金、债务资金等非自有资金入股；

（六）承诺5年内不转让所持有的金融租赁公司股权（银监会依法责令转让的除外）、不将所持有的金融租赁公司股权进行质押或设立信托，并在拟设公司章程中载明；

（七）银监会规章规定的其他审慎性条件。

其他境内法人机构为非金融机构的，最近1年年末净资产不得低于总资产的30%；

其他境内法人机构为金融机构的，应当符合与该类金融机构有关的法律、法规、监管规定要求。

第三十条 其他境外金融机构作为金融租赁公司发起人，应当具备以下条件：

（一）满足所在国家或地区监管当局的审慎监管要求；

（二）具有良好的公司治理结构、内部控制机制和健全的风险管理体系；

（三）最近1年年末总资产原则上不低于10亿美元或等值的可自由兑换货币；

（四）财务状况良好，最近2个会计年度连续盈利；

（五）入股资金为自有资金，不得以委托资金、债务资金等非自有资金入股；

（六）承诺5年内不转让所持有的金融租赁公司股权（银监会依法责令转让的除外）、不将所持有的金融租赁公司股权进行质押或设立信托，并在拟设公司章程中载明；

（七）所在国家或地区金融监管当局已经与银监会建立良好的监督管理合作机制；

（八）具有有效的反洗钱措施；

（九）所在国家或地区经济状况良好；

（十）银监会规章规定的其他审慎性条件。

第三十一条 有以下情形之一的企业不得作为金融租赁公司的发起人：

（一）公司治理结构与机制存在明显缺陷；

（二）关联企业众多、股权关系复杂且不透明、关联交易频繁且异常；

（三）核心主业不突出且其经营范围涉及行业过多；

（四）现金流量波动受经济景气影响较大；

（五）资产负债率、财务杠杆率高于行业平均水平；

（六）代他人持有金融租赁公司股权；

（七）其他对金融租赁公司产生重大不利影响的情况。

第三十二条 金融租赁公司发起人应当在金融租赁公司章程中约定，在金融租赁公司出现支付困难时，给予流动性支持；当经营损失侵蚀资本时，及时补足资本金。

第三十三条 单个出资人及其关联方投资入股的金融租赁公司不得超过2家，其中绝对控股不超过1家。

第三十四条 金融租赁公司设立须经筹建和开业两个阶段。

第三十五条 筹建金融租赁公司，应由出资比例最大的发起人作为申请人向拟设地银监局提交申请，由银监局受理并初步审查，银监会审查并决定。银监会自收到完整申请材料之日起4个月内作出批准或不批准的书面决定。

第三十六条 金融租赁公司的筹建期为批准决定之日起6个月。未能按期完成筹建的，应在筹建期限届满前1个月向银监会和拟设地银监局提交筹建延期报告。筹建延期不得超过一次，延长期限不得超过3个月。

申请人应在前款规定的期限届满前提交开业申请，逾期未提交的，筹建批准文件失效，由决定机关注销筹建许可。

第三十七条　金融租赁公司开业，应由出资比例最大的发起人作为申请人向拟设地银监局提交申请，由银监局受理、审查并决定。银监局自受理之日起2个月内作出核准或不予核准的书面决定，并抄报银监会。

第三十八条　申请人应在收到开业核准文件并领取金融许可证后，办理工商登记，领取营业执照。

金融租赁公司应当自领取营业执照之日起6个月内开业。不能按期开业的，应在开业期限届满前1个月向银监局提交开业延期报告。开业延期不得超过一次，延长期限不得超过3个月。

未在前款规定期限内开业的，开业核准文件失效，由决定机关注销开业许可，发证机关收回金融许可证，并予以公告。

……

第九节　金融租赁公司专业子公司设立

第八十一条　金融租赁公司申请设立境内专业子公司，应当具备以下条件：

（一）具有良好的公司治理结构，风险管理和内部控制健全有效；

（二）具有良好的并表管理能力；

（三）各项监管指标符合《金融租赁公司管理办法》的规定；

（四）权益性投资余额原则上不超过净资产（合并会计报表口径）的50%；

（五）在业务存量、人才储备等方面具备一定优势，在专业化管理、项目公司业务开展等方面具有成熟的经验，能够有效支持专业子公司开展特定领域的融资租赁业务；

（六）入股资金为自有资金，不得以委托资金、债务资金等非自有资金入股；

（七）遵守国家法律法规，最近2年内未发生重大案件或重大违法违规行为；

（八）监管评级良好；

（九）银监会规章规定的其他审慎性条件。

第八十二条　金融租赁公司设立境内专业子公司原则上应100%控股，有特殊情况需引进其他投资者的，金融租赁公司的持股比例不得低于51%。引进的其他投资者应符合本办法第二十四条至第二十七条以及第二十九条至第三十一条规定的金融租赁公司发起人条件，且在专业子公司经营的特定领域有所专长，在业务开拓、租赁物管理等方面具有比较优势，有助于提升专业子公司的业务拓展能力和风险管理水平。

第八十三条　金融租赁公司设立的境内专业子公司，应当具备以下条件：

（一）有符合《中华人民共和国公司法》和银监会规定的公司章程；

（二）有符合规定条件的发起人；

（三）注册资本最低限额为5000万元人民币或等值的可自由兑换货币；

（四）有符合任职资格条件的董事、高级管理人员和熟悉融资租赁业务的从业人员；

（五）有健全的公司治理、内部控制和风险管理体系，以及与业务经营相适应的管理信息系统；

（六）有与业务经营相适应的营业场所、安全防范措施和其他设施；

（七）银监会规章规定的其他审慎性条件。

第八十四条　金融租赁公司设立境内专业子公司须经筹建和开业两个阶段。

第八十五条　金融租赁公司筹建境内专业子公司，由金融租赁公司作为申请人向拟设地银监局提交申请，同时抄报金融租赁公司所在地银监局，由拟设地银监局受理并初步审查，银监会审查并决定。银监会自收到完整申请材料之日起2个月内作出批准或不批准的书面决定。拟设地银监局在将初审意见上报银监会之前应征求金融租赁公司所在地银监局的意见。

第八十六条 金融租赁公司境内专业子公司的筹建期为批准决定之日起6个月。未能按期完成筹建的，应在筹建期限届满前1个月向银监会和拟设地银监局提交筹建延期报告。筹建延期不得超过一次，延长期限不得超过3个月。

申请人应在前款规定的期限届满前提交开业申请，逾期未提交的，筹建批准文件失效，由决定机关注销筹建许可。

第八十七条 金融租赁公司境内专业子公司开业，应由金融租赁公司作为申请人向拟设地银监局提交申请，由拟设地银监局受理、审查并决定。银监局自受理之日起1个月内作出核准或不予核准的书面决定，并抄报银监会，抄送金融租赁公司所在地银监局。

第八十八条 申请人应在收到开业核准文件并领取金融许可证后，办理工商登记，领取营业执照。

境内专业子公司应当自领取营业执照之日起6个月内开业。不能按期开业的，应在开业期限届满前1个月向拟设地银监局提交开业延期报告。开业延期不得超过一次，延长期限不得超过3个月。

未在前款规定期限内开业的，开业核准文件失效，由决定机关注销开业许可，收回金融许可证，并予以公告。

第八十九条 金融租赁公司申请设立境外专业子公司，除适用本办法第八十一条规定的条件外，还应当具备以下条件：

（一）确有业务发展需要，具备清晰的海外发展战略；

（二）内部管理水平和风险管控能力与境外业务发展相适应；

（三）具备与境外经营环境相适应的专业人才队伍；

（四）经营状况良好，最近2个会计年度连续盈利；

（五）所提申请符合有关国家或地区的法律法规。

第九十条 金融租赁公司设立境外专业子公司，应由金融租赁公司作为申请人向所在地银监局提出申请，由银监局受理并初步审查，银监会审查并决定。银监会自收到完整申请材料之日起2个月内作出批准或不批准的书面决定。

金融租赁公司获得银监会批准文件后应按照拟设子公司注册地国家或地区的法律法规办理境外子公司的设立手续，并在境外子公司成立后15个工作日内向银监会及金融租赁公司所在地银监局报告境外子公司的名称、成立时间、注册地点、注册资本、注资币种等。

……

第三章 机构变更

第一节 法人机构变更

第一百一十条 非银行金融机构法人机构变更事项包括：变更名称，变更股权或调整股权结构，变更注册资本，变更住所，修改公司章程，分立或合并，金融资产管理公司变更组织形式，以及银监会规定的其他变更事项。

第一百一十一条 金融资产管理公司变更名称，由银监会受理、审查并决定。其他非银行金融机构变更名称，由银监分局或所在地银监局受理、审查并决定。银监会、银监局或银监分局自受理之日起3个月内作出批准或不批准的书面决定。由银监局或银监分局决定的，应将决定抄报上级监管机关。

第一百一十二条 所有拟投资入股非银行金融机构的出资人的资格以及非银行金融机构变更股权或调整股权结构均应经过审批，但成员单位之间转让财务公司股权单次不超过财务公司注册资本 5% 的，以及关联方共同持有上市的非银行金融机构流通股份未达到公司总股份 5% 的除外。

第一百一十三条　金融资产管理公司以外的非银行金融机构变更股权及调整股权结构，拟投资入股的出资人应分别具备以下条件：

（一）财务公司出资人的条件适用本办法第七条至第十三条及第十五条的规定；

（二）金融租赁公司出资人的条件适用本办法第二十四条至第三十三条的规定；

（三）汽车金融公司出资人的条件适用本办法第四十条至第四十三条的规定；

（四）货币经纪公司出资人的条件适用本办法第五十条至第五十二条的规定；

（五）消费金融公司出资人的条件适用本办法第五十九条至第六十四条的规定。

第一百一十四条　金融资产管理公司股权变更或调整股权结构应当有符合条件的出资人，包括境内金融机构、境外金融机构、境内非金融机构和银监会认可的其他出资人。

第一百一十五条　境内金融机构作为金融资产管理公司的出资人，应当具备以下条件：

（一）主要审慎监管指标符合监管要求；

（二）公司治理良好，内部控制健全有效；

（三）最近 2 个会计年度连续盈利；

（四）社会声誉良好，最近 2 年无严重违法违规行为和重大案件；

（五）入股资金为自有资金，不得以委托资金、债务资金等非自有资金入股；

（六）承诺 5 年内不转让所持有的金融资产管理公司股权（银监会依法责令转让的除外）；

（七）银监会规章规定的其他审慎性条件。

第一百一十六条　境外金融机构作为金融资产管理公司的战略投资者，应当具备以下条件：

（一）最近 1 个会计年度末总资产原则上不少于 100 亿美元；

（二）银监会认可的国际评级机构最近 2 年对其长期信用评级为良好；

（三）最近 2 个会计年度连续盈利；

（四）商业银行资本充足率应当达到其注册地银行业资本充足率平均水平且不低于 10.5%；非银行金融机构资本总额不低于加权风险资产总额的 10%；

（五）内部控制健全有效；

（六）注册地金融机构监督管理制度完善；

（七）所在国（地区）经济状况良好；

（八）入股资金为自有资金，不得以委托资金、债务资金等非自有资金入股；

（九）承诺 5 年内不转让所持有的金融资产管理公司股权（银监会依法责令转让的除外）；

（十）银监会规章规定的其他审慎性条件。

第一百一十七条　单个境外金融机构及被其控制或共同控制的关联方作为战略投资者向单个金融资产管理公司的投资入股比例不得超过 20%，多个境外金融机构及被其控制或共同控制的关联方作为战略投资者的投资入股比例合计不得超过 25%。

第一百一十八条　境内非金融机构作为金融资产管理公司的出资人，应当符合以下条件：

（一）依法设立，具有法人资格；

（二）具有良好的公司治理结构或有效的组织管理方式；

（三）具有良好的社会声誉、诚信记录和纳税记录，能按期足额偿还金融机构的贷款本金和利息；

（四）具有较长的发展期和稳定的经营状况；

（五）具有较强的经营管理能力和资金实力；

（六）财务状况良好，最近2个会计年度连续盈利；

（七）年终分配后，净资产达到全部资产的30%；

（八）入股资金为自有资金，不得以委托资金、债务资金等非自有资金入股；

（九）承诺5年内不转让所持有的金融资产管理公司股权（银监会依法责令转让的除外）；

（十）银监会规章规定的其他审慎性条件。

第一百一十九条　存在以下情形之一的企业不得作为金融资产管理公司的出资人：

（一）公司治理结构与机制存在明显缺陷；

（二）关联企业众多、股权关系复杂且不透明、关联交易频繁且异常；

（三）核心主业不突出且其经营范围涉及行业过多；

（四）现金流量波动受经济景气影响较大；

（五）资产负债率、财务杠杆率高于行业平均水平；

（六）代他人持有金融资产管理公司股权；

（七）其他对金融资产管理公司产生重大不利影响的情况。

第一百二十条　金融资产管理公司变更股权或调整股权结构，由银监会受理、审查并决定。银监会自受理之日起3个月内作出批准或不批准的书面决定。

财务公司由于所属企业集团被收购或重组引起变更股权或调整股权结构的，金融租赁公司、汽车金融公司、货币经纪公司、消费金融公司由于实际控制人变更引起变更股权或调整股权结构的，由所在地银监局受理并初步审查，银监会审查并决定，银监会自收到完整申请材料之日起3个月内作出批准或不批准的书面决定。

财务公司、金融租赁公司、汽车金融公司、货币经纪公司、消费金融公司由于其他原因引起变更股权或调整股权结构的，由银监分局或所在地银监局受理并初步审查，银监局审查并决定，银监局自受理或收到完整申请材料之日起3个月内作出批准或不批准的书面决定，并抄报银监会。

第一百二十一条　非银行金融机构申请变更注册资本，应当具备以下条件：

（一）变更注册资本后仍然符合银监会对该类机构最低注册资本和资本充足性的要求；

（二）增加注册资本引入新出资人或引起实际控制人变更的，新出资人或新取得实际控制人地位的出资人应相应符合第一百一十三条至第一百一十九条规定的条件；

（三）银监会规章规定的其他审慎性条件。

第一百二十二条　非银行金融机构申请变更注册资本的许可程序适用本办法第一百一十一条的规定，变更注册资本涉及变更股权或调整股权结构的，许可程序适用本办法第一百二十条的规定。

第一百二十三条　非银行金融机构以公开募集和上市交易股份方式，以及已上市的非银行金融机构以配股或募集新股份的方式变更注册资本的，应当符合中国证监会规定的条件。

向中国证监会申请前，有关方案应先获得银监会或其派出机构的批准，许可程序适用本办法第一百二十条的规定。

第一百二十四条　非银行金融机构变更住所，应当有与业务发展相符合的营业场所、安全防范措施和其他设施。

非银行金融机构申请变更住所的许可程序适用本办法第一百一十一条的规定。

第一百二十五条 非银行金融机构修改公司章程应符合《中华人民共和国公司法》、《金融资产管理公司监管办法》、《企业集团财务公司管理办法》、《金融租赁公司管理办法》、《汽车金融公司管理办法》、《货币经纪公司试点管理办法》、《消费金融公司试点管理办法》及其他有关法律、法规的规定。

第一百二十六条 非银行金融机构申请修改公司章程的许可程序适用本办法第一百一十一条的规定。

非银行金融机构因为发生变更名称、股权、注册资本、住所或营业场所、业务范围等前置审批事项而引起公司章程内容变更的，不需申请修改章程，应将修改后的章程向监管机构报备。

第一百二十七条 非银行金融机构分立应符合有关法律、行政法规和规章的规定。

金融资产管理公司分立，向银监会提交申请，由银监会受理、审查并决定。银监会自受理之日起3个月内作出批准或不批准的书面决定。其他非银行金融机构分立，向所在地银监局提交申请，由银监局受理并初步审查，银监会审查并决定。银监会自收到完整申请材料之日起3个月内作出批准或不批准的书面决定。

非银行金融机构分立后依然存续的，在分立公告期限届满后，应按照有关变更事项的条件和程序通过行政许可。分立后成为新公司的，在分立公告期限届满后，应按照法人机构开业的条件和程序通过行政许可。

第一百二十八条 非银行金融机构合并应符合有关法律、行政法规和规章的规定。

金融资产管理公司吸收合并，向银监会提交申请，由银监会受理、审查并决定。银监会自受理之日起3个月内作出批准或不批准的书面决定。其他非银行金融机构吸收合并，由吸收合并方向其所在地银监局提出申请，并抄报被吸收合并方所在地银监局，由吸收合并方所在地银监局受理并初步审查，银监会审查并决定。银监会自收到完整申请材料之日起3个月内作出批准或不批准的书面决定。吸收合并方所在地银监局在将初审意见上报银监会之前应征求被吸收合并方所在地银监局的意见。吸收合并公告期限届满后，吸收合并方应按照变更事项的条件和程序通过行政许可；被吸收合并方应按照法人机构解散的条件和程序通过行政许可。被吸收合并方改建为分支机构的，应按照有关分支机构开业的条件和程序通过行政许可。

金融资产管理公司新设合并，向银监会提交申请，由银监会受理、审查并决定。银监会自受理之日起3个月内作出批准或不批准的书面决定。其他非银行金融机构新设合并，由其中一方作为主报机构向其所在地银监局提交申请，同时抄报另一方所在地银监局，由主报机构所在地银监局受理并初步审查，银监会审查并决定。银监会自收到完整申请材料之日起3个月内作出批准或不批准的书面决定。主报机构所在地银监局在将初审意见上报银监会之前应征求另一方所在地银监局的意见。新设合并公告期限届满后，新设机构应按照法人机构开业的条件和程序通过行政许可；原合并机构应按照法人机构解散的条件和程序通过行政许可。

第一百二十九条 金融资产管理公司变更组织形式，应当符合《中华人民共和国公司法》、《金融资产管理公司监管办法》以及其他法律、行政法规和规章的规定。

第一百三十条 金融资产管理公司变更组织形式，由银监会受理、审查并决定。银监会自受理之日起3个月内作出批准或不批准的书面决定。

第二节　子公司变更

第一百三十一条　非银行金融机构子公司须经许可的变更事项包括：金融资产管理公司境外全资附属或控股金融机构变更名称、注册资本、股权，分立或合并，重大投资事项（指投资额为1亿元人民币以上或者投资额占其注册资本5%以上的股权投资事项）；金融租赁公司专业子公司变更名称、变更注册资本、变更股权或调整股权结构，境内专业子公司修改公司章程；财务公司境外子公司变更名称、变更注册资本；以及银监会规定的其他变更事项。

第一百三十二条　金融资产管理公司境外全资附属或控股金融机构变更名称、注册资本、股权，分立或合并，或进行重大投资，由金融资产管理公司向银监会提交申请，银监会受理、审查并决定。银监会自受理之日起3个月内作出批准或不批准的书面决定。

第一百三十三条　金融租赁公司境内专业子公司变更名称，由专业子公司向银监分局或所在地银监局提出申请，金融租赁公司境外专业子公司变更名称，由金融租赁公司向银监分局或所在地银监局提出申请，银监分局或银监局受理、审查并决定。银监分局或银监局应自受理之日起3个月内作出批准或不批准的书面决定，并抄报上级监管机关。

第一百三十四条　金融租赁公司专业子公司变更股权或调整股权结构，拟投资入股的出资人应符合第八十二条规定的条件。

金融租赁公司境内专业子公司变更股权或调整股权结构，由专业子公司向银监分局或所在地银监局提出申请，金融租赁公司境外专业子公司变更股权或调整股权结构，由金融租赁公司向银监分局或所在地银监局提出申请，银监分局或银监局受理，银监局审查并决定。银监局应自受理之日或收到完整申请材料之日起3个月内作出批准或不批准的书面决定，并抄报银监会。

第一百三十五条　金融租赁公司专业子公司变更注册资本，应当具备以下条件：

（一）变更注册资本后仍然符合银监会的相关监管要求；

（二）增加注册资本涉及新出资人的，新出资人应符合第八十二条规定的条件；

（三）银监会规章规定的其他审慎性条件。

金融租赁公司专业子公司变更注册资本的许可程序适用第一百三十三条的规定，如变更注册资本同时涉及变更股权或调整股权结构的，许可程序适用第一百三十四条的规定。

第一百三十六条　金融租赁公司境内专业子公司修改公司章程应符合《中华人民共和国公司法》、《金融租赁公司专业子公司管理暂行规定》的规定。

金融租赁公司境内专业子公司申请修改公司章程的许可程序适用第一百一十一条的规定。金融租赁公司境内专业子公司因为发生变更名称、股权、注册资本、业务范围等前置审批事项而引起公司章程内容变更的，不需申请修改章程，应将修改后的章程向银监分局或所在地银监局报备。

第一百三十七条　财务公司境外子公司变更名称或注册资本，由财务公司向银监分局或所在地银监局提出申请，银监分局或银监局受理、审查并决定。银监分局或银监局应自受理之日起3个月内作出批准或不批准的书面决定，并抄报上级监管机关。

第三节　分公司和代表处变更

第一百三十八条　非银行金融机构分公司和代表处变更名称，由其法人机构向分公司或代表处所在地银监分局或所在地银监局提出申请，由银监分局或所在地银监局受理、审查并决定。银监分局或银监局应自受理之日起3个月内作出批准或不批准的书面决定，并抄报上级监管机关。

第一百三十九条　境外非银行金融机构驻华代表处申请变更名称，由其母公司向代表处所在地银监局提交申请，由银监局受理、审查并决定。银监局应自受理之日起 3 个月内作出批准或不批准的决定，并抄报银监会。

第四章　机构终止

第一节　法人机构终止

第一百四十条　非银行金融机构法人机构满足以下情形之一的，可以申请解散：

（一）公司章程规定的营业期限届满或者规定的其他解散事由出现时；

（二）股东会议决定解散；

（三）因公司合并或者分立需要解散；

（四）其他法定事由。

组建财务公司的企业集团解散，财务公司应当申请解散。

第一百四十一条　金融资产管理公司解散，向银监会提交申请，由银监会受理、审查并决定。银监会自受理之日起 3 个月内作出批准或不批准的书面决定。

其他非银行金融机构解散，向所在地银监局提交申请，银监局受理并初步审查，银监会审查并决定。银监会自收到完整申请材料之日起 3 个月内作出批准或不批准的书面决定。

第一百四十二条　非银行金融机构法人机构有以下情形之一的，向法院申请破产前，应当向银监会申请并获得批准：

（一）不能清偿到期债务，并且资产不足以清偿全部债务或者明显缺乏清偿能力的，自愿或应其债权人要求申请破产的；

（二）已解散但未清算或者未清算完毕，依法负有清算责任的人发现该机构资产不足以清偿债务，应当申请破产的。

第一百四十三条　金融资产管理公司拟破产，向银监会提交申请，由银监会受理、审查并决定。银监会自受理之日起 3 个月内作出批准或不批准的书面决定。

其他非银行金融机构拟破产，向所在地银监局提交申请，由银监局受理并初步审查，银监会审查并决定。银监会自收到完整申请材料之日起 3 个月内作出批准或不批准的书面决定。

第二节　子公司终止

第一百四十四条　金融资产管理公司境外全资附属或控股金融机构、金融租赁公司专业子公司、财务公司境外子公司解散或破产的条件，参照第一百四十条和第一百四十二条的规定执行。

第一百四十五条　金融资产管理公司境外全资附属或控股金融机构解散或拟破产，由金融资产管理公司向银监会提交申请，银监会受理、审查并决定。银监会自受理之日起 3 个月内作出批准或不批准的书面决定。

金融租赁公司境内专业子公司解散或拟破产，由金融租赁公司向专业子公司所在地银监局提出申请，银监局受理并初步审查，银监会审查并决定。银监会自收到完整申请材料之日起 3 个月内作出批准或不批准的书面决定。

金融租赁公司境外专业子公司解散或拟破产，由金融租赁公司向其所在地银监局提出申请，银监局受理并初步审查，银监会审查并决定。银监会自收到完整申请材料之日起 3 个月内作出批准或不批准的书面决定。

财务公司境外子公司解散或拟破产，由财务公司向其所在地银监局提出申请，银监局受理并初步审查，银监会审查并决定。银监会自收到完整申请材料之日起 3 个月内作出批准或不批准的书面决定。

第三节　分公司和代表处终止

第一百四十六条　非银行金融机构分公司、代表处，以及境外非银行金融机构驻华代表处终止营业或关闭（被依法撤销除外），应当提出终止营业或关闭申请。

第一百四十七条 非银行金融机构分公司、代表处申请终止营业或关闭，应当具备以下条件：

（一）公司章程规定的有权决定机构决定该分支机构终止营业或关闭；

（二）分支机构各项业务和人员已依法进行了适当的处置安排；

（三）银监会规章规定的其他审慎性条件。

第一百四十八条 非银行金融机构分公司或代表处终止营业或关闭，由其法人机构向分公司或代表处银监分局或所在地银监局提交申请，由银监分局或银监局受理并初步审查，银监局审查并决定。银监局自受理或收到完整申请材料之日起 3 个月内作出批准或不批准的书面决定，并抄报银监会。

第一百四十九条 境外非银行金融机构驻华代表处申请关闭，由其母公司向代表处所在地银监局提交申请，由银监局受理并初步审查，银监会审查并决定。银监会自收到完整申请资料之日起 3 个月内作出批准或不批准的书面决定。

第五章 调整业务范围和增加业务品种

第一节 财务公司经批准发行债券等五项业务资格

第一百五十条 财务公司申请经批准发行债券业务资格、承销成员单位的企业债券、有价证券投资、对金融机构的股权投资，以及成员单位产品的消费信贷、买方信贷和融资租赁业务，应具备以下条件：

（一）财务公司开业 1 年以上，且经营状况良好；

（二）注册资本不低于 3 亿元人民币或等值的可自由兑换货币；

（三）符合审慎监管指标要求；

（四）有比较完善的业务决策机制、风险控制制度、业务操作规程；

（五）具有与业务经营相适应的安全且合规的信息系统，具备保障业务持续运营的技术与措施；

（六）有相应的合格专业人员；

（七）监管评级良好；

（八）银监会规章规定的其他审慎性条件。

……

第一百五十三条 财务公司申请开办成员单位产品消费信贷、买方信贷及融资租赁业务，除符合第一百五十条规定外，还应符合以下条件：

（一）注册资本不低于 5 亿元人民币或等值的可自由兑换货币；

（二）集团应有适合开办此类业务的产品；

（三）现有信贷业务风险管理情况良好。

第一百五十四条 财务公司申请以上五项业务资格，向银监分局或所在地银监局提交申请，由银监分局或银监局受理并初步审查，银监局审查并决定。银监局自受理之日或收到完整申请材料之日起 3 个月内作出批准或不批准的书面决定，并抄报银监会。

……

第四节 金融租赁公司在境内保税地区设立项目公司开展融资租赁业务

第一百五十九条 金融租赁公司在境内保税地区设立项目公司开展融资租赁业务，应具备以下条件：

（一）符合审慎监管指标要求；

（二）提足各项损失准备金后最近 1 个会计年度期末净资产不低于 10 亿元人民币；

（三）具备良好的公司治理和内部控制体系；

（四）具有与业务经营相适应的安全且合规的信息系统，具备保障业务持续运营的技术与措施；

（五）具备开办业务所需要的有相关经验的专业人员；

（六）制定了开办业务所需的业务操作流程、风险管理、内部控制和会计核算制度，并经董事会批准；

（七）最近 3 年内无重大违法违规经营记录；

（八）监管评级良好；

（九）银监会规章规定的其他审慎性条件。

第一百六十条　金融租赁公司在境内保税地区设立项目公司开展融资租赁业务的许可程序适用本办法第一百五十四条的规定。

第五节　金融资产管理公司、金融租赁公司、汽车金融公司、消费金融公司发行金融债券

第一百六十一条　金融资产管理公司、金融租赁公司、汽车金融公司、消费金融公司发行金融债券，应具备以下条件：

（一）具有良好的公司治理机制、完善的内部控制体系和健全的风险管理制度；

（二）资本充足率不低于监管部门的最低要求；

（三）最近 3 年连续盈利；

（四）风险监管指标符合审慎监管要求；

（五）最近 3 年没有重大违法、违规行为；

（六）监管评级良好；

（七）银监会规章规定的其他审慎性条件。

对于资质良好但成立未满 3 年的金融租赁公司，可由具有担保能力的担保人提供担保。

第一百六十二条　金融资产管理公司发行金融债券，向银监会提交申请，由银监会受理、审查并决定。银监会自受理之日起 3 个月内作出批准或不批准的书面决定。

金融租赁公司、汽车金融公司、消费金融公司发行金融债券的许可程序适用本办法第一百五十四条的规定。

第六节　非银行金融机构资产证券化业务资格

第一百六十三条　非银行金融机构申请资产证券化业务资格，应当具备以下条件：

（一）具有良好的社会信誉和经营业绩，最近 3 年内没有重大违法、违规行为；

（二）具有良好的公司治理、风险管理体系和内部控制；

（三）对开办资产证券化业务具有合理的目标定位和明确的战略规划，并且符合其总体经营目标和发展战略；

（四）具有开办资产证券化业务所需要的专业人员、业务处理系统、会计核算系统、管理信息系统以及风险管理和内部控制制度；

（五）监管评级良好；

（六）银监会规章规定的其他审慎性条件。

第一百六十四条　金融资产管理公司申请资产证券化业务资格，向银监会提交申请，由银监会受理、审查并决定。银监会自受理之日起 3 个月内作出批准或不批准的书面决定。

其他非银行金融机构申请资产证券化资格的许可程序适用本办法第一百五十四条的规定。

第七节　非银行金融机构衍生产品交易资格

第一百六十五条　非银行金融机构衍生产品交易业务资格分为基础类资格和普通类资格。

基础类资格只能从事套期保值类衍生产品交易；普通类资格除基础类资格可以从事的衍生产品交易之外，还可以从事非套期保值类衍生产品交易。

第一百六十六条　非银行金融机构申请基础类衍生产品交易业务资格，应当具备以下条件：

（一）有健全的衍生产品交易风险管理制度和内部控制制度；

（二）具有接受相关衍生产品交易技能专门培训半年以上、从事衍生产品或相关交易2年以上的交易人员至少2名，相关风险管理人员至少1名，风险模型研究或风险分析人员至少1名，熟悉套期会计操作程序和制度规范的人员至少1名，以上人员均需专岗专人，相互不得兼任，且无不良记录；

（三）有适当的交易场所和设备；

（四）有处理法律事务和负责内控合规检查的专业部门及相关专业人员；

（五）符合审慎监管指标要求；

（六）监管评级良好；

（七）银监会规章规定的其他审慎性条件。

第一百六十七条　非银行金融机构申请普通类衍生产品交易业务资格，除符合第一百六十六条规定外，还应当具备以下条件：

（一）完善的衍生产品交易前中后台自动联接的业务处理系统和实时风险管理系统；

（二）衍生产品交易业务主管人员应当具备5年以上直接参与衍生产品交易活动或风险管理的资历，且无不良记录；

（三）严格的业务分离制度，确保套期保值类业务与非套期保值类业务的市场信息、风险管理、损益核算有效隔离；

（四）完善的市场风险、操作风险、信用风险等风险管理框架；

（五）银监会规章规定的其他审慎性条件。

第一百六十八条　非银行金融机构申请衍生产品交易业务资格的许可程序适用本办法第一百六十四条的规定。

第八节　非银行金融机构开办其他新业务

第一百六十九条　非银行金融机构申请开办其他新业务，应当具备以下基本条件：

（一）有良好的公司治理和内部控制；

（二）经营状况良好，主要风险监管指标符合要求；

（三）有有效识别和控制新业务风险的管理制度和健全的新业务操作规程；

（四）具有与业务经营相适应的安全且合规的信息系统，具备保障业务持续运营的技术与措施；

（五）有开办新业务所需的合格管理人员和业务人员；

（六）最近3年内无重大违法违规经营记录；

（七）监管评级良好；

（八）银监会规章规定的其他审慎性条件。

前款所称其他新业务，是指除本章第一节至第七节规定的业务以外的现行法律法规中已明确规定可以开办，但非银行金融机构尚未开办的业务。

第一百七十条　非银行金融机构开办其他新业务的许可程序适用本办法第一百六十四条的规定。

第一百七十一条　非银行金融机构申请开办现行法规未明确规定的业务，由银监会另行规定。

第六章　董事和高级管理人员任职资格许可

第一节　任职资格条件

第一百七十二条　非银行金融机构董事长、副董事长、独立董事和其他董事等董事会成员须经任职资格许可。

非银行金融机构的总经理（首席执行官、总裁）、副总经理（副总裁）、风险总监（首席风险官）、财务总监（首席财务官）、总会计师、总审计师（总稽核）、运营总监（首席运营官）、信息总监（首席信息官）、公司内部按照高级管理人员管理的总经理助理（总裁助理）和董事会秘书，金融资产管理公司财务部门、内审部门负责人，分公司总经理（主任）、副总经理（副主任）、总经理助理，财务公司、金融租赁公司、货币经纪公司分公司总经理（主任），境外非银行金融机构驻华代表处首席代表等高级管理人员，须经任职资格许可。

金融资产管理公司从境内聘任的境外全资附属或控股金融机构董事长、副董事长、总经理、副总经理，财务公司境外子公司董事长、副董事长、总经理、副总经理，金融租赁公司专业子公司董事长、副董事长、总经理、副总经理，须经任职资格许可。

未担任上述职务，但实际履行前三款所列董事和高级管理人员职责的人员，应按银监会有关规定纳入任职资格管理。

第一百七十三条　申请非银行金融机构董事和高级管理人员任职资格，拟任人应当具备以下基本条件：

（一）具有完全民事行为能力；

（二）具有良好的守法合规记录；

（三）具有良好的品行、声誉；

（四）具有担任拟任职务所需的相关知识、经验及能力；

（五）具有良好的经济、金融从业记录；

（六）个人及家庭财务稳健；

（七）具有担任拟任职务所需的独立性；

（八）履行对金融机构的忠实与勤勉义务。

第一百七十四条　拟任人有以下情形之一的，视为不符合本办法第一百七十三条第（二）项、第（三）项、第（五）项规定的条件，不得担任非银行金融机构董事和高级管理人员：

（一）有故意或重大过失犯罪记录的；

（二）有违反社会公德的不良行为，造成恶劣影响的；

（三）对曾任职机构违法违规经营活动或重大损失负有个人责任或直接领导责任，情节严重的；

（四）担任或曾任被接管、撤销、宣告破产或吊销营业执照的机构的董事或高级管理人员的，但能够证明本人对曾任职机构被接管、撤销、宣告破产或吊销营业执照不负有个人责任的除外；

（五）因违反职业道德、操守或者工作严重失职，造成重大损失或恶劣影响的；

（六）指使、参与所任职机构不配合依法监管或案件查处的；

（七）被取消终身的董事和高级管理人员任职资格，或受到监管机构或其他金融管理部门处罚累计达到 2 次以上的；

（八）不具备本办法规定的任职资格条件，采取不正当手段以获得任职资格核准的。

第一百七十五条　拟任人有以下情形之一的，视为不符合本办法第一百七十三条第

（六）项、第（七）项规定的条件，不得担任非银行金融机构董事和高级管理人员：

（一）截至申请任职资格时，本人或其配偶仍有数额较大的逾期债务未能偿还，包括但不限于在该金融机构的逾期贷款；

（二）本人及其近亲属合并持有该金融机构5%以上股份，且从该金融机构获得的授信总额明显超过其持有的该金融机构股权净值；

（三）本人及其所控股的股东单位合并持有该金融机构5%以上股份，且从该金融机构获得的授信总额明显超过其持有的该金融机构股权净值；

（四）本人或其配偶在持有该金融机构5%以上股份的股东单位任职，且该股东单位从该金融机构获得的授信总额明显超过其持有的该金融机构股权净值，但能够证明授信与本人及其配偶没有关系的除外；

（五）存在其他所任职务与其在该金融机构拟任、现任职务有明显利益冲突，或明显分散其在该金融机构履职时间和精力的情形。

前款第（四）项不适用于财务公司董事和高级管理人员。

第一百七十六条 申请非银行金融机构董事任职资格，拟任人除应符合第一百七十三条至第一百七十五条的规定外，还应当具备以下条件：

（一）具有5年以上的经济、金融、法律、财会或其他有利于履行董事职责的工作经历，其中拟担任独立董事的还应是经济、金融、法律、财会等方面的专家；

（二）能够运用非银行金融机构的财务报表和统计报表判断非银行金融机构的经营管理和风险状况；

（三）了解拟任职非银行金融机构的公司治理结构、公司章程以及董事会职责，并熟知董事的权利和义务。

第一百七十七条 拟任人有以下情形之一的，不得担任非银行金融机构独立董事：

（一）本人及其近亲属合并持有该非银行金融机构1%以上股份或股权；

（二）本人或其近亲属在持有该非银行金融机构1%以上股份或股权的股东单位任职；

（三）本人或其近亲属在该非银行金融机构、该非银行金融机构控股或者实际控制的机构任职；

（四）本人或其近亲属在不能按期偿还该非银行金融机构贷款的机构任职；

（五）本人或其近亲属任职的机构与本人拟任职非银行金融机构之间存在法律、会计、审计、管理咨询、担保合作等方面的业务联系或债权债务等方面的利益关系，以致于妨碍其履职独立性的情形；

（六）本人或其近亲属可能被拟任职非银行金融机构大股东、高管层控制或施加重大影响，以致于妨碍其履职独立性的其他情形。

（七）本人已在同类型非银行金融机构任职的。

第一百七十八条 申请非银行金融机构董事长、副董事长任职资格，拟任人除应符合第一百七十三条至第一百七十六条的规定外，还应分别具备以下条件：

（一）担任金融资产管理公司董事长、副董事长，应具备本科以上学历，从事金融工作8年以上，或相关经济工作12年以上（其中从事金融工作5年以上）；

（二）担任财务公司董事长、副董事长，应具备本科以上学历，从事金融工作5年以上，或从事企业集团财务或资金管理工作8年以上，或从事企业集团核心主业及相关管理工作10年以上；

（三）担任金融租赁公司董事长、副董事长，应具备本科以上学历，从事金融工作或融资租赁工作5年以上，或从事相关经济工作10年以上；

（四）担任汽车金融公司董事长、副董事长，应具备本科以上学历，从事金融工作5年以上，或从事汽车生产销售管理工作10年以上；

（五）担任货币经纪公司董事长、副董事长，应具备本科以上学历，从事金融工作5年以上，或从事相关经济工作10年以上（其中从事金融工作3年以上）；

（六）担任消费金融公司董事长、副董事长，应具备本科以上学历，从事金融工作5年以上，或从事相关经济工作10年以上；

（七）担任金融资产管理公司境外全资附属或控股金融机构董事长、副董事长，应具备本科以上学历，从事金融工作6年以上，或从事相关经济工作10年以上（其中从事金融工作3年以上），且能较熟练地运用1门与所任职务相适应的外语；

（八）担任财务公司境外子公司董事长、副董事长，应具备本科以上学历，从事金融工作3年以上，或从事企业集团财务或资金管理工作6年以上，且能较熟练地运用1门与所任职务相适应的外语；

（九）担任金融租赁公司境内外专业子公司董事长、副董事长，应具备本科以上学历，从事金融工作或融资租赁工作3年以上，或从事相关经济工作8年以上（其中从事金融工作或融资租赁工作2年以上），担任境外子公司董事长、副董事长的，应能较熟练地运用1门与所任职务相适应的外语。

第一百七十九条 申请非银行金融机构法人机构高级管理人员任职资格，拟任人除应符合第一百七十三条至第一百七十五条的规定外，还应分别具备以下条件：

（一）担任金融资产管理公司总经理（首席执行官、总裁）、副总经理（副总裁），应具备本科以上学历，从事金融工作8年以上或相关经济工作12年以上（其中从事金融工作4年以上）；

（二）担任财务公司总经理（首席执行官、总裁）、副总经理（副总裁），应具备本科以上学历，从事金融工作5年以上，或从事财务或资金管理工作10年以上（财务公司高级管理层中至少应有一人从事金融工作5年以上）；

（三）担任金融租赁公司总经理（首席执行官、总裁）、副总经理（副总裁），应具备本科以上学历，从事金融工作或从事融资租赁工作5年以上，或从事相关经济工作10年以上（其中从事金融工作或融资租赁工作3年以上）；

（四）担任汽车金融公司总经理（首席执行官、总裁）、副总经理（副总裁），应具备本科以上学历，从事金融工作5年以上，或从事汽车生产销售管理工作10年以上；

（五）担任货币经纪公司总经理（首席执行官、总裁）、副总经理（副总裁），应具备本科以上学历，从事金融工作5年以上，或从事相关经济工作10年以上（其中从事金融工作3年以上）；

（六）担任消费金融公司总经理（首席执行官、总裁）、副总经理（副总裁），应具备本科以上学历，从事金融工作5年以上，或从事与消费金融相关领域工作10年以上（消费金融公司高级管理层中至少应有一人从事金融工作5年以上）；

（七）担任各类非银行金融机构财务总监（首席财务官）、总会计师、总审计师（总稽核），以及金融资产管理公司财务部门、内审部门负责人的，应具备本科以上学历，从事财务、会计或审计工作6年以上；

（八）担任各类非银行金融机构风险总监（首席风险官），应具备本科以上学历，从事金融机构风险管理工作3年以上，或从事其他金融工作6年以上；

（九）担任各类非银行金融机构信息总监（首席信息官），应具备本科以上学历，从事信息科技工作6年以上；

（十）非银行金融机构运营总监（首席运营官）和公司内部按照高级管理人员管理的总经理助理（总裁助理）、董事会秘书以及实际履行高级管理人员职责的人员，任职资格条件比照同类机构副总经理（副总裁）的任职资格条件执行。

第一百八十条　申请非银行金融机构子公司或分公司高级管理人员任职资格，拟任人除应符合第一百七十三条至第一百七十五条的规定外，还应分别具备以下条件：

（一）担任金融资产管理公司境外全资附属或控股金融机构总经理、副总经理或担任金融资产管理公司分公司总经理（主任）、副总经理（副主任）、总经理助理，应具备本科以上学历，从事金融工作6年以上或相关经济工作10年以上（其中从事金融工作3年以上），担任境外全资附属或控股金融机构总经理、副总经理的，应能较熟练地运用1门与所任职务相适应的外语；

（二）担任财务公司境外子公司总经理、副总经理或担任财务公司分公司总经理（主任），应具备本科以上学历，从事金融工作5年以上，或从事财务或资金管理工作8年以上（其中从事金融工作2年以上），担任境外子公司总经理或副总经理的，应能较熟练地运用1门与所任职务相适应的外语；

（三）担任金融租赁公司境内外专业子公司总经理、副总经理或担任金融租赁公司分公司总经理（主任），应具备本科以上学历，从事金融工作或融资租赁工作3年以上，或从事相关经济工作8年以上（其中从事金融工作或融资租赁工作2年以上），担任境外子公司总经理、副总经理的，应能较熟练地运用1门与所任职务相适应的外语；

（四）担任货币经纪公司分公司总经理（主任），应具备本科以上学历，从事金融工作5年以上，或从事相关经济工作8年以上（其中从事金融工作2年以上）；

（五）担任境外非银行金融机构驻华代表处首席代表，应具备本科以上学历，从事金融工作或相关经济工作3年以上。

第一百八十一条　拟任人未达到第一百七十八条至第一百八十条规定的学历要求，但具备以下条件之一的，视同达到规定的学历：

（一）取得国家教育行政主管部门认可院校授予的学士以上学位；

（二）取得注册会计师、注册审计师或与拟（现）任职务相关的高级专业技术职务资格，且相关从业年限超过相应规定4年以上。

第一百八十二条　拟任董事长、总经理任职资格未获核准前，非银行金融机构应指定符合相应任职资格条件的人员代为履职，并自作出指定决定之日起3日内向监管机构报告。代为履职的人员不符合任职资格条件的，监管机构可以责令非银行金融机构限期调整。非银行金融机构应当在6个月内选聘具有任职资格的人员正式任职。

第二节　任职资格许可程序

第一百八十三条　金融资产管理公司及其境外全资附属或控股金融机构申请核准董事和高级管理人员任职资格，由金融资产管理公司向银监会提交申请，银监会受理、审查并决定。银监会自受理之日起30日内作出核准或不予核准的书面决定。

其他非银行金融机构法人机构申请核准董事和高级管理人员任职资格，向银监分局或所在地银监局提交申请，由银监分局或银监局受理并初步审查，银监局审查并决定。银监局自受理之日或收到完整申请材料之日起30日内作出核准或不予核准的书面决定，并抄报银监会。

财务公司境外子公司申请核准董事和高级管理人员任职资格，由财务公司向银监分局或所在地银监局提交申请，银监分局或银监局受理并初步审查，银监局审查并决定。银监局自受理之日或收到完整申请材料之日起30日内作出核准或不予核准的书面决定，并抄报银监会。

金融租赁公司境内专业子公司申请核准董事和高级管理人员任职资格，由专业子公司向银监分局或所在地银监局提交申请，金融租赁公司境外专业子公司申请核准董事和高级管理人员任职资格，由金融租赁公司向银监分局或所在地银监局提交申请，银监分局或银监局受理并初步审查，银监局审查并决定。银监局自受理之日或收到完整申请材料之日起30日内作出核准或不予核准的书面决定，并抄报银监会。

非银行金融机构分公司申请核准高级管理人员任职资格，由其法人机构向分公司银监分局或所在地银监局提交申请，银监分局或银监局受理并初步审查，银监局审查并决定。银监局自受理之日或收到完整申请材料之日起30日内作出核准或不予核准的书面决定，并抄报银监会，抄送非银行金融机构法人机构所在地银监局。

境外非银行金融机构驻华代表处首席代表的任职资格核准，向所在地银监局提交申请，由银监局受理、审查并决定。银监局自受理之日起30日内作出核准或不予核准的书面决定，并抄报银监会。

第一百八十四条 非银行金融机构或其分支机构设立时，董事和高级管理人员的任职资格申请，按照该机构开业的许可程序一并受理、审查并决定。

第一百八十五条 具有高管任职资格且未连续中断任职1年以上的拟任人在同一法人机构内，同类性质平行调整职务或改任较低职务的，不需重新申请核准任职资格。拟任人应当在任职后5日内向任职机构所在地银监会派出机构报告。

第七章 附 则

第一百八十六条 获准机构变更事项许可的，非银行金融机构及其分支机构应自许可决定之日起6个月内完成有关法定变更手续，并向决定机关和所在地银监会派出机构报告。获准董事和高级管理人员任职资格许可的，拟任人应自许可决定之日起3个月内正式到任，并向决定机关和所在地银监会派出机构报告。

未在前款规定期限内完成变更或到任的，行政许可决定文件失效，由决定机关注销行政许可。

第一百八十七条 非银行金融机构设立、终止事项，涉及工商、税务登记变更等法定程序的，应当在完成有关法定手续后1个月内向银监会和所在地银监会派出机构报告。

第一百八十八条 本办法所称境外含香港、澳门和台湾地区。

第一百八十九条 本办法中的“日”均为工作日，“以上”均含本数或本级。

第一百九十条 除特别说明外，本办法中各项财务指标要求均为合并会计报表口径。

第一百九十一条 其他非银行金融机构相关规则另行制定。

第一百九十二条 本办法由银监会负责解释。

第一百九十三条 本办法自公布之日起施行，《中国银行业监督管理委员会非银行金融机构行政许可事项实施办法》（中国银行业监督管理委员会令2007年第13号）同时废止。本办法施行前有关规定与本办法不一致的，按照本办法执行。

商务部关于修改部分规章和规范性文件的决定（节录）

商务部令2015年第2号

为推进注册资本登记制度改革和政府职能转变，促进工商注册制度便利化，切实优化营商环境，进一步激发市场活力和发展动力，根据《国务院关于印发注册资本登记制度改革方案的通知》（国发〔2014〕7号）和《国务院办公厅关于加快推进落实注册资本登记制度改革有关事项的通知》（国办函〔2015〕14号）的要求，商务部对注册资本登记制度改革涉及的规章和规范性文件进行了清理。经过清理，商务部决定对29部规章和规范性文件的部分条款予以修改。

一、删去《关于设立外商投资股份有限公司若干问题的暂行规定》（外经贸部令1995年第1号）第七条。

删去第八条中的“股东认购的股份的转让应符合本规定第七条所规定的条件”。

删去第十三条中的“发起人应自批准证书签发之日起90日内一次缴足其认购的股份”。

将第十四条第一款修改为：“以发起方式设立公司的，发起人选举董事会和监事会后，由董事会向公司登记机关报送设立公司的批准文件、公司章程等文件，申请设立登记。”

删去第十六条中的“并缴足其认购的股本金”。

删去第十九条中的“并缴足其认购的股本金”。

……

十、删去《外商投资租赁业管理办法》（商务部令2005年第5号）第九条第一项。

……

二十八、删去《商务部关于商业保理试点实施方案的复函》（商资函〔2012〕919号）第一条第一项中的“注册资本应不低于5000万元人民币”。

二十九、删去《商务部关于在重庆两江新区、苏南现代化建设示范区、苏州工业园区开展商业保理试点有关问题的复函》（商资函〔2013〕680号）第二条第二项第二目。

此外，对相关规章和规范性文件的条文顺序作相应调整。

本决定自公布之日起施行。

部长：高虎城

2015年10月28日

浙江省经济和信息化委员会关于在海宁市等4个县（市）开展中小企业融资租赁试点工作的通知

浙经信企资〔2014〕266号

各市、县（市、区）经信委（局）：

为进一步拓宽我省中小企业融资渠道，缓解企业融资困难，推动企业转型升级，经研究，决定在海宁市、海盐县、苍南县、永康市等4个县（市）开展中小企业融资租赁试点工作。现就做好试点工作通知如下：

一、制定试点工作方案。试点县（市）要组织开展摸底调查，深入了解和掌握当地中小企业融资需求，制定融资租赁试点工作实施方案，研究推动融资租赁工作的具体政策，搭建对接平台。

二、加强宣传推广。加大融资租赁业务的宣传，通过开展培训、现场会等多种方式，进一步提高中小企业对融资租赁融资方式的认识，努力帮助企业拓宽融资渠道。

三、做好经验总结。试点县（市）对试点工作取得的成绩、存在的问题以及有关对策和建议，要及时进行总结并上报我委企业融资处。

请试点县（市）高度重视，切实把推动中小企业开展融资租赁业务作为缓解中小企业融资难、融资贵的重要探索，创新工作方法，为在全省推广提供经验。

（联系人：徐顺爱，电话：0571-87055250）

浙江省经济和信息化委员会

2014 年 6 月 16 日

前海管理局《外商投资融资租赁公司准入申报指引》

一、申报条件

（一）关于投资者资格：

1. 申请设立融资租赁公司的投资者须为公司、企业或其他经济组织。外方投资者或其境外母公司应资信良好，在境外已合法注册并从事实质性经营活动。

2. 投资各方应向审批机关提供投资各方经会计师事务所审计的最近一年的审计报告，审计报告显示资不抵债的不符合申请资格。外方投资者的总资产不得低于 500 万美元。

3. 存续未满一年的投资者暂不具备申报条件。符合条件的外方投资者境外母公司以其全资拥有的境外子公司（SPV）名义投资设立融资租赁公司，可不要求存续满一年。

（二）关于从业人员任职资格：

1.《外商投资租赁业管理办法》第九条第（三）款所述“专业人员”指具备履职所需的金融、贸易、法律、会计、工程技术管理等方面专业知识、技能和从业经验，有良好的从业记录的人员。

2.“高级管理人员”指总经理（副总经理）、业务主管、财务主管、风险控制主管以及运营主管。

3.“具有相应专业资质”指具备其分管业务领域专业知识并且取得本行业主管机构或权威机构颁发的相关执业证照，一般具备本科以上学历。

4.“不少于三年的从业经验”指三年以上融资租赁公司或相关金融机构的管理经验。

二、申报材料

（一）外商投资融资租赁公司：

1. 设立外资企业申请书（原件 1 份，投资者法定代表人签字、投资者盖章）；

2. 可行性研究报告（原件 1 份，投资者法定代表人签字、投资者盖章）；

3. 外资企业章程（正本 4 份，投资者法定代表人签字、投资者盖章；两个或者两个以上投资者共同申请设立外资企业，另须提交投资者签订的合同副本原件 1 份）；

4. 外资企业法定代表人（或者董事会人选）名单（原件 1 份）；

5. 投资各方的资信证明文件（原件 1 份）；

6. 投资各方经会计师事务所审计的最近一年的审计报告；

7.“高级管理人员”指总经理（副总经理）、业务主管、财务主管、风险控制主管以及运营主管的个人简历、学位证书专业资质证书复印件；

8. 投资者有效的身份证明如下：

（1）外国投资者：提交注册登记证明（包括法定代表人证明），并经投资者所在国家的公证机关公证，并经我国驻该国大使馆 / 领事馆认证的身份证明文件（复印件 1 份，核对原件）；

（2）香港、澳门或台湾地区投资者：提交注册登记证明（包括法定代表人证明），并经投资者所在地公证机构公证的身份证明文件（原件 1 份，证明文件需经相关机构转递）；

9.《名称预先核准通知书》（复印件 1 份）；

10. 外国投资者或香港、澳门和台湾地区投资者与境内法律文件送达接受人签署的《法律文件送达授权委托书》（原件 1 份）；

11.《关于安全生产经营的承诺书》（原件 1 份，投资者法定代表人签字、投资者盖章）。

（二）中外合资融资租赁公司：

1. 设立合营企业的申请书（原件 1 份，合营各方法定代表人签字、合营各方盖章）；

2. 合营各方共同编制的可行性研究报告（原件 1 份，合营各方法定代表人签字、合营各方盖章）；

3. 合营各方订立的合营企业合同（原件 1 份，合营各方法定代表人签字、合营各方盖章）；

4. 合营各方订立的合营企业章程（原件 1 份，合营各方法定代表人签字、合营各方盖章）；

5. 合营各方有效的身份证明：

（1）中方合营者：提交企业法人营业执照副本（复印件 1 份，中方合营者盖章）；

（2）外国合营者：提交注册登记证明（包括法定代表人证明），并经投资者所在国家的公证机关公证，并经我国驻该国大使馆 / 领事馆认证的身份证明文件（复印件 1 份，核对原件）；

（3）香港、澳门或台湾地区合营者：提交注册登记证明（包括法定代表人证明），并经投资者所在地公证机构公证的身份证明文件（原件 1 份，证明文件需经相关机构转递）；

6. 投资各方的资信证明文件（原件 1 份）；

7. 投资各方经会计师事务所审计的最近一年的审计报告；

8. “高级管理人员”指总经理（副总经理）、业务主管、财务主管、风险控制主管以及运营主管的个人简历、学位证书专业资质证书复印件；

9. 合营各方委派的合营企业董事长、副董事长、董事人选名单（原件 1 份）；

10.《名称预先核准通知书》（复印件 1 份）；

11. 外国投资者或香港、澳门和台湾地区投资者与境内法律文件送达接受人签署的《法律文件送达授权委托书》（原件 1 份）；

12.《关于安全生产经营的承诺书》（原件 1 份，合营各方法定代表人签字、合营各方盖章）。

三、注意事项

1. 外商投资融资租赁公司可以经营下列业务：

融资租赁业务；租赁业务；向国内外购买租赁财产；租赁财产的残值处理及维修；租赁交易咨询和担保。

2. 合营公司中外商投资比例不得低于 25%。

3. 融资租赁公司经营期限不高于 30 年。

4. 融资租赁公司合同 / 章程无需规定“投资总额”。

四、相关政策文件及参考材料

1.《外商投资租赁业管理办法》（商务部令〔2005〕第 5 号）。

http://wzfw.szjmxxw.gov.cn/Doc/DocShow/227

2.《商务部办公厅关于加强和改善外商投资融资租赁公司审批与管理工作的通知》。

http://wzs.mofcom.gov.cn/article/n/201307/20130700203642.shtml

3. 相关文件下载模板。

http://wzfw.szjmxxw.gov.cn/Doc/Index/bigTypeID=28

五、审批时限

投资者提交完整正确的申请资料后，前海管理局于 20 个工作日内办结。

2014 年 9 月 2 日

天津市商务委关于融资租赁行业推广中国（上海）自由贸易试验区可复制改革试点经验的通知（节录）

津商务流通〔2015〕28 号

各区县商务主管部门：

为贯彻落实《国务院关于推广中国（上海）自由贸易试验区可复制改革试点经验的通知》（国发〔2015〕65 号），商务部办公厅下发了《商务部办公厅关于融资租赁行业推广中国（上海）自由贸易试验区可复制改革试点经验的通知》（商办流通函〔2015〕575 号），允许融资租赁公司兼营与主营业务有关的商业保理业务，融资租赁公司设立子公司不设最低注册资本限制。已设立的融资租赁公司兼营保理业务无需市场准入，由工商部门直接办理增项。融资租赁公司应遵守《融资租赁企业监督管理办法》，兼营的商业保理业务应与主营业务有关，在兼营商业保理业务时，参照商业保理行业管理相关规定执行。

附：商务部办公厅关于融资租赁行业推广中国（上海）自由贸易试验区可复制改革试点经验的通知（略）

2015 年 9 月 1 日

福建省经济和信息化委员会关于做好内资融资租赁试点企业推荐工作的通知

闽经信函服务〔2015〕150 号

各设区市（平潭综合实验区）融资租赁主管部门，省属有关企业：

根据《商务部 国家税务总局关于确认北京中煤设备租赁有限责任公司等企业为第十三批内资融资租赁试点企业的通知》（商流通函〔2015〕75 号）精神，为简化流程，便利企业及时申报内资融资租赁试点企业，即日起各地融资租赁主管部门、省属企业可随时向我委推荐符合试点条件的企业。现将做好试点企业推荐工作的有关事项通知如下：

一、推荐要求

内资融资租赁试点企业的推荐条件和申报材料见附件。申报材料（含复印件）均需加盖公司印章，一式三份，装订成册。

二、推荐程序

（一）企业申报。由符合申报条件的企业提出申请并提供相关材料。省属集团（控股）公司投资控股的企业由拟申报试点的企业提出申请，由所属省属集团（控股）公司向我委推荐；其他企业向注册地设区市（平潭综合实验区）融资租赁主管部门提出申请，由注册地设区市（平潭综合实验区）融资租赁主管部门向我委推荐。

（二）资料核实。各设区市（平潭综合实验区）融资租赁主管部门、省属集团须对被推荐企业提交资料的真实性负责，并向税务机关核实企业（或股东）依法纳税情况。对符合规定条件、材料齐全的企业，逐一出具推荐文件，连同企业申报材料一并报送我委。

（三）试点确认。申报材料经我委核实并征求有关部门意见后向商务部具文推荐。商务部将会同国家税务总局对申报材料进行审核，对符合条件的企业予以确认。

三、其他事项

（一）被推荐企业经确认为试点企业后应及时登陆全国融资租赁企业管理信息系统填写有关信息。

（二）因机构改革造成人员变动，为加强沟通联系，请各设区市（平潭综合实验区）融资租赁主管部门将承担融资租赁职能的科（处）室、联系人及联系方式告知我委。

联系人：省经信委生产服务业处　薛尚泉

联系电话：0591-87551081　　　　传真：0591-87830084

邮箱：scfwyc@fjetc.gov.cn

附件：试点企业推荐条件和材料

福建省经济和信息化委员会

2015 年 3 月 19 日

附件

试点企业推荐条件和材料

一、申报试点的内资租赁企业应同时具备以下条件

（一）企业最低注册资本金应达到 17000 万元。

（二）具有健全的内部管理制度和风险控制制度。

（三）拥有相应的金融、贸易、法律、会计等方面的专业人员，高级管理人员应具有不少于三年的租赁业从业经验。

（四）具有与所从事融资租赁产品相关联的行业背景。

（五）核心主业突出，资金来源稳定，发展战略和盈利模式清晰，诚信和纳税记录良好，没有违法违规记录。

二、需提交的材料

（一）试点申请书。主要内容应包括企业名称、注册地、实收资本金、股权结构、股东信息、经营范围、上一年简要经营情况（含纳税情况）、拟开展融资租赁业务的主要考虑（主要业务领域、业务模式、资金来源等）、未来 3 年业务发展总体规划等。股东信息需包括所有股东名称、法定代表人、注册地址、营业执照复印件、主营业务范围以及上一年营业收入、利润、净资产总额、负债率等简要情况。个人股东需提供本人实际控制的其他主要企业的简要情况。

（二）营业执照副本（复印件）。

（三）验资报告（如多次验资，每次验资报告均需提供）。

（四）注册资本金来源说明。

（五）公司章程、内部管理制度及风险控制制度等文件。

（六）拟任（或现任）总经理、财务负责人、风控负责人等主要高管人员名单、从业履历、

资格证书以及三年以上相关行业从业经验证明材料等。

（七）被推荐企业经审计的近三年完整的财务会计报告和最近一期的财务报表（含附注，如为新建企业，则提供所有法人股东上述材料）。

（八）主要股东近两年经审计的财务会计报告（含附注）。

（九）税务主管部门出具的被推荐企业（新建企业提供法人股东）依法纳税的证明。

（十）如关联企业中有从事典当、小额贷款、信托、融资性担保、融资租赁等业务的，需提供相关业务上一年简要经营情况，主要包括业务收入、利润、净资产总额、负债率等。

（十一）由具备从业资格的融资租赁公司发起成立的企业或拟成立的子公司，还需提供股东（母公司）上一年度融资租赁业务的详细经营情况，具体为全国融资租赁企业管理信息系统的年度经营情况表所载内容及对有关数据的详细分析说明。

天津市商务委
关于申报内资融资租赁试点企业工作的通知

各有关单位：

根据商务部对内资融资租赁试点企业申报工作做出的新规定，市商务委可以随时接收符合条件企业的申报材料。东疆保税港区注册的企业，按照《天津市商务委关于内资融资租赁试点企业申报工作的通知》要求，将申报材料直接申报市商委流通处723室进行审核。

特此通知

附件：天津市商务委关于内资融资租赁试点企业申报工作的通知

2015年4月6日

附件　天津市商务委关于内资融资租赁试点企业申报工作的通知

各区县商务主管部门、各有关企业：

近日，商务部就内资融资租赁试点企业申报工作做出新的规定，为简化流程，便利企业及时申报试点，今后商务部不再对开展试点申报工作另行下发通知，将按照《商务部 国家税务总局关于从事融资租赁业务有关问题的通知》（商建发〔2004〕560号）等文件要求，随时接收符合条件企业的申报材料。根据上述精神，现将做好我市内资融资租赁试点企业申报工作通知如下：

一、推荐企业条件

试点企业应具备《商务部 国家税务总局关于从事融资租赁业务有关问题的通知》（商建发〔2004〕560号）第四条规定的基本条件：

（一）2001年8月31日（含）前设立的内资租赁企业最低注册资本金应达到4000万元，2001年9月1日后设立的内资租赁企业最低注册资本应达到17000万元。

（二）具有健全的内部管理制度和风险控制制度。

（三）拥有相应的金融、贸易、法律、会计等方面的专业人员，高级管理人员应具有不少于三年的租赁业从业经验。

（四）近两年经营业绩良好，没有违法违规纪录。

（五）具有与所从事融资租赁产品相关联的行业背景。

在符合以上条件的基础上，应具备核心主业突出、资金来源稳定、股权关系简单透明、公司治理结构健全、发展战略和盈利模式清晰、诚信和纳税记录良好等特点，重点推荐以下企业：

（一）服务领域符合国家和有关部门鼓励发展的产业方向或政策导向。

（二）股东具有相关产业背景，能够在资金、业务发展等方面对试点企业给予有力支撑。

二、需提交的材料

（一）试点申请书。主要内容应包括企业名称、注册地、实收资本金、股权结构、股东信息、经营范围、上一年简要经营情况（含纳税情况）、拟开展融资租赁业务的主要考虑（主要业务领域、业务模式、资金来源等）、未来3年业务发展总体规划等。股东信息需包括所有股东名称、法定代表人、注册地址、营业执照复印件、主营业务范围以及上一年营业收入、利润、净资产总额、负债率等简要情况。个人股东需提供本人实际控制的其他主要企业的简要情况。

（二）营业执照副本（复印件）。

（三）验资报告（如多次验资，每次验资报告均需提供）。

（四）注册资本金来源说明。

（五）公司章程、内部管理制度及风险控制制度等文件。

（六）拟任（或现任）总经理、财务负责人、风控负责人等主要高管人员名单、从业履历、资格证书以及三年以上相关行业从业经验证明材料等。

（七）被推荐企业经审计的近三年完整的财务会计报告和最近一期的财务报表（含附注，如为新建企业，则提供所有法人股东上述材料）。

（八）当年新设立的融资租赁企业，需提供主要股东近两年经审计的财务会计报告（含附注）。

（九）税务主管部门出具的被推荐企业（新建企业提供法人股东）依法纳税的证明。

（十）如关联企业中有从事典当、小额贷款、信托、融资性担保、融资租赁等业务的，需提供相关业务上一年简要经营情况，主要包括业务收入、利润、净资产总额、负债率等。

（十一）由具备从业资格的融资租赁公司发起成立的企业或拟成立的子公司，还需提供股东（母公司）上一年度融资租赁业务的详细经营情况，具体为全国融资租赁企业管理信息系统的年度经营情况表所载内容及对有关数据的详细分析说明。

以上材料（含复印件）均需加盖公司印章，一式两份，装订成册。

三、工作程序

（一）天津市商务委负责组织推荐试点企业，指导企业认真准备试点材料，对有关材料进行严格审核，向税务机关核实企业（或股东）依法纳税情况，并出具正式推荐函。中央直属企业在我市注册拟申报试点的，亦应向我市商务委提出申报。

（二）被推荐企业登陆全国融资租赁企业管理信息系统填写有关信息。

（三）天津市商务委对申报企业的资料审核后上报商务部，商务部会同国家税务总局对申报材料进行审核后，对符合条件的企业予以确认。

联系人：王晓龙

电　话：022—58665730

传　真：022—58665839

天津市商务委

第 5 章　物权登记类

中华人民共和国海事局关于融资租赁船舶登记有关事项的通知

海船舶〔2010〕524 号

各省、自治区、直辖市地方海事局，新疆生产建设兵团海事局，各直属海事局：

近年来，随着我国航运经济的发展，船舶融资租赁业应运而生并迅速发展。船舶融资租赁作为一种新兴的船舶融资方式，可以有效缓解航运资本的不足，促进航运经济的发展。为了规范融资租赁船舶的登记，便利航运企业，现就融资租赁船舶登记有关事项通知如下：

一、根据《合同法》及相关规定，船舶融资租赁合同应为书面形式，在内容上涵盖了船舶建造或买卖和光船租赁的有关内容，在形式上可以表现为一个或一系列合同。船舶登记机关应当根据《船舶登记条例》有关规定，为融资租赁船舶办理所有权登记和光船租赁登记。融资租赁船舶的出租人应当依法取得融资租赁经营资格，承租人应当依法取得水路运输经营资格，融资租赁的船舶应为已建造完工并交付的船舶。

二、融资租赁合同是《合同法》中的有名合同，当事人之间是融资租赁合同关系，并非借款合同关系，出租人不能将融资租赁合同作为主合同设置抵押权。出租人基于其它合同关系在融资租赁船舶上设置抵押权的，应当事先取得承租人的书面同意。

三、由于船舶融资租赁的特殊性，融资租赁船舶登记的管辖由我局根据《中华人民共和国船舶登记条例》第八条予以确定。

四、融资租赁期内，申请办理融资租赁船舶所有权注销登记的，应提交光船承租人书面同意注销船舶所有权登记的文书或其他法定文书；申请办理光船租赁注销登记的，应提交双方书面同意注销光船租赁登记的文书或其他法定文书。

二〇一〇年十月二十五日

国土资源部关于进一步完善采矿权登记管理有关问题的通知

国土资发〔2011〕14 号

各省、自治区、直辖市国土资源厅（国土环境资源厅、国土资源局、国土资源和房屋管理局、规划和国土资源管理局），新疆生产建设兵团国土资源局：

为进一步完善采矿权登记管理，规范采矿权市场秩序，维护采矿权人的合法权益，促进矿产资源合理开发利用，依据《中华人民共和国矿产资源法》、《矿产资源开采登记管理办法》和《探矿权采矿权转让管理办法》等相关法律法规规定，现就进一步完善矿产资源开采登记管理（石油、天然气和煤层气除外）的有关问题通知如下：

一、规范划定矿区范围管理

（一）划定矿区范围是指登记管理机关对划定矿区范围申请人提出的可供开采矿产资源范围及拟设开采工程分布范围的立体空间区域，依法审查批准的行政行为。划定矿区范围的批准文件是申请人开展采矿登记各项准备工作的依据。

登记管理机关原则上应根据可供开采矿产资源范围审批划定矿区范围。拟设开采工程分布范围超出探矿权范围的，经登记管理机关组织专家论证通过后，方可批准申请划定矿区范围。

（二）划定矿区范围依据的矿产资源储量的勘查程度，应符合现行规程规范要求，大中型煤矿应达到勘探程度；非煤矿山、小型煤矿原则上应达到勘探程度；简单矿床应达到详查程度并符合开采设计要求；《关于进一步规范矿业权出让管理的通知》（国土资发〔2006〕12 号）中规定的第三类矿产应达到矿山建设要求的地质工作程度，具体要求由各省（区、市）国土资源主管部门另行规定。

（三）划定矿区范围必须符合矿产资源规划和矿业权设置方案。国家规划矿区内矿业权设置方案未经批准的，原则上不受理新立矿业权申请；国家规划矿区内探矿权人持其探矿权申请采矿权，申请范围与矿产资源规划和矿业权设置方案不符的，原则上应调整到与矿产资源规划和矿业权设置方案一致后申请划定矿区范围。

涉及矿产资源规划和矿业权设置方案调整的，登记管理机关应发布公告，调整期间暂停受理相关矿区的新立矿业权的业务。

（四）申请划定矿区范围的，除《国土资源部行政审批事项办事指南》和《关于调整探矿权采矿权申请资料有关问题的公告》等有关规定的要件外，还应符合以下要求：

1. 探矿权人申请划定矿区范围的，应出具经年检合格的勘查许可证。

2. 以协议方式出让的，凭登记管理机关同意以协议方式出让采矿权的文件，编制资源储量核实报告，经评审、备案后，凭相关文件申请划定矿区范围。

3. 按矿产资源开发整合要求设立或变更采矿权的，申请人可凭依照规定批准的矿产资源整合方案，申请办理矿区范围的资源储量核实、评审、备案；凭评审备案文件申请划定矿区范围。

（五）申请划定的矿区范围与周边毗邻的采矿权应按设计规范的规定保留安全间距。

（六）已设采矿权利用原有生产系统申请扩大矿区范围的，应符合国家产业政策、矿产资源规划和矿业权设置方案。扩区范围的地质工作程度应满足设立采矿权的要求；不能满足的，应申请探矿权。

满足设立采矿权要求的，申请人应在完成资源储量评审后，申请划定矿区范围；依据划定矿区范围批准文件，申请资源储量备案；涉及采矿权价款的，应按规定完成价款评估。采矿权扩区范围原则上限于原采矿权深部及周边零星分散且不宜单独另设采矿权的资源。

应申请探矿权的，第一类矿产的勘查空白区，按新立探矿权办理；其他勘查区，原则上按周边及深部不宜单独另设探矿权、采矿权的范围办理。

（七）需超过上一条规定扩大矿区范围的，登记管理机关应按照矿产资源规划和矿业权设置方案，重新设立矿业权，原采矿权人可以参与竞争。需按协议方式出让的，按《关于进一步规范矿业权出让管理的通知》（国土资发〔2006〕12 号）等规定的省级人民政府正式行文报国土资源部批准的程序和条件办理。

（八）矿区范围内涉及多个矿种的，采矿权申请人应按储量评审报告审定的主矿种申请划定矿区范围，并对共伴生资源综合利用，对共伴生资源综合利用有限制性规定的，按有关规定办理。

（九）探矿权人在取得划定矿区范围批复后，需要变更划定矿区范围批复持有人的，应在办理完成探矿权转让变更手续后，由探矿权受让人凭转让变更后的勘查许可证，申请办理划定矿区范围持有人的变更手续。

通过招标拍卖挂牌等竞争方式取得划定矿区范围批复的，竞得人需要变更划定矿区范围持有人的，经登记管理机关审查并经公示无异议后，可以变更划定矿区范围持有主体。

以协议出让方式划定的矿区范围，除根据企业经营需要设立全资子公司外，不得变更持有人。

（十）探矿权人在取得划定矿区范围批复后至取得采矿权前，探矿权有效期届满，可按有关规定申请办理探矿权保留。

（十一）探矿权人拟以部分勘查区块申请采矿权的，应在全区地质工作程度达到详查以上并申请探矿权分立后，按规定申请划定矿区范围。

（十二）非企业自身原因导致无法在规定期限内申请采矿登记的，申请人凭相关证明材料，在划定矿区范围预留期届满 30 日前，申请延续划定矿区范围预留期。延续期限每次不得超过原预留期限。

二、进一步规范采矿权新立、延续和审批管理

（十三）申请采矿权应具有独立企业法人资格，企业注册资本应不少于经审定的矿产资源开发利用方案测算的矿山建设投资总额的百分之三十，外商投资企业申请限制类矿种采矿权的，应出具有关部门的项目核准文件。

申请人在取得采矿许可证后，必须具备其他有关法定条件后方可实施开采作业。

采矿权人应当严格按照经审查批准的相关要件实施开采作业，接受相关部门的监督管理。

（十四）除同属一个矿业权人的情形外，矿业权在垂直投影范围内原则上不得重叠。涉及和石油、天然气等特定矿种的矿业权重叠的，应当签署互不影响，确保安全生产的协议后，办理采矿许可证。

（十五）探矿权人申请采矿许可证的，探矿权人在提出采矿登记申请时，应同时向登记管理机关提交探矿权注销申请，登记管理机关在批准采矿权新立时，同时注销该探矿权。勘查登记与采矿登记不属于同一登记机关的，采矿权新立一经批准，探矿权人应向原勘查登记管理机关提交探矿权注销申请，并凭探矿权注销通知（证明）领取采矿许可证。

（十六）采矿许可证剩余有效期不足一年的，负责采矿权年检的国土资源主管部门可以根据当地政府的有关社会服务要求，提醒告知采矿权延续事项。采矿许可证剩余有效期不足三个月的，登记管理机关应在本级或上级机关的门户网站上滚动提示采矿权延续事项。

采矿权人在采矿许可证有效期届满前无法完成延续要件准备的，应向登记管理机关书面说明原因，登记管理机关可以在原采矿许可证上加注有效期顺延三个月。

（十七）因新增审批要件（要求）造成无法按正常规定办理采矿权延续的，登记管理机关可根据实际需要顺延 1 至 2 年，并在采矿许可证副本上注明其原因和要求。

（十八）采矿权人申请采矿权延续登记，应出具经年检合格的采矿许可证，属《矿产资源开采登记管理办法》附录所列的矿种大中型资源储量规模的，凭近三年经评审备案的资源储量报告确定剩余查明资源储量；其余的可根据需要凭当年或上一年度经审查合格的矿山储量年报作为剩余查明资源储量的依据。采矿许可证延续的期限应与矿区范围内剩余的可开采利用的查明资源储量相适应，但不得超过国家规定的最长有效期限。采矿权延续申请批准后，其有效期应始于延续采矿许可证原有效期截止之日。

三、严格采矿权转让、变更条件和审批管理

（十九）转让采矿权受让人应具备本通知第十三条规定的采矿权申请人条件，并承继该采矿权的权利、义务。

（二十）采矿权转让涉及管理权限调整的，原登记管理机关完成转让审批并提出转报意见后，由调整后的登记管理机关办理采矿权变更登记。

（二十一）国有矿山企业申请转让采矿权的，应当获得其上级主管部门或单位的同意。

（二十二）有下列情形之一的采矿权不得转让：

1. 采矿权部分转让的；

2. 被纳入矿产资源开发整合方案的采矿权向非整合主体转让的；

3. 按国家产业政策属于关闭矿山的；

4. 按国家有关规定属于禁止开采区域的；

5. 采矿权抵押备案期内未经抵押权人同意的；

6. 采矿权处于国土资源行政主管部门立案查处、法院查封、扣押或公安、税务、检察机关等通知立案查处状态的。

除母公司与全资子公司之间的采矿权转让外，以协议出让方式取得的采矿权投产未满5年不得转让，确需转让的按原协议出让程序办理。

（二十三）采矿权原则上不得分立，因开采条件变化等特殊原因确需分立的，应符合矿产资源规划和矿业权设置方案，或由省级以上登记管理机关组织专家对分立方案进行论证，论证通过并公示无异议的，经登记管理机关同意后，准予变更登记。

（二十四）人民法院将采矿权拍卖或裁定给他人，受让人应依法申请变更登记。申请变更登记的受让人应具备本通知第十三条规定的资质条件，登记管理机关凭生效的判决文件，依法予以办理采矿权变更登记。

（二十五）除《矿产资源开采登记管理办法》第15条规定的情形外，凡增加或减少主要开采矿种的、变更生产规模的、变更矿山名称的，采矿权人应当在采矿许可证有效期内，向登记管理机关申请变更登记。

申请变更主要开采矿种的，应提交相关的储量评审备案文件，并根据需要提交经审查批准的矿产资源开发利用方案、环境影响评价报告和矿山安全生产监管部门的审查意见。由高风险矿种变更为低风险矿种的，还应缴纳矿业权价款；变更为国家实行开采总量控制矿种的，还应符合国家有关宏观调控的规定和开采总量控制要求，并需经专家论证通过、公示无异议。

申请扩大生产规模的，应提交经审查批准的矿产资源开发利用方案、环境影响评价报告及矿山安全生产监管部门的审查意见；申请变更矿山名称的，应提交相关的依据性文件。

煤炭采矿权人申请扩大生产规模的，还应当提交有关行业管理部门核定生产能力的文件；实行开采总量控制的矿种申请扩大生产规模的，还应符合开采总量控制指标的有关规定。

（二十六）除法律法规规定或特定情形外，采矿权转让人和受让人应同时提交转让和变更申请，登记管理机关应同时办理转让审批和变更登记。

（二十七）采矿许可证剩余有效期不足四个月，采矿权人申请转让、变更的，受让人应同时向登记管理机关申请办理延续登记。

四、规范采矿权抵押备案、注销条件

（二十八）采矿权人申请抵押备案的，应向登记管理机关提交以下资料：

1. 抵押备案申请书；

2. 抵押合同；

3. 贷款合同；

4. 采矿权有偿取得（处置）凭证；

5. 采矿许可证（复印件）等相关要件。

到原登记管理机关办理备案手续，符合规定的，登记管理机关向抵押双方出具备案证明。

（二十九）登记管理机关予以备案的采矿权抵押申请，应具备以下条件：

1. 矿业权价款已按规定缴清；

2. 采矿权权属无争议；

3. 采矿权未被法定机关扣压、查封；

4. 采矿权抵押期没有超过采矿许可证有效期；

5. 采矿权未处于抵押备案状态或债权人间就受偿关系达成协议。

（三十）符合抵押备案条件的，登记管理机关出具抵押备案的通知，通知内容包括：抵押期限、采矿权转让和抵押实现的条件及抵押备案解除的条件等相关事项；并就抵押双方对标的物价值认定自行承担全部责任、采矿权人因违反矿产资源法律法规受罚后果自负等予以告知。

（三十一）采矿权抵押合同解除后 20 个工作日内，采矿权人应持抵押双方签署的抵押备案解除申请书及原备案文件到原抵押备案机关申请抵押备案解除。

（三十二）采矿权人具有下列情形之一的，经公告、并已送达采矿许可证注销通知期满 60 个工作日后仍不申请办理注销的，原登记管理机关可以直接注销采矿许可证。

1. 县级以上人民政府因安全生产问题决定关闭且企业法人不再存续的；

2. 企业法人主体资格灭失并且没有合法权利义务承继主体的；

3. 法律法规规定的其他需要直接注销的情形。

五、其他有关规定

（三十三）外商投资开采矿产资源的，应符合外商投资产业指导目录的有关规定，依照对内资企业发证的权限颁发采矿许可证。

（三十四）采矿许可证遗失或损毁的，采矿权人应及时在采矿登记机关所在地的主流媒体上刊登遗失声明满 30 日后，持补领申请书及遗失声明登载物原件到原登记管理机关申请补办采矿许可证。

采矿许可证被损坏的，采矿权人应携带能被鉴别为原采矿权许可证的残留件到登记管理机关申请补办采矿许可证。

登记管理机关补办的采矿许可证登记内容应与原证一致，并应注明补领时间。

（三十五）采矿权人可以在采矿许可证有效期内依法回收利用其尾矿资源和采矿废石，无需另行办理采矿登记；形成尾矿资源和采矿废石的采矿权已经灭失的，登记管理机关应在保障安全和保护环境的前提下，按新立采矿权的程序出让尾矿资源采矿权。

（三十六）在划定矿区范围、采矿权新立、延续、转让和变更等过程中涉及采矿权有偿处置的，应按《关于深化探矿权采矿权有偿取得制度改革有关问题的通知》等有关规定执行。

（三十七）申请人到登记管理机关办理登记手续的，应出具企业法人执照、法定代表人证明和本人身份证等原件，经核实无误后，方可将复印件作为申报要件；委托他人办理的，被委托人应出具企业法定代表人的书面委托书和本人身份证。

（三十八）登记管理机关接收采矿权登记申请资料后应出具回执。

需要申请人补正资料的，登记管理机关应书面通知申请人限期补充或者修改。采矿权申请人应在规定的期限内提交补正的资料。

补正资料及听证、鉴定、专家评审、向有关管理机关函调等所需时间不计入审批期限。

（三十九）采矿权申请人对其提供的申请材料的真实性负责；通过隐瞒有关情况、提供虚假材料或者拒绝提供反映其活动情况真实材料等不正当手段骗取采矿登记的，一经发现依据有关规定处理；构成犯罪的，移交司法机关依法追究责任。

（四十）各省（区、市）国土资源主管部门可根据实际情况，制定具体实施办法，并报部备案。对《关于进一步规范矿业权出让管理的通知》（国土资发〔2006〕12号）规定的第三类矿产，可根据实际情况适当简化采矿登记申报要件要求。

各级国土资源主管部门要按照本通知的要求，进一步规范和加强采矿登记工作的管理。国土资源部和地方各级国土资源主管部门以往规定与本通知不一致的，以本通知为准。各地在执行中如有问题请及时报部。

二〇一一年一月二十日

中华人民共和国渔业船舶登记办法

2012年10月22日农业部令2012年第8号公布
2013年12月31日农业部令2013年第5号修订

第一章 总 则

第一条 为加强渔业船舶监督管理，确定渔业船舶的所有权、国籍、船籍港及其他有关法律关系，保障渔业船舶登记有关各方的合法权益，根据《中华人民共和国海上交通安全法》、《中华人民共和国渔业法》、《中华人民共和国海商法》等有关法律、法规的规定，制定本办法。

第二条 中华人民共和国公民或法人所有的渔业船舶，以及中华人民共和国公民或法人以光船条件从境外租进的渔业船舶，应当依照本办法进行登记。

第三条 农业部主管全国渔业船舶登记工作。中华人民共和国渔政局具体负责全国渔业船舶登记及其监督管理工作。

县级以上地方人民政府渔业行政主管部门主管本行政区域内的渔业船舶登记工作。县级以上地方人民政府渔业行政主管部门所属的渔港监督机关（以下称登记机关）依照规定权限负责本行政区域内的渔业船舶登记及其监督管理工作。

第四条 渔业船舶依照本办法进行登记，取得中华人民共和国国籍，方可悬挂中华人民共和国国旗航行。

第五条 渔业船舶不得具有双重国籍。凡在境外登记的渔业船舶，未中止或者注销原登记国籍的，不得取得中华人民共和国国籍。

第六条 渔业船舶所有人应当向户籍所在地或企业注册地的县级以上登记机关申请办理渔业船舶登记。

远洋渔业船舶登记由渔业船舶所有人向所在地省级登记机关申请办理。中央在京直属企业所属远洋渔业船舶登记由渔业船舶所有人向船舶所在地的省级登记机关申请办理。

渔业船舶登记的港口是渔业船舶的船籍港。每艘渔业船舶只能有一个船籍港。

省级登记机关应当根据本行政区域渔业船舶管理实际确定省级以下登记机关的登记权限和船籍港名称，并对外公告。

第七条　登记机关应当建立渔业船舶登记簿，并将渔业船舶登记的内容载入渔业船舶登记簿。

权利人和利害关系人有权依法查阅渔业船舶登记簿。

第八条　登记机关应当将登记的事项、依据、条件、程序、期限以及需要提交的全部材料目录和申请书示范文本在办公场所进行公示。

登记机关应当自受理申请之日起二十个工作日内作出是否准予渔业船舶登记的决定。不予登记的，书面通知当事人并说明理由。

第二章　船名核定

第九条　渔业船舶只能有一个船名。

远洋渔业船舶、科研船和教学实习船的船名由申请人在申请渔业船网工具指标时提出，经省级登记机关通过全国海洋渔船动态管理系统查询，无重名、同音且符合规范的，在《渔业船网工具指标申请书》上标注其船名、船籍港。渔业行政主管部门核发的《渔业船网工具指标批准书》应当载明上述船名、船籍港。

公务船舶的船名按照农业部的规定办理。

前款规定以外的其他渔业船舶的船名由登记机关按照农业部的统一规定核定。

第十条　有下列情形之一的，渔业船舶所有人或承租人应当向登记机关申请船名：

（一）制造、进口渔业船舶的；

（二）因继承、赠与、购置、拍卖或法院生效判决取得渔业船舶所有权，需要变更船名的；

（三）以光船条件从境外租进渔业船舶的。

第十一条　申请渔业船舶船名核定，申请人应当填写渔业船舶船名申请表，交验渔业船舶所有人或承租人的户口簿或企业法人营业执照，并提交下列材料：

（一）捕捞渔船和捕捞辅助船应当提交省级以上人民政府渔业行政主管部门签发的渔业船网工具指标批准书；

（二）养殖渔船应当提交渔业船舶所有人持有的养殖证；

（三）从境外租进的渔业船舶，应当提交农业部同意租赁的批准文件；

（四）申请变更渔业船舶船名的，应当提供变更理由及相关证明材料。

第十二条　登记机关应当自受理申请之日起七个工作日内作出核定决定。予以核定的，向申请人核发渔业船舶船名核定书，同时确定该渔业船舶的船籍港。不予核定的，书面通知当事人并说明理由。

第十三条　渔业船舶船名核定书的有效期为十八个月。

超过有效期未使用船名的，渔业船舶船名核定书作废，渔业船舶所有人应当按照本办法规定重新提出申请。

第三章　所有权登记

第十四条　渔业船舶所有权的取得、转让和消灭，应当依照本办法进行登记；未经登记的，不得对抗善意第三人。

第十五条　渔业船舶所有权登记，由渔业船舶所有人申请。共有的渔业船舶，由持股比例最大的共有人申请；持股比例相同的，由约定的共有人一方申请。

申请渔业船舶所有权登记，应当填写渔业船舶所有权登记申请表，并提交下列材料：

（一）渔业船舶所有人户口簿或企业法人营业执照；

（二）取得渔业船舶所有权的证明文件：

1. 制造渔业船舶，提交建造合同和交接文件；

2. 购置渔业船舶，提交买卖合同和交接文件；

3. 因继承、赠与、拍卖以及法院判决等原因取得所有权的，提交具有相应法律效力的证明文件；

4. 渔业船舶共有的，提交共有协议；

5. 其他证明渔业船舶合法来源的文件。

（三）渔业船舶检验证书、依法需要取得的渔业船舶船名核定书；

（四）反映船舶全貌和主要特征的渔业船舶照片；

（五）原船籍港登记机关出具的渔业船舶所有权注销登记证明书（制造渔业船舶除外）；

（六）捕捞渔船和捕捞辅助船的渔业船网工具指标批准书；

（七）养殖渔船所有人持有的养殖证；

（八）进口渔业船舶的准予进口批准文件和办结海关手续的证明；

（九）农业部规定的其他材料。

登记机关准予登记的，向渔业船舶所有人核发渔业船舶所有权登记证书。

第四章　国籍登记

第十六条　渔业船舶应当依照本办法进行渔业船舶国籍登记，方可取得航行权。

第十七条　渔业船舶国籍登记，由渔业船舶所有人申请。

申请国籍登记，应当填写渔业船舶国籍登记申请表，并提交下列材料：

（一）渔业船舶所有人的户口簿或企业法人营业执照；

（二）渔业船舶所有权登记证书；

（三）渔业船舶检验证书；

（四）捕捞渔船和捕捞辅助船的渔业船网工具指标批准书；

（五）养殖渔船所有人持有的养殖证；

（六）进口渔业船舶的准予进口批准文件和办结海关手续的证明；

（七）渔业船舶委托其他渔业企业代理经营的，提交代理协议和代理企业的营业执照；

（八）原船籍港登记机关出具的渔业船舶国籍注销或者中止证明书（制造渔业船舶除外）；

（九）农业部规定的其他材料。

国籍登记与所有权登记同时申请的，免予提交前款规定的第一、二、三、四、五、六项材料。

登记机关准予登记的，向船舶所有人核发渔业船舶国籍证书，同时核发渔业船舶航行签证簿，载明船舶主要技术参数。

第十八条　从事国内作业的渔业船舶经批准从事远洋渔业的，渔业船舶所有人应当持有关批准文件和国际渔船安全证书向省级登记机关申请换发渔业船舶国籍证书，并将原渔业船舶国籍证书交由省级登记机关暂存。

第十九条　经农业部批准从事远洋渔业的渔业船舶，需要加入他国国籍方可在他国管辖海域作业的，渔业船舶所有人应当持有关批准文件和国际渔船安全证书向省级登记机关申请中止渔业船舶国籍。登记机关准予中止国籍的，应当封存该渔业船舶国籍证书和航行签证簿，并核发渔业船舶国籍中止证明书。

依照前款规定中止国籍的渔业船舶申请恢复国籍的，应当持有关批准文件和他国登记机关出具的注销该国国籍证明书或者将于重新登记时立即注销该国国籍的证明书，向省级登记机关提出申请。登记机关准予恢复国籍的，应当发还该渔业船舶国籍证书和航行签证簿，并收回渔业船舶国籍中止证明书。

第二十条 以光船条件从境外租进渔业船舶的，承租人应当持光船租赁合同、渔业船舶检验证书或报告、农业部批准租进的文件和原登记机关出具的中止或者注销原国籍的证明书，或者将于重新登记时立即中止或者注销原国籍的证明书，向省级登记机关申请办理临时渔业船舶国籍证书。

第二十一条 渔业船舶国籍证书有效期为五年。

对达到农业部规定的老旧渔业船舶船龄的渔业船舶，登记机关核发渔业船舶国籍证书时，其证书有效期限不得超过渔业船舶检验证书记载的有效期限。

第二十二条 以光船租赁条件从境外租进的渔业船舶，临时渔业船舶国籍证书的有效期根据租赁合同期限确定，但是最长不得超过两年。

租赁合同期限超过两年的，承租人应当在证书有效期届满三十日前，持渔业船舶租赁登记证书、原临时渔业船舶国籍证书和租赁合同，向原登记机关申请换发临时渔业船舶国籍证书。

第二十三条 渔业船舶国籍证书或临时渔业船舶国籍证书必须随船携带。

第五章 抵押权登记

第二十四条 渔业船舶抵押权的设定、转移和消灭，抵押权人和抵押人应当共同依照本办法进行登记；未经登记的，不得对抗善意第三人。

第二十五条 渔业船舶所有人或其授权的人可以设定船舶抵押权。

渔业船舶共有人就共有渔业船舶设定抵押权时，应当提供三分之二以上份额或者约定份额的共有人同意的证明文件。

渔业船舶抵押权的设定，应当签订书面合同。

第二十六条 同一渔业船舶可以依法设定两个以上抵押权，抵押关系设定顺序，以抵押登记的先后为准。

第二十七条 抵押权人和抵押人共同申请渔业船舶抵押权登记，应当填写渔业船舶抵押权登记申请表，并提交下列材料：

（一）抵押权人和抵押人的户口簿或企业法人营业执照；

（二）渔业船舶所有权登记证书；

（三）抵押合同及其主合同；

（四）农业部规定的其他材料。

登记机关准予登记的，应当将抵押权登记情况载入渔业船舶所有权登记证书，并向抵押权人核发渔业船舶抵押权登记证书。

第二十八条 抵押权人依法转移船舶抵押权的，应当和承转人持渔业船舶所有权登记证书、渔业船舶抵押权登记证书和船舶抵押权转移合同，向原登记机关申请办理抵押权转移登记。

办理渔业船舶抵押权转移登记，抵押权人应当事先通知抵押人。

登记机关准予登记的，应当将有关抵押权转移情况载入渔业船舶所有权登记证书，封存原渔业船舶抵押权登记证书，并向承转人核发渔业船舶抵押权登记证书。

第六章 光船租赁登记

第二十九条 以光船条件出租渔业船舶，或者以光船条件租进境外渔业船舶的，出租人和承租人应当依照本办法进行光船租赁登记；未经登记的，不得对抗善意第三人。

第三十条 中国籍渔业船舶以光船条件出租给中国籍公民或法人的，出租人和承租人应当共同填写渔业船舶租赁登记申请表，向船籍港登记机关申请办理光船租赁登记，并提交下列材料：

（一）承租人的户口簿或企业法人营业执照；

（二）渔业船舶所有权登记证书、渔业船舶国籍证书、渔业船舶检验证书和渔业船舶航行签证簿；

（三）租赁合同；

（四）租赁捕捞渔船和捕捞辅助船的，提交出租人所在地渔业行政主管部门出具的捕捞许可证注销证明、承租人所在地渔业行政主管部门同意租赁渔业船舶的证明文件；租赁远洋渔业船舶或者跨省租赁渔业船舶的，还应当经出租人和承租人双方所在地省级人民政府渔业行政主管部门同意后报农业部批准；

（五）渔业船舶已设定抵押权的，提供抵押权人同意出租该渔业船舶的证明文件；

（六）农业部规定的其他材料。

登记机关准予登记的，应当将租赁情况载入渔业船舶所有权登记证书和国籍证书，并向出租人和承租人核发渔业船舶租赁登记证书各一份。

第三十一条 中国籍渔业船舶以光船条件出租到境外的，出租人应当持本办法第三十条第一款第二、三、五、六项规定的文件，向船籍港登记机关申请办理光船租赁登记。捕捞渔船和捕捞辅助船还应当提供省级以上人民政府渔业行政主管部门出具的渔业捕捞许可证暂存证明。

登记机关准予登记的，应当中止该渔业船舶国籍，封存渔业船舶国籍证书和航行签证簿，将租赁情况载入渔业船舶所有权登记证书和国籍证书，并向出租人核发渔业船舶租赁登记证书和渔业船舶国籍中止证明书。

第三十二条 中国籍公民或法人以光船条件租进境外渔业船舶的，承租人应当填写渔业船舶租赁登记申请表，向所在地省级登记机关申请办理光船租赁登记，并提交下列材料：

（一）承租人的户口簿或企业法人营业执照；

（二）租赁合同；

（三）国家渔业船舶检验机构签发的渔业船舶检验证书或检验报告；

（四）境外登记机关出具的中止或注销该船国籍的文件，或者将于重新登记时立即中止或注销船舶国籍的文件；

（五）农业部批准租进的文件；

（六）农业部规定的其他材料。

登记机关准予登记的，应当向承租人核发渔业船舶租赁登记证书，并将租赁登记内容载入临时渔业船舶国籍证书。

第七章 变更登记和注销登记

第三十三条 下列登记事项发生变更的，渔业船舶所有人应当向原登记机关申请变更登记：

（一）船名；

（二）船舶主尺度、吨位或船舶种类；

（三）船舶主机类型、数量或功率；

（四）船舶所有人姓名、名称或地址（船舶所有权发生转移的除外）；

（五）船舶共有情况；

（六）船舶抵押合同、租赁合同（解除合同的除外）。

第三十四条 渔业船舶所有人申请变更登记，应当填写渔业船舶变更登记申请表，并提交下列材料：

（一）渔业船舶所有人的户口簿或企业法人营业执照；

（二）渔业船舶所有权登记证书、渔业船舶国籍证书、渔业船舶检验证书和航行签证簿；

（三）变更登记证明材料：

1. 远洋渔业船舶、科研船和教学实习船以外的渔业船舶船名变更的，提交渔业船舶船名核定书；

2. 更新改造捕捞渔船和捕捞辅助船的，提交渔业船网工具指标批准书；

3. 渔业船舶所有人姓名、名称或地址变更的，提交公安部门或者工商行政管理部门核发的变更证明文件；

4. 船舶抵押合同变更的，提交抵押合同及补充协议和抵押权登记证书；船舶租赁合同变更的，提交租赁合同及补充协议和租赁登记证书；

5. 船舶共有情况变更的，提交共有协议和共有各方同意变更的书面证明。

（四）农业部规定的其他材料。

登记机关受理变更登记申请，经审查发现申请变更事项将导致登记机关发生变更的，应当书面通知渔业船舶所有人向有权机关申请办理渔业船舶登记，并将船舶登记档案转交给有权机关。

登记机关准予变更登记的，应当换发相关证书，并收回、注销原有证书。换发的证书有效期不变。

第三十五条 渔业船舶有下列情形之一的，渔业船舶所有人应当向登记机关申请办理渔业船舶所有权注销登记：

（一）所有权转移的；

（二）灭失或失踪满六个月的；

（三）拆解或销毁的；

（四）自行终止渔业生产活动的。

第三十六条 渔业船舶所有人申请注销登记，应当填写渔业船舶注销登记申请表，并提交下列材料：

（一）渔业船舶所有人的户口簿或企业法人营业执照；

（二）渔业船舶所有权登记证书、国籍证书和航行签证簿。因证书灭失无法交回的，应当提交书面说明和在当地报纸上公告声明的证明材料；

（三）捕捞渔船和捕捞辅助船的捕捞许可证注销证明；

（四）注销登记证明材料：

1. 渔业船舶所有权转移的，提交渔业船舶买卖协议或所有权转移的其他法律文件；

2. 渔业船舶灭失或失踪六个月以上的，提交有关渔港监督机构出具的证明文件；

3. 渔业船舶拆解或销毁的，提交有关渔业行政主管部门出具的渔业船舶拆解、销毁或处理证明；

4. 渔业船舶已办理抵押权登记或租赁登记的，提交相应登记注销证明书；

5. 自行终止渔业生产活动的，提交不再从事渔业生产活动的书面声明。

（五）农业部规定的其他材料。

登记机关准予注销登记的，应当收回前款第二项所列证书，并向渔业船舶所有人出具渔业船舶注销登记证明书。

登记机关在注销渔业船舶所有权登记时，应当同时注销该渔业船舶国籍。

第三十七条 渔业船舶所有权因依法拍卖和法院生效判决发生转移，但原所有人未申请注销的，依法取得该渔业船舶所有权的所有人可以向登记机关申请注销所有权登记，并提交第三十六条第一项、第三项、第四项第一目、第五项所列材料。登记机关经审查准予注销登记的，应当向申请人出具渔业船舶注销登记证明书。

渔业船舶灭失或失踪、拆解或销毁的，依法取得渔业船舶相关权利的权利人可以依照前款规定向登记机关申请注销登记。

登记机关准予注销渔业船舶所有权登记和国籍的，应当予以公告。

第三十八条 渔业船舶有第三十五条第二、三项情形之一，但所有人或者依法取得渔业船舶相关权利的权利人未申请注销所有权登记的，登记机关经查明，可在上述情形发生六个月后，在当地报纸上发布拟注销登记公告。自公告发布之日起三十日内无异议或异议不成立的，登记机关可注销该渔业船舶所有权登记和国籍登记，并予以公告。

第三十九条 有下列情形之一的，登记机关可直接注销该渔业船舶国籍：

（一）国籍证书有效期满未延续的；

（二）渔业船舶检验证书有效期满未依法延续的；

（三）以贿赂、欺骗等不正当手段取得渔业船舶国籍的；

（四）依法应当注销的其他情形。

第四十条 已经办理注销登记的灭失或失踪的渔业船舶，经打捞或寻找，原船恢复后，渔业船舶所有人应当书面说明理由，持有关证明文件，依照本办法向原登记机关重新申请办理渔业船舶登记。

第四十一条 船舶抵押合同解除，抵押权人和抵押人应当填写渔业船舶抵押权注销登记申请表，持渔业船舶所有权登记证书、渔业船舶抵押权登记证书、经抵押权人签字的解除抵押合同的文件和双方身份证明文件，向登记机关申请办理船舶抵押权注销登记。

登记机关准予注销登记的，应当注销其在渔业船舶所有权登记证书上的抵押登记记录，收回渔业船舶抵押权登记证书，存入该船登记档案。

第四十二条 中国籍渔业船舶以光船条件出租给中国籍公民或法人的光船租赁合同期满或光船租赁关系终止，出租人和承租人应当自光船租赁合同期满或光船租赁关系终止之日起三十日内，填写渔业船舶租赁登记注销申请表，向登记机关申请办理光船租赁注销登记，并提交下列材料：

（一）渔业船舶所有权登记证书、国籍证书；

（二）渔业船舶租赁登记证书；

（三）光船租赁合同或者终止光船租赁关系的证明文件；

（四）捕捞渔船和捕捞辅助船的捕捞许可证注销证明；

（五）农业部规定的其他材料。

登记机关准予注销登记的，应当注销渔业船舶所有权登记证书和国籍证书上的光船租赁登记记录，收回渔业船舶租赁登记证书，向出租人、承租人分别出具渔业船舶租赁登记注销证明书。

第四十三条 中国籍渔业船舶以光船条件出租到境外的光船租赁合同期满或光船租赁关系终止，出租人应当自光船租赁合同期满或光船租赁关系终止之日起三十日内，填写渔业船舶租赁登记注销申请表，向登记机关申请办理光船租赁注销登记，并提交下列材料：

（一）渔业船舶所有权登记证书；

（二）渔业船舶租赁登记证书；

（三）光船租赁合同或者终止光船租赁关系的证明文件；

（四）境外登记机关出具的国籍登记注销证明书或者将于重新登记时立即注销船舶国籍的证明书；

（五）农业部规定的其他材料。

登记机关准予注销登记的，应当注销渔业船舶所有权登记证书和国籍证书上的光船租赁登记记录，收回渔业船舶租赁登记证书，向出租人出具渔业船舶租赁登记注销证明书，并发还封存的渔业船舶国籍证书和航行签证簿，依法恢复该船国籍。

第四十四条　中国籍公民或法人以光船租赁条件从境外租进渔业船舶的光船租赁合同期满或光船租赁关系终止，承租人应当自光船租赁合同期满或光船租赁关系终止之日起三十日内，填写渔业船舶租赁登记注销申请表，向登记机关申请办理光船租赁注销登记，并提交下列材料：

（一）渔业船舶租赁登记证书；

（二）光船租赁合同或者终止光船租赁关系的证明文件；

（三）临时渔业船舶国籍证书和航行签证簿；

（四）捕捞渔船和捕捞辅助船的捕捞许可证注销证明；

（五）农业部规定的其他材料。

登记机关准予注销登记的，应当注销该光船租赁登记记录，收回临时渔业船舶国籍证书和渔业船舶租赁登记证书，向承租人出具渔业船舶租赁登记注销证明书。

第八章　证书换发和补发

第四十五条　渔业船舶所有人应当在渔业船舶国籍证书有效期届满三个月前，持渔业船舶国籍证书和渔业船舶检验证书到登记机关申请换发国籍证书。

渔业船舶登记证书污损不能使用的，渔业船舶所有人应当持原证书向登记机关申请换发。

第四十六条　渔业船舶登记相关证书、证明遗失或者灭失的，渔业船舶所有人应当在当地报纸上公告声明，并自公告发布之日起十五日后凭有关证明材料向登记机关申请补发证书、证明。

申请补发渔业船舶国籍证书期间需要航行作业的，渔业船舶所有人可以向原登记机关申请办理有效期不超过一个月的临时渔业船舶国籍证书。

第四十七条　渔业船舶国籍证书在境外遗失、灭失或者损坏的，渔业船舶所有人应当向中华人民共和国驻外使（领）馆申请办理临时渔业船舶国籍证书，并同时向原登记机关申请补发渔业船舶国籍证书。

第九章　监督管理

第四十八条　县级以上人民政府渔业行政主管部门应当加强渔业船舶登记管理信息系统建设，建立健全渔业船舶数据库，提高渔业船舶登记管理和服务水平，保障渔业船舶当事人合法权益。

第四十九条　登记机关应当建立渔业船舶登记档案。

渔业船舶所有权、国籍登记注销后，登记档案应当保存不少于五年。

第五十条　禁止涂改、伪造、变造、转让渔业船舶登记证书。

有前款情形的，渔业船舶登记证书无效。

第五十一条　违反本办法规定的，依照有关法律、行政法规和规章进行处罚。

第十章　附　则

第五十二条　本办法所称渔业船舶，系指《中华人民共和国渔港水域交通安全管理条例》第四条规定的渔业船舶。

第五十三条　港澳流动渔船的登记备案，按照农业部有关港澳流动渔船管理的规定执行。

第五十四条　渔业船舶登记费的收取、使用和管理，按照国家有关规定执行。

第五十五条　渔业船舶船名核定书、渔业船舶登记簿、渔业船舶所有权登记证书、渔业船舶国籍证书、临时渔业船舶国籍证书、渔业船舶抵押权登记证书、渔业船舶租赁登记证书、渔业船舶注销或中止证明书由农业部统一印制。

渔业船舶登记申请表由各省、自治区、直辖市登记机关按农业部规定的统一格式印制。

第五十六条　各省、自治区、直辖市人民政府渔业行政主管部门可依据本办法，结合本地实际情况，制定实施办法，报农业部备案。

船长在十二米以下的小型渔业船舶的登记程序可适当简化，具体办法由各省、自治区、直辖市人民政府渔业行政主管部门在制定实施办法时规定。

第五十七条　本办法自2013年1月1日起施行。农业部1996年1月22日发布，1997年12月25日、2004年7月1日、2010年11月26日修订的《中华人民共和国渔业船舶登记办法》（农渔发〔1996〕2号）同时废止。

机动车登记规定

2008年5月27日中华人民共和国公安部令第102号发布，根据2012年9月12日《公安部关于修改〈机动车登记规定〉的决定》修正，公安部令第124号

第一章　总　则

第一条　根据《中华人民共和国道路交通安全法》及其实施条例的规定，制定本规定。

第二条　本规定由公安机关交通管理部门负责实施。

省级公安机关交通管理部门负责本省（自治区、直辖市）机动车登记工作的指导、检查和监督。直辖市公安机关交通管理部门车辆管理所、设区的市或者相当于同级的公安机关交通管理部门车辆管理所负责办理本行政辖区内机动车登记业务。

县级公安机关交通管理部门车辆管理所可以办理本行政辖区内摩托车、三轮汽车、低速载货汽车登记业务。条件具备的，可以办理除进口机动车、危险化学品运输车、校车、中型以上载客汽车以外的其他机动车登记业务。具体业务范围和办理条件由省级公安机关交通管理部门确定。

警用车辆登记业务按照有关规定办理。

第三条　车辆管理所办理机动车登记，应当遵循公开、公正、便民的原则。

车辆管理所在受理机动车登记申请时，对申请材料齐全并符合法律、行政法规和本规定的，应当在规定的时限内办结。对申请材料不齐全或者其他不符合法定形式的，应当一次告知申请人需要补正的全部内容。对不符合规定的，应当书面告知不予受理、登记的理由。

车辆管理所应当将法律、行政法规和本规定的有关机动车登记的事项、条件、依据、

程序、期限以及收费标准、需要提交的全部材料的目录和申请表示范文本等在办理登记的场所公示。

省级、设区的市或者相当于同级的公安机关交通管理部门应当在互联网上建立主页，发布信息，便于群众查阅机动车登记的有关规定，下载、使用有关表格。

第四条　车辆管理所应当使用计算机登记系统办理机动车登记，并建立数据库。不使用计算机登记系统登记的，登记无效。

计算机登记系统的数据库标准和登记软件全国统一。数据库能够完整、准确记录登记内容，记录办理过程和经办人员信息，并能够实时将有关登记内容传送到全国公安交通管理信息系统。计算机登记系统应当与交通违法信息系统和交通事故信息系统实行联网。

第二章　登　记

第一节　注册登记

第五条　初次申领机动车号牌、行驶证的，机动车所有人应当向住所地的车辆管理所申请注册登记。

第六条　机动车所有人应当到机动车安全技术检验机构对机动车进行安全技术检验，取得机动车安全技术检验合格证明后申请注册登记。但经海关进口的机动车和国务院机动车产品主管部门认定免予安全技术检验的机动车除外。

免予安全技术检验的机动车有下列情形之一的，应当进行安全技术检验：

（一）国产机动车出厂后两年内未申请注册登记的；

（二）经海关进口的机动车进口后两年内未申请注册登记的；

（三）申请注册登记前发生交通事故的。

专用校车办理注册登记前，应当按照专用校车国家安全技术标准进行安全技术检验。

第七条　申请注册登记的，机动车所有人应当填写申请表，交验机动车，并提交以下证明、凭证：

（一）机动车所有人的身份证明；

（二）购车发票等机动车来历证明；

（三）机动车整车出厂合格证明或者进口机动车进口凭证；

（四）车辆购置税完税证明或者免税凭证；

（五）机动车交通事故责任强制保险凭证；

（六）车船税纳税或者免税证明；

（七）法律、行政法规规定应当在机动车注册登记时提交的其他证明、凭证。

不属于经海关进口的机动车和国务院机动车产品主管部门规定免予安全技术检验的机动车，还应当提交机动车安全技术检验合格证明。

车辆管理所应当自受理申请之日起二日内，确认机动车，核对车辆识别代号拓印膜，审查提交的证明、凭证，核发机动车登记证书、号牌、行驶证和检验合格标志。

第八条　车辆管理所办理消防车、救护车、工程救险车注册登记时，应当对车辆的使用性质、标志图案、标志灯具和警报器进行审查。

车辆管理所办理全挂汽车列车和半挂汽车列车注册登记时，应当对牵引车和挂车分别核发机动车登记证书、号牌和行驶证。

第九条　有下列情形之一的，不予办理注册登记：

（一）机动车所有人提交的证明、凭证无效的；

（二）机动车来历证明被涂改或者机动车来历证明记载的机动车所有人与身份证明不

符的；

（三）机动车所有人提交的证明、凭证与机动车不符的；

（四）机动车未经国务院机动车产品主管部门许可生产或者未经国家进口机动车主管部门许可进口的；

（五）机动车的有关技术数据与国务院机动车产品主管部门公告的数据不符的；

（六）机动车的型号、发动机号码、车辆识别代号或者有关技术数据不符合国家安全技术标准的；

（七）机动车达到国家规定的强制报废标准的；

（八）机动车被人民法院、人民检察院、行政执法部门依法查封、扣押的；

（九）机动车属于被盗抢的；

（十）其他不符合法律、行政法规规定的情形。

第二节　变更登记

第十条　已注册登记的机动车有下列情形之一的，机动车所有人应当向登记地车辆管理所申请变更登记：

（一）改变车身颜色的；

（二）更换发动机的；

（三）更换车身或者车架的；

（四）因质量问题更换整车的；

（五）营运机动车改为非营运机动车或者非营运机动车改为营运机动车等使用性质改变的；

（六）机动车所有人的住所迁出或者迁入车辆管理所管辖区域的。

机动车所有人为两人以上，需要将登记的所有人姓名变更为其他所有人姓名的，可以向登记地车辆管理所申请变更登记。

属于本条第一款第（一）项、第（二）项和第（三）项规定的变更事项的，机动车所有人应当在变更后十日内向车辆管理所申请变更登记；属于本条第一款第（六）项规定的变更事项的，机动车所有人申请转出前，应当将涉及该车的道路交通安全违法行为和交通事故处理完毕。

第十一条　申请变更登记的，机动车所有人应当填写申请表，交验机动车，并提交以下证明、凭证：

（一）机动车所有人的身份证明；

（二）机动车登记证书；

（三）机动车行驶证；

（四）属于更换发动机、车身或者车架的，还应当提交机动车安全技术检验合格证明；

（五）属于因质量问题更换整车的，还应当提交机动车安全技术检验合格证明，但经海关进口的机动车和国务院机动车产品主管部门认定免予安全技术检验的机动车除外。

车辆管理所应当自受理之日起一日内，确认机动车，审查提交的证明、凭证，在机动车登记证书上签注变更事项，收回行驶证，重新核发行驶证。

车辆管理所办理本规定第十条第一款第（三）项、第（四）项和第（六）项规定的变更登记事项的，应当核对车辆识别代号拓印膜。

第十二条　车辆管理所办理机动车变更登记时，需要改变机动车号牌号码的，收回号牌、行驶证，确定新的机动车号牌号码，重新核发号牌、行驶证和检验合格标志。

第十三条　机动车所有人的住所迁出车辆管理所管辖区域的，车辆管理所应当自受理之日起三日内，在机动车登记证书上签注变更事项，收回号牌、行驶证，核发有效期为三十日的临时行驶车号牌，将机动车档案交机动车所有人。机动车所有人应当在临时行驶车号牌的有效期限内到住所地车辆管理所申请机动车转入。

申请机动车转入的，机动车所有人应当填写申请表，提交身份证明、机动车登记证书、机动车档案，并交验机动车。机动车在转入时已超过检验有效期的，应当在转入地进行安全技术检验并提交机动车安全技术检验合格证明和交通事故责任强制保险凭证。车辆管理所应当自受理之日起三日内，确认机动车，核对车辆识别代号拓印膜，审查相关证明、凭证和机动车档案，在机动车登记证书上签注转入信息，核发号牌、行驶证和检验合格标志。

第十四条 机动车所有人为两人以上，需要将登记的所有人姓名变更为其他所有人姓名的，应当提交机动车登记证书、行驶证、变更前和变更后机动车所有人的身份证明和共同所有的公证证明，但属于夫妻双方共同所有的，可以提供《结婚证》或者证明夫妻关系的《居民户口簿》。

变更后机动车所有人的住所在车辆管理所管辖区域内的，车辆管理所按照本规定第十一条第二款的规定办理变更登记。变更后机动车所有人的住所不在车辆管理所管辖区域内的，迁出地和迁入地车辆管理所按照本规定第十三条的规定办理变更登记。

第十五条 有下列情形之一的，不予办理变更登记：

（一）改变机动车的品牌、型号和发动机型号的，但经国务院机动车产品主管部门许可选装的发动机除外；

（二）改变已登记的机动车外形和有关技术数据的，但法律、法规和国家强制性标准另有规定的除外；

（三）有本规定第九条第（一）项、第（七）项、第（八）项、第（九）项规定情形的。

第十六条 有下列情形之一，在不影响安全和识别号牌的情况下，机动车所有人不需要办理变更登记：

（一）小型、微型载客汽车加装前后防撞装置；

（二）货运机动车加装防风罩、水箱、工具箱、备胎架等；

（三）增加机动车车内装饰。

第十七条 已注册登记的机动车，机动车所有人住所在车辆管理所管辖区域内迁移或者机动车所有人姓名（单位名称）、联系方式变更的，应当向登记地车辆管理所备案。

（一）机动车所有人住所在车辆管理所管辖区域内迁移、机动车所有人姓名（单位名称）变更的，机动车所有人应当提交身份证明、机动车登记证书、行驶证和相关变更证明。车辆管理所应当自受理之日起一日内，在机动车登记证书上签注备案事项，重新核发行驶证。

（二）机动车所有人联系方式变更的，机动车所有人应当提交身份证明和行驶证。车辆管理所应当自受理之日起一日内办理备案。

机动车所有人的身份证明名称或者号码变更的，可以向登记地车辆管理所申请备案。机动车所有人应当提交身份证明、机动车登记证书。车辆管理所应当自受理之日起一日内，在机动车登记证书上签注备案事项。

发动机号码、车辆识别代号因磨损、锈蚀、事故等原因辨认不清或者损坏的，可以向登记地车辆管理所申请备案。机动车所有人应当提交身份证明、机动车登记证书、行驶证。车辆管理所应当自受理之日起一日内，在发动机、车身或者车架上打刻原发动机号码或者原车辆识别代号，在机动车登记证书上签注备案事项。

第三节　转移登记

第十八条　已注册登记的机动车所有权发生转移的，现机动车所有人应当自机动车交付之日起三十日内向登记地车辆管理所申请转移登记。

机动车所有人申请转移登记前，应当将涉及该车的道路交通安全违法行为和交通事故处理完毕。

第十九条　申请转移登记的，现机动车所有人应当填写申请表，交验机动车，并提交以下证明、凭证：

（一）现机动车所有人的身份证明；

（二）机动车所有权转移的证明、凭证；

（三）机动车登记证书；

（四）机动车行驶证；

（五）属于海关监管的机动车，还应当提交《中华人民共和国海关监管车辆解除监管证明书》或者海关批准的转让证明；

（六）属于超过检验有效期的机动车，还应当提交机动车安全技术检验合格证明和交通事故责任强制保险凭证。

现机动车所有人住所在车辆管理所管辖区域内的，车辆管理所应当自受理申请之日起一日内，确认机动车，核对车辆识别代号拓印膜，审查提交的证明、凭证，收回号牌、行驶证，确定新的机动车号牌号码，在机动车登记证书上签注转移事项，重新核发号牌、行驶证和检验合格标志。

现机动车所有人住所不在车辆管理所管辖区域内的，车辆管理所应当按照本规定第十三条的规定办理。

第二十条　有下列情形之一的，不予办理转移登记：

（一）机动车与该车档案记载内容不一致的；

（二）属于海关监管的机动车，海关未解除监管或者批准转让的；

（三）机动车在抵押登记、质押备案期间的；

（四）有本规定第九条第（一）项、第（二）项、第（七）项、第（八）项、第（九）项规定情形的。

第二十一条　被人民法院、人民检察院和行政执法部门依法没收并拍卖，或者被仲裁机构依法仲裁裁决，或者被人民法院调解、裁定、判决机动车所有权转移时，原机动车所有人未向现机动车所有人提供机动车登记证书、号牌或者行驶证的，现机动车所有人在办理转移登记时，应当提交人民法院出具的未得到机动车登记证书、号牌或者行驶证的《协助执行通知书》，或者人民检察院、行政执法部门出具的未得到机动车登记证书、号牌或者行驶证的证明。车辆管理所应当公告原机动车登记证书、号牌或者行驶证作废，并在办理转移登记的同时，补发机动车登记证书。

第四节　抵押登记

第二十二条　机动车所有人将机动车作为抵押物抵押的，应当向登记地车辆管理所申请抵押登记；抵押权消灭的，应当向登记地车辆管理所申请解除抵押登记。

第二十三条　申请抵押登记的，机动车所有人应当填写申请表，由机动车所有人和抵押权人共同申请，并提交下列证明、凭证：

（一）机动车所有人和抵押权人的身份证明；

（二）机动车登记证书；

（三）机动车所有人和抵押权人依法订立的主合同和抵押合同。

车辆管理所应当自受理之日起一日内，审查提交的证明、凭证，在机动车登记证书上签注抵押登记的内容和日期。

第二十四条 申请解除抵押登记的，机动车所有人应当填写申请表，由机动车所有人和抵押权人共同申请，并提交下列证明、凭证：

（一）机动车所有人和抵押权人的身份证明；

（二）机动车登记证书。

人民法院调解、裁定、判决解除抵押的，机动车所有人或者抵押权人应当填写申请表，提交机动车登记证书、人民法院出具的已经生效的《调解书》、《裁定书》或者《判决书》，以及相应的《协助执行通知书》。

车辆管理所应当自受理之日起一日内，审查提交的证明、凭证，在机动车登记证书上签注解除抵押登记的内容和日期。

第二十五条 机动车抵押登记日期、解除抵押登记日期可以供公众查询。

第二十六条 有本规定第九条第（一）项、第（七）项、第（八）项、第（九）项或者第二十条第（二）项规定情形之一的，不予办理抵押登记。对机动车所有人提交的证明、凭证无效，或者机动车被人民法院、人民检察院、行政执法部门依法查封、扣押的，不予办理解除抵押登记。

第五节 注销登记

第二十七条 已达到国家强制报废标准的机动车，机动车所有人向机动车回收企业交售机动车时，应当填写申请表，提交机动车登记证书、号牌和行驶证。机动车回收企业应当确认机动车并解体，向机动车所有人出具《报废机动车回收证明》。报废的校车、大型客、货车及其他营运车辆应当在车辆管理所的监督下解体。

机动车回收企业应当在机动车解体后七日内将申请表、机动车登记证书、号牌、行驶证和《报废机动车回收证明》副本提交车辆管理所，申请注销登记。

车辆管理所应当自受理之日起一日内，审查提交的证明、凭证，收回机动车登记证书、号牌、行驶证，出具注销证明。

第二十八条 除本规定第二十七条规定的情形外，机动车有下列情形之一的，机动车所有人应当向登记地车辆管理所申请注销登记：

（一）机动车灭失的；

（二）机动车因故不在我国境内使用的；

（三）因质量问题退车的。

已注册登记的机动车有下列情形之一的，登记地车辆管理所应当办理注销登记：

（一）机动车登记被依法撤销的；

（二）达到国家强制报废标准的机动车被依法收缴并强制报废的。

属于本条第一款第（二）项和第（三）项规定情形之一的，机动车所有人申请注销登记前，应当将涉及该车的道路交通安全违法行为和交通事故处理完毕。

第二十九条 属于本规定第二十八条第一款规定的情形，机动车所有人申请注销登记的，应当填写申请表，并提交以下证明、凭证：

（一）机动车登记证书；

（二）机动车行驶证；

（三）属于机动车灭失的，还应当提交机动车所有人的身份证明和机动车灭失证明；

（四）属于机动车因故不在我国境内使用的，还应当提交机动车所有人的身份证明和出境证明，其中属于海关监管的机动车，还应当提交海关出具的《中华人民共和国海关监管车辆进（出）境领（销）牌照通知书》；

（五）属于因质量问题退车的，还应当提交机动车所有人的身份证明和机动车制造厂或者经销商出具的退车证明。

车辆管理所应当自受理之日起一日内，审查提交的证明、凭证，收回机动车登记证书、号牌、行驶证，出具注销证明。

第三十条 因车辆损坏无法驶回登记地的，机动车所有人可以向车辆所在地机动车回收企业交售报废机动车。交售机动车时应当填写申请表，提交机动车登记证书、号牌和行驶证。机动车回收企业应当确认机动车并解体，向机动车所有人出具《报废机动车回收证明》。报废的校车、大型客、货车及其他营运车辆应当在报废地车辆管理所的监督下解体。

机动车回收企业应当在机动车解体后七日内将申请表、机动车登记证书、号牌、行驶证和《报废机动车回收证明》副本提交报废地车辆管理所，申请注销登记。

报废地车辆管理所应当自受理之日起一日内，审查提交的证明、凭证，收回机动车登记证书、号牌、行驶证，并通过计算机登记系统将机动车报废信息传递给登记地车辆管理所。

登记地车辆管理所应当自接到机动车报废信息之日起一日内办理注销登记，并出具注销证明。

第三十一条 已注册登记的机动车有下列情形之一的，车辆管理所应当公告机动车登记证书、号牌、行驶证作废：

（一）达到国家强制报废标准，机动车所有人逾期不办理注销登记的；

（二）机动车登记被依法撤销后，未收缴机动车登记证书、号牌、行驶证的；

（三）达到国家强制报废标准的机动车被依法收缴并强制报废的；

（四）机动车所有人办理注销登记时未交回机动车登记证书、号牌、行驶证的。

第三十二条 有本规定第九条第（一）项、第（八）项、第（九）项或者第二十条第（一）项、第（三）项规定情形之一的，不予办理注销登记。

第六节 校车标牌核发

第三十三条 学校或者校车服务提供者申请校车使用许可，应当按照《校车安全管理条例》向县级或者设区的市级人民政府教育行政部门提出申请。公安机关交通管理部门收到教育行政部门送来的征求意见材料后，应当在一日内通知申请人交验机动车。

第三十四条 县级或者设区的市级公安机关交通管理部门应当自申请人交验机动车之日起二日内确认机动车，查验校车标志灯、停车指示标志、卫星定位装置以及逃生锤、干粉灭火器、急救箱等安全设备，审核行驶线路、开行时间和停靠站点。属于专用校车的，还应当查验校车外观标识。审查以下证明、凭证：

（一）机动车所有人的身份证明；

（二）机动车行驶证；

（三）校车安全技术检验合格证明；

（四）包括行驶线路、开行时间和停靠站点的校车运行方案；

（五）校车驾驶人的机动车驾驶证。

公安机关交通管理部门应当自收到教育行政部门征求意见材料之日起三日内向教育行政部门回复意见，但申请人未按规定交验机动车的除外。

第三十五条 学校或者校车服务提供者按照《校车安全管理条例》取得校车使用许可后，应当向县级或者设区的市级公安机关交通管理部门领取校车标牌。领取时应当填写表格，并提交以下证明、凭证：

（一）机动车所有人的身份证明；

（二）校车驾驶人的机动车驾驶证；

（三）机动车行驶证；

（四）县级或者设区的市级人民政府批准的校车使用许可；

（五）县级或者设区的市级人民政府批准的包括行驶线路、开行时间和停靠站点的校车运行方案。

公安机关交通管理部门应当在收到领取表之日起三日内核发校车标牌。对属于专用校车的，应当核对行驶证上记载的校车类型和核载人数；对不属于专用校车的，应当在行驶证副页上签注校车类型和核载人数。

第三十六条　校车标牌应当记载本车的号牌号码、机动车所有人、驾驶人、行驶线路、开行时间、停靠站点、发牌单位、有效期限等信息。校车标牌分前后两块，分别放置于前风窗玻璃右下角和后风窗玻璃适当位置。

校车标牌有效期的截止日期与校车安全技术检验有效期的截止日期一致，但不得超过校车使用许可有效期。

第三十七条　专用校车应当自注册登记之日起每半年进行一次安全技术检验，非专用校车应当自取得校车标牌后每半年进行一次安全技术检验。

学校或者校车服务提供者应当在校车检验有效期满前一个月内向公安机关交通管理部门申请检验合格标志。

公安机关交通管理部门应当自受理之日起一日内，确认机动车，审查提交的证明、凭证，核发检验合格标志，换发校车标牌。

第三十八条　已取得校车标牌的机动车达到报废标准或者不再作为校车使用的，学校或者校车服务提供者应当拆除校车标志灯、停车指示标志，消除校车外观标识，并将校车标牌交回核发的公安机关交通管理部门。

专用校车不得改变使用性质。

校车使用许可被吊销、注销或者撤销的，学校或者校车服务提供者应当拆除校车标志灯、停车指示标志，消除校车外观标识，并将校车标牌交回核发的公安机关交通管理部门。

第三十九条　校车行驶线路、开行时间、停靠站点或者车辆、所有人、驾驶人发生变化的，经县级或者设区的市级人民政府批准后，应当按照本规定重新领取校车标牌。

第四十条　公安机关交通管理部门应当每月将校车标牌的发放、变更、收回等信息报本级人民政府备案，并通报教育行政部门。

学校或者校车服务提供者应当自取得校车标牌之日起，每月查询校车道路交通安全违法行为记录，及时到公安机关交通管理部门接受处理。核发校车标牌的公安机关交通管理部门应当每月汇总辖区内校车道路交通安全违法和交通事故等情况，通知学校或者校车服务提供者，并通报教育行政部门。

第四十一条　校车标牌灭失、丢失或者损毁的，学校或者校车服务提供者应当向核发标牌的公安机关交通管理部门申请补领或者换领。申请时，应当提交机动车所有人的身份证明及机动车行驶证。公安机关交通管理部门应当自受理之日起三日内审核，补发或者换发校车标牌。

第三章　其他规定

第四十二条　申请办理机动车质押备案或者解除质押备案的，由机动车所有人和典当行共同申请，机动车所有人应当填写申请表，并提交以下证明、凭证：

（一）机动车所有人和典当行的身份证明；

（二）机动车登记证书。

车辆管理所应当自受理之日起一日内，审查提交的证明、凭证，在机动车登记证书上签注质押备案或者解除质押备案的内容和日期。

有本规定第九条第（一）项、第（七）项、第（八）项、第（九）项规定情形之一的，不予办理质押备案。对机动车所有人提交的证明、凭证无效，或者机动车被人民法院、人民检察院、行政执法部门依法查封、扣押的，不予办理解除质押备案。

第四十三条 机动车登记证书灭失、丢失或者损毁的，机动车所有人应当向登记地车辆管理所申请补领、换领。申请时，机动车所有人应当填写申请表并提交身份证明，属于补领机动车登记证书的，还应当交验机动车。车辆管理所应当自受理之日起一日内，确认机动车，审查提交的证明、凭证，补发、换发机动车登记证书。

启用机动车登记证书前已注册登记的机动车未申领机动车登记证书的，机动车所有人可以向登记地车辆管理所申领机动车登记证书。但属于机动车所有人申请变更、转移或者抵押登记的，应当在申请前向车辆管理所申领机动车登记证书。申请时，机动车所有人应当填写申请表，交验机动车并提交身份证明。车辆管理所应当自受理之日起五日内，确认机动车，核对车辆识别代号拓印膜，审查提交的证明、凭证，核发机动车登记证书。

第四十四条 机动车号牌、行驶证灭失、丢失或者损毁的，机动车所有人应当向登记地车辆管理所申请补领、换领。申请时，机动车所有人应当填写申请表并提交身份证明。

车辆管理所应当审查提交的证明、凭证，收回未灭失、丢失或者损毁的号牌、行驶证，自受理之日起一日内补发、换发行驶证，自受理之日起十五日内补发、换发号牌，原机动车号牌号码不变。

补发、换发号牌期间应当核发有效期不超过十五日的临时行驶车号牌。

第四十五条 机动车具有下列情形之一，需要临时上道路行驶的，机动车所有人应当向车辆管理所申领临时行驶车号牌：

（一）未销售的；

（二）购买、调拨、赠予等方式获得机动车后尚未注册登记的；

（三）进行科研、定型试验的；

（四）因轴荷、总质量、外廓尺寸超出国家标准不予办理注册登记的特型机动车。

第四十六条 机动车所有人申领临时行驶车号牌应当提交以下证明、凭证：

（一）机动车所有人的身份证明；

（二）机动车交通事故责任强制保险凭证；

（三）属于本规定第四十五条第（一）项、第（四）项规定情形的，还应当提交机动车整车出厂合格证明或者进口机动车进口凭证；

（四）属于本规定第四十五条第（二）项规定情形的，还应当提交机动车来历证明，以及机动车整车出厂合格证明或者进口机动车进口凭证；

（五）属于本规定第四十五条第（三）项规定情形的，还应当提交书面申请和机动车安全技术检验合格证明。

车辆管理所应当自受理之日起一日内，审查提交的证明、凭证，属于本规定第四十五条第（一）项、第（二）项规定情形，需要在本行政辖区内临时行驶的，核发有效期不超过十五日的临时行驶车号牌；需要跨行政辖区临时行驶的，核发有效期不超过三十日的临时行驶车号牌。属于本规定第四十五条第（三）项、第（四）项规定情形的，核发有效期不超过九十日的临时行驶车号牌。

因号牌制作的原因，无法在规定时限内核发号牌的，车辆管理所应当核发有效期不超过十五日的临时行驶车号牌。

对具有本规定第四十五条第（一）项、第（二）项规定情形之一，机动车所有人需要多次申领临时行驶车号牌的，车辆管理所核发临时行驶车号牌不得超过三次。

第四十七条　机动车所有人发现登记内容有错误的，应当及时要求车辆管理所更正。车辆管理所应当自受理之日起五日内予以确认。确属登记错误的，在机动车登记证书上更正相关内容，换发行驶证。需要改变机动车号牌号码的，应当收回号牌、行驶证，确定新的机动车号牌号码，重新核发号牌、行驶证和检验合格标志。

第四十八条　已注册登记的机动车被盗抢的，车辆管理所应当根据刑侦部门提供的情况，在计算机登记系统内记录，停止办理该车的各项登记和业务。被盗抢机动车发还后，车辆管理所应当恢复办理该车的各项登记和业务。

机动车在被盗抢期间，发动机号码、车辆识别代号或者车身颜色被改变的，车辆管理所应当凭有关技术鉴定证明办理变更备案。

第四十九条　机动车所有人可以在机动车检验有效期满前三个月内向登记地车辆管理所申请检验合格标志。

申请前，机动车所有人应当将涉及该车的道路交通安全违法行为和交通事故处理完毕。申请时，机动车所有人应当填写申请表并提交行驶证、机动车交通事故责任强制保险凭证、车船税纳税或者免税证明、机动车安全技术检验合格证明。

车辆管理所应当自受理之日起一日内，确认机动车，审查提交的证明、凭证，核发检验合格标志。

第五十条　除大型载客汽车、校车以外的机动车因故不能在登记地检验的，机动车所有人可以向登记地车辆管理所申请委托核发检验合格标志。申请前，机动车所有人应当将涉及机动车的道路交通安全违法行为和交通事故处理完毕。申请时，应当提交机动车登记证书或者行驶证。

车辆管理所应当自受理之日起一日内，出具核发检验合格标志的委托书。

机动车在检验地检验合格后，机动车所有人应当按照本规定第四十九条第二款的规定向被委托地车辆管理所申请检验合格标志，并提交核发检验合格标志的委托书。被委托地车辆管理所应当自受理之日起一日内，按照本规定第四十九条第三款的规定核发检验合格标志。

营运货车长期在登记以外的地区从事道路运输的，机动车所有人向营运地车辆管理所备案登记一年后，可以在营运地直接进行安全技术检验，并向营运地车辆管理所申请检验合格标志。

第五十一条　机动车检验合格标志灭失、丢失或者损毁的，机动车所有人应当持行驶证向机动车登记地或者检验合格标志核发地车辆管理所申请补领或者换领。车辆管理所应当自受理之日起一日内补发或者换发。

第五十二条　办理机动车转移登记或者注销登记后，原机动车所有人申请办理新购机动车注册登记时，可以向车辆管理所申请使用原机动车号牌号码。

申请使用原机动车号牌号码应当符合下列条件：

（一）在办理转移登记或者注销登记后六个月内提出申请；

（二）机动车所有人拥有原机动车三年以上；

（三）涉及原机动车的道路交通安全违法行为和交通事故处理完毕。

第五十三条 确定机动车号牌号码采用计算机自动选取和由机动车所有人按照机动车号牌标准规定自行编排的方式。

第五十四条 机动车所有人可以委托代理人代理申请各项机动车登记和业务，但申请补领机动车登记证书的除外。对机动车所有人因死亡、出境、重病、伤残或者不可抗力等原因不能到场申请补领机动车登记证书的，可以凭相关证明委托代理人代理申领。

代理人申请机动车登记和业务时，应当提交代理人的身份证明和机动车所有人的书面委托。

第五十五条 机动车所有人或者代理人申请机动车登记和业务，应当如实向车辆管理所提交规定的材料和反映真实情况，并对其申请材料实质内容的真实性负责。

第四章 法律责任

第五十六条 有下列情形之一的，由公安机关交通管理部门处警告或者二百元以下罚款：

（一）重型、中型载货汽车及其挂车的车身或者车厢后部未按照规定喷涂放大的牌号或者放大的牌号不清晰的；

（二）机动车喷涂、粘贴标识或者车身广告，影响安全驾驶的；

（三）载货汽车、挂车未按照规定安装侧面及后下部防护装置、粘贴车身反光标识的；

（四）机动车未按照规定期限进行安全技术检验的；

（五）改变车身颜色、更换发动机、车身或者车架，未按照本规定第十条规定的时限办理变更登记的；

（六）机动车所有权转移后，现机动车所有人未按照本规定第十八条规定的时限办理转移登记的；

（七）机动车所有人办理变更登记、转移登记，机动车档案转出登记地车辆管理所后，未按照本规定第十三条规定的时限到住所地车辆管理所申请机动车转入的。

第五十七条 除本规定第十条和第十六条规定的情形外，擅自改变机动车外形和已登记的有关技术数据的，由公安机关交通管理部门责令恢复原状，并处警告或者五百元以下罚款。

第五十八条 以欺骗、贿赂等不正当手段取得机动车登记的，由公安机关交通管理部门收缴机动车登记证书、号牌、行驶证，撤销机动车登记；申请人在三年内不得申请机动车登记。对涉嫌走私、盗抢的机动车，移交有关部门处理。

以欺骗、贿赂等不正当手段办理补、换领机动车登记证书、号牌、行驶证和检验合格标志等业务的，由公安机关交通管理部门处警告或者二百元以下罚款。

第五十九条 省、自治区、直辖市公安厅、局可以根据本地区的实际情况，在本规定的处罚幅度范围内，制定具体的执行标准。

对本规定的道路交通安全违法行为的处理程序按照《道路交通安全违法行为处理程序规定》执行。

第六十条 交通警察违反规定为被盗抢、走私、非法拼（组）装、达到国家强制报废标准的机动车办理登记的，按照国家有关规定给予处分，经教育不改又不宜给予开除处分的，按照《公安机关组织管理条例》规定予以辞退；对聘用人员予以解聘。构成犯罪的，依法追究刑事责任。

第六十一条 交通警察有下列情形之一的，按照国家有关规定给予处分；对聘用人员予以解聘。构成犯罪的，依法追究刑事责任：

（一）不按照规定确认机动车和审查证明、凭证的；

（二）故意刁难，拖延或者拒绝办理机动车登记的；

（三）违反本规定增加机动车登记条件或者提交的证明、凭证的；

（四）违反本规定第五十三条的规定，采用其他方式确定机动车号牌号码的；

（五）违反规定跨行政辖区办理机动车登记和业务的；

（六）超越职权进入计算机登记系统办理机动车登记和业务，或者不按规定使用机动车登记系统办理登记和业务的；

（七）向他人泄漏、传播计算机登记系统密码，造成系统数据被篡改、丢失或者破坏的；

（八）利用职务上的便利索取、收受他人财物或者谋取其他利益的；

（九）强令车辆管理所违反本规定办理机动车登记的。

第六十二条　公安机关交通管理部门有本规定第六十条、第六十一条所列行为之一的，按照国家有关规定对直接负责的主管人员和其他直接责任人员给予相应的处分。

公安机关交通管理部门及其工作人员有本规定第六十条、第六十一条所列行为之一，给当事人造成损失的，应当依法承担赔偿责任。

第五章　附　则

第六十三条　机动车登记证书、号牌、行驶证、检验合格标志的种类、式样，以及各类登记表格式样等由公安部制定。机动车登记证书由公安部统一印制。

机动车登记证书、号牌、行驶证、检验合格标志的制作应当符合有关标准。

第六十四条　本规定下列用语的含义：

（一）进口机动车是指：

1. 经国家限定口岸海关进口的汽车；

2. 经各口岸海关进口的其他机动车；

3. 海关监管的机动车；

4. 国家授权的执法部门没收的走私、无合法进口证明和利用进口关键件非法拼（组）装的机动车。

（二）进口机动车的进口凭证是指：

1. 进口汽车的进口凭证，是国家限定口岸海关签发的《货物进口证明书》；

2. 其他进口机动车的进口凭证，是各口岸海关签发的《货物进口证明书》；

3. 海关监管的机动车的进口凭证，是监管地海关出具的《中华人民共和国海关监管车辆进（出）境领（销）牌照通知书》；

4. 国家授权的执法部门没收的走私、无进口证明和利用进口关键件非法拼（组）装的机动车的进口凭证，是该部门签发的《没收走私汽车、摩托车证明书》。

（三）机动车所有人是指拥有机动车的个人或者单位。

1. 个人是指我国内地的居民和军人（含武警）以及香港、澳门特别行政区、台湾地区居民、华侨和外国人；

2. 单位是指机关、企业、事业单位和社会团体以及外国驻华使馆、领馆和外国驻华办事机构、国际组织驻华代表机构。

（四）身份证明是指：

1. 机关、企业、事业单位、社会团体的身份证明，是该单位的《组织机构代码证书》、加盖单位公章的委托书和被委托人的身份证明。机动车所有人为单位的内设机构，本身不具备领取《组织机构代码证书》条件的，可以使用上级单位的《组织机构代码证书》作为机动车所有人的身份证明。上述单位已注销、撤销或者破产，其机动车需要办理变更登记、转移登记、解除抵押登记、注销登记、解除质押备案、申领机动车登记证书和补、换领机动车登记证书、号牌、行驶证的，已注销的企业的身份证明，是工商行政管理部门出具的注销证明。已撤销的机关、事业单位、社会团体的身份证明，是其上级主管机关出具的有关证明。已破产的企业的身份证明，是依法成立的财产清算机构出具的有关证明；

2. 外国驻华使馆、领馆和外国驻华办事机构、国际组织驻华代表机构的身份证明，是该使馆、领馆或者该办事机构、代表机构出具的证明；

3. 居民的身份证明，是《居民身份证》或者《临时居民身份证》。在暂住地居住的内地居民，其身份证明是《居民身份证》或者《临时居民身份证》，以及公安机关核发的居住、暂住证明；

4. 军人（含武警）的身份证明，是《居民身份证》或者《临时居民身份证》。在未办理《居民身份证》前，是指军队有关部门核发的《军官证》、《文职干部证》、《士兵证》、《离休证》、《退休证》等有效军人身份证件，以及其所在的团级以上单位出具的本人住所证明；

5. 香港、澳门特别行政区居民的身份证明，是其入境时所持有的《港澳居民来往内地通行证》或者《港澳同胞回乡证》、香港、澳门特别行政区《居民身份证》和公安机关核发的居住、暂住证明；

6. 台湾地区居民的身份证明，是其所持有的有效期六个月以上的公安机关核发的《台湾居民来往大陆通行证》或者外交部核发的《中华人民共和国旅行证》和公安机关核发的居住、暂住证明；

7. 华侨的身份证明，是《中华人民共和国护照》和公安机关核发的居住、暂住证明；

8. 外国人的身份证明，是其入境时所持有的护照或者其他旅行证件、居（停）留期为六个月以上的有效签证或者居留许可，以及公安机关出具的住宿登记证明；

9. 外国驻华使馆、领馆人员、国际组织驻华代表机构人员的身份证明，是外交部核发的有效身份证件。

（五）住所是指：

1. 单位的住所为其主要办事机构所在地的地址；

2. 个人的住所为其身份证明记载的地址。在暂住地居住的内地居民的住所是公安机关核发的居住、暂住证明记载的地址。

（六）机动车来历证明是指：

1. 在国内购买的机动车，其来历证明是全国统一的机动车销售发票或者二手车交易发票。在国外购买的机动车，其来历证明是该车销售单位开具的销售发票及其翻译文本，但海关监管的机动车不需提供来历证明；

2. 人民法院调解、裁定或者判决转移的机动车，其来历证明是人民法院出具的已经生效的《调解书》、《裁定书》或者《判决书》，以及相应的《协助执行通知书》；

3. 仲裁机构仲裁裁决转移的机动车，其来历证明是《仲裁裁决书》和人民法院出具的《协助执行通知书》；

4. 继承、赠予、中奖、协议离婚和协议抵偿债务的机动车，其来历证明是继承、赠予、中奖、协议离婚、协议抵偿债务的相关文书和公证机关出具的《公证书》；

5. 资产重组或者资产整体买卖中包含的机动车，其来历证明是资产主管部门的批准文件；

6. 机关、企业、事业单位和社会团体统一采购并调拨到下属单位未注册登记的机动车，其来历证明是全国统一的机动车销售发票和该部门出具的调拨证明；

7. 机关、企业、事业单位和社会团体已注册登记并调拨到下属单位的机动车，其来历证明是该单位出具的调拨证明。被上级单位调回或者调拨到其他下属单位的机动车，其来历证明是上级单位出具的调拨证明；

8. 经公安机关破案发还的被盗抢且已向原机动车所有人理赔完毕的机动车，其来历证明是《权益转让证明书》。

（七）机动车整车出厂合格证明是指：

1. 机动车整车厂生产的汽车、摩托车、挂车，其出厂合格证明是该厂出具的《机动车整车出厂合格证》；

2. 使用国产或者进口底盘改装的机动车，其出厂合格证明是机动车底盘生产厂出具的《机动车底盘出厂合格证》或者进口机动车底盘的进口凭证和机动车改装厂出具的《机动车整车出厂合格证》；

3. 使用国产或者进口整车改装的机动车，其出厂合格证明是机动车生产厂出具的《机动车整车出厂合格证》或者进口机动车的进口凭证和机动车改装厂出具的《机动车整车出厂合格证》；

4. 人民法院、人民检察院或者行政执法机关依法扣留、没收并拍卖的未注册登记的国产机动车，未能提供出厂合格证明的，可以凭人民法院、人民检察院或者行政执法机关出具的证明替代。

（八）机动车灭失证明是指：

1. 因自然灾害造成机动车灭失的证明是，自然灾害发生地的街道、乡、镇以上政府部门出具的机动车因自然灾害造成灭失的证明；

2. 因失火造成机动车灭失的证明是，火灾发生地的县级以上公安机关消防部门出具的机动车因失火造成灭失的证明；

3. 因交通事故造成机动车灭失的证明是，交通事故发生地的县级以上公安机关交通管理部门出具的机动车因交通事故造成灭失的证明。

（九）本规定所称“一日”、“二日”、“三日”、“五日”、“七日”、“十日”、“十五日”，是指工作日，不包括节假日。

临时行驶车号牌的最长有效期“十五日”、“三十日”、“九十日”，包括工作日和节假日。

本规定所称以下、以上、以内，包括本数。

第六十五条 本规定自2008年10月1日起施行。2004年4月30日公安部发布的《机动车登记规定》（公安部令第72号）同时废止。本规定实施前公安部发布的其他规定与本规定不一致的，以本规定为准。

农业部办公厅关于拖拉机注册登记有关问题的函

农办机函〔2013〕8号

辽宁省农村经济委员会：

《辽宁省农机局关于办理拖拉机登记注册有关问题的请示》（辽农机〔2013〕12号）收悉。经研究，现就拖拉机注册登记工作中的有关问题答复如下。

一、根据《拖拉机和联合收割机安全监理检验技术规范》（NY/T1830–2009），发动机号码、机身/机架/挂车架号、照明灯具是拖拉机及其挂车安全技术检验的A类指标（否决项），以上相应项目缺失或不符合《农业机械运行安全技术条件》（GB 16151–2008）规定的，认定为安全技术检验不合格，农机安全监理机构不得为其办理注册登记。

二、拖拉机取得《农业机械推广鉴定证书》不是注册登记的前置条件和登记内容。拖拉机虽取得《农业机械推广鉴定证书》但安全技术检验不合格的，农机安全监理机构不得为其办理注册登记。

三、对于缺失发动机号码、机身/机架/挂车架号、照明灯具等不符合强制安全技术标准的农业机械，省级农业机械化主管部门应当根据投诉情况和农业安全生产需要，组织开展在用的特定种类农业机械的安全鉴定和重点检查，向生产销售企业通报并公布结果，督促生产销售企业采取补救措施，及时整改完善；协助购机者做好维权工作，保护消费者的合法权益。

四、省级农业机械化主管部门要严格贯彻强制性安全标准规定，加强对鉴定产品的监督管理，组织开展监督检查，发现生产销售与鉴定产品不一致的，要按照《农业机械推广鉴定实施办法》（农业部公告第1438号）第25条和农机购置补贴政策有关规定严肃处理。

五、按现行法规规定，拖拉机和其牵引的挂车作为一个整体进行注册登记，经检验合格后核发两块号牌，前后各悬挂一块，对挂车不单独核发号牌。拖拉机报废后，其所牵引的挂车应与新购置的拖拉机重新进行注册登记。

农业部办公厅

2013年8月2日

国家林业局关于省级公益林流转及林权登记发证问题的复函

林资发〔2013〕157号

浙江省林业厅：

《浙江省林业厅关于省级生态公益林流转及林权登记发证问题的请示》（浙林〔2013〕40号）收悉。经研究，现函复如下：

我局认为，划定为生态公益林的统管山不宜公开竞价转让，且不得办理林权变更登记手续。

按照《农村土地承包法》和《中共中央 国务院关于全面推进集体林权制度改革的意见》（中发〔2008〕10号）有关规定，应当在坚持集体林地所有权不变的前提下，依法将林地承包经营权和林木所有权，通过家庭承包的方式落实到本集体经济组织的农户，确立农民作为林地承包经营权人的主体地位。村集体可以保留少量的集体林地，由本集体经济组织依法实行民主管理。由此可见，集体林地的分配原则是以农户家庭承包林地为主，同时集体可以保留一定数量的林地。你厅请示中该集体保留的被划为公益林的统管山其主要功能是为集体提供公共服务，该森林对防止集体经济组织所在村落区域的水土流失意义重大，对维护其所在地域的生态安全也十分重要。如集体认为统一管理没有必要，可依法将该林地实行家庭承包，但不得改变公益林的性质。如不实行家庭承包，不得将未承包到户的划为生态公益林的统管山在市场转让，也不应为拟受让方办理林权变更登记手续。

国家林业局

2013年9月22日

交通运输部关于天津东疆保税港区国际船舶登记制度创新试点方案的复函

交函海〔2013〕161 号

天津市人民政府：

你市《天津市人民政府关于报请审批天津东疆保税港区国际船舶登记制度创新试点方案的函》（津政函〔2012〕144 号）收悉。经研究，现函复如下：

一、原则同意你市报请审批的《天津东疆保税港区国际船舶登记制度创新试点方案》（以下简称《试点方案》）。

二、《试点方案》第二（二）8（2）中的“中方投资人的出资额不得低于 25%”改为“中方投资人的出资额不得低于 50%”。

三、《试点方案》未涉及的其他事项，按照现行法律法规的规定执行。

特此函复。

附件：天津东疆保税港区国际船舶登记制度创新试点方案

2013 年 5 月 18 日

附件

天津东疆保税港区国际船舶登记制度创新试点方案

为贯彻落实《国务院关于天津北方国际航运中心核心功能区建设方案的批复》（国函〔2011〕51 号和《国家发展和改革委关于印发天津北方国际航运中心核心功能区建设方案的通知》（发改基础〔2011〕1051 号）的要求，加快推动天津东疆保税港区国际船舶登记制度试点创新，加速北方国际航运中心航运要素聚集，维护我国航运安全，制定本方案。

一、指导思想和总体目标

（一）指导思想。

立足国函〔2011〕51 号文件要求，以天津东疆保税港区为载体，推进中国的船舶登记制度创新，对我国现行的船舶登记制度形成有益补充，更好地维护我国的航运经济安全和战略安全；积极开展建设中国特色自由贸易港区的改革探索，增强自主创新能力，提高对外开放水平。

（二）总体目标。

吸引符合条件的中资“方便旗”船或者拟在境外登记的中资船舶在我国登记，壮大五星旗国际运输商船队；把“天津东疆”打造成中国第一个实施国际船舶登记的船籍港，加快各种航运要素在天津东疆保税港区的聚集；坚持先行先试，重点突破，以天津东疆保税港区国际船舶登记制度创新为契机，进行中国特色自由贸易港区的改革探索。

二、主要内容

按照国函〔2011〕51 号和发改基础〔2011〕1051 号文件要求，积极支持天津东疆保税港区推进船舶登记制度创新试点，在保障安全的前提下，有选择地放宽船公司股权结构比例、船龄限制、船级社等准入条件。本方案从登记条件、船员配备、登记种类等方面开展创新探索。

（一）总则

1. 主管机关

中华人民共和国海事局是国际船舶登记的主管机关。天津海事局为具体开展天津东疆保税港区国际船舶登记业务的登记机关。

2. 船籍港

按照本方案登记的船舶，船籍港为天津东疆。

3. 航行权

按本方案登记的船舶，取得中华人民共和国国籍，可悬挂中华人民共和国国旗航行。

4. 航行作业区域

按照本方案登记的船舶只能从事国际航行和作业。

特殊情况下，从事工程作业的船舶和为海洋石油勘探、开发、生产服务的各类船舶，经交通运输部批准后，可在国内水域施工作业。

5. 双重登记

船舶不得具有双重国籍。凡已经进行国籍登记的船舶，未中止或者注销原登记国国籍的，不得依照本方案取得中华人民共和国国籍。

6. 船舶名称

一艘船舶只准使用一个名称，船名不得与登记在先的船舶重名或同音。

7. 公示

船舶登记机关应当建立船舶登记簿，允许利害关系人查阅。

（二）登记条件

8. 登记主体

满足下列条件的船舶可申请按本方案进行登记：

（1）1600总吨以上的机动推进的货船、不定期客船、钻井平台以及其他水上移动装置，但不包括航行于国际航线的定期客船。

（2）依据中华人民共和国法律在天津东疆保税港区设立的企业法人的船舶。在该法人的注册资本中有外商出资的，中方投资人的出资额不得低于50%（国有资产监督管理部门认定的境外中资企业回国投资，其出资可作为中方出资额）；或者该企业法人为境内外商投资企业在天津东疆保税港区再投资设立的企业。

（3）已经办结海关完税、退税或者保税手续的（如适用）。

9. 船龄范围

按本方案登记的各类船舶船龄应符合如下范围：

（1）船龄在12年以下的高速客船、客滚船、客货船、客渡船、客货渡船（包括旅客列车轮渡）、旅游船、客船；

（2）船龄在14年以下的油船（包括沥青船）、散装化学品船、液化气船；

（3）船龄在20年以下的散货船、矿砂船；

（4）船龄在22年以下的货滚船、散装水泥船、冷藏船、杂货船、多用途船、集装箱船、木材船、拖轮、推轮、驳船等；

（5）船龄在22年以下的钻井平台、其他水上移动装置。

上述船龄指船舶自建造完工之日起，至申请船舶登记之日的年限。

（三）船员

10. 船员

按照本方案登记并取得中国国籍的船舶，其船长、轮机长和主管机关要求由中国籍船员担任的岗位，应当由中国籍船员担任；确需雇佣外国籍高级船员的，应当报天津海事局批准。但外国籍船员的比例不得超过30%。

11. 适任证书

按照本方案登记的船舶上的中国籍船员应持有相应的中华人民共和国船员适任证书。持有《1978年海员培训、发证和值班标准国际公约》其他缔约国签发的有效适任证书的船员，应当向天津海事局申请签发适任证书的承认签证。

12. 其他证件要求

按照本方案登记的船舶上的外国籍船员应依照我国法律、行政法规和国家其他有关规定取得就业许可，并持有其所属国政府签发的相关身份证件。

（四）登记种类

13. 登记种类

符合本方案登记条件的公司和船舶可进行以下船舶登记：

（1）船名审核；

（2）核准烟囱标志和公司旗；

（3）临时国籍登记；

（4）船舶所有权登记；

（5）国籍登记；

（6）光船租赁登记；

（7）船舶抵押权登记；

（8）船舶融资租赁登记；

（9）变更登记及注销登记。

14. 登记程序

船舶按照本方案登记的具体程序，由具体开展天津东疆保税港区国际船舶登记的机关另行制定。

（五）收费

15. 船舶登记费

船舶登记机关按照规定收取船舶登记费。船舶登记费的收费标准和管理办法参照国家物价局、财政部《关于发布交通部水上安全监督收费项目及标准的通知》（价费字〔1992〕191号）执行。

（六）相关说明

16. 本方案所称的国际船舶登记是指在天津东疆保税港区试行的在船舶所有人的股权结构、船龄限制等方面跟现行的船舶登记制度相比，适度放宽的一种登记形式；并与现行的船舶登记制度在我国并行实施。

17. 本方案所称的船舶融资租赁是指出租人对承租人所选定的船舶，进行以为承租人融资为目的引进，并以收取租金为条件，将该船舶中长期地出租给该承租人使用的行为。

三、组织实施及推动工作

（一）加强组织领导，建立工作协调推进机制

天津市人民政府会同交通运输部成立天津东疆保税港区国际船舶登记试点推动领导小组。领导小组下设办公室，办公室由国家海事主管部门和天津市人民政府相关部门共同组成，负责《天津东疆保税港区国际船舶登记制度创新试点方案》及相关配套政策的出台和落实推动，督查领导小组议定事项的落实情况。

（二）严格考核监督，形成实施效果反馈机制

由领导小组办公室组织开展定期和非定期的专题研讨，对本方案落实情况进行阶段性评估，形成报告并及时报送领导小组。

（三）完善配套政策

为更好地发挥政策效力，天津市人民政府尽快组织本方案相关配套政策（含税收优惠、办事流程简化等）的研究制定工作。

天津东疆保税港区是北方国际航运中心的核心功能区，具有区港一体化的政策优势和功能优势，是综合配套改革的创新平台，按照国函〔2011〕51号和发改基础〔2011〕1051号文件要求，已在积极开展中国特色自由贸易港区的改革探索。创新国际船舶登记制度，是推进北方国际航运中心建设的一项重要内容。天津市人民政府高度重视天津东疆保税港区的发展创新，将以天津东疆保税港区为平台载体，结合中国国情，与国际通行制度和操作惯例对接，把国际船舶登记制度试点作为促进天津东疆保税港区向自由贸易港区转型的重要实践，加速北方国际航运中心的建设。

交通运输部关于中国（上海）自由贸易试验区试行扩大国际船舶运输和国际船舶管理业务外商投资比例实施办法的公告

交通运输部公告2014年第2号

为贯彻落实《国务院关于印发中国（上海）自由贸易试验区总体方案的通知》（国发〔2013〕38号），在中国（上海）自由贸易试验区（下称“自贸区”）试点扩大国际船舶运输和国际船舶管理业务外商投资比例，保护投资者合法权益，现将试行实施办法公告如下：

一、经国务院交通运输主管部门批准，在自贸区设立的外商投资比例超过49%的中外合资、合作企业，及其拥有或实际经营的船舶，可经营进出中国港口的国际船舶运输业务。相关要求和办理程序，按照《中华人民共和国国际海运条例》和《中华人民共和国国际海运条例实施细则》有关规定执行。

二、经上海市交通运输主管部门批准，在自贸区设立的外商独资企业可以经营国际船舶管理业务。上海市交通运输主管部门参照《中华人民共和国国际海运条例》第九条、第十条和《中华人民共和国国际海运条例实施细则》第八条的相关规定办理审批程序，并将审批结果向国务院交通运输主管部门备案。

三、在自贸区设立的中外合资、合作国际船舶运输企业，其董事会主席和总经理可由中外合资、合作的双方协商确定。

四、在自贸区设立的中外合资、合作国际船舶运输企业，其拥有或光船租赁的船舶可以按照中国（上海）自贸区国际船舶登记制度进行船舶登记。

五、在自贸区设立中外合资、合作企业经营国际船舶运输业务，或设立外商独资企业经营国际船舶管理业务，本办法未作规定的，适用《中华人民共和国中外合资经营企业法》、《中华人民共和国中外合作经营企业法》、《中华人民共和国外资企业法》、《中华人民共和国国际海运条例》以及《中华人民共和国国际海运条例实施细则》的有关规定。

本办法自发布之日起施行。

中华人民共和国交通运输部

2014年1月27日

工商总局关于融资租赁公司办理动产抵押登记有关问题的答复意见

工商市字〔2015〕100号

安徽省工商行政管理局：

《关于融资租赁公司办理动产抵押登记有关问题的请示》（皖工商合字〔2015〕49号）收悉。经研究，答复如下：

企业为其从融资租赁公司租赁的设备上设立的抵押权办理动产抵押登记的，应当按照《动产抵押登记办法》的规定提交材料。提交材料符合《动产抵押登记办法》有关规定的，登记机关应当当场为其办理登记。

工商总局

2015年7月9日

上海港口专用码头管理办法

1989年7月4日上海市人民政府令第10号发布，根据1990年9月24日《上海市人民政府关于修改〈上海港口专用码头管理办法〉的决定》修正，根据1997年12月14日上海市人民政府令第53号修正，根据2010年12月20日上海市人民政府令第52号公布的《上海市人民政府关于修改〈上海市农机事故处理暂行规定〉等148件市政府规章的决定》修正并重新发布，根据2015年5月22日上海市人民政府令第30号公布的《上海市人民政府关于修改〈上海市盐业管理若干规定〉等19件市政府规章的决定》修正并重新公布

第一条 为了加强对上海港管理，维护装卸运输秩序，充分利用上海港的码头设施，提高港口通过能力，根据国家和本市有关规定，制定本办法。

第二条 本办法适用于上海港范围内拥有码头、浮筒、锚地、装卸平台、水上仓库等港口设施的企事业单位、部队（以下简称专用码头单位）。部队码头从事军事任务的除外。

第三条 市交通行政管理部门是上海港生产和建设的行政主管机关，上海港码头管理中心（以下简称“码头管理中心”）具体负责上海港范围内专用码头装卸、储存等业务的统一管理。

第四条 专用码头单位可利用码头设施从事装卸、储存等业务。其装卸、储存等业务分以下三类：

（一）为本单位业务所需，对外不发生费用结算的非经营性业务。

（二）为本单位主体业务所需，对外发生费用结算的非社会经营性业务。

（三）为社会提供服务的社会经营性业务。

第五条 专用码头单位从事经营性业务（包括对外贸船舶开放），应当向市交通行政管理部门提出申请，经批准发给港口经营许可证。

专用码头单位扩大使用能力或者变更用途，须按上述规定办理变更登记手续。

《经营许可证》的有效期为1年。

第六条 专用码头单位拥有的港口设施，其财产所有权或者经营管理权发生变更时，应当向码头管理中心办理变更登记手续。

凡需利用本单位的港口设施与其他单位联营或者与外商合资、合作经营的，须按规定报经有关部门批准，并将合同副本报码头管理中心备案。

第七条 专用码头单位从事装卸、储存等业务，必须遵守国家和本市的法律、法规、规章以及市交通行政管理部门制订的有关装卸、储存、安全操作等各项作业规定。

第八条 专用码头单位从事外贸运输以及为本单位主体业务所需对外发生费用结算的非社会经营性装卸、储存等业务，必须按国家规定的费率标准收费。从事社会经营性内贸运输业务的费率，可参照交通部和地方收费标准在一定范围内上下浮动，但实行的费率标准需报市交通行政管理部门审批并报市物价局备案。

第九条 外贸船舶停靠专用码头，须按有关规定申报。专用码头单位应当将停靠在专用码头的外贸船舶的船货动态及时报码头管理中心备案。

第十条 从事社会经营性业务的专用码头单位，应当优先安排市政府下达的疏港任务。

第十一条 专用码头单位必须按国家和本市的有关规定，代收货物港务费、港口建设费等交通规费。

第十二条 专用码头单位应当定期向码头管理中心报送《企业（单位）专用码头基本情况表》、《企业（单位）专用码头船舶、货物进出情况一览表》等统计报表。

第十三条 专用码头单位从事装卸、储存等业务，对外发生费用结算的，必须使用市税务局统一印制的《上海港口专用码头统一发票》。

除短途驳运摆渡零星货物，双方当事人可以即时结清外，专用码头单位在办理货物承、托运手续时，应当使用国家统一规定的水路货物运单。无货物运单不得装卸作业。

第十四条 实行承包经营的专用码头单位，在完成企业承包合同上交利润任务后，从事社会经营性运输业务按规定纳税后的净收入，转作技术改造的专项基金；未实行承包经营的专用码头单位，从事社会经营性运输业务的净收入，免交调节税。税后留利部分由专用码头单位按规定分配，主要用于改善码头装卸、储存条件。

第十五条 专用码头单位参加社会经营性业务的所有职工，完成主管部门核定定额的，人均每天发给一定津贴。此项津贴在成本中列支，不计入工资基金。各单位提取从事社会经营性业务的津贴须按规定报送码头管理中心审核，并报财税部门备案。

个人津贴标准由市人力资源社会保障局会同市交通行政管理部门另行制定。

第十六条 专用码头单位从事社会经营性业务的外汇收入，其留成部分，专用码头单位可提取50%，主要用于码头设施的建设和改造。

专用码头单位从事社会经营性业务所征收的货物港务费，80%留专用码头单位，用于码头的建设和改造；20%交码头管理中心，用于主航道的疏浚。

第十七条 专用码头单位与货主在装卸、储存等业务中发生纠纷，由码头管理中心会同有关部门处理。

第十八条 码头管理中心应当对专用码头单位从事装卸、储存等业务进行指导、检查和监督，为专用码头单位提供货运管理、商务费率、装卸工艺、人员培训等咨询服务。

第十九条 专用码头单位从事装卸、储存等业务，在安全生产、业务管理、规费征收、资料统计等方面成绩显著的，码头管理中心或者专用码头单位的上级机构应当给予表彰或者奖励。

第二十条 专用码头单位从事装卸、储存等业务，必须遵守有关码头治安、消防和劳动保护等规定，并指定专人负责管理。

专用码头的治安工作，由上海港公安局负责管理。

第二十一条 码头管理中心工作人员有权到专用码头单位检查、监督有关装卸、储存等工作。

第二十二条 对违反本办法规定的专用码头单位，由市交通行政管理部门按下列规定处罚：

（一）违反本办法第五条规定的，按照《中华人民共和国港口法》的有关规定予以处罚。

（二）违反本办法第八条规定的，予以警告，并可处2万元以下的罚款。

（三）违反本办法第十一条规定的，责令其限期补缴，予以警告，并可处应当上缴规费一倍以下的罚款，但最高不超过3万元。

（四）违反本办法第十三条第一款规定的，责令其限期改正，予以警告，可并处5000元以下的罚款。

第二十三条 市交通行政管理部门作出行政处罚，应当出具行政处罚决定书。收缴罚款，应当出具市财政部门统一印制的罚没财物收据。

罚款收入按规定上缴国库。

第二十四条 当事人对市交通行政管理部门作出的具体行政行为不服的，可以按照《中华人民共和国行政复议法》和《中华人民共和国行政诉讼法》的规定依法申请行政复议或者提起行政诉讼。

当事人在法定期限内不申请复议，不提起诉讼，又不履行具体行政行为的，作出具体行政行为的部门可以依据《中华人民共和国行政诉讼法》的规定，申请人民法院强制执行。

第二十五条 受到处罚的专用码头单位，可以根据有关规定，追究本单位直接责任人员的经济和行政责任。

第二十六条 本办法的具体应用问题，由市交通行政管理部门负责解释。

第二十七条 本办法自1989年8月1日起施行，1986年7月10日上海市人民政府批准的《上海市单位专用码头从事社会运输业务管理试行办法》同时废止。

天津市关于做好融资租赁登记和查询工作的通知（节录）

津金融办〔2011〕87号

各银行、金融资产管理公司、信托公司、财务公司、汽车金融公司、消费金融公司、金融租赁公司、外商投资融资租赁公司、内资融资租赁试点企业、典当行、小额贷款公司、融资性担保公司：

为进一步促进我市融资租赁业持续快速健康发展，维护融资租赁交易安全，有效防范金融业务风险，根据《国家发展改革委员会关于天津滨海新区综合配套改革试验金融创新专项方案的复函》（发改经体〔2009〕2680号）和市政府《关于促进我市租赁业发展的意见》（津政发〔2010〕39号），现就做好融资租赁登记和查询工作通知如下，请认真贯彻执行。

一、各金融租赁公司、外商投资融资租赁公司、内资融资租赁试点企业（以下简称各融资租赁公司）在办理融资租赁业务时，应在中国人民银行征信中心（以下简称征信中心）的融资租赁登记公示系统办理融资租赁权属状况登记，并按照《中国人民银行征信中心融资租赁登记规则》（以下简称《融资租赁登记规则》）的规定，如实填写登记事项，公示融资租赁合同中载明的融资租赁物权属状况。融资租赁公司应对登记内容的真实性、完整性和合法性负责。

二、各融资租赁公司在办理融资租赁登记和查询业务时，应按照《融资租赁登记规则》的规定，通过征信中心互联网填写机构注册信息，再到征信中心天津分中心进行用户身份资料的现场审核后，即可登录融资租赁登记公示系统进行登记操作。

三、各银行、金融资产管理公司、信托公司、财务公司、汽车金融公司、消费金融公司、金融租赁公司、外商投资融资租赁公司、内资融资租赁试点企业、典当行、小额贷款公司、融资性担保公司（以下简称各机构）在办理资产抵押、质押、受让等业务时，应登录征信中心的融资租赁登记公示系统，查询相关标的物的权属状况。该查询是办理资产抵押、质押、受让业务的必要程序。对已在征信中心融资租赁登记公示系统办理登记公示的租赁物，未经出租人同意，不得办理抵押、质押业务，不得接受其作为受让物。

四、在办理融资租赁登记、查询时，各机构应根据自身情况申请取得融资租赁登记公示系统的常用户或普通用户。注册取得常用户资格的机构可以在融资租赁登记公示系统办理登记，也可以进行查询；注册取得普通用户资格的机构可以登录融资租赁登记公示系统查询融资租赁登记信息。各机构根据业务申请人的法定注册名称、身份证件号码或标的物唯一标识码进行查询。

五、各机构应高度重视融资租赁登记和查询工作，及时将本通知转发至各级分支机构，并制定完善业务审批流程和风险控制制度措施，做好人员培训工作，确保相关人员熟练掌握融资租赁登记和查询业务。

附件：中国人民银行征信中心融资租赁登记规则（略）

天津市人民政府金融服务办公室
中国人民银行天津分行
天津市商务委员会
中国银行业监督管理委员会天津监督局
2011 年 11 月 2 日

天津市动产权属登记公示查询办法（试行）

津政办发〔2013〕21 号

第一章　总　则

第一条　为了搞好本市动产权属登记、公示和查询，根据《中华人民共和国物权法》、《中华人民共和国担保法》、《中华人民共和国合同法》、《中华人民共和国商业银行法》、《中华人民共和国保守国家秘密法》等法律和中国人民银行《应收账款质押登记办法》（中国人民银行令〔2007〕第 4 号）等规定，制定本办法。

第二条　本办法所称登记机构，是指中国人民银行批准设立的动产融资登记服务机构。

第三条　本办法所称登记，是指依据相关规定或权利人申请，本市各类动产抵押、质押法定登记机关（以下简称法定登记机关）或登记机构将有关申请人的动产权属状况予以记载的行为。

本办法所称公示，是指登记机构将记载的有关申请人的动产权属状况依据法律、行政法规进行公开的行为。本办法所称查询，是指权利人或利害关系人向登记机构申请公开动产权属状况的行为。

本办法所称查询证明，是指登记机构依申请出具的表示权利人或利害关系人进行查询的凭证。

第四条　登记机构应当严格依法办理动产权属的登记、公示、查询和查询证明业务，不得登记法律、行政法规禁止登记的动产权属。

登记机构应当采取必要的措施，维护动产权属统一登记公示系统（以下简称登记系统）安全、正常运行。

第五条　登记机构对国家秘密、企业商业秘密、个人隐私以及其他属于保密的信息，应当依法严格管理，做好信息安全工作。

第二章　自主登记

第六条　自主登记是指登记机构直接受理动产权属登记的行为，包括：

（一）应收账款质押登记；

（二）融资租赁物权属状况登记；

（三）申请人自主要求办理的信托、留置权、所有权保留、保理、保证金账户等动产权属登记。

第七条　动产权属登记由融资行为中的资金融出方或其他在动产上设立权利的权利人办理。

委托他人办理登记的，适用本办法关于资金融出方和其他在动产上设立权利的权利人办理登记的规定。

第八条　登记类型分为初始登记、展期、变更登记、注销登记和异议登记。

第九条　办理登记的主体应当在登记系统注册为用户。

第十条　发起登记的用户应当如实登记，并对登记内容的真实性、准确性和合法性承担责任。

第十一条　登记系统记录登记提交时间并分配登记编号，生成动产权属登记证明。

第十二条　权利人、利害关系人在登记系统注册为用户后，可以查询动产权属登记信息。

第十三条　登记机构根据查询人的申请，对于符合条件的，应当出具查询证明。

第十四条　权利人或接受权利人委托的人员可以通过证明编号在登记系统对登记证明和查询证明进行验证。

第三章　委托公示

第十五条　法定登记机关在办理相关登记后，可以将相关动产抵押、质押登记信息提供给登记机构进行公示和查询，逐步实现本市动产权属登记信息的统一公示和查询。

前款规定委托公示的具体操作事宜，由法定登记机关与登记机构协商制定具体办法后实施。

第十六条　代理公示和查询通过登记系统办理。

第十七条　登记机构代理公示的动产抵押、质押登记信息，权利人、利害关系人有权通过登记系统进行查询，并取得查询证明。查询方式和取得查询证明的方法按照本办法第十二条、第十三条规定办理。

第十八条　登记机构和法定登记机关应当将代理公示和查询的范围、要求等有关事项向社会公布。

第十九条　登记机构和法定登记机关要建立健全登记信息采集共享机制，明确信息共享的范围和内容，建立统一公示和查询平台，具体办法另行制定。

第四章　委托登记

第二十条　法定登记机关可以将其负责登记的事项委托给登记机构办理，具体办法另行制定。

第五章　附　则

第二十一条　登记主体和查询主体应当按照登记机构制定的具体业务操作规则进行

登记和查询。

第二十二条 本办法自发布之日起施行，有效期为5年。

市金融办
人民银行天津分行
2013年3月28日

天津市关于办理保证金质押、存货与仓单质押登记和查询工作的通知（节录）

津金融局〔2015〕27号

各银行、金融资产管理公司、信托公司、财务公司、汽车金融公司、消费金融公司、金融租赁公司、外商投资融资租赁公司、内资融资租赁试点企业、保理公司、典当行、小额贷款公司、融资性担保公司、仓储物流企业、商贸流通企业：

为进一步促进我市动产融资业务的持续健康发展，维护保证金、存货与仓单质押融资交易安全，有效防范金融业务风险，根据《国务院关于印发中国（天津）自由贸易试验区总体方案的通知》（国发〔2015〕19号）、《天津市人民政府办公厅关于转发市金融办人民银行天津分行拟定的天津市动产权属登记公示查询办法（试行）的通知》（津政办发〔2013〕21号），现就办理保证金质押、存货与仓单质押登记和查询工作通知如下，请认真贯彻执行。

一、各机构在办理交易履约保证金、各类贷款保证金等保证金业务，存货与仓单质押融资业务时，应在中国人民银行征信中心（以下简称征信中心）动产融资统一登记平台（以下简称登记平台）办理质物权属状况登记，并按照《中国人民银行征信中心中征动产融资统一登记平台操作规则》（以下简称《操作规则》）的规定，如实填写登记事项，公示质押融资业务的相关主体，明晰质物权属状况。

各机构办理保证金质押登记的，应如实填写保证金账户名称、账号、开户行、保证金金额、对应的主债权合同编号及主债权到期日等质押财产信息；办理存货与仓单质押登记的，应如实填写仓单编号或质物清单编号、存货人名称或姓名、住所、仓储物名称或品种、数量、件数和标记、计量单位、仓储期间和仓储地址等质押财产信息。各机构应当对登记内容的真实性、完整性和合法性负责。

二、各机构在办理保证金质押、存货与仓单质押登记业务前，应按照《操作规则》的规定，通过征信中心网站（www.pbccrc.org.cn），登录登记平台，填写机构注册信息，再到征信中心天津市分中心进行用户身份资料的现场审核后，即可登录登记平台进行登记操作。

各机构在办理登记业务前，应当与出质人签订质押登记协议，上传至登记平台。质押登记协议应当载明双方已签订融资合同、质押担保合同，以及约定由资金融出方办理登记等内容。

三、各机构在办理保证金、存货与仓单质押融资业务，或向人民法院申请采取强制措施时，应登录登记平台查询质物权属状况，以保障自身债权的实现。该查询是办理保证金、存货与仓单质押融资业务的必要程序。

四、在办理保证金质押、存货与仓单质押查询时，各机构应根据自身情况申请取得登记平台的常用户或普通用户资格。注册取得常用户资格的机构可以在登记平台办理登记与查询；注册取得普通用户资格的机构仅能进行登记信息的查询。

五、各机构应高度重视保证金质押、存货与仓单质押登记与查询工作，及时将本通知转发至各级分支机构，并制定完善业务审批流程和风险控制制度措施，做好人员培训工作，确保相关人员熟练掌握保证金质押、存货与仓单质押登记与查询业务。

附件：中国人民银行征信中心中征动产融资统一登记平台操作规则（略）

天津市金融工作局
中国人民银行天津分行
天津市商务委员会
中国银行业监督管理委员会天津银监局
2015 年 8 月 4 日

天津市高级人民法院关于审理动产权属争议案件涉及登记、公示问题的指导意见（试行）

津高法发〔2014〕1 号

为了平等保护合同当事人的合法权益，维护交易秩序，推动社会诚信体系的建立完善，在审理动产权属争议案件中，正确适用法律妥善解决纠纷，根据《中华人民共和国物权法》、《中华人民共和国合同法》、《中华人民共和国担保法》、《中华人民共和国商业银行法》，结合中国人民银行《应收账款质押登记办法》（中国人民银行令〔2007〕第 4 号）、津高法〔2011〕288 号《天津市高级人民法院关于审理融资租赁物权属争议案件的指导意见（试行）》和天津市人民政府办公厅津政办发〔2013〕21 号《天津市人民政府办公厅关于转发市金融办人民银行天津分行拟定的天津市动产权属登记公示查询办法（试行）的通知》相关精神与审判实际，制定本指导意见。

第一条【定义】本意见所称信贷征信机构是指中国人民银行征信中心，登记机构是指中国人民银行批准设立的动产融资登记服务机构。

第二条【应收账款质押登记】信贷征信机构为应收账款质押法定登记机关。当事人约定以应收账款出质的，应当依法在信贷征信机构办理出质登记，信贷征信机构出具的权利登记凭证具有权属证明的法律效力。

有关权利人、利害关系人通过信贷征信机构查询应收账款质押信息，所取得的查询证明，人民法院应予以确认。

第三条【融资租赁登记】融资租赁交易的出租人以信贷征信机构出具的权利登记凭证，证明其已完成融资租赁物权属登记公示；相关权利人、利害关系人以信贷征信机构出具的查询证明，证明其在受让该租赁物或以租赁物设定抵押权、质权等权利时，已尽到审慎注意义务的，人民法院应依据《天津市高级人民法院关于审理融资租赁物权属争议案件的指导意见（试行）》的相关规定，依法予以确认。

第四条【委托公示】法定登记机关依据《天津市动产权属登记公示查询办法（试行）》第三章规定委托登记机构对动产抵押、权利质押信息公示的，当事人签订抵押、质押合同后应依法向法定登记机关办理登记。人民法院依照相关法律规定对登记行为的效力予以确认。

第五条【查询证明效力】登记机构接受委托对登记信息予以公示的，登记机构的公示行为具有法律效力。相关权利人、利害关系人以登记机构出具的查询证明，证明动产抵押、权利质押权属状况的，人民法院应予以确认。

如果法定登记机关登记的原始信息与登记机构公示的信息不一致的，应以法定登记机关记载为准。

第六条【委托登记】法定登记机关依据《天津市动产权属登记公示查询办法（试行）》第四章委托登记机构受理当事人申请办理登记并公示的，该委托行为所产生的法律后果应由法定登记机关承担。

第七条【自愿登记】法律、行政法规未规定动产权属法定登记机关的，当事人可自愿到登记机构申请办理登记，该登记行为对双方当事人具有约束力。

第八条【适用范围】本意见在天津市辖区范围内试行。

本意见施行后，出现新的法律、行政法规和司法解释与本意见不一致时，按照法律、行政法规和司法解释执行。

本意见在下发之日起施行。

天津市高级人民法院

2014 年 1 月 9 日

甘南州关于推广应收账款质押登记及融资租赁登记公示系统的指导意见

州政办发〔2014〕24 号

应收账款质押登记及融资租赁登记公示系统是我国第一个基于现代动产担保登记理念建立的登记系统，是由中国人民银行征信中心建立并维护、服务于应收账款质押登记与融资租赁情况查询、全国集中统一的互联网电子登记系统。借助该系统能进一步推动金融机构拓展业务领域，对中小企业提供新的融资模式，促进金融创新和改进金融服务。为充分发挥应收账款质押登记及融资租赁登记公示系统作用，推动甘南州动产融资业务快速发展，积极引导中小企业加强自身信用建设，增强诚实守信意识，促使全州经济快速健康发展，结合甘南州金融业发展实际，提出如下意见：

一、开展动产融资业务的重要意义

2007 年，中国人民银行建立了应收账款质押登记及融资租赁登记公示系统（以下简称“动产融资登记公示系统”），成功破解了中小企业动产担保融资难题。动产融资业务的推出具有融资手段简单、风险低、时间短的特点，能够帮助中小企业迅速筹措短期资金，有利于提高资产流动性。同时，可以帮助企业优化财务结构，确保企业正常生产经营，进一步推动金融机构拓展业务领域，促进金融创新和改进金融服务。

（一）应收账款质押登记系统。

1. 质押应收账款的定义：根据《应收账款质押登记办法》规定，债权人认可的能用于质押的应收账款比会计学中的应收账款范围更为广泛，是指权利人因提供一定的货物、服务或设施而获得的要求义务人付款的权利，包括现有的和未来的金钱债权及其产生的收益，但不包括因票据或其他有价证券而产生的付款请求。主要包括：一是销售产生的债权，如销售货物，供应水、电、气、暖，知识产权的许可使用等；二是出租产生的债权；三是提供服务产生的债权；四是公路、桥梁、隧道渡口等不动产收费权；五是提供贷款或其他信用产生的债权。

2. 质押登记系统的使用：系统是基于互联网的全国集中系统，电子登录，电子查询，自助完成。需办理登记业务的用户，登记前需要注册成该系统的用户，先在互联网上填写用户资料，然后到当地人民银行征信分中心进行现场审核，审核通过后用户即可进行登记。查询登记信息首先登录系统网址注册系统用户，如果仅有查询需要，可注册普通用户。普通用户注册信息填写完成后，即可进行查询。出质人为单位的，以出质人完整、准确的法定注册名称进行查询；出质人为个人的，以身份证号码进行查询。

（二）融资租赁登记公示系统。

1. 融资租赁概述：融资租赁是指出租人根据承租人对租赁物件和供货人的选择，向供货人购买租赁物件提供给承租人使用，承租人支付租金。租赁期限届满后，一般由承租人以象征性的价格购买租赁物件，租赁物件的所有权由出租人转移到承租人。

2. 系统建设及应用情况：融资租赁登记公示系统由人民银行征信中心应租赁业界需求，依托应收账款质押登记公示系统建立。该系统与应收账款质押登记公示系统处在一个平台，网址相同（www.pbccrc.org.cn），对用户的管理及登记查询程序也基本相同，且应收账款质押登记公示系统的用户都可以是融资租赁登记公示系统的用户，不需要单独注册。目前个人还不能注册为系统的常用户，但可以委托律师事务所等机构代理人进行登记。融资租赁登记公示系统 2008 年 11 月开始建设，2009 年 7 月上线运行至 2013 年底，甘肃省该系统累计发生登记业务 3300 笔，查询 1000 笔。融资租赁登记并不创设权益，而是服务于既有权益的公示和受偿顺位的排序，登记内容主要包括当事人基本信息和融资租赁标的物信息。

二、推进甘南州动产融资业务工作措施

（一）宣传指导动产融资登记公示系统业务。

各县市人民政府、州直相关部门和金融监管机构要加强沟通协调，积极组织各金融机构、小额贷款公司、担保公司、中小微企业等开展动产融资业务培训，通过政务公开网站、电话咨询、走访企业和集中宣传等多种形式，积极向全州中小企业推介应收账款质押融资业务，宣传应收账款质押登记和融资租赁登记公示系统相关知识。进一步指导金融机构开展动产融资业务，切实加强动产融资登记公示系统常用户的注册指导和审核。同时，积极开展调查研究工作，及时反映和解决全州动产融资业务操作过程中遇到的实际问题。各金融机构要加强动产融资登记公示系统互联网站常用户的注册（网址 www.pbccrc.org.cn）工作，严格执行《中国人民银行征信中心应收账款质押登记操作规则》，积极协助企业办理动产融资登记公示系统的注册和查询。围绕企业需求谋发展，通过动产融资登记公示系统推广应用，积极培养扶植有发展前景、财务状况良好、有市场竞争力、有订单的诚实守信中小企业发展，切实解决中小企业资金需求问题。

（二）进一步完善银行的中小企业金融服务。

各金融机构要结合动产融资登记公示系统特点，按照“程序最简、审批最快、时间最短、服务最优”原则，积极创新动产融资信贷业务产品，以满足中小企业对金融产品的多样化需求。各金融机构要根据自身业务发展需求，建立动产融资业务服务“绿色通道”，对资信良好、经营良好的中小企业推广使用流动资金循环贷款，允许借款企业与银行一次签订借款合同，在合同有效期内，借款企业可多次使用贷款，促进中小企业快速融资。此外，金融机构应公开办理动产融资业务咨询服务固定热线，为企业提供融资信息和咨询服务，并在结算、理财、电子银行等业务方面给予中小企业良好的金融支持。

（三）加强自身建设完善企业法人治理结构。

企业要按照现代企业制度要求，不断完善企业法人治理结构。进一步提高中小企业

自身信用意识和财务管理水平，严格执行会计制度等有关规定，切实履行合同义务，增强风险防范能力。融资需求企业要及时在人民银行动产融资登记公示系统互联网站注册普通用户，以便于查询抵押物登记情况，并通过动产融资登记公示系统在金融机构争取融资。各中小企业要树立诚信观念和自我约束意识，加快产品结构调整，加大科技投入，尽快提升经营管理能力和盈利能力。融资贷款到期时应及时履约还款，积极树立企业信用形象，提高企业信誉度，增强市场竞争力。

（四）加强政策引导积极推广动产融资业务。

各级政府及相关部门要积极引导金融机构支持符合国家产业政策的中小微企业融资发展。在开展动产融资业务过程中，金融机构要优先满足中小微企业符合国家重点产业调整和发展规划要求的新技术、新工艺、新设备、新材料的项目资金需求，加大对具有自主知识产权、自主品牌和高附加值产品中小微企业的资金支持，积极促进中小微企业自主创新能力和市场竞争力的提升。

三、进一步完善信贷风险防范制度措施

各金融机构要进一步完善信贷风险防范制度措施，借助动产融资登记公示系统强化金融资产保全。同时，逐步加强信贷工作人员业务培训力度，积极学习发达地区动产融资业务新经验，提高信贷工作人员的出账审查与收款确认、到货与入库管理、货权管理、价格管理、核库和巡库、赎货与出库、对账及监管项目跟踪管理、保险和档案管理等业务操作水平，严格做好项目企业的跟踪监管，及时进行变更、展期和注销的登记工作，有力促进动产融资业务的健康发展。

四、探索建立动产融资业务监测报告制度

要不定期对各金融机构动产融资业务开展情况进行督促和检查，及时掌握全州动产融资业务开展情况，积极探索建立动产融资业务监测报告制度。各金融机构要结合动产融资登记公示系统业务程序要求，建立健全相关操作制度，规范注册用户的初始登记、变更、展期、异议和注销登记，进一步完善企业填表人基本信息、出质人和质权人信息，以及质押财产信息等。对发现的登记要素不完整、不准确信息，要及时督促相关单位修改完善。各金融机构要切实增强风险识别能力，做好动产融资对应贸易等业务背景真实性的审查，对出质人、债务人信用、盈利能力和偿债能力等方面进行严格审核。

甘南藏族自治州人民政府办公室

2014年3月12日

第6章　业务类

中国民用航空局关于引进进口通用航空器管理暂行办法

民航发〔2010〕70号

第一章　总　则

第一条　为规范我国境内民用航空行政机关对企事业单位、组织和个人（以下简称“申请人”）引进进口通用航空器的管理，促进通用航空安全和民航行业协调发展，根据《中华人民共和国民用航空法》，制定本办法。

第二条　前款所称进口通用航空器是指申请人自国外（或通过国内的贸易、租赁公司）进口用于从事通用航空用途的民用航空器。（以下简称“通用航空器”）

第三条　本办法适用于申请人以购买、融资租赁、经营租赁、湿租等方式（以下简称“引进方式”）引进通用航空器的行为。

第四条　引进通用航空器实行中国民用航空局（以下简称“民航局”）和中国民用航空地区管理局（以下简称“管理局”）两级管理。管理局负责申请项目的受理及初步审核，民航局负责核准。

第二章　引进通用航空器的申请条件和审核程序

第五条　引进通用航空器从事经营性通用航空活动的，应由通用航空经营许可证持有人或经批准开展筹建工作的营运人提出申请。

第六条　申请人引进通用航空器从事经营性通用航空活动的，应向所在地区管理局提交申请材料（一式三份），并书面声明保证其材料真实有效。申请材料应包括：

（一）申请人持有的通用航空经营许可证（复印件）或筹建认可通知书（复印件）；

（二）计划引进通用航空器的机型、数量、进度和引进方式；

（三）引进通用航空器的运营计划、方案或用途；

（四）运营概况，包括现有通用航空器数量、使用情况和人员保障实力以及近三年（或自开始运营至今）分年度通用航空作业飞行小时数和起飞架次数等；

（五）以湿租方式引进通用航空器的，应提交湿租协议和出租人资质证明以及出租人运营概况；

（六）民航管理部门认为应提供的其它材料。

第七条　引进通用航空器从事非经营性通用航空活动的，可由申请人提出申请，或由拟委托代管通用航空器的营运人提出申请。

第八条　申请人引进通用航空器从事非经营性通用航空活动的，应向所在地区管理局提交申请材料（一式三份），并书面声明保证其材料真实有效。申请材料应包括：

（一）申请人为自然人的，应提交本人有效身份证件（复印件）、联系方式及本人户口所在地公安局出具的本人无犯罪记录证明。如由本人驾驶该通用航空器，应出具本人有效飞行执照。声明该通用航空器仅限申请人本人使用并承担安全责任；

（二）申请人为企业、事业单位或其他组织的，应提交自身有效的资质证明、联系人及联系方式；

（三）以上两类申请人，如自身无通用航空器运行保障能力的，其引进的通用航空器必须委托具有相关资质和保障能力的营运人代管，双方必须签订代管协议，明确安全管理责任，并提交代管协议（复印件）；

（四）申请人为受委托代管通用航空器营运人的，应提交自身持有的通用航空经营许可证（复印件）、代管协议（复印件）、申请人现有和代管通用航空器的机型、数量和人员保障实力、联系人及联系方式。

（五）计划引进通用航空器的机型、数量、进度和引进方式；

（六）以湿租方式引进通用航空器的，应提交湿租协议和出租人资质证明；

（七）引进通用航空器的用途及运行保障计划；

（八）民航管理部门认为应提供的其它材料。

第九条 引进通用航空器不从事通用航空飞行活动的，民航管理部门只负责办理通用航空器引进相关手续，不予颁发国籍登记证、电台证和适航证等。如通用航空器移动需进行临时飞行，应按民航管理部门相关规定申请办理。

第十条 申请人引进通用航空器不从事通用航空飞行活动的，应向所在地区管理局提交申请材料（一式三份），并书面声明保证其材料真实有效。申请材料应包括：

（一）申请人为自然人的，应提交本人有效身份证件（复印件）、联系方式及本人户口所在地公安局出具的本人无犯罪记录证明；

（二）申请人为企业、事业单位或其他组织的，应提交自身有效的资质证明、联系人及联系方式；

（三）计划引进通用航空器的机型、数量、进度和引进方式；

（四）引进通用航空器的用途；

（五）民航管理部门认为应提供的其它材料。

第十一条 通用航空器自国籍登记证书颁发之日起12个月内在国内转让或长期租借用于从事通用航空飞行活动的，应由接收方或租用方申请办理通用航空器引进审批手续。

第十二条 申请人注册地或户籍所在地管理局为申请人引进通用航空器的审核机构。如申请人委托具备运营资质的营运人代管通用航空器，则拟代管该通用航空器的营运人注册地管理局为申请人引进通用航空器的审核机构。管理局计划部门为该地区申请人引进通用航空器的受理及初步审核管理部门。

第十三条 管理局收到申请后，按以下标准进行审核。

（一）对于引进通用航空器从事经营性通用航空活动的：

1. 申请材料齐全、准确、有效；

2. 拟引进通用航空器的用途符合申请人经营范围；

3. 申请人运营情况良好，并且具备对拟引进通用航空器的安全保障能力。

（二）对于引进通用航空器从事非经营性通用航空活动的：

1. 申请材料齐全、有效；

2. 申请人自身具备对拟引进通用航空器的安全保障能力；

3. 受委托代管拟引进通用航空器的营运人，应具备相应的运营资质和安全保障能力。

（三）对于引进通用航空器不从事通用航空飞行活动的：

申请材料齐全、有效。

第十四条 管理局收到申请人申请后，对于申请材料不符合本办法第六、八、十条规定的，应于5个工作日内正式通知申请人，由申请人补充、修改后重新申请。对于申请材料符合本办法规定的，管理局应在20个工作日内完成初步审核，并将审核结果通知申请人；通过初步审核的，由管理局将审核意见连同申请人材料报送民航局。

第三章 民航局引进通用航空器评审标准和核准程序

第十五条 民航局收到管理局报送的审核意见和申请人材料后，按以下标准进行评审：

（一）拟引进通用航空器应符合国家有关法律、法规和民航局有关规章、标准；

（二）拟引进通用航空器应符合通用航空行业发展政策及规划要求；

（三）拟引进通用航空器已获得民航局适航型号认可；

（四）如申请人或代管单位此前从事通用航空飞行活动，其飞行安全纪录良好。

第十六条 民航局收到管理局报送的审核意见和申请人材料后，由计划部门分送民航局航空安全、通用航空市场管理和航空器适航审定部门会签。如无异议，由民航局领导签发，在20个工作日内批复管理局并抄送申请人。如有异议，由民航局购租飞机评审委员会会议集体评审，形成会议纪要。对于已获同意的，由民航局领导签发；对于未获同意的，计划部门应在10个工作日内正式通知管理局并告知申请人。

第四章 法律责任

第十七条 对于未经民航局核准同意擅自引进通用航空器的，不得从事相关飞行活动，所造成的后果由引进或使用该通用航空器的单位（或个人）承担。

第五章 附 则

第十八条 本《办法》自发布之日起施行。

第十九条 本《办法》由民航局负责解释。

中国民用航空局

二〇一〇年四月二十三日

中国银监会非银部关于进一步落实信托公司、金融租赁公司地方政府融资平台清查工作的通知（节录）

非银发〔2011〕15号

各银监局信托公司、金融租赁公司监管相关处室；银监会直接监管的信托公司、金融租赁公司：

为贯彻刘主席在非银部上报的信托公司地方政府融资平台业务清查情况的报告上的有关批示精神，落实《中国银监会关于切实做好2011年地方政府融资平台贷款风险监管工作的通知》（银监发〔2011〕34号）、《中国银监会办公厅关于进一步加强地方政府融资平台数据报送的通知》（银监办发〔2011〕190号）、非银部《关于信托公司、金融租赁公司地方政府融资平台清查工作的通知》对地方政府融资平台清查的工作要求，做好信托公司、金融租赁公司地方政府融资平台清查工作，现就有关工作要求通知如下：

……

二、金融租赁公司

请各银监局金融租赁公司监管相关处室督促金融租赁公司按照银监办发〔2011〕190号文件要求，贯彻落实平台报表的填报范围、退出类平台的确定、平台数据报送流程、各方职责分工有关规定，并按照银监发〔2011〕34号文件要求做好以下工作：

（一）请各银监局金融租赁公司监管相关处室督促金融租赁公司加强新增融资平台业

务管理，严格执行新增业务准入条件，遵守公路法、土地资产管理及国家相关规定；对于2010年6月30日前已签订合同单未完成全部放款的平台业务，必须满足项目合规、财务健全、担保有效等三个条件。符合条件的新增融资平台业务，不得再接受地方政府任何形式的担保和承诺。

（二）请各银监局金融租赁公司监管相关处室督促金融租赁公司有计划、有步骤开展存量融资平台业务整改工作，重新梳理合同条款，足额追加抵押担保，特别要求关注租赁资金流向和本金兑付问题，确保租赁业务对应具体项目，防止出现整借整还、期限过长、还款来源不足等问题。已到期的平台业务本息，一律不得展期和借新还旧。

（三）请各银监局金融租赁公司监管相关处室要求金融租赁公司及时做好信息报送工作。一是督促金融租赁公司每半年进行一次风险自查，自查报告应于7月末和2012年1月末前报送属地监管部门；二是按时上报银监会融资平台业务统计表；三是准确进行资产质量五级分类；四是根据现金流覆盖四分类，按照100%、140%、250%和300%调整风险资产权重。

（四）请各银监局金融租赁公司监管相关处室配合做好融资平台现场检查工作。属地省银监局金融租赁公司监管相关处室应按照银监发〔2011〕34号文件第四条要求，与借款人省银监局加强左右联动、信息沟通，按照各个季度工作重点，定期交流现场检查进展情况，并针对检查中发现的问题，督促金融租赁公司及时整改。

各银监局信托公司、金融租赁公司监管相关处室应严格按照银监会办公厅关于地方政府融资平台清查工作的一系列要求以及《关于信托公司、金融租赁公司地方政府融资平台清查工作的通知》的相关要求，通过动态监测对信托公司地方政府融资平台业务的总量（贷款、投资附加回购、投资及其他方式）、金融租赁公司地方政府融资平台业务的总量进行监控，着实有效地做好下一步的信托公司、金融租赁公司地方政府融资平台清查工作。

请各银监局将此文转发至辖内银监分局和有关信托公司、金融租赁公司。

附件：1. 信托公司地方政府融资平台贷款统计表（略）
2. 信托公司地方政府融资平台投资附加回购统计表（略）
3. 信托公司地方政府融资平台投资及其它类统计表（略）

二〇一一年六月二十八日

乡镇卫生院管理办法（试行）（节录）

卫农卫发〔2011〕61号

……

第三十四条 乡镇卫生院不得举债建设，不得发生融资租赁行为。

……

财政部、发展改革委、人民银行、银监会关于制止地方政府违法违规融资行为的通知

财预〔2012〕463号

各省、自治区、直辖市、计划单列市财政厅（局）、发展改革委，中国人民银行上海总

部、各分行、营业管理部、省会（首府）城市中心支行、副省级城市中心支行，各银监局：

《国务院关于加强地方政府融资平台公司管理有关问题的通知》（国发〔2010〕19 号）下发后，地方各级政府加强融资平台公司管理，取得了阶段性成效。地方政府性债务规模迅速膨胀的势头得到有效遏制，大部分融资平台公司正在按照市场化原则规范运行，银行业金融机构对融资平台公司的信贷管理更加规范。但是，最近有些地方政府违法违规融资有抬头之势，如违规采用集资、回购（BT）等方式举债建设公益性项目，违规向融资平台公司注资或提供担保，通过财务公司、信托公司、金融租赁公司等违规举借政府性债务等。为有效防范财政金融风险，保持经济持续健康发展和社会稳定，现就有关问题通知如下：

一、严禁直接或间接吸收公众资金违规集资

地方各级政府及所属机关事业单位、社会团体等要严格执行《国务院办公厅关于依法惩处非法集资有关问题的通知》（国办发明电〔2007〕34 号）等有关规定，未经有关监管部门依法批准不得直接或间接吸收公众资金进行公益性项目建设，不得对机关事业单位职工及其他个人进行摊派集资或组织购买理财、信托产品，不得公开宣传、引导社会公众参与融资平台公司项目融资。

二、切实规范地方政府以回购方式举借政府性债务行为

除法律和国务院另有规定外，地方各级政府及所属机关事业单位、社会团体等不得以委托单位建设并承担逐年回购（BT）责任等方式举借政府性债务。对符合法律或国务院规定可以举借政府性债务的公共租赁住房、公路等项目，确需采取代建制建设并由财政性资金逐年回购（BT）的，必须根据项目建设规划、偿债能力等，合理确定建设规模，落实分年资金偿还计划。

三、加强对融资平台公司注资行为管理

地方政府对融资平台公司注资必须合法合规，不得将政府办公楼、学校、医院、公园等公益性资产作为资本注入融资平台公司。严格执行《土地管理法》等有关规定，地方政府将土地注入融资平台公司必须经过法定的出让或划拨程序。以出让方式注入土地的，融资平台公司必须及时足额缴纳土地出让收入并取得国有土地使用证；以划拨方式注入土地的，必须经过有关部门依法批准并严格用于指定用途。融资平台公司经依法批准利用原有划拨土地进行经营性开发建设或转让原划拨土地使用权的，应当按照规定补缴土地价款。地方各级政府不得将储备土地作为资产注入融资平台公司，不得承诺将储备土地预期出让收入作为融资平台公司偿债资金来源。

四、进一步规范融资平台公司融资行为

地方各级政府必须严格按照有关规定规范土地储备机构管理和土地融资行为，不得授权融资平台公司承担土地储备职能和进行土地储备融资，不得将土地储备贷款用于城市建设以及其他与土地储备业务无关的项目。符合条件的融资平台公司因承担公共租赁住房、公路等公益性项目建设举借需要财政性资金偿还的债务，除法律和国务院另有规定外，不得向非金融机构和个人借款，不得通过金融机构中的财务公司、信托公司、基金公司、金融租赁公司、保险公司等直接或间接融资。

五、坚决制止地方政府违规担保承诺行为

地方各级政府及所属机关事业单位、社会团体，要继续严格按照《担保法》等有关法律法规规定，不得出具担保函、承诺函、安慰函等直接或变相担保协议，不得以机关事业单位及社会团体的国有资产为其他单位或企业融资进行抵押或质押，不得为其他单

位或企业融资承诺承担偿债责任，不得为其他单位或企业的回购（BT）协议提供担保，不得从事其他违法违规担保承诺行为。

地方各级政府要从大局出发，充分认识制止违法违规融资行为的重要性和紧迫性，统一思想，加强领导，切实担负起加强地方政府性债务管理、防范财政金融风险的责任，规范政府及所属机关事业单位、社会团体、融资平台公司行为。要对地方各级政府及所属机关事业单位、社会团体、融资平台公司违法违规融资或担保承诺行为进行清理整改。对限期不改的，依法依规追究相关责任人的责任。

财政部
发展改革委
人民银行
银监会
2012 年 12 月 24 日

中国银监会、国家林业局关于林权抵押贷款的实施意见

银监发〔2013〕32 号

各银监局，各省、自治区、直辖市、计划单列市林业厅（局），各政策性银行、国有商业银行、股份制商业银行，邮储银行，各省级农村信用联社：

为改善农村金融服务，支持林业发展，规范林权抵押贷款业务，完善林权登记管理和服务，有效防范信贷风险，特制定如下实施意见。

一、银行业金融机构要积极开展林权抵押贷款业务，可以接受借款人以其本人或第三人合法拥有的林权作抵押担保发放贷款。可抵押林权具体包括用材林、经济林、薪炭林的林木所有权和使用权及相应林地使用权；用材林、经济林、薪炭林的采伐迹地、火烧迹地的林地使用权；国家规定可以抵押的其他森林、林木所有权、使用权和林地使用权。

二、银行业金融机构应遵循依法合规、公平诚信、风险可控、惠农利民的原则，积极探索创新业务品种，加大对林业发展的有效信贷投入。林权抵押贷款要重点满足农民等主体的林业生产经营、森林资源培育和开发、林下经济发展、林产品加工的资金需求，以及借款人其他生产、生活相关的资金需求。

三、银行业金融机构要根据自身实际，结合林权抵押贷款特点，优化审贷程序，对符合条件的客户提供优质服务。

四、银行业金融机构应完善内部控制机制，实行贷款全流程管理，全面了解客户和项目信息，建立有效的风险管理制度和岗位制衡、考核、问责机制。

五、银行业金融机构应根据林权抵押贷款的特点，规定贷款审批各个环节的操作规则和标准要求，做到贷前实地查看、准确测定，贷时审贷分离、独立审批，贷后现场检查、跟踪记录，切实有效防范林权抵押贷款风险。

六、各级林业主管部门应完善配套服务体系，规范和健全林权抵押登记、评估、流转和林权收储等机制，协调配合银行业金融机构做好林权抵押贷款业务和其他林业金融服务。

七、银行业金融机构受理借款人贷款申请后，要认真履行尽职调查职责，对贷款申请内容和相关情况的真实性、准确性、完整性进行调查核实，形成调查评价意见。尤其

要注重调查借款人及其生产经营状况、用于抵押的林权是否合法、权属是否清晰、抵押人是否有权处分等方面。

八、申请办理林权抵押贷款时，银行业金融机构应要求借款人提交林权证原件。银行业金融机构不应接受未依法办理林权登记、权属不清或存在争议的森林、林木和林地作为抵押财产，也不应接受国家规定不得抵押的其他财产作为抵押财产。

九、银行业金融机构不应接受无法处置变现的林权作为抵押财产，包括水源涵养林、水土保持林、防风固沙林、农田和牧场防护林、护岸林、护路林等防护林所有权、使用权及相应的林地使用权，以及国防林、实验林、母树林、环境保护林、风景林，名胜古迹和革命纪念地的林木，自然保护区的森林等特种用途林所有权、使用权及相应的林地使用权。

十、以农村集体经济组织统一经营管理的林权进行抵押的，银行业金融机构应要求抵押人提供依法经本集体经济组织三分之二以上成员同意或者三分之二以上村民代表同意的决议，以及该林权所在地乡（镇）人民政府同意抵押的书面证明；林业专业合作社办理林权抵押的，银行业金融机构应要求抵押人提供理事会通过的决议书；有限责任公司、股份有限公司办理林权抵押的，银行业金融机构应要求抵押人提供经股东会、股东大会或董事会通过的决议或决议书。

十一、以共有林权抵押的，银行业金融机构应要求抵押人提供其他共有人的书面同意意见书；以承包经营方式取得的林权进行抵押的，银行业金融机构应要求抵押人提供承包合同；以其他方式承包经营或流转取得的林权进行抵押的，银行业金融机构应要求抵押人提供承包合同或流转合同和发包方同意抵押意见书。

十二、银行业金融机构要根据抵押目的与借款人、抵押人商定抵押财产的具体范围，并在书面抵押合同中予以明确。以森林或林木资产抵押的，可以要求其林地使用权同时抵押，但不得改变林地的性质和用途。

十三、银行业金融机构要根据借款人的生产经营周期、信用状况和贷款用途等因素合理协商确定林权抵押贷款的期限，贷款期限不应超过林地使用权的剩余期限。贷款资金用于林业生产的，贷款期限要与林业生产周期相适应。

十四、银行业金融机构开展林权抵押贷款业务，要建立抵押财产价值评估制度，对抵押林权进行价值评估。对于贷款金额在 30 万元以上（含 30 万元）的林权抵押贷款项目，抵押林权价值评估应坚持保本微利原则、按照有关规定执行；具备专业评估能力的银行业金融机构，也可以自行评估。对于贷款金额在 30 万元以下的林权抵押贷款项目，银行业金融机构要参照当地市场价格自行评估，不得向借款人收取评估费。

十五、对以已取得林木采伐许可证且尚未实施采伐的林权抵押的，银行业金融机构要明确要求抵押人将已发放的林木采伐许可证原件提交银行业金融机构保管，双方向核发林木采伐许可证的林业主管部门进行备案登记。林权抵押期间，未经抵押权人书面同意，抵押人不得进行林木采伐。

十六、银行业金融机构要在抵押借款合同中明确要求借款人在林权抵押贷款合同签订后，及时向属地县级以上林权登记机关申请办理抵押登记。

十七、银行业金融机构要在抵押借款合同中明确，抵押财产价值减少时，抵押权人有权要求恢复抵押财产的价值，或者要求借款人提供与减少的价值相应的担保。借款人不恢复财产也不提供其他担保的，抵押权人有权要求借款人提前清偿债务。

十八、县级以上地方人民政府林业主管部门负责办理林权抵押登记。具体程序按照国务院林业主管部门有关规定执行。

十九、林权登记机关在受理林权抵押登记申请时，应要求申请人提供林权抵押登记申请书、借款人（抵押人）和抵押权人的身份证明、抵押借款合同、林权证及林权权利人同意抵押意见书、抵押林权价值评估报告（拟抵押林权需要评估的）以及其他材料。林权登记机关应对林权证的真实性、合法性进行确认。

二十、林权登记机关受理抵押登记申请后，对经审核符合登记条件的，登记机关应在10个工作日内办理完毕。对不符合抵押登记条件的，书面通知申请人不予登记并退回申请材料。办理抵押登记不得收取任何费用。

二十一、林权登记机关在办理抵押登记时，应在抵押林权的林权证的"注记"栏内载明抵押登记的主要内容，发给抵押权人《林权抵押登记证明书》等证明文件，并在抵押合同上签注编号、日期，经办人签字、加盖公章。

二十二、变更抵押林权种类、数额或者抵押担保范围的，银行业金融机构要及时要求借款人和抵押人共同持变更合同、《林权抵押登记证明书》和其他证明文件，向原林权登记机关申请办理变更抵押登记。林权登记机关审查核实后应及时给予办理。

二十三、抵押合同期满、借款人还清全部贷款本息或者抵押人与抵押权人同意提前解除抵押合同的，双方向原登记机关办理注销抵押登记。

二十四、各级林业登记机关要做好已抵押林权的登记管理工作，将林权抵押登记事项如实记载于林权登记簿，以备查阅。对于已全部抵押的林权，不得重复办理抵押登记。除取得抵押权人书面同意外，不予办理林权变更登记。

二十五、银行业金融机构要依照信贷管理规定完善林权抵押贷款风险评价机制，采用定量和定性分析方法，全面、动态地进行贷款风险评估，有效地对贷款资金使用、借款人信用及担保变化情况等进行跟踪检查和监控分析，确保贷款安全。

二十六、银行业金融机构要严格履行对抵押财产的贷后管理责任，对抵押财产定期进行监测，做好林权抵押贷款及抵押财产信息的跟踪记录，同时督促抵押人在林权抵押期间继续管理和培育好森林、林木，维护抵押财产安全。

二十七、银行业金融机构要建立风险预警和补救机制，发现借款人可能发生违约风险时，要根据合同约定停止或收回贷款。抵押财产发生自然灾害、市场价值明显下降等情况时，要及时采取补救和控制风险措施。

二十八、各级林业主管部门要会同有关部门积极推进森林保险工作。鼓励抵押人对抵押财产办理森林保险。抵押期间，抵押财产发生毁损、灭失或者被征收等情形时，银行业金融机构可以根据合同约定就获得的保险金、赔偿金或者补偿金等优先受偿或提存。

二十九、贷款需要展期的，贷款人应在对贷款用途、额度、期限与借款人经营状况、还款能力的匹配程度，以及抵押财产状况进行评估的基础上，决定是否展期。

三十、贷款到期后，借款人未清偿债务或出现抵押合同规定的行使抵押权的其他情形时，可通过竞价交易、协议转让、林木采伐或诉讼等途径处置已抵押的林权。通过竞价交易方式处置的，银行业金融机构要与抵押人协商将已抵押林权转让给最高应价者，所得价款由银行业金融机构优先受偿；通过协议转让方式处置的，银行业金融机构要与抵押人协商将所得价款由银行业金融机构优先受偿；通过林木采伐方式处置的，银行业金融机构要与抵押人协商依法向县级以上地方人民政府林业主管部门提出林木采伐申请。

三十一、银行业金融机构因处置抵押财产需要采伐林木的，采伐审批机关要按国家相关规定优先予以办理林木采伐许可证，满足借款人还贷需要。林权抵押期间，未经抵押权人书面同意，采伐审批机关不得批准或发放林木采伐许可证。

三十二、有条件的县级以上地方人民政府林业主管部门要建立林权管理服务机构。林权管理服务机构要为开展林权抵押贷款、处置抵押林权提供快捷便利服务，并适当减免抵押权人相关交易费用。

三十三、各级林业主管部门要为银行业金融机构对抵押林权的核实查证工作提供便利。林权登记机关依法向银行业金融机构提供林权登记信息时，不得收取任何费用。

三十四、各级林业主管部门要积极协调各级地方人民政府出台必要的引导政策，对用于林业生产发展的林权抵押贷款业务，要协调财政部门按照国家有关规定给予贴息，适当进行风险补偿。

中国银监会
国家林业局
2013年7月5日

商务部办公厅
关于全国融资租赁企业管理信息系统试运行的通知（节录）

各省、自治区、直辖市、计划单列市及新疆生产建设兵团商务主管部门：

为进一步完善融资租赁企业监管手段，提高行业监管工作水平，加强对融资租赁企业监督管理，商务部组织开发了全国融资租赁企业管理信息系统（以下简称管理信息系统），现上线试运行。为做好管理信息系统试运行工作，现就有关事项通知如下：

一、推进管理信息系统建设的重要意义

（一）管理信息系统是实现常态化监管的重要手段。

近年来，我国融资租赁业快速发展，市场规模持续扩大，在服务实体经济、推动产业转型升级、促进企业技术改造、解决中小企业融资难等方面发挥了重要作用。随着融资租赁市场规模不断扩大，融资租赁业务创新日益增多，商务主管部门监管难度不断加大。建设管理信息系统，是实现融资租赁业监管常态化、信息化的重要措施，能够改进监管方式，提高监管水平，提高监管工作效率。

（二）有助于监管部门研究制订行业法规和政策。

各级商务主管部门可以通过管理信息系统及时掌握融资租赁行业运行情况，发现存在的问题，有针对性地进行监管，引导和规范企业经营行为，发布风险指引，研究制订行业发展规划、扶持促进政策等。

（三）有利于融资租赁企业防范经营风险。

管理信息系统为融资租赁企业提供了部分行业信息数据查询权限，具备租赁物登记、公示、查询以及承租人违约信息记录、查询等功能，能够帮助融资租赁企业及时了解行业发展动态，有效防范和规避经营风险。

各地商务主管部门要高度重视管理信息系统的推广使用，把其纳入融资租赁行业管理重要工作，切实指导、督促企业按要求上线使用系统。要充分利用系统的信息数据汇总分析功能，及时掌握行业发展动态，及时发现企业潜在经营风险和问题，切实做好行业监管工作。

二、主要功能和适用范围

（一）主要功能。

管理信息系统网址：http://leasing.mofcom.gov.cn。融资租赁企业通过管理信息系统进行基本信息备案、业务信息（合同登记表及回款情况）实时填报、租赁物登记公示及查

询、各类报表填报、行业信息查询、承租人违约情况反馈、查询等。

省级商务主管部门通过管理信息系统对融资租赁企业业务进行实时监管（合同登记表汇总及分析）、企业报表审核及汇总分析等，对融资租赁企业经营状况和业务合规性进行动态监管。

商务部通过管理信息系统进行数据汇总及综合分析，定期发布融资租赁业运行情况，实现对整个融资租赁行业运行的动态监管。

（二）适用范围。

管理信息系统适用于商务部、省级商务主管部门（含计划单列市）、内资融资租赁试点企业及依法设立的外商投资融资租赁企业。为确保系统安全性，各级用户均凭登录密码和统一配发的动态口令牌（以下简称口令牌）随机产生的动态验证码登录系统。省级商务主管部门和融资租赁企业的登录账户、口令牌由商务部统一授权并分发给省级商务主管部门，再由省级商务主管部门将融资租赁企业的登录账户、口令牌统一下发给企业。

三、工作要求

（一）省级商务主管部门。

各省级商务主管部门要高度重视，切实加强组织领导，精心安排布置。一是要按照监管要求和职责确定管理信息系统负责人，明确分工，做好管理信息系统启用、培训及试运行相关准备工作。二是要及时分发登录账户及口令牌给企业，积极参加系统培训，加强业务学习，尽快掌握管理信息系统的各项功能和数据分析方法。三是要组织本地融资租赁企业开展系统使用培训，指导并督促企业及时上报各项信息，并对企业上报信息及时审核。四是妥善管理系统登录账户和口令牌，定期更换密码，防止非法使用系统及泄露系统信息事件的发生，确保系统登录的安全性及系统信息保密性。

（二）融资租赁企业。

融资租赁企业要在省级商务主管部门的指导和监督下开展管理信息系统启用各项工作：一是指派专人负责系统维护和本企业各类信息填报工作。二是积极参加省级商务主管部门组织的管理信息系统使用培训。三是系统试运行期间及正式运行后，如实、实时填报业务信息（合同登记表及回款情况），严格按照各类报表填报要求开展数据报送工作。四是妥善管理本企业账户、密码和动态口令牌，防止发生非法使用系统及泄露系统信息事件。

四、工作安排

（一）系统启动。7 月 23 日—8 月 2 日为系统启动阶段。各省级商务主管部门需填写系统省级用户信息（见附件 1）和本地企业信息（见附件 2），于 8 月 2 日前报送商务部流通业发展司（同时发电子版）。商务部根据各地报送的管理信息系统用户名、企业名录，统一授权管理信息系统登录账户并匹配口令牌，逐一邮寄给各省级商务主管部门。8 月 12 日前，省级商务主管部门需将管理信息系统账户、口令牌邮寄分发给企业。（省级商务主管部门共配 2 个口令牌，即主管内外资融资租赁企业的人员各 1 个，每家企业配 2 个口令牌）。

口令牌领取前，各地省级商务主管部门、企业可分别通过网站首页公布的测试账户，登录系统初步了解系统各项功能及试填各类报表（《管理信息系统使用说明书》与《企业报表指标解释与填报说明》通过测试账户登录网站后下载），所填测试数据及相关操作不纳入正式统计。

（二）组织培训。8 月中旬，商务部将统一组织开展面向商务主管部门的系统使用操作培训，具体时间安排另行通知。9 月中旬前，各省级商务主管部门应组织本地企业开展系统使用操作及信息填报培训，指导并督促本地企业配置系统必需的网络环境。

（三）试运行。8 月 3 日—10 月 31 日为系统试运行阶段。8 月 2 日 24:00 点前，商务部将清空系统数据库所有测试数据信息，系统进入试运行阶段。各省级商务主管部门应指导和督促本地企业登录系统并及时填报企业基本信息、新签订合同和正在执行的存量合同信息、各类报表信息（2013 年 1—3 季度季报、2012 年年报）。

试运行期间，企业各类信息及报表都将纳入统计，省级商务主管部门务必督促企业如实填报，并在线及时对企业报表数据的完整性、准确性以及备案和变更信息的真实性进行审核。

（四）正式运行。商务部根据试运行情况对管理信息系统进行修改完善，并择机发布正式运行通知。

商务部将对各地全国融资租赁企业管理信息系统推广使用情况进行统计，并定期公布统计结果。

流通业发展司 联系人：冯举 电 话：010-85093764

传 真：010-85093744

邮 箱：ltzonghe@mofcom.gov.cn

外国投资管理司 联系人：孟醒 电 话：010-65197893

传 真：010-65197322

邮 箱：mengxing@mofcom.gov.cn

技术支持 联系人：潘兰云 刘伟光

电 话：010-51662601（转 553）18611640042

010-51662601（转 567）18611029972

附件：1. 省级商务主管部门管理信息系统用户登记表（略）

2. 融资租赁企业信息登记表（略）

3. 全国融资租赁企业管理信息系统启用流程图（略）

商务部办公厅

2013 年 7 月 23 日

中国人民银行
关于金融支持中国（上海）自由贸易试验区建设的意见（节录）

为贯彻落实党中央、国务院关于建设中国（上海）自由贸易试验区（以下简称试验区）的重要战略部署，支持试验区建设，促进试验区实体经济发展，加大对跨境投资和贸易的金融支持，深化金融改革、扩大对外开放，现提出以下意见。

一、总体原则

（一）坚持金融服务实体经济，进一步促进贸易投资便利化，扩大金融对外开放，推动试验区在更高平台参与国际竞争。

（二）坚持改革创新、先行先试，着力推进人民币跨境使用、人民币资本项目可兑换、利率市场化和外汇管理等领域改革试点。

（三）坚持风险可控、稳步推进，“成熟一项、推动一项”，适时有序组织试点。

二、创新有利于风险管理的账户体系

（四）试验区内的居民可通过设立本外币自由贸易账户（以下简称居民自由贸易账户）

实现分账核算管理，开展本意见第三部分的投融资创新业务；非居民可在试验区内银行开立本外币非居民自由贸易账户（以下简称非居民自由贸易账户），按准入前国民待遇原则享受相关金融服务。

（五）居民自由贸易账户与境外账户、境内区外的非居民账户、非居民自由贸易账户以及其他居民自由贸易账户之间的资金可自由划转。同一非金融机构主体的居民自由贸易账户与其他银行结算账户之间因经常项下业务、偿还贷款、实业投资以及其他符合规定的跨境交易需要可办理资金划转。居民自由贸易账户与境内区外的银行结算账户之间产生的资金流动视同跨境业务管理。

（六）居民自由贸易账户及非居民自由贸易账户可办理跨境融资、担保等业务。条件成熟时，账户内本外币资金可自由兑换。建立区内居民自由贸易账户和非居民自由贸易账户人民币汇兑的监测机制。

（七）上海地区金融机构可根据人民银行规定，通过设立试验区分账核算单元的方式，为符合条件的区内主体开立自由贸易账户，并提供相关金融服务。

三、探索投融资汇兑便利

（八）促进企业跨境直接投资便利化。试验区跨境直接投资，可按上海市有关规定与前置核准脱钩，直接向银行办理所涉及的跨境收付、兑换业务。

（九）便利个人跨境投资。在区内就业并符合条件的个人可按规定开展包括证券投资在内的各类境外投资。个人在区内获得的合法所得可在完税后向外支付。区内个体工商户可根据业务需要向其在境外经营主体提供跨境贷款。在区内就业并符合条件的境外个人可按规定在区内金融机构开立非居民个人境内投资专户，按规定开展包括证券投资在内的各类境内投资。

（十）稳步开放资本市场。区内金融机构和企业可按规定进入上海地区的证券和期货交易场所进行投资和交易。区内企业的境外母公司可按国家有关法规在境内资本市场发行人民币债券。根据市场需求，探索在区内开展国际金融资产交易等。

（十一）促进对外融资便利化。根据经营需要，注册在试验区内的中外资企业、非银行金融机构以及其他经济组织（以下简称区内机构）可按规定从境外融入本外币资金，完善全口径外债的宏观审慎管理制度，采取有效措施切实防范外债风险。

（十二）提供多样化风险对冲手段。区内机构可按规定基于真实的币种匹配及期限匹配管理需要在区内或境外开展风险对冲管理。允许符合条件的区内企业按规定开展境外证券投资和境外衍生品投资业务。试验区分账核算单元因向区内或境外机构提供本外币自由汇兑产生的敞口头寸，应在区内或境外市场上进行平盘对冲。试验区分账核算单元基于自身风险管理需要，可按规定参与国际金融市场衍生工具交易。经批准，试验区分账核算单元可在一定额度内进入境内银行间市场开展拆借或回购交易。

四、扩大人民币跨境使用

（十三）上海地区银行业金融机构可在“了解你的客户”、“了解你的业务”和“尽职审查”三原则基础上，凭区内机构（出口货物贸易人民币结算企业重点监管名单内的企业除外）和个人提交的收付款指令，直接办理经常项下、直接投资的跨境人民币结算业务。

（十四）上海地区银行业金融机构可与区内持有《支付业务许可证》且许可业务范围包括互联网支付的支付机构合作，按照支付机构有关管理政策，为跨境电子商务（货物贸易或服务贸易）提供人民币结算服务。

（十五）区内金融机构和企业可从境外借用人民币资金，借用的人民币资金不得用于投资有价证券、衍生产品，不得用于委托贷款。

（十六）区内企业可根据自身经营需要，开展集团内双向人民币资金池业务，为其境内外关联企业提供经常项下集中收付业务。

五、稳步推进利率市场化

（十七）根据相关基础条件的成熟程度，推进试验区利率市场化体系建设。

（十八）完善区内居民自由贸易账户和非居民自由贸易账户本外币资金利率的市场化定价监测机制。

（十九）将区内符合条件的金融机构纳入优先发行大额可转让存单的机构范围，在区内实现大额可转让存单发行的先行先试。

（二十）条件成熟时，放开区内一般账户小额外币存款利率上限。

六、深化外汇管理改革

（二十一）支持试验区发展总部经济和新型贸易。扩大跨国公司总部外汇资金集中运营管理试点企业范围，进一步简化外币资金池管理，深化国际贸易结算中心外汇管理试点，促进贸易投资便利化。

（二十二）简化直接投资外汇登记手续。将直接投资项下外汇登记及变更登记下放银行办理，加强事后监管。在保证交易真实性和数据采集完整的条件下，允许区内外商直接投资项下的外汇资金意愿结汇。

（二十三）支持试验区开展境内外租赁服务。取消金融类租赁公司境外租赁等境外债权业务的逐笔审批，实行登记管理。经批准，允许金融租赁公司及中资融资租赁公司境内融资租赁收取外币租金，简化飞机、船舶等大型融资租赁项目预付货款手续。

（二十四）取消区内机构向境外支付担保费的核准，区内机构直接到银行办理担保费购付汇手续。

（二十五）完善结售汇管理，支持银行开展面向境内客户的大宗商品衍生品的柜台交易。

……

2013 年 12 月

中国人民银行关于金融支持中国（广东）自由贸易试验区建设的指导意见（节录）

……

（二）坚持全面深化改革。在总结和借鉴上海自贸试验区成功经验基础上，充分发挥“试验田”作用，在人民币资本项目可兑换、人民币跨境使用、外汇管理等重要领域和关键环节先行试验，建立国际化、市场化、法治化的金融服务体系，及时总结评估，为全面深化金融改革探索新路径、积累新经验。

……

（五）开展跨境人民币双向融资。支持自贸试验区内金融机构和企业在宏观审慎管理框架下，从境外借入人民币资金并按规定使用。探索完善宏观审慎管理框架下的人民币境外贷款管理方式，鼓励自贸试验区内银行业金融机构增加对企业境外项目的人民币信贷投放。允许自贸试验区内个体工商户根据业务需要向其在境外经营主体提供跨境资金支持。

（六）支持融资租赁机构开展跨境人民币业务创新。允许自贸试验区内融资租赁机构开展跨境双向人民币资金池业务、人民币租赁资产跨境转让业务。

（七）深化跨国企业集团跨境人民币资金集中运营管理改革。支持自贸试验区内符合条件的企业根据自身经营和管理需要，开展集团内跨境双向人民币资金池业务，便利区内跨国企业开展跨境人民币资金集中运营业务。

（八）推动跨境交易以人民币计价和结算。在充分利用全国统一金融基础设施平台的基础上，支持自贸试验区内要素市场设立跨境电子交易和资金结算平台，向自贸试验区和境外投资者提供以人民币计价和结算的金融要素交易服务。鼓励金融机构为境外投资者参与区内要素市场交易提供人民币账户开立、资金结算等服务。

……

三、深化外汇管理改革

（十一）促进贸易投资便利化。在真实合法交易基础上，进一步简化流程，自贸试验区内货物贸易外汇管理分类等级为A类的企业，货物贸易收入无需开立待核查账户，允许选择不同银行办理经常项目提前购汇和付汇。简化直接投资外汇登记手续，直接投资外汇登记下放银行办理。放宽区内机构对外放款管理，进一步提高对外放款比例。允许区内符合条件的融资租赁收取外币租金。

（十二）实行限额内资本项目可兑换。在自贸试验区内注册的、负面清单外的境内机构，按照每个机构每自然年度跨境收入和跨境支出均不超过规定限额（暂定等值1000万美元，视宏观经济和国际收支状况调节），自主开展跨境投融资活动。限额内实行自由结售汇。符合条件的区内机构应在自贸试验区所在地外汇分局辖内银行机构开立资本项目——投融资账户，办理限额内可兑换相关业务。

（十三）推动外债宏观审慎管理。逐步统一境内机构外债政策。自贸试验区内机构借用外债采取比例自律管理，允许区内机构在净资产的一定倍数（暂定1倍，视宏观经济和国际收支状况调节）内借用外债，企业外债资金实行意愿结汇。

……

四、深化以粤港澳为重点的区域金融合作

（十六）允许非银行金融机构与港澳地区开展跨境人民币业务。支持自贸试验区内企业集团财务公司、金融租赁公司、消费金融公司、汽车金融公司、金融资产管理公司、证券公司、基金管理公司、期货公司、保险公司等机构按规定在开展跨境融资、跨境担保、跨境资产转让等业务时使用人民币进行计价结算。

（十七）支持与港澳地区开展个人跨境人民币业务创新。允许金融机构按照真实交易原则，凭收付指令为自贸试验区内个人办理经常项下跨境人民币结算业务。支持区内个人从港澳地区借入人民币资金，用于在区内购买不动产等支出。支持港澳地区个人在区内购买人民币理财产品。

（十八）深化自贸试验区与港澳地区金融同业业务合作。在宏观审慎管理框架下，支持自贸试验区金融机构与港澳地区金融同业开展跨境人民币借款业务，应用于与国家宏观调控方向相符的领域，暂不得用于投资有价证券（包括理财等资产管理类产品）、衍生产品。支持自贸试验区金融机构与港澳地区金融同业合作开展人民币项下跨境担保业务。

（十九）推动自贸试验区与港澳地区金融市场对接。支持区内外资企业的境外母公司或子公司按规定在境内银行间市场发行人民币债券。支持区内金融机构和企业在香港资本市场发行人民币股票和债券，募集资金可调回区内使用，支持自贸试验区开发建设和企业生产经营。支持港澳地区机构投资者在自贸试验区内开展合格境内有限合伙人（QDLP）业务，

募集区内人民币资金投资香港资本市场。支持港澳地区机构投资者在自贸试验区内开展合格境外有限合伙人（QFLP）业务，参与境内私募股权投资基金和创业投资基金的投资。

……

中国人民银行

2015 年 12 月 9 日

中国人民银行关于金融支持中国（天津）自由贸易试验区建设的指导意见（节录）

……

二、扩大人民币跨境使用

（五）支持自贸试验区内金融机构和企业按宏观审慎原则从境外借用人民币资金，用于符合国家宏观调控方向的领域，不得用于投资有价证券、理财产品、衍生产品，不得用于委托贷款。自贸试验区内的银行业金融机构可按规定向境外同业跨境拆出短期人民币资金。

（六）支持自贸试验区内企业和金融机构按规定在境外发行人民币债券，募集资金可调回区内使用。自贸试验区内企业的境外母公司可按规定在境内发行人民币债券。

……

（九）自贸试验区内符合条件的跨国企业集团开展跨境双向人民币资金池业务，可不受经营时间、年度营业收入和净流入额上限的限制。

……

三、深化外汇管理改革

（十一）促进贸易投资便利化。在真实合法交易基础上，进一步简化流程，自贸试验区内货物贸易外汇管理分类等级为 A 类的企业，货物贸易收入无需开立待核查账户，允许选择不同银行办理经常项目提前购汇和付汇。简化直接投资外汇登记手续，直接投资外汇登记下放银行办理，外商投资企业外汇资本金实行意愿结汇。放宽自贸试验区内机构对外放款管理，进一步提高对外放款比例。

（十二）实行限额内资本项目可兑换。在自贸试验区内注册的、负面清单外的境内机构，按照每个机构每自然年度跨境收入和跨境支出均不超过规定限额（暂定等值 1000 万美元，视宏观经济和国际收支状况调节），自主开展跨境投融资活动。限额内实行自由结售汇。符合条件的自贸试验区内机构应在天津地区银行机构开立资本项目——投融资账户，办理限额内可兑换相关业务。

（十三）推动外债宏观审慎管理，逐步统一境内机构外债政策。自贸试验区内机构借用外债采取比例自律管理，允许区内机构在净资产的一定倍数（暂定 1 倍，视宏观经济和国际收支状况调节）内借用外债，企业外债资金实行意愿结汇。

（十四）支持发展总部经济和结算中心。放宽跨国公司外汇资金集中运营管理准入条件。进一步简化资金池管理，允许银行审核真实、合法的电子单证，为企业办理集中收付汇、轧差结算业务。

……

四、促进租赁业发展

（十六）本指导意见第五条部分条款、第六条、第九条、第十一条、第十二条、第十三条适用于自贸试验区内各类租赁公司，第十四条适用于自贸试验区内金融租赁公司。

（十七）支持自贸试验区内租赁公司利用国家外汇储备，开展飞机、新型船舶、海洋工程结构物和大型成套进口设备等租赁业务。

（十八）允许自贸试验区内符合条件的融资租赁收取外币租金。

（十九）支持租赁公司依托自贸试验区要素交易平台开展以人民币计价结算的跨境租赁资产交易。

（二十）允许自贸试验区内租赁公司在境外开立人民币账户用于跨境人民币租赁业务，允许租赁公司在一定限额内同名账户的人民币资金自由划转。

……

中国人民银行

2015 年 12 月 9 日

中国人民银行关于金融支持中国（福建）自由贸易试验区建设的指导意见（节录）

……

（五）在宏观审慎管理框架下，自贸试验区银行业金融机构可与台湾地区金融同业按一定比例跨境拆入人民币短期借款，向台湾地区金融同业跨境拆出短期人民币资金。

（六）支持自贸试验区内非银行金融机构和企业在外债宏观审慎管理框架下从境外借用人民币资金，资金运用应符合国家宏观调控和产业政策规定，用于自贸试验区建设，不得用于投资有价证券、理财产品、衍生产品，不得用于委托贷款。

（七）支持自贸试验区内金融机构和企业按规定在境外发行人民币债券，所筹资金可根据需要调回区内使用。自贸试验区内企业的境外母公司可按规定在境内发行人民币债券。

（八）支持在自贸试验区内设立跨境人民币投资基金，按注册地管理，开展跨境人民币双向投资业务。

（九）支持自贸试验区内开展人民币计价结算的跨境租赁资产交易。支持区内租赁公司开展跨境资产转让。支持符合条件的自贸试验区金融租赁公司在境内发行、交易金融债券；支持符合条件的自贸试验区非金融租赁公司在银行间市场发行非金融企业债务融资工具。

（十）自贸试验区内符合条件的跨国公司可根据自身经营需要备案开展集团内跨境双向人民币资金池业务，为其境内外关联企业提供经常项下人民币集中收付业务。

（十一）支持自贸试验区内符合条件的企业按规定开展人民币境外证券和境外衍生品等投资业务。允许区内银行业金融机构按照银行间市场等相关政策规定和我国金融市场对外开放的整体部署为境外机构办理人民币衍生品业务。允许区内个体工商户根据业务需要向境外关联经营主体贷出人民币资金。

……

三、深化外汇管理改革

（十三）促进贸易投资便利化。在真实合法交易基础上，进一步简化流程，自贸试验区内货物贸易外汇管理分类等级为 A 类的企业，货物贸易收入无需开立待核查账户，允许选择不同银行办理经常项目提前购汇和付汇。简化直接投资外汇登记手续，直接投资外汇登记下放银行办理，外商投资企业外汇资本金实行意愿结汇。放宽区内机构对外放款管理，进一步提高对外放款比例。允许区内符合条件的融资租赁收取外币租金。

（十四）实行限额内资本项目可兑换。在自贸试验区内注册的、负面清单外的境内机构，按照每个机构每自然年度跨境收入和跨境支出均不超过规定限额（暂定等值1000万美元，视宏观经济和国际收支状况调节），自主开展跨境投融资活动。限额内实行自由结售汇。符合条件的区内机构应在自贸试验区所在地外汇分局辖内银行开立资本项目——投融资账户，办理限额内可兑换相关业务。

（十五）推动外债宏观审慎管理。逐步统一境内机构外债政策。自贸试验区内机构借用外债采取比例自律管理，允许区内机构在净资产的一定倍数（暂定1倍，视宏观经济和国际收支状况调节）内借用外债，企业外债资金实行意愿结汇。

……

中国人民银行

2015年12月9日

交通运输部关于实施融资租赁船舶运力认定政策的公告

交通运输部公告2013年第81号

为扶持中小航运企业发展，帮助企业盘活船舶资产，缓解资金压力以应对低迷航运形势，交通运输部2012年9月发布了《关于融资租赁船舶运力认定政策的公告》（2012年第40号），并在上海试行一年。根据政策实施效果，交通运输部决定将该政策相关内容进行调整后在全国执行，对符合本公告规定的融资租赁船舶，在国际、国内水路运输经营资质管理中，经核准可认定为航运企业的自有运力。现将有关事项公告如下：

一、本公告所指融资租赁船舶是指航运企业将已取得国际、国内水路运输经营资格的船舶出售后，以融资租赁方式回租的船舶。

二、融资租赁出租人应依法取得国家有关部门批准的融资租赁经营资格。

三、航运企业将已取得国际、国内水路运输经营资格的船舶出售给融资租赁企业，应在交通运输部公布的船舶交易服务机构办理船舶交易手续。

四、航运企业办理认定融资租赁船舶为自有运力手续时，应提交下列有效证明材料：

1. 融资租赁船舶的《船舶所有权登记证书》、《船舶国籍证书》、《船舶检验证书》以及按照有关规定应符合安全和防污染、入级要求的证书。

2. 融资租赁合同及出租人的融资租赁资格证明文件。

3.《船舶营业运输证》或《国际海上运输船舶备案证明书》及船舶交易机构出具的交易证明文件。

五、认定融资租赁船舶为企业自有运力的权限，与国际、国内水路运输经营资质的管理权限一致。

特此公告。

交通运输部

2013年12月18日

国务院办公厅关于加快飞机租赁业发展的意见

国办发〔2013〕108 号

各省、自治区、直辖市人民政府，国务院各部委、各直属机构：

飞机租赁作为支撑航空业发展的生产性服务业，是航空制造、运输、通用航空及金融业的重要关联产业。进入新世纪以来，我国飞机租赁业发展迅速，成效显著。但由于起步晚、内外部条件不完善，我国飞机租赁业与发达国家相比还存在较大差距，企业核心竞争力不足、政策措施不完善、产业联动不强等问题突出。随着我国全面建成小康社会事业的推进，飞机租赁业发展潜力巨大。为进一步推动实施“大飞机”战略和制造业转型升级，提升航空服务能力，优化资源配置，经国务院同意，现就加快发展我国飞机租赁业提出以下意见：

一、抓住有利时机加快发展飞机租赁业

加快发展飞机租赁业有利于扩大机队规模，提升航空服务能力和国家综合应急能力，有利于优化金融资源配置，促进金融业务多元化和国际收支平衡，具有重要的现实意义和深远的战略意义。近年来，我国航空市场发展迅猛，逐步成为全球最重要的新兴航空市场。今后十年到二十年是我国大飞机市场开拓和航空制造业转型升级的关键时期，也是我国飞机租赁业发展的黄金时期。当前，我国正处在经济发展方式转型、培育发展战略性新兴产业的攻坚阶段，应抓住有利时机，加快发展飞机租赁业。

二、全面实施“三步走”战略

贯彻落实党的十八大和十八届三中全会精神，深化改革开放，面向国内国际两个市场，综合利用各方面资源；发展企业主体作用，加大政策扶持力度；鼓励各类企业和资金进入飞机租赁领域，逐步提高我国飞机租赁企业核心竞争力，促进飞机租赁业与航空制造业、航空运输业等协调发展，全面实施“三步走”战略。

2015 年前，立足国情，尊重市场规律，借鉴国际经验，着力营造有利于飞机租赁业发展的政策环境。

2015 年至 2020 年，进一步优化发展环境，加强政府引导，培育龙头企业。支持飞机租赁企业巩固和扩大国内市场，积极开拓国际市场。

2020 年至 2030 年，打造飞机租赁产业集群。形成若干具有国际竞争力的飞机租赁企业，使我国成为全球飞机租赁业的重要聚集地。

三、促进飞机租赁业健康发展的政策措施

（一）改进购租管理。尊重企业决策自主权，允许飞机租赁企业直接订购进口飞机。有关部门按照职能分工，依照有关规定对飞机租赁企业订购和进口国外飞机进行独立审查并办理相关手续。

（二）加大融资力度。支持符合条件的飞机租赁企业拓宽融资渠道，通过发行金融债券、企业债券、短期融资券、中期票据以及资产证券化等措施筹集资金。鼓励股权投资基金、创业投资基金和保险资金等各类资金进入飞机租赁业。

（三）完善财税政策。租赁企业一般贸易项下进口飞机并租给国内航空公司使用的，享受与航空公司进口飞机同等税收优惠政策。暂定五年内免征飞机租赁企业购机环节购销合同印花税。

（四）开拓国际市场。支持飞机租赁企业通过境外投资、兼并重组等方式拓展全球业务。发挥香港国际金融、贸易、航运中心优势，鼓励飞机租赁企业在香港设立专项公司，拓展海外市场，提高国际化水平。

（五）加强风险防控。构建适度审慎、联动协调、科学有效的监管机制。在企业自主决策、自担风险的基础上，督促飞机租赁企业深化改革，完善治理结构，提高专业技术能力，强化内部管控，及时掌握有关法规、政策，准确研判市场形势，防范重大决策失误和系统性风险。

（六）完善配套条件。大力发展会计、审计、税务、保险、评估、咨询、代理、报关、律师、仲裁、机务维修等配套专业服务。完善飞机出入境、国籍登记和适航管理，探索创新海关特殊监管区域相关支持政策。推动健全飞机资产登记、托管、交易、处置等方面法律法规。加快建立和拓展飞机交易市场。鼓励飞机租赁企业开展国产飞机租赁业务。发挥行业组织桥梁纽带作用，强化行业自律。

（七）支持先行先试。充分发挥天津滨海新区、上海浦东新区和深圳前海深港现代服务业合作区初步形成的产业优势，研究探索三地飞机租赁企业提取风险准备金等多方面政策措施，并鼓励在风险可控前提下先行先试。

各地区、各有关部门要充分认识加快发展飞机租赁业的重要意义，解放思想，统一认识，增强大局观念，加强组织领导，积极沟通协调，依法审慎监管，形成工作合力，推动我国飞机租赁业持续健康发展。

国务院办公厅

2013年12月19日

国务院关于加快发展对外文化贸易的意见（节录）

国发〔2014〕13号

……

二、政策措施

……

（三）强化金融服务。

1. 鼓励金融机构按照风险可控、商业可持续原则探索适合对外文化贸易特点的信贷产品和贷款模式，开展供应链融资、海外并购融资、应收账款质押贷款、仓单质押贷款、融资租赁、银团贷款、联保联贷等业务。积极探索扩大文化企业收益权质押贷款的适用范围。鼓励金融机构对符合信贷条件的国家文化出口重点企业和项目提供优质金融服务。

……

国务院

2014年3月3日

国务院《开展农村土地承包经营权抵押贷款试点的通知》（节录）

国办发〔2014〕17号

各省、自治区、直辖市人民政府，国务院各部委、各直属机构：

农村金融是我国金融体系的重要组成部分，是支持服务“三农”发展的重要力量。

近年来，我国农村金融取得长足发展，初步形成了多层次、较完善的农村金融体系，服务覆盖面不断扩大，服务水平不断提高。但总体上看，农村金融仍是整个金融体系中最为薄弱的环节。为贯彻落实党的十八大、十八届三中全会精神和国务院的决策部署，积极顺应农业适度规模经营、城乡一体化发展等新情况新趋势新要求，进一步提升农村金融服务的能力和水平，实现农村金融与“三农”的共赢发展，经国务院同意，现提出以下意见。

……

（二）丰富农村金融服务主体。鼓励建立农业产业投资基金、农业私募股权投资基金和农业科技创业投资基金。支持组建主要服务“三农”的金融租赁公司。鼓励组建政府出资为主、重点开展涉农担保业务的县域融资性担保机构或担保基金，支持其他融资性担保机构为农业生产经营主体提供融资担保服务。规范发展小额贷款公司，建立正向激励机制，拓宽融资渠道，加快接入征信系统，完善管理政策。（财政部、发展改革委、银监会、人民银行、证监会、农业部等按职责分工分别负责）

……

四、创新农村金融产品和服务方式

（十）创新农村金融产品。推行“一次核定、随用随贷、余额控制、周转使用、动态调整”的农户信贷模式，合理确定贷款额度、放款进度和回收期限。加快在农村地区推广应用微贷技术。推广产业链金融模式。大力发展农村电话银行、网上银行业务。创新和推广专营机构、信贷工厂等服务模式。鼓励开展农业机械等方面的金融租赁业务。（银监会、人民银行、农业部、工业和信息化部、发展改革委等按职责分工分别负责）

（十一）创新农村抵（质）押担保方式。制定农村土地承包经营权抵押贷款试点管理办法，在经批准的地区开展试点。慎重稳妥地开展农民住房财产权抵押试点。健全完善林权抵押登记系统，扩大林权抵押贷款规模。推广以农业机械设备、运输工具、水域滩涂养殖权、承包土地收益权等为标的的新型抵押担保方式。加强涉农信贷与涉农保险合作，将涉农保险投保情况作为授信要素，探索拓宽涉农保险保单质押范围。（人民银行、银监会、保监会、国土资源部、农业部、林业局等按职责分工分别负责）

……

国务院办公厅

2014 年 4 月 20 日

国家发展改革委关于飞机租赁企业订购国外飞机报备的通知

发改基础〔2014〕1156 号

飞机租赁有关企业：

根据《国务院办公厅关于加快飞机租赁业发展的意见》（国办发〔2013〕108 号），为改进飞机购租管理，保障我国飞机租赁业持续健康发展，现就飞机租赁企业订购国外飞机有关报备事项通知如下：

一、报备主体

我国境内飞机租赁企业向外国制造商订购飞机由其自行报备，中方控股（含相对控股）的境外飞机租赁企业向国外制造商订购飞机由其控股的中方股东负责报备。

二、报备内容

报备主要内容包括拟订购飞机的国外制造商、机型、架数、计划交付时间等。有关飞机租赁企业或其中方控股股东对报备内容的真实性、准确性负责。

三、计划报备

每年1月31日前，有关飞机租赁企业或其中方控股股东需填写飞机订购年度计划报备表报我委（基础产业司）；飞机订购年度计划中飞机制造商、机型、架数、交付进度等发生变更的，需填写飞机订购年度计划变更报备表，并于计划变更后1个月内报我委（基础产业司）。飞机订购年度计划报备表及变更报备表表样附后。

四、项目报备

飞机订购合同正式签署后1个月内，有关飞机租赁企业或其中方控股股东需填写飞机订购项目报备表，并将该报备表同飞机订购合同的有关材料等一并报我委（基础产业司）。飞机订购项目报备表表样附后。

上述规定自本通知印发之日起实施。

附件：1. 飞机订购年度计划报备表

2. 飞机订购年度计划变更报备表

3. 飞机订购项目报备表

国家发展改革委

2014年6月4日

国内水路运输管理规定（节录）

2014年1月3日交通运输部发布，根据2015年5月12日交通运输部令2015年第5号交通运输部《关于修改〈国内水路运输管理规定〉的决定》修正

第一章　总　则

第一条　为规范国内水路运输市场管理，维护水路运输经营活动各方当事人的合法权益，促进水路运输事业健康发展，依据《国内水路运输管理条例》制定本规定。

第二条　国内水路运输管理适用本规定。

本规定所称水路运输，是指始发港、挂靠港和目的港均在中华人民共和国管辖的通航水域内使用船舶从事的经营性旅客运输和货物运输。

第三条　水路运输按照经营区域分为沿海运输和内河运输，按照业务种类分为货物运输和旅客运输。

货物运输分为普通货物运输和危险货物运输。危险货物运输分为包装、散装固体和散装液体危险货物运输。散装液体危险货物运输包括液化气体船运输、化学品船运输、成品油船运输和原油船运输。普通货物运输包含拖航。

旅客运输包括普通客船运输、客货船运输和滚装客船运输。

第四条　交通运输部主管全国水路运输管理工作，并按照本规定具体实施有关水路运输管理工作。

县级以上地方人民政府交通运输主管部门主管本行政区域的水路运输管理工作。县级以上地方人民政府负责水路运输管理的部门或者机构（以下统称水路运输管理部门）具体实施水路运输管理工作。

第二章　水路运输经营者

第五条　申请经营水路运输业务，除个人申请经营内河普通货物运输业务外，申请人应当符合下列条件：

（一）具备企业法人资格。

（二）有明确的经营范围，包括经营区域和业务种类。经营水路旅客班轮运输业务的，还应当有班期、班次以及拟停靠的码头安排等可行的航线营运计划。

（三）有符合本规定要求的船舶，且自有船舶运力应当符合附件 1 的要求。

（四）有符合本规定要求的海务、机务管理人员。

（五）有符合本规定要求的与其直接订立劳动合同的高级船员。

（六）有健全的安全管理机构及安全管理人员设置制度、安全管理责任制度、安全监督检查制度、事故应急处置制度、岗位安全操作规程等安全管理制度。

第六条　个人只能申请经营内河普通货物运输业务，并应当符合下列条件：

（一）经工商行政管理部门登记的个体工商户；

（二）有符合本规定要求的船舶，且自有船舶运力不超过 600 总吨；

（三）有安全管理责任制度、安全监督检查制度、事故应急处置制度、岗位安全操作规程等安全管理制度。

第七条　水路运输经营者投入运营的船舶应当符合下列条件：

（一）与水路运输经营者的经营范围相适应。从事旅客运输的，应当使用普通客船、客货船和滚装客船（统称为客船）运输；从事散装液体危险货物运输的，应当使用液化气体船、化学品船、成品油船和原油船（统称为危险品船）运输；从事普通货物运输、包装危险货物运输和散装固体危险货物运输的，可以使用普通货船运输。

（二）持有有效的船舶所有权登记证书、船舶国籍证书、船舶检验证书以及按照相关法律、行政法规规定证明船舶符合安全与防污染和入级检验要求的其他证书。

（三）符合交通运输部关于船型技术标准、船龄以及节能减排的要求。

第八条　除个体工商户外，水路运输经营者应当配备满足下列要求的专职海务、机务管理人员：

（一）海务、机务管理人员数量满足附件 2 的要求；

（二）海务、机务管理人员的从业资历与其经营范围相适应：

1. 经营普通货船运输的，应当具有不低于大副、大管轮的从业资历；

2. 经营客船、危险品船运输的，应当具有船长、轮机长的从业资历。

（三）海务、机务管理人员所具备的业务知识和管理能力与其经营范围相适应，身体条件与其职责要求相适应。

第九条　除个体工商户外，水路运输经营者按照有关规定应当配备的高级船员中，与其直接订立一年以上劳动合同的高级船员的比例应当满足下列要求：

（一）经营普通货船运输的，高级船员的比例不低于 25%；

（二）经营客船、危险品船运输的，高级船员的比例不低于 50%。

第十条　交通运输部具体实施下列水路运输经营许可：

（一）省际客船运输、省际危险品船运输的经营许可；

（二）国务院国有资产监督管理机构履行出资人职责的水路运输企业及其控股公司的经营许可。

省级人民政府水路运输管理部门具体实施省际普通货船运输的经营许可。省内水路运输经营许可的具体权限由省级人民政府交通运输主管部门决定，向社会公布。但个人从事内河省际、省内普通货物运输的经营许可由设区的市级人民政府水路运输管理部门具体实施。

第十一条 申请经营水路运输业务或者变更水路运输经营范围，应当向其所在地设区的市级人民政府水路运输管理部门提交申请书和证明申请人符合本规定要求的相关材料。

第十二条 受理申请的水路运输管理部门不具有许可权限的，当场核实申请材料中的原件与复印件的内容一致后，在5个工作日内提出初步审查意见并将全部申请材料转报至具有许可权限的部门。

第十三条 具有许可权限的部门，对符合条件的，应当在20个工作日内作出许可决定，向申请人颁发《国内水路运输经营许可证》，并向其投入运营的船舶配发《船舶营业运输证》。申请经营水路旅客班轮运输业务的，还应当向申请人颁发该班轮航线运营许可证件。不符合条件的，不予许可，并书面通知申请人不予许可的理由。

《国内水路运输经营许可证》和《船舶营业运输证》应当通过全国水路运政管理信息系统核发，并逐步实现行政许可网上办理。

第十四条 除购置或者光租已取得相应水路运输经营资格的船舶外，水路运输经营者新增客船、危险品船运力，应当经其所在地设区的市级人民政府水路运输管理部门向具有许可权限的部门提出申请。

具有许可权限的部门根据运力运量供求情况对新增运力申请予以审查。根据运力供求情况需要对新增运力予以数量限制时，依据经营者的经营规模、管理水平、安全记录、诚信经营记录等情况，公开竞争择优作出许可决定。

水路运输经营者新增普通货船运力，应当在船舶开工建造后15个工作日内向所在地设区的市级人民政府水路运输管理部门备案。

第十五条 交通运输部在特定的旅客班轮运输和散装液体危险货物运输航线、水域出现运力供大于求状况，可能影响公平竞争和水路运输安全的情形下，可以决定暂停对特定航线、水域的旅客班轮运输和散装液体危险货物运输新增运力许可。

暂停新增运力许可期间，对暂停范围内的新增运力申请不予许可，对申请投入运营的船舶，不予配发《船舶营业运输证》，但暂停决定生效前已取得新增运力批准且已开工建造、购置或者光租的船舶除外。

第十六条 交通运输部对水路运输市场进行监测，分析水路运输市场运力状况，定期公布监测结果。

对特定的旅客班轮运输和散装液体危险货物运输航线、水域暂停新增运力许可的决定，应当依据水路运输市场监测分析结果作出。

采取暂停新增运力许可的运力调控措施，应当符合公开、公平、公正的原则，在开始实施的60日前向社会公告，说明采取措施的理由以及采取措施的范围、期限等事项。

第十七条 《国内水路运输经营许可证》的有效期为5年。《船舶营业运输证》的有效期按照交通运输部的有关规定确定。水路运输经营者应当在证件有效期届满前的30日内向原许可机关提出换证申请。原许可机关应当依照本规定进行审查，符合条件的，予以换发。

第十八条 发生下列情况后，水路运输经营者应当在15个工作日内以书面形式向原许可机关备案，并提供相关证明材料：

（一）法定代表人或者主要股东发生变化；

（二）固定的办公场所发生变化；

（三）海务、机务管理人员发生变化；

（四）与其直接订立一年以上劳动合同的高级船员的比例发生变化；

（五）经营的船舶发生重大以上安全责任事故；

（六）委托的船舶管理企业发生变更或者委托管理协议发生变化。

第十九条 水路运输经营者终止经营的，应当自终止经营之日起 15 个工作日内向原许可机关办理注销手续，交回许可证件。

已取得《船舶营业运输证》的船舶报废、转让或者变更经营者，应当自发生上述情况之日起 15 个工作日内向原许可机关办理《船舶营业运输证》注销、变更手续。

第三章 水路运输经营行为

第二十条 水路运输经营者应当保持相应的经营资质条件，按照《国内水路运输经营许可证》核定的经营范围从事水路运输经营活动。

已取得省际水路运输经营资格的水路运输经营者和船舶，可凭省际水路运输经营资格从事相应种类的省内水路运输，但旅客班轮运输除外。

已取得沿海水路运输经营资格的水路运输经营者和船舶，可在满足航行条件的情况下，凭沿海水路运输经营资格从事相应种类的内河运输。

第二十一条 水路运输经营者不得出租、出借水路运输经营许可证件，或者以其他形式非法转让水路运输经营资格。

第二十二条 从事水路运输的船舶应当随船携带《船舶营业运输证》，不得转让、出租、出借或者涂改。《船舶营业运输证》遗失或者损毁的，应当及时向原配发机关申请补发。

第二十三条 水路运输经营者应该按照《船舶营业运输证》标定的载客定额、载货定额和经营范围从事旅客和货物运输，不得超载。

水路运输经营者使用客货船或者滚装客船载运危险货物时，不得载运旅客，但按照相关规定随船押运货物的人员和滚装车辆的司机除外。

第二十四条 水路运输经营者不得擅自改装客船、危险品船增加载客定额、载货定额或者变更从事散装液体危险货物运输的种类。

第二十五条 水路运输经营者应当使用规范的、符合有关法律法规和交通运输部规定的客票和运输单证。

第二十六条 水路旅客运输业务经营者应当拒绝携带国家规定的危险物品及其他禁止携带的物品的旅客乘船。船舶开航后发现旅客随船携带有危险物品及其他禁止携带的物品的，应当妥善处理，旅客应当予以配合。

第二十七条 水路旅客班轮运输业务经营者应当自取得班轮航线经营许可之日起 60 日内开航，并在开航的 15 日前通过媒体并在该航线停靠的各客运站点的明显位置向社会公布所使用的船舶、班期、班次、票价等信息，同时报原许可机关备案。

旅客班轮应当按照公布的班期、班次运行。变更班期、班次、票价的，水路旅客班轮运输业务经营者应当在变更的 15 日前向社会公布，并报原许可机关备案。停止经营部分或者全部班轮航线的，经营者应当在停止经营的 30 日前向社会公布，并报原许可机关备案。

第二十八条 水路货物班轮运输业务经营者应当在班轮航线开航的 7 日前，向社会公布所使用的船舶以及班期、班次和运价，并报原许可机关备案。

货物班轮运输应当按照公布的班期、班次运行；变更班期、班次、运价或者停止经营部分或者全部班轮航线的，水路货物班轮运输业务经营者应当在变更或者停止经营的 7

日前向社会公布，并报原许可机关备案。

第二十九条　水路旅客运输业务经营者应当以公布的票价销售客票，不得对相同条件的旅客实施不同的票价，不得以搭售、现金返还、加价等不正当方式变相变更公布的票价并获取不正当利益，不得低于客票载明的舱室或者席位等级安排旅客。

第三十条　水路运输经营者从事水路运输经营活动，应当依法经营，诚实守信，禁止以不合理的运价或者其他不正当方式、不规范行为争抢客源、货源及提供运输服务。

水路旅客运输业务经营者为招揽旅客发布信息，必须真实、准确，不得进行虚假宣传，误导旅客，对其在经营活动中知悉的旅客个人信息，应当予以保密。

第三十一条　水路旅客运输业务经营者应当就运输服务中的下列事项，以明示的方式向旅客作出说明或者警示：

（一）不适宜乘坐客船的群体；

（二）正确使用相关设施、设备的方法；

（三）必要的安全防范和应急措施；

（四）未向旅客开放的经营、服务场所和设施、设备；

（五）可能危及旅客人身、财产安全的其他情形。

第三十二条　水路运输经营者应当依照法律、行政法规和国家有关规定，优先运送处置突发事件所需物资、设备、工具、应急救援人员和受到突发事件危害的人员，重点保障紧急、重要的军事运输。

水路运输经营者应当服从交通运输主管部门对关系国计民生物资紧急运输的统一组织协调，按照要求优先、及时运输。

水路运输经营者应当按照交通运输主管部门的要求建立运输保障预案，并建立应急运输、军事运输和紧急运输的运力储备。

第三十三条　水路运输经营者应当按照国家统计规定报送运输经营统计信息。

第四章　外商投资企业和外国籍船舶的特别规定

第三十四条　外商投资企业申请从事水路运输，除满足本规定第五条规定的经营资质条件外，还应当符合下列条件：

（一）拟经营的范围内，国内水路运输经营者无法满足需求；

（二）应当具有经营水路运输业务的良好业绩和运营记录。

第三十五条　具有许可权限的部门可以根据国内水路运输实际情况，决定是否准许外商投资企业经营国内水路运输。

经批准取得水路运输经营许可的外商投资企业外方投资者或者外方投资股比等事项发生变化的，应当报原许可机关批准。原许可机关发现外商投资企业不再符合本规定要求的，应当撤销其水路运输经营资质。

第三十六条　符合下列情形并经交通运输部批准，水路运输经营者可以租用外国籍船舶在中华人民共和国港口之间从事不超过两个连续航次或者期限为30日的临时运输：

（一）没有满足所申请的运输要求的中国籍船舶；

（二）停靠的港口或者水域为对外开放的港口或者水域。

第三十七条　租用外国籍船舶从事临时运输的水路运输经营者，应当向交通运输部提交申请书、运输合同、拟使用的外籍船舶及船舶登记证书、船舶检验证书等相关证书和能够证明符合本规定规定情形的相关材料。申请书应当说明申请事由、承运的货物、运输航次或者期限、停靠港口。

交通运输部应当自受理申请之日起20个工作日内，对申请事项进行审核。对符合规定条件的，作出许可决定并且颁发许可文件；对不符合条件的，不予许可，并书面通知申请人不予许可的理由。

第三十八条 临时从事水路运输的外国籍船舶，应当遵守水路运输管理的有关规定，按照批准的范围和期限进行运输。

第五章 监督检查

第三十九条 交通运输部和水路运输管理部门依照有关法律、法规和本规定对水路运输市场实施监督检查。

第四十条 对水路运输市场实施监督检查，可以采取下列措施：

（一）向水路运输经营者了解情况，要求其提供有关凭证、文件及其他相关材料。

（二）对涉嫌违法的合同、票据、账簿以及其他资料进行查阅、复制。

（三）进入水路运输经营者从事经营活动的场所、船舶实地了解情况。

水路运输经营者应当配合监督检查，如实提供有关凭证、文件及其他相关资料。

第四十一条 水路运输管理部门对水路运输市场依法实施监督检查中知悉的被检查单位的商业秘密和个人信息应当依法保密。

第四十二条 实施现场监督检查的，应当当场记录监督检查的时间、内容、结果，并与被检查单位或者个人共同签署名章。被检查单位或者个人不签署名章的，监督检查人员对不签署的情形及理由应当予以注明。

第四十三条 水路运输管理部门在监督检查中发现水路运输经营者不符合本规定要求的经营资质条件的，应当责令其限期整改，并在整改期限结束后对该经营者整改情况进行复查，并作出整改是否合格的结论。

对运力规模达不到经营资质条件的整改期限最长不超过 6 个月，其他情形的整改期限最长不超过 3 个月。水路运输经营者在整改期间已开工建造但尚未竣工的船舶可以计入自有船舶运力。

第四十四条 水路运输管理部门应当建立健全水路运输市场诚信监督管理机制和服务质量评价体系，建立水路运输经营者诚信档案，记录水路运输经营者及从业人员的诚信信息，定期向社会公布监督检查结果和经营者的诚信档案。

水路运输管理部门应当建立水路运输违法经营行为社会监督机制，公布投诉举报电话、邮箱等，及时处理投诉举报信息。

水路运输管理部门应当将监督检查中发现或者受理投诉举报的经营者违法违规行为及处理情况、安全责任事故情况等记入诚信档案。违法违规情节严重可能影响经营资质条件的，对经营者给予提示性警告。不符合经营资质条件的，按照本规定第四十三条的规定处理。

第四十五条 水路运输管理部门应当与当地海事管理机构建立联系机制，按照《国内水路运输管理条例》的要求，做好《船舶营业运输证》查验处理衔接工作，及时将本行政区域内水路运输经营者的经营资质保持情况通报当地海事管理机构。

海事管理机构应当将有关水路运输船舶重大以上安全事故情况及结论意见及时书面通知该船舶经营者所在地设区的市级人民政府水路运输管理部门。水路运输管理部门应当将其纳入水路运输经营者诚信档案。

第六章 法律责任

第四十六条 水路运输经营者未按照本规定要求配备海务、机务管理人员的，由其所在地县级以上人民政府水路运输管理部门责令改正，处 1 万元以上 3 万元以下的罚款。

第四十七条 水路运输经营者或其船舶在规定期限内，经整改仍不符合本规定要求的经营资质条件的，由其所在地县级以上人民政府水路运输管理部门报原许可机关撤销其经营许可或者船舶营运证件。

第四十八条　从事水路运输经营的船舶超出《船舶营业运输证》核定的经营范围，或者擅自改装客船、危险品船增加《船舶营业运输证》核定的载客定额、载货定额或者变更从事散装液体危险货物运输种类的，按照《国内水路运输管理条例》第三十四条第一款的规定予以处罚。

第四十九条　水路运输经营者违反本规定，有下列行为之一的，由其所在地县级以上人民政府水路运输管理部门责令改正，处2000元以上1万元以下的罚款；一年内累计三次以上违反的，处1万元以上3万元以下的罚款：

（一）未履行备案义务；

（二）未以公布的票价或者变相变更公布的票价销售客票；

（三）进行虚假宣传，误导旅客或者托运人；

（四）以不正当方式或者不规范行为争抢客源、货源及提供运输服务扰乱市场秩序；

（五）使用的运输单证不符合有关规定。

第五十条　水路运输经营者拒绝管理部门根据本规定进行的监督检查或者隐匿有关资料或瞒报、谎报有关情况的，由其所在地县级以上人民政府水路运输管理部门予以警告，并处2000元以上1万元以下的罚款。

第五十一条　违反本规定的其他规定应当进行处罚的，按照《国内水路运输管理条例》执行。

第七章　附　则

第五十二条　本规定下列用语的定义：

（一）自有船舶，是指水路运输经营者将船舶所有权登记为该经营者且归属该经营者的所有权份额不低于51%的船舶。

（二）班轮运输，是指在固定港口之间按照预定的船期向公众提供旅客、货物运输服务的经营活动。

第五十三条　依法设立的水路运输行业组织可以依照法律、行政法规和章程的规定，制定行业经营规范和服务标准，组织开展职业道德教育和业务培训，对其会员的经营行为和服务质量进行自律性管理。

水路运输行业组织可以建立行业诚信监督、约束机制，提高行业诚信水平。对守法经营、诚实信用的会员以及从业人员，可以给予表彰、奖励。

第五十四条　经营内地与香港特别行政区、澳门特别行政区，以及大陆地区与台湾地区之间的水路运输，不适用于本规定。

在香港特别行政区、澳门特别行政区进行船籍登记的船舶临时从事内地港口之间的运输，在台湾地区进行船籍登记的船舶临时从事大陆港口之间的运输，参照适用本规定关于外国籍船舶的有关规定。

第五十五条　载客12人以下的客船运输、乡镇客运渡船运输以及与外界不通航的公园、封闭性风景区内的水上旅客运输不适用本规定。

第五十六条　本规定自2014年3月1日起施行。2008年5月26日交通运输部以交通运输部令2008年第2号公布的《国内水路运输经营资质管理规定》、1987年9月22日交通部以（87）交河字680号文公布、1998年3月6日以交水发〔1998〕107号文修改、2009年6月4日交通运输部以交通运输部令2009年第6号修改的《水路运输管理条例实施细则》、1990年9月28日交通部以交通部令1990年第22号公布、2009年交通运输部令 2009 年第 7 号修改的《水路运输违章处罚规定》同时废止。

附件 1：水路运输经营者自有船舶运力最低限额表（略）

附件 2：海务、机务管理人员最低配额表（人）（略）

天津市国土资源和房屋管理局关于支持融资租赁售后回租回购业务相关政策的通知

津国土房貌整〔2011〕331 号

各有关单位：

根据《关于促进我市租赁业发展的意见》（津政发〔2010〕39 号）精神，为进一步支持我市金融改革创新，推动融资租赁业务蓬勃发展，经研究，现将有关问题通知如下：

自本通知下发之日起，凡融资租赁售后回租回购业务涉及房屋出售和回购的，房地产登记部门凭双方签订的融资租赁合同，办理权属转移登记手续。同时，免除交易手续费。

特此通知。

二〇一一年八月二十四日

北京市汽车租赁管理办法

北京市人民政府令第 243 号

第一条 为规范汽车租赁行为，维护汽车租赁市场秩序，保护汽车租赁各方当事人合法权益，保障社会公共安全，促进汽车租赁业健康发展，根据有关法律、法规，结合本市实际情况，制定本办法。

第二条 本市行政区域内的汽车租赁活动及其监督管理适用本办法。

本办法所称汽车租赁是指经营者在约定时间内将汽车交付承租人使用，收取租赁费用，不配备驾驶人员的经营活动。

第三条 市交通行政主管部门负责本市汽车租赁行政管理工作。远郊区县交通行政主管部门负责本行政区域内的汽车租赁行政管理工作。

市交通行政主管部门的执法机构负责市区的汽车租赁行政执法工作。

公安机关依法负责汽车租赁经营企业的内部治安保卫的监督管理工作，指导、监督企业建立和完善承租人身份查验及登记制度，指导、监督企业落实租赁车辆安装定位装置等治安防范措施。

工商行政管理部门依照职责，依法对汽车租赁活动实施监督管理。

第四条 本市按照统一规划、数量调控、安全服务的原则，促进汽车租赁业规模化、集约化和网络化发展，完善城市交通运输服务功能。

鼓励汽车租赁经营者之间同城和异地合作，开展预约服务、电子商务等业务。鼓励汽车租赁经营者提供汽车租赁共享服务。

第五条 市交通行政主管部门应当会同相关行政主管部门、汽车租赁行业协会制定汽车租赁的经营服务、安全管理等标准，并组织实施。

第六条　市交通行政主管部门应当建立汽车租赁服务和管理信息系统，并与公安、工商行政管理等相关部门共享管理信息，对行业实施信息化管理，为社会公众提供信息服务。

汽车租赁经营者应当配置信息化服务的相关设备设施，并将安全服务信息即时传输至汽车租赁服务和管理信息系统。

第七条　本市对汽车租赁经营者实行年度质量信誉考核制度，对经营者的安全生产、经营行为、服务质量、管理水平和履行社会责任等方面进行综合评价。年度质量信誉考核结果向社会公布。

第八条　本市鼓励汽车租赁业实施行业自律，鼓励汽车租赁行业组织建立健全行业自律制度，规范和指导汽车租赁经营者的经营行为，组织汽车租赁经营者开展诚信建设，提高汽车租赁经营者的服务质量，维护汽车租赁经营者的合法权益，参与汽车租赁管理相关法规、政策、标准的研究制定和宣传贯彻。

第九条　从事汽车租赁经营的，经营者应当在取得企业营业执照之日起 30 日内按照规定向市交通行政主管部门或者远郊区县交通行政主管部门办理备案。

办理备案时，应当提交下列材料：

（一）法人登记证明；

（二）税务登记证明；

（三）经营场所权属证明或者合法租用证明；

（四）企业经营服务和安全管理制度。

经营者提交的材料齐全的，市交通行政主管部门或者远郊区县交通行政主管部门应当出具汽车租赁经营备案证明。

经营者购买车辆后应当向原备案部门办理车辆备案，提交车辆行驶证明和经营设备设施清单。原备案部门对已备案的车辆出具车辆备案证明。

第十条　经营者的备案事项发生变更的，应当在变更之日起 15 日内到原备案部门办理备案变更。

第十一条　本市对租赁小客车实施数量调控措施。租赁小客车年度增长数量由市交通行政主管部门根据本市租赁行业发展目标、交通发展规划和全市小客车数量调控要求统筹确定，并向社会公布。

第十二条　汽车租赁经营者申请租赁小客车新增指标的，应当符合下列条件：

（一）已经按照本办法第九条的规定办理备案；

（二）上一年度质量信誉考核合格；

（三）上一年度在本市依法足额纳税。

新成立的汽车租赁经营者申请租赁小客车新增指标的，不适用前款第二项、第三项的规定。

第十三条　租赁小客车新增指标按照公开、公正的原则无偿分配。指标分配方案由市交通行政主管部门根据租赁行业发展目标、企业质量信誉考核情况制定，在征求汽车租赁行业组织和汽车租赁经营者的意见后确定并实施。指标分配方案和分配结果应当向社会公示。

第十四条　汽车租赁经营者应当遵守下列规定：

（一）在经营场所显著位置明示服务项目、收费标准、车辆保险、租车流程及监督电话；

（二）按照约定的价格收取租赁费用；

（三）按照规定进行车辆检测和维护保养，保证租赁车辆技术性能良好、符合安全行驶条件；

（四）建立并完善救援服务体系，对租赁期间发生故障或者事故的车辆，及时按照约定提供救援服务；

（五）建立租赁经营管理档案和车辆管理档案，并按照规定报送管理数据信息；

（六）建立健全经营服务、安全保卫、消防等管理制度；

（七）国家和本市其他相关规定。

第十五条 用于租赁的车辆应当符合下列要求：

（一）行驶牌证齐全有效且为汽车租赁经营者所有；

（二）已按照国家规定办理相应的保险；

（三）已安装车辆定位装置；

（四）技术性能良好、符合安全行驶条件；

（五）车内配备有效的车用灭火器、故障车警示标志牌和必要的维修工具。

第十六条 汽车租赁双方应当签订书面租赁合同。合同内容应当包括车辆用途、租赁期限、租赁费用及付费方式、车辆交接、担保方式、车辆维护和维修责任、车辆保险、风险承担、违约责任和争议解决方式等条款。

《北京市汽车租赁合同》示范文本由市交通行政主管部门、市工商行政管理部门会同汽车租赁行业组织制定。

第十七条 租赁车辆时，经营者应当核对承租人身份信息，按照规定登记录入服务管理信息系统，并对信息采取保密措施，不得对外泄露。

第十八条 承租人应当遵守下列规定：

（一）提供的相关身份信息合法、真实、有效；

（二）爱护车辆及其附属设施，按照操作规范驾驶车辆；

（三）随车携带承租车辆的相关证件；

（四）不得利用租赁车辆运输国家法律法规禁运、限运物品，以及从事其他违法犯罪活动；

（五）不得将承租车辆进行抵押、变卖或者转租。

第十九条 租赁期间车辆发生交通事故的，承租人和经营企业按照租赁合同的约定承担相应的赔偿责任；租赁合同没有约定的，按照国家有关法律、法规的规定承担相应责任。

第二十条 发现承租人利用租赁车辆从事非法营运等违法活动的，汽车租赁经营者有权拒绝签定或者终止履行租赁合同。

经营者发现承租人利用租赁车辆从事违法犯罪活动的，应当及时向有关部门举报。

第二十一条 汽车租赁经营者有下列情形之一的，年度质量信誉考核不合格：

（一）发生重大生产安全事故，经调查确定为责任事故的；

（二）对治安案件发生负有较大责任，被公安机关依法处理的；

（三）存在重大违法经营行为，被有关部门依法处理的；

（四）经营场所、设备设施、租赁车辆不符合本办法规定，被依法处理后仍不改正的；

（五）经营服务行为不符合本办法规定，被依法处理后仍不改正的。

上一年度质量信誉考核不合格的，相关部门暂缓办理本年度车辆更新指标手续。

第二十二条 市交通执法机构和远郊区县交通行政主管部门应当建立汽车租赁服务质量投诉制度，公开投诉电话、电子邮箱、通信地址等联系方式。

市交通执法机构和远郊区县交通行政主管部门接到投诉或者举报后，应当依法及时处理，并将处理结果向投诉人或者举报人反馈。

第二十三条　违反本办法第九条规定，未办理企业经营备案或者车辆备案从事汽车租赁经营的，由市交通执法机构或者远郊区县交通行政主管部门责令限期办理备案手续；逾期未办理的，处以1万元以上3万元以下罚款。

第二十四条　违反本办法第十条规定，未按照规定办理备案变更的，由市交通执法机构或者远郊区县交通行政主管部门责令限期办理备案变更手续；逾期未办理的，处以5000元以上1万元以下罚款。

第二十五条　违反本办法第十四条第一项、第二项、第三项、第四项、第五项规定之一的，由市交通执法机构或者远郊区县交通行政主管部门给予警告，责令限期改正，并可处以1000元罚款；违反第三项、第四项规定之一，造成严重后果的，处以1000元以上1万元以下罚款。

违反本办法第十四条第六项的规定，汽车租赁经营者未建立经营服务管理制度的，由市交通执法机构或者远郊区县交通行政主管部门给予警告，责令限期改正，并可处以1000元罚款；造成严重后果的，处以1000元以上1万元以下罚款。

违反本办法第十四条第六项的规定，汽车租赁经营者未建立安全保卫管理制度的，由公安机关给予警告，责令限期改正，并可处以1000元罚款；造成严重后果的，处以1000元以上1万元以下罚款。

第二十六条　违反本办法第十五条第三项的规定，汽车租赁经营者未安装车辆定位装置的，由公安机关给予警告，并责令限期改正；逾期未改正的，处以1000元罚款；造成严重后果的，处以1000元以上1万元以下罚款。

第二十七条　违反本办法第十七条规定，经营者未核对承租人身份信息并按照规定登记录入服务管理信息系统的，由公安机关给予警告，并责令改正；拒不改正的，处以1000元罚款。

第二十八条　违反本办法第二十条第一款的规定，汽车租赁经营者明知承租人利用租赁车辆从事非法营运等违法活动但仍签定或者继续履行租赁合同的，依法承担相应责任。

第二十九条　出租9座以上客车的，适用道路运输管理的相关规定。

第三十条　本办法自2012年5月1日起施行。2002年8月21日北京市人民政府第105号令发布，根据2004年6月1日北京市人民政府第150号令修改的《北京市汽车租赁管理办法》同时废止。

二〇一二年三月一日

北京市交通委员会运输管理局
关于严禁汽车租赁企业为非法营运提供便利的通知

京交运发〔2014〕483号

各郊区县交通局、燕山交通管理处，各城近郊区管理处，各汽车租赁企业：

一段时间以来，借助互联网和手机软件预约租车的消息频繁见诸媒体。经核查，其中一些经营者主动与汽车租赁企业洽谈租车事宜，或自行登记注册汽车租赁企业但不按规定备案，同时将各类私家车聚于名下，其目的不是依法从事汽车租赁经营，而是在没有取得合法营运资质情况下，以提供便利租车服务为名从事非法营运活动。

为了依法加强行业管理，维护客运市场运营秩序，现重申有关规定，明确有关要求，请务必认真执行。

一、从事汽车租赁经营必须依法登记注册并按规定申报备案。依据《北京市汽车租赁管理办法》（市政府令2012年第243号），汽车租赁经营者在取得营业执照后，租赁经营车辆在购置和办证后，应当及时向交通行政主管部门申报备案。因此，不申报备案从事汽车租赁经营的，属于违规行为。

二、严禁把私家车辆或其他非租赁企业车辆用于汽车租赁经营。《北京市汽车租赁管理办法》明确规定，用于租赁的车辆应当……为汽车租赁经营者所有。因此，汽车租赁经营车辆应当是经行业管理部门备案在册的车辆，车辆行驶证件注明的车主名称应当是持证的汽车租赁经营者；将私家车辆或其他非租赁企业车辆用于汽车租赁经营的，属于违规行为。

三、租赁车辆不得用于未经许可的出租等行业运营。汽车租赁经营不等同于客运经营，《北京市汽车租赁管理办法》明确规定：汽车租赁是指经营者在约定时间内将汽车交付承租人使用，收取租赁费用，不配备驾驶人员的经营活动。因此，无论是汽车租赁经营者，还是汽车租赁承租人（租用者），在没有取得合法客运经营资质情况下假借汽车租赁名义从事营运活动的，属于违法违规行为。

四、严禁汽车租赁企业为非法营运者提供便利。即日起，各汽车租赁企业在承接和办理租车业务时，除执行既往规定和程序外，另须严格执行以下新的规定和要求：

（一）由承租人明确填写租车用途。租车用途不合法合规的，不得将车辆租予该承租人使用。

（二）向承租人提供书面告知事项；由承租人就告知事项做出承诺并签字。

（三）完整保存承租人身份核实、租车用途、书面告知书的有关资料，并录入企业信息管理系统，形成纸质和电子数据一致的客户和合同档案信息，留存备查。

（四）车辆在租期间，汽车租赁企业发现或经管理部门告知，该车辆用途不合法合规的，应当依据《北京市汽车租赁管理办法》第二十条规定，终止履行合同，收回在租车辆，1年内不受理该承租人的租车业务。

（五）汽车租赁企业不得为承租人提供驾驶劳务，不得为其他经营业户代开发票，不得为假借汽车租赁名义从事非法营运者提供或变相提供各种便利条件。

各区县行业管理部门，要督导辖区汽车租赁企业，认真落实以上规定要求，加强日常监管；对违反规定者要依法处置，并在年度质量信誉考核和指标配置方面做出相应处理。

特此通知。

北京市交通委员会运输管理局

2014年8月12日

上海市财政局、上海市经济和信息化委员会、上海市商务委员会关于本市开展中小微企业融资租赁担保试点工作的通知

沪财企〔2013〕14号

各区（县）财政局、经委、商务委、各有关单位：

为贯彻落实国务院《关于进一步促进中小企业发展的若干意见》（国发〔2009〕36号）

和《关于进一步支持小型微型企业健康发展的意见》（国发〔2012〕14号）精神，进一步发挥融资租赁功能作用，缓解本市中小微企业融资困难，经研究，现在本市开展中小微企业融资租赁担保试点工作，并将有关事项通知如下：

一、指导思想

以科学发展观为指导，深入贯彻落实国务院支持和促进中小企业发展有关精神，充分发挥融资租赁在解决中小微企业融资难方面的积极作用，通过建立融资租赁公司、商业银行、政策性担保机构、设备制造企业的战略合作联盟，将金融、生产、贸易三者紧密结合，使银行信用、商业信用、消费信用有效叠加，推动融资租赁业务模式成为解决中小微企业融资难问题的一项重要途径。

二、基本原则

（一）市场主导、政府引导

充分发挥市场在配置资源中的基础性作用，政府各有关部门积极做好中小微企业融资租赁担保的引导和监管工作。

（二）自主选择、自主决策

中小微企业（承租人）自愿选择是否申请融资租赁担保。租赁公司自主决定是否为中小微企业（承租人）提供融资租赁。专业担保机构依据其内部评审制度和决策程序，自主决定是否为中小微企业（承租人）提供融资担保。

（三）先予偿付、再行追偿

承租期内，如中小微企业（承租人）未按照租赁合同的约定按期支付租赁费，承担保证责任的专业担保机构应当先行按照担保合同的约定及时进行偿付，再向中小微企业（承租人）进行追偿。

三、试点的业务品种和时间

本通知所称的中小微企业融资租赁担保，是指专业担保机构为中小微企业（承租人）履行融资租赁合同提供的保证担保。中小微企业（承租人）可以自愿选择是否申请融资租赁担保为融资租赁项目履约进行担保。

试点时间为2013年4月1日起至2014年12月31日。

四、试点单位范围

为保障试点质量，本市目前暂由中国投资担保有限公司上海分公司、上海再担保有限公司、上海联合融资担保有限公司等三家从事政策性担保业务的机构作为本次试点的专业担保机构，并由试点担保公司在相关行业协会推荐的基础上，择优选择一批经营管理规范、具备一定实力规模，可以为中小微企业提供良好服务的融资租赁公司建立业务合作关系。

五、工作要求

1. 建章立制，规范经营。试点融资租赁公司应设计符合中小微企业需求的业务模式，建立健全风险资产分类管理制度，建立承租人信用评估制度、事后追偿和处置制度、风险预警机制和突发事件应急机制，不得以融资租赁为名，变相从事借贷业务。试点专业担保机构应制定融资租赁担保业务工作规程（包括申请条件、操作流程等），遵守《融资性担保公司管理暂行办法》，规范经营，符合行业监管要求。

2. 操作便利，提高效率。试点融资租赁公司和专业担保机构应当建立满足中小微企业融资快捷需要的便利通道，平等对待所有参与企业，对符合申请条件的企业，不得以任何理由设置障碍。

3. 围绕产业，聚焦重点。试点融资租赁公司和专业担保机构应当根据上海“创新驱动、转型发展”战略方向，重点支持处于成长期的科技型、创业型、吸纳就业型、节能环保型和战略性新兴产业、现代服务业领域的具有专、精、特、新特点的中小微企业发展。各区（县）中小企业服务中心、相关行业协会可积极向试点融资租赁公司、试点专业担保机构推荐符合条件、有融资租赁业务需求的中小微企业。

4. 加强跟踪，控制风险。试点融资租赁公司应当与承租人建立租赁期间相关信息的交换机制，充分考虑和评估承租人持续支付租金的能力，并加强对承租人的监督，共同维护双方的合法权益。试点专业担保机构要建立相应网络跟踪服务平台，切实做好融资租赁项目履约情况的跟踪服务。各试点单位要定期向市财政局及相关部门报告试点业务开展情况并反映遇到的问题，及时总结经验。

5. 优惠费率，服务企业。在平等协商的基础上确定融资租赁费率和担保费率。年担保费率一般为 0.8%—1.2%，试点融资租赁公司项目内部收益率原则上不高于 10%。

六、监督检查

市财政局、市经济信息化委、市商务委应加强对试点各方当事人落实方案要求情况的监督检查，对不按规范要求开展试点工作的相关当事人督促改正，并根据情节给予相应处理。专业担保机构、融资租赁公司和中小微企业（承租人）发生纠纷的，按有关法律处理。

七、其他事项

市财政局、市经济信息化委、市商务委应根据本次试点工作进展情况，适时研究部署后续试点或推广工作，形成促进中小微企业融资租赁担保工作的长期稳定政策和常态工作机制。

各相关部门应按照本通知要求，积极组织开展中小微企业融资租赁担保业务试点工作。试点期间如有问题，及时向市财政局、市经济信息化委、市商务委反映。

附件：中小微企业融资租赁担保业务试点方案

上海市财政局
上海市经济和信息化委员会
上海市商务委员会
2013 年 3 月 1 日

附件

中小微企业融资租赁担保业务试点方案

为积极发挥融资租赁对解决本市中小微企业融资难问题的促进作用，进一步发挥融资租赁功能作用，根据国务院《关于进一步支持小型微型企业健康发展的意见》（国发〔2012〕14 号）的有关精神，现在本市开展中小微企业融资租赁担保试点工作。为规范有关操作程序，特制订本试点方案。

一、中小微企业融资租赁担保

本试点方案所称的中小微企业融资租赁担保，是将信用担保作为政策工具引入融资租赁领域，由担保机构为中小微企业（承租人）履行融资租赁合同提供的保证担保。

二、基本原则

——市场主导、政府引导。充分发挥市场在配置资源中的基础性作用，政府各有关部门积极做好中小微企业融资租赁担保的引导和监管工作。

——自主选择、自主决策。中小微企业（承租人）自愿选择是否申请融资租赁担保。租赁公司自主决定是否为中小微企业（承租人）提供融资租赁。专业担保机构依据其内部评审制度和决策程序，自主决定是否为中小微企业（承租人）提供融资担保。

——先予偿付、再行追偿。承租期内，如中小微企业（承租人）未按照租赁合同的约定按期支付租赁费，承担保证责任的专业担保机构应当先行按照担保合同的约定及时进行偿付，再向中小微企业（承租人）进行追偿。

三、适用范围与运作方式

（一）适用范围

1. 试点担保机构（以下简称"担保机构"）：试点期间，本市暂由中国投资担保有限公司上海分公司、上海再担保有限公司、上海联合融资担保有限公司等三家从事政策性担保业务的机构作为试点专业担保机构。

2. 试点融资租赁公司（以下简称"租赁公司"）：申请参与本试点方案的租赁公司应符合以下基本条件：

（1）注册资本金在2亿元人民币以上，且中小企业融资租赁业务达到一定规模；

（2）在上海市融资租赁行业中具有良好的信誉，近三年内未受过财税、工商等部门行政处罚；

（3）拥有较为优秀的管理团队、健全的内部管理制度和良好风险控制能力；

（4）承诺对符合融资租赁担保条件的中小微企业的实行优惠费率，项目内部收益率原则上不高于10%。

符合上述基本条件的融资租赁公司可向上海市现代服务业联合会提出申请，由上海市现代服务业联合会会同相关行业协会向试点担保机构提出推荐意见，由试点担保机构择优选择试点融资租赁公司并签订合作协议。

3. 中小微企业：申请中小微企业融资租赁担保业务的企业，需符合下列条件：

（1）在本市注册，具有独立法人资格，并符合工信部、财政部等部门《关于印发中小企业划分标准规定的通知》（工信部联企业〔2011〕年300号）关于中小微企业的相关规定；

（2）企业财务状况、银行信用记录良好并同意将其资信纳入本市的信用联合征集系统；

（3）需按规定的要求提供反担保措施。

中小微企业融资租赁担保业务重点支持符合国家及本市产业政策导向的中小微企业，特别是处于成长期的科技型、创业型、吸纳就业型、节能环保型和战略性新兴产业、现代服务业领域的具有专、精、特、新特点的中小微企业。

（二）运作方式

有设备租赁需求的本市中小微企业，在通过租赁公司、担保机构的评审后，可以融资租赁的方式获得所需要设备等固定资产的使用权。承租企业按照租赁合同的约定，按期支付租赁费，担保机构为承租企业提供履约担保。承租期满后，按照合同约定确定租赁设备的所有权。承租期内，如承租企业未按照租赁合同的约定按期支付租赁费，担保机构需按合同约定进行代偿。

四、操作流程

（一）融资租赁申请。中小微企业（承租人）向租赁公司提出业务需求。

（二）项目筛选。租赁公司进行项目的前期调查和筛选。

（三）项目审查。租赁公司、担保机构分别进行审查。

（四）签订融资租赁合同。租赁公司与中小微企业（承租人）签订融资租赁合同。

（五）提供担保。担保机构为中小微企业（承租人）提供履约担保，中小微企业（承租人）和租赁公司按规定向担保机构提供反担保措施（含设备抵押反担保）。

（六）交付设备。租赁公司与设备供应商签订设备购买合同，设备供应商将设备交于中小微企业（承租人），并与中小微企业（承租人）签订售后维修合同。

（七）支付租金。中小微企业（承租人）按融资租赁合同约定向租赁公司支付租赁费。租金支付完毕后，按照合同约定确定租赁设备的所有权，合同结束。

（八）违约代偿。承租期内，如中小微企业（承租人）未按照租赁合同的约定按期支付租赁费，担保机构应先行按担保合同约定进行代偿，再向中小微企业（承租人）进行追偿。租赁公司应配合担保机构，向中小微企业（承租人）收回所租设备，并对收回设备进行处置变现。

五、优惠费率

为降低企业的融资成本，试点担保机构按照 0.8%—1.2% 的年费率收取保费；试点融资租赁公司项目内部收益率原则上不高于 10%。

六、风险控制与承担

（一）风险分担机制。按照现行政策性中小企业融资担保业务相关规定，担保机构对中小微企业（承租人）应付租赁费提供 85% 的信用担保，租赁公司承担 15% 的风险责任。担保机构开展此项业务所发生担保代偿损失，原则上参照目前本市政策性中小企业融资担保业务相关规定，由市、区（县）两级财政设立的中小企业融资担保专项资金共同承担。

（二）担保额度。为单个企业提供担保的金额最高不超过 1000 万元人民币。对担保金额在 200 万元以下的小型、微型企业融资租赁项目，将优先予以支持。

（三）担保期限。为单个企业提供担保的期限原则上不超过三年。

天津市滨海新区食品药品监督管理局
关于新区医疗设备租赁企业办理《医疗器械经营企业许可证》
有关事项的通知

津滨食药监审〔2013〕406 号

各分局：

为进一步规范医疗器械租赁经营企业的许可审批工作，根据国家食品药品监督管理局《医疗器械经营企业许可证管理办法》（局令 15 号）、《关于租赁医疗器械有关问题的批复》（国食药监市〔2004〕120 号）、《关于融资租赁医疗器械监管问题的答复意见》（国食药监〔2005〕250 号）和《天津市医疗器械经营企业许可证管理办法》，结合滨海新区医疗器械租赁、融资租赁行业特点，在东疆管委会辖区医疗器械租赁、融资租赁企业试点办理《医疗器械经营许可证》取得成效的基础上，按照市局的要求，现将滨海新区辖区内办理医疗器械租赁经营许可有关事项通知如下：

一、申请医疗器械租赁经营许可的企业包括：由银监委批准设立的“金融租赁”公司、由商务部批准设立的“融资租赁”公司、经营性租赁公司。

二、对于融资租赁企业，在资料审查中，除了按照《天津市医疗器械经营企业许可证管理办法》相关要求须提交的资料外，还应当提交“金融许可证”或“外商投资企业批准证书”复印件；不能提供的，不予受理。对于已经工商部门注册的经营性租赁企业，可审查“企业法人营业执照”中“经营范围”是否含有“租赁”的内容。

三、拟申办医疗器械租赁经营企业申请《医疗器械经营许可证》原则上按照《天津市医疗器械经营企业许可证管理办法》的规定执行，但在经营、仓储面积等方面，可根据租赁经营的特点，对部分检查项目作为合理缺项处理。

（一）经营场所面积应不低于60平方米。

（二）人员条件：

1. 质量管理应至少配备一名具有本科以上学历、熟悉租赁产品特点和用途并熟知医疗器械相关法规的专业技术人员。

2. 申办经营性租赁公司还应配备从事医疗器械设备安装、维修、培训的技术人员。具体条件按照《天津市医疗器械经营企业许可证管理办法》相关规定进行审查。

（三）相关设施设备：由于融资租赁一般适用于按固定资产管理的医疗设备，故此类企业可以不单独设立仓库。经营性租赁公司专营医疗器械软件或大型医疗器械设备的企业，也可以不单独设立医疗器械仓库。

（四）对兼营其他类医疗器械的，应当按照《天津市医疗器械经营企业许可证管理办法》相关规定进行审查。

（五）按照《天津市医疗器械经营企业许可证管理办法》要求制定质量管理制度及其相应程序并与融资租赁或经营性租赁业务相适应。

四、在《医疗器械经营企业许可证》的"经营范围"中，应当注明"仅限租赁经营：******"字样；对于申请融资租赁的，统一描述为"仅限融资租赁适用于固定资产管理的（二、三类）医用设备"。

五、医疗器械租赁经营企业的日常监管由各分局负责，每年不少于一次现场或书面检查。若发现企业有涉嫌违法、违规行为，应按照相关法律法规及时查处。

2013年10月28日

天津市食品药品监督管理局
关于《医疗器械经营企业许可证》审批事项的补充通知

津食药监流通〔2014〕77号

各分局、滨海新区局：

随着我市经济建设的发展，医疗器械融资租赁作为一种新的医疗器械经营模式应运而生。为进一步规范医疗器械融资租赁审批工作，根据原国家食品药品监督管理局《医疗器械经营企业许可证管理办法》（局令15号）、《关于融资租赁医疗器械监管问题的答复意见》（国食药监市〔2005〕250号），结合融资租赁的行业特点和本市实际，现就其审批的有关事项明确如下：

一、相关主体

（一）申请主体：具有融资租赁资质的企业可以申请医疗器械融资租赁许可。

（二）审批主体：天津市食品药品监督管理局负责受理审批医疗器械融资租赁许可事项。

二、资料审查

对于融资租赁企业申请医疗器械融资租赁许可的，除须按照医疗器械经营企业许可要求提交有关资料外，还应当提交融资租赁的企业资质证明文件（复印件），否则将不予受理；法律法规另有规定的从其规定。

融资租赁企业申请医疗器械融资租赁许可时，应承诺"对采购的医疗器械质量负责"，并提交相应承诺的书面材料。

三、验收标准

对申请医疗器械融资租赁的企业的验收标准原则上按照《天津市医疗器械经营企业检查验收标准》的规定执行，但在质量管理机构与人员、设施设备和质量管理文件等方面，可以根据融资租赁的特点对部分检查项目作为合理缺陷处理。

（一）质量管理人员：申请医疗器械融资租赁的企业应配备具有医疗器械相关专业，熟悉国家有关医疗器械管理的法规、规章的质量管理人员。

（二）相关设施设备：申请医疗器械融资租赁的企业应具有固定的场所和与医疗器械融资租赁活动相适应的设施设备，可以不单独设立仓库。

（三）质量管理文件：申请医疗器械融资租赁的企业的质量管理文件可以不受验收标准中规定的款项所限，但要审查其是否与其经营实际相适应，能否对融资租赁的医疗器械实施全程可追溯。其质量管理文件至少要包括质量管理人员的质量职责；采购、进货验收管理制度；不合格医疗器械管理制度；质量跟踪、溯源制度；质量事故报告、投诉制度等以及上述制度需要的管理记录。

四、涉及许可的其他事项

（一）医疗器械融资租赁的《医疗器械经营企业许可证》的有效期为 5 年，从发证之日起计算。

（二）医疗器械融资租赁的《医疗器械经营企业许可证》的“经营范围”描述除应执行《国家食品药品监督管理局器械司关于医疗器械经营企业许可证管理有关问题的通知》（食药监械函〔2013〕4 号）的相关规定外，还应加注括弧并在括弧内统一加注：“仅限融资租赁大型医用设备”。

五、日常监管

对医疗器械融资租赁的企业的日常监管由企业所在地区县食品药品监管部门负责，每年进行不少于 1 次现场或书面检查；若发现企业存在涉嫌违法、违规经营医疗器械的行为，应及时依法查处并将该行为及对该行为的处理情况抄报市局。

本通知自印发之日起执行。

2014 年 3 月 10 日

山东省人民政府办公厅关于贯彻国办发〔2013〕108 号文件加快我省飞机租赁业发展的意见

鲁政办发〔2014〕16 号

各市人民政府，各县（市、区）人民政府，省政府各部门、各直属机构，各大企业，各高等院校：

加快发展飞机租赁业，对于扩大航空公司运力规模、提升航空服务能力、推动飞机制造业转型升级以及优化金融资源配置具有重要意义。为贯彻落实《国务院办公厅关于加快飞机租赁业发展的意见》（国办发〔2013〕108 号）精神，进一步提升航空服务能力，优化资源配置，经省政府同意，现结合我省实际，就加快飞机租赁业发展提出以下意见：

一、积极发展飞机租赁公司。引进国内外有实力的飞机租赁公司到我省设立分公司，或与我省有关企业成立股份制飞机租赁公司。推动航空运输企业、飞机制造企业、金融机构、有关企业成立股份制飞机租赁公司。积极引进开展飞机租赁业务的外商投资融资租赁企业，对符合引进重大利用外资奖励政策项目的单位给予奖励。各级、各部门要在公司核准注册、税收、进出口配额、中介服务等方面给予大力支持。

二、飞机租赁企业可直接订购进口飞机。有关部门按照职能分工，依照有关规定对飞机租赁企业订购和进口国外飞机进行独立审查并办理相关手续。

三、落实财税政策。根据《财政部国家税务总局关于将铁路运输和邮政业纳入营业税改征增值税试点的通知》(财税〔2013〕106号)，租赁企业一般贸易项下进口飞机并租给国内航空公司使用，符合“有形动产租赁服务”中“有形动产经营性租赁”税目，属于营业税改征增值税试点范围。自2013年8月1日起，飞机租赁企业订购进口飞机可凭取得的进口环节增值税抵扣凭证申请抵扣增值税进项税额。2013年8月1日前购进的进口飞机提供的经营租赁服务，试点期间可以选择按照简易计税方法计算缴纳增值税。

积极做好支持飞机租赁业发展的相关财税工作。省财政部门要积极落实国办发〔2013〕108号文件关于“租赁企业一般贸易项下进口飞机并租给国内航空公司使用的，享受与航空公司进口飞机同等税收优惠政策。暂定五年内免征飞机租赁企业购机环节购销合同印花税”的税收优惠政策。

四、搞好金融服务。鼓励各金融机构根据飞机租赁业特点和企业资金运转周期，按照风险可控和商业可持续的原则，加强金融产品和服务方式创新，为飞机租赁企业生产经营提供融资、结算、理财、咨询等综合性金融服务。支持符合条件的飞机租赁企业拓宽融资渠道，通过发行金融债券、企业债券、短期融资券、中期票据以及资产证券化等措施筹措资金。支持符合条件的飞机租赁企业上市、挂牌。鼓励股权投资基金、创业投资基金等进入飞机租赁业，加快飞机租赁业发展。飞机租赁企业应及时投保飞机及航空保险，有效防范意外风险，促进飞机租赁行业健康平稳发展。

五、加强风险防控。飞机租赁公司订购飞机，必须确保飞机满足营运人所在国民航当局对飞机的适航性要求。飞机租赁公司须具备一定数量的熟知适航法规和维修制造经验的民航专业人员，以保证航空器租赁业务顺利开展。飞机租赁公司订购使用过的飞机，航空专业人员应熟知飞机的持续适航规章，并能鉴定飞机性能，确保飞机能够“保质保价”地交付使用。

飞机租赁公司必须具备一定数量的安全专业人员，对飞机运行风险、航空公司运行风险和安全绩效进行评估，控制租赁公司的投资风险。

六、完善配套专业服务。推动建立融资租赁行业协会，搭建飞机租赁企业之间沟通交流的平台，在信息、资金、人才、法律、会计、保险等方面进行有效地交流与合作，促进飞机租赁业健康快速发展。加快建立和拓展飞机交易市场，逐步扩大飞机租赁业务。

七、大力发展支线航空运输和通用航空业。鼓励飞机租赁企业租赁国产飞机，开展城际支线航空运输；在符合低空飞行的机场，联合金融机构、飞机制造企业，组成股份制公司，形成城际航空飞行航线，充分利用低空空域资源，积极发展通用航空业务，促进航空运输和通用航空协调发展。

山东省人民政府办公厅

2014年3月27日

第三编

租赁税收

第7章　综合类

财政部、海关总署、国家税务总局关于在天津市开展融资租赁船舶出口退税试点的通知

财税〔2010〕24号

天津市财政局、国家税务局，天津海关：

经国务院批准，对融资租赁企业经营的所有权转移给境外企业的融资租赁船舶出口，在天津市实行为期1年的出口退税试点。现将有关事项通知如下：

一、本通知所称“融资租赁”是指，出租人根据承租人对租赁物和供货人的选择或认可，将其从供货人上取得的租赁船舶按合同约定出租给承租人占有、使用，向承租人收取租金的交易活动。

二、本通知所称“融资租赁企业”是指，在天津市辖区内登记注册并属于中国银行业监督管理委员会批准设立的金融租赁公司、商务部批准设立的外商投资融资租赁公司、商务部和国家税务总局共同批准开展融资业务试点的内资融资租赁企业。

三、本通知所称《融资租赁合同》是指，出租人根据承租人对出卖人、租赁物的选择，向出卖人购买租赁物，提供给承租人使用，承租人支付租金的合同。

四、本通知所称“所有权转移给境外企业的融资租赁船舶出口”是指：

（一）先期留购方式，即：在已经签订的《融资租赁合同》中明确约定承租人对该租赁船舶在承租期满后已经选择了留购方式。

（二）后期留购方式，即，在已签订的《融资租赁合同》中并未对租赁船舶是否留购进行选择。但是，在融资租赁期满时承租人对该租赁船舶选择了留购方式的交易行为。

五、融资租赁企业从事融资租赁船舶出口，在天津海关报关出口时，在《海关出口货物报关单》上填写“租赁货物（1523）”。

六、融资租赁出口的租赁船舶实行增值税“免退税”办法，即：该出口租赁船舶的出口销项免征增值税，其购进的进项税款予以退税。涉及消费税的应税消费品，已征税款予以退还。

七、退税办法

（一）对采取先期留购方式的融资租赁船舶出口业务，实行分批退税。即，按照租赁合同规定的收取租赁船舶租金的进度分批退税。

1. 融资租赁出口企业凭购进租赁船舶的《增值税专用发票》、《海关出口货物报关单（出口退税专用）》、与承租人签订的《融资租赁合同》、收取租金开具的发票以及承租企业支付租金的外汇汇款收账通知，到当地主管退税的国家税务机关办理退税。具体退税计算公式为：

当期应退税款＝应退税款总额 ÷ 该租赁船舶的租金总额 × 本次收取租金的金额

应退税款总额＝购入该租赁船舶增值税专用发票上注明的不含税金额 × 该租赁船舶的适用增值税退税率＋购入该租赁船舶增值税专用发票上注明的不含税金额（或出口数量）× 适用消费税税率（或单位税额）

2. 对承租期未满而发生退租的，由国家税务局追缴已退税款，同时按当期活期存款

收取利息。

3. 租赁期满后，融资租赁企业应持融资租赁企业开具的该租赁船舶的《销售专用发票》、《所有权转移证书》、海事局出具的该租赁船舶的过户手续，及以税务部门要求出具的其他要件，在当地税务机关结清应退税款，办理核销手续。

（二）对采取后期留购方式的融资租赁船舶出口业务，实行租赁船舶在所有权真正转移时予以一次性退税。

融资租赁出口企业凭购进租赁船舶的《增值税专用发票》、《海关出口货物报关单（出口退税专用）》、与承租人签订的《融资租赁合同》、融资租赁企业开具的该租赁船舶的《销售发票》、《所有权转移证书》、海事局出具的该租赁船舶的过户手续，以及税务部门要求出具的其他要件，在当地税务机关办理退税手续。

增值税应退税款计算公式为：

应退税款 = 购入该租赁船舶增值税专用发票上注明的不含税金额 × 该租赁船舶的适用增值税退税率

消费税应退税计算公式为：

应退消费税税额 = 购入该租赁船舶增值税专用发票上注明的不含税金额 × 适用消费税税率

八、对采取后期留购方式的，在租借期间发生租赁船舶归还进口的，海关不征收进口关税和进口环节税。

九、对非留购的融资租赁出口租赁船舶出口不退税，无论在租赁期满之前，还是期满之后，发生租赁船舶归还进口，海关不征收进口关税和进口环节税。

十、融资租赁船舶出口退税的具体管理办法由国家税务总局另行制定；进口税收的具体管理办法由海关总署另行制定。

十一、本通知自 2010 年 4 月 1 日起施行。具体以《海关出口货物报关单（出口退税专用）》上注明的出口日期为准。

十二、有关部门要密切关注试点情况，发现问题应及时反馈上级部门，并提出解决问题的建议。

特此通知。

财政部
海关总署
国家税务总局
二〇一〇年三月三十日

国家税务总局关于印发《融资租赁船舶出口退税管理办法》的通知

国税发〔2010〕52 号

天津市国家税务局：

为开展融资租赁船舶出口退税试点工作，根据《财政部、海关总署、国家税务总局关于在天津市开展融资租赁船舶出口退税试点的通知》（财税〔2010〕24 号），税务总局制定了《融资租赁船舶出口退税管理办法》，现印发你局，请遵照执行。

你局要做好政策的宣传辅导工作，并及时向税务总局（货物和劳务税司）反馈试点工作中的问题。

附件：融资租赁出口船舶分批退税申报表

国家税务总局

二〇一〇年五月十八日

附件

融资租赁船舶出口退税管理办法

第一章　总　则

第一条　根据《财政部、海关总署、国家税务总局关于在天津市开展融资租赁船舶出口退税试点的通知》（财税〔2010〕24号）的规定，制定本办法。

第二条　主管融资租赁船舶出口企业的国家税务局负责融资租赁船舶出口退税的认定、审核、审批及核销等管理工作。

第三条　融资租赁船舶享受出口退税的范围、条件和具体计算办法按照财税〔2010〕24号文件相关规定执行。

第二章 认定管理

第四条　从事融资租赁船舶出口的企业，应在首份《融资租赁合同》签订之日起30日内，除提供办理出口退（免）税认定所需要的资料外，还应持以下资料办理融资租赁出口船舶退税认定手续：

（一）从事融资租赁业务资质证明；

（二）融资租赁合同（有法律效力的中文版）；

（三）税务机关要求提供的其他资料。

第五条　开展融资租赁船舶出口的企业发生解散、破产、撤销以及其他依法应终止业务的，应持相关证件、资料向其主管退税的税务机关办理注销认定手续。已办理融资租赁船舶出口退税认定的企业，其认定内容发生变化的，须自有关管理机关批准变更之日起30日内，持相关证件、资料向其主管退税税务机关办理变更认定手续。

第三章　申报、审核及核销管理

第六条　采取先期留购方式的，融资租赁企业应于每季度终了的15日内按季单独申报退税；采取后期留购方式的，融资租赁企业应于船舶过户手续办理完结之日起90日内一次性单独申报退税。不同《融资租赁合同》项下的租赁船舶应分开独立申报。

第七条　融资租赁出口船舶企业申报退税时，需使用国家税务总局下发的出口退税申报系统，报送有关出口货物退（免）税申报表。

第八条　采取先期留购方式分批退税的，融资租赁企业首批申报《融资租赁合同》项下出口船舶退税时，除报送有关出口货物退（免）税申报表以外，还应报送《融资租赁出口船舶分批退税申报表》（见附件），从第二批申报开始，只报送《融资租赁出口船舶分批退税申报表》，同时附送以下资料：

（一）首批申报

1.《出口货物报关单》（出口退税专用）；

2. 增值税专用发票（抵扣联）；

3. 消费税税收（出口货物专用）缴款书（出口消费税应税船舶提供）；

4. 与境外承租人签订的《融资租赁合同》；

5. 收取租金时开具的发票；

6. 承租企业支付外汇汇款收账通知；

7. 税务机关要求提供的其他资料。

（二）第二批及以后批次申报

1. 收取租金时开具的发票；

2. 承租企业支付外汇汇款收账通知；

3. 税务机关要求提供的其他资料。

第九条 采取后期留购方式一次性退税的，附送以下资料：

（一）《出口货物报关单》（出口退税专用）；

（二）增值税专用发票（抵扣联）；

（三）消费税税收（出口货物专用）缴款书（出口消费税应税船舶提供）；

（四）与境外承租人签订的《融资租赁合同》；

（五）融资租赁企业开具的该租赁船舶的销售发票；

（六）所有权转移证书以及海事局出具的该租赁船舶的过户手续；

（七）税务机关要求提供的其他资料。

第十条 对属于增值税一般纳税人的融资租赁船舶出口企业，主管退税税务机关须在增值税专用发票稽核信息核对无误的情况下，办理退税。对非增值税一般纳税人的融资租赁船舶出口企业，主管退税税务机关须进行发函调查，在确认发票真实、发票所列船舶已按照规定申报纳税后，方可办理退税。

第十一条 主管退税税务机关应通过出口退税审核系统受理企业申报，并按照财税〔2010〕24号中规定的计算方法审核、审批融资租赁出口船舶退税。

第十二条 凡采取先期留购方式实行分批退税的，租赁期满后，融资租赁企业于90日内，持以下资料向主管退税税务机关办理退税核销手续：

（一）开具的租赁船舶销售发票；

（二）所有权转移证书以及海事局出具的该租赁船舶的过户手续；

（三）税务机关要求提供的其他资料。

第十三条 对于逾期未办理退税核销手续以及核销资料不齐备的，主管退税的税务机关应追缴已退税款。

第十四条 对承租期未满而发生退租的，主管税务机关应追缴已退税款，同时按当期活期存款利率收取利息。收取利息的计息期间由税款退付转讫之日起到补缴税款入库之日止。

第四章 附 则

第十五条 对融资租赁船舶出口企业采取假冒退税资格、伪造《融资租赁合同》、提供虚假退税申报资料等手段骗取退税款的，按照现行有关法律、法规处理。

第十六条 本办法由国家税务总局负责解释。

第十七条 本办法从2010年4月1日起执行。

国家税务总局
关于融资租赁项下固定资产加速折旧政策的答复意见

发布时间：2010年5月20日

问：财政部、国家税务总局文件1996年4月7日财工字〔96〕41号文《关于促进企业技术进步有关财务税收问题的通知》第 4 条第（3）款规定，“企业技术改造采取融资租赁方法租入机械设备，折旧年限可按租赁期限和国家规定折旧年限孰短的原则确定，但最短折旧年限不短于三年。”但是，现在有的地方引用国家税务总局 2000 年 5 月 6 日国税发〔2000〕84 号文《企业所得税税前扣除办法》第 26 条关于“对促进科技进步、环境保护和国家鼓励投资的关键设备，以及常年处于震动、超强度使用或受酸、碱等强烈腐蚀状态的机器设备，确需缩短折旧年限或采取加速折旧方法的，由纳税人提出申请，经当地主管税务机关审核后，逐级报国家税务总局批准”的规定，认为企业技术改造采取融资租赁方法租入机械设备，依据财工字〔96〕41 号文进行加速折旧时，同样需要由纳税人提出申请，经当地主管税务机关审核后，逐级报国家税务总局批准。这样的理解对吗？在有了国税发〔2000〕84 号文之后，财工字〔96〕41 号文还有效吗？

答：财工字〔96〕41 号文未被废止，仍然有效。国税发〔2000〕84 号文条的规定不适用于财工字〔96〕41 号文第 4 条第（3）款的规定。事实上，国税发〔2000〕84 号文的第 26 条本身已经被国家税务总局 2003 年 10 月 13 日国税发〔2003〕113 号文《国家税务总局关于下放管理的固定资产加速折旧审批项目后续管理工作的通知》第三条“固定资产加速折旧的审核管理”的以下规定所修正：“（一）省一级税务机关可根据社会经济发展和科技进步等情况，对本通知第一条第（一）和第（二）款进一步细化标准并适时调整。（二）企业对符合上述条件的固定资产可在申报纳税时自主选择采用加速折旧的办法，同时报主管税务机关备案。”

问：国税发〔2003〕113 号文规定，“一、允许实行加速折旧的企业或固定资产：（一）对在国民经济中具有重要地位、技术进步快的电子生产企业、船舶工业企业、生产“母机”的机械企业、飞机制造企业、化工生产企业、医药生产企业的机器设备；（二）对促进科技进步、环境保护和国家鼓励投资项目的关键设备，以及常年处于震动、超强度使用或受酸、碱等强烈腐蚀的机器设备；（三）证券公司电子类设备；（四）集成电路生产企业的生产性设备；（五）外购的达到固定资产标准或构成无形资产的软件。二、固定资产加速折旧方法：（一）固定资产加速折旧方法不允许采用缩短折旧年限法，对符合上述加速折旧条件的固定资产，应采用余额递减法或年数总和法。（二）下列资产折旧或摊销年限最短为 2 年：1. 证券公司电子类设备；2. 外购的达到固定资产标准或构成无形资产的软件。（三）集成电路生产企业的生产性设备最短折旧年限为 3 年。”同财工字〔96〕41 号文第 4 条第（3）款对照，两者有两大区别：一是，国税发〔2003〕113 号文按企业类别和固定资产类别来界定允许实行加速折旧的范围，财工字〔96〕41 号文第 4 条第（3）款则按企业取得设备的方式，即，以是否采取融资租赁方式租入来界定允许实行加速折旧的范围；二是，国税发〔2003〕113 号文不允许采用缩短折旧年限法，而是应采用余额递减法或年数总和法，财工字〔96〕41 号文第 4 条第（3）款则允许采用缩短折旧年限法。我们的问题是，这两个文件是并行不悖的吗？还是国税发〔2003〕113 号文是否覆盖了财工字〔96〕41 号文第 4 条第（3）款？

答：前面说了，财工字〔96〕41 号文继续有效。所以，不存在被国税发〔2003〕113 号文覆盖的问题。

问：财工字〔96〕41 号文第 6 条规定“本通知适用于国有、集体工业企业”，使得其积极作用的发挥，无论就行业类别还是就企业类别而言，都受到了一定的限制。就行业而言，我们认为，不仅是工业企业，而且还有其它企业，诸如，交通运输业、建筑业、信息产业、电力业、水利等公共设施业等等，都会涉及以融资租赁方式租入设备使用的情况。而且，金融租赁公司从租金回收安全的角度出发，无不以该项目能够提升承租人企业的技术等级、因而能够扩大其市场竞争力为前提。融资租赁促进企业技术进步的作用是明显的。如果对这些企业也同样适用上述规定，则本规定的作用范围将可大大拓宽。就以经济成分划分的企业类别而言，情况也是一样。如果本规定不仅适用于国有和集体企业，而且适用于包括外商投资企业、私营企业、个体民营企业在内的、不分经济成分的任何企业，则不但由于后者在我国设备投资领域所占份额的日益可观，其对于在这些企业内鼓励更多地使用国产设备的作用，必将明显加大，而且也将能够体现我国入世后内外一律平等的政策精神。我们的问题是，上述限制可否放宽？

答：上述限制反映了过去的思路。在现在发布的文件中，就不会再有对不同所有制企业的不同待遇。例如，国税发〔2003〕113 号文就没有限定企业的所有制类别，所涉及也不仅是工业企业。关于财工字〔96〕41 号文可否放宽的问题，由于过去的许多文件都有此类限制，涉及面很广，需要全盘考虑。不可能对某一个文件单独处理。

问：如果某个融资租赁合同的承租企业不是国有集体工业企业，而现在按照财工字〔96〕41 号文第 4 条第（3）款进行了加速折旧，它在应税会计上是违规的吗？

答：既然文件有效，未曾修订，而你不符合其规定，当然就是违规。

问：财政部、国家税务总局文件 1999 年 12 月 08 日财税字〔1999〕290 号文《技术改造国产设备投资抵免企业所得税暂行办法》第四条规定“本办法所称的投资是指除财政拨款以外的其他各种资金，即银行贷款和企业自筹资金等。其中银行贷款包括各类银行和非银行金融机构的贷款。”考虑到融资租赁的经济实质是向企业融资，其效果相当于企业自筹资金，可否补充规定该办法适用于以融资租赁方式取得国产设备的企业？

答：在我国已经入世的背景下，这个只对投资于国产设备的企业给予优惠的政策本身，就有可能受到黄灯警告。除非是改为对任何设备投资都给予优惠，否则，补充规定该办法适用于以融资租赁方式取得国产设备的企业，是不大可能的。

关于进一步规范飞机租赁中的大修储备金、赔偿金和企业所得税等费用的海关税收问题的公告

海关总署公告 2010 年第 47 号

为进一步规范飞机租赁中的大修储备金、赔偿金和企业所得税等费用的海关税收问题，便利企业通关和海关管理，根据《海关审定进出口货物完税价格办法》（海关总署令第 148 号，以下简称《审价办法》）及其他有关规定，现就有关事宜公告如下：

一、维修费用

（一）在飞机租赁合同中约定的由承租人承担的维修检修（即通常所称的大修），无论发生在境内或境外，其费用均按租金计入完税价格。

（二）在飞机租赁合同约定范围外，由承租人自行从事的维修，其费用发生在境内的不征税；发生在境外的，按照《审价办法》第 31 条的规定审价征税。

（三）飞机租赁结束时未退还承租人的维修保证金，按租金计入完税价格。

（四）对飞机租赁结束时，承租人因未符合交还飞机条件而向出租人支付的赔偿费用，

按租金计入完税价格。

二、国内税收

对于出租人为纳税义务人，而由承租人依照合同约定，在合同规定的租金之外另行为出租人承担的国内税收（包括企业所得税、营业税等），视为间接支付的租金，计入完税价格。

三、保险费用

在飞机租赁合同中约定的由承租方支付的机身、零备件一切险，不管发生在国外还是国内，视为间接支付的租金，应计入租金的完税价格；承租人为飞机租赁期间保持正常营运投保，如旅客意外伤害险等，不计入完税价格。

在航空保单无法区分飞机的机身、零备件一切险、第三者责任险、运营险等险种保费的情况下，有关航空保费不计入租金的完税价格。

四、溯及力

本公告发布以前，租赁合同已经履行完毕的，原征税款不再依据本公告进行调整；租赁合同未履行完毕的，应依据本公告做出相应的税款调整。

本公告内容自发布之日起实施。

特此公告。

海关总署

二〇一〇年七月十九日

关于融资性售后回租业务中承租方出售资产行为有关税收问题的公告

国家税务总局公告 2010 年第 13 号

现就融资性售后回租业务中承租方出售资产行为有关税收问题公告如下：

融资性售后回租业务是指承租方以融资为目的将资产出售给经批准从事融资租赁业务的企业后，又将该项资产从该融资租赁企业租回的行为。融资性售后回租业务中承租方出售资产时，资产所有权以及与资产所有权有关的全部报酬和风险并未完全转移。

一、增值税和营业税

根据现行增值税和营业税有关规定，融资性售后回租业务中承租方出售资产的行为，不属于增值税和营业税征收范围，不征收增值税和营业税。

二、企业所得税

根据现行企业所得税法及有关收入确定规定，融资性售后回租业务中，承租人出售资产的行为，不确认为销售收入，对融资性租赁的资产，仍按承租人出售前原账面价值作为计税基础计提折旧。租赁期间，承租人支付的属于融资利息的部分，作为企业财务费用在税前扣除。

本公告自 2010 年 10 月 1 日起施行。此前因与本公告规定不一致而已征的税款予以退税。

特此公告。

国家税务总局

二〇一〇年九月八日

关于进一步明确飞机租赁中相关费用税收问题

海关总署公告 2011 年第 55 号

为规范飞机租赁的海关税收管理，海关总署发布了 2010 年第 47 号公告（以下简称 47 号公告）对有关问题予以明确。根据 47 号公告的执行情况，现将有关问题进一步明确如下：

一、47 号公告中所称“租赁”是指经营性租赁。

二、47 号公告中所称“在飞机租赁合同中约定的由承租人承担的维修检修（即通常所称的大修）”，是指在飞机租赁合同中约定的针对机身、起落架、辅助动力装置（APU）、发动机、发动机时寿件等 5 部分进行的检修（以下简称飞机大修），即承租方在租赁期内根据飞机生产厂商维修方案的要求定期进行的飞机机身结构检修、发动机核心机深度维修、发动机时寿件更换、辅助动力装置性能恢复、起落架翻修等。

三、飞机大修在境内进行的，承租人所支付费用发票中单独列明的增值税等国内税收、境内生产的零部件和材料费用及已征税的进口零部件和材料费用不计入完税价格。

四、承租人应在支付大修费用后 30 日内向其所在地海关（以下简称主管海关）申报办理纳税手续。

五、按照 47 号公告第二条规定，承租人因对外支付租金而代出租人缴纳的企业所得税、营业税等国内税收，视为间接支付的租金计入完税价格的，应随下一次支付的租金一同向主管海关申报办理纳税手续；对于为支付最末一期租金而代缴的上述国内税收，承租人应在代缴国内税款后 30 日内向主管海关申报办理纳税手续。

六、承租人在实际送大修前对外支付飞机大修储备金的，海关暂不征收税款或保证金。

七、在租赁合同期满承租人退租时，海关审核飞机大修费用的最终实际结算情况，根据实际结算费用调整的情况征税或退税。经审核需要退税的，海关按承租人此前最后一次申报租金征税时适用的税率、汇率计算应退税款。

八、飞机大修在境外进行的，承租人应在出、进境的报关单备注栏注明“租赁合同规定的大修货物”。进境时海关按照“修理物品”监管方式、“一般征税”征免性质、“全免”征免方式办理进境手续。承租人在主管海关集中办理大修费用纳税手续时，应在报关单备注栏注明此前飞机在境外大修后进境申报时的报关单编号。

九、送往境外进行维修检修的飞机及其零部件，进境时不能证明属于租赁合同规定的大修的，海关按“修理物品”的相关规定办理征税进口手续。

十、对于租赁合同在 47 号公告发布之日尚未完全履行完毕的，海关对已履行部分所征税款不再调整，对未履行部分依照 47 号公告的规定计征税款。

特此公告。

海关总署

二〇一一年八月三十一日

财政部、海关总署、国家税务总局关于在天津东疆保税港区试行融资租赁货物出口退税政策的通知

财税〔2012〕66号

天津市财政局、天津海关、天津市国家税务局：

根据《国务院关于天津北方国际航运中心核心功能区建设方案的批复》（国函〔2011〕51号）的规定，决定在天津东疆保税港区试行融资租赁货物出口退税政策。现将有关事项通知如下：

一、政策内容及适用范围

（一）对融资租赁出口货物试行退税政策。对在天津东疆保税港区注册的融资租赁企业或金融租赁公司在天津东疆保税港区设立的项目子公司（以下统称融资租赁出租方），以融资租赁方式租赁给境外承租人且租赁期限在5年（含）以上，并向天津境内口岸海关报关出口的货物，试行增值税、消费税出口退税政策。

融资租赁出口货物的范围，包括飞机、飞机发动机、铁道机车、铁道客车车厢、船舶及其他货物，具体应符合《中华人民共和国增值税暂行条例实施细则》（财政部、国家税务总局令第50号）第二十一条“固定资产”的相关规定。

（二）对融资租赁海洋工程结构物试行退税政策。对融资租赁出租方向国内生产企业购买，并以融资租赁方式租赁给境内列名海上石油天然气开采企业且租赁期限在5年（含）以上的海洋工程结构物，视同出口，试行增值税、消费税出口退税政策。

海洋工程结构物范围、退税率以及海上石油天然气开采企业的具体范围按照《财政部、国家税务总局关于出口货物劳务增值税和消费税政策的通知》（财税〔2012〕39号）文件有关规定执行。

（三）上述融资租赁出口货物和融资租赁海洋工程结构物不包括在海关监管年限内的进口减免税货物，不包括从区外进入天津东疆保税港区的原进口货物。

二、退税的计算和办理

（一）融资租赁出租方将融资租赁出口货物租赁给境外承租方、将融资租赁海洋工程结构物租赁给海上石油天然气开采企业，向融资租赁出租方退还其购进租赁货物所含增值税。融资租赁出口货物、融资租赁海洋工程结构物（以下统称融资租赁货物）属于消费税应税消费品的，向融资租赁出租方退还前一环节已征的消费税。

（二）计算公式为：

增值税应退税额 = 购进融资租赁货物的增值税专用发票注明的金额或海关（进口增值税）专用缴款书注明的完税价格 × 融资租赁货物适用的增值税退税率

融资租赁出口货物适用的增值税退税率，按照统一的出口货物适用退税率执行。

消费税应退税额 = 购进融资租赁货物税收（出口货物专用）缴款书上或海关进口消费税专用缴款书上注明的消费税税额

（三）融资租赁出租方应当按照主管税务机关的要求办理退税认定和申报增值税、消费税退税。

（四）融资租赁出租方在进行融资租赁出口货物报关时，应在海关出口报关单上填写“租赁货物（1523）”方式。海关依融资租赁出租方申请，对符合条件的融资租赁出口货物办理放行手续后签发出口货物报关单（出口退税专用，以下称退税证明联），并按规定向国家税务总局传递退税证明联相关电子信息。

（五）融资租赁出租方凭购进融资租赁货物的增值税专用发票或海关进口增值税专用缴款书、与承租人签订的融资租赁合同、退税证明联（融资租赁海洋工程结构物退税免予提供）、向海洋工程结构物承租人开具的发票以及主管税务机关要求出具的其他要件，向主管税务机关申请办理退税手续。上述用于融资租赁货物退税的增值税专用发票或海关进口增值税专用缴款书，不得用于抵扣内销货物应纳税额。

融资租赁货物属于消费税应税货物的，若申请退税，还应提供有关消费税专用缴款书。

（六）对承租期未满而发生退租的融资租赁货物，融资租赁出租方应及时主动向税务机关报告，并按照规定补缴已退税款，对融资租赁出口货物，再复进口时融资租赁出租方应按照规定向海关办理复运进境手续并提供主管税务机关出具的货物已补税或未退税证明，海关不征收进口关税和进口环节税。

三、有关定义

本通知所述融资租赁企业，仅包括金融租赁公司、经商务部批准设立的外商投资融资租赁公司以及经商务部和国家税务总局共同批准开展融资业务试点的内资融资租赁企业。

本通知所述金融租赁公司，仅包括经中国银行业监督管理委员会批准设立的金融租赁公司。

本通知所称融资租赁，是指融资租赁出租方根据承租人（单位或个人）对租赁物和供货人的选择或认可，将其从供货人取得的租赁物按合同约定出租给承租人占有、使用，向承租人收取租金的交易活动。

四、融资租赁货物退税的具体管理办法由国家税务总局另行制定。

五、本通知自2012年7月1日起执行。融资租赁出口货物的，以退税证明联上注明的出口日期为准；融资租赁海洋工程结构物的，以融资租赁出租方开具的发票日期为准。

财政部　海关总署　国家税务总局

2012年7月26日

关于企业以售后回租方式进行融资等有关契税政策的通知

财税〔2012〕82号

各省、自治区、直辖市、计划单列市财政厅（局）、地方税务局，西藏、宁夏、青海省（自治区）国家税务局，新疆生产建设兵团财务局：

经研究，现就近期各地反映的契税政策执行中若干问题通知如下：

一、对金融租赁公司开展售后回租业务，承受承租人房屋、土地权属的，照章征税。对售后回租合同期满，承租人回购原房屋、土地权属的，免征契税。

二、以招拍挂方式出让国有土地使用权的，纳税人为最终与土地管理部门签订出让合同的土地使用权承受人。

三、市、县级人民政府根据《国有土地上房屋征收与补偿条例》有关规定征收居民房屋，居民因个人房屋被征收而选择货币补偿用以重新购置房屋，并且购房成交价格不超过货币补偿的，对新购房屋免征契税；购房成交价格超过货币补偿的，对差价部分按规定征收契税。居民因个人房屋被征收而选择房屋产权调换，并且不缴纳房屋产权调换差价的，对新换房屋免征契税；缴纳房屋产权调换差价的，对差价部分按规定征收契税。

四、企业承受土地使用权用于房地产开发，并在该土地上代政府建设保障性住房的，计税价格为取得全部土地使用权的成交价格。

五、单位、个人以房屋、土地以外的资产增资，相应扩大其在被投资公司的股权持有比例，无论被投资公司是否变更工商登记，其房屋、土地权属不发生转移，不征收契税。

六、个体工商户的经营者将其个人名下的房屋、土地权属转移至个体工商户名下，或个体工商户将其名下的房屋、土地权属转回原经营者个人名下，免征契税。

合伙企业的合伙人将其名下的房屋、土地权属转移至合伙企业名下，或合伙企业将其名下的房屋、土地权属转回原合伙人名下，免征契税。

本通知自发文之日起执行。《财政部、国家税务总局关于城镇房屋拆迁有关税收政策的通知》(财税〔2005〕45号)第二条同时废止。

财政部　国家税务总局

2012年12月6日

财政部、海关总署、国家税务总局
关于在全国开展融资租赁货物出口退税政策试点的通知

财税〔2014〕62号

各省、自治区、直辖市、计划单列市财政厅（局)、国家税务局，海关总署广东分署、各直属海关，新疆生产建设兵团财务局：

为落实《国务院办公厅关于支持外贸稳定增长的若干意见》(国办发〔2014〕19号)的有关要求，决定将现行在天津东疆保税港区试点的融资租赁货物出口退税政策扩大到全国统一实施。现将有关政策通知如下：

一、政策内容及适用范围

（一）对融资租赁出口货物试行退税政策。对融资租赁企业、金融租赁公司及其设立的项目子公司（以下统称融资租赁出租方)，以融资租赁方式租赁给境外承租人且租赁期限在5年（含）以上，并向海关报关后实际离境的货物，试行增值税、消费税出口退税政策。

融资租赁出口货物的范围，包括飞机、飞机发动机、铁道机车、铁道客车车厢、船舶及其他货物，具体应符合《中华人民共和国增值税暂行条例实施细则》(财政部国家税务总局令第50号）第二十一条“固定资产”的相关规定。

（二）对融资租赁海洋工程结构物试行退税政策。对融资租赁出租方购买的，并以融资租赁方式租赁给境内列名海上石油天然气开采企业且租赁期限在5年（含）以上的国内生产企业生产的海洋工程结构物，视同出口，试行增值税、消费税出口退税政策。

海洋工程结构物范围、退税率以及海上石油天然气开采企业的具体范围按照《财政部国家税务总局关于出口货物劳务增值税和消费税政策的通知》(财税〔2012〕39号）有关规定执行。

（三）上述融资租赁出口货物和融资租赁海洋工程结构物不包括在海关监管年限内的进口减免税货物。

二、退税的计算和办理

（一）融资租赁出租方将融资租赁出口货物租赁给境外承租方、将融资租赁海洋工程结构物租赁给海上石油天然气开采企业，向融资租赁出租方退还其购进租赁货物所含增值税。融资租赁出口货物、融资租赁海洋工程结构物（以下统称融资租赁货物）属于消

费税应税消费品的，向融资租赁出租方退还前一环节已征的消费税。

（二）计算公式为：

增值税应退税额＝购进融资租赁货物的增值税专用发票注明的金额或海关（进口增值税）专用缴款书注明的完税价格 × 融资租赁货物适用的增值税退税率

融资租赁出口货物适用的增值税退税率，按照统一的出口货物适用退税率执行。从增值税一般纳税人购进的按简易办法征税的融资租赁货物和从小规模纳税人购进的融资租赁货物，其适用的增值税退税率，按照购进货物适用的征收率和退税率孰低的原则确定。

消费税应退税额＝购进融资租赁货物税收（出口货物专用）缴款书上或海关进口消费税专用缴款书上注明的消费税税额

（三）融资租赁出租方应当按照主管税务机关的要求办理退税认定和申报增值税、消费税退税。

（四）融资租赁出租方在进行融资租赁出口货物报关时，应在海关出口报关单上填写“租赁货物（1523）”方式。海关依融资租赁出租方申请，对符合条件的融资租赁出口货物办理放行手续后签发出口货物报关单（出口退税专用，以下称退税证明联），并按规定向国家税务总局传递退税证明联相关电子信息。对海关特殊监管区域内已退增值税、消费税的货物，以融资租赁方式离境时，海关不再签发退税证明联。

（五）融资租赁出租方凭购进融资租赁货物的增值税专用发票或海关进口增值税专用缴款书、与承租人签订的融资租赁合同、退税证明联或向海洋工程结构物承租人开具的发票以及主管税务机关要求出具的其他要件，向主管税务机关申请办理退税手续。上述用于融资租赁货物退税的增值税专用发票或海关进口增值税专用缴款书，不得用于抵扣内销货物应纳税额。

融资租赁货物属于消费税应税货物的，若申请退税，还应提供有关消费税专用缴款书。

（六）对承租期未满而发生退租的融资租赁货物，融资租赁出租方应及时主动向税务机关报告，并按照规定补缴已退税款，对融资租赁出口货物，再复进口时融资租赁出租方应按照规定向海关办理复运进境手续并提供主管税务机关出具的货物已补税或未退税证明，海关不征收进口关税和进口环节税。

三、有关定义

本通知所述融资租赁企业，仅包括金融租赁公司、经商务部批准设立的外商投资融资租赁公司、经商务部和国家税务总局共同批准开展融资业务试点的内资融资租赁企业、经商务部授权的省级商务主管部门和国家经济技术开发区批准的融资租赁公司。

本通知所述金融租赁公司，仅包括经中国银行业监督管理委员会批准设立的金融租赁公司。

本通知所称融资租赁，是指具有融资性质和所有权转移特点的有形动产租赁活动。即出租人根据承租人所要求的规格、型号、性能等条件购入有形动产租赁给承租人，合同期内有形动产所有权属于出租人，承租人只拥有使用权，合同期满付清租金后，承租人有权按照残值购入有形动产，以拥有其所有权。不论出租人是否将有形动产残值销售给承租人，均属于融资租赁。

四、融资租赁货物退税的具体管理办法由国家税务总局另行制定。

五、本通知自 2014 年 10 月 1 日起执行。融资租赁出口货物的，以退税证明联上注明的出口日期为准；融资租赁海洋工程结构物的，以融资租赁出租方收取首笔租金时开具的发票日期为准。

财政部　海关总署　国家税务总局

2014 年 9 月 1 日

国家税务总局
关于发布《融资租赁货物出口退税管理办法》的公告

国家税务总局公告2014年第56号

根据《财政部海关总署国家税务总局关于在全国开展融资租赁货物出口退税政策试点的通知》(财税〔2014〕62号)，国家税务总局制定了《融资租赁货物出口退税管理办法》。现予以公布，自2014年10月1日起施行。

特此公告。

国家税务总局

2014年10月8日

融资租赁货物出口退税管理办法

第一章　总　则

第一条　根据《财政部海关总署国家税务总局关于在全国开展融资租赁货物出口退税政策试点的通知》(财税〔2014〕62号)的规定，制定本办法。

第二条　享受出口退税政策的融资租赁企业(以下称融资租赁出租方)的主管国家税务局负责出口退(免)税资格的认定及融资租赁出口货物、融资租赁海洋工程结构物(以下称融资租赁货物)的出口退税审核、审批等管理工作。

第三条　享受出口退税的融资租赁出租方和融资租赁货物的范围、条件以及出口退税的具体计算办法按照财税〔2014〕62号文件相关规定执行。

第二章　税务登记、出口退(免)税资格认定管理

第四条　融资租赁出租方在所在地主管国家税务局办理税务登记及出口退(免)税资格认定后，方可申报融资租赁货物出口退税。

第五条　融资租赁出租方应在首份融资租赁合同签订之日起30日内，到主管国家税务局办理出口退(免)税资格认定，除提供《国家税务总局关于发布(出口货物劳务增值税和消费税管理办法)的公告》(国家税务总局公告2012年第24号)规定的资料外(仅经营海洋工程结构物融资租赁的，可不提供《对外贸易经营者备案登记表》或《中华人民共和国外商投资企业批准证书》、中华人民共和国海关进出口货物收发货人报关注册登记证书)，还应提供以下资料：

(一)从事融资租赁业务的资质证明；

(二)融资租赁合同(有法律效力的中文版)；

(三)税务机关要求提供的其他资料。

本办法发布前已签订融资租赁合同的融资租赁出租方，可向主管国家税务局申请补办出口退税资格的认定手续。

第六条　融资租赁出租方退(免)税认定变更及注销，按照国家税务总局公告2012年第24号等有关规定执行。

第三章　退税申报、审核管理

第七条　融资租赁出租方应在融资租赁货物报关出口之日或收取融资租赁海洋工程结构

物首笔租金开具发票之日次月起至次年 4 月 30 日前的各增值税纳税申报期内，收齐有关凭证，向主管国家税务局办理融资租赁货物增值税、消费税退税申报。

第八条 融资租赁出租方申报融资租赁货物退税时，应将不同融资租赁合同项下的融资租赁货物分别申报，在申报表的明细表中“退（免）税业务类型”栏内填写“RZZL”，并提供以下资料：

（一）融资租赁出口货物的，提供出口货物报关单（出口退税专用）；

（二）融资租赁海洋工程结构物的，提供向海洋工程结构物承租人收取首笔租金时开具的发票；

（三）购进融资租赁货物取得的增值税专用发票（抵扣联）或海关（进口增值税）专用缴款书。融资租赁货物属于消费税应税货物的，还应提供消费税税收（出口货物专用）缴款书或海关（进口消费税）专用缴款书；

（四）与承租人签订的租赁期在 5 年（含）以上的融资租赁合同（有法律效力的中文版）；

（五）融资租赁海洋工程结构物的，提供列名海上石油天然气开采企业收货清单；

（六）税务机关要求提供的其他资料。

第九条 融资租赁出租方购进融资租赁货物取得的增值税专用发票、海关（进口增值税）专用缴款书已申报抵扣的，不得申报退税。已申报退税的增值税专用发票、海关（进口增值税）专用缴款书，融资租赁出租方不得再申报进项税额抵扣。

第十条 属于增值税一般纳税人的融资租赁出租方购进融资租赁货物取得的增值税专用发票，融资租赁出租方应在规定的认证期限内办理认证手续。

第十一条 主管国家税务局应按照财税〔2014〕62 号文件规定的计算方法审核、审批融资租赁货物退税。

第十二条 对融资租赁出租方申报退税提供的增值税专用发票，如融资租赁出租方为增值税一般纳税人，主管国家税务局在增值税专用发票稽核信息比对无误后，方可办理退税；如融资租赁方为非增值税一般纳税人，主管国家税务局应发函调查，在确认增值税专用发票真实、按规定申报纳税后，方可办理退税。

第十三条 对承租期未满而发生退租的融资租赁货物，融资租赁出租方应及时主动向主管国家税务局报告，并按下列规定补缴已退税款：

（一）对上述融资租赁出口货物再复进口时，主管国家税务局应按规定追缴融资租赁出租方的已退税款，并对融资租赁出口货物出具货物已补税或未退税证明；

（二）对融资租赁海洋工程结构物发生退租的，主管国家税务局应按规定追缴融资租赁出租方的已退税款。

第四章　附　则

第十四条 融资租赁出租方采取假冒出口退（免）税资格、伪造或擅自涂改融资租赁合同、提供虚假退税申报资料等手段骗取退税款的，按照有关法律、法规处理。

第十五条 融资租赁货物出口退税，本办法未作规定的，按照视同出口货物的有关规定执行。

第十六条 本办法自 2014 年 10 月 1 日起施行。融资租赁出口货物的，以出口货物报关单（出口退税专用）上注明的出口日期为准；融资租赁海洋工程结构物的，以融资租赁出租方收取首笔租金时开具的发票日期为准。《国家税务总局关于发布〈天津东疆保税港区融资租赁货物出口退税管理办法〉的公告》（国家税务总局公告 2012 年第 39 号）同时废止。

国务院办公厅
关于印发加快海关特殊监管区域整合优化方案的通知（节录）

国办发〔2015〕66号

各省、自治区、直辖市人民政府，国务院各部委、各直属机构：

《加快海关特殊监管区域整合优化方案》已经国务院同意，现印发给你们，请认真贯彻执行。

国务院办公厅

2015年8月28日

加快海关特殊监管区域整合优化方案

海关特殊监管区域是我国开放型经济发展的先行区，是加工贸易转型升级的集聚区，为承接国际产业转移、推进区域经济协调发展、促进对外贸易和扩大就业等作出了积极贡献。当前，深化改革扩大开放对海关特殊监管区域发展提出了新的更高要求。为加快海关特殊监管区域整合优化，促进海关特殊监管区域科学发展，制定本方案。

……

（十一）优化贸易方式。鼓励区内企业开展高技术含量、高附加值项目的境内外维修、再制造业务。支持企业运用跨境电子商务开拓国际市场，按照公平竞争原则开展跨境电子商务进口业务。支持海关特殊监管区域企业开展期货保税交割和仓单质押融资等业务，允许在海关特殊监管区域内设立保税展示交易平台。支持开展融资租赁业务，对注册在中国（广东）自由贸易试验区、中国（天津）自由贸易试验区海关特殊监管区域内的融资租赁企业进出口飞机、船舶和海洋工程结构物等大型设备涉及跨关区的，在执行现行相关税收政策前提下，根据物流实际需要，实行海关异地委托监管。

四、实施步骤

（十三）近期目标（2015—2016年）：严格准入退出，推进简政放权，强化部门协作，创新监管制度，积极推动试点工作。

……

11. 推广期货保税交割海关监管制度、境内外维修海关监管制度，在中国（广东）自由贸易试验区、中国（天津）自由贸易试验区试点融资租赁海关监管制度。

……

关于在中国（上海）自由贸易试验区
开展融资租赁业务的公告（节录）

上海海关公告2014年第12号

为推进中国（上海）自由贸易试验区（以下简称“试验区”）建设，根据《中华人民共和国海关法》和《国务院关于印发中国（上海）自由贸易试验区总体方案的通知》（国发〔2013〕38号），经海关总署批准，就试验区内开展融资租赁业务相关事宜公告如下：

一、开展融资租赁业务应当符合以下条件：

（一）在试验区内设立开展融资租赁业务的企业或者开展融资租赁业务的企业在试验区内设立的项目子公司（以下统称“融资租赁企业”）；

（二）经相关政府主管部门批准，取得融资租赁业务资格；

（三）在试验区海关机构办理报关单位注册登记手续。

二、融资租赁企业作为出租人向境内外承租企业出租融资租赁货物，应当按照海关特殊监管区域关于货物监管的相关规定向试验区主管海关（以下简称“主管海关”）办理申报手续。

三、融资租赁企业作为出租人向境内承租企业出租融资租赁货物的，境内承租企业应当提交以下材料向海关申报：

（一）相关政府部门批准购买融资租赁货物的批文；

（二）经海关审核，以减免税方式租赁出区进口的，提交相关减免税证明文件；

（三）许可证件；

（四）海关认为需要提交的其他材料。

四、融资租赁货物的税款计征方法按照《中华人民共和国进出口关税条例》、《中华人民共和国海关进出口货物征税管理办法》（海关总署令第124号）关于租赁进口货物的相关规定办理。

五、境内承租企业办理融资租赁货物进口担保的，可以申请使用《试验区融资租赁货物保证书》（详见附件），向主管海关办理相关手续。

六、融资租赁企业应当每季度向主管海关报备融资租赁货物的租赁、租金支付等情况。

七、境内承租企业应当自融资租赁货物租期届满之日起30日内，按照《中华人民共和国海关进出口货物征税管理办法》（海关总署令第124号）关于租赁进口货物的相关规定，向海关办理留购、续租等相关手续。

本公告自公布之日起施行。

特此公告。

附件：试验区融资租赁货物保证书（略）

上海海关

2014年4月21日

天津海关就试验区内进出口船舶、海洋工程结构物等大型设备异地监管公告

闽经信服务〔2015〕350号

为推进中国（天津）自由贸易试验区（以下简称“试验区”）建设，促进贸易便利化，根据《中华人民共和国海关法》和《国务院关于印发中国（天津）自由贸易试验区总体方案的通知》（国发〔2015〕19号），就试验区内海关特殊监管区域的融资租赁企业进出口船舶、海洋工程结构物等大型设备海关异地监管相关事宜公告如下：

自贸试验区海关特殊监管区域内的融资租赁企业进出口船舶、海洋工程结构物等大型设备，进出境地为其他直属关区的，企业可向注册地海关提出业务需求，在注册地海

关办理申报手续，由进出境地海关办理实货放行。

本公告自公布之日起实施。

特此公告。

天津海关特殊监管区内 开展融资租赁业务相关事宜公告（节录）

中华人民共和国天津报关员海关公告 2014 年第 19 号

为规范天津海关特殊监管区域融资租赁业务的监管，根据《中华人民共和国海关法》和海关总署关于复制推广中国（上海）自由贸易试验区海关监管创新制度的有关要求，对天津海关特殊监管区内开展融资租赁业务相关事宜公告如下：

一、天津海关特殊监管区域是指天津港保税区、天津出口加工区、天津保税物流园区、天津东疆保税港区、天津滨海新区综合保税区等海关特殊监管区（以下简称特殊区域）。

二、开展融资租赁业务的企业应当符合以下条件：

（一）在特殊区域内设立开展融资租赁业务的企业或者开展融资租赁业务的企业在特殊区域内设立的项目子公司（以下统称“融资租赁企业”）；

（二）经相关政府主管部门批准，取得融资租赁业务资格；

（三）在特殊区域主管海关（以下简称“主管海关”）办理报关单位注册登记。

三、融资租赁企业作为出租人向境内外承租企业出租融资租赁货物，应当按照海关关于特殊区域货物监管的相关规定向主管海关办理申报手续。

四、融资租赁企业作为出租人向境内承租企业出租融资租赁货物的，境内承租企业应当提交以下材料向海关申报：

（一）相关政府部门批准购买融资租赁货物的批文（限于飞机等货物）；

（二）经海关审核，以减免税方式租赁出区进口的，提交相关减免税证明文件；

（三）许可证件；

（四）海关认为需要提交的其他材料。

五、融资租赁货物的税款计征方法按照《中华人民共和国进出口关税条例》和《中华人民共和国海关进出口货物征税管理办法》（海关总署令第 124 号）关于租赁进口货物的相关规定办理。

六、境内承租企业办理融资租赁货物进口担保的，可以申请使用《融资租赁货物保证书》（详见附件），向主管海关办理相关手续。

七、融资租赁企业应当每季度向主管海关报备融资租赁货物的租赁、租金支付等情况。

八、境内承租企业应当自融资租赁货物租期届满之日起 30 日内，按照《中华人民共和国海关进出口货物征税管理办法》（海关总署令第 124 号）关于租赁进口货物的相关规定，向海关办理留购、续租等相关手续。

本公告自公布之日起施行。

特此公告。

附件：融资租赁货物保证书（略）

天津海关

2014 年 10 月 22 日

天津自贸区内海关特殊监管区域的企业开展融资租赁业务相关事宜公告

为推进中国（天津）自由贸易试验区（以下简称“试验区”）建设，促进贸易便利化，根据《中华人民共和国海关法》和《国务院关于印发中国（天津）自由贸易试验区总体方案的通知》（国发〔2015〕19号），就试验区内海关特殊监管区域的企业开展融资租赁业务相关事宜公告如下：

一、试验区内海关特殊监管区域是指天津港保税区、天津保税物流园区、天津东疆保税港区、天津滨海新区综合保税区等海关特殊监管区域（以下简称特殊区域）。

二、开展融资租赁业务的企业应当符合以下条件：

（一）在特殊区域内设立开展融资租赁业务的企业或者开展融资租赁业务的企业在特殊区域内设立的项目子公司（以下统称“融资租赁企业”）；

（二）经相关政府主管部门批准，取得融资租赁业务资格；

（三）在特殊区域主管海关（以下简称“主管海关”）办理报关单位注册登记。

三、融资租赁企业作为出租人向境内外承租企业出租融资租赁货物，应当按照海关关于特殊区域货物监管的相关规定向主管海关办理申报手续。

四、融资租赁企业作为出租人向境内承租企业出租融资租赁货物的，境内承租企业应当提交以下材料向海关申报：

（一）相关政府部门批准购买融资租赁货物的批文（限于飞机等货物）；

（二）经海关审核，以减免税方式租赁出区进口的，提交相关减免税证明文件；

（三）许可证件；

（四）海关认为需要提交的其他材料。

五、融资租赁货物的税款计征方法按照《中华人民共和国进出口关税条例》和《中华人民共和国海关进出口货物征税管理办法》（海关总署令第124号）关于租赁进口货物的相关规定办理。

六、境内承租企业办理融资租赁货物进口担保的，可以申请使用《融资租赁货物保证书》（详见附件），向主管海关办理相关手续。

七、融资租赁企业应当每季度向主管海关报备融资租赁货物的租赁、租金支付等情况。

八、境内承租企业应当自融资租赁货物租期届满之日起30日内，按照《中华人民共和国海关进出口货物征税管理办法》（海关总署令第124号）关于租赁进口货物的相关规定，向海关办理留购、续租等相关手续。

本公告自公布之日起实施。

特此公告。

天津海关

2015年4月22日

关于在中国（福建）自由贸易试验区福州片区的海关特殊监管区域和平潭综合实验区开展融资租赁业务的公告（节录）

福州海关公告2015年第9号

为推进中国（福建）自由贸易试验区（以下简称“福建自贸试验区”）建设，根据《中华人民共和国海关法》和《国务院关于印发中国（福建）自由贸易试验区总体方案的通知》（国发〔2015〕20号），经海关总署批准，就福建自贸试验区福州片区的海关特殊监管区域和平潭综合实验区（以下简称“区域”）开展融资租赁业务相关事宜公告如下：

一、开展融资租赁业务应当符合以下条件：

（一）在区域内设立开展融资租赁业务的企业或者开展融资租赁业务的企业在区域内设立的项目子公司（以下统称“融资租赁企业”）；

（二）经相关政府主管部门批准，取得融资租赁业务资格；

（三）向区域内海关机构办理报关单位注册登记手续。

二、融资租赁企业作为出租人向境内外承租企业出租融资租赁货物，应当按照海关特殊监管区域关于货物监管的相关规定向区域主管海关（以下简称“主管海关”）办理申报手续。

三、融资租赁企业作为出租人向境内承租企业出租融资租赁货物的，境内承租企业应当提交以下材料向海关申报：

（一）相关政府部门批准购买融资租赁货物的批文；

（二）经海关审核，以减免税方式租赁出区进口的，提交相关减免税证明文件；

（三）许可证件；

（四）海关认为需要提交的其他材料。

四、融资租赁货物的税款计征方法按照《中华人民共和国进出口关税条例》、《中华人民共和国海关进出口货物征税管理办法》（海关总署令第124号）关于租赁进口货物的相关规定办理。

五、境内承租企业办理融资租赁货物进口担保的，可以申请使用《试验区融资租赁货物保证书》（详见附件），向主管海关办理相关手续。

六、融资租赁企业应当每季度向主管海关报备融资租赁货物的租赁、租金支付等情况。

七、境内承租企业应当自融资租赁货物租期届满之日起30日内，按照《中华人民共和国海关进出口货物征税管理办法》（海关总署令第124号）关于租赁进口货物的相关规定，向海关办理留购、续租等相关手续。

本公告自公布之日起施行。

特此公告。

附件：试验区融资租赁货物保证书（略）

福州海关

2015年4月9日

第8章 营业税

中华人民共和国营业税暂行条例实施细则

2008年12月18日财政部、国家税务总局令第52号公布，根据2011年10月28日《关于修改〈中华人民共和国增值税暂行条例实施细则〉和〈中华人民共和国营业税暂行条例实施细则〉的决定》修订，以财政部令第65号发布

第一条 根据《中华人民共和国营业税暂行条例》(以下简称条例)，制定本细则。

第二条 条例第一条所称条例规定的劳务是指属于交通运输业、建筑业、金融保险业、邮电通信业、文化体育业、娱乐业、服务业税目征收范围的劳务（以下称应税劳务）。

加工和修理、修配，不属于条例规定的劳务（以下称非应税劳务）。

第三条 条例第一条所称提供条例规定的劳务、转让无形资产或者销售不动产，是指有偿提供条例规定的劳务、有偿转让无形资产或者有偿转让不动产所有权的行为（以下称应税行为）。但单位或者个体工商户聘用的员工为本单位或者雇主提供条例规定的劳务，不包括在内。

前款所称有偿，是指取得货币、货物或者其他经济利益。

第四条 条例第一条所称在中华人民共和国境内（以下简称境内）提供条例规定的劳务、转让无形资产或者销售不动产，是指：

（一）提供或者接受条例规定劳务的单位或者个人在境内；

（二）所转让的无形资产（不含土地使用权）的接受单位或者个人在境内；

（三）所转让或者出租土地使用权的土地在境内；

（四）所销售或者出租的不动产在境内。

第五条 纳税人有下列情形之一的，视同发生应税行为：

（一）单位或者个人将不动产或者土地使用权无偿赠送其他单位或者个人；

（二）单位或者个人自己新建（以下简称自建）建筑物后销售，其所发生的自建行为；

（三）财政部、国家税务总局规定的其他情形。

第六条 一项销售行为如果既涉及应税劳务又涉及货物，为混合销售行为。除本细则第七条的规定外，从事货物的生产、批发或者零售的企业、企业性单位和个体工商户的混合销售行为，视为销售货物，不缴纳营业税；其他单位和个人的混合销售行为，视为提供应税劳务，缴纳营业税。

第一款所称货物，是指有形动产，包括电力、热力、气体在内。

第一款所称从事货物的生产、批发或者零售的企业、企业性单位和个体工商户，包括以从事货物的生产、批发或者零售为主，并兼营应税劳务的企业、企业性单位和个体工商户在内。

第七条 纳税人的下列混合销售行为，应当分别核算应税劳务的营业额和货物的销售额，其应税劳务的营业额缴纳营业税，货物销售额不缴纳营业税；未分别核算的，由主管税务机关核定其应税劳务的营业额：

（一）提供建筑业劳务的同时销售自产货物的行为；

（二）财政部、国家税务总局规定的其他情形。

第八条　纳税人兼营应税行为和货物或者非应税劳务的，应当分别核算应税行为的营业额和货物或者非应税劳务的销售额，其应税行为营业额缴纳营业税，货物或者非应税劳务销售额不缴纳营业税；未分别核算的，由主管税务机关核定其应税行为营业额。

第九条　条例第一条所称单位，是指企业、行政单位、事业单位、军事单位、社会团体及其他单位。

条例第一条所称个人，是指个体工商户和其他个人。

第十条　除本细则第十一条和第十二条的规定外，负有营业税纳税义务的单位为发生应税行为并收取货币、货物或者其他经济利益的单位，但不包括单位依法不需要办理税务登记的内设机构。

第十一条　单位以承包、承租、挂靠方式经营的，承包人、承租人、挂靠人（以下统称承包人）发生应税行为，承包人以发包人、出租人、被挂靠人（以下统称发包人）名义对外经营并由发包人承担相关法律责任的，以发包人为纳税人；否则以承包人为纳税人。

第十二条　中央铁路运营业务的纳税人为铁道部，合资铁路运营业务的纳税人为合资铁路公司，地方铁路运营业务的纳税人为地方铁路管理机构，基建临管线运营业务的纳税人为基建临管线管理机构。

第十三条　条例第五条所称价外费用，包括收取的手续费、补贴、基金、集资费、返还利润、奖励费、违约金、滞纳金、延期付款利息、赔偿金、代收款项、代垫款项、罚息及其他各种性质的价外收费，但不包括同时符合以下条件代为收取的政府性基金或者行政事业性收费：

（一）由国务院或者财政部批准设立的政府性基金，由国务院或者省级人民政府及其财政、价格主管部门批准设立的行政事业性收费；

（二）收取时开具省级以上财政部门印制的财政票据；

（三）所收款项全额上缴财政。

第十四条　纳税人的营业额计算缴纳营业税后因发生退款减除营业额的，应当退还已缴纳营业税税款或者从纳税人以后的应缴纳营业税税额中减除。

第十五条　纳税人发生应税行为，如果将价款与折扣额在同一张发票上注明的，以折扣后的价款为营业额；如果将折扣额另开发票的，不论其在财务上如何处理，均不得从营业额中扣除。

第十六条　除本细则第七条规定外，纳税人提供建筑业劳务（不含装饰劳务）的，其营业额应当包括工程所用原材料、设备及其他物资和动力价款在内，但不包括建设方提供的设备的价款。

第十七条　娱乐业的营业额为经营娱乐业收取的全部价款和价外费用，包括门票收费、台位费、点歌费、烟酒、饮料、茶水、鲜花、小吃等收费及经营娱乐业的其他各项收费。

第十八条　条例第五条第（四）项所称外汇、有价证券、期货等金融商品买卖业务，是指纳税人从事的外汇、有价证券、非货物期货和其他金融商品买卖业务。

货物期货不缴纳营业税。

第十九条　条例第六条所称符合国务院税务主管部门有关规定的凭证（以下统称合法有效凭证），是指：

（一）支付给境内单位或者个人的款项，且该单位或者个人发生的行为属于营业税或者增值税征收范围的，以该单位或者个人开具的发票为合法有效凭证；

（二）支付的行政事业性收费或者政府性基金，以开具的财政票据为合法有效凭证；

（三）支付给境外单位或者个人的款项，以该单位或者个人的签收单据为合法有效凭证，税务机关对签收单据有疑义的，可以要求其提供境外公证机构的确认证明；

（四）国家税务总局规定的其他合法有效凭证。

第二十条 纳税人有条例第七条所称价格明显偏低并无正当理由或者本细则第五条所列视同发生应税行为而无营业额的，按下列顺序确定其营业额：

（一）按纳税人最近时期发生同类应税行为的平均价格核定；

（二）按其他纳税人最近时期发生同类应税行为的平均价格核定；

（三）按下列公式核定：

营业额 = 营业成本或者工程成本 ×（1+ 成本利润率）÷（1－营业税税率）

公式中的成本利润率，由省、自治区、直辖市税务局确定。

第二十一条 纳税人以人民币以外的货币结算营业额的，其营业额的人民币折合率可以选择营业额发生的当天或者当月 1 日的人民币汇率中间价。纳税人应当在事先确定采用何种折合率，确定后 1 年内不得变更。

第二十二条 条例第八条规定的部分免税项目的范围，限定如下：

（一）第一款第（二）项所称残疾人员个人提供的劳务，是指残疾人员本人为社会提供的劳务。

（二）第一款第（四）项所称学校和其他教育机构，是指普通学校以及经地、市级以上人民政府或者同级政府的教育行政部门批准成立、国家承认其学员学历的各类学校。

（三）第一款第（五）项所称农业机耕，是指在农业、林业、牧业中使用农业机械进行耕作（包括耕耘、种植、收割、脱粒、植物保护等）的业务；排灌，是指对农田进行灌溉或排涝的业务；病虫害防治，是指从事农业、林业、牧业、渔业的病虫害测报和防治的业务；农牧保险，是指为种植业、养殖业、牧业种植和饲养的动植物提供保险的业务；相关技术培训，是指与农业机耕、排灌、病虫害防治、植物保护业务相关以及为使农民获得农牧保险知识的技术培训业务；家禽、牲畜、水生动物的配种和疾病防治业务的免税范围，包括与该项劳务有关的提供药品和医疗用具的业务。

（四）第一款第（六）项所称纪念馆、博物馆、文化馆、文物保护单位管理机构、美术馆、展览馆、书画院、图书馆举办文化活动，是指这些单位在自己的场所举办的属于文化体育业税目征税范围的文化活动。其门票收入，是指销售第一道门票的收入。宗教场所举办文化、宗教活动的门票收入，是指寺院、宫观、清真寺和教堂举办文化、宗教活动销售门票的收入。

（五）第一款第（七）项所称为出口货物提供的保险产品，包括出口货物保险和出口信用保险。

第二十三条 条例第十条所称营业税起征点，是指纳税人营业额合计达到起征点。

营业税起征点的适用范围限于个人。

营业税起征点的幅度规定如下：

（一）按期纳税的，为月营业额 5000—20000 元；

（二）按次纳税的，为每次（日）营业额 300—500 元。

省、自治区、直辖市财政厅（局）、税务局应当在规定的幅度内，根据实际情况确定本地区适用的起征点，并报财政部、国家税务总局备案。

第二十四条　条例第十二条所称收讫营业收入款项，是指纳税人应税行为发生过程中或者完成后收取的款项。

条例第十二条所称取得索取营业收入款项凭据的当天，为书面合同确定的付款日期的当天；未签订书面合同或者书面合同未确定付款日期的，为应税行为完成的当天。

第二十五条　纳税人转让土地使用权或者销售不动产，采取预收款方式的，其纳税义务发生时间为收到预收款的当天。

纳税人提供建筑业或者租赁业劳务，采取预收款方式的，其纳税义务发生时间为收到预收款的当天。

纳税人发生本细则第五条所称将不动产或者土地使用权无偿赠送其他单位或者个人的，其纳税义务发生时间为不动产所有权、土地使用权转移的当天。

纳税人发生本细则第五条所称自建行为的，其纳税义务发生时间为销售自建建筑物的纳税义务发生时间。

第二十六条　按照条例第十四条规定，纳税人应当向应税劳务发生地、土地或者不动产所在地的主管税务机关申报纳税而自应当申报纳税之月起超过 6 个月没有申报纳税的，由其机构所在地或者居住地的主管税务机关补征税款。

第二十七条　银行、财务公司、信托投资公司、信用社、外国企业常驻代表机构的纳税期限为 1 个季度。

第二十八条　本细则自 2009 年 1 月 1 日起施行。

财政部、国家税务总局关于跨境设备租赁合同继续实行过渡性营业税免税政策的通知

财税〔2011〕48 号

各省、自治区、直辖市、计划单列市财政厅（局）、地方税务局，北京、西藏、宁夏、青海省（自治区、直辖市）国家税务局，新疆生产建设兵团财务局：

经国务院批准，现对 2008 年 12 月 31 日前签订的并在此前尚未执行完毕的境外向境内出租设备合同（以下简称跨境设备租赁老合同）有关营业税政策通知如下：

一、自 2010 年 1 月 1 日起至合同到期日，对境外单位或个人执行跨境设备租赁老合同（包括融资租赁和经营性租赁老合同）取得的收入，继续实行免征营业税的过渡政策。

二、跨境设备租赁老合同是指同时符合以下条件的合同：

（一）2008 年 12 月 31 日前（含）以书面形式订立，且租赁期限超过 365 天；

（二）合同标的物为飞机、船舶、飞机发动机、大型发电设备、机械设备、大型环保设备、大型建筑施工机械、大型石油化工成套设备、集装箱及其他设备，且合同约定的年均租赁费不低于 50 万元人民币；

（三）合同标的物、租赁期限、租金条款不发生变更；

合同标的物、租赁期限、租金条款未变更而出租人发生变更的，仍属于本通知所称跨境设备租赁老合同。

（四）2009 年 12 月 31 日前（含）境内承租人（或通过其境外所属公司）按合同约定的金额已通过金融机构向境外出租人以外汇形式支付了租金（包括保证金或押金，下同）。

三、境内承租方应于 2011 年 9 月 30 日前持跨境设备租赁老合同、已付租金的付款

凭证及出租方相应的发票（或账单）的原件和复印件，以及主管税务机关要求的其他材料到主管税务机关办理备案手续。

四、自2010年1月1日至发文之日，纳税人已缴、多缴或扣缴义务人已扣缴、多扣缴的上述应予免征的营业税税款，允许其从以后应缴或应扣缴的营业税税款中抵减，2011年年底前抵减不完的予以退税。

财政部

国家税务总局

二〇一一年六月十日

第 9 章　增值税

中华人民共和国增值税暂行条例实施细则

2008 年 12 月 18 日财政部、国家税务总局令第 50 号公布，根据 2011 年 10 月 28 日《关于修改〈中华人民共和国增值税暂行条例实施细则〉和〈中华人民共和国营业税暂行条例实施细则〉的决定》修订，以财政部令第 65 号发布

第一条　根据《中华人民共和国增值税暂行条例》（以下简称条例），制定本细则。

第二条　条例第一条所称货物，是指有形动产，包括电力、热力、气体在内。

条例第一条所称加工，是指受托加工货物，即委托方提供原料及主要材料，受托方按照委托方的要求，制造货物并收取加工费的业务。

条例第一条所称修理修配，是指受托对损伤和丧失功能的货物进行修复，使其恢复原状和功能的业务。

第三条　条例第一条所称销售货物，是指有偿转让货物的所有权。

条例第一条所称提供加工、修理修配劳务（以下称应税劳务），是指有偿提供加工、修理修配劳务。单位或者个体工商户聘用的员工为本单位或者雇主提供加工、修理修配劳务，不包括在内。

本细则所称有偿，是指从购买方取得货币、货物或者其他经济利益。

第四条　单位或者个体工商户的下列行为，视同销售货物：

（一）将货物交付其他单位或者个人代销；

（二）销售代销货物；

（三）设有两个以上机构并实行统一核算的纳税人，将货物从一个机构移送其他机构用于销售，但相关机构设在同一县（市）的除外；

（四）将自产或者委托加工的货物用于非增值税应税项目；

（五）将自产、委托加工的货物用于集体福利或者个人消费；

（六）将自产、委托加工或者购进的货物作为投资，提供给其他单位或者个体工商户；

（七）将自产、委托加工或者购进的货物分配给股东或者投资者；

（八）将自产、委托加工或者购进的货物无偿赠送其他单位或者个人。

第五条　一项销售行为如果既涉及货物又涉及非增值税应税劳务，为混合销售行为。除本细则第六条的规定外，从事货物的生产、批发或者零售的企业、企业性单位和个体工商户的混合销售行为，视为销售货物，应当缴纳增值税；其他单位和个人的混合销售行为，视为销售非增值税应税劳务，不缴纳增值税。

本条第一款所称非增值税应税劳务，是指属于应缴营业税的交通运输业、建筑业、金融保险业、邮电通信业、文化体育业、娱乐业、服务业税目征收范围的劳务。

本条第一款所称从事货物的生产、批发或者零售的企业、企业性单位和个体工商户，包括以从事货物的生产、批发或者零售为主，并兼营非增值税应税劳务的单位和个体工商户在内。

第六条　纳税人的下列混合销售行为，应当分别核算货物的销售额和非增值税应税

劳务的营业额，并根据其销售货物的销售额计算缴纳增值税，非增值税应税劳务的营业额不缴纳增值税；未分别核算的，由主管税务机关核定其货物的销售额：

（一）销售自产货物并同时提供建筑业劳务的行为；

（二）财政部、国家税务总局规定的其他情形。

第七条 纳税人兼营非增值税应税项目的，应分别核算货物或者应税劳务的销售额和非增值税应税项目的营业额；未分别核算的，由主管税务机关核定货物或者应税劳务的销售额。

第八条 条例第一条所称在中华人民共和国境内（以下简称境内）销售货物或者提供加工、修理修配劳务，是指：

（一）销售货物的起运地或者所在地在境内；

（二）提供的应税劳务发生在境内。

第九条 条例第一条所称单位，是指企业、行政单位、事业单位、军事单位、社会团体及其他单位。

条例第一条所称个人，是指个体工商户和其他个人。

第十条 单位租赁或者承包给其他单位或者个人经营的，以承租人或者承包人为纳税人。

第十一条 小规模纳税人以外的纳税人（以下称一般纳税人）因销售货物退回或者折让而退还给购买方的增值税额，应从发生销售货物退回或者折让当期的销项税额中扣减；因购进货物退出或者折让而收回的增值税额，应从发生购进货物退出或者折让当期的进项税额中扣减。

一般纳税人销售货物或者应税劳务，开具增值税专用发票后，发生销售货物退回或者折让、开票有误等情形，应按国家税务总局的规定开具红字增值税专用发票。未按规定开具红字增值税专用发票的，增值税额不得从销项税额中扣减。

第十二条 条例第六条第一款所称价外费用，包括价外向购买方收取的手续费、补贴、基金、集资费、返还利润、奖励费、违约金、滞纳金、延期付款利息、赔偿金、代收款项、代垫款项、包装费、包装物租金、储备费、优质费、运输装卸费以及其他各种性质的价外收费。但下列项目不包括在内：

（一）受托加工应征消费税的消费品所代收代缴的消费税；

（二）同时符合以下条件的代垫运输费用：

1. 承运部门的运输费用发票开具给购买方的；

2. 纳税人将该项发票转交给购买方的。

（三）同时符合以下条件代为收取的政府性基金或者行政事业性收费：

1. 由国务院或者财政部批准设立的政府性基金，由国务院或者省级人民政府及其财政、价格主管部门批准设立的行政事业性收费；

2. 收取时开具省级以上财政部门印制的财政票据；

3. 所收款项全额上缴财政。

（四）销售货物的同时代办保险等而向购买方收取的保险费，以及向购买方收取的代购买方缴纳的车辆购置税、车辆牌照费。

第十三条 混合销售行为依照本细则第五条规定应当缴纳增值税的，其销售额为货物的销售额与非增值税应税劳务营业额的合计。

第十四条 一般纳税人销售货物或者应税劳务，采用销售额和销项税额合并定价方法的，按下列公式计算销售额：

销售额 = 含税销售额 ÷（1+ 税率）

第十五条　纳税人按人民币以外的货币结算销售额的，其销售额的人民币折合率可以选择销售额发生的当天或者当月 1 日的人民币汇率中间价。纳税人应在事先确定采用何种折合率，确定后 1 年内不得变更。

第十六条　纳税人有条例第七条所称价格明显偏低并无正当理由或者有本细则第四条所列视同销售货物行为而无销售额者，按下列顺序确定销售额：

（一）按纳税人最近时期同类货物的平均销售价格确定；

（二）按其他纳税人最近时期同类货物的平均销售价格确定；

（三）按组成计税价格确定。组成计税价格的公式为：

组成计税价格 = 成本 ×（1+ 成本利润率）

属于应征消费税的货物，其组成计税价格中应加计消费税额。

公式中的成本是指：销售自产货物的为实际生产成本，销售外购货物的为实际采购成本。公式中的成本利润率由国家税务总局确定。

第十七条　条例第八条第二款第（三）项所称买价，包括纳税人购进农产品在农产品收购发票或者销售发票上注明的价款和按规定缴纳的烟叶税。

第十八条　条例第八条第二款第（四）项所称运输费用金额，是指运输费用结算单据上注明的运输费用（包括铁路临管线及铁路专线运输费用）、建设基金，不包括装卸费、保险费等其他杂费。

第十九条　条例第九条所称增值税扣税凭证，是指增值税专用发票、海关进口增值税专用缴款书、农产品收购发票和农产品销售发票以及运输费用结算单据。

第二十条　混合销售行为依照本细则第五条规定应当缴纳增值税的，该混合销售行为所涉及的非增值税应税劳务所用购进货物的进项税额，符合条例第八条规定的，准予从销项税额中抵扣。

第二十一条　条例第十条第（一）项所称购进货物，不包括既用于增值税应税项目（不含免征增值税项目）也用于非增值税应税项目、免征增值税（以下简称免税）项目、集体福利或者个人消费的固定资产。

前款所称固定资产，是指使用期限超过 12 个月的机器、机械、运输工具以及其他与生产经营有关的设备、工具、器具等。

第二十二条　条例第十条第（一）项所称个人消费包括纳税人的交际应酬消费。

第二十三条　条例第十条第（一）项和本细则所称非增值税应税项目，是指提供非增值税应税劳务、转让无形资产、销售不动产和不动产在建工程。

前款所称不动产是指不能移动或者移动后会引起性质、形状改变的财产，包括建筑物、构筑物和其他土地附着物。

纳税人新建、改建、扩建、修缮、装饰不动产，均属于不动产在建工程。

第二十四条　条例第十条第（二）项所称非正常损失，是指因管理不善造成被盗、丢失、霉烂变质的损失。

第二十五条　纳税人自用的应征消费税的摩托车、汽车、游艇，其进项税额不得从销项税额中抵扣。

第二十六条　一般纳税人兼营免税项目或者非增值税应税劳务而无法划分不得抵扣的进项税额的，按下列公式计算不得抵扣的进项税额：

不得抵扣的进项税额 = 当月无法划分的全部进项税额 × 当月免税项目销售额、非增值税应税劳务营业额合计 ÷ 当月全部销售额、营业额合计

第二十七条 已抵扣进项税额的购进货物或者应税劳务，发生条例第十条规定的情形的（免税项目、非增值税应税劳务除外），应当将该项购进货物或者应税劳务的进项税额从当期的进项税额中扣减；无法确定该项进项税额的，按当期实际成本计算应扣减的进项税额。

第二十八条 条例第十一条所称小规模纳税人的标准为：

（一）从事货物生产或者提供应税劳务的纳税人，以及以从事货物生产或者提供应税劳务为主，并兼营货物批发或者零售的纳税人，年应征增值税销售额（以下简称应税销售额）在50万元以下（含本数，下同）的；

（二）除本条第一款第（一）项规定以外的纳税人，年应税销售额在80万元以下的。

本条第一款所称以从事货物生产或者提供应税劳务为主，是指纳税人的年货物生产或者提供应税劳务的销售额占年应税销售额的比重在50%以上。

第二十九条 年应税销售额超过小规模纳税人标准的其他个人按小规模纳税人纳税；非企业性单位、不经常发生应税行为的企业可选择按小规模纳税人纳税。

第三十条 小规模纳税人的销售额不包括其应纳税额。

小规模纳税人销售货物或者应税劳务采用销售额和应纳税额合并定价方法的，按下列公式计算销售额：

销售额 = 含税销售额 ÷（1+ 征收率）

第三十一条 小规模纳税人因销售货物退回或者折让退还给购买方的销售额，应从发生销售货物退回或者折让当期的销售额中扣减。

第三十二条 条例第十三条和本细则所称会计核算健全，是指能够按照国家统一的会计制度规定设置账簿，根据合法、有效凭证核算。

第三十三条 除国家税务总局另有规定外，纳税人一经认定为一般纳税人后，不得转为小规模纳税人。

第三十四条 有下列情形之一者，应按销售额依照增值税税率计算应纳税额，不得抵扣进项税额，也不得使用增值税专用发票：

（一）一般纳税人会计核算不健全，或者不能够提供准确税务资料的；

（二）除本细则第二十九条规定外，纳税人销售额超过小规模纳税人标准，未申请办理一般纳税人认定手续的。

第三十五条 条例第十五条规定的部分免税项目的范围，限定如下：

（一）第一款第（一）项所称农业，是指种植业、养殖业、林业、牧业、水产业。

农业生产者，包括从事农业生产的单位和个人。

农产品，是指初级农产品，具体范围由财政部、国家税务总局确定。

（二）第一款第（三）项所称古旧图书，是指向社会收购的古书和旧书。

（三）第一款第（七）项所称自己使用过的物品，是指其他个人自己使用过的物品。

第三十六条 纳税人销售货物或者应税劳务适用免税规定的，可以放弃免税，依照条例的规定缴纳增值税。放弃免税后，36个月内不得再申请免税。

第三十七条 增值税起征点的适用范围限于个人。

增值税起征点的幅度规定如下：

（一）销售货物的，为月销售额5000—20000元；

（二）销售应税劳务的，为月销售额5000—20000元；

（三）按次纳税的，为每次（日）销售额300—500元。

前款所称销售额，是指本细则第三十条第一款所称小规模纳税人的销售额。

省、自治区、直辖市财政厅（局）和国家税务局应在规定的幅度内，根据实际情况确定本地区适用的起征点，并报财政部、国家税务总局备案。

第三十八条 条例第十九条第一款第（一）项规定的收讫销售款项或者取得索取销售款项凭据的当天，按销售结算方式的不同，具体为：

（一）采取直接收款方式销售货物，不论货物是否发出，均为收到销售款或者取得索取销售款凭据的当天；

（二）采取托收承付和委托银行收款方式销售货物，为发出货物并办妥托收手续的当天；

（三）采取赊销和分期收款方式销售货物，为书面合同约定的收款日期的当天，无书面合同的或者书面合同没有约定收款日期的，为货物发出的当天；

（四）采取预收货款方式销售货物，为货物发出的当天，但生产销售生产工期超过12个月的大型机械设备、船舶、飞机等货物，为收到预收款或者书面合同约定的收款日期的当天；

（五）委托其他纳税人代销货物，为收到代销单位的代销清单或者收到全部或者部分货款的当天。未收到代销清单及货款的，为发出代销货物满180天的当天；

（六）销售应税劳务，为提供劳务同时收讫销售款或者取得索取销售款的凭据的当天；

（七）纳税人发生本细则第四条第（三）项至第（八）项所列视同销售货物行为，为货物移送的当天。

第三十九条 条例第二十三条以1个季度为纳税期限的规定仅适用于小规模纳税人。小规模纳税人的具体纳税期限，由主管税务机关根据其应纳税额的大小分别核定。

第四十条 本细则自2009年1月1日起施行。

关于调整增值税即征即退优惠政策管理措施有关问题的公告

国家税务总局公告2011年第60号

为加快退税进度，提高纳税人资金使用效率，扶持企业发展，税务总局决定调整增值税即征即退企业实施先评估后退税的管理措施。现将有关问题公告如下：

一、将增值税即征即退优惠政策的管理措施由先评估后退税改为先退税后评估。

二、主管税务机关应进一步加强对即征即退企业增值税退税的事后管理，根据以下指标定期开展纳税评估。

（一）销售额变动率的计算公式：

1. 本期销售额环比变动率 =（本期即征即退货物和劳务销售额 - 上期即征即退货物和劳务销售额）÷ 上期即征即退货物和劳务销售额 ×100%。

2. 本期累计销售额环比变动率 =（本期即征即退货物和劳务累计销售额 - 上期即征即退货物和劳务累计销售额）÷ 上期即征即退货物和劳务累计销售额 ×100%。

3. 本期销售额同比变动率 =（本期即征即退货物和劳务销售额 - 去年同期即征即退货物和劳务销售额）÷ 去年同期即征即退货物和劳务销售额 ×100%。

4. 本期累计销售额同比变动率 =（本期即征即退货物和劳务累计销售额 - 去年同期即征即退货物和劳务累计销售额）÷ 去年同期即征即退货物和劳务累计销售额 ×100%。

（二）增值税税负率的计算公式：

增值税税负率 = 本期即征即退货物和劳务应纳税额 ÷ 本期即征即退货物和劳务销售

额 ×100%。

三、各地可根据不同的即征即退项目设计、完善评估指标。主管税务机关通过纳税评估发现企业异常情况的，应及时核实原因并按相关规定处理。

四、本公告自 2011 年 12 月 1 日起施行。《国家税务总局关于增值税即征即退实施先评估后退税有关问题的通知》（国税函〔2009〕432 号）同时废止。

特此公告。

国家税务总局

二〇一一年十一月十四日

财政部、国家税务总局关于印发《营业税改征增值税试点方案》的通知

财税〔2011〕110 号

各省、自治区、直辖市、计划单列市财政厅（局）、国家税务局、地方税务局，新疆生产建设兵团财务局：

《营业税改征增值税试点方案》已经国务院同意，现印发你们，请遵照执行。

附件：营业税改征增值税试点方案

财政部

国家税务总局

二〇一一年十一月十六日

附件

营业税改征增值税试点方案

根据党的十七届五中全会精神，按照《中华人民共和国国民经济和社会发展第十二个五年规划纲要》确定的税制改革目标和 2011 年《政府工作报告》的要求，制定本方案。

一、指导思想和基本原则

（一）指导思想。

建立健全有利于科学发展的税收制度，促进经济结构调整，支持现代服务业发展。

（二）基本原则。

1. 统筹设计、分步实施。正确处理改革、发展、稳定的关系，统筹兼顾经济社会发展要求，结合全面推行改革需要和当前实际，科学设计，稳步推进。

2. 规范税制、合理负担。在保证增值税规范运行的前提下，根据财政承受能力和不同行业发展特点，合理设置税制要素，改革试点行业总体税负不增加或略有下降，基本消除重复征税。

3. 全面协调、平稳过渡。妥善处理试点前后增值税与营业税政策的衔接、试点纳税人与非试点纳税人税制的协调，建立健全适应第三产业发展的增值税管理体系，确保改革试点有序运行。

二、改革试点的主要内容

（一）改革试点的范围与时间。

1. 试点地区。综合考虑服务业发展状况、财政承受能力、征管基础条件等因素，先期选择经济辐射效应明显、改革示范作用较强的地区开展试点。

2. 试点行业。试点地区先在交通运输业、部分现代服务业等生产性服务业开展试点，逐步推广至其他行业。条件成熟时，可选择部分行业在全国范围内进行全行业试点。

3. 试点时间。2012 年 1 月 1 日开始试点，并根据情况及时完善方案，择机扩大试点范围。

（二）改革试点的主要税制安排。

1. 税率。在现行增值税 17% 标准税率和 13% 低税率基础上，新增 11% 和 6% 两档低税率。租赁有形动产等适用 17% 税率，交通运输业、建筑业等适用 11% 税率，其他部分现代服务业适用 6% 税率。

2. 计税方式。交通运输业、建筑业、邮电通信业、现代服务业、文化体育业、销售不动产和转让无形资产，原则上适用增值税一般计税方法。金融保险业和生活性服务业，原则上适用增值税简易计税方法。

3. 计税依据。纳税人计税依据原则上为发生应税交易取得的全部收入。对一些存在大量代收转付或代垫资金的行业，其代收代垫金额可予以合理扣除。

4. 服务贸易进出口。服务贸易进口在国内环节征收增值税，出口实行零税率或免税制度。

（三）改革试点期间过渡性政策安排。

1. 税收收入归属。试点期间保持现行财政体制基本稳定，原归属试点地区的营业税收入，改征增值税后收入仍归属试点地区，税款分别入库。因试点产生的财政减收，按现行财政体制由中央和地方分别负担。

2. 税收优惠政策过渡。国家给予试点行业的原营业税优惠政策可以延续，但对于通过改革能够解决重复征税问题的，予以取消。试点期间针对具体情况采取适当的过渡政策。

3. 跨地区税种协调。试点纳税人以机构所在地作为增值税纳税地点，其在异地缴纳的营业税，允许在计算缴纳增值税时抵减。非试点纳税人在试点地区从事经营活动的，继续按照现行营业税有关规定申报缴纳营业税。

4. 增值税抵扣政策的衔接。现有增值税纳税人向试点纳税人购买服务取得的增值税专用发票，可按现行规定抵扣进项税额。

三、组织实施

（一）财政部和国家税务总局根据本方案制定具体实施办法、相关政策和预算管理及缴库规定，做好政策宣传和解释工作。经国务院同意，选择确定试点地区和行业。

（二）营业税改征的增值税，由国家税务局负责征管。国家税务总局负责制定改革试点的征管办法，扩展增值税管理信息系统和税收征管信息系统，设计并统一印制货物运输业增值税专用发票，全面做好相关征管准备和实施工作。

财政部关于印发
《营业税改征增值税试点有关企业会计处理规定》的通知

财会〔2012〕13 号

财政部国务院有关部委、有关直属机构，各省、自治区、直辖市、计划单列市财政厅（局），新疆生产建设兵团财务局，财政部驻各省、自治区、直辖市、计划单列市财政监察专员办事处：

为配合营业税改征增值税试点工作，根据《财政部、国家税务总局关于印发〈营业税改征增值税试点方案〉的通知》（财税〔2011〕110号）等相关规定，我们制定了《营业税改征增值税试点有关企业会计处理规定》，请布置本地区相关企业执行。执行中有何问题，请及时反馈我部。

附件：营业税改征增值税试点有关企业会计处理规定

财政部

2012年7月5日

附件

营业税改征增值税试点有关企业会计处理规定

根据“财政部、国家税务总局关于印发《营业税改征增值税试点方案》的通知”（财税〔2011〕110号）等相关规定，现就营业税改征增值税试点有关企业会计处理规定如下：

一、试点纳税人差额征税的会计处理

（一）一般纳税人的会计处理

一般纳税人提供应税服务，试点期间按照营业税改征增值税有关规定允许从销售额中扣除其支付给非试点纳税人价款的，应在“应交税费——应交增值税”科目下增设“营改增抵减的销项税额”专栏，用于记录该企业因按规定扣减销售额而减少的销项税额；同时，“主营业务收入”、“主营业务成本”等相关科目应按经营业务的种类进行明细核算。

企业接受应税服务时，按规定允许扣减销售额而减少的销项税额，借记“应交税费——应交增值税（营改增抵减的销项税额）”科目，按实际支付或应付的金额与上述增值税额的差额，借记“主营业务成本”等科目，按实际支付或应付的金额，贷记“银行存款”、“应付账款”等科目。

对于期末一次性进行账务处理的企业，期末，按规定当期允许扣减销售额而减少的销项税额，借记“应交税费——应交增值税（营改增抵减的销项税额）”科目，贷记“主营业务成本”等科目。

（二）小规模纳税人的会计处理

小规模纳税人提供应税服务，试点期间按照营业税改征增值税有关规定允许从销售额中扣除其支付给非试点纳税人价款的，按规定扣减销售额而减少的应交增值税应直接冲减“应交税费——应交增值税”科目。

企业接受应税服务时，按规定允许扣减销售额而减少的应交增值税，借记“应交税费——应交增值税”科目，按实际支付或应付的金额与上述增值税额的差额，借记“主营业务成本”等科目，按实际支付或应付的金额，贷记“银行存款”、“应付账款”等科目。

对于期末一次性进行账务处理的企业，期末，按规定当期允许扣减销售额而减少的应交增值税，借记“应交税费——应交增值税”科目，贷记“主营业务成本”等科目。

二、增值税期末留抵税额的会计处理

试点地区兼有应税服务的原增值税一般纳税人，截止到开始试点当月月初的增值税留抵税额按照营业税改征增值税有关规定不得从应税服务的销项税额中抵扣的，应在“应交税费”科目下增设“增值税留抵税额”明细科目。

开始试点当月月初，企业应按不得从应税服务的销项税额中抵扣的增值税留抵税额，借记“应交税费——增值税留抵税额”科目，贷记“应交税费——应交增值税（进项税额转出）”科目。待以后期间允许抵扣时，按允许抵扣的金额，借记“应交税费——应交增值税（进项税额）”科目，贷记“应交税费——增值税留抵税额”科目。

“应交税费——增值税留抵税额”科目期末余额应根据其流动性在资产负债表中的“其他流动资产”项目或“其他非流动资产”项目列示。

三、取得过渡性财政扶持资金的会计处理

试点纳税人在新老税制转换期间因实际税负增加而向财税部门申请取得财政扶持资金的，期末有确凿证据表明企业能够符合财政扶持政策规定的相关条件且预计能够收到财政扶持资金时，按应收的金额，借记“其他应收款”等科目，贷记“营业外收入”科目。待实际收到财政扶持资金时，按实际收到的金额，借记“银行存款”等科目，贷记“其他应收款”等科目。

四、增值税税控系统专用设备和技术维护费用抵减增值税额的会计处理

（一）增值税一般纳税人的会计处理

按税法有关规定，增值税一般纳税人初次购买增值税税控系统专用设备支付的费用以及缴纳的技术维护费允许在增值税应纳税额中全额抵减的，应在“应交税费——应交增值税”科目下增设“减免税款”专栏，用于记录该企业按规定抵减的增值税应纳税额。

企业购入增值税税控系统专用设备，按实际支付或应付的金额，借记“固定资产”科目，贷记“银行存款”、“应付账款”等科目。按规定抵减的增值税应纳税额，借记“应交税费——应交增值税（减免税款）”科目，贷记“递延收益”科目。按期计提折旧，借记“管理费用”等科目，贷记“累计折旧”科目；同时，借记“递延收益”科目，贷记“管理费用”等科目。

企业发生技术维护费，按实际支付或应付的金额，借记“管理费用”等科目，贷记“银行存款”等科目。按规定抵减的增值税应纳税额，借记“应交税费——应交增值税（减免税款）”科目，贷记“管理费用”等科目。

（二）小规模纳税人的会计处理

按税法有关规定，小规模纳税人初次购买增值税税控系统专用设备支付的费用以及缴纳的技术维护费允许在增值税应纳税额中全额抵减的，按规定抵减的增值税应纳税额应直接冲减“应交税费——应交增值税”科目。

企业购入增值税税控系统专用设备，按实际支付或应付的金额，借记“固定资产”科目，贷记“银行存款”、“应付账款”等科目。按规定抵减的增值税应纳税额，借记“应交税费——应交增值税”科目，贷记“递延收益”科目。按期计提折旧，借记“管理费用”等科目，贷记“累计折旧”科目；同时，借记“递延收益”科目，贷记“管理费用”等科目。

企业发生技术维护费，按实际支付或应付的金额，借记“管理费用”等科目，贷记“银行存款”等科目。按规定抵减的增值税应纳税额，借记“应交税费——应交增值税”科目，贷记“管理费用”等科目。“应交税费——应交增值税”科目期末如为借方余额，应根据其流动性在资产负债表中的“其他流动资产”项目或“其他非流动资产”项目列示；如为贷方余额，应在资产负债表中的“应交税费”项目列示。

财政部、国家税务总局关于调整进口飞机有关增值税政策的通知

财关税〔2013〕53号

海关总署、民航局：

经国务院批准，自2013年8月30日起，对按此前规定所有减按4%征收进口环节增值税的空载重量在25吨以上的进口飞机，调整为按5%征收进口环节增值税。同时，停止执行《财政部、国家税务总局关于调整国内航空公司进口飞机有关增值税政策的通

知》（财关税〔2004〕43号）。

财政部
国家税务总局
2013年8月29日

海关总署关于调整进口飞机进口环节增值税有关问题的通知

署税发〔2013〕90号

各直属海关：

经国务院批准，自2013年8月30日起，对按此前规定所有减按4%征收进口环节增值税的空载重量在25吨以上的进口飞机，调整为按5%征收进口环节增值税。现将有关问题通知如下：

一、自2013年8月30日起，对国内从事航空运输业的航空公司进口的空载重量在25吨以上的客货运飞机，以及有关海关特殊监管区域内的租赁公司或租赁公司设立的项目子公司进口并租赁给国内航空公司使用的上述飞机，一律减按5%征收进口环节增值税。

对此前已经进口的上述飞机，2013年8月30日及以后申报分期缴纳税款的，也应减按5%征收进口环节增值税。

二、上述进口飞机由有关企业所在地直属海关（以下简称主管海关）负责办理减免税审批手续。经审核符合免税条件的，由主管海关出具《中华人民共和国海关进出口货物征免税证明》（以下简称《征免税证明》），进口地海关凭以办理有关减免税进口手续。

三、2013年8月30日前，对上述进口飞机海关已出具《征免税证明》，但飞机尚未申报进口的，该《征免税证明》作废，并按本通知及相关规定重新出具《征免税证明》。

四、自2013年8月30日起，《海关总署关于调整国内航空公司进口飞机增值税政策的通知》（署税发〔2004〕352号）废止。

特此通知。

2013年8月29日

关于将铁路运输和邮政业纳入营业税改征增值税试点的通知（节录）

财税〔2013〕106号

各省、自治区、直辖市、计划单列市财政厅（局）、国家税务局、地方税务局，新疆生产建设兵团财务局：

经国务院批准，铁路运输和邮政业纳入营业税改征增值税（以下称营改增）试点。结合交通运输业和部分现代服务业营改增试点运行中反映的问题，我们对营改增试点政策进行了修改完善。现将有关试点政策一并印发你们，请遵照执行。

一、自2014年1月1日起，在全国范围内开展铁路运输和邮政业营改增试点。

二、各地要高度重视营改增试点工作，切实加强试点工作的组织领导，周密安排，明确责任，采取各种有效措施，做好试点前的各项准备以及试点过程中的监测分析和宣传解释等工作，确保改革的平稳、有序、顺利进行。遇到问题请及时向财政部和国家税务总局反映。

三、本通知附件规定的内容，除另有规定执行时间外，自2014年1月1日起执行。《财政部、国家税务总局关于在全国开展交通运输业和部分现代服务业营业税改征增值税试点税收政策的通知》（财税〔2013〕37号）自2014年1月1日起废止。

附件：1. 营业税改征增值税试点实施办法

2. 营业税改征增值税试点有关事项的规定

3. 营业税改征增值税试点过渡政策的规定

4. 应税服务适用增值税零税率和免税政策的规定

财政部

国家税务总局

2013年12月12日

附件1

营业税改征增值税试点实施办法

第一章　纳税人和扣缴义务人

第一条　在中华人民共和国境内（以下称境内）提供交通运输业、邮政业和部分现代服务业服务（以下称应税服务）的单位和个人，为增值税纳税人。纳税人提供应税服务，应当按照本办法缴纳增值税，不再缴纳营业税。

单位，是指企业、行政单位、事业单位、军事单位、社会团体及其他单位。

个人，是指个体工商户和其他个人。

第二条　单位以承包、承租、挂靠方式经营的，承包人、承租人、挂靠人（以下统称承包人）以发包人、出租人、被挂靠人（以下统称发包人）名义对外经营并由发包人承担相关法律责任的，以该发包人为纳税人。否则，以承包人为纳税人。

第三条　纳税人分为一般纳税人和小规模纳税人。

应税服务的年应征增值税销售额（以下称应税服务年销售额）超过财政部和国家税务总局规定标准的纳税人为一般纳税人，未超过规定标准的纳税人为小规模纳税人。

应税服务年销售额超过规定标准的其他个人不属于一般纳税人。应税服务年销售额超过规定标准但不经常提供应税服务的单位和个体工商户可选择按照小规模纳税人纳税。

第四条　未超过规定标准的纳税人会计核算健全，能够提供准确税务资料的，可以向主管税务机关申请一般纳税人资格认定，成为一般纳税人。

会计核算健全，是指能够按照国家统一的会计制度规定设置账簿，根据合法、有效凭证核算。

第五条　符合一般纳税人条件的纳税人应当向主管税务机关申请一般纳税人资格认定。具体认定办法由国家税务总局制定。

除国家税务总局另有规定外，一经认定为一般纳税人后，不得转为小规模纳税人。

第六条　中华人民共和国境外（以下称境外）的单位或者个人在境内提供应税服务，在境内未设有经营机构的，以其代理人为增值税扣缴义务人；在境内没有代理人的，以接受方为增值税扣缴义务人。

第七条 两个或者两个以上的纳税人，经财政部和国家税务总局批准可以视为一个纳税人合并纳税。具体办法由财政部和国家税务总局另行制定。

第二章 应税服务

第八条 应税服务，是指陆路运输服务、水路运输服务、航空运输服务、管道运输服务、邮政普遍服务、邮政特殊服务、其他邮政服务、研发和技术服务、信息技术服务、文化创意服务、物流辅助服务、有形动产租赁服务、鉴证咨询服务、广播影视服务。

应税服务的具体范围按照本办法所附的《应税服务范围注释》执行。

第九条 提供应税服务，是指有偿提供应税服务，但不包括非营业活动中提供的应税服务。

有偿，是指取得货币、货物或者其他经济利益。

非营业活动，是指：

（一）非企业性单位按照法律和行政法规的规定，为履行国家行政管理和公共服务职能收取政府性基金或者行政事业性收费的活动。

（二）单位或者个体工商户聘用的员工为本单位或者雇主提供应税服务。

（三）单位或者个体工商户为员工提供应税服务。

（四）财政部和国家税务总局规定的其他情形。

第十条 在境内提供应税服务，是指应税服务提供方或者接受方在境内。

下列情形不属于在境内提供应税服务：

（一）境外单位或者个人向境内单位或者个人提供完全在境外消费的应税服务。

（二）境外单位或者个人向境内单位或者个人出租完全在境外使用的有形动产。

（三）财政部和国家税务总局规定的其他情形。

第十一条 单位和个体工商户的下列情形，视同提供应税服务：

（一）向其他单位或者个人无偿提供交通运输业、邮政业和部分现代服务业服务，但以公益活动为目的或者以社会公众为对象的除外。

（二）财政部和国家税务总局规定的其他情形。

第三章 税率和征收率

第十二条 增值税税率：

（一）提供有形动产租赁服务，税率为17%。

（二）提供交通运输业服务、邮政业服务，税率为11%。

（三）提供现代服务业服务（有形动产租赁服务除外），税率为6%。

（四）财政部和国家税务总局规定的应税服务，税率为零。

第十三条 增值税征收率为3%。

第四章 应纳税额的计算

第一节 一般性规定

第十四条 增值税的计税方法，包括一般计税方法和简易计税方法。

第十五条 一般纳税人提供应税服务适用一般计税方法计税。

一般纳税人提供财政部和国家税务总局规定的特定应税服务，可以选择适用简易计税方法计税，但一经选择，36个月内不得变更。

第十六条 小规模纳税人提供应税服务适用简易计税方法计税。

第十七条 境外单位或者个人在境内提供应税服务，在境内未设有经营机构的，扣缴义务人按照下列公式计算应扣缴税额：

应扣缴税额＝接受方支付的价款 ÷（1+ 税率）× 税率

第二节 一般计税方法

第十八条 一般计税方法的应纳税额，是指当期销项税额抵扣当期进项税额后的余额。应纳税额计算公式：

应纳税额＝当期销项税额－当期进项税额

当期销项税额小于当期进项税额不足抵扣时，其不足部分可以结转下期继续抵扣。

第十九条 销项税额，是指纳税人提供应税服务按照销售额和增值税税率计算的增值税额。销项税额计算公式：

销项税额＝销售额 × 税率

第二十条 一般计税方法的销售额不包括销项税额，纳税人采用销售额和销项税额合并定价方法的，按照下列公式计算销售额：

销售额=含税销售额 ÷（1+ 税率）

第二十一条 进项税额，是指纳税人购进货物或者接受加工修理修配劳务和应税服务，支付或者负担的增值税额。

第二十二条 下列进项税额准予从销项税额中抵扣：

（一）从销售方或者提供方取得的增值税专用发票（含货物运输业增值税专用发票、税控机动车销售统一发票，下同）上注明的增值税额。

（二）从海关取得的海关进口增值税专用缴款书上注明的增值税额。

（三）购进农产品，除取得增值税专用发票或者海关进口增值税专用缴款书外，按照农产品收购发票或者销售发票上注明的农产品买价和13%的扣除率计算的进项税额。计算公式为：

进项税额＝买价 × 扣除率

买价，是指纳税人购进农产品在农产品收购发票或者销售发票上注明的价款和按照规定缴纳的烟叶税。

购进农产品，按照《农产品增值税进项税额核定扣除试点实施办法》抵扣进项税额的除外。

（四）接受境外单位或者个人提供的应税服务，从税务机关或者境内代理人取得的解缴税款的中华人民共和国税收缴款凭证（以下称税收缴款凭证）上注明的增值税额。

第二十三条 纳税人取得的增值税扣税凭证不符合法律、行政法规或者国家税务总局有关规定的，其进项税额不得从销项税额中抵扣。

增值税扣税凭证，是指增值税专用发票、海关进口增值税专用缴款书、农产品收购发票、农产品销售发票和税收缴款凭证。

纳税人凭税收缴款凭证抵扣进项税额的，应当具备书面合同、付款证明和境外单位的对账单或者发票。资料不全的，其进项税额不得从销项税额中抵扣。

第二十四条 下列项目的进项税额不得从销项税额中抵扣：

（一）用于简易计税方法计税项目、非增值税应税项目、免征增值税项目、集体福利或者个人消费的购进货物、接受加工修理修配劳务或者应税服务。其中涉及的固定资产、专利技术、非专利技术、商誉、商标、著作权、有形动产租赁，仅指专用于上述项目的固定资产、专利技术、非专利技术、商誉、商标、著作权、有形动产租赁。

（二）非正常损失的购进货物及相关的加工修理修配劳务或者交通运输业服务。

（三）非正常损失的在产品、产成品所耗用的购进货物（不包括固定资产）、加工修理修配劳务或者交通运输业服务。

（四）接受的旅客运输服务。

第二十五条 非增值税应税项目，是指非增值税应税劳务、转让无形资产（专利技术、非专利技术、商誉、商标、著作权除外）、销售不动产以及不动产在建工程。

非增值税应税劳务，是指《应税服务范围注释》所列项目以外的营业税应税劳务。

不动产，是指不能移动或者移动后会引起性质、形状改变的财产，包括建筑物、构筑物和其他土地附着物。

纳税人新建、改建、扩建、修缮、装饰不动产，均属于不动产在建工程。

个人消费，包括纳税人的交际应酬消费。

固定资产，是指使用期限超过12个月的机器、机械、运输工具以及其他与生产经营有关的设备、工具、器具等有形动产。

非正常损失，是指因管理不善造成被盗、丢失、霉烂变质的损失，以及被执法部门依法没收或者强令自行销毁的货物。

第二十六条 适用一般计税方法的纳税人，兼营简易计税方法计税项目、非增值税应税劳务、免征增值税项目而无法划分不得抵扣的进项税额，按照下列公式计算不得抵扣的进项税额：

不得抵扣的进项税额＝当期无法划分的全部进项税额×（当期简易计税方法计税项目销售额＋非增值税应税劳务营业额＋免征增值税项目销售额）÷（当期全部销售额＋当期全部营业额）

主管税务机关可以按照上述公式依据年度数据对不得抵扣的进项税额进行清算。

第二十七条 已抵扣进项税额的购进货物、接受加工修理修配劳务或者应税服务，发生本办法第二十四条规定情形（简易计税方法计税项目、非增值税应税劳务、免征增值税项目除外）的，应当将该进项税额从当期进项税额中扣减；无法确定该进项税额的，按照当期实际成本计算应扣减的进项税额。

第二十八条 纳税人提供的适用一般计税方法计税的应税服务，因服务中止或者折让而退还给购买方的增值税额，应当从当期的销项税额中扣减；发生服务中止、购进货物退出、折让而收回的增值税额，应当从当期的进项税额中扣减。

第二十九条 有下列情形之一者，应当按照销售额和增值税税率计算应纳税额，不得抵扣进项税额，也不得使用增值税专用发票：

（一）一般纳税人会计核算不健全，或者不能够提供准确税务资料的。

（二）应当申请办理一般纳税人资格认定而未申请的。

第三节 简易计税方法

第三十条 简易计税方法的应纳税额，是指按照销售额和增值税征收率计算的增值税额，不得抵扣进项税额。应纳税额计算公式：

应纳税额＝销售额×征收率

第三十一条 简易计税方法的销售额不包括其应纳税额，纳税人采用销售额和应纳税额合并定价方法的，按照下列公式计算销售额：

销售额＝含税销售额÷（1+征收率）

第三十二条 纳税人提供的适用简易计税方法计税的应税服务，因服务中止或者折让而退还给接受方的销售额，应当从当期销售额中扣减。扣减当期销售额后仍有余额造成多缴的税款，可以从以后的应纳税额中扣减。

第四节 销售额的确定

第三十三条 销售额，是指纳税人提供应税服务取得的全部价款和价外费用。

价外费用，是指价外收取的各种性质的价外收费，但不包括同时符合下列条件代为收取的政府性基金或者行政事业性收费：

1. 由国务院或者财政部批准设立的政府性基金，由国务院或者省级人民政府及其财政、价格主管部门批准设立的行政事业性收费；

2. 收取时开具省级以上财政部门印制的财政票据；

3. 所收款项全额上缴财政。

第三十四条　销售额以人民币计算。

纳税人按照人民币以外的货币结算销售额的，应当折合成人民币计算，折合率可以选择销售额发生的当天或者当月1日的人民币汇率中间价。纳税人应当在事先确定采用何种折合率，确定后12个月内不得变更。

第三十五条　纳税人提供适用不同税率或者征收率的应税服务，应当分别核算适用不同税率或者征收率的销售额；未分别核算的，从高适用税率。

第三十六条　纳税人兼营营业税应税项目的，应当分别核算应税服务的销售额和营业税应税项目的营业额；未分别核算的，由主管税务机关核定应税服务的销售额。

第三十七条　纳税人兼营免税、减税项目的，应当分别核算免税、减税项目的销售额；未分别核算的，不得免税、减税。

第三十八条　纳税人提供应税服务，开具增值税专用发票后，发生应税服务中止、折让、开票有误等情形的，应当按照国家税务总局的规定开具红字增值税专用发票；未按照规定开具红字增值税专用发票的，不得按照本办法第二十八条和第三十二条的规定扣减销项税额或者销售额。

第三十九条　纳税人提供应税服务，将价款和折扣额在同一张发票上分别注明的，以折扣后的价款为销售额；未在同一张发票上分别注明的，以价款为销售额，不得扣减折扣额。

第四十条　纳税人提供应税服务的价格明显偏低或者偏高且不具有合理商业目的的，或者发生本办法第十一条所列视同提供应税服务而无销售额的，主管税务机关有权按照下列顺序确定销售额：

（一）按照纳税人最近时期提供同类应税服务的平均价格确定。

（二）按照其他纳税人最近时期提供同类应税服务的平均价格确定。

（三）按照组成计税价格确定。组成计税价格的公式为：

组成计税价格=成本×（1+成本利润率）

成本利润率由国家税务总局确定。

第五章　纳税义务、扣缴义务发生时间和纳税地点

第四十一条　增值税纳税义务发生时间为：

（一）纳税人提供应税服务并收讫销售款项或者取得索取销售款项凭据的当天；先开具发票的，为开具发票的当天。

收讫销售款项，是指纳税人提供应税服务过程中或者完成后收到款项。

取得索取销售款项凭据的当天，是指书面合同确定的付款日期；未签订书面合同或者书面合同未确定付款日期的，为应税服务完成的当天。

（二）纳税人提供有形动产租赁服务采取预收款方式的，其纳税义务发生时间为收到预收款的当天。

（三）纳税人发生本办法第十一条视同提供应税服务的，其纳税义务发生时间为应税服务完成的当天。

（四）增值税扣缴义务发生时间为纳税人增值税纳税义务发生的当天。

第四十二条　增值税纳税地点为：

（一）固定业户应当向其机构所在地或者居住地主管税务机关申报纳税。总机构和分支机构不在同一县（市）的，应当分别向各自所在地的主管税务机关申报纳税；经财政部和国家

税务总局或者其授权的财政和税务机关批准，可以由总机构汇总向总机构所在地的主管税务机关申报纳税。

（二）非固定业户应当向应税服务发生地主管税务机关申报纳税；未申报纳税的，由其机构所在地或者居住地主管税务机关补征税款。

（三）扣缴义务人应当向其机构所在地或者居住地主管税务机关申报缴纳扣缴的税款。

第四十三条 增值税的纳税期限分别为1日、3日、5日、10日、15日、1个月或者1个季度。纳税人的具体纳税期限，由主管税务机关根据纳税人应纳税额的大小分别核定。以1个季度为纳税期限的规定适用于小规模纳税人以及财政部和国家税务总局规定的其他纳税人。不能按照固定期限纳税的，可以按次纳税。

纳税人以1个月或者1个季度为1个纳税期的，自期满之日起15日内申报纳税；以1日、3日、5日、10日或者15日为1个纳税期的，自期满之日起5日内预缴税款，于次月1日起15日内申报纳税并结清上月应纳税款。

扣缴义务人解缴税款的期限，按照前两款规定执行。

第六章 税收减免

第四十四条 纳税人提供应税服务适用免税、减税规定的，可以放弃免税、减税，依照本办法的规定缴纳增值税。放弃免税、减税后，36个月内不得再申请免税、减税。

纳税人提供应税服务同时适用免税和零税率规定的，优先适用零税率。

第四十五条 个人提供应税服务的销售额未达到增值税起征点的，免征增值税；达到起征点的，全额计算缴纳增值税。

增值税起征点不适用于认定为一般纳税人的个体工商户。

第四十六条 增值税起征点幅度如下：

（一）按期纳税的，为月销售额5000—20000元（含本数）。

（二）按次纳税的，为每次（日）销售额300—500元（含本数）。

起征点的调整由财政部和国家税务总局规定。省、自治区、直辖市财政厅（局）和国家税务局应当在规定的幅度内根据实际情况确定本地区适用的起征点，并报财政部和国家税务总局备案。

第七章 征收管理

第四十七条 营业税改征的增值税，由国家税务局负责征收。

第四十八条 纳税人提供适用零税率的应税服务，应当按期向主管税务机关申报办理退（免）税，具体办法由财政部和国家税务总局制定。

第四十九条 纳税人提供应税服务，应当向索取增值税专用发票的接受方开具增值税专用发票，并在增值税专用发票上分别注明销售额和销项税额。

属于下列情形之一的，不得开具增值税专用发票：

（一）向消费者个人提供应税服务。

（二）适用免征增值税规定的应税服务。

第五十条 小规模纳税人提供应税服务，接受方索取增值税专用发票的，可以向主管税务机关申请代开。

第五十一条 纳税人增值税的征收管理，按照本办法和《中华人民共和国税收征收管理法》及现行增值税征收管理有关规定执行。

第八章 附 则

第五十二条 纳税人应当按照国家统一的会计制度进行增值税会计核算。

第五十三条 本办法自2014年1月1日起执行。

附 应税服务范围注释

……

三、部分现代服务业

部分现代服务业，是指围绕制造业、文化产业、现代物流产业等提供技术性、知识性服务的业务活动。包括研发和技术服务、信息技术服务、文化创意服务、物流辅助服务、有形动产租赁服务、鉴证咨询服务、广播影视服务。

……

（五）有形动产租赁服务。

有形动产租赁，包括有形动产融资租赁和有形动产经营性租赁。

1. 有形动产融资租赁，是指具有融资性质和所有权转移特点的有形动产租赁业务活动。即出租人根据承租人所要求的规格、型号、性能等条件购入有形动产租赁给承租人，合同期内设备所有权属于出租人，承租人只拥有使用权，合同期满付清租金后，承租人有权按照残值购入有形动产，以拥有其所有权。不论出租人是否将有形动产残值销售给承租人，均属于融资租赁。

2. 有形动产经营性租赁，是指在约定时间内将物品、设备等有形动产转让他人使用且租赁物所有权不变更的业务活动。

远洋运输的光租业务、航空运输的干租业务，属于有形动产经营性租赁。

光租业务，是指远洋运输企业将船舶在约定的时间内出租给他人使用，不配备操作人员，不承担运输过程中发生的各项费用，只收取固定租赁费的业务活动。

干租业务，是指航空运输企业将飞机在约定的时间内出租给他人使用，不配备机组人员，不承担运输过程中发生的各项费用，只收取固定租赁费的业务活动。

……

附件 2 营业税改征增值税试点有关事项的规定

一、试点纳税人［指按照《营业税改征增值税试点实施办法》（以下称《试点实施办法》）缴纳增值税的纳税人］有关政策

……

（四）销售额。

1. 融资租赁企业。

（1）经中国人民银行、银监会或者商务部批准从事融资租赁业务的试点纳税人，提供有形动产融资性售后回租服务，以收取的全部价款和价外费用，扣除向承租方收取的有形动产价款本金，以及对外支付的借款利息（包括外汇借款和人民币借款利息）、发行债券利息后的余额为销售额。

融资性售后回租，是指承租方以融资为目的，将资产出售给从事融资租赁业务的企业后，又将该资产租回的业务活动。

试点纳税人提供融资性售后回租服务，向承租方收取的有形动产价款本金，不得开具增值税专用发票，可以开具普通发票。

（2）经中国人民银行、银监会或者商务部批准从事融资租赁业务的纳税人，提供除融资性售后回租以外的有形动产融资租赁服务，以收取的全部价款和价外费用，扣除支付的借款利息（包括外汇借款和人民币借款利息）、发行债券利息、保险费、安装费和车辆购置税后的余额为销售额。

（3）本规定自 2013 年 8 月 1 日起执行。商务部授权的省级商务主管部门和国家经济技术

开发区批准的从事融资租赁业务的试点纳税人，2013年12月31日前注册资本达到1.7亿元的，自2013年8月1日起，按照上述规定执行；2014年1月1日以后注册资本达到1.7亿元的，从达到该标准的次月起，按照上述规定执行。

2. 注册在北京市、天津市、上海市、江苏省、浙江省（含宁波市）、安徽省、福建省（含厦门市）、湖北省、广东省（含深圳市）等9省市的试点纳税人提供应税服务（不含有形动产融资租赁服务），在2013年8月1日前按有关规定以扣除支付价款后的余额为销售额的，此前尚未抵减的部分，允许在2014年6月30日前继续抵减销售额，到期抵减不完的不得继续抵减。

上述尚未抵减的价款，仅限于凭2013年8月1日前开具的符合规定的凭证计算的部分。

……

7. 试点纳税人从全部价款和价外费用中扣除价款，应当取得符合法律、行政法规和国家税务总局规定的有效凭证。否则，不得扣除。

上述凭证是指：

（1）支付给境内单位或者个人的款项，以发票为合法有效凭证。

（2）支付给境外单位或者个人的款项，以该单位或者个人的签收单据为合法有效凭证，税务机关对签收单据有疑义的，可以要求其提供境外公证机构的确认证明。

（3）缴纳的税款，以完税凭证为合法有效凭证。

（4）融资性售后回租服务中向承租方收取的有形动产价款本金，以承租方开具的发票为合法有效凭证。

（5）扣除政府性基金或者行政事业性收费，以省级以上财政部门印制的财政票据为合法有效凭证。

（6）国家税务总局规定的其他凭证。

……

（六）计税方法。

……

2. 试点纳税人中的一般纳税人，以该地区试点实施之日前购进或者自制的有形动产为标的物提供的经营租赁服务，试点期间可以选择按照简易计税方法计算缴纳增值税。

……

（七）试点前发生的业务。

1. 试点纳税人在本地区试点实施之日前签订的尚未执行完毕的租赁合同，在合同到期日之前继续按照现行营业税政策规定缴纳营业税。

2. 试点纳税人提供应税服务，按照国家有关营业税政策规定差额征收营业税的，因取得的全部价款和价外费用不足以抵减允许扣除项目金额，截至本地区试点实施之日尚未扣除的部分，不得在计算试点纳税人本地区试点实施之日后的销售额时予以抵减，应当向原主管地税机关申请退还营业税。

试点纳税人按照本条第（七）项中第1点规定继续缴纳营业税的有形动产租赁服务，不适用本规定。

3. 试点纳税人提供应税服务在本地区试点实施之日前已缴纳营业税，本地区试点实施之日（含）后因发生退款减除营业额的，应当向原主管地税机关申请退还已缴纳的营业税。

4. 试点纳税人本地区试点实施之日前提供的应税服务，因税收检查等原因需要补缴税款的，应按照现行营业税政策规定补缴营业税。

（八）销售使用过的固定资产。

按照《试点实施办法》和本规定认定的一般纳税人，销售自己使用过的本地区试点实施之日（含）后购进或者自制的固定资产，按照适用税率征收增值税；销售自己使用过的本地区试点实施之日前购进或者自制的固定资产，按照现行旧货相关增值税政策执行。

使用过的固定资产，是指纳税人根据财务会计制度已经计提折旧的固定资产。

……

附件 3　**营业税改征增值税试点过渡政策的规定**

……

二、下列项目实行增值税即征即退

……

（四）经中国人民银行、银监会或者商务部批准从事融资租赁业务的试点纳税人中的一般纳税人，提供有形动产融资租赁服务，在 2015 年 12 月 31 日前，对其增值税实际税负超过 3% 的部分实行增值税即征即退政策。商务部授权的省级商务主管部门和国家经济技术开发区批准的从事融资租赁业务的试点纳税人中的一般纳税人，2013 年 12 月 31 日前注册资本达到 1.7 亿元的，自 2013 年 8 月 1 日起，按照上述规定执行；2014 年 1 月 1 日以后注册资本达到 1.7 亿元的，从达到该标准的次月起，按照上述规定执行。

三、本规定所称增值税实际税负，是指纳税人当期提供应税服务实际缴纳的增值税额占纳税人当期提供应税服务取得的全部价款和价外费用的比例。

四、本地区试点实施之日前，如果试点纳税人已经按照有关政策规定享受了营业税税收优惠，在剩余税收优惠政策期限内，按照本规定享受有关增值税优惠。

附：离岸服务外包业务（略）

附件 4　**应税服务适用增值税零税率和免税政策的规定**

……

七、境内的单位和个人提供的下列应税服务免征增值税，但财政部和国家税务总局规定适用增值税零税率的除外：

（一）工程、矿产资源在境外的工程勘察勘探服务。

（二）会议展览地点在境外的会议展览服务。

（三）存储地点在境外的仓储服务。

（四）标的物在境外使用的有形动产租赁服务。

……

关于铁路运输和邮政业营业税改征增值税试点有关政策的补充通知（节录）

财税〔2013〕121 号

各省、自治区、直辖市、计划单列市财政厅（局）、国家税务局、地方税务局，新疆生产建设兵团财务局：

经研究，现将铁路运输和邮政业营业税改征增值税（以下称营改增）有关政策补充通知如下：

……

三、融资租赁企业

（一）经中国人民银行、银监会或者商务部批准从事融资租赁业务的试点纳税人，在财税〔2013〕106号文件发布前，已签订的有形动产融资性售后回租合同，在合同到期日之前，可以选择按照财税〔2013〕106号文件有关规定或者以下规定确定销售额：

试点纳税人提供有形动产融资性售后回租服务，以向承租方收取的全部价款和价外费用，扣除支付的借款利息（包括外汇借款和人民币借款利息）、发行债券利息后的余额为销售额。

（二）经商务部授权的省级商务主管部门和国家经济技术开发区批准从事融资租赁业务的试点纳税人，2014年3月31日前注册资本达到1.7亿元的，自本地区试点实施之日起，其开展的融资租赁业务按照财税〔2013〕106号文件和本通知第三条第（一）项规定执行；2014年4月1日后注册资本达到1.7亿元的，从达到标准的次月起，其开展的融资租赁业务按照财税〔2013〕106号文件和本通知第三条第（一）项规定执行。

……

六、本通知第一、二、四、五条规定自2014年1月1日起执行，第三条规定自2013年8月1日起执行。

财政部

国家税务总局

2013年12月30日

国家税务总局关于重新发布《营业税改征增值税跨境应税服务增值税免税管理办法（试行）》的公告（节录）

国家税务总局公告2014年第49号

经国务院批准，铁路运输、邮政业和电信业已经纳入营业税改征增值税试点。为了规范和完善跨境应税服务的税收管理，国家税务总局对《营业税改征增值税跨境应税服务增值税免税管理办法（试行）》进行了修订，现予以发布，自2014年10月1日起施行。2013年9月13日发布的《营业税改征增值税跨境应税服务增值税免税管理办法（试行）》（国家税务总局公告2013年第52号）同时废止。

特此公告。

国家税务总局

2014年8月27日

营业税改征增值税跨境应税服务增值税免税管理办法（试行）

第一条 境内的单位和个人（以下称纳税人）提供跨境应税服务（以下称跨境服务），适用本办法。

第二条　下列跨境服务免征增值税：

（一）工程、矿产资源在境外的工程勘察勘探服务。

（二）会议展览地点在境外的会议展览服务。

为客户参加在境外举办的会议、展览而提供的组织安排服务，属于会议展览地点在境外的会议展览服务。

（三）存储地点在境外的仓储服务。

（四）标的物在境外使用的有形动产租赁服务。

（五）为出口货物提供的邮政业服务和收派服务。

1. 为出口货物提供的邮政业服务，是指：

（1）寄递函件、包裹等邮件出境；

（2）向境外发行邮票；

（3）出口邮册等邮品；

（4）代办收件地在境外的速递物流类业务。

2. 为出口货物提供的收派服务，是指为出境的函件、包裹提供的收件、分拣、派送服务。

纳税人为出口货物提供收派服务，免税销售额为其向寄件人收取的全部价款和价外费用。

3. 境外单位或者个人为出境的函件、包裹在境外提供邮政服务和收派服务，属于《营业税改征增值税试点实施办法》第十条规定的完全在境外消费的应税服务，不征收增值税。

（六）在境外提供的广播影视节目（作品）发行、播映服务。

在境外提供的广播影视节目（作品）发行服务，是指向境外单位或者个人发行广播影视节目（作品）、转让体育赛事等文体活动的报道权或者播映权，且该广播影视节目（作品）、体育赛事等文体活动在境外播映或者报道。

在境外提供的广播影视节目（作品）播映服务，是指在境外的影院、剧院、录像厅及其他场所播映广播影视节目（作品）。

通过境内的电台、电视台、卫星通信、互联网、有线电视等无线或者有线装置向境外播映广播影视节目（作品），不属于在境外提供的广播影视节目（作品）播映服务。

（七）以水路运输方式提供国际运输服务但未取得《国际船舶运输经营许可证》的；以公路运输方式提供国际运输服务但未取得《道路运输经营许可证》或者《国际汽车运输行车许可证》，或者《道路运输经营许可证》的经营范围未包括“国际运输”的；以航空运输方式提供国际运输服务但未取得《公共航空运输企业经营许可证》，或者其经营范围未包括“国际航空客货邮运输业务”的；以航空运输方式提供国际运输服务但未持有《通用航空经营许可证》，或者其经营范围未包括“公务飞行”的。

（八）以公路运输方式提供至香港、澳门的交通运输服务，但未取得《道路运输经营许可证》，或者未具有持《道路运输证》的直通港澳运输车辆的；以水路运输方式提供至台湾的交通运输服务，但未取得《台湾海峡两岸间水路运输许可证》，或者未具有持《台湾海峡两岸间船舶营运证》的船舶的；以水路运输方式提供至香港、澳门的交通运输服务，但未具有获得港澳线路运营许可的船舶的；以航空运输方式提供往返香港、澳门、台湾的交通运输服务或者在香港、澳门、台湾提供交通运输服务，但未取得《公共航空运输企业经营许可证》，或者其经营范围未包括“国际、国内（含港澳）航空客货邮运输业务”的；以航空运输方式提供往返香港、澳门、台湾的交通运输服务或者在香港、澳门、台湾提供交通运输服务，但未持有《通用航空经营许可证》，或者其经营范围未包括“公务飞行”的。

（九）适用简易计税方法，或声明放弃适用零税率选择免税的下列应税服务：

1. 国际运输服务；

2. 往返香港、澳门、台湾的交通运输服务以及在香港、澳门、台湾提供的交通运输服务；

3. 航天运输服务；

4. 向境外单位提供的研发服务和设计服务，对境内不动产提供的设计服务除外。

（十）向境外单位提供的下列应税服务：

1. 电信业服务、技术转让服务、技术咨询服务、合同能源管理服务、软件服务、电路设计及测试服务、信息系统服务、业务流程管理服务、商标著作权转让服务、知识产权服务、物流辅助服务（仓储服务、收派服务除外）、认证服务、鉴证服务、咨询服务、广播影视节目（作品）制作服务、程租服务。

纳税人向境外单位或者个人提供国际语音通话服务、国际短信服务、国际彩信服务，通过境外电信单位结算费用的，服务接受方为境外电信单位，属于向境外单位提供的电信业服务。

境外单位从事国际运输和港澳台运输业务经停我国机场、码头、车站、领空、内河、海域时，纳税人向其提供的航空地面服务、港口码头服务、货运客运站场服务、打捞救助服务、装卸搬运服务，属于向境外单位提供的物流辅助服务。

合同标的物在境内的合同能源管理服务，对境内不动产提供的鉴证咨询服务，以及提供服务时货物实体在境内的鉴证咨询服务，不属于本款规定的向境外单位提供的应税服务。

2. 广告投放地在境外的广告服务。

广告投放地在境外的广告服务，是指为在境外发布的广告所提供的广告服务。

第三条 纳税人向国内海关特殊监管区域内的单位或者个人提供的应税服务，不属于跨境服务，应照章征收增值税。

第四条 纳税人提供本办法第二条所列跨境服务，除第（五）项外，必须与服务接受方签订跨境服务书面合同。否则，不予免征增值税。

纳税人向外国航空运输企业提供空中飞行管理服务，以中国民用航空局下发的航班计划或者中国民用航空局清算中心临时来华飞行记录，为跨境服务书面合同。

纳税人向外国航空运输企业提供物流辅助服务（除空中飞行管理服务外），与经中国民用航空局批准设立的外国航空运输企业常驻代表机构签订的书面合同，属于与服务接受方签订跨境服务书面合同。外国航空运输企业临时来华飞行，未签订跨境服务书面合同的，以中国民用航空局清算中心临时来华飞行记录为跨境服务书面合同。

第五条 纳税人向境外单位有偿提供跨境服务，该服务的全部收入应从境外取得，否则，不予免征增值税。

下列情形视同从境外取得收入：

（一）纳税人向外国航空运输企业提供物流辅助服务，从中国民用航空局清算中心、中国航空结算有限责任公司或者经中国民用航空局批准设立的外国航空运输企业常驻代表机构取得的收入。

（二）纳税人向境外关联单位提供跨境服务，从境内第三方结算公司取得的收入。上述所称第三方结算公司，是指承担跨国企业集团内部成员单位资金集中运营管理职能的资金结算公司，包括财务公司、资金池、资金结算中心等。

（三）国家税务总局规定的其他情形。

第六条 纳税人提供跨境服务免征增值税的，应单独核算跨境服务的销售额，准确计算不得抵扣的进项税额，其免税收入不得开具增值税专用发票。

中国邮政速递物流股份有限公司及其分支机构为出口货物提供收派服务，按照下列公式计算不得抵扣的进项税额：

不得抵扣的进项税额 = 当期无法划分的全部进项税额 ×（当期简易计税方法计税项目销售额 + 非增值税应税劳务营业额 + 免征增值税项目销售额 — 为出口货物提供收派服务支付给

境外合作方的费用）÷（当期全部销售额＋当期全部营业额）

第七条 纳税人提供免征增值税跨境服务的，应到主管税务机关办理跨境服务免税备案手续，同时提交以下资料：

（一）《跨境应税服务免税备案表》（见附件）；

（二）跨境服务合同原件及复印件；

（三）提供本办法第二条第（一）项至第（四）项、第（六）项、以及第（十）项第2目跨境服务，应提交服务地点在境外的证明材料原件及复印件；

（四）提供本办法第二条规定的国际或者港澳台运输服务，应提交实际发生相关业务的证明材料；

（五）向境外单位提供跨境服务，应提交服务接受方机构所在地在境外的证明材料；

（六）各省、自治区、直辖市和计划单列市国家税务局要求的其他资料。

跨境服务合同原件为外文的，应提供中文翻译件并由法定代表人（负责人）签字或者单位盖章。

境外资料无法提供原件的，可只提供复印件，注明“复印件与原件一致”字样，并由法定代表人（负责人）签字或者单位盖章；境外资料原件为外文的，应提供中文翻译件并由法定代表人（负责人）签字或者单位盖章。

主管税务机关对提交的境外证明材料有疑义的，可以要求纳税人提供境外公证部门出具的证明材料。

第八条 纳税人办理跨境服务免税备案手续时，主管税务机关应当根据以下情况分别做出处理：

（一）报送的材料不符合规定的，应当及时告知纳税人补正。

（二）报送的材料齐全、符合规定形式的，或者纳税人按照税务机关的要求补正报送全部材料的，应当受理纳税人的备案，将有关资料原件退还纳税人。

（三）报送的材料或者按照税务机关的要求补正报送的材料不符合本办法第七条规定的，应当对纳税人的本次跨境服务免税备案不予受理，并将所有报送材料退还纳税人。

第九条 原签订的跨境服务合同发生变更或者跨境服务的有关情况发生变化，变化后仍属于本办法第二条规定的免税跨境服务范围的，纳税人应向主管税务机关重新办理跨境服务免税备案手续。

第十条 纳税人应当完整保存本办法第七条要求的各项资料。

第十一条 纳税人提供的与香港、澳门、台湾有关的应税服务，除本办法另有规定外，参照本办法执行。

第十二条 税务机关应高度重视跨境服务增值税管理工作，针对纳税人的备案资料，采取案头分析、日常检查、重点稽查等方式，加强对纳税人业务真实性的核实，发现问题的，按照现行有关规定处理。

第十三条 本办法自2014年10月1日起施行。此前，纳税人提供符合本办法第二条规定的跨境服务，已进行免税申报的，按照本办法规定补办备案手续；未进行免税申报的，按照本办法规定办理跨境服务备案手续后，可以申请退税或者抵减以后的应纳税额；已开具增值税专用发票的，应将全部联次追回后方可办理跨境服务免税备案手续。此前，纳税人提供的跨境服务不符合本办法第二条规定的，应照章征收增值税。国家税务总局2013年9月13日发布的《营业税改征增值税跨境应税服务增值税免税管理办法（试行）》（国家税务总局公告2013年第52号）同时废止。

附件：跨境应税服务免税备案表（略）

山东省国税局《营业税改征增值税政策指引（十一）》（节录）

融资性售后回租

（一）根据《营业税改征增值税试点有关事项的规定》（财税〔2013〕106号附件2），试点纳税人提供融资性售后回租服务，向承租方收取的有形动产价款本金，不得开具增值税专用发票，可以开具普通发票。

试点纳税人中的一般纳税人提供融资性售后回租服务，向承租方收取的有形动产价款本金，应使用防伪税控系统开具增值税普通发票，试点小规模纳税人开具普通发票。

（二）融资性售后回租服务中向承租方收取的有形动产价款本金，以承租方开具的发票为合法有效凭证。

1. 增值税一般纳税人接受融资性售后回租服务，应使用防伪税控系统开具增值税普通发票。

2. 增值税小规模纳税人开具普通发票。

3. 非增值税纳税人按规定开具发票。

（三）根据《国家税务总局关于融资性售后回租业务中承租方出售资产行为有关税收问题的公告》（国家税务总局公告2010年第13号），融资性售后回租业务中承租方出售资产的行为，不属于增值税和营业税征收范围，不征收增值税。因此，融资性售后回租服务中承租方是增值税纳税人的，其向提供方开具的增值税普通发票（或普通发票）上注明的销售额，不作为纳税人销售额申报。

山东省国税局营改增领导小组

2013年12月31日

福建省国税局：融资性售后回租承租人开具普通发票不征税（节录）

福建省国税局12366热点及难点问题集（2014年2月）中提到：

27. 融资性售后回租服务承租方怎么开具发票?

答：根据《国家税务总局关于融资性售后回租业务中承租方出售资产行为有关税收问题的公告》（国家税务总局公告2010年第13号）规定："融资性售后回租业务是指承租方以融资为目的将资产出售给经批准从事融资租赁业务的企业后，又将该项资产从该融资租赁企业租回的行为。融资性售后回租业务中承租方出售资产时，资产所有权以及与资产所有权有关的全部报酬和风险并未完全转移。""根据现行增值税和营业税有关规定，融资性售后回租业务中承租方出售资产的行为，不属于增值税和营业税征收范围，不征收增值税和营业税。"

因此，融资性售后回租服务中的承租方收取有形动产价款本金，可以开具普通发票，作为出租方据以差额扣除的合法有效凭证，承租方开具发票不征收增值税。为解决承租方纳税申报一窗式比对不符问题，应要求承租方在签订融资性售后回租合同后开具发票前，就该合同向主管税务机关报备，以便核查。

深圳市“营改增”试点实施工作指引（之九）（节录）

二、有形动产融资性售后回租业务发票的开具

按照《关于融资性售后回租业务中承租方出售资产行为有关税收问题的公告》（国家税务总局2010年第13号）、《财政部、国家税务总局关于将铁路运输和邮政业纳入营业税改征增值税试点的通知》（财税〔2013〕106号附件2）规定，试点纳税人提供融资性售后回租服务开具发票的操作规定如下：

（一）融资性售后回租业务中承租方出售资产的行为，不属于增值税和营业税征收范围，不征收增值税和营业税。承租方开具增值税普通发票不需办理免税备案手续，在增值税纳税申报时不需申报该项销售额。

（二）承租方为自开票企业，可自行开具增值税免税普通发票。

（三）承租方为代开发票企业，可按照本条第四款规定的资料向主管税务机关申请代开增值税免税普通发票。

（四）承租方申请代开增值税免税普通发票或自开票企业申报异常审核时，应提供以下资料：

1. 提供融资性售后回租服务的合同；

2. 标的物设备购进的发票或相关证明；

3. 标的物设备按固定资产管理入账的相关证明（个人除外）。

河北省国家税务局关于营改增相关政策问题的解答（之四）（节录）

二、关于纳税人从事融资性售后回租业务，出租方及承租方发票开具问题

（一）根据《营业税改征增值税试点有关事项的规定》（财税〔2013〕106号附件2），试点纳税人提供融资性售后回租服务，向承租方收取的有形动产价款本金，不得开具增值税专用发票，可以开具普通发票。

试点纳税人中的一般纳税人提供融资性售后回租服务（出租方），向承租方收取的有形动产价款本金，如出租方为增值税一般纳税人的，应使用防伪税控系统开具增值税普通发票，开具增值税普通发票税率栏填“零”，出租方为小规模纳税人，应开具普通发票。

（二）根据《营业税改征增值税试点有关事项的规定》（财税〔2013〕106号附件2），融资性售后回租服务中向承租方收取的有形动产价款本金，以承租方开具的发票为合法有效凭证。

增值税一般纳税人接受融资性售后回租服务，如承租方为增值税一般纳税人的，应使用防伪税控系统向出租方开具增值税普通发票，开具增值税普通发票税率栏填“零”。承租方为小规模纳税人，应开具普通发票。

三、关于融资性售后回租服务中承租方出售资产行为是否确认应税销售额问题

根据《国家税务总局关于融资性售后回租业务中承租方出售资产行为有关税收问题的公告》（国家税务总局公告2010年第13号），融资性售后回租业务中承租方出售资产的行为，不属于增值税和营业税征收范围，不征收增值税。因此，融资性售后回租服务中承租方是增值税纳税人的，其向出租方开具的增值税普通发票（或普通发票）上注明的销售额，不作为纳税人销售额申报。

四、关于从事融资租赁的纳税人取得银行利息结算凭证是否作为扣除价款有效凭证问题

从事融资租赁的纳税人取得银行利息结算凭证，可以作为扣除价款的有效凭证。

五、关于从事融资租赁的纳税人取得的经济咨询收入征税问题

从事融资租赁的纳税人向承租方收取财务顾问等经济咨询收入，按鉴证咨询服务征收增值税。纳税人应准确划分租赁收入和经济咨询收入的销售额，不能准确划分的，从高适用税率计算缴纳增值税。

第10章　所得税

国家税务总局
关于贯彻落实企业所得税法若干税收问题的通知（节录）

国税函〔2010〕79号

各省、自治区、直辖市和计划单列市国家税务局、地方税务局：

根据《中华人民共和国企业所得税法》（以下简称企业所得税法）和《中华人民共和国企业所得税法实施条例》（以下简称《实施条例》）的有关规定，现就贯彻落实企业所得税法过程中若干问题，通知如下：

一、关于租金收入确认问题

根据《实施条例》第十九条的规定，企业提供固定资产、包装物或者其他有形资产的使用权取得的租金收入，应按交易合同或协议规定的承租人应付租金的日期确认收入的实现。其中，如果交易合同或协议中规定租赁期限跨年度，且租金提前一次性支付的，根据《实施条例》第九条规定的收入与费用配比原则，出租人可对上述已确认的收入，在租赁期内，分期均匀计入相关年度收入。

出租方如为在我国境内设有机构场所、且采取据实申报缴纳企业所得的非居民企业，也按本条规定执行。

……

国家税务总局

二〇一〇年二月二十二日

企业境外所得税收抵免操作指南（节录）

国家税务总局公告2010年第1号

根据《中华人民共和国企业所得税法》（以下简称企业所得税法）、《中华人民共和国企业所得税法实施条例》（以下简称实施条例）及《财政部、国家税务总局关于企业境外所得税收抵免有关问题的通知》（财税〔2009〕125号，以下简称《通知》）的有关规定，现将《企业境外所得税收抵免操作指南》予以发布，于2010年1月1日起施行。

2008—2009年度尚未进行境外税收抵免处理的，可按本公告计算抵免。

特此公告。

附件：企业境外所得税收抵免操作指南

国家税务总局

二〇一〇年七月二日

附

企业境外所得税收抵免操作指南

第一条 关于适用范围

居民企业以及非居民企业在中国境内设立的机构、场所（以下统称企业）依照企业所得税法第二十三条、第二十四条的有关规定，应在其应纳税额中抵免在境外缴纳的所得税额的，适用本通知。

……

第三条 关于境外应纳税所得额的计算

……

第三条 第一款第（二）项

（二）居民企业应就其来源于境外的股息、红利等权益性投资收益，以及利息、租金、特许权使用费、转让财产等收入，扣除按照企业所得税法及实施条例等规定计算的与取得该项收入有关的各项合理支出后的余额为应纳税所得额。来源于境外的股息、红利等权益性投资收益，应按被投资方作出利润分配决定的日期确认收入实现；来源于境外的利息、租金、特许权使用费、转让财产等收入，应按有关合同约定应付交易对价款的日期确认收入实现。

9. 从境外收到的股息、红利、利息等境外投资性所得一般表现为毛所得，应对在计算企业总所得额时已做统一扣除的成本费用中与境外所得有关的部分，在该境外所得中对应调整扣除后，才能作为计算境外税额抵免限额的境外应纳税所得额（参见示例一）。在就境外所得计算应对应调整扣除的有关成本费用时，应对如下成本费用（但不限于）予以特别注意：

（1）股息、红利，应对应调整扣除与境外投资业务有关的项目研究、融资成本和管理费用；

（2）利息，应对应调整扣除为取得该项利息而发生的相应的融资成本和相关费用；

（3）租金，属于融资租赁业务的，应对应调整扣除其融资成本；属于经营租赁业务的，应对应调整扣除租赁物相应的折旧或折耗；

（4）特许权使用费，应对应调整扣除提供特许使用的资产的研发、摊销等费用；

（5）财产转让，应对应调整扣除被转让财产的成本净值和相关费用。

涉及上述所得应纳税所得额中应包含的已间接负担税额的具体还原计算将在《通知》第五条、第六条项下说明。

……

关于非居民企业所得税管理若干问题的公告

国家税务总局公告 2011 年第 24 号

依据《中华人民共和国企业所得税法》及其实施条例（以下简称企业所得税法），现就非居民企业所得税管理有关问题公告如下：

一、关于到期应支付而未支付的所得扣缴企业所得税问题

中国境内企业（以下称为企业）和非居民企业签订与利息、租金、特许权使用费等所得有关的合同或协议，如果未按照合同或协议约定的日期支付上述所得款项，或者变更或修改合同或协议延期支付，但已计入企业当期成本、费用，并在企业所得税年度纳税申报中作税前扣除的，应在企业所得税年度纳税申报时按照企业所得税法有关规定代扣代缴企业所得税。

如果企业上述到期未支付的所得款项，不是一次性计入当期成本、费用，而是计入相应资产原价或企业筹办费，在该类资产投入使用或开始生产经营后分期摊入成本、费用，分年度在企业所得税前扣除的，应在企业计入相关资产的年度纳税申报时就上述所得全额代扣代缴企业所得税。

如果企业在合同或协议约定的支付日期之前支付上述所得款项的，应在实际支付时按照企业所得税法有关规定代扣代缴企业所得税。

二、关于担保费税务处理问题

非居民企业取得来源于中国境内的担保费，应按照企业所得税法对利息所得规定的税率计算缴纳企业所得税。上述来源于中国境内的担保费，是指中国境内企业、机构或个人在借贷、买卖、货物运输、加工承揽、租赁、工程承包等经济活动中，接受非居民企业提供的担保所支付或负担的担保费或相同性质的费用。

三、关于土地使用权转让所得征税问题

非居民企业在中国境内未设立机构、场所而转让中国境内土地使用权，或者虽设立机构、场所但取得的土地使用权转让所得与其所设机构、场所没有实际联系的，应以其取得的土地使用权转让收入总额减除计税基础后的余额作为土地使用权转让所得计算缴纳企业所得税，并由扣缴义务人在支付时代扣代缴。

四、关于融资租赁和出租不动产的租金所得税务处理问题

（一）在中国境内未设立机构、场所的非居民企业，以融资租赁方式将设备、物件等租给中国境内企业使用，租赁期满后设备、物件所有权归中国境内企业（包括租赁期满后作价转让给中国境内企业），非居民企业按照合同约定的期限收取租金，应以租赁费（包括租赁期满后作价转让给中国境内企业的价款）扣除设备、物件价款后的余额，作为贷款利息所得计算缴纳企业所得税，由中国境内企业在支付时代扣代缴。

（二）非居民企业出租位于中国境内的房屋、建筑物等不动产，对未在中国境内设立机构、场所进行日常管理的，以其取得的租金收入全额计算缴纳企业所得税，由中国境内的承租人在每次支付或到期应支付时代扣代缴。

如果非居民企业委派人员在中国境内或者委托中国境内其他单位或个人对上述不动产进行日常管理的，应视为其在中国境内设立机构、场所，非居民企业应在税法规定的期限内自行申报缴纳企业所得税。

五、关于股息、红利等权益性投资收益扣缴企业所得税处理问题

中国境内居民企业向未在中国境内设立机构、场所的非居民企业分配股息、红利等权益性投资收益，应在作出利润分配决定的日期代扣代缴企业所得税。如实际支付时间先于利润分配决定日期的，应在实际支付时代扣代缴企业所得税。

六、关于贯彻《国家税务总局关于加强非居民企业股权转让所得企业所得税管理的通知》(国税函〔2009〕698号，以下称为《通知》)有关问题

（一）非居民企业直接转让中国境内居民企业股权，如果股权转让合同或协议约定采取分期付款方式的，应于合同或协议生效且完成股权变更手续时，确认收入实现。

（二）《通知》第一条所称“在公开的证券市场上买入并卖出中国居民企业的股票”，是指股票买入和卖出的对象、数量和价格不是由买卖双方事先约定而是按照公开证券市场通常交易规则确定的行为。

（三）《通知》第五条、第六条和第八条的“境外投资方（实际控制方）”是指间接转让中国居民企业股权的所有投资者；《通知》第五条中的“实际税负”是指股权转让所得的实际税负，“不征所得税”是指对股权转让所得不征企业所得税。

（四）两个及两个以上境外投资方同时间接转让中国居民企业股权的，可由其中一方按照《通知》第五条规定向被转让股权的中国居民企业所在地主管税务机关提供资料。

（五）境外投资方同时间接转让两个及两个以上且不在同一省（市）中国居民企业股权的，可以选择向其中一个中国居民企业所在地主管税务机关按照《通知》第五条规定提供资料，由该主管税务机关所在省（市）税务机关与其他省（市）税务机关协商确定是否征税，并向国家税务总局报告；如果确定征税的，应分别到各中国居民企业所在地主管税务机关缴纳税款。

七、本公告自 2011 年 4 月 1 日起施行。本公告施行前发生但未作税务处理的事项，依据本公告执行。

特此公告。

二〇一一年三月二十八日

关于金融企业贷款损失准备金企业所得税税前扣除有关政策的通知

财税〔2015〕9 号

各省、自治区、直辖市、计划单列市财政厅（局）、国家税务局、地方税务局，新疆生产建设兵团财务局：

根据《中华人民共和国企业所得税法》及《中华人民共和国企业所得税法实施条例》的有关规定，现就政策性银行、商业银行、财务公司、城乡信用社和金融租赁公司等金融企业提取的贷款损失准备金的企业所得税税前扣除政策问题，通知如下：

一、准予税前提取贷款损失准备金的贷款资产范围包括：

（一）贷款（含抵押、质押、担保等贷款）；

（二）银行卡透支、贴现、信用垫款（含银行承兑汇票垫款、信用证垫款、担保垫款等）、进出口押汇、同业拆出、应收融资租赁款等各项具有贷款特征的风险资产；

（三）由金融企业转贷并承担对外还款责任的国外贷款，包括国际金融组织贷款、外国买方信贷、外国政府贷款、日本国际协力银行不附条件贷款和外国政府混合贷款等资产。

二、金融企业准予当年税前扣除的贷款损失准备金计算公式如下：

准予当年税前扣除的贷款损失准备金 = 本年末准予提取贷款损失准备金的贷款资产余额 ×1% - 截至上年末已在税前扣除的贷款损失准备金的余额。

金融企业按上述公式计算的数额如为负数，应当相应调增当年应纳税所得额。

三、金融企业的委托贷款、代理贷款、国债投资、应收股利、上交央行准备金以及金融企业剥离的债权和股权、应收财政贴息、央行款项等不承担风险和损失的资产，不得提取贷款损失准备金在税前扣除。

四、金融企业发生的符合条件的贷款损失，应先冲减已在税前扣除的贷款损失准备金，不足冲减部分可据实在计算当年应纳税所得额时扣除。

五、金融企业涉农贷款和中小企业贷款损失准备金的税前扣除政策，凡按照《财政部国家税务总局关于金融企业涉农贷款和中小企业贷款损失准备金税前扣除有关问题的通知》（财税〔2015〕3 号）的规定执行的，不再适用本通知第一条至第四条的规定。

六、本通知自 2014 年 1 月 1 日起至 2018 年 12 月 31 日止执行。

财政部 国家税务总局
2015 年 1 月 15 日

关于境内机构向我国银行的境外分行支付利息扣缴企业所得税有关问题的公告

国家税务总局公告 2015 年第 47 号

根据《中华人民共和国企业所得税法》及其实施条例的有关规定，现对我国银行的境外分行业务活动中涉及从境内取得的利息收入有关企业所得税问题，公告如下：

一、本公告所称境外分行是指我国银行在境外设立的不具备所在国家（地区）法人资格的分行。境外分行作为中国居民企业在境外设立的分支机构，与其总机构属于同一法人。境外分行开展境内业务，并从境内机构取得的利息，为该分行的收入，计入分行的营业利润，按《财政部 国家税务总局关于企业境外所得税收抵免有关问题的通知》（财税〔2009〕125 号）的相关规定，与总机构汇总缴纳企业所得税。境内机构向境外分行支付利息时，不代扣代缴企业所得税。

二、境外分行从境内取得的利息，如果据以产生利息的债权属于境内总行或总行其他境内分行的，该项利息应为总行或其他境内分行的收入。总行或其他境内分行和境外分行之间应严格区分此类收入，不得将本应属于总行或其他境内分行的境内业务及收入转移到境外分行。

三、境外分行从境内取得的利息如果属于代收性质，据以产生利息的债权属于境外非居民企业，境内机构向境外分行支付利息时，应代扣代缴企业所得税。

四、主管税务机关应加强监管，严格审核相关资料，并利用第三方信息进行比对分析，对违反本公告相关规定的，应按照有关法律法规处理。

五、本公告自 2015 年 7 月 19 日起施行。《国家税务总局关于加强非居民企业来源于我国利息所得扣缴企业所得税工作的通知》（国税函〔2008〕955 号）第二条同时废止。

特此公告。

国家税务总局
2015 年 6 月 19 日

第 11 章　印花税

关于飞机租赁企业有关印花税政策的通知

财税〔2014〕18 号

各省、自治区、直辖市、计划单列市财政厅（局）、地方税务局，西藏、宁夏、青海省（自治区）国家税务局，新疆生产建设兵团财务局：

为落实《国务院办公厅关于加快飞机租赁业发展的意见》（国办发〔2013〕108 号）的有关精神，促进飞机租赁业健康发展，现将有关印花税政策通知如下：

自 2014 年 1 月 1 日起至 2018 年 12 月 31 日止，暂免征收飞机租赁企业购机环节购销合同印花税。

财政部　国家税务总局

2014 年 3 月 3 日

第12章　房产税

财政部、国家税务总局关于房产税城镇土地使用税有关问题的通知

财税〔2009〕128号

各省、自治区、直辖市、计划单列市财政厅（局）、地方税务局，西藏、宁夏、青海省（自治区）国家税务局，新疆生产建设兵团财务局：

为完善房产税、城镇土地使用税政策，堵塞税收征管漏洞，现将房产税、城镇土地使用税有关问题明确如下：

一、关于无租使用其他单位房产的房产税问题

无租使用其他单位房产的应税单位和个人，依照房产余值代缴纳房产税。

二、关于出典房产的房产税问题

产权出典的房产，由承典人依照房产余值缴纳房产税。

三、关于融资租赁房产的房产税问题

融资租赁的房产，由承租人自融资租赁合同约定开始日的次月起依照房产余值缴纳房产税。合同未约定开始日的，由承租人自合同签订的次月起依照房产余值缴纳房产税。

四、关于地下建筑用地的城镇土地使用税问题

对在城镇土地使用税征税范围内单独建造的地下建筑用地，按规定征收城镇土地使用税。其中，已取得地下土地使用权证的，按土地使用权证确认的土地面积计算应征税款；未取得地下土地使用权证或地下土地使用权证上未标明土地面积的，按地下建筑垂直投影面积计算应征税款。

对上述地下建筑用地暂按应征税款的50%征收城镇土地使用税。

五、本通知自2009年12月1日起执行。《财政部税务总局关于房产税若干具体问题的解释和暂行规定》（〔86〕财税地字第008号）第七条、《国家税务总局关于安徽省若干房产税业务问题的批复》（国税函发〔1993〕368号）第二条同时废止。

财政部

国家税务总局

二〇〇九年十一月二十二日

第13章　关　税

海关总署关于加强国内航空公司进口飞机减免税管理的通知

署税发〔2011〕88号

广东分署、天津、上海特派办，各直属海关：

为了加强对国内航空公司进口空载重量在25吨以上的客货运飞机（以下简称飞机）的减免税管理，规定海关办理进口飞机减免税审批等手续，现就国内航空公司向海关申请办理进口飞机减免税审批手续涉及的抵押贷款、融资租赁（包括售后回租，下同）、调拨转租和监管年限等有关事宜通知如下：

一、国内航空公司已经向海关办理了进口飞机的减免税手续，在飞机进口后海关监管年限内，需要以飞机向金融机构办理贷款抵押或进行融资租赁的，应当事先向其所在地海关提出书面申请并提供相应担保。

办理贷款抵押的，按照《中华人民共和国海关进出口货物减免税管理办法》（海关总署令第179号，以下简称《减免税管理办法》）第三十一条和第三十二条的规定办理。

进行融资租赁的，按以下规定办理：

（一）向境内金融机构进行融资租赁的，应当向海关提供下列形式之一的担保：

1. 与飞机应缴税款等值的保证金；

2. 境内金融机构提供的相当于飞机应缴税款的保函；

3. 国内航空公司、境内金融机构共同向海关提交《进口减免税货物融资租赁承诺保证书》（格式详见附件），书面承诺当航空公司融资租赁租金无法缴清需要以融资租赁飞机抵偿时，国内航空公司应先补缴海关税款，或者从飞机的折（变）价款中优先偿付海关税款。如国内航空公司在规定的期限内未履行缴纳海关税款义务，海关可以直接要求境内金融机构承担连带的担保责任。

（二）向境外金融机构进行融资租赁的，应当向所在地海关提交上述第1项或第2项规定形式的担保。

二、国内航空公司采取贷款抵押或融资租赁方式进口飞机，在飞机进口前，已经向金融机构办理贷款抵押或融资租赁手续的，国内航空公司应在向海关申请办理进口飞机减免税审批手续时，如实向其所在地书面报告有关贷款抵押或融资租赁事宜，同时应当向海关提供下列形式之一的担保：

（一）与飞机应缴税款等值的保证金；

（二）境内金融机构提供的相当于飞机应缴税款的保函；

（三）国内航空公司向海关提交《进口减免税货物单靠抵押承诺保证书》或者《进口减免税货物融资租赁承诺保证书》。书面承诺当航空公司抵押贷款无法清偿或融资租赁租金无法缴清需要以抵押或融资租赁飞机抵偿时，国内航空公司先补缴海关税款，或者从飞机的折（变）价款中优先偿付海关税款。

三、所在地海关收到国内航空公司提交的有关申请材料和相应税款担保后，按照或参照《中华人民共和国海关事务担保条例》和《减免税管理办法》的有关规定办理同意进口飞机贷款抵押或融资租赁的手续。

四、未经海关批准，国内航空公司不得在飞机减免税进口后擅自进行贷款抵押或融资租赁。

五、国内航空公司将飞机调拨或转租给子子公司或其他国内航空公司使用的，应当事先向海关提出书面申请，报告有关调拨或转租的情况。未经海关批准，不得进行调拨或转租。

六、减免税进口飞机租期不足 8 年的，海关监管年限为 8 年；租赁期超过 8 年的，在海关 8 年监管年限届满时，海关按照《中华人民共和国海关进口货物征税管理办法》的有关规定，继续监管至租赁结束办理海关手续之日止。

七、本通知下发前，国内航空公司存在未经海关批准已将飞机进行融资租赁、抵押贷款、调拨转租给子公司使用等情况的，应自本通知内容执行之日起 3 个月内按照本通知相关规定向所在地海关申请补办有关手续。

八、本通知内容自 2011 年 4 月 1 日起执行。请各国内航空公司所在地海关采取适当方式及时将本通知的规定告知相关航空公司。

特此通知。

附件：进口减免税货物融资租赁承诺保证书（格式）

中华人民共和国海关总署

二零一一年三月二日

进口减免税货物融资租赁承诺保证书

国内航空公司：	
地址：	法人代表：
联系电话：	开户银行及账号：
境内金融机构：	
地址：	法人代表：
联系电话：	
融资租赁租金金额：	期限：
国内航空公司保证事项：融资租赁租金无法缴清需要以融资租赁货物抵偿时，保证先补缴海关税款，或者从飞机的折（变）价款中优先偿付海关税款。 单位签章：　　法人代表签字： 年　月　日	
境内金融机构承诺：国内航空公司向我单位申请融资租赁事项，如国内航空公司在规定的期限内未履行缴纳海关关税税款义务，我单位承担连带的担保责任。 单位签章：　　法人代表签字： 年　月　日	

关于调整飞机进口关税政策的通知（节录）

海关总署公告 2013 年第 49 号

经国务院批准，自 2013 年 8 月 30 日起，对褐煤等商品进口关税税率进行调整，现将有关事项公告如下：

……

二、取消空载重量在25吨及以上但不超过45吨的客运飞机（税号：88024010）的1%进口暂定税率，恢复实施5%的最惠国税率。

……

海关总署

2013年8月29日

财政部、海关总署、国家税务总局关于中国（上海）自由贸易试验区有关进口税收政策的通知（节录）

财关税〔2013〕75号

上海市财政局、上海海关、上海市国家税务局：

为贯彻落实《中国（上海）自由贸易试验区总体方案》中的相关政策，现就中国（上海）自由贸易试验区有关进口税收政策通知如下：

一、对试验区内注册的国内租赁公司或其设立的项目子公司，经国家有关部门批准从境外购买空载重量在25吨以上并租赁给国内航空公司使用的飞机，享受《财政部、国家税务总局关于调整进口飞机有关增值税政策的通知》（财关税〔2013〕53号）和《海关总署关于调整进口飞机进口环节增值税有关问题的通知》（署税发〔2013〕90号）规定的增值税优惠政策。

……

财政部

海关总署

国家税务总局

2013年10月15日

财政部、海关总署、国家税务总局关于租赁企业进口飞机有关税收政策的通知

财关税〔2014〕16号

各省、自治区、直辖市、计划单列市财政厅（局）、国家税务局，新疆生产建设兵团财务局，海关总署广东分署、各直属海关，财政部驻各省、自治区、直辖市、计划单列市财政监察专员办事处：

经国务院批准，自2014年1月1日起，租赁企业一般贸易项下进口飞机并租给国内航空公司使用的，享受与国内航空公司进口飞机同等税收优惠政策，即进口空载重量在25吨以上的飞机减按5%征收进口环节增值税。自2014年1月1日以来，对已按17%税率征收进口环节增值税的上述飞机，超出5%税率的已征税款，尚未申报增值税进项税额抵扣的，可以退还。租赁企业申请退税时，应附送主管税务机关出具的进口飞机所

缴纳增值税未抵扣证明（格式见附件）。

海关特殊监管区域内租赁企业从境外购买并租给国内航空公司使用的、空载重量在25吨以上、不能实际入区的飞机，不实施进口保税政策，减按5%征收进口环节增值税。

财政部
海关总署
国家税务总局
2014年5月13日

第四编

租赁会计

第14章　会计政策

金融企业呆账核销管理办法（2013年修订）

财金〔2013〕146号

第一章　总　则

第一条　为规范金融企业呆账核销管理，增强金融企业风险防控能力，促进金融企业健康发展，根据有关法律、法规和《金融企业财务规则》相关规定，制定本办法。

第二条　在中华人民共和国境内依法设立的，经中国银行业监督管理委员会批准，除金融资产管理公司外的政策性银行、商业银行、信托公司、财务公司、金融租赁公司、村镇银行、贷款公司和城乡信用社等经营金融业务的企业（统称金融企业）适用本办法。证券公司、小额贷款公司参照本办法执行。

第二章　呆账核销条件

第三条　金融企业经采取必要措施和实施必要程序之后，符合《一般债权或股权呆账认定标准及核销所需相关材料》（附1）所列认定标准之一的债权或股权可认定为呆账。

第四条　金融企业经采取必要措施和实施必要程序之后，符合《银行卡透支款项呆账认定标准及核销所需相关材料》（附2）所列认定标准之一的银行卡透支款项以及透支利息、手续费、超限费、滞纳金可认定为呆账。

第五条　金融企业经采取必要措施和实施必要程序之后，符合《助学贷款呆账认定标准及核销所需相关材料》（附3）所列认定标准之一的助学贷款（含无担保国家助学贷款）可认定为呆账。

第三章　呆账核销程序

第六条　呆账核销应遵循严格认定条件、提供确凿证据、严肃追究责任、逐级上报并经审核审批、对外保密和账销案存的基本原则。

第七条　金融企业申报核销呆账，应提供以下材料：

（一）借款人（持卡人）或被投资企业呆账核销申报材料及审核审批材料。呆账核销申报材料内容应包括债权、股权发生明细情况，借款人（持卡人）、担保人或抵质押物情况，对借款人（持卡人）和担保人的追索情况及结果，被投资企业的基本情况和现状，财产清算情况等。符合条件的银行卡小额贷款呆账核销除外，可采取清单方式进行核销。

（二）经办行（公司）的调查报告，包括呆账形成原因，采取的补救措施及其结果，对借款人（持卡人）和担保人的具体追收过程及其证明，抵押物（质押物）处置情况，核销理由，债权和股权经办人、部门负责人和单位负责人情况等。

（三）附1至附3要求的其他相关材料。

不能提供确凿证据证明的呆账，不得核销。

第八条　金融企业核销呆账，应提供财产清偿证明、追偿证明等内外部证据。无法取得法院或政府有关部门出具的财产清偿证明等相关文件的，金融企业可凭财产追偿证明、清收报告、法律意见书等内部证据进行核销。内部证据必须经相关人员签章确认。

财产追偿证明或清收报告应包括债务人和担保人的基本情况、形成呆账的原因、采取的补救措施、债务追收过程、对责任认定和追究的初步意见等。

法律意见书应由金融企业内部法律事务部门出具，就被核销债权进行的法律诉讼情况进行说明，包括诉讼过程、结果等；未涉及法律诉讼的，应说明未诉讼理由。

第九条 债务人在同一金融企业的多笔贷款，若担保人和担保条件相同，只要其中一笔贷款经过该金融企业诉讼并取得无财产执行的法院终结或者终止（中止）裁定，或虽有财产但难以或无法执行的法院终结或者终止（中止）裁定，该债务人的其余各笔贷款可以依据法院的裁定、清收报告及法律意见书核销。

第十条 债务人在不同金融企业的多笔贷款，若担保人和担保条件相同，只要其中一个金融企业经过诉讼并取得无财产执行的法院终结或者终止（中止）裁定，或者虽有财产但难以或者无法执行的法院终结或者终止（中止）裁定，其他金融企业可以依据法院的裁定、清收报告及法律意见书核销该债务人的有关债权。

第十一条 金融企业发生的呆账，必须提供确凿证据，经审查符合规定条件的应随时上报、随时审核审批，及时从计提的资产减值准备中核销。金融企业不得隐瞒不报、长期挂账或掩盖不良资产。

第十二条 金融企业核销呆账，必须严格履行审核审批手续，并提供呆账核销申报材料。上级行（公司）接到下级行（公司）的申报材料，应当组织有关部门进行严格审查并签署意见。

第十三条 除法律法规和本办法的规定外，其他任何机构和个人（包括债务人）不得干预、参与金融企业呆账核销运作。

第十四条 下列债权、股权不得作为呆账核销：

（一）除符合本办法第四条、第五条、第六条规定的内容外，借款人或者担保人有经济偿还能力，金融企业未按规定履行必要措施和实施必要程序追偿的债权；

（二）违反法律、法规的规定，以各种形式逃废或悬空的金融企业债权；

（三）因行政干预造成逃废或悬空的金融企业债权；

（四）金融企业未向借款人、担保人追偿的债权；

（五）其他不应核销的金融企业债权、股权。

第四章 管理与监督

第十五条 金融企业要完善呆账核销授权机制，明确股东大会、董事会和经营管理层职责，按呆账核销政策要求，健全内部管理制度，规范审核程序，及时核销呆账，并有效防范虚假核销等各类风险。

第十六条 金融企业应建立呆账责任认定和追究制度。每核销一笔呆账，应查明呆账形成的原因，对确系主观原因形成损失的，应在呆账核销后1年内完成责任认定和对责任人的追究（包括处理）工作，明确相应的责任人，包括经办人、部门负责人和单位负责人。对呆账负有责任的人员，视金额大小和性质轻重进行处理。涉嫌犯罪的及时移交司法机关依法处置。

金融企业总行（总公司）应按照呆账发生、核销审批的情况建立呆账责任人名单汇总数据库，加强呆账核销的管理。

第十七条 金融企业应建立呆账核销责任追究制度。对呆账没有确凿证据，或弄虚作假向审核审批单位申报核销的，应追究当事人的责任，视金额大小和性质轻重进行处理。虚假核销造成损失的，对责任人给予降级或撤职及以上级别的处分，并严肃处理有责任的经办人员。涉嫌犯罪的及时移交司法机关依法处置。

对应核销的呆账，由于有关经办人、部门负责人和单位负责人的原因而不核销、隐瞒不报、长期挂账的，应对有关责任人严肃进行处理、处罚。

第十八条　金融企业应建立责任追究工作报告制度，及时向监管部门报告责任追究工作。对违纪违规行为，应在认定责任人后 1 个月内处理完毕，并将处理结果在 1 个月内书面报告监管部门。

第十九条　对已被金融企业处理的责任人，金融企业应视情节轻重，限制任用；对责任人继续任职或录用责任人的金融机构，监管部门将予以重点检查，以防范风险。

第二十条　金融企业对呆账认定、核销过程中发现的各类违纪违规违法行为，不追查、不处理或隐瞒不报的，一经发现，监管部门将依照有关法规给予处罚。

第二十一条　金融企业应建立呆账核销保密制度，按规定核销呆账，应在内部进行运作，并做好保密工作。

除下列法律法规规定债权与债务或投资与被投资关系已完全终结的情况外，已核销的呆账作账销案存处理，应建立呆账核销台账并进行表外登记，单独设立账户核算和管理，同时按档案管理的有关规定加强呆账核销的档案管理，相关情况不得对借款人、担保人披露。

法律法规规定债权与债务或投资与被投资关系已完全终结的情况包括：

1. 列入国家兼并破产计划核销的贷款；

2. 经国务院专案批准核销的债权；

3. 法院判决终结执行或者法院裁定免除责任，并且了结全部债权债务关系的债权；

4. 法院裁定通过重整协议或者和解协议，根据重整协议或者和解协议核销的债权，在重整协议或者和解协议执行完毕后；

5. 自法院裁定破产案件终结之日起已超过 2 年的债权；

6. 金融企业按规定采取打包出售、公开拍卖、转让、债务减免等市场手段处置债权或者股权，受让方或者债务人按照转让协议或者债务减免协议履行相关义务完毕后，其处置回收资金与债权或股权余额的差额；

7. 被法院驳回起诉或者裁定免除（或部分免除）债务人责任，或者丧失诉讼时效，并经 2 年以上补救未果的债权。

未经国务院批准，任何单位和个人不得对外披露金融企业呆账核销安排和实际核销详细情况，监管部门及其工作人员应保守金融企业的商业秘密。金融企业实际核销呆账金额按国家规定披露。

第二十二条　金融企业应比照表内不良贷款的管理方式，建立呆账核销后的资产保全和追收制度，加强对已核销呆账的清收处置，最大限度减少损失，维护资产安全。除法律法规规定债权与债务或投资与被投资关系已完全终结的情况外，金融企业对已核销的呆账继续保留追偿的权利，并对已核销的呆账、贷款表外应收利息以及核销后应计利息等继续催收。

第二十三条　金融企业应对核销后的呆账以及应核销而未核销的呆账进行检查，审查规章制度执行情况，发现问题及时纠正，并按规定进行处理和处罚，同时汲取经验教训，提出改进措施，提高呆账核销工作质量，有效保全资产。

第二十四条　各级财政部门和银行业监督管理部门负责对同级金融企业呆账核销的事后监督和管理。财政部驻各地财政监察专员办事处负责对当地中央直属金融企业分支机构呆账核销的监督管理。每年累计检查覆盖面原则上不低于金融企业当年核销呆账金额的 20%。

金融企业应在每个会计年度终了后 1 个月内向同级财政部门报送上年度呆账核销情

况，包括核销金额、分项目核销情况等。其中，中央金融企业将核销情况报送财政部，中央金融企业在各地分支机构报送财政部驻当地财政监察专员办事处，地方金融企业报送同级财政部门。

各级财政部门和银行业监督管理部门应加强事后监督检查，加大对违规违法行为的责任追究和处罚工作力度，对不符合规定条件、没有确凿证据证明和弄虚作假核销呆账、应核销而不核销、隐瞒不报、长期挂账、责任认定和追究不到位以及呆账核销后疏于资产保全和追收等不符合规定的行为，应及时督促金融企业纠正，除按规定进行处理、处罚外，还要责成金融企业严肃处理相关责任人，并将有关情况在一定范围内予以通报。

第五章　附　则

第二十五条　金融企业可以根据本办法制定实施细则，报主管财政部门备案后实施。

第二十六条　本办法自2014年1月1日起施行，《金融企业呆账核销管理办法（2010年修订版）》（财金〔2010〕21号）同时废止。

地方金融企业财务监督管理办法

财金〔2010〕56号，财政部2010年6月7日发布

第一章　总　则

第一条　为了加强对地方金融企业的财务监督管理，规范地方金融企业的财务行为，防范地方金融企业财务风险，促进地方金融企业健康发展，根据《金融企业财务规则》（财政部令第42号）等有关规定，制定本办法。

第二条　依法取得金融业务许可证的非中央管理金融企业，包括城市商业银行、农村商业银行、农村合作银行、信用社、新型农村金融机构、信托公司、金融租赁公司、财务公司、消费金融公司、证券公司、期货公司、基金管理公司、保险公司等（以下简称地方金融企业）适用本办法。

非中央管理的金融控股公司、小额贷款公司和融资性担保公司等从事金融性业务的其他企业比照本办法执行。

第三条　地方财政部门是地方金融企业的财务主管部门，对本级地方金融企业实施财务监督管理，指导下级财政部门开展财务监督管理工作。主要职责包括：监督地方金融企业执行本办法及其他财务管理规定；指导、督促地方金融企业建立健全内部财务管理制度；指导、督促地方金融企业建立健全财务风险控制体系，监测地方金融企业财务风险及其运营状况；监督地方金融企业的财务行为；加强地方金融企业财务信息管理；监督地方金融企业接受社会审计和资产评估等。

地方金融企业财务隶属关系，原则上按照地方金融企业法人机构工商注册登记的行政管理关系确定，注册登记机关同级财政部门为其财务主管部门。法人总部所在地与注册地不一致的，由总部所在地的省级财政部门确定其财务主管部门。国家另有规定的，从其规定。

第四条　地方人民政府及其授权的部门、机构、或其他投资主体直接或间接设立的国有及国有控股金融企业（以下简称地方国有金融企业），各级财政部门应按照国家有关法律法规和国有金融资产管理的有关规定，规范和加强地方国有金融企业的财务监督和管理。

第五条　各级财政部门应积极参与和支持地方金融企业改革发展，充分发挥财政监督管理职能，促进地方金融企业持续稳定健康发展。

第二章 财务登记

第六条 地方金融企业应在完成工商登记之日起 30 日内，按财务隶属关系向地方财政部门办理财务登记。地方财政部门应建立登记档案，作为地方金融企业财务监督管理基础资料，以及作为对其实施考核、评价、财政支持政策等的依据。

第七条 地方金融企业首次申请办理财务登记的，应提交以下资料：

（一）出资人协议及有关部门批准设立的文件；

（二）会计师事务所出具的验资报告或证明；

（三）企业章程；

（四）《企业法人营业执照》副本复印件。

第八条 地方金融企业下列情况发生变化时，从发生之日起 30 日内，向地方财政部门办理变更财务登记：

（一）名称、住所或法定代表人变动；

（二）组织形式变动；

（三）分立或合并；

（四）控股股东变动；

（五）地方财政部门规定的其他情形。

第九条 地方金融企业发生以下情形，应办理移交登记手续或注销财务登记：

（一）地方金融企业法人机构工商注册登记发生变更导致财务主管部门变化的，根据企业申请，应当办理财务登记基础资料移交手续；

（二）地方金融企业解散或被依法撤销的，应自出资人协议生效或有关部门批准之日起 30 日内，向地方财政部门办理注销财务登记；

（三）地方金融企业被依法宣告破产的，应自法院裁定之日起 30 日内，向地方财政部门办理注销财务登记。

第三章 一般财务监管

第十条 建立地方金融企业风险预警和控制制度。地方金融企业应按金融监管部门要求建立健全涵盖资本风险、支付风险、资产质量风险、市场风险、关联交易风险、表外业务风险等在内的财务风险控制制度，并按审慎经营原则，及时准确全面地识别、计量、监测和控制财务风险。

第十一条 建立地方金融企业内部财务管理报告制度。地方金融企业应根据自身发展的需要，合理筹集资金、有效营运资产、控制成本费用、规范收益分配及编制财务会计报告，并制定相应的内部财务管理制度，加强财务监督和财务信息管理。地方金融企业应在内部财务管理制度正式执行之日起 30 天内向地方财政部门报送相关财务管理制度。

第十二条 建立地方金融企业主要财务指标和金融监管指标分析报告制度。地方金融企业应按财政部门要求及时报送主要财务指标和金融监管指标执行情况。地方财政部门应根据上报信息，分析地方金融企业财务运行状况，及时发现问题。年度终了，市县级财政部门应将相关情况和分析逐级上报省级财政部门，由省级财政部门汇总分析后于每年 5 月 15 日前上报财政部。

第十三条 建立地方金融企业重要财务事项报告制度。重要财务事项包括：改制、重组、上市、合并、分立、增资减资、引入战略投资者、产权转让、设立子公司、关闭等，以及可能导致企业实际控制权发生变化的事项。地方金融企业应在上述事项发生之日起 30 日内，向地方财政部门报告，并按第八条和第九条规定办理相关财务登记手续。

第十四条 建立地方金融企业薪酬方案和长期股权激励方案报告制度。地方金融企业应严格执行国家有关规定，建立与当地实际情况、行业水平以及企业自身经营情况相符合的薪酬管理制度和长期股权激励制度。地方金融企业财务决算报告中，应对企业年度薪酬方案和长期股权激励方案及实施情况作出说明。

第十五条 建立地方金融企业绩效评价基础资料报告制度。地方金融企业应于年度终了后，按照财政部门要求，根据年度会计报表资料，填报本企业各项财务指标值，并将绩效评价基础资料报送地方财政部门。市县级财政部门应认真审核地方金融企业绩效评价材料有关数据的真实性、完整性和合规性，并逐级报送省级财政部门；省级财政部门汇总分析本地区地方金融企业整体绩效情况于每年5月15日前报财政部。

第十六条 固定资产、在建工程管理。

（一）地方金融企业凡购建固定资产，在规定限额以上的，必须遵循公开、公平、公正的原则进行招投标。特殊情况不宜招标的，应引入市场机制实行比价购建。省级财政部门负责根据本地区实际情况制定限额标准。

（二）地方金融企业固定资产账面价值和在建工程账面价值之和占净资产的比重，从事银行业务的最高不得超过40%，从事非银行业务的最高不得超过50%。农村信用社固定资产和在建工程账面价值之和占净资产的比重，由省级财政部门结合本地区实际情况确定，但最高不得超过50%。国家另有规定的，从其规定。

（三）处置限额以上的固定资产，地方金融企业应坚持公开、透明和评估作价的原则，引入市场机制进行处置。

第十七条 抵债资产管理

（一）地方金融企业应建立健全抵债资产管理制度，控制接收抵债资产的范围，严格接收标准。地方金融企业接收的用以抵债的固定资产原则上不准自用，应组织拍卖变现；确需自用的，应视同于新购固定资产并办理相应的固定资产购建审批手续。

（二）地方金融企业处置抵债资产应坚持公开透明的原则，避免暗箱操作，防范道德风险。抵债资产原则上应采用公开拍卖方式进行处置。采用其他方式处置抵债资产的，应当引入竞争机制选择抵债资产买受人。

（三）地方财政部门应加强对抵债资产接收、保管和处置情况的监督检查，对不符合国家法律法规有关规定的，应及时进行制止和纠正。

第十八条 地方金融企业应在国家规定的范围内处置不良资产。需批量处置不良资产的，应按照国务院批准的金融企业处置不良资产的有关政策执行。

第十九条 地方金融企业应严格执行财政部有关金融企业呆账核销管理办法及相关政策规定。呆账核销必须严格认定条件，提供确凿证据，严肃追究责任，逐级上报、审核和审批，对外保密，账销案存。

地方财政部门负责对地方金融企业呆账核销进行监督管理，每年检查覆盖面应达到本地区地方金融企业数量的一定比例。该比例由省级财政部门根据本地区实际情况确定。

第四章 地方国有金融企业财务监管

第二十条 建立地方国有金融企业年金方案审批制度。根据《财政部关于国有金融企业试行企业年金制度有关问题的通知》（财金〔2006〕18号）、《财政部关于进一步加强金融企业财务管理若干问题的通知》（财金〔2008〕12号）等规定，地方国有金融企业的年金方案应经地方财政部门审核批准后实施。其中，报市县级财政部门的年金方案，应逐级报经省级财政部门审核批准，但依法取得相应授权的除外。

第二十一条 建立地方国有金融企业绩效评价制度。省级财政部门应依据《金融类国有及国有控股企业绩效评价暂行办法》（财金〔2009〕3号）和《金融类国有及国有控股企业绩效评价实施细则》(财金〔2009〕169号)等规定，组织实施本地区地方国有金融企业绩效评价工作，对金融企业会计年度的盈利能力、经营增长、资产质量、偿付能力等进行综合评判。评价结果将作为考核地方国有金融企业业绩、加强地方国有金融企业经营管理、确定企业负责人薪酬和获得财政支持的重要依据。

第二十二条　建立地方国有金融企业国有资本收益管理制度。省级财政部门应根据国家有关法律法规和财政部相关规定，制定地方国有金融企业国有资本收益收缴办法，督促地方国有金融企业施行。

第二十三条　地方财政部门应督促地方国有金融企业严格执行《金融类企业国有资产产权登记管理办法》(财金〔2006〕82号)、《金融企业国有资产评估监督管理暂行办法》(财政部令第47号)、《金融企业国有资产转让管理办法》(财政部令第54号)规定，做好国有资产产权登记、资产评估和资产转让等工作。

第二十四条　财政部门出资或由地方人民政府授权财政部门管理的地方国有金融企业，其重要财务事项、企业负责人薪酬、长期股权激励方案、利润分配方案等均应报相应财政部门审核批准后实施。其中，股份制地方国有金融企业，财政部门应通过依法派出人员参加董事会或股东大会方式履行财务监督管理职责。省级财政部门负责对所辖各级财政部门出资或由地方人民政府授权财政部门管理的地方国有金融企业，确定上述事项的审批规程和审批权限。

第二十五条　地方财政部门应督促地方国有金融企业根据国家相关法律法规规定，引入竞争机制选聘会计师事务所，提高会计信息质量，维护国家金融安全。地方国有金融企业应向地方财政部门报告所聘会计事务所名称、聘任期限等情况。

第五章　财务信息报告

第二十六条　地方金融企业应及时向地方财政部门报送季(月)度报告、年度财务决算和财务分析报告。地方金融企业的年度财务决算报告必须经具有相应资格的会计师事务所审计。报送财务信息的质量、准确性和及时性，将作为地方财政部门评价地方金融企业财务管理工作和给予财政支持政策的重要依据。

第二十七条　地方财政部门应指导、督促地方金融企业按照《会计法》、《金融企业财务规则》等法律法规组织会计核算，确保财务信息真实可靠。地方财政部门应对地方金融企业的财务信息进行分类汇总、分析和评价，并及时向本级人民政府和上级财政部门报告。

第二十八条　地方财政部门应按财政部要求，及时报送各类财政金融信息，报送信息的质量和及时性将作为财政部考核、评价地方财政部门财务监管工作和给予财政支持政策的重要依据。

第六章　监督检查

第二十九条　地方财政部门应根据财务登记情况、财务信息、企业绩效评价结果等建立监测地方金融企业运营的指标库，及时发现和消除风险隐患。对地方金融企业出现的重大风险问题，应向当地政府和上级财政部门报告，尽早采取化解措施，避免金融风险转化为财政风险。

第三十条　地方财政部门应根据财政部制定的各项规定，建立对地方金融企业及其分支机构定期或不定期的监督检查制度。地方财政部门应与金融监管部门派出机构建立健全地方金融风险联合评估机制，制定应急预案，安排必要的金融风险防范资金，维护地方金融秩序稳定。

第三十一条　地方财政部门应结合日常财务监管，有计划、有重点、分步骤地对地方金融企业的财务执行情况等问题进行专项检查。对地方金融企业财务管理中违反国家规定的，地方财政部门要严格按照《会计法》、《财政违法行为处罚处分条例》（国务院令427号）和《金融企业财务规则》等法律法规进行处理。

第三十二条 地方金融企业有下列情形之一的，由地方财政部门责令限期改正，并视情节轻重予以通报批评：

（一）不按规定提交设立、变更财务登记文件，不按规定开设和管理资金账户，不按规定列支经营成本、费用、确认经营收益、以及计提减值准备、提留准备金、分配利润的；

（二）财务风险控制、筹集和运用资金、以及资产管理不符合规定要求；

（三）不按规定处理财政资金、国有资产，不按规定顺序清偿债务、处理财产的，以及不按规定处理职工社会保险费、经济补偿金的；

（四）超过核定标准发放企业负责人收入的；

（五）违反国有金融企业试行年金制度有关规定的；

（六）其他违反金融企业财务管理有关规定的。

第三十三条 地方金融企业有下列情形之一的，由地方财政部门责令限期改正，并对金融企业及其负责人和其他直接责任人给予警告：

（一）不按照规定建立内部财务管理制度的；

（二）内部财务管理制度明显与国家法律、法规和统一的财务管理规章制度相抵触，且不按财政部门要求修改的；

（三）不按照规定提供财务信息的；

（四）拒绝、阻扰依法实施财务监督的。

第三十四条 地方金融企业违反本办法，有关法律、法规另有规定的，依照其规定处理、处罚。地方财政部门在依法实施财务监督中，对不属于本部门职责范围的违法违规事项，应依法移送相关管理部门处理。

第三十五条 经监督检查发现，不执行本办法的地方金融企业以及出现违规行为并在限期内未整改完毕的地方金融企业，不得继续享受中央财政和地方财政出台的各项优惠政策；未认真执行本办法的地方财政部门，财政部将视情节轻重减少或停止对相应地方政策或资金的支持。

第三十六条 地方财政部门工作人员应根据国家法律法规，正确履行财务监督管理职能，保守企业商业秘密，对滥用职权、玩忽职守、徇私舞弊，或者泄露国家秘密、商业秘密的相关责任人，依法进行处理。

第七章 附 则

第三十七条 各省、自治区、直辖市、计划单列市财政部门可以依据本办法，结合本地区实际情况，制定实施细则。

第三十八条 本办法自印发之日施行。

小企业会计准则（节录）

财会〔2011〕17号，2011年10月18日发布

……

第二十七条 固定资产，是指小企业为生产产品、提供劳务、出租或经营管理而持有的，使用寿命超过1年的有形资产。

小企业的固定资产包括：房屋、建筑物、机器、机械、运输工具、设备、器具、工具等。

第二十八条　固定资产应当按照成本进行计量。

（一）外购固定资产的成本包括：购买价款、相关税费、运输费、装卸费、保险费、安装费等，但不含按照税法规定可以抵扣的增值税进项税额。

以一笔款项购入多项没有单独标价的固定资产，应当按照各项固定资产或类似资产的市场价格或评估价值比例对总成本进行分配，分别确定各项固定资产的成本。

（二）自行建造固定资产的成本，由建造该项资产在竣工决算前发生的支出（含相关的借款费用）构成。

小企业在建工程在试运转过程中形成的产品、副产品或试车收入冲减在建工程成本。

（三）投资者投入固定资产的成本，应当按照评估价值和相关税费确定。

（四）融资租入的固定资产的成本，应当按照租赁合同约定的付款总额和在签订租赁合同过程中发生的相关税费等确定。

（五）盘盈固定资产的成本，应当按照同类或者类似固定资产的市场价格或评估价值，扣除按照该项固定资产新旧程度估计的折旧后的余额确定。

……

金融企业准备金计提管理办法

财金〔2012〕20 号，2012 年 3 月 30 日

第一章　总　则

第一条　为了防范金融风险，增强金融企业风险抵御能力，促进金融企业稳健经营和健康发展，根据《金融企业财务规则》等有关规定，制定本办法。

第二条　经中国银行业监督管理委员会批准，在中华人民共和国境内依法设立的政策性银行、商业银行、信托投资公司、财务公司、金融租赁公司、金融资产管理公司、村镇银行和城乡信用社等经营金融业务的企业（以下简称金融企业）适用本办法。

第三条　本办法所称准备金，又称拨备，是指金融企业对承担风险和损失的金融资产计提的准备金，包括资产减值准备和一般准备。

本办法所称资产减值准备，是指金融企业对债权、股权等金融资产（不包括以公允价值计量并且其变动计入当期损益的金融资产）进行合理估计和判断，对其预计未来现金流量现值低于账面价值部分计提的，计入金融企业成本的，用于弥补资产损失的准备金。

本办法所称一般准备，是指金融企业运用动态拨备原理，采用内部模型法或标准法计算风险资产的潜在风险估计值后，扣减已计提的资产减值准备，从净利润中计提的、用于部分弥补尚未识别的可能性损失的准备金。

动态拨备是金融企业根据宏观经济形势变化，采取的逆周期计提拨备的方法，即在宏观经济上行周期、风险资产违约率相对较低时多计提拨备，增强财务缓冲能力；在宏观经济下行周期、风险资产违约率相对较高时少计提拨备，并动用积累的拨备吸收资产损失的做法。

本办法所称内部模型法，是指具备条件的金融企业使用内部开发的模型对风险资产计算确定潜在风险估计值的方法。

本办法所称标准法，是指金融企业根据金融监管部门确定的标准对风险资产进行风险分类后，按财政部制定的标准风险系数计算确定潜在风险估计值的方法。

本办法所称不良贷款拨备覆盖率，是指金融企业计提的贷款损失准备与不良贷款余

额之比。

本办法所称贷款拨备率，是指金融企业计提的与贷款损失相关的资产减值准备与各项贷款余额之比，也称拨贷比。

本办法所称贷款总拨备率，是指金融企业计提的与贷款损失相关的各项准备（包括资产减值准备和一般准备）与各项贷款余额之比。

第二章 准备金的计提

第四条 金融企业承担风险和损失的资产应计提准备金，具体包括发放贷款和垫款、可供出售类金融资产、持有至到期投资、长期股权投资、存放同业、拆出资金、抵债资产、其他应收款项等。

对由金融企业转贷并承担对外还款责任的国外贷款，包括国际金融组织贷款、外国买方信贷、外国政府贷款、日本国际协力银行不附条件贷款和外国政府混合贷款等资产，应当计提准备金。

金融企业不承担风险的委托贷款、购买的国债等资产，不计提准备金。

第五条 金融企业应当在资产负债表日对各项资产进行检查，分析判断资产是否发生减值，并根据谨慎性原则，计提资产减值准备。对发放贷款和垫款，至少应当按季进行分析，采取单项或组合的方式进行减值测试，计提贷款损失准备。

第六条 金融企业应当于每年年度终了对承担风险和损失的资产计提一般准备。一般准备由金融企业总行（总公司）统一计提和管理。

金融企业应当根据自身实际情况，选择内部模型法或标准法对风险资产所面临的风险状况定量分析，确定潜在风险估计值。对于潜在风险估计值高于资产减值准备的差额，计提一般准备。当潜在风险估计值低于资产减值准备时，可不计提一般准备。一般准备余额原则上不得低于风险资产期末余额的1.5%。

第七条 具备条件的金融企业可采用内部模型法确定潜在风险估计值。运用内部模型法时应当使用至少包括一个完整经济周期的历史数据，综合考虑风险资产存量及其变化、风险资产长期平均损失率、潜在损失平均覆盖率、较长时期平均资产减值准备等因素，建立内部模型，并通过对银行自身风险资产损失历史数据的回归分析或其他合理方法确定潜在风险估计值。

第八条 金融企业采用内部模型法的，已改制金融企业履行董事会审批程序后实施，未改制金融企业由行长（总经理、总裁）办公会审批后实施。

金融企业采用内部模型法的，应将内部模型及详细说明报同级财政部门备案。

第九条 金融企业不采用内部模型法的，应当根据标准法计算潜在风险估计值，按潜在风险估计值与资产减值准备的差额，对风险资产计提一般准备。其中，信贷资产根据金融监管部门的有关规定进行风险分类，标准风险系数暂定为：正常类1.5%，关注类3%，次级类30%，可疑类60%，损失类100%；对于其他风险资产可参照信贷资产进行风险分类，采用的标准风险系数不得低于上述信贷资产标准风险系数。

第十条 金融企业对非信贷资产未实施风险分类的，可按非信贷资产余额的1%—1.5%计提一般准备。

标准法潜在风险估计值计算公式：

潜在风险估计值 = 正常类风险资产 ×1.5% + 关注类风险资产 ×3% + 次级类风险资产 ×30% + 可疑类风险资产 ×60% + 损失类风险资产 ×100%

财政部将根据宏观经济形势变化，参考金融企业不良贷款额、不良贷款率、不良贷款拨备覆盖率、贷款拨备率、贷款总拨备率等情况，适时调整计提一般准备的风险资产范围、标准风险系数、一般准备占风险资产的比例要求。

第十一条 金融企业应当根据资产的风险程度及时、足额计提准备金。准备金计提不足的，原则上不得进行税后利润分配。

第十二条 金融企业应当于每季度终了后60天内向同级财政部门提供其准备金计提情况（包括计提准备金的资产分项、分类情况、资产风险评估方法），并按类别提供相关准备金余额变动情况（期初、本期计提、本期转回、本期核销、期末数），以及不良资产和不良贷款拨备覆盖率情况。

中央金融企业将准备金计提情况报送财政部，中央金融企业在各地分支机构报送财政部驻当地财政监察专员办事处，地方金融企业报送同级财政部门。准备金由总行（总公司）统一计提和管理的金融企业，由总行（总公司）向同级财政部门统一提供准备金计提情况。

第十三条 财政部驻各地财政监察专员办事处负责对当地中央管理的金融企业分支机构准备金计提的监督管理，对未按规定足额计提准备金的，应当及时进行制止和纠正。

第三章 财务处理

第十四条 金融企业按规定计提的一般准备作为利润分配处理，一般准备是所有者权益的组成部分。金融企业在年度终了后，按照本办法提出当年一般准备计提方案，履行公司治理程序后执行。

金融企业履行公司治理程序，并报经同级财政部门备案后，可用一般准备弥补亏损，但不得用于分红。因特殊原因，经履行公司治理程序，并报经同级财政部门备案后，金融企业可将一般准备转为未分配利润。

第十五条 金融企业计提的相关资产减值准备计入当期损益。已计提资产减值准备的资产质量提高时，应在已计提的资产减值准备范围内转回，增加当期损益。

第十六条 对符合条件的资产损失经批准核销后，冲减已计提的相关资产减值准备。对经批准核销的表内应收利息，已纳入损益核算的，无论其本金或利息是否已逾期，均作冲减利息收入处理。

已核销的资产损失，以后又收回的，其核销的相关资产减值准备予以转回。已核销的资产收回金额超过本金的部分，计入利息收入等。转回的资产减值准备作增加当期损益处理。

第十七条 资产减值准备以原币计提，按即期汇率折算为记账本位币后确认。

第四章 附 则

第十八条 金融企业可以根据本办法制定具体办法，报同级财政部门备案。

第十九条 金融企业一般准备余额占风险资产期末余额的比例，难以一次性达到1.5%的，可以分年到位，原则上不得超过5年。

第二十条 本办法自2012年7月1日起施行，《金融企业呆账准备提取管理办法》（财金〔2005〕49号）同时废止。

企业会计准则解释第4号（节录）

财会〔2010〕15号，2010年7月14日发布

……

二、非同一控制下的企业合并中，购买方在购买日取得被购买方可辨认资产和负债，

应当如何进行分类或指定？

答：非同一控制下的企业合并中，购买方在购买日取得被购买方可辨认资产和负债，应当根据企业会计准则的规定，结合购买日存在的合同条款、经营政策、并购政策等相关因素进行分类或指定，主要包括被购买方的金融资产和金融负债的分类、套期关系的指定、嵌入衍生工具的分拆等。但是，合并中如涉及租赁合同和保险合同且在购买日对合同条款作出修订的，购买方应当根据企业会计准则的规定，结合修订的条款和其他因素对合同进行分类。

……

十一、本解释一至四条的规定，自2010年1月1日起施行；五至十条的规定，应当进行追溯调整，追溯调整不切实可行的除外。

企业会计准则解释第5号（节录）

财会〔2012〕19号，2012年11月5日发布

……

三、企业采用附追索权方式出售金融资产，或将持有的金融资产背书转让，是否应当终止确认该金融资产？

答：企业对采用附追索权方式出售的金融资产，或将持有的金融资产背书转让，应当根据《企业会计准则第23号——金融资产转移》的规定，确定该金融资产所有权上几乎所有的风险和报酬是否已经转移。企业已将该金融资产所有权上几乎所有的风险和报酬转移给转入方的，应当终止确认该金融资产；保留了金融资产所有权上几乎所有的风险和报酬的，不应当终止确认该金融资产；既没有转移也没有保留金融资产所有权上几乎所有的风险和报酬的，应当继续判断企业是否对该资产保留了控制，并根据《企业会计准则第23号——金融资产转移》的规定进行会计处理。

……

第五编

租赁外汇

第15章　外汇管理

国家外汇管理局关于进一步明确和规范部分资本项目外汇业务管理有关问题的通知

汇发〔2011〕45号

国家外汇管理局各省、自治区、直辖市分局、外汇管理部，深圳、大连、青岛、厦门、宁波市分局：

为防范跨境资本流动带来的金融风险，促进国际收支基本平衡，根据外汇管理有关规定，现就进一步明确和规范部分资本项目外汇业务管理有关问题通知如下：

一、进一步规范外商投资企业外汇资金支付结汇管理

（一）外商投资企业不得以外汇资本金结汇所得人民币资金用于境内股权投资。经相关主管部门批准的股权投资类外商投资企业以其外汇资本金、境内中资机构以资产变现账户内的外汇资金进行境内股权投资，参照外商投资性公司的外汇出资管理原则办理。

（二）外商投资企业以外汇资本金结汇所得人民币资金支付土地出让金的，办理结汇业务的银行应要求企业提交国有建设用地出让合同以及相应的非税缴款通知单等材料，严格审核相关合同、缴款通知单以及结汇支付财政专户之间的一致性。非房地产类外商投资企业不得以结汇所得人民币资金支付购买非自用房地产的相关费用。

（三）外商投资企业不得以外汇资本金结汇所得人民币资金发放委托贷款、偿还企业间借贷（含第三方垫款）以及偿还转贷予第三方的银行借款。外商投资企业以外汇资本金结汇所得人民币资金偿还已使用完毕的银行贷款（含委托贷款），银行应要求结汇企业提供原贷款合同（或委托贷款合同，下同）、与贷款合同所列用途一致的人民币贷款资金使用发票、原贷款行出具的贷款发放对账单等贷款资金使用完毕的证明材料，并留存复印件备查。

（四）完善保证金专用外汇账户管理。外商投资企业原则上不得以外汇资本金结汇所得人民币资金交付各类保证金。境内个人或机构（不含银行）接收外商投资企业以外汇资本金交付的各类保证金，可向所在地外汇局申请开立保证金专用外汇账户。该账户的收入范围为“存入具有真实交易背景的保证金”；支出范围为“退回原划入账户”。银行应严格按照保证金专用外汇账户收支范围办理相关资金划转业务。保证金专用账户内资金不得结汇。

二、加强对外商投资企业对外借款的管理

（一）外商投资企业对外借款，其外方股东出资须按期足额到位，其实际可对外借款额度按政策规定的借款额度上限乘以外方股东出资到位比例进行计算。

（二）加强对外商投资企业逾期及展期外债的管理。外商投资企业借用外债发生逾期且未办理外债变更登记手续的，外汇局暂停受理其新借外债的登记申请。外商投资企业借用的短期外债发生逾期或展期，且实际借款期限（自该笔外债的首次提款日至当前日期或新约定的到期日）超过1年的，按发生额将此笔外债纳入外商投资企业对外借款额

度控制。

三、进一步规范土地保证金账户管理

竞标土地使用权应按规定通过保证类专用账户进行。外国投资者竞标土地使用权的保证类专用账户名称变更为“竞标土地使用权的保证类专用外汇账户”（以下简称土地保证金账户）。该账户的收入范围调整为“存入以招标、拍卖、挂牌等方式转让土地使用权所收取的外汇保证金”；支出范围调整为“经所在地外汇局核准将原币划转至外国投资者后续成立的外商投资企业外汇资本金账户、按原路径汇出境外，或凭原划出核准件划回原外商投资企业的外汇资本金账户”。土地保证金账户内资金不得结汇。

四、完善个人资产变现专用外汇账户管理

境内个人收取向外国投资者转让所持境内企业股份或其他权益所得的，应向所在地外汇局申请开立资产变现专用外汇账户（以下简称资产变现账户）。银行办理资产变现账户资金结汇时，应留存相应的转股收汇外资外汇登记表复印件。

境内个人可凭相应资产变现收入完税凭证向银行申请办理资产变现账户资金结汇。境内个人以资产变现账户资金结汇所得人民币支付本次资产变现收入税款的，可直接凭缴税通知书办理结汇，无须提供相应的资产变现收入完税凭证。

本通知自发布之日起实施。以前规定与本通知不一致的，以本通知为准。请各分局、外汇管理部尽快将本通知转发至辖内中心支局、支局和银行。执行中如遇问题，请及时向国家外汇管理局资本项目管理司反馈。

国家外汇管理局

二〇一一年十一月九日

国家外汇管理局综合司关于国内金融租赁公司办理融资租赁收取外币租金问题的批复

汇综复〔2012〕80号

国家外汇管理局上海市分局：

你分局《关于交银金融租赁有限责任公司SPV境内融资租赁收取外币租金问题的请示》（上海汇发〔2012〕70号）收悉。现批复如下：

一、经银行监管部门批准成立的金融租赁公司，或金融租赁公司按照《关于金融租赁公司在境内保税地区设立项目公司开展融资租赁业务有关问题的通知》（银监发〔2010〕2号）设立的融资租赁项目公司，如果其用以购买租赁物的资金50%以上来源于自身的国内外汇贷款或外币外债，可以按规定以外币形式收取租金。

二、金融租赁公司应参照《国家外汇管理局关于实施国内外汇贷款外汇管理方式改革的通知》（汇发〔2002〕125号）及相关文件办理债权人集中登记。承租人应凭出租人出具的支付外币租金的通知书和其他证明文件，自行到银行办理对出租人的租金支付和购汇手续。

三、金融租赁公司收取的外币租金收入，可以进入自身按规定在银行开立的外汇账户；超出偿还外币债务所需的部分，经外汇局核准后可以办理结汇。

四、融资租赁采用回租结构的，出租人应当以人民币形式向承租人支付租赁设备价款。

五、金融租赁公司或其融资租赁项目公司借用的国内外汇贷款或经批准借用的外债，不得结汇使用。

国家外汇管理局综合司
2012年9月27日

国家外汇管理局北京外汇管理部资本项目管理处关于外资融资租赁公司资本金结汇办理售后回租业务无法提供发票问题的通知

各外汇指定银行国际业务部（或相关业务部门）：

根据国家外汇管理局要求，对外资融资租赁公司资本金结汇办理售后回租业务时，无法提供相关增值税和营业税发票的情况，办理原则如下，请你行遵照执行：

一、外商投资融资租赁公司从事融资性售后回租业务时，若以外汇资本金结汇购买承租人的设备，可免予向银行提供相关发票，但应在合同规定的收取租金期限内定期向银行提交每期租金所涉营业税发票，作为外汇资本金结汇真实性的证明材料之一。银行查验该发票并留存复印件。

二、银行在审核上述外汇资本金结汇手续时，应登陆中国人民银行征信中心融资租赁登记公示系统，查验租赁的合规性和信息的准确性，并打印留存。

执行过程中如有问题，请及时向我处反馈。

特此通知。

联系人：郭睿华　联系电话：68559987

国家外汇管理局北京外汇管理部资本项目管理处
二〇一二年十月二十九日

国家外汇管理局关于发布《外债登记管理办法》的通知

汇发〔2013〕19号，2013年4月28日发布，2013年5月13日开始实施

国家外汇管理局各省、自治区、直辖市分局、外汇管理部，深圳、大连、青岛、厦门、宁波市分局，各中资外汇指定银行：

为深化外汇管理体制改革，简化行政审批程序，强化外债统计监测，防范外债风险，国家外汇管理局决定改进外债登记管理方式。为此，国家外汇管理局制定了《外债登记管理办法》和《外债登记管理操作指引》，现印发给你们，请遵照执行。

本通知自2013年5月13日起实施。之前规定与本通知内容不一致的，以本通知为准。本通知实施后，附件3所列法规即行废止。

国家外汇管理局各分局、外汇管理部接到本通知后，应及时转发辖内中心支局、支局、城市商业银行、农村商业银行、外资银行、农村合作银行；各中资银行接到通知后，应及时转发所辖各分支机构。执行中如遇问题，请及时向国家外汇管理局资本项目管理司反馈。

附件：1. 外债登记管理办法

　　　2. 外债登记管理操作指引

3. 废止法规目录

国家外汇管理局
2013年4月28日

附件1

外债登记管理办法

第一章 总 则

第一条 为准确、及时、完整统计外债信息，规范外债资金流出入的管理，防范外债风险，根据《中华人民共和国外汇管理条例》(以下简称《外汇管理条例》)和《外债统计监测暂行规定》，制定本办法。

第二条 债务人应按照国家有关规定借用外债，并办理外债登记。

第三条 国家外汇管理局及其分支局(以下简称外汇局)负责外债的登记、账户、使用、偿还以及结售汇等管理、监督和检查，并对外债进行统计和监测。

国家外汇管理局负责全口径外债的统计监测，并定期公布外债情况。

第四条 国家外汇管理局根据国际统计标准，结合我国实际情况，确定外债统计范围和统计方法。

外债统计方法包括债务人登记和抽样调查等。

第五条 国家外汇管理局可根据国际收支变化情况，对外债登记范围和管理方式进行调整。

第二章 外债登记

第六条 外债登记是指债务人按规定借用外债后，应按照规定方式向所在地外汇局登记或报送外债的签约、提款、偿还和结售汇等信息。根据债务人类型实行不同的外债登记方式。

外债借款合同发生变更时，债务人应按照规定到外汇局办理外债签约变更登记。

外债未偿余额为零且债务人不再发生提款时，债务人应按照规定到外汇局办理外债注销登记手续。

第七条 债务人为财政部门，应在每月初10个工作日内逐笔向所在地外汇局报送外债的签约、提款、结汇、购汇、偿还和账户变动等信息。

第八条 债务人为境内银行，应通过外汇局相关系统逐笔报送其借用外债信息。

第九条 债务人为财政部门、银行以外的其他境内债务人(以下简称非银行债务人)，应在规定时间内到所在地外汇局办理外债签约逐笔登记或备案手续。

第十条 对于不通过境内银行办理资金收付的，非银行债务人在发生外债提款额、还本付息额和未偿余额变动后，持相关证明材料到所在地外汇局办理备案手续。

第三章 外债账户、资金使用和结售汇管理

第十一条 境内银行借用外债，可直接在境内、外银行开立相关账户，直接办理与其外债相关的提款和偿还等手续。

第十二条 非银行债务人在办理外债签约登记后，可直接向境内银行申请开立外债账户。

非银行债务人可开立用于办理提款和还款的外债专用账户，也可根据实际需要开立专门用于外债还款的还本付息专用账户。

第十三条 根据非银行债务人申请，银行在履行必要的审核程序后，可直接为其开立、关闭外债账户以及办理外债提款、结售汇和偿还等手续。

第十四条 外商投资企业借用的外债资金可以结汇使用。

除另有规定外，境内金融机构和中资企业借用的外债资金不得结汇使用。

第十五条 债务人在办理外债资金结汇时，应遵循实需原则，持规定的证明文件直接到银行办理。

银行应按照有关规定审核证明文件后，为债务人办理结汇手续。

第十六条 债务人借款合同中约定的外债资金用途应当符合外汇管理规定。

短期外债原则上只能用于流动资金，不得用于固定资产投资等中长期用途。

第十七条 债务人购汇偿还外债，应遵循实需原则。

银行应按照有关规定审核证明文件后，为债务人办理购付汇手续。

第四章 外保内贷外汇管理

第十八条 符合规定的债务人向境内金融机构借款时，可以接受境外机构或个人提供的担保（以下简称外保内贷）。

境内债权人应按相关规定向所在地外汇局报送相关数据。

发生境外担保履约的，债务人应到所在地外汇局办理外债登记。

第十九条 外商投资企业办理境内借款接受境外担保的，可直接与境外担保人、债权人签订担保合同。

发生境外担保履约的，其担保履约额应纳入外商投资企业外债规模管理。

第二十条 中资企业办理境内借款接受境外担保的，应事前向所在地外汇局申请外保内贷额度。

中资企业可在外汇局核定的额度内直接签订担保合同。

第五章 对外转让不良资产外汇管理

第二十一条 境内机构对外转让不良资产，应按规定获得批准。

第二十二条 对外转让不良资产获得批准后，境外投资者或其代理人应到外汇局办理对外转让不良资产备案手续。

第二十三条 受让不良资产的境外投资者或其代理人通过清收、再转让等方式取得的收益，经外汇局核准后可汇出。

第六章 罚 则

第二十四条 外债资金非法结汇的，依照《外汇管理条例》第四十一条进行处罚。

第二十五条 有擅自对外借款或在境外发行债券等违反外债管理行为的，依照《外汇管理条例》第四十三条进行处罚。

第二十六条 违反规定，擅自改变外债或外债结汇资金用途的，依照《外汇管理条例》第四十四条进行处罚。

第二十七条 有下列情形之一的，依照《外汇管理条例》第四十八条进行处罚：

（一）未按照规定进行涉及外债国际收支申报的；

（二）未按照规定报送外债统计报表等资料的；

（三）未按照规定提交外债业务有效单证或者提交的单证不真实的；

（四）违反外债账户管理规定的；

（五）违反外债登记管理规定的。

第二十八条 金融机构有下列情形之一的，依照《外汇管理条例》第四十七条进行处罚：

（一）违反规定办理外债资金收付的；

（二）违反规定办理外债项下结汇、售汇业务的。

第二十九条 其他违反本办法的行为，按《外汇管理条例》法律责任有关规定进行处罚。

第七章　附　则

第三十条　银行应按照外汇管理相关规定，将非银行债务人的外债账户、提款、使用、偿还及结售汇等信息报送外汇局。

第三十一条　外汇局利用抽样调查等方式，采集境内企业对外贸易中产生的预收货款、延期付款等企业间贸易信贷信息。

境内企业与境外企业间发生贸易信贷的，无需按照本办法规定办理外债登记。

第三十二条　债务人可按照有关规定签订以锁定外债还本付息风险为目的、与汇率或利率相关的保值交易合同，并直接到银行办理交割。

第三十三条　本办法由国家外汇管理局负责解释。

第三十四条　本办法自2013年5月13日起实施。

附件2

外债登记管理操作指引

一、非银行债务人办理外债签约登记

法规依据	《中华人民共和国外汇管理条例》（国务院令第532号） 《外债统计监测暂行规定》（1987年公布） 《外债登记管理办法》 《国家外汇管理局关于下发第一批通过商务部备案的外商投资房地产项目名单的通知》（汇综发〔2007〕130号） 其他相关法规
审核材料	申请书。 外债合同正本及合同主要条款复印件，合同为外文的应另附合同主要条款的中文译本。 外商投资企业应提供批准证书、营业执照和外方股东资本金到位证明材料等文件，中资企业应提供营业执照、外债主管部门批准其对外借款的文件。 针对前述材料应当提供的补充说明。
审核原则	除财政部门、银行以外的其他境内债务人（以下简称“非银行债务人”），应当在外债合同签约后15个工作日内，到所在地外汇局办理外债签约登记手续。办理外债签约登记后，外汇局应发给债务人加盖资本项目业务印章的《境内机构外债签约情况表》。 …… 外商投资租赁公司对外借款，应根据外商投资租赁公司提供的上年度经审计的报告，计算出上年度末风险资产总额（A），再计算净资产的10倍（B），然后将（B-A）作为新年度期间该公司可新借外债的余额的最高限额。借用外债形成的资产全部计算为风险资产。 …… 以下含有外国投资的境内机构，除另有规定外，其举借外债参照境内中资企业举借外债的规定办理：（1）外国投资者出资比例低于25%的境内企业；（2）投资总额与注册资本相等的外商投资企业；（3）外国投资者比例不低于25%，但未明确投资总额的外商投资企业。 债务人办妥外债签约登记后，外汇局应按照规定出具外债登记证明文件。

续表

审核要素	审核材料的规范性、齐备性及材料之间的一致性；审核申请书和《境内机构外债签约情况表》等填写的内容是否与借款合同内容一致。 审核借款合同中当事各方、币种、金额、期限、利率、借款用途和适用法律等主要条款。 对于外商投资企业以外的非银行债务人，其对外借款需要事前批准或纳入指标管理的，应审查借款合同条款与批准文件内容是否一致。
授权范围	符合条件的，由所在地外汇局办理。 非银行债务人可预先登陆国家外汇管理局应用服务平台，在资本项目信息系统中预录入外债签约信息。
注意事项	外债的统计范围包括居民对非居民承担的具有契约性偿还义务的全部债务。外债的规模管理范围与其统计范围存在差异。根据外债统计、监测和管理等实际需要，目前，外债可进行以下分类： 按照各部门外债管理职能分工，外债可分为外国政府贷款、国际金融组织贷款和国际商业贷款。 按照债务人类型，外债可分为代表国家举借并以国家信用保证对外偿还的主权外债以及由境内其他机构借用的非主权外债。非主权外债可分为银行外债、非银行金融机构外债、中资企业外债。外商投资企业外债和其他机构外债。 按照债权人类型，外债可分为：（1）向外国政府、国际金融组织和政策性金融机构借款；（2）向境外银行和其他金融机构借款；（3）向境外企业和自然人借款。 按照债务工具类型，外债可分为：（1）直接贷款（包括境外机构提供的买方或卖方信贷，银行的同业拆借、同行往来等）；（2）境外发行的标准化债务工具，如中长期债券（含可转换债券）、短期债券（含商业票据、大额可转让存单等）；（3）境内银行吸收的非居民存款，境内银行对外开立的远期信用证、委托境外银行办理的海外代付或其他具有相似性质的负债类银行贸易融资；（4）以实物形式办理提款而形成的金融性债务，如融资租赁、补偿贸易中用现汇偿还的债务、贵金属拆借等；（5）境内机构在对外货物或服务贸易中产生的预收款、应付款等企业间贸易信贷。 按照外债的签约期限，外债可分为短期外债和中长期外债。（1）短期外债是指债务人和债权人签订的约定还款期限在1年以下（含）的外债；（2）中长期外债是指债务人和债权人签订的约定还款期限在1年以上（不含）的外债。 境内银行从其在境外设立的非法人分支机构借款，应纳入规模管理和外债统计。境内银行在境外设立的非法人分支机构，从境外机构或个人办理借款，不纳入规模管理和外债统计。除上述规定外，其他境内机构在境外设立的非法人机构从境外机构或个人借款，应视同境内机构对外借款进行规模管理，但其对境外机构承担的债务不纳入外债统计范围。 外商投资企业因增资、转股和改制等原因，导致外国投资者出资比例低于25%，或企业类型发生改变，而无法计算其“投注差”的，则改为参照中资企业借用外债进行管理。其作为外商投资企业时已发生的外债提款，可按本操作指引规定继续办理结汇、还本付息等相关手续，但该企业不得再发生新的外债提款业务。 非银行债务人可自行与境内银行或境外债权银行签订以锁定外债还本付息风险为目的，与汇率或利率相关的保值交易合同，并直接到银行办理交割。签订保值交易合同、办理保值交易合同交割时，非银行债务人的交易对手银行、办理交割款项汇出的银行等，应当确认该笔交易具备合法、清晰的实盘背景。（1）非银行债务人获得的保值交易外汇收入，可直接到银行办理结汇或开立资本项目专用账户保留；（2）非银行债务人可直接到银行购汇或使用自有外汇办理交割。

续表

注意事项	遗失外债登记或备案凭证的非银行债务人在登报进行遗失声明后，可向所在地外汇局申请补办相关凭证。 已办理签约登记的外债合同主要条款发生变化，如期限（展期等）、金额、债权人等，非银行债务人应参照上述程序办理外债签约变更登记。 非银行债务人融资租赁、售后融资性回租和发行境外债券等，应按本操作指引办理外债签约登记手续。 非银行债务人签订借款合同后未按规定及时办理外债签约登记的，须按以下规定办理外债签约补登记：（1）非银行债务人外债合同签约后15个工作日内没有及时办理签约登记，但截至非银行债务人申请日尚未发生外债首次提款的，如能说明合理原因，外汇局可按正常程序为其办理签约登记手续；不能说明合理原因的，外汇局可按未及时办理外债签约登记进行处理。（2）非银行债务人办理外债补登记时，已发生外债提款的，除按照本操作指引的一般要求提交相关资料外，还需提交能够证明其已发生对外负债的相关材料，补登记金额仅限于经核实已入账尚未偿还的债务余额。（3）外债登记部门认为存在违规情形且需要进行处理的，应移交外汇检查部门后再办理外债补登记手续。 非银行债务人购汇偿还外债，除另有规定外，应遵循实需原则。 除另有规定外，对外货物或服务贸易中产生的预收款和应付款，以及除外债之外其他金融资产交易产生的对外应付款及相关息费等，不纳入外债规模管理，无需按照本操作指引办理外债登记。境内付款方应当按照与基础交易相关的外汇管理规定办理对价及附属费用的对外支付。 未参与外债转贷款改革的地区或机构，仍按照原外债转贷款登记管理规定办理相关登记手续，即逐笔到所在地外汇局办理签约、提款、结汇、还本付息和账户开立、关闭等手续。

二、财政部门和银行办理外债登记（略）

三、银行为非银行债务人开立、关闭外债账户

法规依据	《中华人民共和国外汇管理条例》（国务院令第532号） 《境内外汇账户管理规定》（银发〔1997〕416号） 《外债统计监测暂行规定》（1987年公布） 《国家外汇管理局关于资本项目信息系统试点及相关数据报送工作的通知》（汇发〔2012〕60号） 《外债登记管理办法》 其他相关法规
银行审核材料	外债账户开立：（1）申请书。（2）外汇局核发的外债登记证明文件和资本项目信息系统《协议办理凭证》（验原件、收加盖非银行债务人公章的复印件）。（3）针对前述材料应当提供的补充说明。 外债账户关闭：（1）申请书。（2）针对前述材料应当提供的补充说明。关闭账户时，非银行债务人应确认外债账户余额为零且不再发生提款。
审核原则	非银行债务人可在所属的分局辖区内选择银行直接开立外债账户。外债账户包括外债专用账户和还本付息专用账户。

续表

审核原则	银行应在资本项目信息系统银行端查看该笔业务的相关控制信息表，且查明“尚可开立账户总数”大于等于1的信息时，方可为该非银行债务人开户，并在资本项目信息系统反馈非银行债务人的开户信息。 非银行债务人应按规定范围使用外债账户：（1）外债专用账户的收入范围是：按规定已办理签约登记的外债收入及存款利息、在偿还外债前5个工作日内划入的用于还款的资金；支出范围是：经常项目对外支付、按规定办理结汇及按规定办理资本项目支付。除另有规定外，非银行债务人借用的现汇形式的债务资金必须存入外债专用账户。（2）还本付息专用账户的收入范围是：根据债权人要求在规定范围和金额内划入用于还款的自有外汇资金或其他来源外汇资金；支出范围是：偿还外债。
审核要素	审核材料的规范性、齐备性及材料之间的一致性。 银行在为非银行债务人开立外债专用账户或还本付息专用账户时，应在资本项目信息系统银行端查看与该笔外债相关的控制信息表，并与债务人提供的《境内机构外债签约情况表》中的信息核对。 银行可在非银行债务人办理开户后留存《境内机构外债签约情况表》复印件，并在资本项目信息系统银行端进行开立和关闭账户信息反馈。
授权范围	由银行根据非银行债务人申请直接办理。
注意事项	发现债务人违规开户、使用的，所在地外汇局应按规定进行处理。 债务人可根据合同约定自行将自有或购汇外汇资金在偿还外债前划入还本付息专用账户，账户余额最多不能超过未来两期该笔外债项下应付债务本息及相关费用之和（划入日前应还未还的债务积欠除外）。未经外汇局核准，已办理购汇并按规定划入还本付息专用账户的外汇资金不得再次办理结汇。 一笔外债最多可开立两个外债专用账户；不同外债应分别开立外债专用账户。一笔外债最多开立一个还本付息专用账户。 因特殊经营需要，非银行债务人需在所属分局辖区以外选择开户银行，或者开立外债账户超出规定个数的，应当经所在地外汇局核准。 境内企业借用的外债资金，可用于自身经营范围内的货物与服务贸易支出，以及规定范围内的金融资产交易。用于金融资产交易的，应当符合以下规定：（1）允许通过借新还旧等方式进行债务重组，但外债资金不得办理结汇；（2）允许通过新建企业、购买境内外企业股份等方式进行股权投资，可原币划转但不得办理结汇，且债务人的股权投资符合其经营范围；（3）除外商投资租赁公司、外商投资小额贷款公司外，不得用于放款；（4）除担保公司外，不得用于抵押或质押；（5）不得用于证券投资；（6）外债账户内资金需要转存定期存款的，在不发生资金汇兑的前提下，债务人可在同一分局辖区内、同一银行自行办理。 外债资金的运用期限应与外债的还款期限相匹配。除“搭桥”外，短期外债不得用于固定资产投资等中长期用途。如审批部门或债权人未指定外债资金用途的，中长期外债可用于短期流动资金。

……

附件 3

废止法规目录

1.《关于以人民币计价对外借款有关问题的通知》(〔95〕汇资字第 002 号)

2.《关于禁止非金融企业之间进行外汇借贷的通知》(〔96〕汇资字第 305 号)

3.《国家外汇管理局关于支付涉外担保费有关处理原则的通知》(汇发〔2000〕105 号)

4.《国家外汇管理局关于调整购汇提前还贷管理措施的通知》(汇发〔2002〕38 号)

5.《国家外汇管理局关于金融资产管理公司利用外资处置不良资产有关外汇管理问题的通知》(汇发〔2004〕119 号)

6.《国家外汇管理局关于完善外债管理有关问题的通知》(汇发〔2005〕74 号)

7.《国家外汇管理局综合司关于境外担保履约款结汇有关问题的批复》(汇综复〔2009〕65 号)

8.《国家外汇管理局关于金融资产管理公司对外转让不良资产涉及担保备案管理有关问题的通知》(汇发〔2011〕13 号)

外国投资者境内直接投资外汇管理规定

汇发〔2013〕21 号

第一章　总　则

第一条　为促进和便利外国投资者境内直接投资，规范外国投资者境内直接投资外汇管理，根据《中华人民共和国外汇管理条例》等相关法律法规，制定本规定。

第二条　本规定所称外国投资者境内直接投资（以下简称境内直接投资），是指外国投资者（包括境外机构和个人）通过新设、并购等方式在境内设立外商投资企业或项目（以下简称外商投资企业），并取得所有权、控制权、经营管理权等权益的行为。

第三条　境内直接投资实行登记管理。境内直接投资活动所涉机构与个人应在国家外汇管理局及其分支机构（以下简称外汇局）办理登记。银行应依据外汇局登记信息办理境内直接投资相关业务。

第四条　外汇局对境内直接投资登记、账户开立与变动、资金收付及结售汇等实施监督管理。

第二章　登记、账户及结售汇管理

第五条　外国投资者为筹建外商投资企业需汇入前期费用等相关资金的，应在外汇局办理登记。

第六条　外商投资企业依法设立后，应在外汇局办理登记。外国投资者以货币资金、股权、实物资产、无形资产等（含境内合法所得）向外商投资企业出资，或者收购境内企业中方股权支付对价，外商投资企业应就外国投资者出资及权益情况在外汇局办理登记。

外商投资企业后续发生增资、减资、股权转让等资本变动事项的，应在外汇局办理登记变更。外商投资企业注销或转为非外商投资企业的，应在外汇局办理登记注销。

第七条　境内外机构及个人需办理境内直接投资所涉的股权转让、境内再投资等其他相关业务的，应在外汇局办理登记。

第八条　境内直接投资所涉主体办理登记后，可根据实际需要到银行开立前期费用账户、资本金账户及资产变现账户等境内直接投资账户。

境内直接投资账户内资金使用完毕后，银行可为开户主体办理关户。

第九条 外商投资企业资本金结汇及使用应符合外汇管理相关规定。外商投资企业外汇资本金及其结汇所得人民币资金，应在企业经营范围内使用，并符合真实自用原则。

前期费用账户等其他境内直接投资账户资金结汇参照资本金结汇有关规定办理。

第十条 因减资、清算、先行回收投资、利润分配等需向境外汇出资金的，外商投资企业在办理相应登记后，可在银行办理购汇及对外支付。

因受让外国投资者所持外商投资企业股权需向境外汇出资金的，境内股权受让方在外商投资企业办理相应登记后，可在银行办理购汇及对外支付。

第十一条 外汇局根据国家相关规定对外商投资企业实行年检。

第三章 监督管理

第十二条 银行为境内直接投资所涉主体办理账户开立、资金入账、结售汇、境内划转以及对外支付等业务前，应确认其已按本规定在外汇局办理相应登记。

银行应按外汇管理规定对境内直接投资所涉主体提交的材料进行真实性、一致性审核，并通过外汇局指定业务系统办理相关业务。

银行应按外汇管理规定为境内直接投资所涉主体开立相应账户，并将账户开立与变动、资金收付及结售汇等信息按规定及时、完整、准确地向外汇局报送。

第十三条 境内直接投资应按照有关规定办理国际收支统计申报。

第十四条 外汇局通过登记、银行报送、年检及抽样调查等方式对境内直接投资所涉跨境收支、结售汇以及外国投资者权益变动等情况进行统计监测。

第十五条 外汇局对银行办理境内直接投资业务的合规性及相关信息的报送情况实施核查或检查；对境内直接投资中存在异常或可疑情况的机构或个人实施核查或检查。

核查包括非现场核查和现场核查。现场核查的方式包括但不限于：要求被核查主体提交相关书面材料；约见被核查主体法定代表人、负责人或其授权人；现场查阅、复制被核查主体相关资料等。

相关主体应当配合外汇局的监督检查，如实说明情况，提供有关文件、资料，不得拒绝、阻碍和隐瞒。

第十六条 境内直接投资所涉主体违反本规定的，外汇局根据《中华人民共和国外汇管理条例》及相关规定进行处罚。

第四章 附 则

第十七条 外国投资者通过新设、并购等方式在境内设立金融机构的，参照本规定办理登记。

第十八条 香港特别行政区、澳门特别行政区和台湾地区的投资者境内直接投资参照本规定管理。

第十九条 国家外汇管理局负责本规定的解释，并依据本规定制定操作指引。

第二十条 本规定自2013年5月13日起实施。此前规定与本规定不一致的，以本规定为准。

国家外汇管理局

2013年5月11日

国家外汇管理局关于改进海关特殊监管区域经常项目外汇管理有关问题的通知

汇发〔2013〕22号

国家外汇管理局各省、自治区、直辖市分局、外汇管理部，深圳、大连、青岛、厦门、宁波市分局：

为完善海关特殊监管区域经常项目外汇收支管理，支持外贸升级转型，促进外贸稳定增长，根据《海关特殊监管区域外汇管理办法》（汇发〔2013〕15号），国家外汇管理局决定自2013年6月1日起，进一步改进海关特殊监管区域经常项目外汇管理。现就有关问题通知如下：

一、海关特殊监管区域机构（以下简称区内机构）无须办理《保税监管区域外汇登记证》（以下简称《登记证》）及进行《登记证》年检。已核发的《登记证》不再使用。

新设区内机构办理货物贸易外汇收支、购结汇前，应按照《货物贸易外汇管理指引》及其实施细则（汇发〔2012〕38号文印发，以下简称货物贸易法规），到所在地国家外汇管理局分支局（以下简称外汇局）办理"贸易外汇收支企业名录"（以下简称名录）登记手续。已办理《登记证》的区内机构，按照货物贸易法规规定签署《货物贸易外汇收支业务办理确认书》后自动列入名录。

金融机构不得为不在名录的区内机构直接办理货物贸易外汇收支业务。金融机构应当通过"货物贸易外汇监测系统"查询确认该区内机构为"特殊监管区域内企业"后，按规定为其办理相关外汇收支业务。

二、区内机构可将具有真实、合法交易背景的出口收入存放境外。区内机构将出口收入存放境外应当具备的资格条件、开户登记、存放规模、期限以及调回要求等应按货物贸易法规办理。其他经常项目外汇收入存放境外应按服务贸易外汇管理法规办理。

三、简化区内机构货物贸易付汇管理。区内机构办理货物贸易付汇，参照货物贸易法规提供相应有效凭证和商业单据，无须提供《登记证》，可以在所在地以外的省、市办理异地付汇业务。货物贸易法规规定需提供进出口货物报关单的，保税项下货物贸易可以以进出境货物备案清单替代。金融机构无需办理进境货物备案清单或进口货物报关单电子底账核注、结案等手续。

区内机构办理货物贸易外汇支付手续时，如提供的正本进口货物报关单或进境货物备案清单上的经营单位为其他机构，须提供付汇人与经营单位不一致原因的书面说明及可证实交易真实性及该不一致情况的商业凭证及相关海关监管单证，并留存相关单证备查。金融机构按规定进行合理审查。

四、区内机构可以根据其真实合法的进口付汇需求提前购汇存入其经常项目外汇账户。提前购汇及实际对外支付须在同一家金融机构办理，因合同变更等原因导致区内机构提前购汇后未能对外支付的，区内机构可自主决定结汇或保留在其经常项目外汇账户中。

五、简化区内机构货物贸易结汇管理。区内机构按货物贸易法规凭相关单证在金融机构办理货物贸易收入结汇，金融机构按规定进行合理审查。

六、简化区内机构服务贸易外汇管理。区内机构办理单笔等值5万美元（含）以下的服务贸易外汇收支，金融机构原则上可不审核交易单证，但对于资金性质不明确的外汇收支业务，金融机构可要求区内机构和个人提交交易单证进行合理审查。区内机构办理单笔等值5万美元以上的服务贸易外汇收支，由金融机构按照服务贸易外汇管理法规规定直接审核交易单证后办理。按规定应提交税务凭证的，从其规定。

七、外汇局按照货物贸易法规对区内机构货物贸易外汇收支进行非现场监测，对异常或可疑情况进行现场核查或现场检查，并根据核查和检查结果进行分类管理。

各分局、外汇管理部（以下简称各分局）应参照货物贸易法规制定本地区海关特殊监管区域货物贸易外汇管理风险防范操作性规定（要求见附件）。天津、上海、江苏、广东、重庆、浙江、深圳、青岛、宁波等九省市分局、外汇管理部应于2013年5月28日前将本地区风险防范操作性规定报总局备案。各分局应积极与地方相关部门沟通协调，取得用于监管需要的海关特殊监管区域货物流数据。

各分局应将通知正文及时转发辖内中心支局（支局）、中资外汇指定银行（含总行）、地方性商业银行、外资银行。执行过程中如遇问题，请及时向国家外汇管理局经常项目管理司反馈。

附件：略

国家外汇管理局

2013年5月22日

国家外汇管理局
关于进一步改进和调整资本项目外汇管理政策的通知

汇发〔2014〕2号

国家外汇管理局各省、自治区、直辖市分局、外汇管理部，深圳、大连、青岛、厦门、宁波市分局，各中资银行：

为进一步深化资本项目外汇管理改革，简化行政审批程序，促进贸易投资便利化，根据《中华人民共和国外汇管理条例》及相关规定，国家外汇管理局决定进一步改进资本项目外汇管理方式，并调整部分资本项目外汇管理措施。现就有关问题通知如下：

一、简化融资租赁类公司对外债权外汇管理

（一）融资租赁类公司包括银行业监管部门批准设立的金融租赁公司、商务主管部门审批设立的外商投资租赁公司，以及商务部和国家税务总局联合确认的内资融资租赁公司等三类主体（以下统称为融资租赁类公司）。

（二）融资租赁类公司或其项目公司开展对外融资租赁业务时，应在融资租赁对外债权发生后15个工作日内，持以下材料到所在地外汇局办理融资租赁对外债权登记，所在地外汇局应当审核交易的合规性和真实性。

1. 申请书，包括但不限于公司基本情况及租赁项目的基本情况；
2. 主管部门同意设立融资租赁公司或项目公司的批复和工商营业执照；
3. 上年度经审计的财务报告及最近一期财务报表；
4. 租赁合同及租赁物转移的证明材料（如报关单、备案清单、发票等）。

（三）融资租赁类公司开展对外融资租赁业务时，不受现行境内企业境外放款额度限制。

（四）融资租赁类公司可直接到所在地银行开立境外放款专用账户，用于保留对外融资租赁租金收入。

上述外汇资金入账时，银行应审核该收入的资金来源。该账户内的外汇收入需结汇

时，融资租赁类公司可直接向银行申请办理。

（五）所在地外汇局应在资本项目信息系统中使用“境外放款”功能登记融资租赁类公司融资租赁对外债权签约信息，采取纸质报表统计提款信息。

融资租赁类公司收到对外融资租赁租金收入时，应按照国际收支的有关申报要求进行申报，在“外汇局批件号 / 备案表号 / 业务编号”栏中填写该笔对外债权的业务编号，并应按月向所在地外汇局报送融资租赁对外债权的发生和租金收入等情况。银行应通过资本项目信息系统反馈对外融资租赁租金收入等信息。资本项目信息系统有关模块功能完善后，按新的要求采集相关信息。

二、简化境外投资者受让境内不良资产外汇管理

（一）取消国家外汇管理局对金融资产管理公司对外处置不良资产涉及的外汇收支和汇兑核准的前置管理。

（二）简化境外投资者受让境内不良资产登记手续。有关主管部门批准境内机构向境外投资者转让不良资产后 30 日内，受让境内不良资产的境外投资者或其境内代理人应持以下材料到主要资产所在地外汇局或其境内代理人所在地外汇局办理境外投资者受让境内不良资产登记手续。

1. 申请书，并填写《境外投资者受让境内不良资产登记表》（见附件）；

2. 有关主管部门批准境内机构对外转让不良资产的核准或备案文件；

3. 境内机构和境外投资者签署的转让合同主要条款复印件（无须提供不良资产及担保事项逐笔数据）；

4. 若由境内代理人办理，还需提供代理协议；

5. 针对前述材料需提供的补充材料。

（三）取消外汇局对金融资产管理公司处置不良资产收入结汇核准，改由银行直接办理入账或结汇手续。

出让不良资产的境内机构收到境外投资者的对价款后，可持以下材料直接到银行申请开立外汇账户保留外汇收入，或者申请不良资产外汇收入结汇。

1. 申请书；

2. 境外投资者受让不良资产办理登记时取得的资本项目信息系统《协议办理凭证》（复印件）；

3. 债权转让合同主要条款复印件；

4. 针对前述材料需提供的补充材料。

境内机构开立外汇账户保留外汇收入，或者办理不良资产外汇收入结汇手续时，应按照国际收支、外汇账户和结汇的有关申报要求进行申报，并在“外汇局批件号 / 备案表号 / 业务编号”栏中填写所对应的境外投资者受让境内不良资产登记的业务编号。

（四）因回购、出售（让）、清收、转股或其他原因导致境外投资者对登记资产的所有权变更或灭失时，境外投资者或其代理人应在所有权变更或灭失后 30 个工作日内到登记地外汇局办理境外投资者受让境内不良资产登记变更或注销手续。

（五）取消外汇局对境外投资者处置不良资产所得收益购付汇核准，改由银行审核办理。

受让境内不良资产的境外投资者通过清收、再转让等方式取得的收益，可持以下材料直接向银行申请办理对外购付汇手续。

1. 申请书；

2. 资本项目信息系统《协议办理凭证》；

3.《境外投资者受让境内不良资产登记表》复印件；

4. 关于不良资产处置收益来源的证明文件；

5. 若由境内代理人办理，还需提供代理协议；

6. 针对前述材料需提供的补充材料。

境外投资者办理对外购付汇手续时，应按照国际收支的有关申报要求进行申报，并在“外汇局批件号 / 备案表号 / 业务编号”栏中填写境外投资者受让境内不良资产登记的业务编号。

（六）银行应认真审核境内机构开立外汇账户保留外汇收入、办理不良资产外汇收入结汇和境外投资者办理对外购付汇手续时填写的境外投资者受让境内不良资产登记的业务编号。

（七）因境外投资者受让境内不良资产导致原有担保的受益人改变为境外投资者的，该担保不纳入对外担保管理。

境外投资者受让境内不良资产后新发生的对外担保，按照现行对外担保外汇管理规定进行管理。

三、进一步放宽境内机构境外直接投资前期费用管理

（一）境外直接投资前期费用（以下简称前期费用）累计汇出额不超过 300 万美元，且不超过中方投资总额 15% 的，境内机构可凭营业执照和组织机构代码证向所在地外汇局办理前期费用登记。

（二）前期费用累计汇出额超过 300 万美元，或超过中方投资总额 15% 的，境内机构除提交营业执照和组织机构代码证外，还应向所在地外汇局提供其已向境外直接投资主管部门报送的书面申请及境内机构参与投标、并购或合资合作项目的相关真实性证明材料办理前期费用登记。

（三）境内机构自汇出前期费用之日起 6 个月内仍未取得境外直接投资主管部门核准或备案的，应向所在地外汇局报告前期费用使用情况并将剩余资金退回。如确有客观原因，境内机构可向所在地外汇局申请延期，但最长不超过 12 个月。

四、进一步放宽境内企业境外放款管理

（一）放宽境内企业境外放款主体限制。允许境内企业向境外与其具有股权关联关系的企业放款。境内企业凭境外放款协议、最近一期财务审计报告到所在地外汇局办理境外放款额度登记，境内企业累计境外放款额度不得超过其所有者权益的 30%。如确有需要，超过上述比例的，由境内企业所在地外汇分局（外汇管理部）按个案集体审议方式处理。

（二）取消境外放款额度 2 年有效使用期限制。境内企业可根据实际业务需求向所在地外汇局申请境外放款额度期限。

（三）如确有客观原因无法收回境外放款本息，境内企业可向所在地外汇分局（外汇管理部）申请注销该笔境外放款，由境内企业所在地外汇分局（外汇管理部）按个案集体审议方式处理。境外放款还本付息完毕（含债转股、债务豁免、担保履约）或注销境外放款后，不再进行境外放款的，境内企业可向所在地外汇局申请办理境外放款额度注销。

五、简化境内机构利润汇出管理

（一）银行为境内机构办理等值 5 万美元（含）以下利润汇出，原则上可不再审核交易单证；办理等值 5 万美元以上利润汇出，原则上可不再审核其财务审计报告和验资报告，应按真实交易原则审核与本次利润汇出相关的董事会利润分配决议（或合伙人利润分配决议）及其税务备案表原件。每笔利润汇出后，银行应在相关税务备案表原件上加章签注该笔利润实际汇出金额及汇出日期。

（二）取消企业本年度处置利润金额原则上不得超过最近一期财务审计报告中属于外

方股东“应付股利”和“未分配利润”合计金额的限制。

六、简化个人财产转移售付汇管理

（一）移民财产转移购付汇核准，由移民原户籍所在地外汇局负责审批。继承财产转移购付汇核准，由被继承人生前户籍所在地外汇局负责审批。取消财产转移总金额超过等值人民币50万元报国家外汇管理局备案的要求。

（二）取消移民财产转移分次汇出的要求。申请人向原户籍所在地外汇局办理移民财产转移核准手续后，银行可在核准件审批额度内一次或分次汇出相关资金。

（三）取消继承人从不同被继承人处继承的财产应分别申请、分别汇出的要求。继承人从不同被继承人处继承财产，可选择其中一个被继承人生前户籍所在地外汇局合并提交申请材料，经核准后可在银行一次或分次汇出相关资金。

（四）取消对有关财产权利文件（如房屋产权证、房地产买卖契约或拆迁补偿安置协议、承包或租赁合同或协议、财产转让协议或合同、特许权使用协议或合同等）进行公证的要求；取消对委托代理协议、代理人身份证明进行公证的要求。

七、改进证券公司《证券业务外汇经营许可证》管理

证券公司经营外汇业务应按有关规定向国家外汇管理局领取《证券业务外汇经营许可证》（以下简称《许可证》）。除因公司更名、外汇业务范围调整等情况需按有关规定及时申请换领《许可证》外，自本通知实施之日起，证券公司无需定期更换《许可证》。

已领取《许可证》经营外汇业务的证券公司应当在每年的1月31日之前，向所在地外汇局报送上一年度外汇业务经营情况的书面报告（内容包括：公司经营外汇业务具体情况、外汇业务种类、购结汇及资金汇出入情况、外汇业务合规情况及相关外汇业务资产负债表等）。

本通知自2014年2月10日起实施，以前规定与本通知不符的，以本通知为准。请各分局、外汇管理部尽快将本通知转发至辖内中心支局、支局和辖内银行；各中资银行尽快将本通知转发至分支机构。执行中如遇问题，请及时向国家外汇管理局资本项目管理司反馈。

附件：境外投资者受让境内不良资产登记表（略）

国家外汇管理局

2014年1月10日

国家外汇管理局关于印发《外债转贷款外汇管理规定》的通知

汇发〔2014〕5号

国家外汇管理局各省、自治区、直辖市分局、外汇管理部，深圳、大连、青岛、厦门、宁波市分局：

为完善外债转贷款的登记和汇兑管理，简化外汇管理程序，国家外汇管理局制定了《外债转贷款外汇管理规定》（见附件1）。现就有关事项通知如下：

一、取消外债转贷款（以下简称转贷款）在外汇局环节的逐笔登记和汇兑审批，实行转贷款债权人集中登记。

二、取消转贷款账户开立核准。转贷款债务人可凭开户申请和转贷款协议直接向银行申请办理开户手续。

三、允许转贷款债权人或转贷款债务人凭转贷款协议等凭证直接到开户银行办理境

内相关资金划转。

四、取消政策性转贷款结汇核准。转贷款债务人获得的政策性外债转贷款外汇资金，可凭转贷款协议和结汇申请直接到开户银行办理结汇手续。转贷款债务人获得的商业性外债转贷款外汇资金，不得办理结汇。

五、取消转贷款项下还本付息及购汇核准手续。转贷款债务人凭转贷款协议和还款通知书等凭证直接到银行办理还款手续。

六、在自愿达成协议的前提下，转贷款债权人或债务人（最终债务人除外）可持相关证明等材料代下级债务人直接到银行统一办理结汇和购汇手续。

七、本通知自2014年3月1日起施行。以前相关规定与本通知不一致的，以本通知为准，附件2所列法规同时废止。

八、各分局、外汇管理部收到本通知后，请及时转发所辖中心支局、支局和银行，并抄送当地财政部门，应认真清理外债转贷款业务数据，做好新旧政策的衔接工作。执行中若遇问题，请及时与国家外汇管理局资本项目管理司联系。

特此通知。

附件：1. 外债转贷款外汇管理规定

2. 废止法规目录

国家外汇管理局

2014年1月21日

附件1

外债转贷款外汇管理规定

为完善外债转贷款的登记和汇兑管理，简化外汇管理程序，国家外汇管理局决定改革外债转贷款外汇管理方式。现就相关事项规定如下。

一、外债转贷款的范围

本规定所称外债转贷款，是指境内机构（以下简称转贷款债权人）从境外借用直接外债后，按照国家相关规定或者根据自身与境外债权人关于资金用途的约定，在对外承担第一性还款责任的前提下，向境内其他机构（以下简称转贷款债务人）继续发放的贷款资金。外债转贷款包括政策性外债转贷款和商业性外债转贷款。

境外机构委托境内机构向境内其他机构发放贷款，境内受托机构与境外债权人在法律上仅存在委托代理关系，不承担第一性还款责任或不需要承担境内其他机构信用风险的，不属于外债转贷款。

（一）政策性外债转贷款

政策性外债转贷款包括财政外债转贷款和财政性外债转贷款两类：

1. 财政外债转贷款是指国家财政部门代表中央政府对外谈判和签约，并由国家财政部门作为转贷款债权人（或直接外债的债务人）向下级财政部门或境内其他机构继续发放的贷款。

2. 财政性外债转贷款是指国家财政部门代表中央政府参与对外谈判和签约，并在其委托下根据政府协议等规定，由开展转贷款业务的政策性银行、国有商业银行和股份制商业银行作为转贷款债权人（或直接外债的债务人）向境内其他机构继续发放的贷款。

（二）商业性外债转贷款

商业性外债转贷款是指境内金融机构按照规定直接借用商业性外债后，按照国家外债主管部门的政策要求，使用该笔资金向特定境内机构继续发放的贷款。

二、转贷款债权人和转贷款债务人

（一）转贷款债权人为直接外债的债务人，承担直接外债合同下第一性还款责任。

（二）对转贷款债权人直接承担契约性还款责任的机构，为转贷款一级债务人；如果转贷款一级债务人继续向境内其他机构进行多层转贷的，境内其他机构分别为转贷款二级、三级或最终债务人（以上各级转贷款债务人统称为转贷款债务人）。

三、转贷款债权人集中登记

（一）外债转贷款实行债权人集中登记。转贷款债权人应当到所在地外汇局办理转贷款集中登记手续，转贷款各级债务人不再到外汇局办理外债转贷款逐笔登记手续。

（二）国家财政部门向省级（含副省级）财政部门或其他机构发放转贷款，由省级（含副省级）财政部门或其他机构代国家财政部门办理转贷款债权人集中登记。

四、外债转贷款账户

（一）转贷款债务人根据转贷款协议以自身名义开立外债转贷款专用账户或还本付息专用账户（以下合称为外债转贷款账户），可凭开户申请和转贷款协议直接向注册地或境内异地银行申请办理开户手续。转贷款债务人需在境外开立外债转贷款账户的，须经所在地外汇分局核准。

（二）外债转贷款专用账户的收入范围是：转贷款提款，转贷款下级债务人划入的用于偿还转贷款的资金，用人民币购买的用于偿还转贷款本金、利息、费用、罚息等的外汇，以及用于偿还转贷款的其他自有资金；支出范围是：向境内上级债权人偿还转贷款本金、利息、费用、罚息、退款等，向境内下级债务人划拨转贷款资金，按照转贷款合同约定的用途、用款进度及外汇管理规定办理结汇，按照转贷款合同约定用途办理经常项目支出和经批准的其他资本项目支出等。

外债转贷款还本付息专用账户的收入范围是：用于偿还转贷款的自有外汇资金或购汇资金；支出范围是：偿还转贷款。

（三）同一币种的同一笔外债转贷款，最多可开立两个外债转贷款专用账户或还本付息专用账户。多笔外债转贷款可以共用一个转贷款账户。

转贷款债务人可根据转贷款协议约定和开户银行的要求，适时关闭转贷款账户。

政策性转贷款和商业性转贷款应分户存放。

五、与外债转贷款有关的资金划转和结售汇

（一）转贷款债权人与一级债务人之间，或一级债务人与以下多级债务人之间办理提款、还款（包括本金、利息和费用）等相关资金划拨的，债权人、债务人或其授权机构可凭境内划拨贷款、还款资金的书面通知、转贷款协议或执行协议的原件或复印件，直接到开户银行办理相关资金划转。

（二）根据外债转贷款协议约定和转贷款下级债务人申请，转贷款债权人和多级债务人之间，可以跨级直接办理与提款和还款相关的资金划转手续。

（三）政策性外债转贷款债权人或境外债权人，可以按照转贷款协议约定，跨过债务人直接将资金支付给与转贷款资金用途相符的境内、外货物或服务供应商。

商业性外债转贷款债权人或境外债权人，可以按照转贷款合同的约定，跨过债务人直接将资金支付给与转贷款资金用途相符的境外或海关特殊监管区域内的货物或服务供应商。转贷款资金为人民币的，债权人可以直接支付给境内供应商；转贷款资金为外币的，除另有明确规定外，债权人不得支付给海关特殊监管区域以外的境内供应商。

（四）转贷款债务人可以通过外债转贷款专用账户或还本付息专用账户办理还款，也可以根据转贷款协议约定，直接办理还款。拟用于还款的购汇或自有外汇资金，转贷款债务人可以提前划入外债转贷款账户。未经外汇局核准，已存入外债转贷款账户用于还款的购汇或自有外汇资金，不得再次办理结汇手续。

（五）转贷款债务人获得的来源于政策性外债转贷款的外汇资金，可凭转贷款协议和结汇申请直接到开户银行办理结汇手续。境内供应商或承包商从境外债权人或转贷款债权人直接收取的来源于上述转贷款的外汇，在向银行证明外汇资金来源为政策性转贷款且相关交易背景合规、真实后，可在银行办理结汇。

债务人获得的来源于商业性外债转贷款的外汇资金，不得办理结汇。

（六）在自愿达成协议或授权的前提下，转贷款债权人或上一级债务人可在符合结售汇管理规定的前提下，持相关证明材料代下级债务人直接到银行统一办理结汇和购汇手续。

（七）债务人不得以转贷款还本付息的名义重复购汇并办理对外支付。

六、其他事项

（一）承担直接外债还款责任的转贷款债权人，应当遵守国家有关外债管理和登记的各项规定。

（二）政策性外债转贷款项下，经转贷款债权人或债务人授权的机构，可持书面授权书代为办理相关外汇管理手续。

（三）政策性外债转贷款项下，转贷款合同中含有贷款项目下出国培训、考察、参加国际会议和聘请外国专家等相关费用条款的，债务人如需提取外汇现钞，由财政部门根据相关规定审核明确，银行按照经常项目用汇管理相关规定办理。

（四）转贷款债权人、债务人办理外债转贷款债务保值业务，参照外债套期保值业务外汇收支相关规定办理。

（五）转贷款债务人应当遵守审批部门、境外债权人、转贷款协议关于账户开立、资金划转、结售汇、使用等方面的限制性规定。

政策性外债转贷款协议对转贷款账户收支范围、个数及资金划转路径有明确要求且与本规定不一致的，开户银行可凭相关协议直接办理。

（六）境内租赁公司对境内承租人办理融资租赁，外汇管理规定允许租赁公司向承租人收取外币租金的，承租人不需要到外汇局办理债务人逐笔登记手续。境内承租人可持租赁合同等凭证直接到银行办理外币租金的购汇和支付手续。

（七）转贷款债权人（或财政外债转贷款的一级债务人）应于每月初10个工作日内向所在地外汇分局填报《外债转贷款签约（协议变更）及变动情况月报表》（见附1）。

外债转贷款项下直接从境外办理支付的，如用于向境外供货商支付设备价款，或向国内供货商和承包商支付设备价款和劳务费用等，转贷款债权人向外汇局填报附1时应在“备注栏”注明“境外支付”字样。由财政部门统一扣款偿还财政或财政性转贷款的，转贷款债权人根据扣款偿还情况向外汇局填报附1。

（八）办理转贷款业务的银行应建立健全外债转贷款业务内部管理制度。银行应按照本规定及有关外汇管理法规审核转贷款债权人及多级债务人的开销户、提款、结汇、购汇、还本付息及相关外汇划转的真实性与合规性，并留存相关业务资料5年备查。银行为客户办理外债转贷款业务时，需要按本规定审核相关材料的，在初次受理业务时应要求提供完整材料，再次受理同一笔业务的，不应重复要求提供内容相同的证明材料。

银行应于每月初10个工作日内向所在地外汇分支局填报《外债转贷款账户开（销）户、账户收支及汇兑情况月报表》（见附2）。

（九）外汇局应加强对银行的事后监管，定期或不定期的检查外债转贷款业务内部控制制度的执行情况、统计报告制度及业务合规性情况等。外汇局对银行和债务人办理转贷款项下结汇、购汇、开户和还本付息等业务进行管理和监督，对违反本规定的有关行为，外汇局将根据《中华人民共和国外汇管理条例》等规定进行处罚。

（十）本规定施行之日前已办理债务人登记但尚未了结的转贷款项目，均改按本规定要求办理相关手续。

附件 2

废止法规目录

1.《财政部 国家外汇管理局关于国际金融组织贷款项目外汇管理若干问题的通知》（财际字〔1999〕188 号）

2.《国家外汇管理局关于改进中国进出口银行外债转贷款外汇管理方式的通知》（汇发〔2009〕22 号）

3.《财政部 国家外汇管理局关于改进部分地区国际金融组织转贷款项目外汇管理方式的通知》（财际〔2010〕7 号）

4.《国家外汇管理局关于进一步推进外国政府和国际金融组织转贷款外汇管理方式改革的通知》（汇发〔2011〕26 号）

5.《国家外汇管理局关于完善中国进出口银行外债转贷款外汇管理方式的通知》（汇发〔2011〕36 号）

6.《国家外汇管理局综合司关于简化北京地区部分外债管理程序的批复》（汇综复〔2012〕63 号）

国家外汇管理局上海市分局关于印发支持中国（上海）自由贸易试验区建设外汇管理实施细则的通知

上海汇发〔2014〕26 号

上海市各外汇指定银行：

为支持中国（上海）自由贸易试验区（以下简称试验区）建设，扩大对外开放，落实《中国（上海）自由贸易试验区总体方案》（国发〔2013〕38 号）和《中国人民银行关于金融支持中国（上海）自由贸易试验区建设的意见》（银发〔2013〕244 号），经国家外汇管理局批准，国家外汇管理局上海市分局（以下简称外汇局）按照服务实体经济、深化外汇管理改革、有效防范风险、“成熟一项、推出一项”原则，在试验区实施以下外汇管理政策措施：

一、深化外汇管理改革，促进贸易投资便利化

（一）简化经常项目收结汇、购付汇单证审核。银行按照“了解你的客户”、“了解你的业务”、“尽职调查”等原则办理经常项目收结汇、购付汇业务。

（二）简化直接投资外汇登记手续。一是拓宽直接投资外汇登记业务办理渠道。二是实行外商投资企业外汇资本金意愿结汇，外商投资企业可在外汇资本金账户开户银行开立一一对应的人民币专用存款账户，用于存放资本金结汇所得人民币资金，并按照真实交易原则通过该账户办理各类支付业务。

（三）放宽对外债权债务管理。一是取消对外担保和向境外支付担保费行政审批。二是将区内企业境外外汇放款金额上限由其所有者权益的 30% 调整至 50%。将境外直接投资债权登记纳入境外外汇放款登记管理。三是取消境外融资租赁债权审批，允许境内融

资租赁业务收取外币租金。

（四）改进跨国公司总部外汇资金集中运营管理、外币资金池及国际贸易结算中心外汇管理试点政策。放宽试点企业条件，简化审批流程及账户管理。

（五）完善结售汇管理。便利银行开展面向区内客户的大宗商品衍生品的柜台交易。

二、加强统计监测与分析预警，有效防范外汇收支风险

（六）严格履行外汇管理数据信息报送义务。银行、企业等应按照现行外汇管理规定，及时、准确地向外汇局报送国际收支统计申报、境内资金划转、结售汇等数据；主动报告异常或可疑情况并积极采取措施防止异常跨境资金流动。

（七）强化非现场监测与现场核查检查。外汇局加强跨境资金流动监测，完善外汇收支预警指标体系，对银行、企业等异常或可疑情况进行风险提示，依法开展现场核查检查，实施分类管理，处罚违规行为；必要时调整政策，采取临时性管制措施。

本通知自发布之日起实施。下一步，外汇局将及时总结试验区外汇管理政策措施实施效果，积极研究进一步促进投融资汇兑便利化等政策措施，支持试验区实体经济发展，更好地服务于试验区国家战略。

附件：外汇管理支持试验区建设实施细则

国家外汇管理局上海市分局

2014 年 2 月 28 日

附件

外汇管理支持试验区建设实施细则

第一章 总 则

第一条 为支持中国（上海）自由贸易试验区（以下简称试验区）建设，落实《中国（上海）自由贸易试验区总体方案》（国发〔2013〕38 号）和《中国人民银行关于金融支持中国（上海）自由贸易试验区建设的意见》（银发〔2013〕244 号，以下简称《意见》），制定本实施细则。

第二条 试验区内银行（含注册在区内的银行以及办理区内业务的上海地区其他银行，下同）、境内外企业、非银行金融机构、个人（以下简称区内主体）适用本实施细则。

第三条 国家外汇管理局上海市分局（以下简称外汇局）具体负责监督管理试验区外币账户开立、资金划转、结售汇、本外币数据统计等事项。

第四条 区内主体应按照现行外汇管理规定，认真履行国际收支、结售汇、境内资金划转、账户等数据报送义务，保证数据的准确性、及时性、完整性。

第五条 区内银行应当遵循“了解你的客户”、“了解你的业务”、“禁止审查”等原则，切实按照本实施细则规定履行试验区外汇业务真实性、合规性审查，制定完善的内控管理制度并报外汇局备案。

第六条 区内企业、非银行金融机构、个人等办理本实施细则规定的外汇业务创新，应当具有真实合法交易基础，并通过账户办理，不得使用虚假合同或者构造交易办理业务。

第二章 经常项目业务

第七条 区内主体与境外之间经常项目交易，按本细则第五条规定办理购付汇、收结汇手续。对于资金性质不明确的，区内银行应要求企业、非银行金融机构、个人等提供相关单证。

区内 A 类企业货物贸易外汇收入无需进入待核查账户。服务贸易、收益和经常转移等对外支付单笔等值 5 万美元以上的，按规定提交税务备案表。

第八条 符合条件的区内企业可通过国内外汇资金主账户办理经常项目外汇资金集中收

付汇和轧差净额结算。

第九条　允许区内金融租赁公司、外商投资租赁公司及中资融资租赁公司（以下简称融资租赁类公司）在向境内承租人办理融资租赁时收取外币租金。对区内大型融资租赁企业实行货物贸易特殊标识监测管理。

第三章　资本项目业务

第十条　直接投资项下外汇登记及变更登记下放银行办理。

第十一条　区内外商投资企业的外汇资本金实行意愿结汇。外商投资企业应在外汇资本金账户开户银行开立一一对应的人民币专用存款账户，用于存放资本金结汇所得人民币资金，按照真实交易原则通过该账户办理各类支付手续。

银行应参照《国家外汇管理局关于资本项目信息系统试点及相关数据报送工作的通知》（汇发〔2012〕60号）附件4《外汇账户数据采集规范（1.1版）》的要求报送人民币专用存款账户的开关户及收支余信息，人民币专用存款账户的账户性质代码为2113，账户性质名称为"资本项目-结汇待支付账户"。银行应参照《国家外汇管理局关于做好调整境内银行涉外收付凭证及相关信息报送准备工作的通知》（汇发〔2011〕49号）的要求，通过境内收付款凭证，报送人民币专用存款账户与其他境内人民币账户之间的收付款信息。

第十二条　外商投资企业资本金及其结汇所得人民币资金不得用于以下用途：

（一）不得直接或间接用于企业经营范围之外或国家法律法规禁止的支出；

（二）除另有规定外，不得直接或间接用于证券投资；

（三）不得直接或间接用于发放人民币委托贷款（经营范围许可的除外）、偿还企业间借贷（含第三方垫款）以及偿还已转贷第三方的银行人民币贷款；

（四）除外商投资房地产企业外，不得用于支付购买非自用房地产的相关费用。

第十三条　放宽区内企业境外外汇放款管理，将区内企业境外外汇放款金额上限调整至其所有者权益的50%；确有需要超过该比例的，由外汇局按个案集体审议方式处理。

第十四条　区内企业提供对外担保，可自行办理担保合同签约，无需到外汇局申请办理事前行政审批手续。

区内企业提供对外担保时，不受担保人和被担保人净资产比例、被担保人盈利状况及担保人和被担保人之间股权关联条件的限制。

区内企业签订对外担保合同，应当按规定办理对外担保登记和履约核准手续，并符合关于担保项下资金用途的限制性规定。

第十五条　区内企业、非银行金融机构向境外支付担保费无需核准，可持担保费支付通知书直接到银行办理购付汇手续。

银行在办理担保费购付汇手续时，应确认相关担保业务符合外汇局相关规定。

第十六条　取消区内融资租赁类公司办理融资租赁对外债权业务的逐笔审批，实行登记管理。

第十七条　整合跨国公司总部外汇资金集中运营管理、境内外币资金池和国际贸易结算中心外汇管理试点。区内企业已开立的境内外币资金池账户、国际贸易结算中心专用账户名称统一改为国内外汇资金主账户，功能并入国内外汇资金主账户。

国内外汇资金主账户除可以办理第八条的业务和国际贸易结算中心业务外，还可以集中管理境内成员单位资本金、外债、资产变现资金等。

符合条件的区内企业可根据经营需要，开立国际外汇资金主账户。国际外汇资金主账户与境外资金往来自由，与国内外汇资金主账户在规定额度内自由划转。

符合条件的区内企业通过国内外汇资金主账户、国际外汇资金主账户开展的各类试点业务所涉行政审批改为备案。

第四章 外汇市场业务

第十八条 银行为区内企业办理大宗商品衍生品交易，应遵守如下规定办理所涉结售汇业务：

（一）符合相关金融监督管理部门规定，包括事先获得必要的业务资格、履行必要的产品报备程序等；银行分支机构开办此项业务应符合银行内部管理规定，包括获得必要的事先授权等。

（二）银行或其总行应具备银行间外汇市场做市商资格；或者该银行在上海地区近3年执行外汇管理规定情况考核中曾经获得一次以上A级，且没有得过B以下评级。

（三）银行开展大宗商品衍生品交易项下的结售汇业务应向上海市分局事先备案。

（四）银行为企业提供的大宗商品衍生品交易，应审核企业具有真实的大宗商品实物交易背景，符合适度套期保值原则，并向客户如实披露信息、揭示风险，由企业自主承担有关风险。

（五）银行为企业提供大宗商品衍生品交易项下因境外平盘产生的汇率敞口或外汇盈亏，可在本行办理相应的结售汇业务，并纳入银行结售汇综合头寸平盘；外汇局对银行该结售汇业务实行年累计发生额规模管理。

（六）银行应将上述结售汇交易纳入银行结售汇统计，交易项目归属于“240/440 其他投资”项下；交易主体按照“银行自身”统计。

（七）银行应向外汇局定期报送大宗商品衍生品的有关交易和结售汇信息。

第五章 附 则

第十九条 外汇局对区内企业货物贸易等外汇收支进行非现场监测，对异常或可疑情况进行现场核查，并根据现场核查结果进行分类管理。

第二十条 当国际收支出现或可能出现严重失衡时，外汇局可采取相应的临时性管制措施。

第二十一条 外汇局可根据国家宏观调控政策、外汇收支形势及创新业务开展情况，逐步完善和改进创新业务内容。

第二十二条 外汇局依法对区内主体进行监督检查和调查。违反《外汇管理条例》和本规定的，暂停办理创新业务，并按照《外汇管理条例》及相关规定进行处罚。

第二十三条 本实施细则自发布之日起施行，未尽事宜按照海关特殊监管区域外汇管理办法等现行外汇管理规定办理。

附：1. 试验区跨国公司总部外汇资金集中运营管理试点操作规程（略）

2. 试验区直接投资外汇登记操作规程

3. 试验区外商直接投资企业资本金意愿结汇操作规程

4. 试验区境内外租赁服务外汇管理操作规程

附 2

试验区直接投资外汇登记操作规程[①]

一、外商直接投资前期费用基本信息登记

（一）法规依据：

1.《中华人民共和国外汇管理条例》（国务院令第532号）；

---

① 本操作规程未涉及的其他直接投资管理环节，按《国家外汇管理局综合司关于印发〈资本项目外汇业务操作指引（2013年版）〉的通知》（汇综发〔2013〕80号）相关规定办理。

2.《国家外汇管理局关于调整部分资本项目外汇业务审批权限的通知》(汇发〔2009〕21号);

3.《国家外汇管理局关于进一步明确和规范部分资本项目外汇业务管理有关问题的通知》(汇发〔2011〕45号);

4.《国家外汇管理局关于进一步改进和调整直接投资外汇管理政策的通知》(汇发〔2012〕59号);

5.《外国投资者境内直接投资外汇管理规定》(汇发〔2013〕21号);

6.《关于金融支持中国(上海)自由贸易试验区建设的意见》(银发〔2013〕244号);

7.其他相关法规。

(二)审核材料:

1.《境内直接投资基本信息登记业务申请表》;

2.自贸试验区工商行政管理部门出具的公司名称预先核准通知书或行业主管部门出具的相关证明。

(三)审核原则:

1.经登记的前期费用,可作为外国投资者后续设立于自贸试验区内外商投资企业的出资;

2.前期费用登记金额每一投资项目不得超过等值30万美元;如遇特殊情况需至外汇局申请办理;

3.前期费用外汇账户有效期为6个月(自开户之日起)。客观需要延期至12个月的可至外汇局申请;

4.外国投资者可至银行办理前期费用登记和开户手续。

(四)办结时限:

银行办理前期费用账户开户前办结。

二、新设外商投资企业基本信息登记

(一)法规依据:

1.《中华人民共和国外汇管理条例》(国务院令第532号);

2.《国家外汇管理局关于境内居民通过境外特殊目的公司融资及返程投资外汇管理有关问题的通知》(汇发〔2005〕75号);

3.《国家外汇管理局、建设部关于规范房地产市场外汇管理有关问题的通知》(汇发〔2006〕47号);

4.《国家外汇管理局关于进一步改进和调整直接投资外汇管理政策的通知》(汇发〔2012〕59号);

5.《外国投资者境内直接投资外汇管理规定》(汇发〔2013〕21号);

6.《关于金融支持中国(上海)自由贸易试验区建设的意见》(银发〔2013〕244号);

7.其他相关法规。

(二)审核材料:

1.《境内直接投资基本信息登记业务申请表》;

2.组织机构代码证;

3.工商行政管理部门颁发的营业执照;

4.自贸试验区商务主管部门出具的备案文件,负面清单内的企业应提交商务主管部门出具的批准文件;

5.经外汇局登记的境外特殊目的公司返程投资设立外商投资企业的,另需提交《境内居民个人境外投资外汇登记表》;

6. 外资房地产企业需提交已通过商务部备案的证明材料。

（三）审核原则：

1. 银行可办理境外汇入、境内划入资金两种出资方式的新设外商投资企业基本信息登记，涉及非货币形式出资的需至外汇局办理登记手续；

2. 登记申请人应如实披露其外国投资者是否直接或间接被境内居民持股或控制，存在直接或间接被境内居民持股或控制的，需至外汇局申请办理登记；

3. 外国投资者前期费用未全部使用，需划至资本金账户作为出资的，需至外汇局办理登记。

（四）办理时限：

银行办理资本金账户开户前办结。

三、外国投资者并购境内企业办理外商投资企业基本信息登记

（一）法规依据：

1.《中华人民共和国外汇管理条例》（国务院令第 532 号）；

2.《国家外汇管理局关于境内居民通过境外特殊目的公司融资及返程投资外汇管理有关问题的通知》（汇发〔2005〕75 号）；

3.《关于外商投资的公司审批登记管理法律适用若干问题的执行意见》（工商外企字〔2006〕81 号）；

4.《关于外国投资者并购境内企业的规定》（商务部令 2006 年第 10 号）；

5.《国家外汇管理局关于进一步改进和调整直接投资外汇管理政策的通知》（汇发〔2012〕59 号）；

6.《外国投资者境内直接投资外汇管理规定》（汇发〔2013〕21 号）；

7.《关于金融支持中国（上海）自由贸易试验区建设的意见》（银发〔2013〕244 号）；

8. 其他相关法规。

（二）审核材料：

1.《境内直接投资基本信息登记业务申请表》；

2. 外商投资企业的组织机构代码证；

3. 变更为外商投资企业后的工商营业执照（相关规定暂无变更后营业执照的除外）；

4. 自贸试验区商务主管部门的备案文件，负面清单内的企业应提交商务主管部门出具的批准文件；

5. 经外汇局登记的境外特殊目的公司以关联并购形式返程投资的，应出具商务部批准设立的文件及《境内居民个人境外投资外汇登记表》；

6. 外资房地产企业需提交已通过商务部备案的证明材料。

（三）审核原则：

1. 并购设立的外商投资企业需注册在自贸试验区内；

2. 并购设立的外商投资企业完成本登记后应将产生的协议办理凭证提供给中方投资者，其凭此至银行办理境内资产变现账户的开立；

3. 登记申请人应如实披露其外国投资者是否直接或间接被境内居民持股或控制，存在直接或间接被境内居民持股或控制的，需至外汇局申请办理登记；

4. 银行可办理外国投资者并购时出资方式为境外汇入、境内划入资金的外商投资企业基本信息登记，涉及非货币形式出资的需至外汇局办理登记手续。

（四）办理时限：

银行于开立境内资产变现账户前办结。

四、外商投资企业基本信息登记变更

（一）法规依据：

1.《中华人民共和国外汇管理条例》（国务院令第532号）；

2.《外国投资者境内直接投资外汇管理规定》（汇发〔2013〕21号）；

3.《关于金融支持中国（上海）自由贸易试验区建设的意见》（银发〔2013〕244号）；

4.其他相关法规。

（二）审核材料：

1.增资、减资、股权转让等资本变动事项的登记变更

（1）《境内直接投资基本信息登记业务申请表》；

（2）自贸试验区商务主管部门的备案文件，负面清单内的企业应提交商务主管部门的批准文件；

（3）办理外资房地产企业外国投资者增资、中方投资者向外国投资者转让股权，或者外商投资企业营业范围增加房地产开发的，需提交已通过商务部备案的证明材料。

2.除资本变动和迁移外的其他登记事项的变更

（1）《境内直接投资基本信息登记业务申请表》；

（2）变更后的工商营业执照或其他变更证明。

（三）审核原则：

1.外商投资企业发生基础信息变更（包括企业名称、经营范围、法人代表、地址等）可至银行直接办理登记变更。注册币种、企业合并分立、迁移等特殊信息变更需至外汇局办理登记；

2.登记申请人应如实披露其外国投资者是否直接或间接被境内居民持股或控制，存在直接或间接被境内居民持股或控制的，需至外汇局申请办理登记；

3.减资变更登记时，减资所得金额（可汇出境外或境内再投资）仅限于减少外国投资者实缴注册资本，不包括资本公积、盈余公积、未分配利润等其他所有者权益；减资所得用于弥补账面亏损或调减外方出资义务的，减资所得金额应设定为零；

4.外国投资者收购外商投资企业中方投资者股权的，外商投资企业办理外汇登记变更并打印协议办理凭证后，应将协议办理凭证提供给中方投资者，其凭此至银行办理资产变现账户的开立；

5.银行可办理外国投资者以境外汇入、境内划入资金两种出资方式增资的外商投资企业基本信息登记；

6.银行可办理外国投资者并购时出资方式为境外汇入、境内划入资金的外商投资企业基本信息登记，涉及非货币出资的需至外汇局办理登记手续；

7.外商投资企业的股权转让为中转外的，外商投资企业完成股权信息变更登记后应将打印的协议办理凭证提供给中方投资者，其凭此至银行办理境内资产变现账户的开立；

8.外商投资企业的股权转让为外转中的，外商投资企业完成股权信息变更登记后应将打印的协议办理凭证提供给中方投资者，其凭此至银行办理资金购付汇支付手续。

（四）办理时限：

银行应于登记后续账户开立及资金支付前办结。

五、外国投资者出资入账登记

（一）法规依据：

1.《中华人民共和国外汇管理条例》（国务院令第532号）；

2.《国家外汇管理局关于进一步改进和调整直接投资外汇管理政策的通知》（汇发〔2012〕

59号）；

3.《外国投资者境内直接投资外汇管理规定》（汇发〔2013〕21号）；

4.《关于金融支持中国（上海）自由贸易试验区建设的意见》（银发〔2013〕244号）；

5.其他相关法规。

（二）审核材料：

1.《境内直接投资出资确认申请表》；

2.外汇局业务系统打印的协议办理凭证；

3.银行通过外汇局相关业务系统发送的出资入账登记电子申请表。

（三）审核原则：

1.银行应在收到外国投资者境外汇入、境内划转资金后，及时通过外汇局业务信息系统办理出资入账登记；

2.若缴款人与投资人不一致，银行应在出资入账登记中注明；

3.出资入账登记所使用的资金折算率应以资金入账日中国人民银行发布的人民币汇率中间价为准；没有人民币汇率中间价的，以资金入账日开户银行的挂牌汇价为准；

4.资金汇入时境内银行收取的手续费可视为外国投资者出资办理出资入账登记；

5.银行应在外汇局相关业务系统中将申请信息与系统采集到的基本信息登记和资金流入数据进行核对和匹配。

（四）办理时限：

银行于资金入账后的10个工作日内办结。

六、境内机构境外直接投资前期费用登记

（一）法规依据：

1.《中华人民共和国外汇管理条例》（国务院令第532号）；

2.《境内机构境外直接投资外汇管理规定》（汇发〔2009〕30号）；

3.《国家外汇管理局关于境内银行境外直接投资外汇管理有关问题的通知》（汇发〔2010〕31号）；

4.《关于金融支持中国（上海）自由贸易试验区建设的意见》（银发〔2013〕244号）；

5.其他相关法规。

（二）审核材料：

1.《境外直接投资外汇登记业务申请表》；

2.自贸试验区颁发的工商营业执照；

3.组织机构代码证。

（三）审核原则：

1.前期费用原则上不超过300万美元和境内机构投资总额的15%，超过两个条件任何一个的需至外汇局申请办理；

2.境内机构汇出境外的前期费用，可列入其境外直接投资总额；

3.境内机构在汇出前期费用之日起6个月内仍未设立境外投资项目的，注册地外汇局应要求报告其前期费用使用情况并将剩余资金退回。如确有客观原因，6个月期限可适当延长，但最长不得超过12个月。

（四）办结时限：

银行于前期费用资金汇出前办结。

七、境内机构境外直接投资外汇登记

（一）法规依据：

1.《中华人民共和国外汇管理条例》(国务院令第532号);

2.《国家外汇管理局关于境内居民通过境外特殊目的公司融资及返程投资外汇管理有关问题的通知》(汇发〔2005〕75号);

3.《商务部、国家外汇管理局关于印发〈企业境外并购事项前期报告制度〉的通知》(商合函〔2005〕131号);

4.《关于外国投资者并购境内企业的规定》(商务部令2006年第10号);

5.《境内机构境外直接投资外汇管理规定》(汇发〔2009〕30号);

6.《国家外汇管理局关于境内银行境外直接投资外汇管理有关问题的通知》(汇发〔2010〕31号);

7.《国家外汇管理局关于〈印发境内居民通过境外特殊目的公司融资及返程投资外汇管理操作规程〉的通知》(汇发〔2011〕19号);

8.《关于金融支持中国(上海)自由贸易试验区建设的意见》(银发〔2013〕244号);

9. 其他相关法规。

(二)审核材料:

1.《境外直接投资外汇登记业务申请表》;

2. 境内机构的营业执照或注册登记证明;

3. 境内机构的组织机构代码证;

4. 自贸试验区境外投资主管部门的批准或备案文件。

(三)审核原则:

1. 银行可办理以货币形式出资的境外投资登记(包括新设、增资、并购),涉及以非货币形式出资的需至外汇局办理。境外投资登记范围为股权出资的部分,即自贸试验区内境外投资主管部门颁发的境外投资批准或备案文件中列明的境外企业注册资本金额。如遇特殊情况需至外汇局办理登记;

2. 多个境内机构共同实施一项境外直接投资的,若按投资额排名第一位的境内机构为自贸试验区内注册的企业,可由其至银行办理境外投资登记手续,其余情况需至外汇局办理登记;

3. 依据《关于外国投资者并购境内企业的规定》设立的特殊目的公司办理境外直接投资外汇登记需至外汇局办理;

4. 境内机构设立境外分公司,需办理本登记手续。其中开办费用的金额以主管部门的批准文件为准,金额纳入股权出资范围。

(四)办理时限:

银行于境外投资资金汇出前办结。

八、境内机构境外直接投资外汇变更登记

(一)法规依据:

1.《中华人民共和国外汇管理条例》(国务院令第532号);

2.《国家外汇管理局关于发布〈境内机构境外直接投资外汇管理规定〉的通知》(汇发〔2009〕30号);

3.《关于外国投资者并购境内企业的规定》(商务部令2006年第10号);

4.《国家外汇管理局关于境内居民通过境外特殊目的公司融资及返程投资外汇管理有关问题的通知》(汇发〔2005〕75号);

5.《国家外汇管理局关于进一步改进和调整直接投资外汇管理政策的通知》(汇发〔2012〕59号);

6.《关于金融支持中国（上海）自由贸易试验区建设的意见》（银发〔2013〕244号）；

7. 其他相关法规。

（二）审核材料：

1.《境外直接投资外汇登记业务申请表》；

2. 境内机构的营业执照或注册登记证明；

3. 境内机构的组织机构代码证；

4. 自贸试验区境外投资主管部门的变更或备案文件。

（三）审核原则：

1. 银行可办理以货币形式出资的境外投资变更登记（包括增资股权转让、减资），涉及以非货币形式出资的需至外汇局办理。如遇特殊情况需至外汇局办理登记；

2. 多个境内机构共同开展境外投资发生变更的，原初始登记的境内机构应申请办理变更登记；

3. 依据《关于外国投资者并购境内企业的规定》设立的特殊目的公司办理境外直接投资外汇登记需至外汇局办理；

4. 境内机构设立境外分公司发生变更的，应办理本变更登记手续；

5. 境外企业因减资、转股等需汇回资金的，境内机构在办理本登记后，凭打印的协议办理凭证开立境外资产变现账户接收汇回资金；

6. 境内机构如收购其他境内机构境外投资企业股权的，若股权出让机构注册于自贸试验区内，可由其至银行申请办理变更登记手续。

（四）办理时限：

银行于境外投资资金汇出或汇回前办结。

九、境内机构境外放款额度登记

（一）法规依据：

1.《中华人民共和国外汇管理条例》（国务院令2008年第532号）；

2.《国家外汇管理局关于境内企业境外放款外汇管理有关问题的通知》（汇发〔2009〕24号）；

3.《国家外汇管理局关于鼓励和引导民间投资健康发展有关外汇管理问题的通知》（汇发〔2012〕33号）；

4.《国家外汇管理局关于进一步改进和调整资本项目外汇管理政策的通知》（汇发〔2014〕2号）；

5. 其他相关法规。

（二）审核材料：

1.《境外放款外汇登记业务申请表》；

2. 境外放款协议；

3. 放款人最近一期财务审计报告。

（三）审核原则：

1. 放款人和借款人均依法注册成立，放款人为自贸试验区内注册登记的境内机构；

2. 放款人境外放款余额原则上不得超过其所有者权益的50%。如确有需要超过上述比例的，需向所在地外汇局申请办理。境外投资主管部门颁发的批准或备案文件中投资总额与注册资本的差额部分，纳入境外放款办理登记范围；

3. 如确有客观原因无法收回境外放款本息的，放款人可向所在地外汇分局申请注销该笔境外放款，外汇局依据相关规定核实后批准。

（四）办理时限：

银行于境外放款资金汇出或汇回前办结。

十、境内机构境外放款额度变更登记

（一）法规依据：

1.《中华人民共和国外汇管理条例》（国务院令 2008 年第 532 号）；

2.《国家外汇管理局关于境内企业境外放款外汇管理有关问题的通知》（汇发〔2009〕24 号）；

3.《国家外汇管理局关于进一步改进和调整资本项目外汇管理政策的通知》（汇发〔2014〕2 号）；

4. 其他相关法规。

（二）审核材料：

1.《境外放款外汇登记业务申请表》；

2. 变更后的放款协议；

3. 放款人最近一期财务审计报告；

4. 针对前述材料应当提供的补充说明材料。

（三）审核原则：

1. 需调整境外放款额度或原放款协议发生变化（如利率调整、期限变更等）的，注册于自贸试验区内的放款人可至银行申请办理变更登记手续。

2. 境外放款还本付息完毕（含债转股、债务豁免或担保履约）后，不再进行境外放款的，需至外汇局办理境外放款额度注销。

（四）办理时限：

银行于境外放款资金汇出或汇回前办结。

附 3　试验区外商直接投资企业资本金意愿结汇操作规程

一、外商投资企业资本金实行全额意愿结汇

外商投资企业资本金意愿结汇，是指外商投资企业资本金账户中已办理入账登记手续的外汇资本金可根据企业的实际经营需要在银行办理结汇。试验区内的外商投资企业的外汇资本金意愿结汇比例为 100%，国家外汇管理局可根据国际收支形势适时对意愿结汇的比例进行调整。

二、外商投资企业意愿结汇所得人民币租金纳入结汇待支付账户管理

外商投资企业应在其资本金账户开户银行开立一一对应的结汇待支付账户，用于存放意愿结汇所得人民币资金，并通过该账户办理各类支付手续。外商投资企业资本金账户的收入范围包括：境外汇入外汇资本金或认缴出资（含非居民存款账户、离岸账户、境外个人境内外汇账户出资），境外汇入保证金专用账户划入的外汇资本金或认缴出资；本账户合规划出后划回的资金，同名资本金账户划入资金，因交易撤销退回的资金，利息收入及经外汇局登记或核准的其他收入。

资本金账户的支出范围包括：经营范围内结汇，结汇划入待支付账户，境内原外币划转至境内划入保证金专用账户、同名资本金账户、委托贷款账户、资金集中管理专户、境外放款专用账户、境内再投资专用账户、外债专用账户的资金，应外国投资者减资、撤资汇出，经常项目对外支付及经外汇局登记或核准的其他资本项目支出。

结汇待支付账户的收入范围包括：由对应的资本金账户、境内资产变现账户、境内再投资账户结汇划入的资金，由本账户合规划出后划回的资金，因交易撤销退回的资金，人民币利息收入及经外汇局登记或核准的其他收入。

结汇待支付账户的支出范围包括：经营范围内的支出，支付人民币保证金、偿还已使用完毕的人民币贷款，购付汇或直接支付经常项目支出及经外汇局登记或核准的其他资本项目支出。

结汇待支付账户内的人民币资金未经外汇局批准不得购汇划回资本金账户。外商投资企业同名待支付账户间的资金不得相互划转。由待支付账户划出用于担保或支付其他保证金的人民币资金，除发生担保履约或违约扣款的，均需原路划回待支付账户。

三、外商投资企业资本金应在企业经营范围内真实自用

外商投资企业资本金及其结汇所得人民币资金不得用于以下用途：

（一）不得直接或间接用于企业经营范围之外或国家法律法规禁止的支出；

（二）除法律法规另有规定外，不得直接或间接用于证券投资；

（三）不得直接或间接用于发放人民币委托贷款（经营范围许可的除外）、偿还企业间借贷（含第三方垫款）以及偿还已转贷予第三方的银行人民币贷款；

（四）除外商投资企业房地产企业外，不得用于支付购买非自用房地产的相关费用。

四、简化外商投资企业以结汇资金开展境内股权投资的管理

试验区内允许以投资为主要业务的外商投资企业（包括外商投资性公司、外商投资创业投资企业和外商投资股权投资企业），在其境内所投资项目真实、合规的前提下，按实际投资规模将外汇资本金结汇后划入被投资企业账户。上述企业也可以将结汇待支付账户内的资金按实际投资规模划入被投资企业账户。上述企业也可继续按照境内外币划转的方式开展股权投资。

除上述企业以外的一般外商投资企业以境内原币划转方式开展境内股权投资的，按现行境内再投资规定办理。以结汇所得人民币资金开展境内股权投资的，由被投资企业先于其所在地外汇局办理境内再投资登记并开立相应结汇待支付账户，再由开展投资的企业按实际投资规模将结汇所得人民币资金划往被投资企业开立的结汇待支付账户。被投资企业继续开展境内股权投资的，按上述原则办理。

五、规范结汇所得资金的支付管理

（一）外国投资者、外商投资企业及其他相关申请主体应按规定如实向外汇局和银行提供相关真实性证明材料，并在办理资本金结汇所得人民币资金的支付使用（包括资本金直接对外支付和境内划转使用）时填写《直接投资相关账户资金支付命令函》（样表见附件）。

（二）银行应履行“了解你的客户”、“了解你的业务”等合理尽职原则，在为外商投资企业办理资本金对外支付及结汇所得人民币资金支付时承担真实性审核责任。在办理每一笔资金支付（包括支付结汇、待支付账户支付、直接对外支付、境内划转）时，均应审核前一笔支付（包括支付结汇、待支付账户支付、直接对外支付、境内划转）证明材料的真实性与合规性。

银行应按规定及时报送资本金账户及结汇待支付账户等账户开立、关闭情况以及账户资金使用等信息（包括账户内资金的收支余情况、结售汇情况及逐笔支付资金流向等）。银行应参照《国家外汇管理局关于资本项目信息系统试点及相关数据报送工作的通知》（汇发〔2012〕60号）附件4《外汇账户数据采集规范（1.1版）》的要求报送结汇待支付账户的开关户及收支余信息，结汇待支付账户的账户性质代码为2113。银行应参照《国家外汇管理局关于做好调整境内银行涉外收付凭证及先关信息报送准备工作的通知》（汇发〔2011〕49号）的要求，通

过填写境内收付款凭证将结汇待支付账户与其他人民币账户之间的资金划转信息报送外汇局，其中资金用途通过选择外汇局指定的对应交易编码和交易附言报送。

（三）对于企业确有特殊原因暂时无法提供真实性证明材料的，银行可在履行尽职审查义务、确定交易具备真实交易背景的前提下为企业办理相关支付，并应于办理业务当日通过外汇局相关业务系统向外汇局提交特殊事项备案。银行应在支付完毕后20个工作日内收齐并审核企业补交的相关证明材料，并通过相关业务系统向外汇局报告特殊事项备案业务的真实性证明材料补交情况。对于超除20个工作日依然无法补交相关证明材料的，银行原则上不得为相关企业继续办理资本金的后续支付业务，并将相关情况报送外汇局。

对于外商投资企业以备用金名义使用资本金的，银行可不要求其提供真实性证明材料。单一企业每月备用金支付累计金额不得超过等值60万元人民币。

六、其他直接投资项下外汇资金结汇及使用

境内机构开立的境内资产变现账户和境内再投资账户内资金结汇参照外商投资企业资本金账户管理。

境内个人开立的境内资产变现账户和境内再投资账户，以及境内机构和个人开立的境外资产变现账户可直接在银行办理结汇。

外国投资者前期费用账户资金由银行按支付结汇原则办理。

境外汇入保证金专用账户和境内汇入保证金专用账户内的外汇资金不得结汇使用。如发生担保履约或违约扣款的，相关保证金应划入接收保证金一方经外汇局核准或登记后开立的其他资本项目外汇账户并按照相关规定使用。

上述直接投资项下账户内利息收入和投资收益均按照经常项目外汇管理的有关规定直接在银行办理结汇或支付。

七、强化外汇局事后监管与违规查处

（一）外汇局应根据《中华人民共和国外汇管理条例》、《外国投资者境内直接投资外汇管理规定》等有关规定加强对银行办理外商投资企业资本金结汇和使用等业务合规性的指导和核查。核查的方式包括要求相关业务主体提供书面说明和业务材料、约谈负责人、现场查阅或复制业务主体相关资料、通报违规情况等。对于严重、恶意违规的银行可按相关程序暂停其资本项目下外汇业务办理，对于严重、恶意违规的外商投资企业等可取消其意愿结汇资格。

（二）对于违反本规程办理外商投资企业资本金结汇和使用等业务的外商投资企业和银行，外汇局根据《中华人民共和国外汇管理条例》及有关规定予以查处。

附表：《直接投资相关账户资金支付命令函》格式（略）

附 4　试验区境内外租赁服务外汇管理操作规程

一、对融资租赁类公司对外债权业务实行登记管理

支持开展境外租赁，对试验区内融资租赁类公司开展对外租赁业务由审批制调整为登记管理，对外租赁信息在资本项目信息系统中办理登记，实施统计监测。本操作规程所称融资租赁类公司包括银监部门批准设立的金融类租赁公司，商务主管部门批准设立的非金融类外资租赁公司，以及商务部和税务总局联合确认的内资融资租赁公司。

（一）业务操作

1. 融资租赁类公司或其项目公司开展对外租赁业务时，应在融资租赁对外债权发生后15个工作日内，持以下材料道外汇局办理融资租赁对外债权登记，外汇局应当审核交易的合规

性和真实性：

（1）申请书，包括但不限于公司基本情况及租赁项目的基本情况：

（2）主管部门同意设立租赁公司或项目公司的批复和工商营业执照；

（3）上年度经审计的财务报告及最近一期财务报表；

（4）租赁合同及租赁物转移的证明材料（如报关单、备案清单、发票等）。

2. 融资租赁类公司开展对外融资租赁业务时，不受现行境内企业境外放款额度限制。

3. 融资租赁类公司可直接到所在地银行开立境外放款专用账户，用于保留对外融资租赁租金收入。

上述外汇租金入账时，银行应审核该收入的资金来源。该账户内的外汇收入需结汇时，融资租赁类公司可直接向银行申请办理。

（二）监测管理

外汇局应在资本项目信息系统中使用“境外放款”功能登记融资租赁类公司融资租赁对外债权签约信息，采取纸质报表统计提款信息。

融资租赁类公司收到对外融资租赁租金收入时，应按照国际收支的有关申报要求进行申报，在“外汇局批件号 / 备案表号 / 业务编号”栏中填写该笔对外债权的业务编号，并按月向外汇局报送融资租赁对外债权的发生和租金收入等情况。

银行通过资本项目信息系统反馈对外融资租赁租金收入等信息。

资本项目信息系统有关模块功能完善后，按新的要求采集相关信息。

二、允许非金融类融资租赁公司境内收取外币租金

允许试验区内非金融类融资租赁公司在境内收取外币租金，解决货币错配问题。外汇局通过资本项目信息系统统计监测租赁业务信息，实施非现场核查和现场检查。

（一）业务操作

1. 试验区内非金融类租赁公司如用以购买租赁物的资金 50% 以上来源于自身的国内外汇贷款或外币外债，可以在境内以外币形式收取租金，允许非金融类租赁公司参照《国家外汇管理局关于实施国内外汇贷款外汇管理方式改革的通知》（汇发〔2002〕125 号）及相关文件办理债权人集中登记。

2. 承租人凭出租人出具的支付外币租金的通知书及其他证明文件，自行到银行办理对出租人的租金支付和购汇手续。

3. 试验区内非金融类租赁公司收取的外币租金收入，可以进入自身按规定在银行开立的外汇账户；超出偿还外币债务所需的部分，可直接在银行办理结汇。

4. 融资租赁采用回租结构的，出租人应当以人民币形式向承租人支付租赁设备价款。

（二）监测管理

通过资本项目信息系统采集融资租赁公司境内外币租金划转及相关的结售汇信息，进行统计监测及非现场核查。

三、便利融资租赁项目货款支付

允许试验区内融资租赁项目公司从境外购入飞机、船舶和大型设备并租赁给承租人时，凭合同、商业单证等材料办理付汇手续。

（一）业务操作

1. 试验区内融资租赁或其项目公司，从境外购入飞机并租赁给境内承租人的，凭国家发展改革委出具给航空公司的飞机购买或租赁批文、购买合同、商业单证等办理付汇手续。

2. 试验区内融资租赁或其项目公司，从境外购入船舶和大型设备并租赁给境内承租人的，凭合同、商业单证等办理付汇手续。

3. 试验区内融资租赁或其项目公司，从境外购入飞机、船舶和大型设备并租赁给境外承租人的，凭合同、商业单证等办理付汇手续，外汇局可按照无关单外汇支付方式进行核查。

4. 试验区内融资租赁或其项目公司支付预付货款后，须按规定通过货物贸易外汇业务监测系统（企业端）进行相应的企业报告。

5. 付汇银行根据与境外签订的购买合同，办理对外支付手续时，若购买合同由联合购买人签订的，付汇银行根据合同办理融资租赁项目公司对外支付手续。

6. 对试验区内融资租赁或其项目公司购入飞机、船舶和大型设备并租赁给境内承租人时，依据相关规定收取租金。

（二）监测管理

融资项目公司支付预付货款后，由付汇银行办理相应的台账登记，跟踪项目进境或转租境外的情况，并及时报告外汇局。

国家外汇管理局
关于发布《跨境担保外汇管理规定》的通知

汇发〔2014〕29号

国家外汇管理局各省、自治区、直辖市分局、外汇管理部，深圳、大连、青岛、厦门、宁波市分局，各中资外汇指定银行：

为深化外汇管理体制改革，简化行政审批程序，规范跨境担保项下收支行为，国家外汇管理局决定改进跨境担保外汇管理方式，制定了《跨境担保外汇管理规定》及其操作指引（以下简称《规定》）。现印发给你们，请遵照执行。

《规定》自2014年6月1日起实施，之前相关规定与本《规定》内容不一致的，以本《规定》为准。《规定》实施后，附件3所列法规即行废止。

国家外汇管理局各分局、外汇管理部接到本通知后，应及时转发辖内中心支局、支局、城市商业银行、农村商业银行、外资银行、农村合作银行；各中资银行接到本通知后，应及时转发所辖各分支机构。执行中如遇问题，请及时向国家外汇管理局资本项目管理司反馈。

附件：1. 跨境担保外汇管理规定
　　　2. 跨境担保外汇管理操作指引
　　　3. 废止法规目录

国家外汇管理局
2014年5月12日

附件1

跨境担保外汇管理规定

第一章　总　则

第一条　为完善跨境担保外汇管理，规范跨境担保项下收支行为，促进跨境担保业务健康有序发展，根据《中华人民共和国物权法》、《中华人民共和国担保法》及《中华人民共和国外汇管理条例》等法律法规，特制定本规定。

第二条　本规定所称的跨境担保是指担保人向债权人书面作出的、具有法律约束力、承诺按照担保合同约定履行相关付款义务并可能产生资金跨境收付或资产所有权跨境转移等国际收支交易的担保行为。

第三条　按照担保当事各方的注册地，跨境担保分为内保外贷、外保内贷和其他形式跨境担保。

内保外贷是指担保人注册地在境内、债务人和债权人注册地均在境外的跨境担保。

外保内贷是指担保人注册地在境外、债务人和债权人注册地均在境内的跨境担保。

其他形式跨境担保是指除前述内保外贷和外保内贷以外的其他跨境担保情形。

第四条　国家外汇管理局及其分支局（以下简称外汇局）负责规范跨境担保产生的各类国际收支交易。

第五条　境内机构提供或接受跨境担保，应当遵守国家法律法规和行业主管部门的规定，并按本规定办理相关外汇管理手续。

担保当事各方从事跨境担保业务，应当恪守商业道德，诚实守信。

第六条　外汇局对内保外贷和外保内贷实行登记管理。

境内机构办理内保外贷业务，应按本规定要求办理内保外贷登记；经外汇局登记的内保外贷，发生担保履约的，担保人可自行办理；担保履约后应按本规定要求办理对外债权登记。

境内机构办理外保内贷业务，应符合本规定明确的相关条件；经外汇局登记的外保内贷，债权人可自行办理与担保履约相关的收款；担保履约后境内债务人应按本规定要求办理外债登记手续。

第七条　境内机构提供或接受其他形式跨境担保，应符合相关外汇管理规定。

第二章　内保外贷

第八条　担保人办理内保外贷业务，在遵守国家法律法规、行业主管部门规定及外汇管理规定的前提下，可自行签订内保外贷合同。

第九条　担保人签订内保外贷合同后，应按以下规定办理内保外贷登记。

担保人为银行的，由担保人通过数据接口程序或其他方式向外汇局报送内保外贷业务相关数据。

担保人为非银行金融机构或企业（以下简称非银行机构）的，应在签订担保合同后15个工作日内到所在地外汇局办理内保外贷签约登记手续。担保合同主要条款发生变更的，应当办理内保外贷签约变更登记手续。

外汇局按照真实、合规原则对非银行机构担保人的登记申请进行程序性审核并办理登记手续。

第十条　银行、非银行金融机构作为担保人提供内保外贷，按照行业主管部门规定，应具有相应担保业务经营资格。

第十一条　内保外贷项下资金用途应当符合以下规定：

（一）内保外贷项下资金仅用于债务人正常经营范围内的相关支出，不得用于支持债务人从事正常业务范围以外的相关交易，不得虚构贸易背景进行套利，或进行其他形式的投机性交易。

（二）未经外汇局批准，债务人不得通过向境内进行借贷、股权投资或证券投资等方式将担保项下资金直接或间接调回境内使用。

第十二条　担保人办理内保外贷业务时，应对债务人主体资格、担保项下资金用途、预计的还款资金来源、担保履约的可能性及相关交易背景进行审核，对是否符合境内外相关法律法规进行尽职调查，并以适当方式监督债务人按照其申明的用途使用担保项下资金。

第十三条　内保外贷项下担保人付款责任到期、债务人清偿担保项下债务或发生担保履约后，担保人应办理内保外贷登记注销手续。

第十四条　如发生内保外贷履约，担保人为银行的，可自行办理担保履约项下对外支付。

担保人为非银行机构的，可凭担保登记文件直接到银行办理担保履约项下购汇及对外支付。在境外债务人偿清因担保人履约而对境内担保人承担的债务之前，未经外汇局批准，担保人须暂停签订新的内保外贷合同。

第十五条　内保外贷业务发生担保履约的，成为对外债权人的境内担保人或反担保人应当按规定办理对外债权登记手续。

第十六条　境内个人可作为担保人并参照非银行机构办理内保外贷业务。

第三章　外保内贷

第十七条　境内非金融机构从境内金融机构借用贷款或获得授信额度，在同时满足以下条件的前提下，可以接受境外机构或个人提供的担保，并自行签订外保内贷合同：

（一）债务人为在境内注册经营的非金融机构；

（二）债权人为在境内注册经营的金融机构；

（三）担保标的为金融机构提供的本外币贷款（不包括委托贷款）或有约束力的授信额度；

（四）担保形式符合境内、外法律法规。

未经批准，境内机构不得超出上述范围办理外保内贷业务。

第十八条　境内债务人从事外保内贷业务，由发放贷款或提供授信额度的境内金融机构向外汇局集中报送外保内贷业务相关数据。

第十九条　外保内贷业务发生担保履约的，在境内债务人偿清其对境外担保人的债务之前，未经外汇局批准，境内债务人应暂停签订新的外保内贷合同；已经签订外保内贷合同但尚未提款或尚未全部提款的，未经所在地外汇局批准，境内债务人应暂停办理新的提款。

境内债务人因外保内贷项下担保履约形成的对外负债，其未偿本金余额不得超过其上年度末经审计的净资产数额。

境内债务人向债权人申请办理外保内贷业务时，应真实、完整地向债权人提供其已办理外保内贷业务的债务违约、外债登记及债务清偿情况。

第二十条　外保内贷业务发生境外担保履约的，境内债务人应到所在地外汇局办理短期外债签约登记及相关信息备案手续。外汇局在外债签约登记环节对债务人外保内贷业务的合规性进行事后核查。

第四章　物权担保的外汇管理

第二十一条　外汇局不对担保当事各方设定担保物权的合法性进行审查。担保当事各方应自行确认担保合同内容符合境内外相关法律法规和行业主管部门的规定。

第二十二条　担保人与债权人之间因提供抵押、质押等物权担保而产生的跨境收支和交易事项，已存在限制或程序性外汇管理规定的，应当符合规定。

第二十三条　当担保人与债权人分属境内、境外，或担保物权登记地（或财产所在地、收益来源地）与担保人、债权人的任意一方分属境内、境外时，境内担保人或境内债权人应按下列规定办理相关外汇管理手续：

（一）当担保人、债权人注册地或担保物权登记地（或财产所在地、收益来源地）至少有两项分属境内外时，担保人实现担保物权的方式应当符合相关法律规定。

（二）除另有明确规定外，担保人或债权人申请汇出或收取担保财产处置收益时，可直接向境内银行提出申请；在银行审核担保履约真实性、合规性并留存必要材料后，担保人或债权人可以办理相关购汇、结汇和跨境收支。

（三）相关担保财产所有权在担保人、债权人之间发生转让，按规定需要办理跨境投资外汇登记的，当事人应办理相关登记或变更手续。

第二十四条 担保人为第三方债务人向债权人提供物权担保，构成内保外贷或外保内贷的，应当按照内保外贷或外保内贷相关规定办理担保登记手续，并遵守相关规定。

经外汇局登记的物权担保因任何原因而未合法设立，担保人应到外汇局注销相关登记。

第五章 附 则

第二十五条 境内机构提供或接受除内保外贷和外保内贷以外的其他形式跨境担保，在符合境内外法律法规和本规定的前提下，可自行签订跨境担保合同。除外汇局另有明确规定外，担保人、债务人不需要就其他形式跨境担保到外汇局办理登记或备案。

境内机构办理其他形式跨境担保，可自行办理担保履约。担保项下对外债权债务需要事前审批或核准，或因担保履约发生对外债权债务变动的，应按规定办理相关审批或登记手续。

第二十六条 境内债务人对外支付担保费，可按照服务贸易外汇管理有关规定直接向银行申请办理。

第二十七条 担保人、债务人不得在明知或者应知担保履约义务确定发生的情况下签订跨境担保合同。

第二十八条 担保人、债务人、债权人向境内银行申请办理与跨境担保相关的购付汇或收结汇业务时，境内银行应当对跨境担保交易的背景进行尽职审查，以确定该担保合同符合中国法律法规和本规定。

第二十九条 外汇局对跨境担保合同的核准、登记或备案情况以及本规定明确的其他管理事项与管理要求，不构成跨境担保合同的生效要件。

第三十条 外汇局定期分析内保外贷和外保内贷整体情况，密切关注跨境担保对国际收支的影响。

第三十一条 外汇局对境内机构跨境担保业务进行核查和检查，担保当事各方、境内银行应按照外汇局要求提供相关资料。对未按本规定及相关规定办理跨境担保业务的，外汇局根据《中华人民共和国外汇管理条例》进行处罚。

第三十二条 国家外汇管理局可出于保障国际收支平衡的目的，对跨境担保管理方式适时进行调整。

第三十三条 本规定由国家外汇管理局负责解释。

附件 2

跨境担保外汇管理操作指引

第一部分 内保外贷外汇管理

一、担保人办理内保外贷业务，在遵守国家法律法规、行业主管部门规定及外汇管理规定的前提下，可自行签订内保外贷合同。

二、内保外贷登记

担保人签订内保外贷合同后，应按以下规定办理内保外贷登记：

（一）担保人为银行的，由担保人通过数据接口程序或其他方式向外汇局资本项目信息系统报送内保外贷相关数据。

（二）担保人为非银行金融机构或企业（以下简称为非银行机构）的，应在签订担保合同后 15 个工作日内到所在地外汇局办理内保外贷签约登记手续。担保合同或担保项下债务合同主要条款发生变更的（包括债务合同展期以及债务或担保金额、债务或担保期限、债权人等发生变更），应当在15个工作日内办理内保外贷变更登记手续。

1. 非银行机构到外汇局办理内保外贷签约登记时，应提供以下材料：

（1）关于办理内保外贷签约登记的书面申请报告（内容包括公司基本情况、已办理且未了结的各项跨境担保余额、本次担保交易内容要点、预计还款资金来源、其他需要说明的事项。有共同担保人的，应在申请报告中说明）；

（2）担保合同和担保项下主债务合同（合同文本内容较多的，提供合同简明条款并加盖印章；合同为外文的，须提供中文翻译件并加盖印章）；

（3）外汇局根据本规定认为需要补充的相关证明材料（如发改委、商务部门关于境外投资项目的批准文件、办理变更登记时需要提供的变更材料等）。

2. 外汇局按照真实、合规原则对非银行机构担保人的登记申请进行程序性审核，并为其办理登记手续。外汇局对担保合同的真实性、商业合理性、合规性及履约倾向存在疑问的，有权要求担保人作出书面解释。外汇局按照合理商业标准和相关法规，认为担保人解释明显不成立的，可以决定不受理登记申请，并向申请人书面说明原因。

担保人未在规定期限内到外汇局办理担保登记的，如能说明合理原因，且担保人提出登记申请时尚未出现担保履约意向的，外汇局可按正常程序为其办理补登记；不能说明合理原因的，外汇局可按未及时办理担保登记进行处理，在移交外汇检查部门后再为其办理补登记手续。

3. 非金融机构可以向外汇局申请参照金融机构通过资本项目系统报送内保外贷数据。

4. 同一内保外贷业务下存在多个境内担保人的，可自行约定其中一个担保人到所在地外汇局办理登记手续。外汇局在办理内保外贷登记时，应在备注栏中注明其他担保人。

三、金融机构作为担保人提供内保外贷，按照行业主管部门规定，应具有相应担保业务经营资格。以境内分支机构名义提供的担保，应当获得总行或总部授权。

四、内保外贷项下资金用途应当符合以下规定：

（一）内保外贷项下资金仅用于债务人正常经营范围内的相关支出，不得用于支持债务人从事正常业务范围以外的相关交易，不得虚构贸易背景进行套利，或进行其他形式的投机性交易。

（二）未经外汇局批准，债务人不得通过向境内进行借贷、股权投资或证券投资等方式将担保项下资金直接或间接调回境内使用。

担保项下资金不得用于境外机构或个人向境内机构或个人进行直接或间接的股权、债权投资，包括但不限于以下行为：

1. 债务人使用担保项下资金直接或间接向在境内注册的机构进行股权或债权投资。

2. 担保项下资金直接或间接用于获得境外标的公司的股权，且标的公司50%以上资产在境内的。

3. 担保项下资金用于偿还债务人自身或境外其他公司承担的债务，而原融资资金曾以股权或债权形式直接或间接调回境内的。

4. 债务人使用担保项下资金向境内机构预付货物或服务贸易款项，且付款时间相对于提供货物或服务的提前时间超过1年、预付款金额超过100万美元及买卖合同总价30%的（出口大型成套设备或承包服务时，可将已完成工作量视同交货）。

（三）内保外贷合同项下发生以下类型特殊交易时，应符合以下规定：

1. 内保外贷项下担保责任为境外债务人债券发行项下还款义务时，境外债务人应由境内机构直接或间接持股，且境外债券发行收入应用于与境内机构存在股权关联的境外投资项目，且相关境外机构或项目已经按照规定获得国内境外投资主管部门的核准、登记、备案或确认；

2. 内保外贷合同项下融资资金用于直接或间接获得对境外其他机构的股权（包括新建境外企业、收购境外企业股权和向境外企业增资）或债权时，该投资行为应当符合国内相关部门有关境外投资的规定；

3. 内保外贷合同项下义务为境外机构衍生交易项下支付义务时，债务人从事衍生交易应当以止损保值为目的，符合其主营业务范围且经过股东适当授权。

五、内保外贷注销登记

内保外贷项下债务人还清担保项下债务、担保人付款责任到期或发生担保履约后，担保人应办理内保外贷登记注销手续。其中，银行可通过数据接口程序或其他方式向外汇局资本项目系统报送内保外贷更新数据；非银行机构应在15个工作日内到外汇局申请注销相关登记。

六、担保履约

（一）银行发生内保外贷担保履约的，可自行办理担保履约项下对外支付，其担保履约资金可以来源于自身向反担保人提供的外汇垫款、反担保人以外汇或人民币形式交存的保证金，或反担保人支付的其他款项。反担保人可凭担保履约证明文件直接办理购汇或支付手续。

（二）非银行机构发生担保履约的，可凭加盖外汇局印章的担保登记文件直接到银行办理担保履约项下购汇及对外支付。在办理国际收支间接申报时，须填写该笔担保登记时取得的业务编号。

非银行机构发生内保外贷履约的，在境外债务人偿清境内担保人承担的债务之前（因债务人破产、清算等原因导致其无法清偿债务的除外），未经外汇局批准，担保人必须暂停签订新的内保外贷合同。

（三）非银行机构提供内保外贷后未办理登记但需要办理担保履约的，担保人须先向外汇局申请办理内保外贷补登记，然后凭补登记文件到银行办理担保履约手续。外汇局在办理补登记前，应先移交外汇检查部门。

七、对外债权登记

（一）内保外贷发生担保履约的，成为对外债权人的境内担保人或境内反担保人，应办理对外债权登记。

对外债权人为银行的，通过资本项目信息系统报送对外债权相关信息。债权人为非银行机构的，应在担保履约后15个工作日内到所在地外汇局办理对外债权登记，并按规定办理与对外债权相关的变更、注销手续。

（二）对外债权人为银行时，担保项下债务人（或反担保人）主动履行对担保人还款义务的，债务人（或反担保人）、担保人可自行办理各自的付款、收款手续。债务人（或反担保人）由于各种原因不能主动履行付款义务的，担保人以合法手段从债务人（或反担保人）清收的资金，其币种与原担保履约币种不一致的，担保人可自行代债务人（或反担保人）办理相关汇兑手续。

（三）对外债权人为非银行机构时，其向债务人追偿所得资金为外汇的，在向银行说明资金来源、银行确认境内担保人已按照相关规定办理对外债权登记后可以办理结汇。

八、其他规定

（一）担保人办理内保外贷业务时，应对债务人主体资格、担保项下资金用途、预计的还款资金来源、担保履约的可能性及相关交易背景进行审核，对是否符合境内、外相关法律法规进行尽职调查，并以适当方式监督债务人按照其申明的用途使用担保项下资金。

（二）境内个人作为担保人，可参照境内非银行机构办理内保外贷业务。

（三）境内机构为境外机构（债务人）向其境外担保人提供的反担保，按内保外贷进行管理，提供反担保的境内机构须遵守本规定。境内机构按内保外贷规定为境外机构（债务人）提供担保时，其他境内机构为债务人向提供内保外贷的境内机构提供反担保，不按内保外贷进行管理，但需符合相关外汇管理规定。

（四）担保人对担保责任上限无法进行合理预计的内保外贷，如境内企业出具的不明确赔偿金额上限的项目完工责任担保，可以不办理登记，但经外汇局核准后可以办理担保履约手续。

第二部分　外保内贷外汇管理

一、境内非金融机构从境内金融机构借用贷款或获得授信额度，在同时满足以下条件的前提下，可以接受境外机构或个人提供的担保，并自行签订外保内贷合同：

（一）债务人为在境内注册经营的非金融机构；

（二）债权人为在境内注册经营的金融机构；

（三）担保标的为本外币贷款（不包括委托贷款）或有约束力的授信额度；

（四）担保形式符合境内、外法律法规。

未经批准，境内机构不得超出上述范围办理外保内贷业务。

二、境内债务人从事外保内贷业务，由发放贷款或提供授信额度的境内金融机构向外汇局的资本项目系统集中报送外保内贷业务数据。

三、发生外保内贷履约的，金融机构可直接与境外担保人办理担保履约收款。

境内债务人从事外保内贷业务发生担保履约的，在境内债务人偿清其对境外担保人的债务之前，未经外汇局批准，境内债务人应暂停签订新的外保内贷合同；已经签订外保内贷合同但尚未提款或全部提款的，未经所在地外汇局批准，应暂停办理新的提款。

境内债务人因外保内贷项下担保履约形成的对外负债，其未偿本金余额不得超过其上年度末经审计的净资产数额。超出上述限额的，须占用其自身的外债额度；外债额度仍然不够的，按未经批准擅自对外借款进行处理。

境内非银行金融机构为债权人，发生境外担保人履约的，境内非银行金融机构在办理国际收支间接申报时，应在申报单上填写该笔外保内贷登记时取得的业务编号。

境内债务人向债权人申请办理外保内贷业务时，应向债权人真实、完整地提供其已办理外保内贷业务的债务违约、外债登记及债务清偿情况。

四、外保内贷业务发生境外担保履约的，境内债务人应在担保履约后15个工作日内到所在地外汇局办理短期外债签约登记及相关信息备案。外汇局在外债签约登记环节对债务人外保内贷业务的合规性进行事后核查。发现违规的，在将违规行为移交外汇检查部门后，外汇局可为其办理外债登记手续。

因境外担保履约而申请办理外债登记的，债务人应当向外汇局提供以下材料：

（一）关于办理外债签约登记的书面申请报告（内容包括公司基本情况、外保内贷业务逐笔和汇总情况、本次担保履约情况及其他需要说明的事项）。

（二）担保合同复印件和担保履约证明文件（合同文本内容较多的，提供合同简明条款并加盖印章；合同为外文的，须提供中文翻译件并加盖债务人印章）。

（三）外商投资企业应提供批准证书、营业执照等文件，中资企业应提供营业执照。

（四）上年度末经审计的债务人财务报表。

（五）外汇局为核查外保内贷业务合规性、真实性而可能要求提供的其他材料（如境外债权人注册文件或个人身份证件）。

五、金融机构办理外保内贷履约，如担保履约资金与担保项下债务提款币种不一致而需要办理结汇或购汇的，应当向外汇局提出申请。金融机构办理境外担保履约款结汇（或购汇）

业务，由其分行或总行汇总自身及下属分支机构的担保履约款结汇（或购汇）申请后，向其所在地外汇局集中提出申请。

金融机构提出的境外担保履约款结汇（或购汇）申请，由外汇局资本项目管理部门受理。金融机构作为债权人签订贷款担保合同时无违规行为的，外汇局可批准其担保履约款结汇（或购汇）。若金融机构违规行为属于未办理债权人集中登记等程序性违规的，外汇局可先允许其办理结汇（或购汇），再依据相关法规进行处理；金融机构违规行为属于超出现行政策许可范围等实质性违规且金融机构应当承担相应责任的，外汇局应先移交外汇检查部门，然后再批准其结汇（或购汇）。

六、金融机构申请担保履约款结汇（或购汇），应提交以下文件：

（一）申请书；

（二）外保内贷业务合同（或合同简明条款）；

（三）证明结汇（或购汇）资金来源的书面材料；

（四）债务人提供的外保内贷履约项下外债登记证明文件（因清算、解散、债务豁免或其他合理因素导致债务人无法取得外债登记证明的，应当说明原因）；

（五）外汇局认为必要的其他证明材料。

七、境外担保人向境内金融机构为境内若干债务人发放的贷款组合提供部分担保（风险分担），发生担保履约（赔付）后，如合同约定由境内金融机构代理境外担保人向债务人进行债务追偿，则由代理的金融机构向外汇局报送外债登记数据，其未偿本金余额不得超过该担保合同项下各债务人上年度末经审计的净资产数之和。

第三部分　物权担保外汇管理

一、外汇局仅对跨境担保涉及的资本项目外汇管理事项进行规范，但不对担保当事各方设定担保物权的合法性进行审查。担保当事各方应自行确认以下事项符合相关法律法规，包括但不限于：

（一）设定抵押（质押）权的财产或权利是否符合法律规定的范围；

（二）设定抵押（质押）权在法律上是否存在强制登记要求；

（三）设定抵押（质押）权是否需要前置部门的审批、登记或备案；

（四）设定抵押（质押）权之前是否应当对抵押或质押物进行价值评估或是否允许超额抵押（质押）等；

（五）在实现抵押（质押）权时，国家相关部门是否对抵押（质押）财产或权利的转让或变现存在限制性规定。

二、担保人与债权人之间因提供抵押、质押等物权担保而产生的跨境收支和交易事项，已存在限制或程序性外汇管理规定的，应当符合规定。

国家对境内外机构或个人跨境获取特定类型资产（股权、债权、房产和其他类型资产等）存在限制性规定的，如境外机构从境内机构或另一境外机构获取境内资产，或境内机构从境外机构或另一境内机构获取境外资产，担保当事各方应自行确认担保合同履约不与相关限制性规定产生冲突。

三、当担保人与债权人分属境内、境外，或担保物权登记地（或财产所在地、收益来源地）与担保人、债权人的任意一方分属境内、境外时，境内担保人或境内债权人应按下列规定办理相关外汇管理手续：

（一）当担保人、债权人注册地或担保物权登记地（或财产所在地、收益来源地）至少有两项分属境内外时，担保人实现担保物权的方式应当符合相关法律规定。

（二）除另有明确规定外，担保人或债权人申请汇出或收取担保财产处置收益时，可直接向境内银行提出申请；银行在审核担保履约真实性、合规性并留存必要材料后，担保人或债权人可以办理相关购汇、结汇和跨境收支。

（三）相关担保财产所有权在担保人、债权人之间发生转让，按规定需要办理跨境投资外汇登记的，当事人应办理相关登记或变更手续。

四、担保人为第三方债务人向债权人提供物权担保，构成内保外贷或外保内贷的，应当按照内保外贷或外保内贷相关规定办理担保登记手续，并遵守相关限制性规定。

经外汇局登记的物权担保因任何原因而未合法设立，担保人应到外汇局注销相关登记。

五、境内非银行机构为境外债务人向境外债权人提供物权担保，外汇局在办理内保外贷登记时，应在内保外贷登记证明中简要记录其担保物权的具体内容。

外汇局在内保外贷登记证明中记录的担保物权具体事项，不成为设定相关抵押、质押等权利的依据，也不构成相关抵押或质押合同的生效条件。

六、境内机构为自身债务提供跨境物权担保的，不需要办理担保登记。担保人以法规允许的方式用抵押物折价清偿债务，或抵押权人变卖抵押物后申请办理对外汇款时，担保人参照一般外债的还本付息办理相关付款手续。

第四部分　跨境担保其他事项外汇管理

一、其他形式跨境担保

（一）其他形式跨境担保是指除前述内保外贷和外保内贷以外的其他跨境担保情形。包括但不限于：

1. 担保人在境内、债务人与债权人分属境内或境外的跨境担保；

2. 担保人在境外、债务人与债权人分属境内或境外的跨境担保；

3. 担保当事各方均在境内，担保物权登记地在境外的跨境担保；

4. 担保当事各方均在境外，担保物权登记地在境内的跨境担保。

（二）境内机构提供或接受其他形式跨境担保，在符合境内外法律法规和本规定的前提下，可自行签订跨境担保合同。除外汇局另有明确规定外，担保人、债务人不需要就其他形式跨境担保到外汇局办理登记或备案，无需向资本项目信息系统报送数据。

（三）境内机构办理其他形式跨境担保，应按规定办理与对外债权债务有关的外汇管理手续。担保项下对外债权或外债需要事前办理审批或登记手续的，应当办理相关手续。

（四）除另有明确规定外，境内担保人或境内债权人申请汇出或收取担保履约款时，可直接向境内银行提出申请；银行在审核担保履约真实性、合规性并留存必要材料后，担保人或债权人可以办理相关购汇、结汇和跨境收支。

（五）担保人在境内、债务人在境外，担保履约后构成对外债权的，应当办理对外债权登记；担保人在境外、债务人在境内，担保履约后发生境外债权人变更的，应当办理外债项下债权人变更登记手续。

（六）境内担保人向境内债权人支付担保履约款，或境内债务人向境内担保人偿还担保履约款的，因担保项下债务计价结算币种为外币而付款人需要办理境内外汇划转的，付款人可直接在银行办理相关付款手续。

二、境内债务人对外支付担保费，可按照服务贸易外汇管理有关规定直接向银行申请办理。

三、担保人、债务人不得在明知或者应知担保履约义务确定发生的情况下签订跨境担保合同。担保人、债务人和债权人可按照合理商业原则，依据以下标准判断担保合同是否具备明显的担保履约意图：

（一）签订担保合同时，债务人自身是否具备足够的清偿能力或可预期的还款资金来源；

（二）担保项下借款合同规定的融资条件，在金额、利率、期限等方面与债务人声明的借款资金用途是否存在明显不符；

（三）担保当事各方是否存在通过担保履约提前偿还担保项下债务的意图；

（四）担保当事各方是否曾经以担保人、反担保人或债务人身份发生过恶意担保履约或债务违约。

四、担保人、债务人、债权人向境内银行申请办理与跨境担保相关的购付汇和收结汇时，境内银行应当对跨境担保交易的背景进行尽职审查，以确定该担保合同符合中国法律法规和本规定。

五、具备以下条件之一的跨境承诺，不按跨境担保纳入外汇管理范围：

（一）该承诺不具有契约性质或不受法律约束；

（二）履行承诺义务的方式不包括现金交付或财产折价清偿等付款义务；

（三）履行承诺义务不会同时产生与此直接对应的对被承诺人的债权；

（四）国内有其他法规、其他部门通过其他方式进行有效管理，经外汇局明确不按跨境担保纳入外汇管理范围的跨境承诺，如境内银行在货物与服务进口项下为境内机构开立的即期和远期信用证、已纳入行业主管部门监管范围的信用保险等；

（五）一笔交易存在多个环节，但监管部门已在其中一个环节实行有效管理，经外汇局明确不再重复纳入规模和统计范围的跨境承诺，如境内银行在对外开立保函、开立信用证或发放贷款时要求境内客户提供的保证金或反担保；

（六）由于其他原因外汇局决定不按跨境担保纳入外汇管理范围的相关承诺。

不按跨境担保纳入外汇管理范围的相关承诺，不得以跨境担保履约的名义办理相关跨境收支。

六、跨境担保可分为融资性担保和非融资性担保。融资性担保是指担保人为融资性付款义务提供的担保，这些付款义务来源于具有融资合同一般特征的相关交易，包括但不限于普通借款、债券、融资租赁、有约束力的授信额度等。非融资性担保是指担保人为非融资性付款义务提供的担保，这些付款义务来源于不具有融资合同一般特征的交易，包括但不限于招投标担保、预付款担保、延期付款担保、货物买卖合同下的履约责任担保等。

七、外汇局对境内机构跨境担保业务进行核查和检查，担保当事各方、境内银行应按照外汇局要求提供相关资料。对未按本规定及相关规定办理跨境担保业务的，外汇局根据《中华人民共和国外汇管理条例》（以下简称《条例》）进行处罚。

（一）违反《跨境担保外汇管理规定》（以下简称《规定》）第十一条第（二）项规定，债务人将担保项下资金直接或间接调回境内使用的，按照《条例》第四十一条对担保人进行处罚。

（二）有下列情形之一的，按照《条例》第四十三条处罚：

1. 违反《规定》第八条规定，担保人办理内保外贷业务违反法律法规及相关部门规定的；

2. 违反《规定》第十条规定，担保人超出行业主管部门许可范围提供内保外贷的；

3. 违反《规定》第十二条规定，担保人未对债务人主体资格、担保项下资金用途、预计的还款资金来源、担保履约的可能性及相关交易背景进行审核，对是否符合境内、外相关法律法规未进行尽职调查，或未以适当方式监督债务人按照其申明的用途使用担保项下资金的；

4. 违反《规定》第十四条规定，担保人未经外汇局批准，在向债务人收回提供履约款之前签订新的内保外贷合同的；

5. 违反《规定》第十七条规定，未经批准，债务人、债权人超出范围办理外保内贷业务的；

6. 违反《规定》第十九条第一款规定，境内债务人未经外汇局批准，在偿清对境外担保人债务之前擅自签订新的外保内贷合同或办理新的提款的；

7. 违反《规定》第十九条第二款规定，境内债务人担保履约项下未偿本金余额超过其上年度末经审计的净资产数额的；

8. 违反《规定》第二十七条规定，担保人、被担保人明知或者应知担保履约义务确定发生的情况下仍然签订跨境担保合同的。

（三）有下列情形之一的，按照《条例》第四十七条处罚：

1. 违反《规定》第二十三条第（二）项规定，银行未审查担保履约真实性、合规性或留存必要材料的；

2. 违反《规定》第二十八条规定，境内银行对跨境担保交易的背景未进行尽职审查，以确定该担保交易符合中国法律法规和本规定的。

（四）有下列情形的，按照《条例》第四十八条处罚：

1. 违反《规定》第九条规定，担保人未按规定办理内保外贷登记的；

2. 违反《规定》第十三条规定，担保人未按规定办理内保外贷登记注销手续的；

3. 违反《规定》第十五条规定，担保人或反担保人未按规定办理对外债权登记手续的；

4. 违反《规定》第十八条规定，境内金融机构未按规定向外汇局报送外保内贷业务相关数据的；

5. 违反《规定》第十九条第三款规定，债务人办理外保内贷业务时未向债权人真实、完整地提供其已办理外保内贷业务的债务违约、外债登记及债务清偿情况的；

6. 违反《规定》第二十条规定，境内债务人未按规定到所在地外汇局办理短期外债签约登记及相关信息备案手续的；

7. 违反《规定》第二十三条第（三）项规定，当事人未按规定办理跨境投资外汇登记的；

8. 违反《规定》第二十四条第二款规定，担保人未到外汇局注销相关登记的。

附件 3

废止法规目录

1.《境内机构对外担保管理办法实施细则》（〔97〕汇政发字第 10 号）

2.《国家外汇管理局关于境内机构对外担保管理问题的通知》（汇发〔2010〕39 号）

3.《国家外汇管理局关于在部分地区试行小额外保内贷业务有关外汇管理问题的通知》（汇发〔2013〕40 号）

4.《国家外汇管理局关于外汇担保项下人民币贷款有关问题的补充通知》（汇发〔2005〕26 号）

5.《国家外汇管理局关于核定部分分局 2013 年度中资企业外保内贷额度有关问题的通知》（汇发〔2013〕23 号）

6.《国家外汇管理局关于外债、对外担保补登记有关问题的通知》（汇资函〔1999〕77 号）

7.《国家外汇管理局关于规范对外担保履约审批权限的通知》（汇发〔2000〕84 号）

8.《国家外汇管理局关于如何界定擅自以外汇作质押的函》（〔97〕汇政法字第 2 号）

9.《国家外汇管理局关于金融机构外汇担保项下人民币贷款有关问题的复函》（汇复〔1999〕56 号）

10.《国家外汇管理局关于保险权益质押登记问题的批复》（汇复〔2001〕144 号）

11.《国家外汇管理局关于核定境内银行 2011 年度融资性对外担保余额指标有关问题的通

知》（汇发〔2011〕30 号）

12.《国家外汇管理局关于转发和执行〈最高人民法院关于适用〈中华人民共和国担保法〉若干问题的解释〉的通知》（汇发〔2001〕6 号）

国家外汇管理局关于境内居民通过特殊目的公司境外投融资及返程投资外汇管理有关问题的通知（节录）

汇发〔2014〕37 号

国家外汇管理局各省、自治区、直辖市分局、外汇管理部，深圳、大连、青岛、厦门、宁波市分局；各中资外汇指定银行：

为充分发挥市场在资源配置中的决定性作用，支持国家"走出去"战略的实施，充分利用国际国内两种资源、两个市场，进一步简化和便利境内居民通过特殊目的公司从事投融资活动所涉及的跨境资本交易，切实服务实体经济发展，有序提高跨境资本和金融交易可兑换程度，根据《中华人民共和国外汇管理条例》等规定，现就境内居民通过特殊目的公司境外投融资及返程投资外汇管理有关问题通知如下：

一、本通知所称"特殊目的公司"，是指境内居民（含境内机构和境内居民个人）以投融资为目的，以其合法持有的境内企业资产或权益，或者以其合法持有的境外资产或权益，在境外直接设立或间接控制的境外企业。

本通知所称"返程投资"，是指境内居民直接或间接通过特殊目的公司对境内开展的直接投资活动，即通过新设、并购等方式在境内设立外商投资企业或项目（以下简称外商投资企业），并取得所有权、控制权、经营管理权等权益的行为。

本通知所称"境内机构"，是指中国境内依法设立的企业事业法人以及其他经济组织；"境内居民个人"是指持有中国境内居民身份证、军人身份证件、武装警察身份证件的中国公民，以及虽无中国境内合法身份证件、但因经济利益关系在中国境内习惯性居住的境外个人。

本通知所称"控制"，是指境内居民通过收购、信托、代持、投票权、回购、可转换债券等方式取得特殊目的公司的经营权、收益权或者决策权。

二、国家外汇管理局及其分支机构（以下简称外汇局）对境内居民设立特殊目的公司实行登记管理。境内居民个人设立的特殊目的公司登记及相关外汇管理，按本通知执行。境内机构设立的特殊目的公司登记及相关外汇管理，按现行规定和本通知执行。

三、境内居民以境内外合法资产或权益向特殊目的公司出资前，应向外汇局申请办理境外投资外汇登记手续。境内居民以境内合法资产或权益出资的，应向注册地外汇局或者境内企业资产或权益所在地外汇局申请办理登记；境内居民以境外合法资产或权益出资的，应向注册地外汇局或者户籍所在地外汇局申请办理登记。

境内居民个人应提交以下真实性证明材料办理境外投资外汇登记手续：

（一）书面申请与《境内居民个人境外投资外汇登记表》。

（二）个人身份证明文件。

（三）特殊目的公司登记注册文件及股东或实际控制人证明文件（如股东名册、认缴人名册等）。

（四）境内外企业权力机构同意境外投融资的决议书（企业尚未设立的，提供权益所有人同意境外投融资的书面说明）。

（五）境内居民个人直接或间接持有的拟境外投融资境内企业资产或权益，或者合法持有境外资产或权益的证明文件。

（六）在前述材料不能充分说明交易的真实性或申请材料之间的一致性时，要求提供的补充材料。

境内机构按《国家外汇管理局关于发布〈境内机构境外直接投资外汇管理规定〉的通知》（汇发〔2009〕30号）等相关规定办理境外投资外汇登记手续。

境内居民办理境外投资外汇登记后，方可办理后续业务。

四、境内居民及其设立的特殊目的公司，不得危害我国国家主权、安全和社会公共利益；不得违反我国法律法规；不得损害我国与有关国家（地区）关系；不得违反我国对外缔结的国际条约；不得涉及我国禁止出口的技术或产品。

境外特殊目的公司登记不具有证明其投融资行为已符合行业主管部门合法合规的效力。

五、已登记境外特殊目的公司发生境内居民个人股东、名称、经营期限等基本信息变更，或发生境内居民个人增资、减资、股权转让或置换、合并或分立等重要事项变更后，应及时到外汇局办理境外投资外汇变更登记手续。

境内居民境外投资外汇变更登记完成后，方可办理后续业务（含利润、红利汇回）。

六、非上市特殊目的公司以本企业股权或期权等为标的，对其直接或间接控制的境内企业的董事、监事、高级管理人员及其他与公司具有雇佣或劳动关系的员工进行权益激励的，相关境内居民个人在行权前可提交以下材料到外汇局申请办理特殊目的公司外汇登记手续：

（一）书面申请与《境内居民个人境外投资外汇登记表》。

（二）已登记的特殊目的公司的境外投资外汇业务登记凭证。

（三）相关境内企业出具的个人与其雇佣或劳动关系证明材料。

（四）特殊目的公司或其实际控制人出具的能够证明所涉权益激励真实性的证明材料。

（五）在前述材料不能充分说明交易的真实性或申请材料之间的一致性时，要求提供的补充材料。

境内居民个人参与境外上市公司股权激励计划按相关外汇管理规定办理。

七、特殊目的公司完成境外融资后，融资资金如调回境内使用的，应遵守中国外商投资和外债管理等相关规定。返程投资设立的外商投资企业应按照现行外商直接投资外汇管理规定办理相关外汇登记手续，并应如实披露股东的实际控制人等有关信息。

八、境内居民从特殊目的公司获得的利润、红利调回境内的，应按照经常项目外汇管理规定办理；资本变动外汇收入调回境内的，应按照资本项目外汇管理规定办理。

九、因转股、破产、解散、清算、经营期满、身份变更等原因造成境内居民不再持有已登记的特殊目的公司权益的，或者不再属于需要办理特殊目的公司登记的，应提交相关真实性证明材料及时到外汇局办理变更或注销登记手续。

十、境内居民直接或间接控制的境内企业，可在真实、合理需求的基础上按现行规定向其已登记的特殊目的公司放款。

十一、境内居民可在真实、合理需求的基础上购汇汇出资金用于特殊目的公司设立、股份回购或退市等。

十二、本通知实施前，境内居民以境内外合法资产或权益已向特殊目的公司出资但未按规定办理境外投资外汇登记的，境内居民应向外汇局出具说明函说明理由。外汇局根据合法性、合理性等原则办理补登记，对涉嫌违反外汇管理规定的，依法进行行政处罚。

十三、境内居民与境外特殊目的公司之间的跨境收支，应按现行规定办理国际收支统计申报。

十四、外汇局定期分析境内居民通过特殊目的公司境外投融资及返程投资整体情况，密切关注其对国际收支的影响，并加强对境内居民通过特殊目的公司境外投融资及返程投资的事中、事后监管。

十五、境内居民或其直接、间接控制的境内企业通过虚假或构造交易汇出资金用于特殊目的公司，外汇局根据《中华人民共和国外汇管理条例》第三十九条进行处罚。

境内居民未按规定办理相关外汇登记、未如实披露返程投资企业实际控制人信息、存在虚假承诺等行为，外汇局根据《中华人民共和国外汇管理条例》第四十八条第（五）项进行处罚。

在境内居民未按规定办理相关外汇登记、未如实披露返程投资企业实际控制人信息或虚假承诺的情况下，若发生资金流出，外汇局根据《中华人民共和国外汇管理条例》第三十九条进行处罚；若发生资金流入或结汇，根据《中华人民共和国外汇管理条例》第四十一条进行处罚。

境内居民与特殊目的公司相关跨境收支未按规定办理国际收支统计申报的，外汇局根据《中华人民共和国外汇管理条例》第四十八条第（一）项进行处罚。

十六、本通知自发布之日起实施。《国家外汇管理局关于境内居民通过境外特殊目的公司融资及返程投资外汇管理有关问题的通知》（汇发〔2005〕75号）同时废止。之前相关规定与本通知内容不一致的，以本通知为准。

国家外汇管理局各分局、外汇管理部接到本通知后，应及时转发辖内中心支局、支局、城市商业银行、农村商业银行、外资银行、农村合作银行；各中资银行接到通知后，应及时转发所辖各分支机构。执行中如遇问题，请及时向国家外汇管理局资本项目管理司反馈。

附件：1. 返程投资外汇管理所涉业务操作指引（略）

2. 资本项目直接投资外汇业务申请表（略）

国家外汇管理局

2014年7月4日

国家外汇管理局
关于改革外商投资企业外汇资本金结汇管理方式的通知（节录）

国家外汇管理局各省、自治区、直辖市分局、外汇管理部，深圳、大连、青岛、厦门、宁波市分局：

为进一步深化外汇管理体制改革，更好地满足和便利外商投资企业经营与资金运作需要，国家外汇管理局决定在总结前期部分地区试点经验的基础上，在全国范围内实施外商投资企业外汇资本金结汇管理方式改革。为保证此项改革的顺利实施，现就有关问题通知如下：

一、外商投资企业外汇资本金实行意愿结汇

外商投资企业外汇资本金意愿结汇是指外商投资企业资本金账户中经外汇局办理货

币出资权益确认（或经银行办理货币出资入账登记）的外汇资本金可根据企业的实际经营需要在银行办理结汇。外商投资企业外汇资本金意愿结汇比例暂定为100%。国家外汇管理局可根据国际收支形势适时对上述比例进行调整。

在实行外汇资本金意愿结汇的同时，外商投资企业仍可选择按照支付结汇制使用其外汇资本金。银行按照支付结汇原则为企业办理每一笔结汇业务时，均应审核企业上一笔结汇（包括意愿结汇和支付结汇）资金使用的真实性与合规性。

外商投资企业外汇资本金境内原币划转以及跨境对外支付按现行外汇管理规定办理。

二、外商投资企业外汇资本金意愿结汇所得人民币资金纳入结汇待支付账户管理

外商投资企业原则上应在银行开立一一对应的资本项目—结汇待支付账户（以下简称结汇待支付账户），用于存放意愿结汇所得人民币资金，并通过该账户办理各类支付手续。外商投资企业在同一银行网点开立的同名资本金账户、境内资产变现账户和境内再投资账户可共用一个结汇待支付账户。外商投资企业按支付结汇原则结汇所得人民币资金不得通过结汇待支付账户进行支付。

外商投资企业资本金账户的收入范围包括：外国投资者境外汇入外汇资本金或认缴出资（含非居民存款账户、离岸账户、境外个人境内外汇账户出资），境外汇入保证金专用账户划入的外汇资本金或认缴出资；本账户合规划出后划回的资金，同名资本金账户划入资金，因交易撤销退回的资金，利息收入及经外汇局（银行）登记或外汇局核准的其他收入。

资本金账户的支出范围包括：经营范围内结汇，结汇划入结汇待支付账户，境内原币划转至境内划入保证金专用账户、同名资本金账户、委托贷款账户、资金集中管理专户、境外放款专用账户、境内再投资专用账户的资金，因外国投资者减资、撤资汇出，经常项目对外支付及经外汇局（银行）登记或外汇局核准的其他资本项目支出。

结汇待支付账户的收入范围包括：由同名或开展境内股权投资企业的资本金账户、境内资产变现账户、境内再投资账户结汇划入的资金，由同名或开展境内股权投资企业的结汇待支付账户划入的资金，由本账户合规划出后划回的资金，因交易撤销退回的资金，人民币利息收入及经外汇局（银行）登记或外汇局核准的其他收入。

结汇待支付账户的支出范围包括：经营范围内的支出，支付境内股权投资资金和人民币保证金，划往资金集中管理专户、同名结汇待支付账户，偿还已使用完毕的人民币贷款，购付汇或直接对外偿还外债，外国投资者减资、撤资资金购付汇或直接对外支付，购付汇或直接对外支付经常项目支出及经外汇局（银行）登记或外汇局核准的其他资本项目支出。

结汇待支付账户内的人民币资金不得购汇划回资本金账户。由结汇待支付账户划出用于担保或支付其他保证金的人民币资金，除发生担保履约或违约扣款的，均需原路划回结汇待支付账户。

三、外商投资企业资本金的使用应在企业经营范围内遵循真实、自用原则

外商投资企业资本金及其结汇所得人民币资金不得用于以下用途：

（一）不得直接或间接用于企业经营范围之外或国家法律法规禁止的支出；

（二）除法律法规另有规定外，不得直接或间接用于证券投资；

（三）不得直接或间接用于发放人民币委托贷款（经营范围许可的除外）、偿还企业间借贷（含第三方垫款）以及偿还已转贷予第三方的银行人民币贷款；

（四）除外商投资房地产企业外，不得用于支付购买非自用房地产的相关费用。

四、便利外商投资企业以结汇资金开展境内股权投资

除原币划转股权投资款外，允许以投资为主要业务的外商投资企业（包括外商投资

性公司、外商投资创业投资企业和外商投资股权投资企业），在其境内所投资项目真实、合规的前提下，按实际投资规模将外汇资本金直接结汇或将结汇待支付账户中的人民币资金划入被投资企业账户。

上述企业以外的一般性外商投资企业以资本金原币划转开展境内股权投资的，按现行境内再投资规定办理。以结汇资金开展境内股权投资的，应由被投资企业先到注册地外汇局（银行）办理境内再投资登记并开立相应结汇待支付账户，再由开展投资的企业按实际投资规模将结汇所得人民币资金划往被投资企业开立的结汇待支付账户。被投资企业继续开展境内股权投资的，按上述原则办理。

五、进一步规范结汇资金的支付管理

（一）外国投资者、外商投资企业及其他相关申请主体应按规定如实向银行提供相关真实性证明材料，并在办理资本金结汇所得人民币资金的支付使用（包括外汇资本金直接支付使用）时填写《直接投资相关账户资金支付命令函》（见附件）。

（二）银行应履行“了解客户”、“了解业务”、“尽职审查”等展业原则，在为外商投资企业办理资本金对外支付及结汇所得人民币资金支付时承担真实性审核责任。在办理每一笔资金支付时，均应审核前一笔支付证明材料的真实性与合规性。银行应留存外商投资企业外汇资本金结汇及使用的相关证明材料 5 年备查。

银行应按照《国家外汇管理局关于发布〈金融机构外汇业务数据采集规范（1.0 版）〉的通知》（汇发〔2014〕18 号）的要求，及时报送与资本金账户、结汇待支付账户（账户性质代码 2113）有关的账户、跨境收支、境内划转、账户内结售汇等信息。其中，结汇待支付账户与其他人民币账户之间的资金划转，应通过填写境内收付款凭证报送境内划转信息，并在“发票号”栏中填写资金用途代码（按照汇发〔2014〕18 号文件中“7.10 结汇用途代码”填写）；除货物贸易核查项下的支付，其他划转的交易编码均填写为“929070”。

（三）对于企业确有特殊原因暂时无法提供真实性证明材料的，银行可在履行尽职审查义务、确定交易具备真实交易背景的前提下为企业办理相关支付，并应于办理业务当日通过外汇局相关业务系统向外汇局提交特殊事项备案。银行应在支付完毕后 20 个工作日内收齐并审核企业补交的相关证明材料，并通过相关业务系统向外汇局报告特殊事项备案业务的真实性证明材料补交情况。

对于外商投资企业以备用金名义使用资本金的，银行可不要求其提供上述真实性证明材料。单一企业每月备用金（含意愿结汇和支付结汇）支付累计金额不得超过等值 10 万美元。

对于申请一次性将全部外汇资本金支付结汇或将结汇待支付账户中全部人民币资金进行支付的外商投资企业，如不能提供相关真实性证明材料，银行不得为其办理结汇、支付。

六、其他直接投资项下外汇账户资金结汇及使用管理

境内机构开立的境内资产变现账户和境内再投资账户内资金结汇参照外商投资企业资本金账户管理。

境内个人开立的境内资产变现账户和境内再投资账户，以及境内机构和个人开立的境外资产变现账户可凭相关业务登记凭证直接在银行办理结汇。

外国投资者前期费用账户资金结汇按支付结汇原则办理。

境外汇入保证金专用账户和境内划入保证金专用账户内的外汇资金不得结汇使用。如发生担保履约或违约扣款的，相关保证金应划入接收保证金一方经外汇局（银行）登

记后或外汇局核准开立的其他资本项目外汇账户并按照相关规定使用。

上述直接投资项下账户内利息收入和投资收益均可在本账户内保留，然后可凭利息、收益清单划入经常项目结算账户保留或直接在银行办理结汇及支付。

七、进一步强化外汇局事后监管与违规查处

（一）外汇局应根据《中华人民共和国外汇管理条例》、《外国投资者境内直接投资外汇管理规定》等有关规定加强对银行办理外商投资企业资本金结汇和使用等业务合规性的指导和核查。核查的方式包括要求相关业务主体提供书面说明和业务材料、约谈负责人、现场查阅或复制业务主体相关资料、通报违规情况等。对于严重、恶意违规的银行可按相关程序暂停其资本项目下外汇业务办理，对于严重、恶意违规的外商投资企业等可取消其意愿结汇资格，且在其提交书面说明函并进行相应整改前，不得为其办理其他资本项下外汇业务。

（二）对于违反本通知办理外商投资企业资本金结汇和使用等业务的外商投资企业和银行，外汇局依据《中华人民共和国外汇管理条例》及有关规定予以查处。

八、其他事项

本通知自 2015 年 6 月 1 日起实施。此前规定与本通知内容不一致的，以本通知为准。《国家外汇管理局综合司关于完善外商投资企业外汇资本金支付结汇管理有关业务操作问题的通知》（汇综发〔2008〕142 号）、《国家外汇管理局综合司关于完善外商投资企业外汇资本金支付结汇管理有关业务操作问题的补充通知》（汇综发〔2011〕88 号）和《国家外汇管理局关于在部分地区开展外商投资企业外汇资本金结汇管理方式改革试点有关问题的通知》（汇发〔2014〕36 号）同时废止。

国家外汇管理局各分局、外汇管理部接到本通知后，应及时转发辖内中心支局、支局和银行。执行中如遇问题，请及时向国家外汇管理局资本项目管理司反映。

附件：直接投资相关账户资金支付命令函（略）

国家外汇管理局

2015 年 3 月 30 日

第六编

租赁业促进

第16章　产业政策

国务院办公厅关于加快融资租赁业发展的指导意见

国办发〔2015〕68号

各省、自治区、直辖市人民政府，国务院各部委、各直属机构：

近年来，我国融资租赁业取得长足发展，市场规模和企业竞争力显著提高，在推动产业创新升级、拓宽中小微企业融资渠道、带动新兴产业发展和促进经济结构调整等方面发挥着重要作用。但总体上看，融资租赁对国民经济各行业的覆盖面和市场渗透率远低于发达国家水平，行业发展还存在管理体制不适应、法律法规不健全、发展环境不完善等突出问题。为进一步加快融资租赁业发展，更好地发挥融资租赁服务实体经济发展、促进经济稳定增长和转型升级的作用，经国务院同意，现提出以下意见。

一、总体要求

（一）指导思想。深入贯彻党的十八大和十八届二中、三中、四中全会精神，认真落实党中央、国务院的决策部署，充分发挥市场在资源配置中的决定性作用，完善法律法规和政策扶持体系，建立健全事中事后监管机制，转变发展方式，建立专业高效、配套完善、竞争有序、稳健规范、具有国际竞争力的现代融资租赁体系，引导融资租赁企业服务实体经济发展、中小微企业创业创新、产业转型升级和产能转移等，为打造中国经济升级版贡献力量。

（二）基本原则。坚持市场主导与政府支持相结合，着力完善发展环境，充分激发市场主体活力；坚持发展与规范相结合，引导企业依法合规、有序发展；坚持融资与融物相结合，提高专业化水平，服务实体经济发展；坚持国内与国外相结合，在服务国内市场的同时，大力拓展海外市场。

（三）发展目标。到2020年，融资租赁业务领域覆盖面不断扩大，融资租赁市场渗透率显著提高，成为企业设备投资和技术更新的重要手段；一批专业优势突出、管理先进、国际竞争力强的龙头企业基本形成，统一、规范、有效的事中事后监管体系基本建立，法律法规和政策扶持体系初步形成，融资租赁业市场规模和竞争力水平位居世界前列。

二、主要任务

（四）改革制约融资租赁发展的体制机制。

加快推进简政放权。进一步转变管理方式，简化工作流程，促进内外资融资租赁公司协同发展。支持自由贸易试验区在融资租赁方面积极探索、先行先试。对融资租赁公司设立子公司，不设最低注册资本限制。允许融资租赁公司兼营与主营业务有关的商业保理业务。

理顺行业管理体制。加强行业统筹管理，建立内外资统一的融资租赁业管理制度和事中事后监管体系，实现经营范围、交易规则、监管指标、信息报送、监督检查等方面的统一。引导和规范各类社会资本进入融资租赁业，支持民间资本发起设立融资租赁公司，支持独立第三方服务机构投资设立融资租赁公司，促进投资主体多元化。

完善相关领域管理制度。简化相关行业资质管理，减少对融资租赁发展的制约。进口租赁物涉及配额、许可证、自动进口许可证等管理的，在承租人已具备相关配额、许可证、自动进口许可证的前提下，不再另行对融资租赁公司提出购买资质要求。根据融资租赁特点，便利融资租赁公司申请医疗器械经营许可或办理备案。除法律法规另有规定外，承租人通过融资租赁方式获得设备与自行购买设备在资质认定时享受同等待遇。支持融资租赁公司依法办理融资租赁交易相关担保物抵（质）押登记。完善和创新管理措施，支持融资租赁业务开展。规范机动车交易和登记管理，简化交易登记流程，便利融资租赁双方当事人办理业务。完善船舶登记制度，进一步简化船舶出入境备案手续，便利融资租赁公司开展船舶租赁业务。对注册在中国（广东）自由贸易试验区、中国（天津）自由贸易试验区海关特殊监管区域内的融资租赁企业进出口飞机、船舶和海洋工程结构物等大型设备涉及跨关区的，在确保有效监管和执行现行相关税收政策的前提下，按物流实际需要，实行海关异地委托监管。按照相关规定，将有接入意愿且具备接入条件的融资租赁公司纳入金融信用信息基础数据库，实现融资租赁业务的信用信息报送及查询。

（五）加快重点领域融资租赁发展。

积极推动产业转型升级。鼓励融资租赁公司积极服务“一带一路”、京津冀协同发展、长江经济带、“中国制造 2025”和新型城镇化建设等国家重大战略。鼓励融资租赁公司在飞机、船舶、工程机械等传统领域做大做强，积极拓展新一代信息技术、高端装备制造、新能源、节能环保和生物等战略性新兴产业市场，拓宽文化产业投融资渠道。鼓励融资租赁公司参与城乡公用事业、污水垃圾处理、环境治理、广播通信、农田水利等基础设施建设。在公交车、出租车、公务用车等领域鼓励通过融资租赁发展新能源汽车及配套设施。鼓励融资租赁公司支持现代农业发展，积极开展面向种粮大户、家庭农场、农业合作社等新型农业经营主体的融资租赁业务，解决农业大型机械、生产设备、加工设备购置更新资金不足问题。积极稳妥发展居民家庭消费品租赁市场，发展家用轿车、家用信息设备、耐用消费品等融资租赁，扩大国内消费。

加快发展中小微企业融资租赁服务。鼓励融资租赁公司发挥融资便利、期限灵活、财务优化等优势，提供适合中小微企业特点的产品和服务。支持设立专门面向中小微企业的融资租赁公司。探索发展面向个人创业者的融资租赁服务，推动大众创业、万众创新。推进融资租赁公司与创业园区、科技企业孵化器、中小企业公共服务平台等合作，加大对科技型、创新型和创业型中小微企业的支持力度，拓宽中小微企业融资渠道。

大力发展跨境租赁。鼓励工程机械、铁路、电力、民用飞机、船舶、海洋工程装备及其他大型成套设备制造企业采用融资租赁方式开拓国际市场，发展跨境租赁。支持通过融资租赁方式引进国外先进设备，扩大高端设备进口，提升国内技术装备水平。引导融资租赁公司加强与海外施工企业合作，开展施工设备的海外租赁业务，积极参与重大跨国基础设施项目建设。鼓励境外工程承包企业通过融资租赁优化资金、设备等资源配置，创新工程设备利用方式。探索在援外工程建设中引入工程设备融资租赁模式。鼓励融资租赁公司“走出去”发展，积极拓展海外租赁市场。鼓励融资租赁公司开展跨境人民币业务。支持有实力的融资租赁公司开展跨境兼并，培育跨国融资租赁企业集团，充分发挥融资租赁对我国企业开拓国际市场的支持和带动作用。

（六）支持融资租赁创新发展。

推动创新经营模式。支持融资租赁公司与互联网融合发展，加强与银行、保险、信托、基金等金融机构合作，创新商业模式。借鉴发达国家经验，引导融资租赁公司加快业务创新，不断优化产品组合、交易结构、租金安排、风险控制等设计，提升服务水平。在风险可控前提下，稳步探索将租赁物范围扩大到生物资产等新领域。支持融资租赁公司在自由贸易试验区、海关特殊监管区域设立专业子公司和特殊项目公司开展融资租赁业务。探索融资租赁与政府和社会资本合作（PPP）融资模式相结合。

加快发展配套产业。加快建立标准化、规范化、高效运转的租赁物与二手设备流通市场，支持建立融资租赁公司租赁资产登记流转平台，完善融资租赁资产退出机制，盘活存量租赁资产。支持设立融资租赁相关中介服务机构，加快发展为融资租赁公司服务的专业咨询、技术服务、评估鉴定、资产管理、资产处置等相关产业。

提高企业核心竞争力。引导融资租赁公司明确市场定位，集中力量发展具有比较优势的特定领域，实现专业化、特色化、差异化发展。支持各类融资租赁公司加强合作，实现优势互补。鼓励企业兼并重组。鼓励融资租赁公司依托适宜的租赁物开展业务，坚持融资与融物相结合，提高融资租赁全产业链经营和资产管理能力。指导融资租赁公司加强风险控制体系和内控管理制度建设，积极运用互联网、物联网、大数据、云计算等现代科学技术提升经营管理水平，建立健全客户风险评估机制，稳妥发展售后回租业务，严格控制经营风险。

（七）加强融资租赁事中事后监管。

完善行业监管机制。落实省级人民政府属地监管责任。建立监管指标体系和监管评级制度，鼓励融资租赁公司进行信用评级。加强行业风险防范，利用现场与非现场结合的监管手段，强化对重点环节及融资租赁公司吸收存款、发放贷款等违法违规行为的监督，对违法违规融资租赁公司及时要求整改或进行处罚，加强风险监测、分析和预警，切实防范区域性、系统性金融风险。建立企业报送信息异常名录和黑名单制度，加强融资租赁公司信息报送管理，要求融资租赁公司通过全国融资租赁企业管理信息系统及时、准确报送信息，利用信息化手段加强事中事后监管。建立部门间工作沟通协调机制，加强信息共享与监管协作。

发挥行业组织自律作用。加快全国性行业自律组织建设，履行协调、维权、自律、服务职能，鼓励融资租赁公司加入行业自律组织。加强行业自我约束机制建设，鼓励企业积极承担社会责任，大力提升行业的国际影响力。

三、政策措施

（八）建设法治化营商环境。积极推进融资租赁立法工作，提高立法层级。研究出台融资租赁行业专门立法，建立健全融资租赁公司监管体系，完善租赁物物权保护制度。研究建立规范的融资租赁物登记制度，发挥租赁物登记的风险防范作用。规范融资租赁行业市场秩序，营造公平竞争的良好环境。推动行业诚信体系建设，引导企业诚实守信、依法经营。

（九）完善财税政策。为鼓励企业采用融资租赁方式进行技术改造和设备购置提供公平的政策环境。加大政府采购支持力度，鼓励各级政府在提供公共服务、推进基础设施建设和运营中购买融资租赁服务。通过融资租赁方式获得农机的实际使用者可享受农机购置补贴。鼓励地方政府探索通过风险补偿、奖励、贴息等政策工具，引导融资租赁公司加大对中小微企业的融资支持力度。落实融资租赁相关税收政策，促进行业健康发展。对开展融资租赁业务（含融资性售后回租）签订的融资租赁合同，按照其所载明的租金总额比照“借款合同”税目计税贴花。鼓励保险机构开发融资租赁保险品种，扩大融资租赁出口信用保险规模和覆盖面。

（十）拓宽融资渠道。鼓励银行、保险、信托、基金等各类金融机构在风险可控前提下加大对融资租赁公司的支持力度。积极鼓励融资租赁公司通过债券市场募集资金，支持符合条件的融资租赁公司通过发行股票和资产证券化等方式筹措资金。支持内资融资租赁公司利用外债，调整内资融资租赁公司外债管理政策。简化程序，放开回流限制，支持内资融资租赁公司发行外债试行登记制管理。支持融资租赁公司开展人民币跨境融资业务。支持融资租赁公司利用外汇进口先进技术设备，鼓励商业银行利用外汇储备委托贷款支持跨境融资租赁项目。研究保险资金投资融资租赁资产。支持设立融资租赁产业基金，引导民间资本加大投入。

（十一）完善公共服务。逐步建立统一、规范、全面的融资租赁业统计制度和评价指标体系，完善融资租赁统计方法，提高统计数据的准确性和及时性。依托企业信用信息公示系统等建立信息共享机制，加强统计信息交流。建立融资租赁业标准化体系，制订融资租赁交易等方面的标准，加强标准实施和宣传贯彻，提高融资租赁业标准化、规范化水平。研究制定我国融资租赁行业景气指数，定期发布行业发展报告，引导行业健康发展。

（十二）加强人才队伍建设。加强融资租赁从业人员职业能力建设，支持有条件的高校自主设置融资租赁相关专业。支持企业组织从业人员开展相关培训，采取措施提高从业人员综合素质，培养一批具有国际视野和专业能力的融资租赁人才。支持行业协会开展培训、教材编写、水平评测、经验推广、业务交流等工作。加大对融资租赁理念和知识的宣传与普及力度，不断提高融资租赁业的社会影响力和认知度，为行业发展营造良好的社会氛围。

各地区、各有关部门要充分认识加快融资租赁业发展的重要意义，加强组织领导，健全工作机制，强化部门协同和上下联动，协调推动融资租赁业发展。各地区要根据本意见，结合地方实际研究制定具体实施方案，细化政策措施，确保各项任务落到实处。有关部门要抓紧研究制定配套政策和落实分工任务的具体措施，为融资租赁业发展营造良好环境。商务部与银监会等相关部门要加强协调，密切配合，共同做好风险防范工作。商务部要做好融资租赁行业管理工作，会同相关部门对本意见的落实情况进行跟踪分析和督促指导，重大事项及时向国务院报告。

国务院办公厅
2015 年 8 月 31 日

国务院办公厅关于促进金融租赁行业健康发展的指导意见

国办发〔2015〕69 号

各省、自治区、直辖市人民政府，国务院各部委、各直属机构：

金融租赁是与实体经济紧密结合的一种投融资方式，是推动产业创新升级、促进社会投资和经济结构调整的积极力量。近年来，我国金融租赁行业取得长足发展，综合实力显著提升，行业贡献与社会价值逐步体现。但总体上看，金融租赁行业对国民经济的渗透率和行业覆盖率仍然较低，外部环境不够完善，行业竞争力有待提高。为进一步促进金融租赁行业健康发展，创新金融服务，支持产业升级，拓宽中小微企业融资渠道，有效服务实体经济，经国务院同意，现提出以下意见。

一、加快金融租赁行业发展，发挥其对促进国民经济转型升级的重要作用

金融租赁公司是为具有一定生产技术和管理经验但生产资料不足的企业和个人提供

融资融物服务的金融机构。通过设备租赁，可以直接降低企业资产负债率；通过实物转租，可以直接促进产能转移、企业重组和生产资料更新换代升级；通过回购返租，可以直接提高资金使用效率。

要充分认识金融租赁服务实体经济的重要作用，把金融租赁放在国民经济发展整体战略中统筹考虑。加快建设金融租赁行业发展长效机制，积极营造有利于行业发展的外部环境，进一步转变行业发展方式，力争形成安全稳健、专业高效、充满活力、配套完善、具有国际竞争力的现代金融租赁体系。充分发挥金融租赁提高资源配置效率、增强产业竞争能力和推动产能结构调整的引擎作用，努力将其打造成为优化资源配置、促进经济转型升级的有效工具。

二、突出金融租赁特色，增强公司核心竞争力

深化体制机制改革，引导各类社会资本进入金融租赁行业，支持民间资本发起设立风险自担的金融租赁公司，扩大服务覆盖面。引导金融租赁公司明确市场定位，突出融资和融物相结合的特色，根据自身发展战略、企业规模、财务实力以及管理能力，深耕具有比较优势的特定领域，实现专业化、特色化、差异化发展。支持金融租赁公司顺应“互联网 +”发展趋势，利用物联网、云计算、大数据等技术，提升金融服务水平。建立完善的公司治理结构和内部控制体系，推动有条件的金融租赁公司依法合规推进混合所有制改革，优化激励约束机制，形成权责明晰、制衡有效、激励科学、运转高效的内部治理体系。在风险可控前提下，鼓励金融租赁公司自主创新发展，加快专业化人才队伍培养，积极培育核心竞争力。

三、发挥产融协作优势，支持产业结构优化调整

鼓励金融租赁公司发挥扩大设备投资、支持技术进步、促进产品销售、增加服务集成等作用，创新业务协作和价值创造模式，积极服务“一带一路”、京津冀协同发展、长江经济带、“中国制造 2025”等国家重大战略，推动大众创业、万众创新。积极支持新一代信息技术、高端装备制造、新能源、新材料、节能环保和生物等战略性新兴产业发展。加大对教育、文化、医药卫生等民生领域支持力度。在飞机、船舶、工程机械等传统领域培育一批具有国际竞争力的金融租赁公司。在公交车、出租车、公务用车等领域鼓励通过金融租赁发展新能源汽车及其配套设施。鼓励金融租赁公司利用境内综合保税区、自由贸易试验区现行税收政策和境外优惠政策，设立专业子公司开展金融租赁业务，提升专业化经营服务水平。支持金融租赁公司开拓国际市场，为国际产能和装备制造合作提供配套服务。鼓励通过金融租赁引入国外先进设备，提升国内技术装备水平，同时要注重支持使用国产设备。

四、提升金融租赁服务水平，加大对薄弱环节支持力度

支持设立面向“三农”、中小微企业的金融租赁公司。鼓励金融租赁公司发挥融资便利、期限灵活、财务优化等优势，开发适合“三农”特点、价格公允的产品和服务，积极开展大型农机具金融租赁试点，支持农业大型机械、生产设施、加工设备更新。探索将生物资产作为租赁物的可行性。允许符合条件的金融租赁公司享受财政贴息和财政奖励。允许租赁农机等设备的实际使用人按规定享受农机购置补贴。加大对科技型、创新型、创业型中小微企业支持力度。允许金融租赁公司使用地方人民政府建立的中小微企业信贷风险补偿基金，参与中小微企业信用体系建设。鼓励地方人民政府通过奖励、风险补偿等方式，引导金融租赁公司加大对“三农”、中小微企业融资支持力度。支持符合条件的金融租赁公司发行“三农”、小微企业金融债券。适当提高中小微企业金融租赁业务不良资产容忍度。

五、加强基础设施建设，夯实行业发展基础

逐步完善金融租赁行业法律法规，研究建立具有法律效力的租赁物登记制度，发挥

租赁物的风险保障作用，维护金融租赁公司的合法权益。落实金融租赁税收政策，切实促进行业健康发展。推动建设租赁物二手流通市场，拓宽租赁物处置渠道，丰富金融租赁公司盈利模式。加大政府采购支持力度，鼓励各级人民政府在提供公共服务、推进基础设施建设和运营中购买金融租赁服务。将通过金融租赁方式进行的企业技术改造和设备购置纳入鼓励政策适用范围。

六、完善配套政策体系，增强持续发展动力

允许符合条件的金融租赁公司上市和发行优先股、次级债，丰富金融租赁公司资本补充渠道。允许符合条件的金融租赁公司通过发行债券和资产证券化等方式多渠道筹措资金。研究保险资金投资金融租赁资产。适度放开外债额度管理要求，简化外债资金审批程序。支持金融租赁公司开展跨境人民币业务，给予金融租赁公司跨境人民币融资额度。积极运用外汇储备委托贷款等多种方式，加大对符合条件金融租赁公司的支持力度。建立形式多样的租赁产业基金，为金融租赁公司提供长期稳定资金来源。规范机动车交易和登记管理，简化交易登记流程，便利金融租赁公司办理业务。完善船舶登记制度，促进船舶金融租赁业务健康发展。

七、加强行业自律，优化行业发展环境

加强金融租赁行业自律组织建设，履行协调、维权、自律、服务职能，建立健全行业自我约束机制，积极承担社会责任，维护行业整体形象。加强对金融租赁理念、知识的宣传和普及，提升公众和企业认知度。强化信息披露，定期发布金融租赁行业数据。积极与高等院校等开展合作，培育专业化金融租赁人才。支持金融租赁行业共同组建市场化的金融租赁登记流转平台，为各类市场主体自愿参与提供服务，活跃金融租赁资产的交易转让，盘活存量金融租赁资产，更好服务实体经济。

八、完善监管体系，增强风险管理能力

全面加强金融租赁公司风险管理，强化实物资产处置能力。建立健全风险监测预警机制，深入排查各类风险隐患，完善风险应急预案。完善资产分类和拨备管理，增强风险抵御能力。加强合规体系建设，增强金融租赁行业合规经营意识，建立健全合规管理长效机制。落实简政放权、放管结合、优化服务工作要求，着力加强事中事后监管，优化监管资源配置，加强行业顶层制度建设。有关部门要加强协调配合，防止风险交叉传染。完善以风险为本、资本监管为核心，适合行业特点的监管体系，在风险可控前提下，促进金融租赁行业健康发展，守住不发生系统性区域性金融风险底线。

国务院办公厅

2015 年 9 月 1 日

关于进一步做好中小企业金融服务工作的若干意见（节录）

……

（十一）大力发展融资租赁业务。扎实推进扩大商业银行设立金融租赁公司试点工作。支持金融租赁公司按照“商业持续”原则，开展中小企业融资租赁业务创新。完善融资租赁公示登记系统，加强融资租赁公示系统宣传，提高租赁物登记公信力和取回效率，为中小企业融资租赁业务创造良好的外部环境。加强对融资租赁业务的指导监督，促进融资租赁行业规范化，管理统一化，合同统一化，在规避风险的同时保证融资租赁有序、规范发展。

……

中国人民银行 银监会

证监会 保监会

二〇一〇年六月二十一日

交通运输部关于促进汽车租赁业健康发展的通知

交运发〔2011〕147号

各省、自治区、直辖市、新疆生产建设兵团交通运输厅（局、委）：

近年来，我国汽车租赁业快速发展，产业规模不断扩大，服务质量显著提高。至2010年底，全国租赁汽车已超过10万辆。但是，汽车租赁业总体上仍处在起步阶段，难以满足人民群众日益增长的消费需求和经济社会发展需要。为贯彻落实国务院有关文件精神，促进汽车租赁业健康发展，现将有关事项通知如下：

一、发展汽车租赁业的重要性

汽车租赁作为我国新兴的交通运输服务业，是满足人民群众个性化出行、商务活动需求和保障重大社会活动的重要交通方式，是综合运输体系的重要组成部分。促进汽车租赁业健康发展，是转变交通运输发展方式、推进现代交通运输业发展、增强“三个服务”能力的重要举措，对完善综合运输体系，转变道路运输发展方式，提高车辆、道路、停车场地等社会资源的利用效率，带动旅游业、汽车工业、金融保险业的发展，提高人民群众生活质量，都具有重要的现实意义。根据国务院机构改革方案，交通运输部负责指导汽车租赁管理工作。各级交通运输主管部门和道路运输管理机构要进一步提高思想认识，增强责任感、紧迫感和使命感，认真履行汽车租赁管理职责，把汽车租赁作为发展现代交通运输业的重要内容，加大支持力度，加强行业管理，推动汽车租赁业健康发展。

二、汽车租赁业的发展目标

今后一段时期，随着经济社会快速发展，城镇化进程进一步加快，城乡、区域一体化迅速推进，人民群众生活水平显著提高，驾驶技能广泛普及，企事业单位用车制度改革，汽车租赁需求将十分旺盛，发展潜力巨大，具备了快速发展的基础条件。

与国际上汽车租赁业发达地区相比，我国汽车租赁业在发展过程中还存在一些不容忽视的突出问题，主要是政策法规不完善、诚信体系不健全、企业规模较小、经营方式和管理水平落后、经营行为不规范、品牌化发展不足、网络化程度低、技术力量薄弱等，使汽车租赁的优势和作用不能充分发挥，影响了服务质量的提升，制约了汽车租赁业健康发展。

今后5至10年，是我国汽车租赁业发展的重要时期，各级交通运输主管部门要以科学发展观为指导，加快建立和完善法规体系，制定发展规划，完善政策措施，加强品牌建设，创新服务模式，提高服务质量，初步形成龙头企业引领、经营主体多元、网络覆盖全国、经营行为规范、市场秩序良好、服务标准与国际先进水平接轨的汽车租赁服务体系，基本满足经济社会发展和人民群众对汽车租赁业的需求。

三、加强行业管理促进规范发展

一是建立健全汽车租赁法规体系。各地要结合实际，加快研究制定汽车租赁地方性法规、规章，并纳入道路运输法规体系，建立健全市场准入、退出机制，推动汽车租赁业规范健康发展。

二是加快制定汽车租赁业发展规划。各地要在加强调研、摸清情况的基础上，制定汽车租赁业发展规划，并纳入综合运输体系规划和交通运输发展规划。汽车租赁业可根据各种运输方式规划建设的枢纽站场，布局汽车租赁网点。

三是引导规模化、网络化、品牌化发展。各地要采取切实有效的措施，鼓励规模大、管理好、信誉高的汽车租赁企业依法设立分支机构，建立全国或区域性汽车租赁网络。各地不得实行地方保护和地区封锁。自有车辆在1000辆以上的汽车租赁企业在异地设立分支机构的，各设立地道路运输管理机构要简化程序，提供良好服务。

四是加强汽车租赁管理。汽车租赁车辆应当取得有关合法资格证件，并随车携带。汽车租赁车辆应当定期进行维护和检测，确保车辆性能良好。汽车租赁企业应当与承租人签订车辆租赁合同，提供符合技术标准和证件齐全有效的车辆。汽车租赁企业未经许可，不得擅自从事道路客货运输经营活动。

五是创新汽车租赁服务模式。鼓励汽车租赁企业发展多种服务模式，鼓励与交通运输企业、宾馆、旅行社、商务门户网站等开展合作，增加服务网点，满足休闲、商务、会展、通勤、婚庆等不同的个性化出行需求。借鉴国际成熟的管理技术和经营模式，开展异地还车、电话预约、电子商务、企业相互间代办业务、电子货币结算等业务。鼓励应用卫星定位、导航等先进技术，提高汽车租赁服务水平。

六是创造良好的发展环境。各地要加强指导和协调，支持汽车租赁企业与银行、保险等金融服务行业及汽车产业链各环节的紧密合作，完善消费者诚信体系，增强企业发展能力，降低企业经营风险。加强与公安等有关部门协调，严厉打击诈骗租赁汽车等犯罪行为，积极帮助汽车租赁企业解决丢车法律责任、租车方交通违法责任认定等实际问题。

七是加强汽车租赁市场监管。各地要加快制订汽车租赁服务质量标准，开展服务质量考核评比工作，逐步形成优胜劣汰的市场机制。加强汽车租赁服务监督，推行汽车租赁示范合同，促进企业诚信规范经营。打击非法从事汽车租赁经营行为，维护合法经营者正当权益。支持行业协会发挥桥梁纽带作用，加强行业自律，为企业提供服务。

交通运输部

二〇一一年四月二日

交通运输部关于加快推进新能源汽车在交通运输行业推广应用的实施意见（节录）

交运发〔2015〕34号

……

10.创新推广应用模式。在交通运输行业研究完善新能源公交车“融资租赁”、“车电分离”和“以租代售”等多种运营模式。鼓励纯电动汽车生产企业或专门的充换电设施运营企业，推行纯电动公交车电池租赁；鼓励新能源汽车生产企业或融资租赁经营企业，推行新能源公交车整车租赁，降低公交企业一次性购买支出。

……

交通运输部

2015年3月13日

天津北方国际航运中心核心功能区建设方案（节录）

发改基础〔2011〕1051号

……

（四）探索天津东疆保税港区租赁业务创新试点。鼓励天津东疆港区推进租赁业务先行先试。准予金融租赁公司在东疆保税港区设立项目子公司（如单机公司、单船公司等），按照风险可控、促进发展的原则，继续完善项目子公司的管控模式。鼓励租赁企业在东疆保税港区开展飞机租赁业务创新，根据飞机租赁业务发展需要，统筹安排飞机引进指标，按规定纳入国家批量采购计划，优先安排利用外债指标规模。对国内租赁公司或租赁公司设立的项目子公司，经国家有关部门批准从境外购买空载重量在25吨以上并租赁给国内航空公司使用的飞机，减按4%征收进口环节增值税，该政策在天津东疆保税港区先行试点。对在天津东疆港区注册的融资租赁企业，或金融租赁公司在东疆保税港区设立的项目子公司满足条件的融资租赁出口货物，实行出口退税政策。上述融资租赁出口货物包括通过天津境内口岸报关出口的融资租赁货物，以及融资租赁的海洋工程结构物等视同出口货物。鉴于租赁业务创新的复杂性和综合性，在总结试点经验后，要适时加快推广实施。

……

中华人民共和国国家发展和改革委员会
二〇一一年五月十九日

节能与新能源汽车产业发展规划（2012—2020年）（节录）

国发〔2012〕22号

……

四、主要任务

……

（三）加快推广应用和试点示范。

……

1.……

探索新能源汽车及电池租赁、充换电服务等多种商业模式，形成一批优质的新能源汽车服务企业。继续开展燃料电池汽车运行示范，提高燃料电池系统的可靠性和耐久性，带动氢的制备、储运和加注技术发展。

……

五、保障措施

……

（四）营造有利于产业发展的良好环境。

大力发展有利于扩大节能与新能源汽车市场规模的专业服务、增值服务等新业态，建立新能源汽车金融信贷、保险、租赁、物流、二手车交易以及动力电池回收利用等市场营销和售后服务体系，发展新能源汽车及关键零部件质量安全检测服务平台。研究实行新能源汽车停车费减免、充电费优惠等扶持政策。有关地方实施限号行驶、牌照额度拍卖、购车配额指标等措施时，应对新能源汽车区别对待。

……

国务院关于促进民航业发展的若干意见（节录）

国发〔2012〕24号

……

（十九）改善金融服务。研究设立主体多元化的民航股权投资（基金）企业。制定完善相关政策，支持国内航空租赁业发展。鼓励银行业金融机构对飞机购租、机场及配套设施建设提供优惠的信贷支持，支持民航企业上市融资、发行债券和中期票据。完善民航企业融资担保等信用增强体系，鼓励各类融资性担保机构为民航基础设施建设项目提供担保。稳步推进国内航空公司飞机第三者战争责任险商业化进程。

国务院

2012年7月8日

国务院关于促进企业技术改造的指导意见（节录）

国发〔2012〕44号

……

（四）拓宽融资渠道。……支持企业采用融资租赁等方式开展技术改造，积极引导和支持企业通过上市融资、发行公司债券、企业债券和中期票据等方式，扩大企业技术改造直接融资规模。规范发展产业投资基金、股权投资基金，引导民间资金支持企业技术改造。

……

国务院

2012年9月1日

国务院办公厅
关于金融支持经济结构调整和转型升级的指导意见（节录）

国办发〔2013〕67号

……

九、扩大民间资本进入金融业

鼓励民间资本投资入股金融机构和参与金融机构重组改造。允许发展成熟、经营稳健的村镇银行在最低股比要求内，调整主发起行与其他股东持股比例。尝试由民间资本发起设立自担风险的民营银行、金融租赁公司和消费金融公司等金融机构。探索优化银行业分类监管机制，对不同类型银行业金融机构在经营地域和业务范围上实行差异化准入管理，建立相应的考核和评估体系，为实体经济发展提供广覆盖、差异化、高效率的

金融服务。（银监会牵头，人民银行、工商总局、法制办等参加）

……

国务院办公厅

2013 年 7 月 1 日

国家发展改革委关于加强小微企业融资服务支持小微企业发展的指导意见（节录）

发改财金〔2013〕1410 号

……

九、鼓励发行企业债券募集资金投向有利于小微企业发展的领域。鼓励地方政府投融资平台公司发债用于经济技术开发区、高新技术开发区以及工业园区等各类园区内小企业创业基地、科技孵化器、标准厂房等的建设；用于完善产业集聚区技术、电子商务、物流、信息等服务平台建设；用于中小企业公共服务平台网络工程建设等，鼓励发债用于为小微企业提供设备融资租赁业务。支持中小型企业发行企业债券用于企业技术改造，包括开发和应用新技术、新工艺、新材料、新装备，提高自主创新能力、促进节能减排、提高产品和服务质量、改善安全生产与经营条件等。

……

国家发展改革委

2013 年 7 月 23 日

国务院办公厅关于金融支持小微企业发展的实施意见（节录）

国办发〔2013〕87 号

……

二、加快丰富和创新小微企业金融服务方式

增强服务功能、转变服务方式、创新服务产品，是丰富和创新小微企业金融服务方式的重点内容。进一步引导金融机构增强支小助微的服务理念，动员更多营业网点参与小微企业金融服务，扩大业务范围，加大创新力度，增强服务功能；牢固树立以客户为中心的经营理念，针对不同类型、不同发展阶段小微企业的特点，不断开发特色产品，为小微企业提供量身定做的金融产品和服务。积极鼓励金融机构为小微企业全面提供开户、结算、理财、咨询等基础性、综合性金融服务；大力发展产业链融资、商业圈融资和企业群融资，积极开展知识产权质押、应收账款质押、动产质押、股权质押、订单质押、仓单质押、保单质押等抵质押贷款业务；推动开办商业保理、金融租赁和定向信托等融资服务。鼓励保险机构创新资金运用安排，通过投资企业股权、基金、债权、资产支持计划等多种形式，为小微企业发展提供资金支持。充分利用互联网等新技术、新工具，不断创新网络金融服务模式。（人民银行、银监会、证监会、保监会按职责分工负责）

……

四、积极发展小型金融机构

积极发展小型金融机构，打通民间资本进入金融业的通道，建立广覆盖、差异化、高效率的小微企业金融服务机构体系，是增加小微企业金融服务有效供给、促进竞争的有效途径。进一步丰富小微企业金融服务机构种类，支持在小微企业集中的地区设立村镇银行、贷款公司等小型金融机构，推动尝试由民间资本发起设立自担风险的民营银行、金融租赁公司和消费金融公司等金融机构。引导地方金融机构坚持立足当地、服务小微的市场定位，向县域和乡镇等小微企业集中的地区延伸网点和业务，进一步做深、做实小微企业金融服务。鼓励大中型银行加快小微企业专营机构建设和向下延伸服务网点，提高小微企业金融服务的批量化、规模化、标准化水平。（银监会牵头）

……

国务院办公厅

2013 年 8 月 8 日

国务院办公厅关于深化流通体制改革加快流通产业发展重点工作部门分工方案（节录）

国办函〔2013〕69 号

……

（三十九）鼓励银行业金融机构针对流通产业特点，创新金融产品和服务方式，开展动产、仓单、商铺经营权、租赁权等质押融资。改进信贷管理，发展融资租赁、商圈融资、供应链融资、商业保理等业务。充分发挥典当等行业对中小和微型企业融资的补充作用。拓宽流通企业融资渠道，支持符合条件的大型流通企业上市融资、设立财务公司及发行公司（企业）债券和中期票据等债务融资工具。引导金融机构创新消费信贷产品，改进消费信贷业务管理方式，培育和巩固消费信贷增长点。（人民银行、银监会、发展改革委、商务部、证监会按职责分工负责）

……

船舶工业加快结构调整促进转型升级实施方案（2013—2015 年）（节录）

国发〔2013〕29 号

……

（四）加大信贷融资支持和创新金融支持政策。

鼓励金融机构按照商业原则，做好对在国内订造船舶且船用柴油机、曲轴在国内采购的船东的融资服务，加大对船舶企业兼并重组、海外并购以及中小船厂业务转型和产品结构调整的信贷融资支持。研究开展骨干船舶企业贷款证券化业务。积极引导和支持骨干船舶企业发行非金融企业债务融资工具、企业债券等。积极利用出口信用保险支持船舶出口。优化船舶出口买方信贷保险政策，创新担保方式，简化办理流程。鼓励有条件的地方开展船舶融资租赁试点。

……

关于全面深化农村改革加快推进农业现代化的若干意见（节录）

……

12. 加快发展现代种业和农业机械化。建立以企业为主体的育种创新体系，推进种业人才、资源、技术向企业流动，做大做强育繁推一体化种子企业，培育推广一批高产、优质、抗逆、适应机械化生产的突破性新品种。推行种子企业委托经营制度，强化种子全程可追溯管理。加快推进大田作物生产全程机械化，主攻机插秧、机采棉、甘蔗机收等薄弱环节，实现作物品种、栽培技术和机械装备的集成配套。积极发展农机作业、维修、租赁等社会化服务，支持发展农机合作社等服务组织。

……

六、加快农村金融制度创新

25. 强化金融机构服务“三农”职责。稳定大中型商业银行的县域网点，扩展乡镇服务网络，根据自身业务结构和特点，建立适应“三农”需要的专门机构和独立运营机制。强化商业金融对“三农”和县域小微企业的服务能力，扩大县域分支机构业务授权，不断提高存贷比和涉农贷款比例，将涉农信贷投放情况纳入信贷政策导向效果评估和综合考评体系。稳步扩大农业银行三农金融事业部改革试点。鼓励邮政储蓄银行拓展农村金融业务。支持农业发展银行开展农业开发和农村基础设施建设中长期贷款业务，建立差别监管体制。增强农村信用社支农服务功能，保持县域法人地位长期稳定。积极发展村镇银行，逐步实现县市全覆盖，符合条件的适当调整主发起行与其他股东的持股比例。支持由社会资本发起设立服务“三农”的县域中小型银行和金融租赁公司。对小额贷款公司，要拓宽融资渠道，完善管理政策，加快接入征信系统，发挥支农支小作用。支持符合条件的农业企业在主板、创业板发行上市，督促上市农业企业改善治理结构，引导暂不具备上市条件的高成长性、创新型农业企业到全国中小企股份转让系统进行股权公开挂牌与转让，推动证券期货经营机构开发适合“三农”的个性化产品。

……

中共中央国务院
2014 年 1 月

中国银监会办公厅
关于做好 2014 年农村金融服务工作的通知（节录）

银监办发〔2014〕42 号

……

三、增强农村中小金融机构支农服务功能，更好发挥支农服务主力军作用

……

支持由社会资本发起设立服务“三农”的金融租赁公司，与农机设备制造商加强业务合作，开展涉农金融租赁业务。鼓励县域组建政府出资为主、重点开展涉农担保业务

的融资性担保机构，支持其他融资性担保公司为农业生产经营主体提供融资担保服务。

……

2014 年 2 月 28 日

国务院办公厅关于金融服务“三农”发展的若干意见（节录）

国办发〔2014〕17 号

……

（二）丰富农村金融服务主体。鼓励建立农业产业投资基金、农业私募股权投资基金和农业科技创业投资基金。支持组建主要服务“三农”的金融租赁公司。鼓励组建政府出资为主、重点开展涉农担保业务的县域融资性担保机构或担保基金，支持其他融资性担保机构为农业生产经营主体提供融资担保服务。规范发展小额贷款公司，建立正向激励机制，拓宽融资渠道，加快接入征信系统，完善管理政策。（财政部、发展改革委、银监会、人民银行、证监会、农业部等按职责分工分别负责）

……

（十）创新农村金融产品。推行“一次核定、随用随贷、余额控制、周转使用、动态调整”的农户信贷模式，合理确定贷款额度、放款进度和回收期限。加快在农村地区推广应用微贷技术。推广产业链金融模式。大力发展农村电话银行、网上银行业务。创新和推广专营机构、信贷工厂等服务模式。鼓励开展农业机械等方面的金融租赁业务。（银监会、人民银行、农业部、工业和信息化部、发展改革委等按职责分工分别负责）

……

国务院办公厅

2014 年 4 月 20 日

国务院办公厅关于支持外贸稳定增长的若干意见（节录）

国办发〔2014〕19 号

……

（十）改善融资服务。进一步拓宽进出口企业融资渠道，鼓励商业银行开展进出口信贷业务。按照风险可控、商业可持续原则，积极创新金融产品和服务，继续开展出口信用保险保单融资，加大对有订单、有效益外贸企业的金融支持。积极发展融资租赁。完善中资金融机构全球授信管理，加强与重点行业出口企业合作，稳步将供应链融资延伸到境外。（人民银行、发展改革委、财政部、银监会、商务部、外汇局负责）

（十二）完善出口退税政策。加大中央财政对出口退税负担较重地区的补助力度，进一步加快出口退税进度，确保及时足额退税。适时扩大融资租赁货物出口退税试点范围。同时，加大打击骗退税力度。（财政部、商务部、发展改革委、工业和信息化部、海关总署、税务总局负责）

……

国务院办公厅
2014 年 5 月 4 日

农业部关于推动金融支持和服务现代农业发展的通知（节录）

农财发〔2014〕93 号

三、开阔视野，积极推动金融支农服务创新

……

推动涉农直接投融资服务。要积极组织推荐项目，争取中国农业产业发展基金、现代种业发展基金、国家新兴产业创投引导资金等加大对成长型农业龙头企业的投资力度。有条件的地方可推动设立专门的农业投资基金。推动组建主要服务“三农”的融资租赁公司，鼓励各类融资租赁公司开展大型农业机械设备、设施的融资租赁服务。

……

农业部
2014 年 8 月 1 日

农业部办公厅、财政部办公厅关于印发《2015—2017 年农业机械购置补贴实施指导意见》的通知（节录）

农办财〔2015〕6 号

……

三、补贴范围及标准

（一）中央财政资金补贴机具种类范围。……

鼓励开展大型农机金融租赁试点和创新农机信贷服务，多渠道、多形式支持农民购机、用机。

农业部办公厅　财政部办公厅
2015 年 1 月 27 日

国务院关于加快发展生产性服务业促进产业结构调整升级的指导意见（节录）

国发〔2014〕26 号

……

（三）融资租赁。

建立完善融资租赁业运营服务和管理信息系统，丰富租赁方式，提升专业水平，形成融资渠道多样、集约发展、监管有效、法律体系健全的融资租赁服务体系。大力推广大型

制造设备、施工设备、运输工具、生产线等融资租赁服务，鼓励融资租赁企业支持中小微企业发展。引导企业利用融资租赁方式，进行设备更新和技术改造。鼓励采用融资租赁方式开拓国际市场。紧密联系产业需求，积极开展租赁业务创新和制度创新，拓展厂商租赁的业务范围。引导租赁服务企业加强与商业银行、保险、信托等金融机构合作，充分利用境外资金，多渠道拓展融资空间，实现规模化经营。建设程序标准化、管理规范化、运转高效的租赁物与二手设备流通市场，建立和完善租赁物公示、查询系统和融资租赁资产退出机制。加快研究制定融资租赁行业的法律法规。充分发挥行业协会作用，加强信用体系建设和行业自律。建立系统性行业风险防范机制，以及融资租赁业统计制度和评价指标体系。

……

国务院

2014 年 7 月 28 日

商务部、银监会关于完善融资环境加强小微商贸流通企业融资服务的指导意见（节录）

……

一、优化创新融资产品的外部环境

（一）加快完善融资政策环境。商务主管部门要会同银行业监管部门研究出台规范开展担保存货管理的政策措施，指导行业组织开展担保存货管理企业的资质评价，引导物流企业和商业银行规范开展担保存货管理业务，防范风险；要会同相关部门加快研究商铺经营权作为权利质押标的物的法律界定，完善知识产权质押登记管理制度，鼓励商业银行与第三方机构建立合作关系，进一步优化质押登记流程，完善质押风险防控机制，促进商铺经营权、知识产权质押融资健康发展。

……

二、发挥其他融资机构的融资补充作用

……

（二）发挥融资租赁的设备融资服务功能。银行业监管部门和商务主管部门要支持融资租赁业发展，引导金融租赁公司和融资租赁企业依托适宜的租赁物，加大对小微商贸流通企业的服务力度，鼓励有条件的地区对小微商贸流通企业设备融资租赁业务给予支持，缓解小微商贸流通企业设备投入和技术改造需求。

……

四、发挥公共服务平台促进作用

（一）积极组织银企对接活动。各地中小商贸流通企业公共服务平台要充分发挥资源整合作用，通过组织银企对接活动，将银行、担保、保险、典当、融资租赁、商业保理等机构组织起来，为小微商贸流通企业提供一揽子融资解决方案，拓展企业融资渠道和空间，丰富企业融资途径。

……

商务部　银监会

2014 年 12 月 9 日

教育部、国家发展改革委、财政部
关于引导部分地方普通本科高校向应用型转变的指导意见（节录）

教发〔2015〕7号

……

10. 加强实验实训实习基地建设。按照工学结合、知行合一的要求，根据生产、服务的真实技术和流程构建知识教育体系、技术技能训练体系和实验实训实习环境。按照所服务行业先进技术水平，采取企业投资或捐赠、政府购买、学校自筹、融资租赁等多种方式加快实验实训实习基地建设。引进企业科研、生产基地，建立校企一体、产学研一体的大型实验实训实习中心。统筹各类实践教学资源，构建功能集约、资源共享、开放充分、运作高效的专业类或跨专业类实验教学平台。

……

教育部　国家发展改革委　财政部

2015年10月21日

北京市引进社会资本推动市政基础设施领域
建设试点项目实施方案（节录）

……

二、主要措施

（一）拓展空间，分类推进市政基础设施领域投资建设运营体制改革。

……

2. 存量资产。

通过委托运营、股权出让、融资租赁、基金引导、整合改制、技术资源合作、后勤社会化等方式，加大专业化运营力度，扩大产业化经营规模。

……

三、试点方案

（一）主要领域和试点方式。

1. 轨道交通。

新建线路：主要采用公共私营合作制（PPP），社会投资人参与轨道交通投资建设的全部环节。

在建线路：采用股权融资或股权融资+委托运营的模式。

已开通线路：采用融资租赁、资产证券化、股权转让等方式进行盘活。

……

北京市服务业扩大开放综合试点实施方案（节录）

京政发〔2015〕48号

……

四、主要任务及措施

（一）聚焦重点领域，构建服务业扩大开放新格局

……

3. 文化教育服务领域

……试点著作权、专利权、商标权等无形文化资产的融资租赁。……

4. 金融服务领域

支持社会资本（含外资）进入金融服务领域。支持符合准入条件的各类资本依法发起设立消费金融公司、汽车金融公司、金融租赁公司等非银行金融机构。……

（二）创新体制机制，建设科学透明的服务业促进体系

5. 提高通关便利化水平

……

发挥海关特殊监管区域优势。依托海关特殊监管区域，支持研发设计、市场营销、售后服务等生产性服务业发展；依托国家级对外文化贸易基地，推动文化贸易发展。支持六大重点领域和中关村示范区软件园、生命科学园、动漫园等区域内符合条件的企业设立保税仓库。试点简化生物医药研发所需特殊物品出入境审批手续。创新会展、拍卖等服务业企业所需国际展品、艺术品等的监管模式。对强制性认证展品实行检验检疫备案核销制，简化参展食品、化妆品申报手续。在执行货物进口税收政策的前提下，在海关特殊监管区域内设立保税展示交易中心。支持在天竺综合保税区内开展融资租赁业务。

商务部　北京市人民政府

2015年9月13日

天津金融改革创新“十二五”规划（节录）

津政发〔2012〕9号

……

二、天津金融改革创新“十二五”规划

（一）指导思想。按照把天津建设成为国际港口城市、北方经济中心和生态城市的战略定位，认真贯彻落实党中央、国务院关于滨海新区开发开放战略的决策部署和全国金融工作会议、市第十次党代会精神，全面推进金融改革创新，坚持金融服务实体经济的本质要求，坚持市场配置金融资源的改革导向，坚持创新和监管相协调的发展理念，坚持防范化解风险的永恒主题，加快建立符合天津金融改革创新发展需要的考核激励机制、法律保障机制、人才支撑机制、市场运行机制和风险防控机制，着力在建立门类齐全的金融机构体系、结构合理的金融市场体系、创新高效的金融服务体系、功能完善的金融基础设施体系、规范严格的金融风险防范体系和公平安全的金融生态环境体系上实现新突破，积极争取建立区域性的私募股权基金管理中心、融资租赁产业集聚中心、现货要

素市场中心、保理业务中心、资本市场中心、人民币结算中心和标志性金融服务区。

（二）目标定位。建立符合实体经济需求和金融发展趋势的现代金融服务体系，建立符合天津城市定位和先行先试要求的金融改革创新基地，建立符合绿色城市理念和集中集聚集约要求的金融服务区，把金融业发展成为带动第三产业发展和实现全面协调可持续发展的支柱产业。

（三）主要金融指标。银行业存款余额由16499亿元增加到3.4万亿元，贷款余额由13774亿元增加到2.6万亿元，银行卡刷卡消费额由2414亿元增加到4000亿元；租赁合同余额由1453亿元增加到4600亿元；保险业保费收入由186亿元增加到450亿元；银行业（金融业）总资产由2.3万亿元增加到5万亿元。

（四）金融业发展目标。金融业增加值由2010年的561亿元增加到2015年的1800亿元，占规划地区生产总值16000亿元的11.2%；占实际地区生产总值2万亿元的9%。金融业成为天津经济社会持续发展的支柱产业，成为发挥北方经济中心服务作用和滨海新区先行先试示范作用的重要产业，成为转变发展方式、优化经济结构、实现科学发展的重要力量。

三、重点任务

（一）做大做强传统金融业，加快发展现代金融业。

1. 推动地方法人机构做大做强。推进银行、保险、信托、租赁、证券等法人机构实施股权优化调整，完善公司治理机制，建立可持续发展的资本补充机制和长期激励约束机制。推动具备条件的法人机构通过增资扩股、上市融资，加快布局设点，向全国化、国际化发展。探索开展综合经营试点，整合重组天津泰达国际控股（集团）有限公司，争取金融控股集团资质，培育具有综合竞争优势的龙头企业。

2. 加快发展现代金融企业。引进和设立新型金融机构，增强服务功能和辐射能力。发展融资租赁机构，保持全国领先地位。发展消费金融机构，引导社会消费需求。发展货币经纪、汇兑机构，提供便捷的外汇交易服务。推广第三方保理业务，扩大贸易融资和产业链融资。发展各类金融中介机构，提高金融运行效率。加快推进第三方金融服务外包产业发展。推动台湾银行业、保险业、租赁业、保理业等机构来津发展。

3. 提升传统金融机构服务功能。推进保险改革创新试验区建设，争取设立保障性专营保险公司，推广新型保险产品，发展小额贷款保证保险、飞机和轮船等财产保险业务，探索保险服务经济社会发展新模式。推动传统金融机构体制创新、机构创新和产品创新，增强自我发展能力。增加期货交割仓库数量和品种，建设北方地区期货流通交割集散地。

（二）建立健全产业金融发展体系，推动产业优化升级。

1. 发展科技金融。全面搞好科技金融试点，设立科技金融专营机构，发展多种新型融资模式，引导风险和股权投资基金投资，优化科技与金融相结合的政策环境。重组科技金融控股集团，搭建科技投融资服务平台，探索建立政府专项资金引领、金融服务机构引导的金融服务新模式。拓宽科技企业直接融资渠道，探索科技型中小企业直接融资模式。

2. 发展航运金融。推动东疆保税港区开展国际船舶登记制度试点、国际航运税收政策试点、航运金融试点和租赁业务创新试点，加快建设综合功能完善的北方国际航运中心和国际物流中心。发展航运金融服务体系，提高金融机构服务航运业发展的广度和深度，推动单船公司、单机公司和保税租赁、离岸金融等业务开展，建立船舶、飞机公司上市和资产证券化模式，搭建全国航运资产租赁和交易平台。

3. 发展消费金融。推动发展个人住房消费贷款和保障性住房项目等住房融资专业服务。支持消费金融公司规范运作，争取跨区域经营资质。发展持卡定制消费的消费金融模式，形成集约化预付费消费支付清算体系和方便快捷的购卡、充值、退卡服务体系。推动设立汽车金融公司，探索汽车产业专业化融资发展模式。加快发展电子代收付产业，服务居民消费和产业升级。

4. 发展农村金融。搞好津南区和蓟县农村金融试点，推进农村商业性金融、政策性金融和合作性金融协同发展，支持银行、保险等金融机构在农村设立分支机构。加快村镇银行设立发展，探索总分制村镇银行发展模式。充分发挥农业贷款公司作用，推广复制农业贷款公司运作模式。在乡镇建立标准化的农村金融机构，设立农业贷款服务中心，形成提供基本金融服务的农村金融服务体系。在各村建立农村金融服务站，为农民提供发放政府补贴和办理小额存款取款业务等金融服务。推动农村农户、工商户、公司制企业发展，支持农村经济组织与金融机构合作。

5. 发展矿业金融。推动矿业国际化发展平台和矿业金融服务体系建设，逐步建立与国际接轨的矿业资本市场。搞好风险勘查资本市场建设，设立矿业风险勘查基金，培育风险投资企业，促进矿业风险投资市场发展。探索风险勘查企业股权融资交易模式，推动初级矿业勘探公司上市融资。

6. 发展商贸金融。开展动产质押融资业务，发展供应链融资等金融产品，研究推动商铺经营权、租赁权质押融资试点。发展出口买方信贷、进口信贷和国际保理业务，完善出口信用保险机制，推动引导商贸物流企业“走出去”。推动电子商务与金融创新业务相结合，围绕电子商务供应链的各个环节，集成第三方支付、财务结算和资金管理等业务，带动电子商务产业链发展。

7. 加强小微企业融资。完善抵押物、质押物评估体系建设，发展天使基金、股权投资、集合性债券等多种新型融资工具。鼓励各类资本参与设立小额贷款公司、村镇银行等机构，探索开展小额贷款公司贷款转让业务，扩大小额贷款公司营运资金规模。完善多层次融资担保服务体系，加快融资超市建设。完善融资担保机构准入退出机制、审批工作流程、非现场和现场监管体系。加快建立担保行业协会，充分发挥协会组织的自律维权、协调服务作用。

8. 促进实体产业与金融结合。推动地方国有资产管理公司通过土地收储出让、产股权投资、资产重组等资本运作手段，加快国有资产整合。支持重点企业集团逐步发展成为产业金融集团，建立资产轻量化、红筹（公司）上市、发行债券、注入资产、分拆上市的持续发展模式。鼓励企业集团发行中期票据、短期融资券等融资产品，提高企业通过银行间市场发行融资产品总量在全国的比重。

（三）加快交易市场建设，推动区域资源高效流转。

1. 发展现货专业市场。以发展现货贸易和服务实体经济为市场定位，健全交易所市场服务体系，完善运作机制，增加现货交易品种，提高交割比例，提供现货融资。强化交易所风险管控机制，推动交易所健康发展。鼓励交易所增资扩股、兼并重组和差异化竞争，形成与期货市场和期货价格相匹配的现货市场和现货价格体系。

2. 发展场外交易市场。加强交易所风险管理，支持交易所加快发展。出台天津市交易所管理办法，实现持续发展和依法运营。支持各交易所增加上市挂牌企业数量、扩大企业融资规模。完善场外交易市场监管体系和市场服务体系，建设非上市公众公司股份报价转让机制，建立向场内交易市场提供资源的升板机制。

（四）深化投融资体制改革，拓宽企业融资渠道。

1. 完善私募股权基金产业体系。搞好产业投资基金试点，推动基金与项目对接。发挥股权投资协会作用，加强部门间合作，加强对私募股权基金企业的监管，引导其进行行业自律，有效防控潜在风险。建立对冲基金服务体系，建成对冲基金集聚区。

2. 加快推进企业上市和直接融资。推广债权性融资工具，推动企业利用票据、债券等金融工具融资，提高企业通过银行间市场发行融资产品总量在全国的比重，为企业多渠道融资提供便利。研究香港试点发行人民币债券融资工作，争取获得内地企业香港发行人民币债券试点资格。研究引入中小企业增信机制，推动中小企业集合性债权融资工作。

3. 支持租赁公司发展。制定租赁业五年发展计划。推动租赁公司上市融资，拓宽租赁公司融资渠道。做好融资租赁权属登记，开展融资租赁司法政策试点，保证所有权、使用权和他项权。开发租赁物定价评估系统和针对中小型企业租赁公司业务需求的资产管理平台。发展租赁业专业中介机构，建设融资租赁产业集聚中心。

4. 推动创新保理业务开展。支持银行在津设立总行保理业务部门。支持发展供应链融资和货币汇兑业务，为企业和个人客户提供跨境电子支付和清算服务。大力发展商业保理公司。支持保理公司在境外设立子公司，有效利用国际双保理规则开展国际保理业务。支持企业集团发展第三方保理业务，形成完整的国际贸易和物流保理公司。

（五）搞好外汇改革试点，参与金融国际化进程。

1. 继续开展外汇改革试点。争取扩大外资企业注册资本金意愿结汇试点范围。推进跨境贸易人民币结算试点，促进企业对外贸易便利化。选择合格企业开展国际贸易结算中心外汇管理改革试点。搞好外商投资小额贷款公司外汇资本金结汇改革试点。搞好首批外资股权基金试点，用好外资私募基金换汇指标，争取扩展经常项下可兑换便利化和资本项下可兑换试点内容。

2. 支持各类外汇业务公司发展。支持第三方支付企业建立跨境小额电子商务结算中心，发展人民币境外 POS 收单业务。支持货币兑换公司开拓企业外汇交易业务，建立跨境调钞渠道及稳定的小币种收钞、配钞渠道，探索设立小币种交易中心。促进货币经纪公司发展境内外的外汇、货币、债券和衍生品等交易。

3. 加快发展离岸金融业务。出台东疆保税港区离岸金融试点方案，实现航运金融服务国际化。推动商业银行和保险公司获准开展航运金融业务；制定简化离岸账户审批流程、推进外汇管理便利化方案，促进人民币市场发展，拓宽流入流出渠道；研究制定推动外汇交易市场发展的政策措施和试点方案。支持商业银行提供人民币融资便利，支持保险公司开展航运保险业务。

4. 完善单一项目公司发展模式。完善租赁公司项目子公司管控模式，研究制定单机公司、单船公司等项目公司的管理办法，建立和完善项目公司管控模式，搞好飞机、船舶和大型设备租赁业务创新。支持外资租赁公司以资本金出资设立单一项目公司。吸引大型融资租赁公司落户，制定融资租赁公司设立单机、单船公司，以及单机、单船公司聚集东疆保税港区的促进措施。

（六）完善地方金融管理体制，维护金融安全稳定。

1. 加快建立地方金融管理体系。以坚决防止发生区域性和系统性风险为底线，加强对地方金融监管对象的全面化及精细化管理，加强对股权投资基金企业及管理机构、小额贷款公司、融资担保机构、政府投融资平台、新型交易市场等地方金融监管对象的管理，形成实效明显、管理科学和风险可控的地方金融监管模式，推动监管对象健康快速持续发展。推动金融监管部门建立与政府各职能部门之间分工协作、互为补充的金融管理联动机制，强化地方金融监管责任和辖区属地管理责任。出台市管金融企业国有资产监管办法，完善地方金融管理体制，在统筹金融资源布局、金融风险防范、监督激励考核等方面加大工作力度，提升地方金融监管能力。

2. 加强政府融资平台依法治理和风险防范。督促政府融资平台公司依法治理、规范整改，不断提升融资能力和风险防范水平。建立政府债务审批制度和政府债务预算制度，加强对政府债务的总额控制和余额管理。拓宽政府融资平台融资渠道，争取列入地方政府发债试点城市，探索开展单一项目的资产证券化试点。

（七）加快金融集聚区建设，形成集中集聚集约效应。

1. 搞好于家堡金融区建设。建成于家堡金融区起步区，初步形成市场会展、现代金融、传统金融、教育培训和商业商住产业。制定加快于家堡金融区开发建设和促进金融产业发展的政策，明确于家堡金融区的发展定位、阶段目标、空间运营管理、金融业态布局和绿色运营管理。制定于家堡金融区地下空间产权划分和确认方法，制定地下空间运营管理方案，形成兼容不同业主物业权属，兼顾商业品牌布局的商业统一运营管理模式。加强楼宇品质管理，按照一楼一金融主体或一楼一金融主业原则，确保入区金融企业量质齐增，实现金融业聚集效应。搞好于家堡金融区 APEC 首个低碳城镇示范项目，构建绿色运营管理体系，打造低碳金融、低碳经济的集散地，建立绿色城市和供应链金融服务体系、市场服务体系。

2. 建设各具特色的金融集聚区。建成解放北路金融城二期项目。完成天津市京津金融服务外包园区一期规划建设，发展成为定制非定制金融服务外包、金融后台和企业总部基地，吸引金融总部后台中心和金融服务外包企业来津发展，增强区域金融载体的服务功能。加快武清金融商贸区建设，建成符合区域资源特点，服务京津地区，具有较强辐射能力的金融集聚区。

（八）优化金融发展环境，夯实金融业发展基础。

1. 加强金融法制建设。贯彻落实国家法律法规，建立健全促进金融业持续健康发展的政策制度，规范发展新型金融业态，支持和引导金融机构改革创新，探索加强金融创新知识产权保护有效方式。推动各金融机构依法合规经营，建立依法合规的规范发展模式。建立创新型金融机构涉法涉诉矛盾纠纷调处化解机制。搞好租赁司法政策先行先试。支持天津国际经济金融仲裁中心、天津国际海事仲裁中心和天津海损理算及法律服务中心发展，搭建与国际接轨的海事海商服务平台。

2. 加快信用信息体系建设。组织实施个人和企业信用信息基础数据库系统整体设计开发，整合行政事业单位信用信息资源，实现地方政府信用信息的归集管理，向社会提供信用服务，促进信用产品推广使用，发挥征信、评级和社会责任评价制度功能。建设动产登记公示系统，办理动产登记和公示。完善金融信息共享机制，建立健全金融企业工商注册登记、台账和备忘录制度，建立金融业统计月报，及时反映和报送金融业信息。搞好金融业统计与核算试点，建立完善的金融业实际统计制度。建立区县金融增加值统计制度。

3. 加强金融人才培养和金融知识培训。积极推动金融人才队伍建设，建立动态的按需引才机制。推进金融企业领导职务任期制，建立科学的薪酬分配机制。完善与国内外知名院校和研究机构的合作机制，发挥亚洲商学院、大公信用管理学院和新金融研发中心等教学研究机构的作用。组织开展高层次金融理论研讨交流。实施金融知识培训计划，开展金融高管及从业人员在职教育和技能培训。继续推动地方金融机构建立博士后工作站。

海南省《关于金融支持海洋经济发展的指导意见》（节录）

琼府办〔2013〕22号

……

（十）拓展融资租赁业务。根据涉海企业设备投资特点，积极开展直接租赁、售后回租等融资租赁业务，重点支持海洋工程装备业、船舶修造业、水上飞机制造业等临港工业和港口码头建设的设备投资，引进吸收成长性好、成套性强、产业关联度高的关键设备，提高海洋产业技术含量。银行业金融机构要积极利用集团内金融租赁公司为我省海洋产业提供融资租赁服务。

……

海南省人民政府办公厅

2013年2月4日

山东省关于加快全省金融改革发展的若干意见（节录）

鲁政发〔2013〕17号

各市人民政府，各县（市、区）人民政府，省政府各部门、各直属机构，各大企业，各高等院校：

加快金融改革，更好地发挥金融对经济结构调整和转型升级的支持作用，意义十分重大。当前和今后一个时期，我省金融改革发展要按照科学规划、协调推进、突出重点、注重特色和大胆审慎探索原则，加快推进综合性和专项性改革，争取用5年左右时间，初步建成与我省实体经济相适应、市场化水平较高的现代金融体系。到2017年年底，全省金融业增加值占生产总值比重达到5.5%以上，占服务业增加值比重达到12%以上，社会融资结构明显改善，金融开放水平明显提升，金融风险防控能力明显加强。为此，制定以下意见：

一、支持和推动金融市场创新发展

1. 稳步推进多种形式的社会融资。充分发挥信贷市场融资主渠道作用，与全国性银行总行全面建立紧密型战略合作关系，积极争取对我省扩大信贷投放和资金配置。支持银行业机构开展跨业跨区合作，综合运用信托、融资租赁、资产证券化、夹层融资等金融产品，吸引省内外资金，不断增强贷款投放能力。按照“盘活存量资金、用好增量资金”的要求，优化信贷资金投向，提高资金使用效率，提高实体经济特别是小微企业的信贷可获得性。发挥好政策性银行在新农村和城镇化建设、开发性贷款、出口信贷等方面的扶持引导作用。探索扩大抵（质）押物范围，拓宽信贷增长空间。推动银行业机构在严控风险前提下开展新型融资业务。加快发展直接融资，2017年年底直接融资比重提高到20%以上。加强与沪、深证券交易所中小企业股份转让系统以及香港、新加坡等境外交易所深度合作，发展上市“路演”中心，促进更多企业上市和上市公司再融资。鼓励有条件的上市公司进行战略性并购重组，提高山东上市公司整体实力和核心竞争力。推动资产证券化，盘活存量资产，把实体经济优势转化为资本竞争优势。加大债券融资力度，扩大短期融资券、中期票据、中小企业集合票据及其他产品发行规模，推广“区域集优债务融资”试点经验；继续做好企业债券和公司债券发行工作，全面推进中小企业私募债券发行试点工作，做好地方政府自行发债试点工作。用足用好保险资金运用政策，建立投资项目库，发展中介服务机构和信息发布平台，加强与保险资产管理机构对接，扩大保险资金在我省的投资渠道。引进培育种子基金、风险投资基金、私募股权基金、并购基金、产业投资基金及各类资产管理公司等，促进经济结构调整，培植新的经济增长点。（人民银行济南分行、山东银监局、山东证监局、山东保监局、省金融办、省发展改革委、省经济和信息化委等按职责分工负责）

……

二、发展和规范各类地方金融组织

6. 发展民营金融机构。立足于服务地方经济、促进扩大内需，探索由民间资本发起设立自担风险的民营银行和金融租赁公司、消费金融公司等。鼓励民间资本参与金融机构重组改造。培育发展社区类银行机构、互助型合作制保险组织和专业化保险机构。进一步发挥民间资本在村镇银行改革发展中的作用。推动村镇银行引入民营资本，优化股权结构，争取我省村镇银行3年内实现县域全覆盖。继续做好小额贷款公司试点工作，努力拓宽小额贷款公司融资渠道，鼓励符合条件的小额贷款公司增资扩股、增设分支机构，推动符合条件的小额贷款公司改制为村镇银行。有序发展融资性担保机构，切实增强融资增信提级功能。加快发展融资租赁公司，促进实体企业设备升级和技术进步。积极发展农村资金互助社，提高“三农”自我服务水平。鼓励民营资本发起或参与设立创投基金、私募股权基金、产业基金等。（省金融办、人民银行济南分行、山东银监局、山东证监局、山东保监局、省发展改革委、省商务厅、省工商局、省供销社等按职责分工负责）

……

三、做好经济结构调整和转型升级的金融服务

……

11. 加强高新技术产业开发区的金融服务。制定金融支持高新技术产业开发区发展的政策意见，加快形成与企业创新相适应的科技金融发展新模式。完善科技金融外部评审制度。支持在省级以上高新区设立面向科技型企业的商业银行支行、融资租赁公司、小额贷款公司、担保公司和保险专营机构等，发展由金融机构、创投企业、中介组织等组成的综合性科技金融服务集团，为科技型企业提供多样化、个性化金融服务。加大政策扶持力度，开发推广新型科技保险产品。引导暂不具备公开上市条件、市场前景好的科技型中小企业到股权交易市场挂牌，进行股权融资或股权质押融资。探索多元化股权投资流转退出机制，促进成长型中小企业和新兴产业发展。（省科技厅、人民银行济南分行、山东银监局、山东证监局、山东保监局、省金融办、省发展改革委、省经济和信息化委、省财政厅等按职责分工负责）

……

四、加快金融业对外开放

14. 引进金融投资类机构。鼓励全国性金融机构在我省增设分支机构和网点，开展业务创新。争取所有政策性银行均能设立山东分行。吸引境内外金融机构来我省设立地区总部和专业机构。引进境外知名金融控股集团、主权财富基金、私募股权投资机构等，来我省设立投资基金和分支机构。支持境外金融机构参股我省城市商业银行、农村信用社（合作银行、商业银行）等金融机构，鼓励外资发起设立创业投资企业、融资性担保机构、融资租赁公司和小额贷款公司。探索外资股权投资企业在资本金结汇、投资、基金管理等方面的新模式。（人民银行济南分行、山东银监局、山东证监局、山东

保监局、省商务厅、省发展改革委、省金融办、省外办、省台办、省工商局等按职责分工负责）

……

山东省人民政府

2013 年 8 月 7 日

浙江省温州市金融综合改革试验区实施细则（节录）[1]

……

（五）深化地方金融机构改革发展。推动设立各类小企业信贷专营机构，鼓励银行业金融机构设立法人小企业信贷专营机构。支持农村合作金融机构设立 100 万元以下的小额农贷或微贷中心等专营机构。推动温州银行引进战略投资者、增资扩股、上市融资。争取在温州设立财务公司、金融租赁公司、信托公司、消费金融公司等非银行金融机构。争取引进 1 家以上优质外资银行分支机构。加快农村合作金融机构股份制改革步伐，强化政策扶持，鼓励优质民营企业参与农村合作金融机构的增资扩股，推动农村合作金融机构下沉服务重心，支持符合条件的农村商业银行按规定跨区域设立分支机构，引导和支持农村合作金融机构提升服务的专业化水平。支持民营资本进入证券、投资咨询等领域，争取在温州设立证券公司，支持更多的证券、基金、期货公司到温州设立分支机构。鼓励地方金融机构以控股、参股的方式探索综合经营。

（六）创新发展金融产品与服务。探索建立地方金融组织风险准备金，进一步发挥银行、证券、保险等金融机构在小微企业融资方面的主渠道作用。在风险可控前提下，推动金融产品和服务创新，探索建立适合小微企业和“三农”需求特点的多层次金融服务体系。提高金融机构信贷效率，鼓励和引导银行业金融机构加大对小微企业和“三农”的信贷支持，在授权授信、绩效考核、不良贷款容忍度等方面给予政策倾斜。积极发展科技贷款、小额担保贷款、经营权质押贷款、股权质押贷款、知识产权质押贷款、林权抵押贷款、海域使用权抵押贷款等支农支小信贷业务。积极探索试点排污权抵押贷款、农房抵押贷款、土地承包经营权抵押贷款、农业设施及农业机械抵押贷款。积极争取信贷资产证券化试点。支持银行与保险机构加强合作，开展小额贷款保证保险和信用保险，探索商业保险参与小微企业融资再担保机制。支持银行与融资性担保公司加强合作，创新小微企业金融产品，建立风险分担机制。发展面向小微企业和“三农”的融资租赁业务。鼓励开展金融服务外包等新兴经营业务。组建小微企业融资综合服务中心，集聚银行、担保、会计、法律、评估、咨询、协会等机构，提供信用调查、资产评估、法律咨询等服务。

……

---

① 该实施细则根据《浙江省温州市金融综合改革试验区总体方案》（2012 年 3 月 28 日，经国务院审批）制定，《浙江省温州市金融综合改革试验区总体方案》第（六）条规定：“……支持发展面向小微企业和‘三农’的融资租赁企业。”

成都市人民政府办公厅关于加快我市农村金融服务创新的试行意见（节录）[①]

成办发〔2013〕58号

……

四、鼓励开展涉农融资租赁服务

鼓励市内融资租赁公司积极开展农业机具、农产品加工设备、农产品物流设施设备、高端农业设施等涉农融资租赁服务，对年度新增涉农融资租赁投放额超过5000万元的融资租赁公司，按照当年新增涉农融资租赁投放总额的1%—2%给予奖励，奖励金额最高不超过300万元。奖励资金在市级现代农业产业发展专项资金中安排，由当地农业部门受理后报市农委按程序办理。

……

成都市人民政府办公厅

2013年12月18日

哈尔滨市人民政府印发关于进一步扶持中小企业发展的若干政策的通知

哈政发〔2014〕6号

……

（二十二）支持企业多渠道融资。对中小企业向融资租赁公司租赁生产设备的，按中国人民银行同期基准利率的30%，连续3年（不超过租赁期）每年给予最高不超过100万元的设备租赁费用补助，所需资金由市工业发展资金列支。……

……

哈尔滨市人民政府

二〇一四年五月二十二日

① 原文规定，该文件有效期只有2年，但《成都市人民政府关于公布继续有效的规章和行政规范性文件的决定》（成都市人民政府令第187号，2015年3月17日发布）规定该文件继续有效。

第17章 地方租赁政策

北京市顺义区促进金融产业发展的办法

顺政发〔2011〕28号

第一条 为优化本区金融产业发展环境，促进金融产业又好又快发展，根据《中共北京市委北京市人民政府关于促进首都金融业发展的意见》(京发〔2008〕8号)、《关于促进首都金融产业发展的意见》(京发改〔2005〕197号)和顺义区“十二五”时期金融业发展规划，结合本区实际，制定本办法。

第二条 本办法所称金融机构，是指2011年1月1日以后在本区新设立或新迁入并纳税的法人金融机构，包括银行、证券公司、保险公司、保险经纪代理公司、融资租赁公司、风险投资公司、基金公司、信托公司、财务公司和担保公司等金融机构。

体现营运中心、投资中心和结算中心等功能，对一定区域内的下属机构和关联机构行使管理和服务职能的功能性总部金融机构，可享受本办法的政策支持。

经国务院或国家主管部门批准设立（备案）并在本区注册登记的产业投资基金、股权投资基金的管理企业（其发起设立的投资基金公司也在本区注册登记，且累计实收资本在5亿元以上），可参照金融机构，享受本办法的政策支持。

第三条 优化金融产业发展环境，促进金融产业发展。

（一）搭建政银企交流合作平台。协调区内资源，为金融机构提供优质服务。

（二）搭建信息服务平台。拓宽信息发布渠道，为金融机构在本区创新金融产品提供服务。

（三）建立金融机构负责人奖励机制。依据区内金融机构对区域经济发展所做贡献，对其实行年度考核并予以奖励；针对区域内大工程、大项目、大企业多的特点，鼓励金融机构组建银团拓展业务。

（四）建立高管人员综合服务机制。加快金融人才队伍建设，积极吸引高端人才，对金融机构聘用的高级管理人员，在户籍办理、子女入学、就医保障等方面提供综合服务。

高级管理人员是指获得国家有关部门资格认定，并在金融机构担任董事长、副董事长、总经理（行长）、副总经理（副行长）和总会计师等职务的人员。

第四条 设立顺义区金融产业奖励扶持资金，对符合条件的金融机构采取奖励和补助等方式给予支持。

第五条 金融机构注册资本10亿元（含）以上的，补助1000万元；注册资本10亿元以下、5亿元（含）以上的，补助800万元；注册资本5亿元以下、1亿元（含）以上的，补助500万元。本条所称金融机构，特指经中国银监会、证监会、保监会等金融监管部门批准设立的金融机构。

产业投资基金、股权投资基金累计实收资本10亿元（含）以上的补助1000万元；累计实收资本5亿元（含）以上、10亿元以下的补助800万元。

独立核算的非法人金融机构，一次性固定资产投资规模在15亿元（含）以上的，补助750万元；一次性固定资产投资规模在15亿元以下、10亿元（含）以上的，补助500万元；一次性固定资产投资规模在10亿元以下、5亿元（含）以上的，补助250万元。

北京市金融工作局批准设立的融资性担保公司和小额贷款公司注册资本10亿元（含）以上的，补助500万元；注册资本10亿元以下、5亿元（含）以上的，补助400万元；注册资本5亿元以下、1亿元（含）以上的，补助250万元。补助资金用于风险防范和企业发展。

第六条 金融机构自营业之日起，当年实现区级财政留成300万元（含）以上的，对金融机构按其当年实现区级财政留成部分的20%予以奖励；当年实现区级财政留成500万元（含）以上的，对金融机构按其当年实现区级财政留成部分的30%予以奖励；当年实现区级财政留成1000万元（含）以上的，对金融机构按其当年实现区级财政留成部分的50%予以奖励。

金融机构享受本条政策时，不再享受第七条政策支持。

第七条 对当年实现区级财政留成300万元（含）以上的金融机构连续聘用两年以上的高级管理人员，按其所缴个人工薪收入所得税的40%予以奖励。经认定的重点金融机构，可适当放宽奖励范围。金融机构年度累计获得的高管激励资金，总额不超过其年度实现区级财政留成部分的6%。

金融机构享受本条政策时，不再享受第六条政策支持。

第八条 对年实现区级财政留成300万元（含）以上的金融机构，在购买和租赁办公用房方面给予适当支持。

（一）金融机构购买办公用房，按1500元/平方米给予一次性补助。

（二）金融机构租赁办公用房，从起租之日起，前3年租金分别按租金的50%、30%和20%给予补助。

（三）对入驻本区的全国性金融机构总部、国际金融机构总部或国内外金融机构的区域性分支机构（省市级以上），可在其筹建期间无偿为其提供一定面积的、临时性的办公场所，以利于机构筹建期间工作的顺利开展。

第九条 申请单位需在符合条件之日起一年内，向区金融办提出奖励补助资金申请，逾期视同放弃。

第十条 金融机构享受鼓励政策时，既适用市、区政府及有关部门规定，又适用本办法的，一律先执行市、区政府及有关部门规定，执行后与本办法相比不足部分，可补充执行。

第十一条 成立顺义区金融服务工作领导小组（以下简称“领导小组”，成员名单见附件1），负责相关政策的制定及实施。领导小组办公室设在区金融办，具体负责金融机构的认定、服务、奖励和补助资金的兑现及其他日常工作；办公室主任由区金融办主任兼任。

第十二条 本办法自2011年9月9日起施行。金融机构享受本办法政策支持时，不再享受《顺义区人民政府关于印发顺义区鼓励总部企业金融机构发展暂行办法的通知》（顺政发〔2008〕59号）、《顺义区财政贡献突出企业奖励办法》（顺财字〔2009〕60号）的有关政策。对有特殊贡献的金融机构，经领导小组认定，给予特殊扶持。

附件：1. 顺义区金融服务工作领导小组成员名单（略）

2. 申请奖励补助资金提交材料清单（略）

北京市顺义区人民政府

二〇一一年八月九日

北京市关于中关村国家自主创新示范区促进融资租赁发展的意见

中科园发〔2012〕33 号

根据国务院批复的《中关村国家自主创新示范区发展规划纲要（2011—2020 年）》和《商务部关于“十二五”期间促进融资租赁业发展的指导意见》（商服贸发〔2011〕487 号）等有关文件精神，为将中关村国家自主创新示范区（以下简称中关村示范区）建设成为国家科技金融创新中心，促进科技和金融的结合，加快推进中关村示范区现代服务业试点，进一步发挥融资租赁支持战略性新兴产业发展的重要作用，现提出如下意见：

一、鼓励在中关村示范区新设和引进融资租赁企业

鼓励各类出资主体在中关村示范区设立金融租赁公司、外商投资融资租赁公司、内资融资租赁公司（以下统称融资租赁企业）。

中关村示范区新设立或引进的金融租赁公司，按照《关于促进首都金融业发展的意见实施细则》（京发改〔2005〕2735 号）的规定，经北京市金融服务工作领导小组批准，可以享受一次性资金补助政策，所需资金由市区两级各分担 50%。

鼓励各区县政府比照对金融租赁公司的支持政策，加大对外商投资融资租赁公司、内资融资租赁公司的支持。对 2012 年起新设立或新迁入海淀区，具备独立法人资格且在海淀区注册纳税的外商投资融资租赁公司、内资融资租赁公司，由海淀区人民政府给予政策支持。

二、对融资租赁企业给予购（建、租）房补贴

鼓励各区县政府对融资租赁企业给予购（建、租）房补贴。2012 年起新设立或新迁入海淀区，具备独立法人资格且在海淀区注册纳税的融资租赁企业，购置或自建办公用房的，由海淀区人民政府给予每平米 1000 元人民币的一次性补贴，补贴面积不超过 500 平方米。融资租赁企业租用办公用房的，享受 3 年租金补贴。第一年补贴租金的 50%，第二年补贴 30%，第三年补贴 10%，补贴面积不超过 500 平方米。

三、鼓励融资租赁企业面向中关村企业开展业务

鼓励有条件的中关村企业通过申请设立外商投资融资租赁公司或内资融资租赁公司直接开展融资租赁业务，实现产业资本和金融资本的有机结合。

鼓励合作的融资租赁企业为中关村企业提供融资租赁业务，中关村科技园区管理委员会按照对中关村企业实际开展的融资租赁业务总额的 1% 给予补贴，每家机构年度补贴额不超过 500 万元。

四、鼓励中关村企业通过融资租赁方式实现发展

鼓励中关村企业通过融资租赁的方式取得为科技研发和创新创业服务的设备、器材等，中关村科技园区管理委员会对企业融资租赁而发生的融资费用（包括租息和手续费）给予 20% 的补贴，年度补贴额不超过 50 万元，企业享受补贴的时限不超过三年。

五、鼓励融资租赁企业根据战略性新兴产业创业企业的特点不断创新融资租赁经营模式

在依法合规、持续稳健的前提下，鼓励融资租赁企业拓展新一代信息技术、节能环保、高端装备制造、新能源、新材料、生物医药等战略性新兴产业领域市场。鼓励融资租赁企业与产业技术联盟等建立紧密合作关系，根据战略性新兴产业领域创业企业的需求，不断开展产品创新和服务模式的创新。

引导融资租赁企业优化产品组合、交易结构、租金安排和风险控制，创新盈利模式，提升服务水平。鼓励融资租赁企业探索开展融资租赁与创业投资相结合、租赁债权与投资股权相结合的“创投+租赁”业务，为企业提供融资、管理等综合服务，不断拓宽服务领域。

六、鼓励融资租赁企业和其它机构合作，为企业提供多样化的服务

发挥中关村科技金融体系对融资租赁业发展的促进作用。在依法合规、持续稳健的前提下，鼓励融资租赁企业和银行、担保、小额贷款、保险等机构合作，构建多方参与的风险分担机制，为中关村企业提供组合金融服务。大力支持融资租赁企业为科技型中小微企业服务。

鼓励信用担保机构开展融资租赁担保业务，对合作的担保机构为中关村企业提供的融资租赁担保，中关村科技园区管理委员会按照担保额的比例给予一定的风险补贴支持，补贴额度按照有关规定实行年度总额控制。

七、支持行业组织和融资租赁中介机构发展

充分发挥行业协会的作用，大力支持融资租赁行业协会在中关村示范区开展信息咨询、统计分析、预测预警、培训教育、经验推广、业务交流等工作，增强行业协会在行业自律、监督、协调、服务等方面的功能。支持专业咨询、技术服务、鉴定评估、会计、律师、信用评级等与融资租赁业务密切相关的各类中介服务机构发展。推动建立高效运转的租赁物与二手设备流通市场，扩大租赁物的交易范围和规模，完善融资租赁资产退出机制。

八、搭建工作平台、加强公共服务

建立中关村企业和融资租赁企业之间的沟通机制，通过举办政策宣讲、投融资沙龙等多种方式，定期组织开展中关村企业和融资租赁企业的工作对接和交流。相关部门选取优先支持的中关村企业群体提供给融资租赁企业。

九、加强人才队伍建设，完善发展环境

优化人才发展环境，完善引进和培养融资租赁专业人才的激励机制，支持融资租赁企业高级管理人员申报中央“千人计划”、北京市“海聚工程”和中关村“高聚工程”，努力培养一批具有国际视野和专业能力的融资租赁人才。积极营造有利于融资租赁发展的政策环境，研究推动支持融资租赁业发展的财税政策的制订和实施，发挥财政资金的引导作用，带动社会资金推动融资租赁业的发展。

十、加强组织协调，全面推动工作

建立中国人民银行营业管理部、中国银行业监督管理委员会北京监管局、北京市国家税务局、北京市地方税务局、北京市发展和改革委员会、北京市商务委员会、北京市金融工作局、中关村科技园区管理委员会、海淀区人民政府等相关部门参加的中关村融资租赁工作小组，办公室设在中关村科技园区管理委员会，从搭建服务平台、创新服务方式、培育市场体系、健全保障机制等方面加强组织实施，为融资租赁持续、快速、健康发展创造良好条件。

十一、关于资金补贴的相关事项，由海淀区人民政府和中关村科技园区管理委员会另行制订具体的实施细则或资金管理办法。

十二、本意见从发布之日起实施。2012 年 1 月 1 日以后，符合本办法条件的企业，

适用本办法。

中关村科技园区管理委员会
中国人民银行营业管理部
中国银行业监督管理委员会北京监管局
北京市国家税务局
北京市地方税务局
北京市发展和改革委员会
北京市商务委员会
北京市金融工作局
海淀区人民政府
二〇一二年六月十九日

北京市中关村国家自主创新示范区融资租赁支持资金管理办法

第一章　总　则

第一条　为将中关村国家自主创新示范区（以下简称中关村示范区）建设成为国家科技金融创新中心，促进科技和金融的结合，进一步发挥融资租赁支持战略性新兴产业发展的重要作用，根据国务院批复的《中关村国家自主创新示范区发展规划纲要（2011—2020年）》、《商务部关于"十二五"期间促进融资租赁业发展的指导意见》（商服贸发〔2011〕487号）、《关于中关村国家自主创新示范区促进融资租赁发展的意见》（中科园发〔2012〕33号）和中关村示范区发展专项资金使用管理的相关规定制订本办法。

第二条　中关村示范区企业融资租赁支持资金从中关村示范区发展专项资金中列支，并按照年度预算进行安排。

第二章　支持对象

第三条　本办法支持的融资租赁企业系指与中关村科技园区管理委员会（以下简称中关村管委会）合作的融资租赁企业，包括金融租赁公司、外商投资融资租赁公司、内资融资租赁公司。"合作融资租赁企业"在中关村管委会网站向社会公开发布。

第四条　本办法支持的中关村企业应当是中关村高新技术企业。

第三章　支持措施

第五条　中关村企业通过融资租赁的方式取得为科技研发和创新创业服务的设备、器材等，中关村管委会对企业融资租赁而发生的融资费用（包括租息和手续费）给予20%的补贴，年度补贴额不超过50万元，企业享受补贴的时限不超过三年。

第六条　合作融资租赁企业为中关村企业提供融资租赁业务，中关村管委会按照其每年新增业务总额的1%给予补贴，纳入机构补贴总额的单个企业融资租赁业务额度不超过3000万元，每家机构年度补贴额不超过500万元。

第七条　为鼓励信用担保机构开展融资租赁担保业务，对合作的担保机构为中关村企业提供的融资租赁担保，中关村管委会按照担保额的比例给予一定的风险补贴支持，补贴额度实行年度总额控制。

第四章　支持资金的申请和受理

第八条　中关村管委会委托北京中关村企业信用促进会负责融资租赁支持资金的受

理、审核及拨付。

第九条 中关村企业申请资金补贴时，应提交下列材料并加盖企业公章：

（一）中关村高新技术企业资格证书复印件；

（二）中关村企业标准征信报告；

（三）融资租赁企业营业执照副本复印件；

（四）融资租赁支持资金申请报告；

（五）与融资租赁企业签订的相关协议复印件；

（六）融资租赁费用支出凭证复印件；

（七）中关村管委会要求提交的其它材料。

第十条 融资租赁企业申请补贴时，需提供以下资料：

（一）融资租赁企业营业执照副本复印件；

（二）融资租赁支持资金申请报告；

（三）与中关村企业签订的相关协议复印件；

（四）中关村管委会要求提交的其它材料。

第十一条 合作的担保机构申请资金补贴时，按照《中关村国家自主创新示范区企业担保融资扶持资金管理办法》（中科园函〔2011〕253号）规定执行。

第十二条 融资租赁资助资金按年度拨付，结算日期为每年的12月31日，融资租赁业务开展不满一年的，以实际发生额计算，中关村企业和融资租赁企业应在结算日的六个月以内提出资助申请，逾期不予受理。

第十三条 中关村管委会收到委托机构提交的补贴申请材料并审核后，将补贴资金拨付给委托机构。

第五章 附 则

第十四条 合作的融资租赁企业应定期向中关村管委会报送《中关村国家自主示范区融资租赁项目情况季度报表》。

第十五条 中关村企业在申请补贴时提供虚假资料的，责令退回相应补贴款并在中关村示范区官网上予以通告，中关村管委会今后不再受理其相关公共政策支持申请。

第十六条 合作融资租赁企业在申请费用补贴、代企业申请补贴时弄虚作假的，责令退回相应补贴款，同时取消合作资格并在中关村示范区官网上予以通告，中关村管委会今后不再受理其相关公共政策支持申请。

第十七条 本办法由中关村管委会负责解释。

第十八条 本办法自本意见从发布之日起实施。2012年1月1日以后，符合本办法条件的企业，适用本办法。

中关村科技园区管理委员会
二〇一二年九月二十一日

天津市人民政府办公厅关于加快我市融资租赁业发展的实施意见

津政办发〔2015〕2号

各区、县人民政府，各委、局，各直属单位：

为贯彻落实《国务院关于加快发展生产性服务业促进产业结构调整升级的指导意

见》(国发〔2014〕26号)、《国务院办公厅关于加快飞机租赁业发展的意见》(国办发〔2013〕108号)精神和市人民政府关于促进租赁业发展的决策部署，扩大我市飞机租赁等融资租赁业务规模，促进融资租赁业持续稳定健康发展，经市人民政府同意，现提出如下意见：

一、提高行政效率，全面搞好服务

(一)转变政府职能，提高行政效率。将融资租赁业列为我市重点产业优先发展，为融资租赁企业提供便利化服务，发挥融资租赁业支持实体经济发展的作用。充分发挥天津银监局对金融租赁公司、市商务委对内资融资租赁业务试点企业和外商投资融资租赁公司的监管及服务作用，各相关职能部门要积极协调并相互配合，坚持依法行政、规范审批程序，提高行政效率、全面搞好服务，不断改善融资租赁业发展环境。

(二)东疆保税港区租赁业创新先行先试。根据租赁产业和市场发展需求，支持东疆保税港区率先推进租赁业功能、政策和制度创新。支持资信良好和业务成熟的融资租赁企业在东疆保税港区设立项目子公司，不设最低注册资本金限制。准予飞机租赁企业以绝对控股方式设立单机项目公司。准予隶属于同一母公司的单机项目公司实行住所集中登记，且与母公司住所相同。准予飞机租赁企业设立飞机专业子公司，飞机专业子公司可持续经营多个飞机项目。做好东疆保税港区限时办理租赁企业设立、登记、备案服务试点工作，规范金融租赁公司、内资融资租赁业务试点企业和外商投资融资租赁公司的行政许可审批事项、办理程序和办结时限。各行政审批部门要设置专门窗口、安排专业人员，在限定时间内办结有关行政许可审批事项。

(三)售后回租业务权属和权证办理。融资租赁企业与承租人签署租赁合同开展租赁业务，涉及的融资租赁物权属有明确登记主管部门的，应向相关登记主管部门提出租赁物权属变更、权属转移、权属转让申请；登记主管部门要及时受理申请，办理登记、公示、确认等有关手续并发证。各登记主管部门要公示租赁登记申报材料、简化登记流程、提高登记效率，在规定时限完成租赁不动产权属变更登记和动产抵押变更登记等手续。

(四)租赁企业租赁物进出口通关。天津海关设立绿色通道，便捷通关手续，加快通关速度，为融资租赁企业发展租赁进出口业务提供便利化服务。创新跨境租赁异地监管模式，实施属地申报、口岸验放。加强海关特殊监管区域主管海关和口岸海关的联动监管，在东疆保税港区注册的租赁公司通过租赁方式出口，可在天津东疆保税港区海关申报，在出口地海关进行验放。在天津滨海国际机场划设临时区域用于以租赁方式进口飞机停靠及办理入境相关手续。

(五)医疗器械设备租赁业务许可。对申请开办医疗器械设备租赁业务的融资租赁公司，取消经营场所房屋属性、面积和设立仓库等要求，放宽从业人员学历、专业、工作经历等条件，将企业相关设施设备及质量管理文件中部分检查项目作为合理缺陷处理。将医疗器械融资租赁划归区县行政许可事项中的医疗器械经营许可证核发事项，由区县负责实施许可。融资租赁企业对采购的医疗器械产品质量负责，由企业所在地的区县药品监管部门负责监管，每年进行不少于1次的现场或书面检查。

(六)融资租赁企业境外设立项目公司和专业子公司。简化和规范融资租赁企业在境外设立项目公司和专业子公司的审批手续，加快融资租赁企业“走出去”步伐，凡不涉及到敏感国家和地区及敏感行业的，在3个工作日内予以备案。

(七)飞机租赁企业税收政策。积极落实《国务院办公厅关于加快飞机租赁业发展的意见》关于购机环节免征购销合同印花税和《财政部海关总署国家税务总局关于租赁企业进口飞机有关税收政策的通知》(财关税〔2014〕16号)关于一般贸易项下进口飞机税收优惠政策。项目公司开展业务前可每季度进行一次纳税申报。境外融资租赁业务出口免税按项目报批。保障飞机租赁企业发票需求。

（八）融资租赁企业租赁物出口退税。贯彻落实《财政部海关总署国家税务总局关于在全国开展融资租赁货物出口退税政策试点的通知》（财税〔2014〕62号），推行东疆保税港区融资租赁货物出口退税政策试点经验。为融资租赁企业办理税务登记、增值税一般纳税人资格认定以及出口退税申报等创造便利条件，出口退税办结时间为10个工作日。

（九）新能源汽车财政补贴。融资租赁企业购买纳入工业和信息化部节能与新能源汽车示范推广应用工程推荐车型目录、符合《天津市新能源汽车推广应用实施方案（2013—2015年）》（津政办发〔2014〕103号）相关条件的新能源汽车，按照《天津市财政局天津市科学技术委员会关于印发天津市新能源汽车财政补贴管理办法的通知》（津财建一〔2014〕11号）有关规定，由地方财政与中央财政按照1∶1比例给予补贴。补贴资金由市财政局直接拨付汽车生产企业，租赁公司按销售价格扣减补贴后支付。

（十）上市、挂牌融资租赁企业财政资助。按照《关于支持我市企业上市融资加快发展有关政策》（津政办发〔2012〕59号），对在境内资本市场上市融资和在境外证券交易所上市且所募集资金全部用于在津项目投资的本地企业、重组我市问题上市公司或重组外地上市公司并将上市公司迁入我市的重组方以及在全国中小企业股份转让系统、天津股权交易所、天津滨海柜台交易市场股份公司挂牌交易的本地企业，给予一次性专项补助。企业获得的奖励资金应主要用于奖励对企业上市作出特殊贡献的高级管理人员和有功人员。对于符合专项扶持资金申请条件且申请材料齐备的企业，市金融局收到申请材料后会同市财政局进行审核，15个工作日内予以拨付。

二、做好租赁物权属登记公示查询，保护当事人合法权益

（一）依法保护租赁物。融资租赁企业和有关当事人要按照《中华人民共和国物权法》、《中华人民共和国合同法》等法律法规，坚持平等保护、物权法定、一物一权、物权公示和物权公信原则。融资租赁企业应当依法办理租赁物权属的登记公示查询，规范融资租赁业务，预防交易风险，依法保护当事人合法权益。

（二）中国人民银行企业征信系统服务。金融租赁公司应根据《征信业管理条例》（国务院令第631号）、《中国人民银行征信中心关于规范企业和个人征信系统金融机构接入流程的通知》（银征信中心〔2007〕68号）等相关规定，接入人民银行企业征信系统，按要求报送企业客户相关信息，查询交易对手的信用报告，主要包括企业基本信息、财务信息、贷款违约信息等，防范交易风险。

（三）中征动产融资统一登记平台服务。根据《中国人民银行关于使用融资租赁登记公示系统进行融资租赁交易查询的通知》（银发〔2014〕93号）、《天津市动产权属登记公示查询办法（试行）》（津政办发〔2013〕21号）、《天津市高级人民法院关于审理动产权属争议案件涉及登记公示问题的指导意见（试行）》（津高法发〔2014〕1号），《市金融局人行天津分行市商务委关于做好应收账款质押及转让业务登记和查询工作的通知》（市金融局〔2014〕8号）等相关规定，融资租赁企业可在中征动产融资统一登记平台办理融资租赁物登记、租金等应收账款质押和转让登记，并在开展资产抵押、质押和受让等业务时，查询相关标的物权属状况。金融机构办理资产抵押、质押和受让等业务，应登录中征动产融资统一登记平台查询相关标的物的权属状况。

（四）市场主体信用信息公示系统服务。融资租赁企业可依据《动产抵押登记办法》（国家工商总局令2007年第30号），在我市市场监管部门办理动产抵押登记。融资租赁企业和社会公众可申请查询抵押登记信息，对2014年10月1日以后办理的动产抵押登记，可通过

市场主体信用信息公示系统查询抵押登记信息。

三、加大金融支持力度，便利融资租赁企业融资

（一）发挥银行融资主渠道作用。鼓励银行机构对融资租赁企业实行单独授信，针对租赁项目特点提供融资产品，支持融资租赁企业在符合相关政策规定的前提下，进行境外投资及并购重组。

（二）支持融资租赁企业直接融资。积极支持融资租赁企业以发行金融债券、短期融资券、中期票据、非公开定向融资工具、企业债券及资产证券化等方式融资。对已签订合同尚未交付，但有明确承租人及租赁期限的飞机，可认定为拟发行资产证券化项目的基础资产。支持融资租赁企业通过境内外资本市场上市融资，通过全国中小企业股份转让系统、天津股权交易所、天津滨海柜台交易市场股份公司挂牌融资。鼓励股权投资基金、创业投资基金和保险资金等各类资金进入融资租赁业。

（三）融资租赁企业应收账款融资。支持融资租赁企业利用中征应收账款融资服务平台开展应收账款融资业务，拓宽融资渠道，扩大合格抵质押物的覆盖范围，提高动产融资交易效率。融资租赁企业办理应收账款质押、转让业务，应当对应收账款的权属状况在中征动产融资统一登记平台予以登记公示。

（四）保险机构开展融资租赁保险业务。支持保险机构开展融资租赁保险等信用保险业务，化解融资租赁企业经营风险，提供专业化风险管理服务。鼓励保险机构与银行机构合作，开展信用保险项下保单融资业务，拓宽融资租赁企业融资渠道。

（五）融资租赁企业跨境担保业务。融资租赁企业依法对外提供担保，可自行办理担保合同签约，无须到外汇管理部门办理事前审批手续；向境外支付担保费无须核准，可直接在银行办理购付汇手续。境外公司为融资租赁企业提供本外币贷款（不含委托贷款）担保，融资租赁公司可自行办理担保合同签约。担保履约后，境内金融机构可直接与境外担保人办理担保履约收款。融资租赁企业应在担保履约后 15 个工作日内到所在地外汇管理部门办理短期外债签约登记及相关信息备案。

（六）外商投资融资租赁公司外汇资本金实行全额意愿结汇。按照《国家外汇管理局关于在部分地区开展外商投资企业外汇资本金结汇管理方式改革试点有关问题的通知》（汇发〔2014〕36 号），搞好外商投资企业外汇资本金结汇管理方式改革试点，注册在滨海新区的外商投资融资租赁公司外汇资本金可以意愿结汇，意愿结汇比例暂定为 100%。

（七）资产管理公司开展融资租赁企业资产管理业务。按照《财政部银监会关于印发〈金融企业不良资产批量转让管理办法〉的通知》（财金〔2012〕6 号）等有关规定，支持金融资产管理公司和地方资产管理公司以市场化方式批量收购和依法处置融资租赁企业的不良资产。支持地方资产管理公司开展租赁资产托管、风险控制、残值处理和价值维护等专业管理服务。

（八）简化融资租赁企业对外债权外汇管理。对融资租赁企业开展的对外融资租赁业务实行事后登记，由所在地外汇管理部门办理。融资租赁企业可到所在地银行开立境外放款专用账户，用于保留对外融资租赁租金收入，账户内外汇收入结汇可直接向银行申请办理。融资租赁企业开展对外融资租赁业务，不受现行境内企业境外放款额度限制。

四、发挥中介机构和行业协会作用

（一）中介机构提供公允全面的第三方服务。支持融资租赁企业与代办中介机构建立委托代办业务关系，包括单项业务的委托代办和打包业务的委托代办。有关部门对代办中介机构办理代办业务，应视同融资租赁企业并给予同样便利和支持。

（二）中介机构代办行政审批事项。中介机构受融资租赁企业委托代办行政审批事项，

要按照规定的事项、流程和时限办结。包括外商投资融资租赁企业设立及变更申请文件的递送，以及批复文件、预赋码、外商投资企业批准证书的领取；企业名称预核准，工商登记，财政登记，公章刻制备案，组织机构代码证，税务登记，对外贸易经营者备案，地税定额或机打发票申领，国税税种登记、增值税一般纳税人资格认定、增值税专用发票申请审批，外商投资企业对内出资义务登记、开设外币资本金账户，海关登记，货物贸易收支名录，以及检验检疫登记等事项。

（三）中介机构提供相关专业服务。中介机构受融资租赁企业委托提供专业服务，要按照双方签署的合同提供优质高效服务。如产品设计、业务创新、业务咨询、业务辅导、业务撮合、跨境通关、银企对接、税务咨询、纳税申报、申请退税、发票开具、财税管理、权属变更、权属登记、房地产证、企业秘书、人才落户、代理报关（海关登记、年检、货物申报、转关、缴税申报等）、代理报检（首次报检注册登记、电子报检数据录入、代缴报检费用）等业务。

（四）行业协会发挥自律服务作用。积极推进租赁行业组织建设，鼓励设立飞机、船舶、设备、医疗器械、农业器械等专业租赁协会，组织专业培训，制定行业规则，有效发挥服务、指导和自律作用，提升行业自律性，规范行业发展。研究行业发展方向，解决发展面临的突出问题，服务行业发展需求，加强与国内外租赁协会交流合作，引导我市融资租赁企业参与国际竞争。

（五）加强对租赁业市场行为的引导。政府职能部门、行业协会要通过开展法律讲座、发布典型案例等多种方式，增强租赁各方的法律意识、契约意识和违约责任意识，确保租赁合同正常履行、市场行为规范合法，引导租赁各方及时通过诉讼或者仲裁等方式解决争议，依法维护自身权益。充分发挥行业协会等组织的作用，及时调处和化解租赁各方的纠纷。围绕租赁行业的发展，依托政府门户网站和大众传媒，着力构建政府领导、主管部门负责、新闻媒体支持、市场主体积极参与的法制宣传体系，努力营造依法经营、诚实守信、违约担责、规范发展的舆论氛围，为促进融资租赁业持续健康快速发展提供良好的法治环境。

天津市人民政府办公厅

2015 年 1 月 28 日

天津市中小微企业贷款风险补偿金管理办法（试行）

第一章　总　则

第一条　为贯彻落实《国务院关于扶持小型微型企业健康发展的意见》（国发〔2014〕52 号）等文件精神，发挥财政资金的导向和放大作用，鼓励和引导金融机构向有融资需求的中小微企业发放贷款，促进全市经济社会持续健康发展，设立天津市中小微企业贷款风险补偿金（以下简称风险补偿金）。为保障风险补偿金高效、规范使用，制定本办法。

第二条　中小微企业是指在我市行政区域内注册并从事实体经济运营，符合工业和信息化部、国家统计局、国家发展改革委、财政部《关于印发中小企业划型标准规定的通知》（工信部联企业〔2011〕300 号）和《国家统计局关于印发统计上大中小微型企业划分办法的通知》（国统字〔2011〕75 号）规定的中型、小型、微型企业。

第三条　中小微企业贷款是指合作金融机构向中小微企业发放的流动资金贷款和技术改造类项目贷款。重点支持合作金融机构向无抵押、无质押、无担保的中小微企业发放的信用贷款，以及向未曾取得金融机构贷款的中小微企业发放的首笔贷款。中小微企业贷款的单笔贷款额度一般不超过5亿元。

中小微企业贷款必须用于本企业生产经营，不得用于转贷、委托贷款、并购贷款、国家产业政策禁止和限制的项目贷款，以及参与民间借贷和投资资本市场。中小微企业贷款不包括房地产公司贷款、融资平台公司贷款和非生产经营性固定资产投资项目贷款。

第四条　合作金融机构是指与市金融局签订合作协议的金融机构，包括政策性银行、商业银行、村镇银行、金融租赁公司、融资租赁公司、信托公司、财务公司和兴农贷款公司等。

合作金融机构原则以当年贷款增速较上年贷款增速提升2个百分点以上等为开展合作的基本条件。具体条件由市金融局根据各金融机构上年贷款增速和贷款余额等，在合作协议中确定。

市金融局向中小微企业不良贷款率达到全市中小微企业平均不良贷款率的合作金融机构提示风险；对不良贷款率超过5%的合作金融机构，根据实际情况暂停合作或停止合作。

第五条　风险补偿金首期规模为60亿元，由市财政、滨海新区财政和其他区县财政筹集，建立风险补偿资金池，由市财政局设立专户管理。风险补偿金补偿范围为合作金融机构中小微企业贷款本金按法定程序核销额的50%。风险补偿金具体管理工作，按照本办法和《天津市中小微企业贷款和小微企业贷款保证保险风险补偿补贴资金归集管理办法》执行。

第二章　合作协议与贷款

第六条　市金融局与合作金融机构签订合作协议。合作金融机构应具备以下条件：

（一）在我市行政区域内依法合规经营，服务效率高，信贷审批流程先进，风险防控能力强，拥有专业的服务团队和适用的中小微企业贷款产品。

（二）合作金融机构总部对我市行政区域单独增加信贷规模，并确保在每季度初按计划落实到位，承诺在我市行政区域当年贷款增速达到合作协议约定的水平。

第七条　中小微企业应主动与银行对接，自主提出贷款申请，加强企业管理和财务管理，按时偿还贷款本息。

合作金融机构应独立审核和发放贷款，搞好企业融资服务，提高管理效率，防范贷款风险。

合作金融机构向中小微企业发放贷款后，通过天津市中小微企业风险补偿金贷款备案系统向市金融局进行备案。

市和区县有关部门和单位不得以任何形式干预合作金融机构发放中小微企业贷款的具体贷款事项。

第八条　对于银行业合作金融机构每月达到合作协议约定贷款条件的，按照其每月新增贷款余额，由市金融局委托市财政局配比2%的风险补偿金存款存入合作金融机构，该存款按活期存款利率计息，利息收入归入风险补偿资金池。

第三章　贷款损失补偿与监管

第九条　合作金融机构应严格执行《中国银监会关于印发〈贷款风险分类指引〉的通知》（银监发〔2007〕54号）等有关规定，保证贷款风险分类准确、信息完整。定期并及时对贷款质量进行分析，就五级分类下调等事项向市金融局提交贷款质量报告。

合作金融机构应按照财政部《金融企业呆账核销管理办法（2013年修订版）》（财金〔2013〕146号）有关规定，按法定程序核销不良贷款。按照核销不良贷款本金实际损失的50%，向市金融局提出风险补偿申请，并提交相关法定核销凭据。

第十条　市金融局委托天津津融投资服务集团有限公司（以下简称津融集团）对风险补偿申请进行初审，出具初审意见书，报市金融局复审并经市中小微企业贷款风险补偿金管理领导小组审核批准后，由市财政局按照核准的额度将风险补偿金拨付到津融集团专用账户，津融集团在 3 个工作日内支付给合作金融机构。风险补偿金支付后，津融集团提交核销方案，经审定批准后，由市财政局按程序核销。

第十一条 津融集团和合作金融机构对已核销的呆账继续保留追偿的权利，并对已核销的呆账、贷款表外应收利息以及核销后应计利息等继续催收。清收所得按照双方实际损失承担比例返还风险补偿金专户。

第十二条 合作金融机构弄虚作假或与企业合谋骗贷、套取风险补偿金的，一经查实，全额收回已存入的风险补偿金存款，取消其合作金融机构资格，3 年内禁止其申请补助资金及其他政策性资金。

对骗取、挪用银行贷款的企业，永不纳入贷款风险补偿范围，取消对其各类政策、项目和资金扶持，并通过法律手段清收，依法追究法律责任。

第四章 组织领导与职责分工

第十三条 成立天津市中小微企业贷款风险补偿金管理领导小组（以下简称领导小组），分管副市长任组长，市金融局、市财政局、市发展改革委、市科委、市中小企业局、市工业和信息化委、市商务委、市司法局、市公安局、人民银行天津分行、天津银监局、天津保监局和市审计局为成员单位。领导小组职责：组织研究和审议完善风险补偿金管理办法；确定全市贷款增速年度目标任务；批准风险补偿和不良贷款核销事项；协调合作金融机构总部及其他有关工作。

领导小组下设办公室，市金融局、市财政局、人民银行天津分行、天津银监局、天津保监局为办公室成员单位。办公室日常机构设在市金融局。

市金融局负责领导小组日常工作和成员单位之间的协调工作；负责与合作金融机构签订合作协议；复审合作金融机构不良贷款风险补偿申请并报领导小组批准；完成领导小组交办的其他工作。

市财政局负责归集风险补偿金，管理风险补偿资金池，向合作金融机构配比存入风险补偿金存款，委托津融集团支付风险补偿金，核销风险补偿金损失。

金融监管部门负责规范引导商业银行、租赁公司按照本办法规定开展相关工作，为合作金融机构在我市行政区域增加信贷规模提供帮助，并督促考核其完成合作协议约定的贷款增速。

市公安、司法部门负责依法保护风险补偿贷款的债权，依法打击骗贷、逃废金融债务行为，配合追偿和处置风险补偿贷款形成的不良资产，切实维护债权人的合法权益。

市审计局负责风险补偿金使用的审计。

津融集团作为领导小组办公室授权的第三方服务机构，向合作金融机构代理支付风险补偿金，代持与支付的风险补偿金相对应的不良贷款债权，按照债权比例将清收所得返还风险补偿资金池。津融集团应成立专门团队配合领导小组办公室做好相关工作。

第十四条 各区县人民政府成立由主要领导任组长的工作组，按照本办法和有关规定组织开展中小微企业贷款协调工作，解决银企对接有关问题，管理本区县的风险补偿金，落实领导小组交办的工作。

合作金融机构成立由行长（总裁、总经理）任组长的工作组，积极向总部申请中小微企业专项信贷规模，确保完成合作协议约定的贷款增速，协调配合全市中小微企业信贷风险补偿工作。

第五章 附 则

第十五条 本办法自 2015 年 1 月 1 日起试行，试行期 2 年。

天津市促进现代服务业发展财税优惠政策（节录）

津财金〔2012〕24号

……

五、租赁业[①]

（一）对经国家有关部门批准，在本市新设立的金融租赁公司和融资租赁公司法人机构，给予一次性资金补助。其中，注册资本10亿元（含本数，人民币，下同）以上的，补助2000万元；注册资本10亿元以下、5亿元以上的，补助1500万元；注册资本5亿元以下、1亿元以上的，补助1000万元。补助资金分三年支付，第一年支付40%，第二年、第三年分别支付30%。

（二）对经国家有关部门批准，在本市新设立的金融租赁公司和融资租赁公司法人机构，在本市规划的金融区内新购建的自用办公用房，按每平方米1000元的标准给予一次性补助，最高补助金额不超过1000万元。租赁的自用办公用房，三年内每年按房屋租金的30%给予补贴，连续补贴三年。若实际租价高于房屋租金市场指导价的，则按市场指导价计算租房补贴。

（三）对经国家有关部门批准，在本市新设立的金融租赁公司和融资租赁公司法人机构，自开业年度起，前二年按其缴纳营业税的100%标准给予补助，后三年按其缴纳营业税的50%标准给予补助；自获利年度起，前二年按其缴纳企业所得税地方分享部分的100%标准给予补助，后三年按其缴纳企业所得税地方分享部分的50%标准给予补助。新购建的自用办公用房，按其缴纳契税的100%标准给予补助，并在三年内按其缴纳房产税的100%标准给予补助。

（四）对经国家有关部门批准，在本市新设立的金融租赁公司和融资租赁公司法人机构，从外省市引进且连续聘任两年以上的公司副职级以上高级管理人员，在本市行政辖区内第一次购买商品房、汽车或参加专业培训的，五年内按其缴纳个人工薪收入所得税地方分享部分予以奖励，累计最高奖励限额为购买商品房、汽车或参加专业培训实际支付的金额；不在本市行政辖区内购买商品房、汽车或参加专业培训的，三年内按其缴纳个人工薪收入所得税地方分享部分的50%给予奖励。[②]

……

七、附　则

（一）本文所述各项财政补助资金，按现行财政体制规定，由市财政和区县财政分别负担。

（二）已享受本市相关促进现代服务业发展财税优惠政策的企业，不再享受本文规定的财政补助政策。

（三）享受本文规定的财政补助政策的企业，若在本市经营期限未达到十年的，应退回财政补助资金。

---

① 申报财政补助的程序及材料按照《关于天津市促进现代服务业发展财税优惠政策财政补助申请拨付问题的通知》（津财金〔2013〕4号）办理。

② 关于售后回租业务的奖励，《天津港保税区、空港经济区关于支持鼓励中小企业投融资发展的暂行办法》（二〇一一年八月二十四日颁布）第二十七条规定："鼓励中小企业通过融资租赁进行售后回租厂房、采购研发生产设备等，对因融资租赁产生的费用给予1%，最高不超过100万元的奖励"。

（四）本办法自2013年1月1日起执行，至2017年12月31日止。

（五）本办法由天津市财政局负责解释。

关于推进上海综合保税区开展融资租赁业务试点的复函

沪发改经贸〔2012〕006号

根据《国家发展改革委关于推动上海浦东综合配套改革试点近期重点改革事项的复函》（发改经体〔2011〕3043号）中“在上海洋山保税港区、外高桥保税区（包括外高桥保税物流园区）、浦东机场综合保税区开展融资租赁业务创新试点工作。有关政策参照《天津北方国际航运中心核心功能区建设方案》中关于探索天津东疆保税港区租赁业务创新试点的相关政策内容”的有关精神，为支持上海综合保税区探索融资租赁业务创新试点，现提出本市推进上海综合保税区开展融资租赁业务试点的意见如下：

一、市场准入方面

（一）允许金融租赁公司、外商投资融资租赁公司、内资试点融资租赁公司在上海综合保税区设立项目子公司（如单机公司、单船公司等）开展融资租赁业务。

二、海关政策方面

（二）允许在上海综合保税区注册经营的非金融系融资租赁公司（包括外商投资融资租赁公司和内资试点融资租赁公司）或具有融资租赁资质的项目子公司进口空载总量25吨以上的客货运飞机，并租给境内航空公司时，可参照《海关总署关于加强对国内航空公司进口飞机减免税管理的通知》（署税发〔2011〕88号）规定，采取由融资租赁公司或具有融资租赁资质的项目子公司与境内航空公司共同向海关出具承诺保证书的方式提供担保。

（三）允许在上海综合保税区注册经营的融资租赁公司或具有融资租赁资质的项目子公司，从境外购入飞机、船舶和大型设备实行保税监管，租赁给境内区外企业时，由境内承租人按照租赁方式分期缴纳进口关税和进口环节增值税，并按国家相关规定享受优惠税率。

三、外汇政策方面

（四）允许在上海综合保税区注册经营的融资租赁公司或具有融资租赁资质的项目子公司，从境外购入飞机并租赁（含融资性租赁和经营性租赁）给境内承租人的，在租赁公司能够提供完备的交易资料，证明业务真实性的前提下，凭国家发展改革委出具给航空公司的飞机购买或可通过国内外租赁公司引进飞机的批文；从境外购入飞机并租赁给境外承租人的，不纳入国内飞机指标管理范畴，凭相关购买合同、商业单证等对外支付（或预付）购机款项。

（五）允许在上海综合保税区注册经营的融资租赁公司或具有融资租赁资质的项目子公司，从境外购入船舶和大型设备并租赁（含融资性租赁和经营性租赁）给境内外承租人的，在租赁公司能够提供完备的交易资料，证明业务真实性的前提下，凭相关购买合同、商业单证等对外支付（或预付）购买款项。

（六）允许在上海综合保税区注册经营的融资租赁公司或具有融资租赁资质的项目子公司，从境外购入飞机、船舶和大型设备并租赁（含融资性租赁和经营性租赁）给境外承租人的，其支付货款及收取租金时，经外汇局核准后，可按照无关单外汇收支方式核销。

（七）允许在上海综合保税区注册经营的融资租赁公司或具有融资租赁资质的项目子公司，从境内外购入飞机、船舶和大型设备并租赁（含融资性租赁和经营性租赁）给境内区外承租人时，能够取得进口报关单的，依据租赁合同约定的结算币种收取租金并办理相关外汇登记手续；无法取得进口报关单的，经国家外汇管理局同意后，凭商业单据、有关部门出具的能够证明飞机、船舶和大型设备所有权的材料办理。

（八）允许在上海综合保税区注册经营的外资融资租赁公司，在能够提供完备的购买飞机、船舶或大型设备的交易资料，证明业务具有真实性背景的前提下，执行《国家外汇管理局关于完善外债管理有关问题的通知》（汇发〔2005〕74号）中关于外商投资租赁公司的风险资产总额（风险资产总额 = 总资产 – 现金 – 银行存款 – 国债 – 委托租赁资产）不得超过其净资产总额的10倍的规定，可以在风险资产规模内举借外债，不受投注差的限制。

备注：

1. 文中所称“融资租赁公司”，如无特别指明，均包括金融租赁公司、外商投资融资租赁公司和内资试点融资租赁公司等三类公司。

2. 文中所称“项目子公司”，指的是融资租赁公司为隔离风险而设立的单机、单船、大型设备SPV（特殊目的公司）。

上海市发展和改革委员会
上海市商务委员会
上海市财政局
上海市地方税务局
上海海关
外汇管理局上海市分局
二〇一二年三月三十日

上海市浦东新区促进融资租赁业发展的财政扶持办法[①]

第一条　为大力促进融资租赁企业在浦东集聚和发展，发挥融资租赁支持现代服务业和先进制造业发展的重要作用，加快推进“两个中心”核心功能区建设，促进金融业和航运业的紧密结合，根据《浦东新区促进融资租赁业发展的意见》，制定本办法。

第二条　本办法所称融资租赁企业，是指注册地和税管地均在浦东新区的融资租赁企业，包括银监会批准设立的金融租赁公司和商务部批准设立的融资租赁公司。

第三条　对新引进到位资本金超过1亿元（含）的融资租赁企业，参照《浦东新区支持金融机构发展的实施办法》，给予一次性落户奖励和购房补贴。

对本办法施行日前引进的融资租赁企业，未享受本办法规定的一次性奖励政策的，鼓励其进行增资扩股。根据增资规模，给予一次性奖励。

上海综合保税区和陆家嘴金融贸易区可根据财力情况，针对主营航运租赁业务的融资租赁企业，制定园区范围内的一次性奖励政策。

第四条　对到位资本金超过1亿元（含）的融资租赁企业的高管人员、管理人员、专业人员，参照《浦东新区集聚金融人才实施办法》，享受政策。

---

① 为贯彻落实该办法，上海市浦东新区还颁布了《上海市浦东新区促进融资租赁企业发展财政扶持办法实施细则》，对一次性落户补贴、增资补贴、购房补贴、人才补贴等作了细致性规定，囿于篇幅所限，本书不作罗列。

其中享受一次性住房或租房补贴的高管所在融资租赁企业的注册资本应在10亿元（含）以上。

对本办法有效期前引进的融资租赁企业，增资到10亿元（含）以上且未享受本条奖励政策的，对其高管，给予一次性住房或租房补贴。

第五条 对新引进注册资本10亿人民币以下的融资租赁企业，综合考虑企业发展的实际需求，经济贡献等因素，三年内给予50%的财政补贴。

对新引进注册资本在10亿（含）人民币以上的融资租赁企业，综合考虑企业发展的实际需求，经济贡献等因素，前两年给予100%补贴，后三年给予50%补贴。

对到位增资额超过10亿（含）人民币的融资租赁企业，综合考虑企业发展的实际需求，新增经济贡献等因素，前两年给予100%补贴，后三年给予50%补贴。

第六条 鼓励融资租赁企业为新区内企业提供融资租赁服务，特别鼓励其开展船舶、飞机租赁等航运租赁业务。

对为新区企业提供融资服务的融资租赁企业，根据其当年为新区企业提供融资总额，给予融资总额0.5%的补贴；对为新区企业提供航运租赁服务的融资租赁企业，根据其当年通过航运租赁业务为新区企业提供融资总额，给予融资总额1%的补贴。单笔业务不重复享受补贴，该项补贴的最高限额为500万元。申请补贴的融资租赁企业当年累计为区内企业提供融资总额应不少于5000万元。

第七条 对融资租赁企业购入新区先进装备制造企业生产的设备，按照合同金额的0.5%，给予融资租赁企业补贴；对融资租赁企业购入新区企业制造的飞机、船舶，按照合同金额1%，给予融资租赁企业补贴。对单一合同不重复享受补贴，对单一融资租赁企业，每年该项补贴额最高为500万元。

第八条 对融资租赁企业新购入船舶和飞机，给予登记费100%补贴，单船或单机最高补贴额为10万元，对单一融资租赁企业，每年该项补贴额最高为200万元。

第九条 对融资租赁企业设立在上海综合保税区和陆家嘴金融贸易区的飞机和船舶租赁项目子公司，综合考虑企业发展的实际需求，经济贡献等因素，前两年给予100%的财政补贴，后三年给予50%的财政补贴。

第十条 新区内的政府采购、公用事业建设、基础设施建设等各类政府财力投资项目建设，在同等条件下优先考虑采用融资租赁方式融资，以减轻新区财政资金负担。

第十一条 鼓励上海综合保税区和陆家嘴金融贸易区，根据园区特点，在经营补贴、设备保险、设备登记、设备检验、回租赁补贴等方面制定对融资租赁企业的扶持政策，加快航运金融企业的聚集。

第十二条 融资租赁企业所享受相关政策与本实施办法存在冲突的以上级相关政策为准，重复部分按从优不重复的原则享受。本办法由浦东新区金融服务局和浦东新区财政局共同负责解释，涉及航运事项的将由浦东新区经济和信息化委员会参与解释。具体实施细则另行制定。

第十三条 本办法实施后，原浦东新区有关扶持融资租赁业发展的规定与本办法不一致的，以本办法为准。如国家和上海市财税政策发生重大调整，本办法将作相应调整。

关于促进浦东新区融资租赁行业健康发展的若干意见

融资租赁业作为新兴金融业态，在扩大内需、带动出口、推动转型等方面发挥了重要作用，贯彻落实国务院关于促进融资租赁行业健康发展的指导意见，进一步促进融资租赁行业在浦东的机构集聚与健康发展，对于浦东建设国际金融中心核心功能区、推进“四新”经济发展具有重要意义，为此特提出如下意见。

一、指导思想及总体目标

（一）融资租赁行业是浦东金融业的重要组成部分，是浦东实现“二次创业、转型发展”战略目标的持续动力，是浦东金融改革创新和综合配套改革的有力支撑。在发挥自身金融环境综合优势的同时，浦东将充分借助自贸区的创新优势，引导融资租赁行业更好服务实体经济，进一步打造浦东融资租赁行业集聚创新高地。

二、支持融资租赁企业设立及发展

（二）本意见所述融资租赁企业包括融资租赁公司和融资租赁特殊项目公司，以下统称融资租赁企业。

（三）积极培育和引进融资租赁企业。支持各类出资主体在浦东新区设立融资租赁企业，注册在浦东新区的融资租赁企业经批准可以兼营商业保理业务。对新引进的融资租赁企业给予落户补贴；对融资租赁企业增资，给予增资补贴；对新引进的融资租赁企业在浦东租赁自用办公用房，给予一定租房补贴；对融资租赁企业在浦东购买自用办公用房，给予一定购房补贴；按融资租赁企业对上海市或浦东新区的贡献程度，给予一定补贴。

（四）鼓励融资租赁企业为新区内企业和重点行业提供服务。对为新区内企业提供融资租赁服务的企业，按其业务量，给予一定补贴；对购入新区先进装备制造企业生产的设备，购入新区企业制造的飞机、船舶，按照合同金额，给予一定补贴；对融资租赁企业新购入船舶和飞机，给予一定登记费补贴。

（五）对新引进的重点融资租赁企业高管人员给予一次性租 / 住房补贴；对融资租赁企业高管人员和专业骨干人员给予一定人才补贴；加大对重点企业的人才补贴力度。

三、优化融资租赁行业发展环境

（六）加强对融资租赁企业的事中事后监管，设立浦东新区相关行业组织，支持其开展信息咨询、统计分析、预测预警、培训教育、经验推广、业务交流等工作，强化行业组织在风险防控、自律管理与可持续发展等方面的功能发挥。

（七）吸引培育融资租赁专业人才。协助融资租赁企业高管人员办理人才引进、“居转户”等落户事宜，探索与境内外专业培训机构及相关院校合作开展融资租赁人才培训。

（八）协调建立健全融资租赁行业信用环境，配合人民银行征信中心开展融资租赁企业试点接入人民银行征信系统相关工作，对于成功接入人民银行征信系统的融资租赁企业，提供一定费用补助。宣传推动融资租赁企业主动使用人民银行征信中心融资租赁登记公示系统办理登记。

（九）充分发挥多层次资本市场优势，探索设立浦东新区融资租赁产业发展基金，推动产融结合，引导融资租赁业健康发展。鼓励保险公司开发融资租赁保险产品，支持融资租赁企业运用保理、上市、发行债券等方式拓宽融资渠道，破除融资瓶颈。

（十）推动发展专业咨询、技术服务、鉴定评估、会计、律师、信用评级等各类融资租赁中介服务机构，搭建融资租赁资产交易平台，扩大租赁物的交易范围和规模，完善融资租赁资产退出机制。

四、创新政府服务模式，引导联动地方经济

（十一）强化政府对融资租赁行业发展的服务协调，建立浦东新区融资租赁行业发展领导小组，由新区区长作为召集人，由分管金融的副区长作为副召集人，成员单位包括新区金融局、商务委、财政局、市场监管局、税务局、自贸区各片区管理局，以及外管、

海关、检验检疫、法院、人行征信中心等单位。领导小组办公室设在金融局。领导小组负责做好区内融资租赁企业的重大项目协调、保障机制健全、风险预警防范等方面的工作，构建“一门式”服务体系。

（十二）打造浦东新区融资租赁专业服务平台，通过政府购买服务方式支持自贸区租赁产业服务中心、上海市租赁行业协会、自贸区融资租赁资产产权交易平台等组织推动融资租赁产业发展，发挥专业服务平台和社会组织在融资租赁信息管理、资产登记交易平台建设、行业信息统计交流等方面的积极作用。

（十三）鼓励融资租赁业在浦东新区开展节能环保、医疗健康、高端装备制造等重点产业领域的业务，大力支持融资租赁企业为服务本地中小微企业和实体经济，支持融资租赁企业参与政府采购、公用事业建设、基础设施建设等各类政府财力投资项目，鼓励区属企业运用融资租赁模式购置设备。

（十四）鼓励融资租赁企业创新业务，优化交易结构、租金安排、风险控制和盈利模式。支持融资租赁企业探索开展融资租赁与创业投资相结合、租赁债权与投资股权相结合的“创投＋租赁”业务，为浦东新区“新技术、新产业、新模式、新业态”企业提供股权融资、管理等综合服务，提升市场竞争力。

（十五）本意见自2015年1月1日起实施，有效期至2017年12月31日止。

广州市人民政府办公厅
关于加快推进融资租赁业发展的实施意见（节录）

穗府办〔2014〕52号

各区、县级市人民政府，市政府各部门、各直属机构：

为贯彻落实市委、市政府关于加快产业转型升级、抢占经济制高点的决策部署，推动融资租赁业（包括外商投资融资租赁公司、内资试点融资租赁公司和金融租赁公司）快速发展并成为我市重要的金融主导产业，促进产融结合，经市人民政府同意，现提出如下实施意见：

一、总体思路和目标

（一）总体思路。围绕广州走新型城市化道路的总体要求，加快广州区域金融中心建设，紧抓全国融资租赁业加速发展的战略机遇，发挥融资租赁与实体经济的互促共赢作用，依托广州融资租赁产业联盟，推动我市制造业和服务业龙头企业，融资租赁企业和相关行业组织做大做强，提高我市重大基础设施建设、先进制造业、现代服务业等三大领域融资租赁渗透率，构建完善的融资租赁法律保障体系，稳步推动我市融资租赁业集聚发展，助推我市产业转型升级。

（二）总体目标。到2016年底力争形成若干个千亿级的融资租赁产业集聚区，培育2—3家注册资本超过50亿元以上融资租赁龙头企业和设立100家以上融资租赁企业，全市融资租赁业的市场渗透率达到5%以上。通过3年时间夯实我市融资租赁业基础，优化融资租赁业发展环境，努力使我市成为华南区域融资租赁集聚中心、中国融资租赁第三极，助力提升我市区域金融中心地位。

二、促进产融结合，加大融资租赁对我市三大领域的渗透

（三）推动融资租赁业与基础设施建设有机结合。鼓励对于已建成的基础设施通过售后回租的方式，盘活存量资产和沉淀资金，减轻财政压力。鼓励融资租赁企业开展地铁、

机场、高速公路、高速铁路、污水处理、垃圾处理等基础设施设备的融资租赁业务。在同等条件下，鼓励采用融资租赁方式解决基础设施建设设备的资金问题。力争至 2016 年底，通过融资租赁方式累积为城市基础设施建设提供千亿元以上的资金支持。

（四）推动融资租赁业助力我市先进制造业转型升级。促进融资租赁与我市汽车、精细化工、电子信息、装备制造、轨道交通、船舶、工业机器人等制造业的深度融合，发挥融资租赁的资金杠杆优势，迅速做强我市先进制造业。鼓励融资租赁企业加大对产业园区建设、循环化改造的融资支持，推进我市制造业入园入区、集聚化发展；鼓励制造业企业采取售后回租的方式，实现资产轻量化经营；鼓励我市优势制造业运用融资租赁扩大对外出口，依托保税港区，实施"走出去"战略，提升我市优质制造业的国际市场竞争力，出口货物符合出口退税政策的可给予相关支持；鼓励设立厂商系融资租赁公司，根据母体公司供应链，开展设计、生产、销售等一体化服务，推动制造业服务化；培育符合重点行业需求、有序、规范、高效的二手设备交易平台，建立二手设备的质量评估体系和信用评价体系，推动工程机械租赁业的进一步发展。

（五）推动融资租赁业与现代服务业互促共进。大力发展空运、航运、汽运等交通运输业的融资租赁服务。鼓励融资租赁企业开展新能源汽车业务，在白云机场综合保税区积极探索飞机融资租赁业务，支持各类符合条件的融资租赁公司设立项目子公司，支持安排利用外债指标规模，为广州白云机场综合保税区开展飞机融资租赁业务设立飞机租赁、维修的专用区域，鼓励开拓游艇、航运等行业相关的融资租赁业务。进一步推进我市国家服务业综合改革试点工作，积极推进我市教育、医疗、餐饮、检验检测等行业的融资租赁服务，促进我市服务业连锁化经营。通过融资租赁的方式做强一批服务业龙头企业，打造一批广州服务品牌，提升广州服务质量。

三、支持融资租赁业集聚发展

（六）推进广州融资租赁业集聚试验区建设。采取市、区共建模式，选择若干个行政区域开展广州融资租赁业集聚试验区（以下简称集聚区）建设，支持南沙申报全国统一融资租赁行业管理体制改革试点地区，鼓励有条件的集聚区建设融资租赁产业园区，符合条件的融资租赁产业园区可申报我市新业态集聚园区的资金扶持。在市政府的统筹指导下，各集聚区所在区（县级市）政府结合本区域的产业优势、政策优势等，开拓创新，制定各具特色的扶持政策，实现差异化发展，积极争取国家政策支持，努力打造融资租赁业的服务高地、成本洼地、政策和人才聚集地。

（七）引进和培育一批实力雄厚的融资租赁企业。鼓励培育大型混合所有制融资租赁企业，鼓励融资租赁公司推动金融电子网络平台建设，各集聚区积极引进国际和国内知名融资租赁公司在我市建立总部或设立子公司，加强对重点引进企业的招商引资，对招商企业可按照引进融资租赁企业的贡献大小予以奖励，调动社会各方的积极性。

四、优化融资租赁业发展的市场环境

（八）完善融资租赁产权登记和征信查询服务。我市融资租赁公司在开展融资租赁业务时，应按照《中国人民银行征信中心融资租赁登记规则》的规定，在中国人民银行征信中心融资租赁登记公示系统如实办理融资租赁登记，公示融资租赁物权利状况，避免因融资租赁物占有与所有分离导致的租赁物权属冲突。各金融机构及其他权利人在办理动产抵押、质押和受让等业务时，可登陆融资租赁登记公示系统查询相关标的物的权属状况。积极推进征信查询服务，方便在穗融资租赁企业全面了解客户信用状况。

（九）推广融资租赁仲裁。鼓励采用商事仲裁方式解决融资租赁法律纠纷，尽快出台我市融资租赁业仲裁指导意见，规范仲裁协议合同文本，成立专门针对融资租赁经济纠纷的仲裁员队伍，高效、公正地解决融资租赁合同纠纷问题，提高我市融资租赁业的风险防控能力。鼓励广州金融仲裁机构成为全国融资租赁仲裁中心，广州仲裁机构可通过降低仲裁成本，引导全国企业来广州金融仲裁院解决融资租赁法律纠纷。

（十）加快融资租赁中介服务机构发展。支持在我市设立融资租赁相关的中介服务机构，为融资租赁业务提供政策咨询、资产评估、资产交易等配套服务。支持会计、审计、律师、资产评估等中介服务机构加快发展，为融资租赁业发展提供配套服务。规范融资租赁中介服务机构的执业行为，提高专业水平和服务能力，形成功能完备的融资租赁中介服务机构体系。

（十一）加大宣传力度。各级政府部门要充分认识融资租赁业对实体经济的重要促进作用，加大对融资租赁业新兴商业模式的宣传报道，积极搭建产融互动平台，增强重点企业与融资租赁企业的交流互动，提高融资租赁产业的社会认知度。

五、建立融资租赁业风险防控体系

（十二）加强监管控制行业经营风险。严厉打击非法集资等违法行为。融资租赁的承租人和出租人应按照国际会计准则对融资租赁的会计核算和相关信息予以揭示。按照“谁审批，谁监管”的原则，融资租赁公司在每个季度结束后15天内向归口的市级监管机构报送企业运行数据，在每会计年度结束后4个月内向归口的市级监管机构报送年度审计报告。商务、金融主管部门分别按照商务部《融资租赁企业监督管理办法》（商流通发〔2013〕337号）、《外商投资租赁业管理办法》（商务部令2005年第5号）和银监会《金融租赁公司管理办法》（银监会令2014年第3号）等相关规定加强监管。

（十三）鼓励融资租赁企业加大风险控制管理。支持融资租赁企业与保险、担保等金融机构进行合作，鼓励融资性担保公司开展融资租赁债权担保业务，鼓励保险公司针对中小企业、大型设备、现代服务业等租赁业务开发相应的保险产品，提高企业风险防控能力。

（十四）强化统计监测。加快完善融资租赁业统计指标体系，及时跟踪产业发展动态，健全信息发布制度。

六、加大对融资租赁业的扶持力度

2014年起，每年在我市战略性主导产业发展资金中安排9000万元作为市扶持融资租赁产业奖励资金，试行3年，各集聚区所在区（县级市）政府可根据实际情况，加大资金扶持力度。市奖励资金主要用于融资租赁企业落户增资、效益贡献、项目补贴和平台建设等奖励；其中落户增资奖和效益贡献奖可由企业自主奖励给经营决策人员及其他相关人员。对我市经济有重大影响的项目，可根据情况进行专项支持，并相应调整上述资金分配比例。市经贸委会同市财政局、金融办、外经贸局做好扶持资金的项目申报、审核，报批和下达资金等工作，具体办法由市经贸委会同市财政局、金融办、外经贸局另行制定。

（十五）吸引融资租赁企业落户增资。各集聚区所在区（县级市）政府可结合自身实际，根据融资租赁企业实缴注册资本（新增资本金）的一定比例给予企业落户增资奖励。市财政对落户广州和增资扩股的融资租赁企业，根据实缴注册资本（新增资本金）规模排序，评选出5家落户增资奖，按照不高于企业实缴注册资本（新增资本金）1%的标准对企业进行奖励，每家企业最高不超过500万元。通过促进融资租赁业跨越式发展，提升我市区域金融中心地位。

（十六）全面落实国家税收优惠政策。梳理国家有关扶持融资租赁业发展方面的各项优惠政策，汇编成册，出台税收政策操作指引，加强政策宣传解读力度，广泛宣传国家扶持融资租赁业发展的各项税收优惠政策，帮助融资租赁企业正确理解、充分用好相关政策，全面落实国家扶持融资租赁业发展的有关税收优惠政策。融资租赁企业中租赁机器设备符合技术进步和产品更新换代较快等规定条件的，并确需加速折旧的，提取折旧方经向主管税务机关进行优惠备案后，可采用缩短折旧年限方法计算。

（十七）设立融资租赁产业发展子基金。充分利用产业转型升级引导基金，以财政资金为引导，吸引社会资本共同成立融资租赁产业发展基金。基金实行“政府引导、市场化运作”原则，通过股权投资等方式，探索与企业共同设立融资租赁公司，通过融资租赁企业的杠杆放大效应，更有力地支持我市基础设施建设及实体经济发展。

（十八）支持融资租赁龙头企业做大做强。根据我市融资租赁企业当年的营业收入、资金投放额等方面的大小排序，每年度对广州融资租赁企业进行评审，前 2 名奖励 400 万元 / 家，第 3 至第 6 名奖励 200 万元 / 家，第 7 至第 10 名奖励 100 万元 / 家。对我市注册的内资试点和外商投资融资租赁企业可按租赁服务业的行业标准评定总部企业，符合条件的，按照《广州市人民政府关于印发加快发展总部经济实施意见及配套文件的通知》（穗府〔2013〕14 号）规定予以认定，认定后可享受总部企业的优惠扶持政策。支持融资租赁企业在境内外上市，有关部门按照《广州市人民政府办公厅关于进一步做好企业上市工作的意见》（穗府办〔2010〕29 号）中的规定，加强对重点拟上市企业的专业化、个性化、全过程跟踪指导服务。对当年业务总量达到一定规模的或新上市的融资租赁企业，各集聚区可按照业务规模大小给予奖励。

（十九）加大对融资租赁项目的支持。符合新业态扶持资金申报条件的，可按规定申报相关的资金支持。企业通过融资租赁购买的设备可视作固定资产投资，符合技术改造资金扶持条件的，可申报我市技术改造租息补贴等相关扶持政策。对租赁我市制造的工业机器人及成套设备的，按照有关规定申报资金补贴。对开展中小企业融资租赁业务的融资租赁公司，符合条件的，可申报中小企业担保体系建设专项资金中规定的风险准备金补贴。对为我市企业提供融资租赁服务的我市融资租赁企业，以不高于其项目设备购买价款的 0.5%（含 0.5%）作为补贴总额，融资租赁方、承租方分别按照补贴总额 80%、20% 的比例进行补贴，对于融资租赁企业购入我市先进制造企业生产的设备，按不高于合同金额的 0.5%（含 0.5%）给予融资租赁企业补贴，单个项目补贴上限不超过 500 万元。

（二十）加大政府服务力度。在条件成熟的情况下，对融资租赁企业的工商、税务、注册登记等事项实行并联审批、集中办理，建立首问首办责任制，明确办结时间及牵头部门职责，简化审批流程，加快审批效率，将融资租赁项目列入市政府绿色通道服务范围。

（二十一）简化外汇管理。根据《国家外汇管理局关于进一步改进和调整资本项目外汇管理政策的通知》（汇发〔2014〕2 号），简化融资租赁类公司对外债权的外汇管理。鼓励跨境外币资金进入 3 年以上中长期融资租赁项目，对于投资中长期融资租赁项目的境外资金，简化审批流程，提高审批效率。鼓励有条件的行政区域，争取中央在外汇管理上给予先行先试的政策，鼓励发展跨境人民币贷款业务，推动离岸金融市场发展，鼓励商业银行为融资租赁企业提供快捷、便利的本外币结算服务，实施有弹性的外汇管制。

（二十二）加强平台建设和人才保障。鼓励社团组织、中介机构等社会各类机构建设融资租赁公共服务平台，根据我市融资租赁产业的需要及平台建设情况，评选 5 个服务平台项目进行奖励。一等次奖励 1 个，奖励 200 万元；二等次奖励 2 个，每个项目奖励 100 万元；三等次奖励 2 个，每个项目奖励 50 万元。加强国内外融资租赁人才的引进力度，符合条件的融资租赁企业高层管理人员和业务骨干可享受《广州市高层次金融人才支持项目实施办法（试行）》（穗金融〔2014〕83 号）中的扶持政策；鼓励各集聚区根据实际制定引进融资租赁业人才的奖励措施；加强融资租赁人才培训，各集聚区可对培训服务机构给予经费补贴。

（二十三）加大土地资源支持。对各集聚区建设的融资租赁产业园区项目，取得国有建设用地使用权，可以按规定分期缴付土地出让金；鼓励用地单位在不改变用地主体、不重新开发建设等前提下，利用工业厂房、仓储用地、传统商业街等存量房产兴办融资租赁产业园区；对融资租赁企业用地，在符合产业方面、明确产业用地类型的前提下，可采用挂牌方式出让，提高土地资源开发效能。因业务发展需要在广州国际金融城通过公开出让方式以市场价格购地建设自用办公用房，按照自用建筑面积每平方米给予1000元的奖励。

七、组织保障

（二十四）建立融资租赁联席会议制度。充分发挥政府在融资租赁产业发展中的引领带动作用，成立由分管副市长任召集人，融资租赁业相关单位为成员单位的融资租赁联席会议制度，联席会议办公室设在市经贸委。定期召开相关协调会，采取“项目带动创新”的方式，在项目推进中发现瓶颈问题，针对该问题，积极争取国家和省的支持，在解决瓶颈问题后，实现流程贯通，完成功能创新。对于事关全局的重大金融改革创新事项要及时报送市深化改革领导小组审议。

（二十五）加大对集聚区建设工作的统筹推进力度。各集聚区所在区（县级市）政府可加大对融资租赁业的扶持力度，根据本实施意见并参照国内融资租赁发达地区的做法，制定所在区（县级市）的产业扶持政策，对融资租赁企业因“营改增”而增加的税负情况进行合理分析评价，按照有关规定落实过渡性财政扶持政策，积极组织融资租赁相关企业、项目申报我市现有各财政专项扶持资金，设立专门的融资租赁产业发展领导机构和服务机构，落实各项保障措施和工作计划，明确工作目标和进度安排，并按时将工作进度报送联席会议办公室。联席会议办公室要加强对集聚区指导认定和统筹推进，对各集聚区融资租赁进展情况进行中期评估，根据实施情况对相关政策进行及时修改和完善。

（二十六）支持广州融资租赁产业联盟发挥积极作用。依托广州融资租赁产业联盟（以下简称产业联盟），建设我市融资租赁信息管理及融资租赁资产交易等平台，为我市融资租赁整个产业链提供综合性服务，主要推动融资租赁企业与重大项目、重要园区开展对接，提供融资租赁债权、产权交易，盘活中小企业应收账款，促进我市实体经济发展。产业联盟要加强对市场和本行业的调研，及时发现行业瓶颈问题，向政府反映企业诉求，为政府出台相关扶持政策提供决策依据。支持产业联盟参与集聚区建设，产业联盟在我市融资租赁信息管理及融资租赁资产交易平台建设、招商引资、专业人才培养、从业人员认证、行业信息统计等方面发挥积极作用的，可按规定给予相应的政府购买服务的资金支持。强化产业联盟在规范行业自律管理方面的作用，制定我市融资租赁业自律公约，建立融资租赁企业的评价体系，对企业进行专业评级，以评价结果为依据，实行差异化的服务及激励，促进融资租赁企业争优做强。

附件：工作任务分工表（略）

广州市人民政府办公厅

2014年9月10日

广州市人民政府办公厅
印发关于促进广州市服务业新业态发展若干措施的通知（节录）

穗府办〔2014〕7号

各区、县级市人民政府，市政府各部门、各直属机构：

《关于促进广州市服务业新业态发展的若干措施》已经市政府14届101次常务会议审

议通过，现印发给你们，请认真贯彻执行。执行中遇到问题，请径向市发展改革委反映。

广州市人民政府办公厅
二〇一四年二月二十日

关于促进广州市服务业新业态发展的若干措施

……

（十）融资租赁服务业。制定融资租赁业发展意见，加快培育各类融资租赁主体，引进外商在广州设立融资租赁公司。鼓励具备实力的制造业企业成立厂商系融资租赁公司，或与大型央企联合组建金融租赁公司，争取成立更多的中外合资融资租赁公司。推动融资租赁参与地铁、城市公交、公共医疗、污水处理等重大基础设施建设，参与政府部门公车改革以及老城区企业搬迁改造，争取国家政策支持，吸引金融租赁公司在白云机场综合保税区、南沙保税港区等海关特殊监管区域内设立项目公司，开展飞机、船舶、邮轮游艇等大型设备租赁业务，促进我市航空、船舶、邮轮、游艇产业和航运金融业发展。（牵头单位：市经贸委，配合单位：市发展改革委、外经贸局、金融办，广州空港经济区管委会、南沙开发区管委会）

……

广州市人民政府办公厅关于加强融资租赁企业风险防范工作的通知

穗府办函〔2014〕126号

各区、县级市人民政府，市政府各部门、各直属机构，各融资租赁企业：

融资租赁业被誉为"新经济的促进者"，是重要的融资工具。各有关单位要把发展融资租赁业作为当前促进经济发展的重点工作，通过发展融资租赁业为更多的优质产业提供有力的资金支持。为促进我市融资租赁业健康发展，规范融资租赁企业（本通知所称融资租赁企业是指外商投资融资租赁公司、内资试点融资租赁公司和金融租赁公司）的经营行为，防范经营风险，根据商务部《融资租赁企业监督管理办法》（商流通发〔2013〕337号）、《外商投资租赁业管理办法》（商务部令2005年第5号）及银监会《金融租赁公司管理办法》（银监会令2014年第3号）的有关规定，经市政府同意，现就加强融资租赁企业风险防控工作通知如下：

一、严格遵守国家有关管理办法，依法经营

（一）提高企业风险防控能力。融资租赁企业应具备与其业务规模相适应的资产规模、资金实力和风险管控能力。应当建立完善的内部风险控制体系，形成良好的风险资产分类管理制度、承租人信用评估制度、事后追偿和处置制度以及风险预警机制等。

（二）规范业务开展范围。除金融租赁公司可以吸收非银行股东3个月（含）以上定期存款外，其他融资租赁企业不得从事吸收存款、发放贷款、受托发放贷款等金融业务。严禁融资租赁企业借融资租赁的名义开展非法集资活动。

（三）强化租赁物权属登记。按照国家法律规定，租赁物的权属应当进行登记。我市融资租赁公司在开展融资租赁业务时，应按照《中国人民银行征信中心融资租赁登记规则》的规定，在中国人民银行征信中心融资租赁登记公示系统如实办理融资租赁登记，

公示融资租赁合同中载明的融资租赁物权属状况，避免因融资租赁物占有与所有分离导致的租赁物权属冲突。融资租赁公司应对登记内容的真实性、完整性和合法性负责。融资租赁企业不应接受承租人无处分权的、已经设立抵押的、已经被司法机关查封扣押的或所有权存在其他瑕疵的财产作为售后回租业务的标的物。融资租赁企业在签订售后回租协议前，应当审查租赁物发票、采购合同、登记权证、付款凭证、产权转移凭证等证明材料，以确认标的物权属关系。

二、开展行业自律，促进行业良性发展

支持广州融资租赁产业联盟（以下简称产业联盟）以及其他相关行业组织加强行业自律和依法维护行业权益，配合有关部门进行行业监督管理。

（一）建立融资租赁行业信息管理平台。依托产业联盟以及其他相关行业组织建立广州融资租赁行业信息管理平台，健全、完善行业信息统计体系，即时反馈市场信息和行业预警，市经贸委、外经贸局、金融办、国税局、地税局、工商局、人力资源和社会保障局和广州海关、国家外汇管理局广东省分局等各相关职能部门可提供相关数据，通过该管理平台实现信息共享，开展扁平化管理，有效地监督行业发展。同时，各相关职能部门为纳入管理平台的融资租赁企业提供绿色服务通道，引导融资租赁企业使用管理平台。

（二）积极推进行业自律公约。在广州范围内从事融资租赁的出租方、承租方、供货方企业必须遵守行业自律公约，共同推进行业自律，创造行业良好发展环境。任何单位和个人均有权向产业联盟以及其他相关行业组织检举会员企业违反行业自律公约的行为，产业联盟以及其他相关行业组织可根据检举开展调查，对违反行业自律公约、存在不良行为的企业、产业联盟以及其他相关行业组织可在行业内通报批评，并通过会刊、杂志、网站等媒体向社会披露不良信用信息和违规、违法行为，向有关部门提出采取依法处理措施的建议。

三、加强部门联动，提高监管效率

（一）明确部门职责。市经贸委、外经贸局、金融办等相关主管部门根据相关规定负责并配合省级商务主管部门、银监部门加强对融资租赁行业的监管。按照“谁批设机构，谁负责风险处置”的原则，市经贸委负责配合省级商务主管部门开展全市内资试点融资租赁公司监管和风险处置；市外经贸局负责配合省级商务主管部门开展全市外商投资融资租赁公司监管和风险处置；市金融办负责配合广东银监局开展全市金融租赁公司监管和风险处置。

（二）加强行业动态管理。内资试点融资租赁公司和外商投资融资租赁公司应当按照商务部的要求使用全国融资租赁企业管理信息系统，及时如实填报有关数据。融资租赁企业变更名称、异地迁址、增减注册资本金、改变组织形式、调整股权结构等，企业通报省级主管部门的同时，及时向市级相关主管部门和产业联盟以及其他相关行业组织通报。

（三）及时上报行业发展情况。在日常监管中，各市级有关部门应当重点对融资租赁企业是否存在非法集资、超范围经营等违法行为进行严格监督管理，对融资租赁企业违反规定和不配合监管等行为，一经发现应及时提交省级相关部门依法处理。

广州市人民政府办公厅
2014 年 9 月 10 日

广州市越秀区人民政府办公室
关于促进越秀区融资租赁业加快发展的若干意见（试行）

第一条 为贯彻落实《广州市人民政府办公厅关于加快推进融资租赁业发展的实施意见》（穗府办〔2014〕52号）文件精神，紧抓全国融资租赁业加速发展的战略机遇，推动融资租赁业快速发展并成为我区重要的金融支柱产业之一，充分发挥融资租赁与实体经济的互促共赢作用，结合我区实际，特制定本意见。

第二条 自2015年起连续3年，每年由区财政统筹安排促进融资租赁业加快发展扶持奖励资金，用于对融资租赁企业进行落户补贴、经济社会发展贡献奖励、办公用房补贴及融资租赁公共服务平台建设等。

第三条 本意见所称“融资租赁企业”是指注册地在越秀区内，从事融资租赁业务的法人机构，包括金融租赁公司和融资租赁公司。

第四条 在辖区范围内优先选择环市东商务带、东风路商务带、民间金融街等区域打造融资租赁产业集聚带，对于进驻集聚带的融资租赁企业在政策适用上给予优先考虑及适当倾斜，引导融资租赁企业集聚发展。

第五条 以区财政资金为引导，多渠道筹措资金，吸引社会资本参与，探索设立融资租赁产业发展基金。基金实行“政府引导、市场化运作”原则，通过股权投资等方式，充分发挥投资基金的杠杆放大效应，更有力地支持城区基础设施建设及实体经济发展。具体办法另行制定。

第六条 积极引进融资租赁企业落户我区，鼓励已落户企业增资扩股。对新落户及增资扩股企业给予一次性奖励，奖励标准为企业新设立实缴注册资本或新增资本金实际到位额的1‰，单一企业奖励总额不超过50万元。

第七条 对融资租赁企业购买、租用办公用房给予补贴。其中，对于购买办公用房的，按照每平方米1000元标准给予一次性补助，最高不超过100万元。

对于租用办公用房的，每平方米补贴标准为实际租金的50%，但其租金标准最高不超过市国土房管部门最新公布的办公用房所在地段同类物业租金参考价。单一企业累计补贴不超过3年，且每年不超过30万元。

享受补贴期间的办公用房不得对外转租、转卖或分租，企业违反本款约定或将办公用房改变用途的，将不再享受租金补贴，并全部退还改变用途期间享受的补贴。

第八条 新落户企业开业后第一个完整财政年度，由区商务局向区政府统一申请“绿色通道服务”资质。第二个财政年度开始，在区融资租赁企业评优评级活动中获奖的企业可获得“绿色通道服务卡”。企业持卡在有效期内可享受本区提供的“绿色通道”服务。

第九条 对为广州市企业提供融资租赁服务的企业进行项目补贴，若项目设备购买价款为500万元以上（含），以不低于该项目设备购买价款的1%作为补贴标准进行补贴，单个项目补贴上限不超过20万元。

第十条 大力培育融资租赁业龙头企业，根据融资租赁企业当年的营业收入、资金投放额、合同余额等指标进行排序，每年度组织区融资租赁企业评优评级活动，对排名位于第一等次企业奖励50万元，对第二、三等次企业分别奖励30万元、10万元。各等次奖励企业数视当年参评企业数及企业评分实际情况决定。此外，对获奖企业经营决策人员提供义务教育阶段区属规范化中、小学优质学位名额各1个。

第十一条 鼓励融资租赁业创新发展，加强与互联网金融的深度融合，设立融资租赁产品（服务）创新奖励，对创新开发出业界公认首创的商业模式的融资租赁企业给予奖励，单一企业最高奖励20万元。

第十二条 积极引进和培养一批能推动我区融资租赁业加快发展的高端人才，其中凡经区人才工作领导小组评审认定为我区高层次人才的，可依规享受经费资助、住房保障、落户待遇、医疗保健、子女入学等多方面的政策奖励。

第十三条 扶持融资租赁企业上市融资，对拟改制上市并开展相关工作和成功上市的企业，以及对采取并购、借壳等资本运作方式完成上市公司重组，且重组后上市公司的工商注册地和税务登记地迁入本区的，可以参照我区扶持企业上市相关政策规定享受财政奖励。

第十四条 支持设立融资租赁行业协会，鼓励行业协会、中介机构等社会团体发挥作用共同推动促进融资租赁业发展，对社会团体在我区融资租赁信息管理及融资租赁资产交易平台建设、招商引资、专业人才培养、从业人员认证、行业信息统计、举办行业性论坛活动等方面发挥积极作用的，按照政府向社会力量购买服务有关规定，给予相应的资金支持。

大力支持融资租赁公共服务平台建设，根据我区融资租赁产业的需要及平台建设情况，评选若干个服务平台项目进行奖励，单个项目最高奖励20万元。

第十五条 支持融资租赁企业申报国家、省、市、区的扶持项目。对符合相关项目申报条件的，区各相关部门要积极支持并引导企业参与项目申报。

第十六条 加大政府服务力度，积极协调解决企业发展诉求，充分发挥区政务服务中心作用，对融资租赁企业工商、税务、注册登记等事项实行并联审批、集中办理，简化审批流程，提高审批效率。加强政企沟通和行业互动，为企业发展搭建对外宣传与交流互动平台，推进融资租赁企业与区内优质企业交流合作，推动融资租赁产业与区主导产业互促共进。

第十七条 本意见由区商务局会同区金融局、区财政局组织实施，对于符合本意见奖励及补贴标准企业，按要求提交申报材料并经审核符合条件者，可获得对应项目奖励或补贴资金。

第十八条 申报资金奖励的企业或个人必须保证所有申报材料的真实性。企业或个人如有弄虚作假、违法或严重违规行为，经核查属实，撤销其资金奖励，并对已领取的奖励予以全额追缴。

第十九条 享受本意见优惠政策的企业、机构及个人符合本区其他相关扶持、奖励政策的照扶持奖励力度就高不就低，同类不重复的原则执行。其中，第六条、第十条涉及奖励资金，可由企业自主奖励给企业决策人员及其他相关人员。

第二十条 本意见提到的优惠政策可与广州市相关优惠政策叠加适用。

第二十一条 本意见中提到的货币单位均以人民币结算。

第二十二条 本意见自发布之日起施行，有效期3年。有效期届满，根据实施情况依法评估修订。

广州市越秀区人民政府办公室
2015年8月21日

东莞市加快融资租赁业发展实施意见

东府办〔2013〕50 号

融资租赁是指出租人根据承租人对租赁物和供货人的选择或认可，将其从供货人处取得的租赁物按合同约定出租给承租人占有、使用，向承租人收取租金的交易活动。融资租赁是集融资与融物、贸易与技术服务于一体的现代交易方式，是现代服务业的新兴领域和重要组成部分。为进一步支持我市融资租赁业发展，丰富中小企业融资方式，完善多层次的金融服务体系，促进全市经济社会发展，根据《东莞市金融业发展“十二五”规划》（东府办〔2011〕144 号）精神，现就加快融资租赁业发展提出如下实施意见：

一、鼓励新设、引进融资租赁公司

将融资租赁业明确为全市支持和重点发展的行业。大力支持国内外各类融资租赁机构在我市成立总部或开设分支机构，在资金进入、公司登记等各方面简化手续，提供便捷服务。对已经在我市设立的融资租赁公司，支持其积极拓展业务，做大做强。支持设立外商投资融资租赁公司，支持外国及港澳台地区的公司、企业和其他经济组织以中外合资、中外合作以及外商独资的形式在我市设立从事融资租赁业务的外商投资企业。支持设立内资融资租赁公司，鼓励我市民营资本以独资、合资等方式，在我市设立融资租赁公司。贯彻落实《商务部关于“十二五”期间促进融资租赁业发展的指导意见》（商流通发〔2011〕487 号），大力培育融资租赁企业。

二、营造融资租赁业良好发展环境

（一）充分认识发展融资租赁业务对于有效解决中小企业融资难问题、促进我市经济发展的重要意义，通过项目对接会、媒体沟通会等多种途径，广泛宣传融资租赁对于促进企业发展的优势，真正发挥其作用。

（二）融资租赁公司与承租人签署租赁合同、开展租赁业务，应当就租赁物的权属变更、权属转移、权属转让等提出申请。市房管、工商等部门要及时受理申请，办理登记、公示、确认等有关手续并发证，及时为融资租赁公司提供抵押登记服务。

（三）鼓励融资租赁机构加大对重点项目的支持。支持融资租赁机构在全市范围内选择项目有前景、产品有市场、经济效益好的中小企业作为服务对象。鼓励融资租赁机构对以下项目倾斜，扩大业务规模：一是列入我市的重大项目；二是以提高企业生产效率和降低能耗、减少污染的工业设备、冶金设备等；三是以改善生产、生活条件的城市公交、污水处理、垃圾处理等环保所需设备；四是为改善我市的医疗环境、医疗条件所需引进的先进医疗设备；五是我市重点发展的七大高技术产业项目；六是中小企业技术改造项目。

（四）支持融资租赁业务创新。推动融资租赁行业不断创新，保持活力，促进其在融资租赁理念、行业环境、经营手段、经营风险等方面创新。鼓励推进杠杆租赁、经营租赁、转租赁和回租等租赁业务和其他租赁业务。融资租赁公司开发的以服务创新驱动、推动转型升级为主要特征的优秀金融创新项目，可纳入《东莞市金融创新奖评选暂行办法》的奖励范畴。

（五）支持融资租赁机构加强管理。促进融资租赁机构制定有效的内部制衡机制，完善公司治理结构。指导融资租赁机构创新业务流程，提高经营效益和服务效率。支持融资租赁机构建立有效的薪酬激励制度。支持融资租赁机构建立科学的风险防范机制，有效控制风险，推动建立出租人、承租人、供货商利益共同体，相互制约、共同发展。

（六）加快融资租赁人才培养与引进。支持融资租赁机构在我市建立人才培训、培养基地，支持我市相关院校与境内外金融专业培训机构合作建立融资租赁人才培训基地、开设相关专业课程，为我市融资租赁业提供智力、人力支持。

三、支持融资性租赁公司多渠道融资

（一）支持融资租赁公司通过上市和发行企业债券、公司债券、短期融资券、中期票据等方式，拓宽直接融资渠道，扩大直接融资规模；通过信托方式融资、转让租赁资产；通过短期外债融通外汇资金，利用中长期外债拓展融资渠道。支持保险企业用债权、股权或者债权转股权等方式投资融资租赁业。

（二）支持融资租赁公司与银行、信托、保险、担保等机构搭建交流合作平台，开发长租短贷、租赁保理、供应商租赁、租赁信托、租赁保险、租赁担保等创新型产品，发展成熟适用的租赁融资模式，增强融资租赁业的金融服务功能，为客户提供多样化综合性服务，满足大众化和个性化市场需求。

（三）鼓励融资租赁公司探索开展融资租赁与风险投资相结合、租赁债权与投资股权相结合的风险租赁业务，支持融资租赁公司以租金、租赁物残值、承租企业股权作为主要收益，为我市的创业期和成长期企业提供融资、管理、技术、财务、法律等综合型服务，依托大型仪器设备协作共用网络等，不断拓宽服务领域，扩大服务范围。

四、鼓励和支持各类企业积极开展融资租赁业务

鼓励科技企业使用融资租赁公司产品，发展资产轻量化生产经营方式。鼓励企业通过资产证券化等方式盘活租赁资产，创新融资模式。鼓励融资租赁公司与我市设备制造企业开展产业联动。鼓励融资租赁公司优先采购我市设备制造企业的相关产品作为标的物，以融资租赁业发展带动我市装备制造业发展，实现产业联动。

五、为融资租赁业发展提供税收政策支持

（一）印花税。对银行及其他金融组织开展融资租赁业务签订的融资租赁合同，按照借款合同所载租金总额的万分之零点五计税；对分别签订购销合同和融资租赁合同的，应当按照规定分别计税。

（二）售后回租业务税收。融资性售后回租业务中承租方出售资产的行为，不属于营业税征收范围，不征收营业税。融资性售后回租业务中，承租人出售资产的行为，不确认为销售收入，对融资性租赁的资产，仍按照承租人出售前原账面价值作为计税基础计提折旧。租赁期间，承租人支付的属于融资利息的部分，作为企业财务费用在税前扣除。

（三）融资租赁业务中租赁机器设备符合由于技术进步使产品更新换代较快等规定条件，并确需加速折旧的，提取折旧方经向主管税务机关备案后，可采用缩短折旧年限方法计算，但最短折旧年限不得低于规定的60%。

（四）融资租赁公司应当根据承租人财务、经营管理和租金逾期期限等因素，分析应收租赁款的风险程度和回收可能性，合理计提贷款损失准备金。融资租赁公司发生的符合条件的贷款损失，应先冲减已在税前扣除的贷款损失准备金，不足冲减部分可据实在计算当年应纳税所得额时扣除。

六、加强服务协调，为融资租赁行业发展提供保障

市金融局、经信局等部门要加强对融资租赁行业的调查研究，把支持融资租赁行业的发展作为重要工作，积极主动提供政策支持与服务协调。各部门、各镇（街）在执行本实施意见过程中遇到的问题，请径向市金融局反映。

东莞市人民政府办公室

2013年4月10日

东莞市人民政府办公室
关于大力推广融资租赁促进技术改造的工作方案

东府办〔2014〕114 号

为贯彻落实《广东省人民政府办公厅关于推动新一轮技术改造促进产业转型升级的意见》（粤府办〔2014〕51 号）、市人民政府《关于进一步扶持实体经济发展的若干意见》（东府〔2014〕1 号）、《东莞市加快融资租赁业发展实施意见》（东府办〔2013〕50 号）等文件精神，发挥融资租赁在现代金融服务体系中的功能和作用，强化中小微企业融资支撑，促进企业技术改造和转变发展方式，实现科技、金融与产业更好融合，特制定本工作方案。

一、重要意义

融资租赁是指出租人根据承租人对租赁物和供货人的选择或认可，出资向供货人购买租赁物，并按照合同约定出租给承租人占有、使用，向承租人收取租金的交易活动。融资租赁是集融资与融物、贸易与技术服务于一体的现代商业模式，在缓解中小微企业融资困难、推动经济转型升级、提高对外开放水平等方面具有独特作用，部分发达国家的机械设备购销 50% 以上通过融资租赁方式完成。然而，由于政策体系不完善、业务模式及服务领域拓展不足等原因，融资租赁在我市企业中的认知程度还不高，其优势远未得到释放。在当前银行信贷收紧、中小微企业普遍因融资难、融资贵而面临发展瓶颈的形势下，支持和壮大融资租赁业，充分发挥其在搞活金融市场、推进企业技术改造和“机器换人”等方面的独特作用，对于我市产业结构调整优化、经济社会转型升级、顺利迈过“爬坡越坎”阶段具有十分重要的战略意义。

二、基本原则

一是坚持以企业为主体，发挥市场机制作用。切实发挥市场配置资源的决定性作用，以风险共担、利益共享为基础，创新推广融资租赁模式，激发企业、设备供应商、融资租赁公司、商业银行等市场主体的积极性，加快推动企业技术改造。

二是加强政策引导，财政资金适度扶持。把握好政府和市场的关系，积极发挥政府统筹引导的作用，放大财政资金的杠杆效应，营造有利于融资租赁业发展的政策环境和市场环境，反过来带动社会资本支持科技创新和产业发展，促进金融服务与产业升级良性循环。

三、总体目标

通过财政资金的引导，鼓励融资租赁公司支持我市企业技术进步和产业转型升级，加大对科技型企业、中小微企业的融资服务力度，用 3 年左右时间，推动全市先进制造业和优势传统产业开展新一轮技术改造，工业技术改造投资年均增长 25% 左右，2015—2017 年累计完成工业技术改造投资 500 亿元以上。同时，融资租赁业成为投融资体系中的重要组成部分，至 2017 年全市融资租赁合同余额达 50 亿元，培育 2—3 家注册资本超 10 亿元以上融资租赁龙头企业。

四、具体内容

（一）建立融资租赁风险补偿制度

市财政在“科技东莞”工程专项资金中统筹设立融资租赁风险补偿专项资金，用于支持融资租赁公司、商业银行等金融机构开展融资租赁相关业务。融资租赁公司为全市经备案的企业技术改造项目提供融资租赁业务，单个项目融资额度最高不超过 1500 万元，实施技术改造的企业由此所产生的融资利息由市财政给予不超过 70%、单个项目不超过 200 万元的补贴（项目申报“机器换人”专项资金资助的，按《东莞市“机器换人”

专项资金管理办法》有关规定执行）；租赁公司发生坏账损失的，在不超过实际融资本金总额的 10% 额度内，由风险补偿专项资金给予补偿。

（二）建立履约保函风险补贴制度

对于企业为实施技术改造项目而发生融资租赁业务、商业银行为企业出具履约保函的，市财政按实际担保金额的 3% 给予商业银行补贴，每家商业银行每年最多补贴 200 万元。

（三）实施融资租赁业务奖励计划

对于租赁公司为企业技术改造项目提供融资业务，如果租赁公司当年没有发生不良资产的，在当年结余的风险补偿专项资金中，按其新增融资余额的 0.5% 给予业务奖励，每年每家租赁公司最高奖励 200 万元。

五、保障措施

（一）加强协调服务

各镇街、各有关部门要充分认识融资租赁业对丰富资金筹措渠道、促进企业技术改造的重要作用，要把发展融资租赁业作为支持实体经济发展、推进产业转型升级的重要手段，积极主动提供政策支持和服务协调。

（二）加强融资租赁行业信用体系建设

建立健全我市融资租赁行业信用体系，将融资租赁行业的交易信用信息纳入我市企业诚信建设体系范畴，提高企业的违约成本；允许融资租赁公司使用政府、银行等相关信用数据库，拓宽数据库应用范围，建立良好的市场秩序。

（三）提高融资租赁社会认知度

利用传统媒体、网络媒体等多种渠道，加大融资租赁理念和知识的宣传普及，积极搭建产融交流合作平台，增强企业与融资租赁公司的交流互动，不断提高融资租赁业的社会影响力和认知度，为行业发展创造良好的氛围。

深圳市人民政府关于充分发挥市场决定性作用全面深化金融改革创新的若干意见（节录）

……

（五）引导更多民间资本进入金融领域。

支持民间资本按“权利平等、机会平等、规则平等”原则加快进入金融领域，着力培育一批民营金融领军企业。支持符合条件的民营企业发起设立民营银行、证券基金期货类机构、专业性保险机构、金融租赁公司、消费金融公司、汽车金融公司及其他有利于增强市场功能的新型金融业态。

……

（八）创新发展各类新型要素交易平台。

引导金融资产、石油化工、保险产品、文化产权、农产品等要素交易平台通过引进战略投资者、创新业务产品等方式进一步做大做强，推动稀贵金属、珠宝、电子商品、租赁资产、航空航运、社会资本和慈善公益资产等新型要素平台组建运行。

……

（二十）扶持融资租赁产业发展。

鼓励设立融资租赁公司和金融租赁公司，支持融资租赁公司、金融租赁公司在前海设立单机、单船、大型设备等项目子公司和功能创新平台公司，开展航空器（材）、船舶和大型设备租赁业务。支持融资租赁产业通过跨境人民币贷款、股权融资、债权融资等方式拓宽融资渠道。推动融资租赁业务创新试点，建立融资租赁资产交易平台，鼓励开发覆盖债权与股权、场内与场外、标准与非标准融资租赁产品，大力发展融资租赁资产交易市场。

……

深圳市人民政府

2014 年 1 月 6 日

关于推进深圳前海湾保税港区开展融资租赁业务的试点意见

深府金发〔2014〕3 号

根据《前海深港现代服务业合作区总体发展规划》中“支持设立融资租赁公司、汽车金融公司、消费金融公司以及小额贷款公司等有利于增强市场功能的机构”的有关精神，落实《国务院关于支持深圳前海深港现代服务业合作区开发开放有关政策的批复》（国函〔2012〕58 号）中“支持前海试点设立各类有利于增强市场功能的创新型金融机构，探索推动新型要素交易平台建设，支持前海开展以服务实体经济为重点的金融体制机制改革和业务模式创新”的相关内容，支持深圳前海湾保税港区探索融资租赁业务创新试点，现提出本市支持前海开展融资租赁业务试点意见如下：

一、市场准入方面

（一）允许金融租赁公司、外商投资融资租赁公司、内资试点融资租赁公司在前海湾保税港区设立租赁项目子公司并开展融资租赁业务（含融资性租赁和经营性租赁），并按一般公司设立流程在市场监督管理局办理登记注册手续，不设最低注册资本金限制。

二、海关政策方面

（二）认定注册地址在前海湾保税港区红线范围内的融资租赁公司或租赁项目子公司为前海湾保税港区内企业，享受保税港区政策。

（三）允许注册在前海湾保税港区的融资租赁公司或租赁项目子公司，进口空载总量 25 吨以上的客货运飞机，并租给境内航空公司时，可参照《海关总署关于加强对国内航空公司进口飞机减免税管理的通知》（署税发〔2011〕88 号）规定，选择由融资租赁公司与境内航空公司共同向海关出具承诺保证书的方式提供担保。

（四）对注册在前海湾保税港区的融资租赁公司或租赁项目子公司，经国家有关部门批准从境外购买并租赁给国内航空公司使用的空载总量 25 吨以上的客货运飞机，其承租人可以采取航空公司报关、租赁公司报备的方式享受国家相关规定的优惠税率。

（五）允许注册在前海湾保税港区的融资租赁公司以及租赁项目子公司，从境外购入飞机、船舶或大型设备实行保税监管，并办理有关进境备案手续，租赁给境内区外企业时，由境内承租人按照租赁方式分期缴纳进口关税和进口环节增值税。允许选择由融资租赁公司与境内承租人共同向海关出具承诺保证书的方式提供税款担保。

（六）在深圳宝安国际机场划定临时飞机跑道和专用区域，用于为以租赁方式进口的飞机办理入境手续及停靠。

三、跨境融资政策方面

（七）支持并协助注册在前海的融资租赁公司或租赁项目子公司，在能够提供完备的购买飞机、船舶或大型设备的交易材料，证明业务具有真实性背景的前提下，向国家有关部门申请，通过债权、股权等方式引入跨境外币资金。

（八）支持注册在前海的融资租赁公司或租赁项目子公司，从香港经营人民币业务的金融机构引入跨境人民币资金，拓宽其融资渠道。

备注：文中所称“租赁项目子公司”，指的是融资租赁公司为隔离风险而设立的飞机、船舶、大型设备等 SPV（特殊目的公司）。

深圳市金融办
深圳市人民政府金融发展服务办公室
深圳市经济贸易和信息化委员会
2014 年 1 月 16 日

珠海市人民政府关于促进科技金融发展的实施意见（节录）

珠府〔2014〕72 号

……

（十）支持设立科技融资租赁机构。支持设立科技融资租赁机构，为我市科技型企业提供融资租赁服务。鼓励科技融资租赁机构开展业务创新、不动产租赁业务、跨境租赁业务，支持科技融资租赁机构在珠海产权交易中心、广东金融资产交易中心等交易市场上公开进行租赁资产交易。（高新区管委会牵头，横琴新区管委会、市金融工作局、珠海金控配合）

……

珠海市人民政府
2014 年 7 月 2 日

横琴新区促进融资租赁业发展试行办法

珠横新办〔2014〕36 号

第一条　为大力发展融资租赁业，鼓励融资租赁机构在横琴新区集聚与发展，根据《国务院关于横琴开发有关政策的批复》、《广东省建设珠江三角洲金融改革创新综合试验区总体方案》、《横琴总体发展规划》及《国务院办公厅关于加快飞机租赁业发展的意见》等有关规定和政策，结合横琴新区实际，制定本办法。

第二条　本办法所称融资租赁机构，是指依法注册、经营的金融租赁公司、外商投资租赁公司、内资融资租赁公司及其分支机构和租赁项目子公司。

本办法所称租赁项目子公司，是指融资租赁机构为隔离风险而设立，从事飞机、船舶、大型设备等融资租赁业务的项目子公司。

本办法所称设备，是指生产设备、通信设备、医疗设备、科研设备、检验检测设备、工程机械设备、办公设备等各类设备。

第三条　在横琴新区设立或引进的融资租赁机构，适用本办法。

第四条　成立金融创新工作小组（简称工作小组），统筹推进融资租赁业发展工作。

工作小组由区管委会分管副主任担任组长，成员包括区统筹发展委员会、区产业发展局、区财金事务局、区国税局、区地税局、区工商局、区金融服务中心等单位主要领导。工作小组办公室设在区金融服务中心，负责日常工作。

第五条　区管委会每年在总部企业发展奖励资金中安排一部分资金作为融资租赁业发展专项奖励资金，用于推进融资租赁产业集聚，扶持落户融资租赁机构发展。

第六条　鼓励在横琴新区设立融资租赁机构，支持引进融资租赁机构落户横琴新区。

支持融资租赁机构在横琴新区设立租赁项目子公司并开展融资租赁业务。允许外商投资租赁公司、内资融资租赁公司设立租赁项目子公司按一般公司设立流程在区工商局办理登记注册手续，不设最低注册资本金限制。

第七条　鼓励融资租赁机构开展飞机、船舶、游艇及其发动机、零部件租赁等航运金融业务。

鼓励融资租赁机构利用互联网金融技术，开展线上融资租赁业务。支持融资租赁机构与银行、信托、保险、担保、证券等机构合作开发租赁保理、供应商租赁、租赁信托、租赁保险、租赁担保、租赁资产转让和房地产信托投资基金（REITS）等创新型产品，增强融资租赁业的金融服务功能。

鼓励融资租赁机构探索开展融资租赁与风险投资相结合、租赁债权与投资股权相结合的风险租赁业务。支持融资租赁机构以租金、租赁物残值、承租企业股权作为主要收益，为企业提供融资、管理、技术、财务、法律等综合型增值服务。

鼓励融资租赁机构开展与主营业务有关的商业保理业务。

第八条　鼓励融资租赁机构按照相关规定开展不动产租赁业务，参与重大基础设施、城市基础设施等重大工程建设。

第九条　支持融资租赁机构开展跨境融资租赁业务，从国内外购买船舶、飞机、海工设备、医疗器械及其发动机、零部件等国家鼓励进出口的设备，租赁给境内外企业使用。

鼓励融资租赁机构在境外设立租赁项目子公司，开展境外或跨境融资租赁业务。支持融资租赁机构开展境外融资租赁业务。

融资租赁机构开展境外融资租赁业务的，不受现行境内企业境外放款额度限制，在按规定到注册地外汇管理局办理融资租赁对外债权登记手续后可直接到融资租赁机构所在地银行开立境外放款专用账户，用于保留对外融资租赁租金收入。

第十条　鼓励融资租赁机构开展国产飞机租赁业务。

第十一条　支持金融租赁公司进入银行间市场，调剂资金头寸和临时性资金余缺；支持融资租赁机构通过上市和发行金融债券、企业债券、公司债券、短期融资券、中期票据等方式，扩大融资规模；支持融资租赁机构通过信托、私募投资基金等方式融资；支持融资租赁机构通过证券公司、基金公司和信托公司等以特定化的财产或财产权利为基础发行资产支持证券，进行融资；支持融资租赁机构通过短期外债融通外汇资金，利用中长期外债拓展融资渠道；鼓励保险、证券、私募投资基金等机构采用债权、股权等方式投资融资租赁机构。

支持融资租赁机构在珠海产权交易中心、广东金融资产交易中心等交易市场上进行租赁资产交易、转让，为投资者合理退出创造机制。

支持融资租赁机构采用复合式供应链融资、产业链融资、商业圈融资和企业群融资等方式拓宽融资渠道。

第十二条　鼓励融资租赁机构为珠海市企业提供融资服务，推动珠海市“三高一特”产业发展。鼓励融资租赁机构购买珠海市企业研发生产的先进设备，促进企业发展，提升企业自主创新能力。

第十三条 鼓励设立支持中小微企业采用融资租赁进行融资的担保机构，扩大融资租赁机构面向中小微企业的业务规模。

第十四条 争取国家税收政策支持，允许融资租赁机构从境外购入飞机、船舶、游艇及其他与生产有关的大型设备实行保税监管，并办理有关进境备案手续，租赁给境内外企业时，由原购入机构按照租赁方式分期缴纳进口关税和进口环节增值税，或在租赁期限届满前一次性缴纳全额税款，涉及许可证件管理的，同时向海关提交相关许可证件；租赁物在租赁期间应当接受海关监管，购入时应当按照海关规定提供税款担保。

第十五条 融资租赁机构一般贸易项下进口飞机并租给国内航空公司使用的，享受与航空公司进口飞机同等税收优惠政策。

第十六条 融资租赁机构开展飞机租赁业务的，自 2014 年 1 月 1 日起至 2018 年 12 月 31 日止，暂免征收购机环节购销合同印花税。

允许银行及其他金融组织开展融资租赁业务签订的融资租赁合同，按照融资租赁合同所载租金总额计征印花税时适用借款合同万分之零点五的印花税率。

第十七条 在融资租赁机构工作的香港、澳门居民享受《广东省财政厅关于在珠海市横琴新区工作的香港澳门居民个人所得税税负差额补贴的暂行管理办法》规定的优惠政策。

在融资租赁机构工作的其他境内外居民（香港、澳门居民除外），符合《珠海经济特区横琴新区人才开发目录》规定的，享受《珠海经济特区横琴新区特殊人才奖励办法》规定的优惠政策。

对不符合本条前两款规定的融资租赁机构高级管理人员，可参照《横琴新区促进总部经济发展办法》的有关规定执行。

第十八条 金融租赁公司应于每年年度终了对承担风险和损失的资产计提一般准备金，一般准备金额原则上不得低于风险资产期末余额的 1.5%。融资租赁机构发生的损失，可按照《中华人民共和国企业所得税法》的有关规定在税前据实扣除。

融资租赁机构租赁的机器设备符合技术进步使产品更新换代较快等规定条件，并确需加速折旧的，可采用缩短折旧年限方法计算，但最短折旧年限不得低于规定的 60%；或者采用双倍余额递减法或年数总和法计算。

第十九条 对在横琴新区注册、经营的融资租赁机构，按照其对横琴新区经济社会发展贡献情况给予奖励：

（一）自第一个纳税年度起，前两年按照其缴纳企业所得税、营业税形成横琴新区年度财力贡献总额的 100% 给予奖励；后三年按照其缴纳企业所得税、营业税形成横琴新区年度财力贡献总额的 60% 给予奖励。

（二）自第一个纳税年度起，连续两年按照其缴纳增值税形成横琴新区年度财力贡献总额的 50% 给予奖励。

（三）对横琴新区内政府物业和商业物业售后回租业务，按照融资租赁机构购买环节和原业主回购环节缴纳契税形成横琴新区年度财力贡献总额的 100% 给予奖励。因特殊情况，售后回租业务未能实施，物业所有权未转移到原业主的，融资租赁机构应全额退还已经获得的奖励资金。

（四）融资租赁机构开展跨境融资业务的，按照其为境外主体代扣代缴的预提企业所得税形成横琴新区年度财力贡献给予下列奖励：

1. 50 万元人民币以上的，按贡献额的 30% 予以奖励。

2. 150 万元人民币以上的，按贡献额的 40% 予以奖励。

3. 300 万元人民币以上的，按贡献额的 50% 予以奖励。

符合珠海市相关规定的融资租赁机构，可申请相关奖励资金。

第二十条 注册资本全额到位的融资租赁法人机构，在横琴新区租赁自用办公用房的，按照实际租赁面积连续 3 年给予房租补贴，房租单价补贴标准为房屋租金市场价的 30%（最高不超过 30 元 / 平方米），最高补贴面积不超过 1 000 平方米。在横琴新区无自用办公用房，购买横琴新区自用办公用房（不包括附属设施和配套用房）的，按其购买自用办公用房所缴纳契税形成横琴新区地方财力贡献总额的 80% 给予补贴，最高补贴面积不超过 1 000 平方米。享受购房补贴的办公用房 5 年内不得对外租售。

第二十一条 鼓励融资租赁机构引进精英人才。对在融资租赁机构工作、符合条件的精英人才，享受精英人才安居保障政策。

第二十二条 重点引进大型融资租赁机构。对符合创新金融总部企业条件的融资租赁机构，经认定，享受《横琴新区促进总部经济发展办法》规定的优惠政策。

第二十三条 符合本办法规定的融资租赁机构申请本办法第十九条第一款和第二十条规定的奖励资金或补贴资金的，应当向区金融服务中心提交申请。区金融服务中心受理后 15 个工作日内出具初审意见，并及时提交区发展总部经济工作领导小组办公室（简称区总部办）审定。区金融服务中心根据区总部办审定的结果，向融资租赁机构出具书面通知。

区管委会每年 7 月核算上年度经区总部办审定的融资租赁机构的经济社会发展贡献，符合本办法规定的，原则上一个月内兑现奖励政策。有关数据统计时间为每年度的 1 月 1 日至 12 月 31 日。

第二十四条 区财金事务局支持相关预算单位在项目建设、设备采购中采用各类融资租赁模式进行融资，在符合国家政策的前提下，将相关资金列入年度部门预算。鼓励负债率高的企业通过融资租赁方式减少负债，实现资产轻量化经营，改善生产经营状况。

第二十五条 区相关部门应简化办事程序，为融资租赁机构办理相关手续开辟绿色通道，并提供下列跟踪服务：

（一）项目论证的信息、政策、法律等咨询服务。

（二）为融资租赁机构注册提供全程服务，协调完成工商注册、外商投资许可、税务、质量技术监督、外管、海关、检验检疫、边检、海事等登记手续。

（三）在融资租赁机构经营过程中，为项目运作提供法律、财税、会计和融资等咨询服务，协助完成项目运作。

（四）保守商业秘密。

第二十六条 鼓励融资租赁机构的高级管理人员在横琴新区工作和发展，可按照横琴新区户口迁移管理有关规定，优先协助办理横琴新区户籍迁入申请。

第二十七条 融资租赁机构的高级管理人员（含非本地户籍）子女，申请就读我区义务教育阶段学校的，由区教育部门统筹协调，优先安排入学；申请就读市内区外义务教育阶段学校的，区管委会协调市、区教育部门统筹就近安排入学。

第二十八条 对融资租赁机构的高级管理人员、高级技术人员、高端专业人士提供出入境便利，优先协助办理因公出国（境）申请。积极协助融资租赁机构聘用的外籍高级管理人员、高级技术人员、高端专业人士及其家属办理 1 至 5 年居留许可。

第二十九条 对符合办理粤港、粤澳两地车牌条件的融资租赁机构申请办理粤港、粤澳车牌的，优先协助办理。

第三十条 区金融服务中心不定期组织各类金融论坛、学术研讨会、新产品展示会、座谈会等多种形式的交流活动，支持创建金融品牌，创新金融业务，促进融资租赁机构发展。

第三十一条　鼓励在横琴新区设立融资租赁相关的中介服务机构，为融资租赁业的发展提供会计、法律、政策咨询、资产评估、资产交易、商务服务等配套服务。

第三十二条　鼓励成立融资租赁行业协会，加强融资租赁行业信用体系建设。建立健全融资租赁行业信用体系，将融资租赁行业的交易信用信息纳入企业诚信建设体系范畴，完善信用数据库应用，建立良好的市场秩序。

区金融服务中心指导融资租赁行业协会推进联合增信，加强融资租赁机构的合作互助，探索将融资租赁行业的交易信用信息纳入珠海市企业融资增信平台。

第三十三条　融资租赁机构应当依托适宜的租赁物开展业务，不得转借银行贷款和相应资产，按照相关规定和要求，定期向区金融服务中心报告经营情况，并及时如实向相关部门报送有关信息。

第三十四条　融资租赁机构及相关人员已享受珠海市或者横琴新区相关优惠政策的，不再享受本办法规定的优惠政策。同一奖励项目既适用本办法又适用珠海市或者横琴新区其他相关规定的，可自行选择适用优惠政策，从优享受，但不得重复享受。

第三十五条　本办法自发布之日起实施，由横琴新区管委会负责解释。

横琴新区管委会办公室
2014年8月26日

武汉市促进资本特区融资租赁业发展实施办法

武政办〔2011〕111号

根据《市人民政府关于支持武汉东湖新技术开发区打造资本特区的意见》（武政〔2011〕44号）精神，为支持武汉东湖新技术开发区（以下简称东湖开发区）打造资本特区，加快推进东湖国家自主创新示范区建设，进一步促进融资租赁业在资本特区的快速发展，特制定本实施办法。

一、鼓励在资本特区新设、引进金融或者融资租赁公司

对已经落户资本特区的金融租赁公司，支持其在资本特区拓展业务，做大做强。支持设立外商投资融资租赁公司。支持外国及港澳台地区的公司、企业和其他经济组织以中外合资、中外合作以及外商独资的形式来资本特区设立从事融资租赁业务的外商投资企业。支持设立内资融资租赁公司。鼓励我市现代制造业、高新技术企业以独资、合资等方式，在资本特区设立融资租赁公司。对符合出资人资质要求的法人提出申请，且符合相关法律法规和规定、申报材料资料齐全并具有时效的，商务部门要及时受理，并按照国家有关规定予以批准或者审核上报，争取国家有关部门批准。

二、营造融资租赁业良好发展环境

（一）充分认识融资租赁业务对于促进资本特区乃至我市经济发展、加快建设武汉区域金融中心的重要意义，通过项目对接会、媒体沟通会等多种途径，广泛宣传融资租赁对于促进企业发展的优势，真正发挥其作用。

（二）融资租赁公司与承租人签署租赁合同、开展租赁业务，应当就租赁物的权属变更、权属转移、权属转让等提出申请。市各有关部门要及时受理申请，办理登记、公示、确认等有关手续并发证。市住房保障房管局要及时为融资租赁公司提供抵押登记服务。

（三）从事融资租赁交易的当事人应当在中国人民银行办理融资租赁合同项下融资租赁物权属状态的登记公示。各金融机构及其他权利人办理相关资产抵押、质押等业务，应当登录中国人民银行融资租赁系统，就有关标的物权属的登记公示状况进行查询。

（四）承租人未经出租人同意，不得将已经在中国人民银行融资租赁系统登记公示的租赁物进行抵押、质押、转让、转租、投资入股以及其他处置。依照融资租赁公司与承租人的约定，承租人将租赁物抵押给融资租赁公司，并已办理了租赁物权属状态登记公示后，不得转让给第三人。

（五）国有企业、行政机关和事业单位办理国有资产售后回租回购业务，原则上要按照评估价格确定资产售价、回租价或者回购价。非国有企业可以参照国有资产售后回租回购定价确定价格。国有企业、行政机关和事业单位办理国有资产售后回租回购业务，按照国家相关规定办理报批手续后，相关费用给予优惠。

三、支持融资性租赁公司多渠道融资

（一）支持金融租赁公司进入银行间同业拆借市场，调剂资金头寸和临时性资金余缺；发行金融债券，增加资本金，降低负债率，增强流动性，扩大资产业务规模。支持融资租赁公司通过上市和发行企业债券、公司债券、短期融资券、中期票据等方式，拓宽直接融资渠道，扩大直接融资规模；通过信托方式融资、转让租赁资产；通过短期外债融通外汇资金，利用中长期外债拓展融资渠道。支持保险企业用债权、股权或者债权转股权等方式投资融资租赁业。

（二）支持融资租赁公司与银行、信托、保险、担保等机构搭建交流合作平台，开发长租短贷、租赁保理、供应商租赁、租赁信托、租赁保险、租赁担保和房地产信托投资基金（REITS）等创新型产品，发展成熟适用的租赁融资模式，增强融资租赁业的金融服务功能，为客户提供多样化综合性服务，满足大众化和个性化市场需求。

（三）鼓励融资租赁公司探索开展融资租赁与风险投资相结合、租赁债权与投资股权相结合的风险租赁业务，支持融资租赁公司以租金、租赁物残值、承租企业股权作为主要收益，为资本特区内的创业期和成长期企业提供融资、管理、技术、财务、法律等综合型服务，依托大型仪器设备协作共用网络等，不断拓宽服务领域，扩大服务范围。

四、鼓励和支持各类企业积极开展融资租赁业务

鼓励科技企业使用融资租赁公司产品，发展资产轻量化生产经营方式。支持负债率高的科技企业通过售后回租回购方式减少负债，实现资产轻量化经营，改善生产经营状况。

五、为融资租赁业发展提供财税政策支持

（一）奖励和补贴。

对在资本特区新设或者由本市外迁入资本特区的金融租赁公司和融资租赁公司法人机构，按照其注册资本的1%给予一次性奖励，最高奖励金额为2000万元。

对在资本特区新设或者由本市外迁入资本特区的金融租赁公司和融资租赁公司法人机构，购买、自建自用办公用房给予一次性补贴，补贴标准为每平方米1000元，最高补贴金额为500万元；租赁自用办公用房的，连续5年给予补贴，前3年每年按照房租市场指导价的30%给予补贴，后2年按照房租市场指导价的15%给予补贴。

对在资本特区新设或者由本市外迁入资本特区的金融租赁公司和融资租赁公司法人机构，自开业年度起，其实际缴纳营业税市、开发区两级财政留成部分（以下简称地方财政留成部分），前2年按照100%予以补贴，后3年按照50%予以补贴；自获利年度起，其实际缴纳企业所得税地方财政留成部分，前2年按照100%予以补贴，后3年按照50%予以补贴。

（二）税收政策。

1. 税收抵免。经国家有关部门批准，在资本特区新设或者由本市外迁入的金融租赁公司和融资租赁公司法人机构，购置在环境保护专用设备企业所得税优惠名录、节能节水专用设备企业所得税优惠名录和安全生产专用设备企业所得税优惠名录范围内的环境保护、节能节水、安全生产等专用设备，由承租方实际使用，符合融资租赁条件的，该设备投资额的 10% 可以从承租方企业当年的应纳税额中抵免；当年不足抵免的，可以在以后 5 个纳税年度结转抵免。如租赁期届满后，上述专用设备所有权未转移到承租方的，承租方应当停止享受企业所得税优惠，并补缴已经抵免的企业所得税税款。

2. 印花税。对银行及其他金融组织开展融资租赁业务签订的融资租赁合同，按照借款合同所载租金总额的万分之零点五计税；对分别签订购销合同和融资租赁合同的，应当按照规定分别计税。

3. 售后回租业务税收。融资性售后回租业务中承租方出售资产的行为，不属于营业税征收范围，不征收增值税和营业税。对物业售后回租业务，发生的契税实行先征后补，如售后回租未能实施，应当退还已享受的契税补贴。对融资性租赁的资产，仍按照承租人出售前原账面价值作为计税基础计提折旧。租赁期间，承租人支付的属于融资利息的部分，作为企业财务费用在税前扣除。对政府物业和商业物业售后回租业务，在融资租赁公司购买环节和原业主回购环节发生的契税，实行先征后补；如因情况发生变化，售后回租业务未能实施，物业所有权未转移到原业主的，融资租赁公司和原业主应当补缴已补贴的契税。

（三）高级管理人员奖励政策。经国家有关部门批准，对在资本特区新设或者由本市外迁入资本特区的金融租赁公司和融资租赁公司法人机构高级管理人员实际缴纳的“工资、薪金所得项目”个人所得税地方财政留成部分，5 年内按照 100% 予以补贴。

（四）融资租赁公司租赁机器设备符合由于技术进步使产品更新换代较快等规定条件，并确需加速折旧的，可采用缩短折旧年限方法计算，但最短折旧年限不得低于规定的 60%。

（五）金融租赁公司应当按照其年度净利润的 1% 提取一般风险准备金。其他融资租赁公司应当根据承租人财务、经营管理和租金逾期期限等因素，分析应收租赁款的风险程度和回收可能性，合理计提风险准备金。融资租赁公司发生的损失，可按照《中华人民共和国企业所得税法》的有关规定在税前据实扣除。

武汉市人民政府办公厅

二〇一一年六月二十二日

武汉市中小工业企业融资租赁项目补贴暂行办法

第一章 总 则

第一条 为加大向融资性租赁公司租赁设备的我市工业企业的扶持力度，减轻企业融资租赁负担，根据《市人民政府关于切实缓解企业融资困难促进工业经济又好又快发展的若干意见》（武政〔2011〕66 号）精神，制定本办法。

第二条 武汉市中小工业企业融资租赁项目补贴（以下简称项目补贴），是由市中小企业（民营经济）发展专项资金安排，专项用于对我市规模以上中小工业企业向租赁公司发生融资性租赁的费用进行的补贴。

第三条 本办法所称的中小工业企业，是指在武汉市依法设立的、符合《关于印发中小企业划型标准规定的通知》（工信部联企业〔2011〕300号）中规定的工业类中小企业。

第二章　资金使用范围及标准

第四条　项目补贴采用无偿资助的方式，对我市规模以上中小工业企业当年发生的融资租赁项目，按当年融资租赁费的20%给予一次性补助，单户企业补助总额不超过50万元。

第五条　符合本办法第三条规定且达到以下条件的中小工业企业可申请补贴资金：

（一）具有独立法人资格；

（二）财务管理制度健全，及时向同级财政、经信部门报送财务、经营信息；

（三）经济效益及发展前景良好；

（四）会计信用和纳税信用良好，企业上一年度上缴税金总额在10万元（含）以上。

第三章　资金的申请、受理、审核及拨付

第六条　企业申请补贴时，应提交以下资料：

（一）营业执照、工商登记证、税务登记证、法定代表人身份证复印件；

（二）融资租赁项目业务凭证原件及复印件：与融资租赁机构合作协议、租赁合同、租金发票、租赁设备到货（收货）确认函、设备购买发票等（验原件，留存复印件）；

（三）上年度经会计师事务所审计的审计报告复印件；

（四）上年度企业上缴税金证明复印件；

（五）加盖企业公章的《武汉市中小工业企业融资租赁项目补贴申请表》；

以上材料须按A4纸型制作并装订成册。

第七条　申报及推荐。申报企业按要求向所属区区级经信部门报送材料，各区经信部门会同区财政局对申报项目进行审核推荐，将符合申报条件的项目汇总报送至市经信委、市财政局。

第八条　审核及拨付。市经信委会同市财政局对企业申报材料进行联合审核。审核通过后，市财政局会同市经信委提出资金分配方案并下达资金计划，办理资金拨付。

第四章　监督检查

第九条　企业在项目申报及资金使用过程中，有提供虚假资料、骗取资金等违规行为，一经查实将追回已经拨付的资金；涉嫌犯罪的，依法追究相关法律责任。

第十条　企业收到专项补贴后，应按照《企业财务通则》（财政部令41号）第二十条的相关规定进行财务处理。

第五章　附　则

第十一条　本办法由市财政局、市经信委负责解释。

第十二条　本办法自发布之日起开始实施。

武汉市经济和信息化委员会

武汉市财政局

2014年7月28日

浙江省人民政府办公厅关于加快融资租赁业发展的意见

浙政办发〔2014〕99号

各市、县（市、区）人民政府，省政府直属各单位：

为进一步支持融资租赁业发展，充分发挥融资租赁在现代融资服务体系中的功能和

作用，强化中小企业融资支撑，推进全省创新创业和实体经济发展，现就加快发展融资租赁业提出如下意见：

一、重要意义

融资租赁是集融资与融物、贸易与技术服务于一体的现代商业模式，在缓解中小企业融资困难、推动经济转型升级、提高对外开放水平等方面具有独特作用，已经成为我国现代服务业的新兴领域和重要组成部分。作为与实体经济联结最为紧密的融资手段，融资租赁在欧美发达国家被誉为“朝阳产业”及“新经济的促进者”，国内发达省市也正在加快发展。我省融资租赁业曾经领跑全国，在服务民营经济、服务中小企业、服务基础建设等领域发挥了重要作用。面对周边省市融资租赁业迅速发展的态势，我省还存在行业认知度不高、政策体系不完善、市场渗透率偏低、业务模式及服务领域拓展不够等突出问题。在当前深入实施四大国家战略举措、加快发展方式转变、大力推进创新型省份建设的重要时期，支持和促进融资租赁业发展，充分发挥其在推进产融结合、“机器换人”和转型升级等方面的独特作用，对于浙江经济社会发展而言，具有十分重要的战略意义。

本意见所述融资租赁机构包括金融租赁公司、外商投资融资租赁公司、内资试点融资租赁公司。

二、总体目标

围绕“产融结合、实业强省”的目标要求，建立完善融资租赁扶持政策体系，积极培育市场主体及相关机构，逐步拓宽服务领域，有效控制行业风险，不断提升融资租赁业发展水平和在全省经济社会发展中的贡献度。力争到 2017 年，形成一批品牌知名度高、市场竞争力强、经营方式创新的融资租赁骨干企业，全省融资租赁业的市场渗透率达到 7% 以上，全行业融资租赁资产规模占全国比重达到 10% 以上，融资租赁成为全社会投融资体系中的重要组成部分。

三、主要任务

（一）加强行业规划引导。围绕全省经济发展战略规划融资租赁业布局，鼓励融资租赁先发地区发挥优势，加快打造融资租赁业发展集聚区，强化融资租赁服务对四大国家战略举措的支撑和促进作用。支持工业制造、大型工程及基础建设等具有产业背景的大型企业和服务运营商、各类投资机构等非厂商机构进入融资租赁行业，促进投资主体多元化。

（二）培育融资租赁市场主体。鼓励各地吸引境内外投资商来我省设立融资租赁企业，支持融资租赁企业在省内设立特殊项目公司。引导各类融资租赁机构在海关特殊监管区域集聚发展。支持省内融资租赁企业通过兼并重组、增资扩股，形成一批实力雄厚、竞争优势突出、业务能力强的骨干企业，提高融资租赁行业整体实力。

（三）促进产融结合产业联动。鼓励融资租赁企业支持我省重点培育产业发展，优先开展节能环保、信息技术、高端装备制造、新能源、新材料、生物医药等新兴产业融资租赁业务，加大对科技型企业、中小微企业的融资服务力度。鼓励融资租赁企业开展基础设施租赁业务，参与交通、通信、供电、供水、供气、污水处理等基础设施建设。鼓励融资租赁企业优先采购符合条件的浙江设备作为标的物，带动我省装备制造业发展，实现产业联动。

（四）创新融资租赁经营模式。鼓励融资租赁企业依托产业背景集中发展优势业务，突出经营特色，实现差异化发展。加快业务创新，借鉴发达国家经验，支持采用离岸业务、单体项目公司业务、跨境租赁业务、出口设备保税租赁业务等多种业务模式开展融资租赁业务，提升企业发展能力。引导融资租赁企业优化产品组合、交易结构、租金安排、风险控制等设计，创新盈利模式，提升服务能力。

（五）提高融资租赁企业风险防范能力。指导融资租赁企业加强风险控制体系和内控管理制度建设，建立健全客户风险评估机制，增强风险防范能力，强化资产管理能力，积极稳妥发展售后回租业务，严格控制经营风险。建立市场预警机制，定期发布行业发展报告，加强信息引导。推动融资租赁信用担保体系建设，支持融资性担保公司开展融资租赁债权担保业务，鼓励保险公司开发租赁保险产品。

（六）加快融资租赁相关产业发展。研究出台鼓励政策，加快建立程序标准化、规范化、高效运转的租赁物与闲置设备流通市场，完善融资租赁资产退出机制。支持设立融资租赁相关的中介服务机构，带动为融资租赁业提供专业咨询、技术服务、鉴定评估、资产交易等服务的相关服务业发展。

四、保障措施

（一）加强组织领导。各地、各有关部门要充分认识融资租赁业对于促进我省经济社会发展的重要意义，要把发展融资租赁业作为支持实体经济、推进创业创新的重要手段，多途径提升融资租赁业的社会认知度。省商务厅要会同省级有关部门，加强行业促进政策体系建设，协调解决行业发展重大问题。

（二）优化发展环境。

1. 强化服务意识。加强对融资租赁行业的服务力度，优化发展环境，为引进、设立融资租赁企业及其开展业务提供政策支持与服务便利。

2. 完善融资租赁相关登记公示制度。融资租赁企业与承租人签订租赁合同、开展租赁业务，就租赁物申请相关权属登记的，登记部门应当依法及时办理；国家未有明确登记机关的，在全国融资租赁企业管理信息系统及中国人民银行征信中心融资租赁登记公示系统中办理融资租赁物权属状态的登记公示，有关部门要优化服务；融资租赁企业根据融资租赁合同等依法申请土地、房屋抵押和股权质押登记为相应的融资租赁债务提供担保的，登记部门可以参照金融机构的抵、质押方式，依法办理抵、质押登记等有关手续。

3. 建立健全融资租赁行业信用体系。融资租赁行业的交易信用信息纳入企业诚信建设体系范畴，完善承租企业信用数据库，探索开展接入中国人民银行征信系统试点；允许融资租赁企业使用政府、银行等相关信用数据库，建立良好的市场秩序。

（三）加大财税政策支持。

1. 引导融资租赁行业加快发展。省商务促进专项资金将融资租赁行业纳入支持范围，引导融资租赁企业为省内企业转型升级、节能减排和环境整治等重点领域提供融资租赁服务，对融资租赁行业发展工作考核优秀的市、县（市、区）给予奖励，鼓励各地支持新设融资租赁企业，支持运转规范、实力雄厚的融资租赁企业增资扩股，并对业绩突出的融资租赁企业给予一定的财政奖励。

2. 鼓励企业融资租赁先进设备。引导融资租赁支持实体经济发展，对企业通过融资租赁方式实施的技术改造项目，经信、科技、财政等部门要提高对设备融资租赁的扶持力度，优先安排技改贴息资金等。经国家有关部门批准，融资租赁企业购置环境保护、节能节水和安全生产等专用设备，列入企业所得税优惠名录范围内的，由承租方实际使用，符合融资租赁条件，并在融资租赁合同中约定租赁期届满时租赁设备所有权转移给承租方企业的，该设备投资额的 10% 可以从承租方企业当年的应纳税额中抵免，当年不足抵免的，可以在以后 5 个纳税年度结转抵免。

3. 支持计提风险准备金。融资租赁企业应于每年年度终了对承担风险和损失的资产计提风险准备金。对于正常业务，风险准备余额原则上不得低于风险资产期末余额的 1%；对于风险业务，比照金融租赁公司五级分类法分类分级并提取相应的风险准备金。融资租赁企业发生的资产损失，可按相关规定在税前扣除。

（四）加大金融支持。

1. 深化金融体制改革，鼓励社会资本依法设立融资租赁商业保理公司、融资租赁担保公司和融资租赁产业基金，支持融资租赁公司开展商业保理业务试点。

2. 支持融资租赁企业通过上市、在浙江股权交易中心挂牌融资、发行债券等方式，拓宽直接融资渠道。支持融资租赁公司通过信托方式融资、转让租赁资产。鼓励融资租赁企业通过资产证券化等方式盘活租赁资产。支持融资租赁公司通过短期外债融通外汇资金，利用中长期外债拓展融资渠道。支持保险企业用债权、股权或者债权转股权等方式投资融资租赁业。各有关部门和监管机构要在外债指标、资金使用、统计监测等方面给予支持。

3. 银行、信托、保险、担保等机构要加强与融资租赁企业合作，开发租赁保理、供应商租赁等创新型产品，增强融资租赁业的金融服务功能。

（五）加强行业组织和人才队伍建设。要充分发挥省租赁业协会作用，支持协会搭建包括融资租赁资产交易、资产登记、行业诚信建设等功能的行业综合服务信息平台，增强行业协会在行业自律、监督、协调、服务等方面的功能。加强人才队伍建设，支持各地实施人才引进奖励政策。

（六）加强行业监管。加快建立内、外资统一的融资租赁行业监管制度，完善内资融资租赁试点企业评估和退出机制，进一步加强行业指导与管理。加强日常监管信息化手段，建立融资租赁企业行业统计制度、综合评价体系和分级管理体系，融资租赁企业不得脱离租赁从事吸收存款、发放贷款、受托发放贷款等金融业务，严禁融资租赁企业借融资租赁的名义开展非法集资活动。商务行政主管部门要会同税务、金融、外汇等有关部门加强市场监管，及时研究解决行业发展中出现的新情况、新问题，为融资租赁行业持续、快速、健康发展创造良好条件。

浙江省人民政府办公厅

2014 年 8 月 8 日

浙江省经济和信息化委员会关于在海宁市等 4 个县（市）开展中小企业融资租赁试点工作的通知

浙经信企资〔2014〕266 号

各市、县（市、区）经信委（局）：

为进一步拓宽我省中小企业融资渠道，缓解企业融资困难，推动企业转型升级，经研究，决定在海宁市、海盐县、苍南县、永康市等 4 个县（市）开展中小企业融资租赁试点工作。现就做好试点工作通知如下：

一、制定试点工作方案。试点县（市）要组织开展摸底调查，深入了解和掌握当地中小企业融资需求，制定融资租赁试点工作实施方案，研究推动融资租赁工作的具体政策，搭建对接平台。

二、加强宣传推广。加大融资租赁业务的宣传，通过开展培训、现场会等多种方式，进一步提高中小企业对融资租赁融资方式的认识，努力帮助企业拓宽融资渠道。

三、做好经验总结。试点县（市）对试点工作取得的成绩、存在的问题以及有关对策和建议，要及时进行总结并上报我委企业融资处。

请试点县（市）高度重视，切实把推动中小企业开展融资租赁业务作为缓解中小企业融资难、融资贵的重要探索，创新工作方法，为在全省推广提供经验。

（联系人：徐顺爱，电话：0571-87055250）

浙江省经济和信息化委员会

2014年6月16日

宁波市人民政府关于加快我市融资租赁业发展的若干意见[①]

甬政发〔2012〕96号

各县（市）区人民政府，市直及部省属驻甬各单位：

为进一步加快我市融资租赁业发展，完善我市多层次的金融服务体系，加快推进长三角南翼区域金融服务中心建设，为推动全市“六个加快”发展战略和海洋经济示范区建设提供有力融资支持，根据《关于全市金融支持实体经济发展的若干意见》（甬政发〔2012〕27号）和《关于宁波市金融业提升跨越发展的实施意见》（甬政发〔2012〕79号）有关精神，经研究，特提出如下意见：

一、高度重视，充分认识融资租赁业发展的重要意义

融资租赁业是金融体系中的重要组成部分，也是我市在未来要大力支持发展的新型金融服务行业。加快发展融资租赁业有利于建立起资源、资产、资本之间转化的桥梁，有利于创新重大装备、技改和工程项目的融资模式，有利于推进技术进步和产业升级，有利于有效解决中小企业融资难问题。在当前我市深入推进实施“六个加快”战略、推进浙江省海洋经济核心示范区建设、推进长三角南翼区域金融服务中心建设的重要时期，大力发展融资租赁业，发挥其独特功能与优势，服务实体经济发展，有着十分重要的意义。

本意见所述融资租赁机构包括中国银监会批准设立的金融租赁公司、商务部批准设立的外商投资融资租赁公司、商务部和国家税务总局共同批准开展融资租赁业务试点的内资融资租赁公司及上述公司分支机构和融资租赁特殊项目公司。

加快我市融资租赁业发展的总体要求是：认真把握当前新型融资方式迅速发展与浙江海洋经济核心示范区建设全面推进的重要机遇，争取更多的国内外融资租赁企业到宁波设立机构、开展业务，鼓励本地企业发起设立融资租赁公司，支持已在我市设立的融资租赁企业做大做强，支持融资租赁企业采购本地制造的设备作为标的，扩大全市各类企业对融资租赁产品的利用，有效控制融资租赁行业的风险，促进行业快速健康发展，充分发挥融资租赁业在推动全市经济社会发展中的重要作用。力争通过“十二五”期间的努力，使我市融资租赁业的市场渗透率达到3%～5%，成为投融资体系中的重要组成部分。

二、内外并重，积极培育和引进融资租赁及配套机构

（一）支持设立和引进融资租赁机构。积极鼓励市内外企业在我市发起设立金融租赁公司；支持外国及港澳台地区的公司、企业和其他经济组织以中外合资、中外合作以及外商独资的形式在我市设立外商投资融资租赁公司；支持市内外企业以独资、合资等方式在我市设立内资融资租赁公司。支持引进市外各类融资租赁公司，支持各类融资租赁

---

① 宁波市对融资租赁业发展非常重视，除宁波市政府印发的该意见外，宁波市鄞州区于2013年3月6日针对促进融资租赁业的集聚发展也专门出台了意见，即《宁波市鄞州区人民政府办公室印发关于促进融资租赁业集聚发展实施意见的通知》，囿于篇幅限制，本书不作具体罗列。

公司在我市设立特殊项目公司。

（二）鼓励融资租赁中介机构的设立发展。支持在我市设立融资租赁相关的中介服务机构，为融资租赁业务提供政策咨询、资产评估、资产交易、代办批文等配套服务。

（三）促进融资租赁机构集聚发展与合理布局。鼓励在我市具有特殊功能的区域如宁波保税区、宁波梅山保税港区、宁波空港物流园区等设立融资租赁机构。对已经落户我市的融资租赁公司，支持其在我市拓展业务，做大做强，形成集聚效应，提高我市融资租赁业的整体实力。各特殊功能区域要积极利用本区域的政策功能优势与产业基础，因势利导，各施所长，促进我市融资租赁机构合理布局、差异化经营。

三、立足创新，大力促进融资租赁机构的服务发展

（四）支持融资租赁机构多种方式拓宽融资渠道。支持金融租赁公司进入银行间市场，调剂资金头寸和临时性资金余缺，支持发行金融债券，增加资本金，降低负债率，增强流动性，扩大资产业务规模。支持融资租赁公司通过上市和发行企业债券、公司债券、短期融资券、中期票据等方式，拓宽直接融资渠道，扩大直接融资规模。支持融资租赁公司通过信托方式融资、转让租赁资产。支持融资租赁公司通过短期外债融通外汇资金，利用中长期外债拓展融资渠道。支持保险企业用债权、股权或者债权转股权等方式投资融资租赁业。各有关部门和监管机构要在外债指标、资金使用、风险管理、统计监测等方面给予支持。

（五）支持融资租赁机构加强与其他金融机构合作。支持融资租赁公司与银行、信托、保险、担保等机构搭建交流合作平台，开发长租短贷、租赁保理、供应商租赁、租赁信托、租赁保险、租赁担保等创新型产品，发展成熟适用的租赁融资模式，增强融资租赁业的金融服务功能，为客户提供多样化综合性服务，满足大众化和个性化市场需求。鼓励融资租赁公司探索开展融资租赁与风险投资相结合、租赁债权与投资股权相结合的风险租赁业务，支持融资租赁公司以租金、租赁物残值、承租企业股权作为主要收益，为创业期和成长期企业提供融资、管理、技术、财务、法律等综合型服务。

（六）支持金融租赁机构开展离岸业务。支持金融租赁公司在特殊功能区域开设离岸账户，独立开展外汇存款、外汇贷款、国际结算、同业外汇拆借、发行大额可转让存款证、外汇担保、咨询见证、国际保理等离岸业务。

（七）支持融资租赁机构开展单体项目公司业务。支持融资租赁机构在我市开展单机、单船等单体项目公司业务，支持项目公司离岸融资并优先安排外汇额度，支持单机、单船等项目在宁波专业设备交易市场上公开交易、转让，为投资者合理退出创造机制。

（八）支持融资租赁机构开展设备跨境租赁业务。支持在特殊功能区域注册的融资租赁公司从国内购入船舶、海工设备、医疗器械等国家鼓励出口的设备，租赁给境外企业使用，符合退税条件的，准予国内设备生产企业享受出口退税。

（九）探索融资租赁机构开展进口设备保税租赁业务。积极探索在特殊功能区域注册的融资租赁公司从国外购入飞机、游艇、邮轮、医疗设备等大型装备，实行保税。在政策允许条件下，鼓励租赁给境内企业时按照租赁方式分期征收进口关税和进口环节增值税，或租赁期由海关监管，结束后所有权转移时，一次性缴纳全额关税。

四、产业联动，充分发挥融资租赁业服务地方经济作用

（十）鼓励融资租赁公司支持我市重点培育产业。以融资租赁促进贸易与销售，进一步提高我市装备制造企业销售能力，加快临港大型能源化工企业石油、天然气储存设备和生产设备的更新。鼓励融资租赁企业发挥好融资租赁融资与融物的功能，支持开展外向型制造、物流运输设备、金融服务设备、会展旅游设施、节能减排设备、海洋捕捞设备、农产品加工设备等行业关键设备设施融资租赁业务。鼓励融资租赁公司提高风险控

制水平，进一步加大对科技型企业、小微型企业的融资力度。

（十一）鼓励融资租赁企业与我市设备制造企业开展产业联动。鼓励融资租赁企业优先采购我市设备制造企业的相关产品作为标的物，以融资租赁业发展带动我市装备制造业发展，实现产业联动。

（十二）鼓励融资租赁公司发展我市基础设施租赁业务。政府有关部门和融资租赁公司要研究新建供电、供水、供气、污水处理等设施及其所需机器设备的融资方式，医院、高校等事业单位及国有企业要积极采用租赁方式解决医疗、教学、生产设备融资问题，降低项目总投资及所需资本金。已建成并特许经营的基础设施项目要进行经营权售后回租回购，进一步盘活存量资产和沉淀资金。鼓励负债率高的公司通过租赁方式减少负债，实现资产轻量化经营，改善生产经营状况。

（十三）鼓励融资租赁公司整合我市国有资产资本。鼓励通过租赁公司整合国有资产和资本，将分散使用、利用率低的专用设备、通用设备集中起来，通过租赁经营提高利用率和收益率。

五、多管齐下，努力营造融资租赁行业发展的良好环境

（十四）积极搭建融资租赁行业发展平台。各有关部门、县（市）区要充分认识融资租赁业务对于促进我市经济发展的重要意义，通过企业招商、项目对接、媒体宣传会等多种途径，广泛宣传融资租赁对于促进企业发展的优势，提高我市企业对融资租赁业的认知度。各县（市）区特别是具有特殊功能的区域要积极发挥政策优势和产业优势，为引进、设立融资租赁企业以及融资租赁企业开展创新业务、拓宽融资渠道等提供政策支持与服务便利。宁波银监局、市外经贸局、市贸易局、市发改委、市国税局、市工商局等有关部门要按相关法律法规和规定，及时受理符合出资人资质要求的企业提出的关于设立融资租赁机构的申请，并按照国家有关规定予以批准或者审核上报，争取国家有关部门批准。

（十五）积极完善融资租赁行业权属登记制度。融资租赁公司与承租人签署租赁合同、开展租赁业务，就租赁物的权属变更、权属转让、抵押、质押等提出的申请，各有关部门要依法及时受理，及时办理登记、公示、确认等有关手续并发证，依法明晰权属。人民银行市中心支行要建立健全融资租赁登记公示系统，做好相关服务工作。

（十六）积极鼓励我市企业利用融资租赁工具。融资租赁公司主管部门要不断加强融资租赁业务的宣传、培训、推广与应用，积极搭建信息互通平台，畅通融资租赁公司与企业合作渠道，持续提高融资租赁业务的利用率；企业主管部门要研究提出推动企业使用融资租赁业务的具体举措，按年度开展企业应用考核评价、总结经验和做法；有关部门要进一步完善相关操作细则，便于企业落实费用列支与计提等各项财税支持政策。

（十七）加强融资租赁行业信用体系建设。建立健全我市融资租赁行业信用体系，将融资租赁行业的交易信用信息纳入我市企业诚信建设体系范畴，完善信用数据库应用，建立良好的市场秩序。

（十八）加快融资租赁人才培养与引进。支持融资租赁机构在我市建立人才培训、培养基地，支持我市相关院校与境内外金融专业培训机构合作建立融资租赁人才培训基地、开设相关专业课程，为我市融资租赁业提供智力、人力支持。

六、政策扶持，最大限度降低融资租赁机构运营成本

（十九）为加快发展我市的融资租赁产业，从 2012 年起，在市区新设或迁入的金融租赁公司和融资租赁公司法人机构，五年内实际缴纳的营业税额，市级财政每年通过专项奖励形式补助给各区，用于支持融资租赁业发展，作为各区的金融发展专项资金。其中后两年须满足单家机构每年入库的营业税额（纳税科目列金融保险业）在 200 万元以

上。此项政策暂定为三年。

（二十）金融租赁公司应于每年年度终了对承担风险和损失的资产计提一般准备金。一般准备金额原则上不得低于风险资产期末余额的1.5%。融资租赁公司发生的损失，可按照《中华人民共和国企业所得税法》的有关规定在税前据实扣除。

（二十一）给予在宁波注册的融资租赁企业经营的所有权转移给境外企业的融资租赁船舶出口，施行增值税免税、退税办法，即该出口租赁船舶的出口销项免征增值税，其购进的进项税款按规定予以退税。涉及消费税的应税消费品，已征税款予以退还。

（二十二）经国家有关部门批准，在我市新设、迁入的金融租赁公司和融资租赁公司法人机构，购置在环境保护专用设备企业所得税优惠名录、节能节水专用设备企业所得税优惠名录和安全生产专用设备企业所得税优惠名录范围内的环境保护、节能节水、安全生产等专用设备，由承租方实际使用，符合融资租赁条件，并在融资租赁合同中约定租赁期届满时租赁设备所有权转移给承租方企业的，该设备投资额的10%可以从承租方企业当年的应纳税额中抵免，当年不足抵免的，可以在以后5个纳税年度结转抵免。如租赁期届满后融资租赁设备所有权未转移到承租方企业，或租赁期间发生变化的，承租方企业应当停止享受抵免企业所得税优惠，并补缴已经抵免的企业所得税税款。

（二十三）对银行及其他金融组织开展融资租赁业务签订的融资租赁合同，按照借款合同所载租金总额的万分之零点五计印花税；对分别签订购销合同和融资租赁合同的，应当按照规定分别计印花税。

（二十四）融资性售后回租业务中承租方出售资产的行为，不属于增值税和营业税征收范围，不征收增值税和营业税。承租人出售资产的行为，不确认为销售收入；对融资性租赁的资产，仍按承租人出售前原账面价值作为计税基础计提折旧。租赁期间，承租人支付的属于融资利息的部分，作为企业财务费用在税前扣除。

七、考核激励，加强对融资租赁机构的评价和监管

（二十五）建立健全对融资租赁机构的综合考核评价体系。加强对融资租赁机构的考核与评价，以融资租赁机构的业务发展规模、产品创新能力、资产优良率、对中小企业和本地采购力度作为考核的主要指标，市金融办牵头组织相关部门每年对融资租赁机构进行考核评价，以评价结果为依据，实施有关奖励与扶持政策。

（二十六）为落实融资租赁企业的扶持政策，市金融办将会同财政等部门对融资租赁机构享受各类财税优惠政策予以指导监督，具体办法由市金融办牵头另行制定。

本意见自公布之日起30日后施行。

宁波市人民政府

2012年9月24日

舟山市人民政府办公室
关于促进我市融资租赁业发展的若干意见

舟政办发〔2015〕3号

各县（区）人民政府，各功能区管委会，市政府直属各单位：

为进一步加快舟山群岛新区融资租赁业的发展，运用融资租赁推动产业转型升级，充分发挥融资租赁融资融物和促销的双重功能，有效支持海洋经济快速发展，经市政府

研究决定，提出如下意见：

一、支持引进和设立各类融资租赁公司

（一）支持设立金融租赁公司，支持设立外商投资融资租赁公司和内资试点融资租赁公司，鼓励各类融资租赁公司在我市设立分支机构。支持各类融资租赁公司在综保区设立特殊目的公司或专业子公司，允许外商投资融资租赁公司、内资试点融资租赁公司设立特殊目的公司时按一般公司设立流程办理登记注册手续，不设最低注册资本金限制。融资租赁公司在综保区内设立的单机单船特殊目的公司或专业子公司，按其母公司资质享受相应的政策待遇。

（二）对新设立或迁入我市的各类融资租赁公司，注册资本 10 亿元（含）以上的，补助 2000 万元；注册资本 10 亿元以下、5 亿元（含）以上的，补助 1500 万元；注册资本 5 亿元以下、1.7 亿元（含）以上的，补助 1000 万元。补助资金分三次支付，实收资本到位后支付 40%，在融资租赁余额达到实收资本后再分两年各支付 30%。

（三）各类融资租赁公司租用市政府提供的办公用房，三年内每年按房屋租金的 100% 给予补贴，连续补贴三年。新购建的本部自用办公用房，按每平方米 1000 元的标准给予一次性补助，单户最高补助不超过 100 万元。享受补助的融资租赁机构应在相关协议中明确承诺办公用房投入使用后 5 年内不改变房屋用途、转让或转租，如因特殊原因必须改变房屋用途、转让或转租，已发放的补助应予返还。

（四）对于注册在综保区的各类融资租赁公司，自开业年度起，由综保区根据实际情况给予一定财政补助，具体细则由综保区另行制定。

二、明确相关税收政策

（一）融资性售后回租业务中承租方出售资产的行为，不属于增值税征收范围，不征收增值税，承租人出售资产的行为，不确认为销售收入。对融资性租赁的资产，仍按承租人出售前原账面价值作为计税基础计提折旧。租赁期间，承租人支付的属于融资利息的部分，作为企业财务费用在税前扣除。

各类融资租赁公司开展不动产、无形资产售后回租业务，出售资产的行为不属于营业税和土地增值税征收范围，不征收营业税和土地增值税，以其向承租者收取的全部价款和价外费用扣除出租方承担的出租不动产、无形资产的实际成本（包括对外支付的借款利息、发行债券利息）后的余额为营业税计税营业额。

（二）对注册在综保区的融资租赁公司或融资租赁特殊目的公司，从境外购入大型设备实行保税监管，并办理有关进境备案手续，租赁给境内区外企业时，由境内承租人按照租赁方式分期缴纳进口关税和进口环节增值税，允许以融资租赁公司与境内承租人共同向海关出具承诺保证书等多种方式提供税款担保。

（三）对各类融资租赁公司开展融资租赁业务签订的融资租赁合同，按照借款合同所载租金总额的万分之零点五计印花税；对分别签订购销合同和融资租赁合同的，应当按照规定分别计印花税。

（四）融资租赁公司应于每年年度终了对承担风险和损失的资产计提风险准备金。对于正常业务，风险准备余额原则上不得低于风险资产期末余额的 1%；对于风险业务，比照金融租赁公司五级分类法分类分级并提取相应的风险准备金。融资租赁公司发生的资产损失，可按相关规定在税前扣除。

三、鼓励企业运用融资租赁

（一）经国家有关部门批准，融资租赁企业购置环境保护节能节水和安全生产等专用设备，列入企业所得税优惠名录范围内的，由承租方实际使用，符合融资租赁条件，并

在融资租赁合同中约定租赁期届满时租赁设备所有权转移给承租方企业的，该设备投资额的10%可以从承租方企业当年的应纳税额中抵免，当年不足抵免的，可以在以后5个纳税年度结转抵免。

（二）承租企业通过融资租赁使用的机器设备，符合由于技术进步使产品更新换代较快、常年处于强震动或高腐蚀状态等规定条件，确需加速折旧的，可采用缩短折旧年限方法计算，也可采用双倍余额递减法或年数总和法计算。

（三）境内承租企业使用跨境融资租赁进行技术改造和转型升级，由承租企业所在地同级财政给予一定财政补贴。承租企业通过直接租赁使用或获得的各类机器设备等视同直接购买享受原有相关奖励及补贴政策。

（四）对我市规模以上工业企业当年因购买设备发生的融资租赁项目（售后回租项目除外），按当年融资租赁费用的20%给予一次性补助，单户企业补助总额不超过50万元。

四、支持拓展资金来源渠道

（一）拓展多种融资渠道。积极引导各种所有制资本、保险资金、社保基金等进入融资租赁行业；鼓励融资租赁公司发行私募债券、公司债券、短期融资券、中期票据等各类债券，吸收股权投资资金，支持符合条件的融资租赁公司上市，扩大直接融资规模；支持融资租赁公司与银行、信托、保险等机构搭建交流合作平台，鼓励通过银行保理、信托、资产证券化等方式融资转让租赁资产。支持融资租赁公司通过短期外债融通外汇资金，利用中长期外债拓展融资渠道。

（二）简化外汇管理。融资租赁机构开展境外融资租赁业务的，不受现行境内企业境外放款额度限制，在按规定到外汇管理局办理融资租赁对外债权登记手续后可直接到融资租赁机构所在地银行开立境外放款专用账户，用于保留对外融资租赁租金收入。融资租赁企业因对外直接投资汇出前期费用，累计汇出额不超过300万美元，且不超过中方投资总额15%的，可在银行直接办理，并在汇出后15个工作日内到外汇管理局备案。

融资租赁企业作为境内担保主体对境外企业提供担保，可自行签订担保合同，15个工作日内到外汇管理局办理登记，无须到外汇管理局办理事前审批。允许融资租赁企业向境外支付担保费时无须向外汇管理局申请核准，可直接到所在地银行办理购付汇手续。

租赁公司当期新增实收资本，外汇管理局应根据增资后审计报告相应调增租赁公司当期外债额度。支持综保区融资租赁特殊目的公司在母公司外债最高额度内借用外债。外汇管理局应在外资融资租赁公司借用外债的最高限额内提供外债指标支持。

注册在我市的外商投资融资租赁企业增资扩股，无需到外汇管理局办理事前审批，外商投资融资租赁企业可在银行直接开立资本金账户。

（三）加快外汇管理政策创新。鼓励融资租赁公司借人民币外债，在规定融入资金不得用于投资证券、理财产品、衍生品及非自用房产后，争取给予外债指标倾斜并允许短期外债指标展期。支持融资租赁公司借外币外债，争取外汇资本金、外币外债实行意愿结汇。对融资租赁公司实行货物贸易差异化管理标识监测管理，争取简化融资租赁项目预付货款手续。

五、支持融资租赁业务创新发展

（一）鼓励融资租赁机构按照相关规定开展房产、土地使用权等不动产租赁业务，积极参与重大基础设施、城市基础设施等重大工程建设。支持开展新建供电、供水、供气、污水处理等基础设施及其所需机器设备的融资租赁业务，鼓励医院、高校等单位及国有企业采用融资租赁方式解决医疗、教学、生产设备融资问题，支持已建成并获得特许经营的基础设施项目开展经营权售后回租回购业务。鼓励负债率高的国资企业通过融资租赁调节资产负债和融资结构。

（二）鼓励融资租赁公司开展业务创新。创新综保区船舶登记服务，支持境内外商投资融资租赁企业在综保区内注册的单船公司进行船舶登记，争取放宽登记条件，吸引中资方便旗船回国登记，进一步增加区内船舶融资租赁业务的集聚度。简化融资租赁设备的登记流程，争取实行融资租赁船舶专项登记制度，合并所有权转移登记和光船租赁登记两个环节，探索开展融资租赁船舶登记制度创新。支持在综保区开展单机、单船等特殊目的公司业务，鼓励创新开展境外或跨境融资租赁业务以及进口设备保税租赁业务。优先安排外汇额度支持融资租赁公司离岸融资活动，支持金融租赁机构开展离岸业务。

（三）鼓励融资租赁公司支持我市重点产业发展。在船舶和海工产业方面，鼓励融资租赁公司与我市大型涉海制造企业开展融资租赁业务合作，改善船舶海工企业负债结构，支持船舶海工企业通过融资租赁更新制造设备推进技术升级，发挥融资租赁促销功能拓展船舶海工设备跨境销售。在航运产业方面，支持利用融资租赁服务获取中长期资金，鼓励融资租赁介入我市航运产业并购整合活动。在海洋新兴产业和高科技产业方面，鼓励融资租赁公司通过大型设备融资租赁业务支持海洋新能源、海洋生物医药、海洋资源开发等涉海产业的投资活动，加大对涉海科技型企业设备融资支持。在远洋渔业方面，通过向上争取行业管理政策，创新登记服务方式，解决租赁物产权变更和过户问题，推动远洋渔业企业通过融资租赁进行远洋渔船升级和行业整合提升。在海洋旅游产业方面，鼓励开展邮轮、游艇、通用航空设备等旅游交通工具以及旅游基础设施的融资租赁业务，推动融资租赁创新业务支持海洋休闲旅游产业发展。

六、营造融资租赁业良好发展环境

（一）各类融资租赁公司在办理融资租赁业务时，应按要求在中国人民银行征信中心（以下简称征信中心）的融资租赁登记公示系统办理融资租赁权属状况登记，将融资租赁合同中载明的融资租赁物权属状态予以公示。承租人未经出租人同意，不得将已经在征信中心登记公示的租赁物进行抵押、质押、转让转租、投资入股以及其他处置。

（二）对于融资租赁公司业务涉及的租赁物权属变更、权属转让以及进行相关房产、土地使用权、海域使用权、特种船舶、远洋捕捞船等标的物的抵押、质押活动，房管、国土资源、海事、海洋与渔业、市场监管等有关部门要及时受理，予以办理登记、公示、确认等有关手续并发证，依法明晰权属。

（三）鼓励设立融资租赁相关的中介服务机构，为融资租赁业的发展提供会计、法律、政策咨询、资产评估、资产交易、商务服务等配套服务。引入航运经纪、航运融资担保、航运法律咨询和航运保险中介在舟山设立分支机构，完善船舶融资租赁业务的配套服务体系。

（四）相关部门应简化办事程序，为融资租赁机构办理相关手续开辟绿色通道，在工商注册、外商投资许可、税务、质量技术监督、外汇管理、海关、检验检疫、边检、海事等手续办理方面，为融资租赁机构注册、展业提供全程服务。对融资租赁创新业务涉及的税收、海关、海事等政府服务，给予支持和便利。

（五）加强融资租赁人才引进。给融资租赁机构连续聘用两年以上的中、高级管理人员在户口迁移、子女教育、购买住房等方面享受市人才引进政策。

（六）加强部门协调，统筹推动融资租赁业发展。由综保区管委会牵头，市经信委、市财政局、市商务局、市市场监管局、市金融办、舟山海关、市国税局、舟山海事局、人行舟山支行（外汇管理局舟山市中心支局）、舟山银监分局等相关部门参加，成立市融资租赁服务平台，协调解决融资租赁发展过程中存在的问题，及时提供政策支持与服务便利。

（七）优化法律环境。积极保护承租人、出租人的合法权利营造良好、公平的市场环境。提高融资租赁仲裁水平，鼓励采用商事仲裁方式解决融资租赁法律纠纷，规范和完善仲裁协议合同文本，推动建立专门针对融资租赁经济纠纷的仲裁员队伍，高效、公正地解决融资租赁合同纠纷问题。

（八）加强对融资租赁企业监督考核。融资租赁的承租人和出租人应按照会计准则开展融资租赁的会计核算和信息揭示。融资租赁公司应及时向归口的市级监管机构报送企业运行数据和年度审计报告。市融资租赁服务平台及相应管理部门应做好对融资租赁机构的考核与评价，鼓励融资租赁公司开展涉海融资租赁业务和直接融资租赁业务，服务新区投资建设和创新发展，促进融资租赁公司规范经营、加强风险防控。

本意见发布之前我市各类融资租赁相关政策与本意见不符的，以本意见为准。

本意见自发布之日起实施。

舟山市人民政府办公室

2015 年 1 月 8 日

河南省融资租赁业“十二五”发展规划

豫商建〔2013〕101 号

融资租赁是商品流通的重要渠道，是集融资与融物、贸易与技术服务于一体的新型产业。融资租赁业已经成为现代服务业的新兴领域和重要组成部分，对促进商品流通和当地经济增长，繁荣现代服务业等起着十分重要的作用。

一、我省融资租赁业发展现状

我省租赁业与经济改革开放同步发展，至今已经历了 27 年。在此期间，我省租赁业经营规模和经营能力不断提高，服务领域日益广泛，业务范围不断拓展，市场发展空间不断扩大，租赁需求迅速增长，在吸引外资、引进国外先进设备、支持企业技术改造等方面做出了积极贡献。截至 2012 年末，我省已有各类租赁企业 826 个，租赁营业利润为 21937 万元，从业人数 1.14 万人，租赁服务范围从交通运输、工业装备、工程建筑等传统领域，向农业、医疗、文化教育等新兴领域拓展。随着国家对融资租赁业的政策扶持和引导，河南省国控设备有限公司、郑州广通汽车租赁有限公司 2 家企业成为商务部批准设立的全国融资租赁试点企业。尽管我省近年来融资租赁业呈现加快发展态势，但由于我省融资租赁业发展较晚，起点较低，基础薄弱，观念陈旧，覆盖面窄，市场渗透率不到 2%，远远低于全国 5.5% 的平均水平。另外融资租赁业还存在社会认知度不高，体制机制不健全等问题，急待进一步的发展和规范。

二、指导思想、基本原则、发展目标

（一）指导思想以党的十八大会议精神为指导，以促进中原经济区和郑州航空港经济综合实验区发展为主线，以完善融资租赁行业法规为保障，坚持市场化运作、规范化引导、专业化支撑、均衡化布局、规模化发展，深化改革创新，健全体制机制，优化经营环境，逐步建立立足河南、辐射中部、影响全国的融资租赁体系，确保我省融资租赁业持续健康快速发展。

（二）基本原则

——发展与规范兼顾的原则：融资租赁行业应在发展中规范，在规范中发展，力求发展与规范的有机融合。

——融物与融资兼顾的原则：融资租赁行业应力求融物与融资的协同并进，在融物中实现融资，在融资中实现融物。

——市场促进与风险规避兼顾的原则：融资租赁行业应强化市场促进，规避经营风险，力求融资租赁市场规模最大化与风险最小化的统一。

——服务实体经济与壮大自身规模兼顾的原则：融资租赁业在提供投资、融资、促销、资产管理等服务的同时，加强自我培育和发展，不断壮大行业规模。

（三）发展目标

——通过五年的努力，使融资租赁行业的社会认知度显著提高，经营范围和业务领域有序拓展，不断提升融资租赁业发展水平和在国民经济发展中的地位。

——重点培育 3—5 家在全国具有一定影响力的知名融资租赁品牌，逐步建立由龙头企业带动，大中小企业合理有序发展的融资服务体系。

——提高我省融资租赁业的市场渗透率，力争达到全国平均水平。

——建立健全融资租赁有关规章制度、行业标准、监管体系和应用体系。

三、主要任务

（一）优化融资租赁业发展与布局

鼓励郑州、洛阳等经济发展较快的地区充分利用当地资源优势，积极探索、先行先试，培育形成融资租赁业发展集聚集示范区，增强融资租赁业对中原经济区和郑州航空港经济综合实验区、高新技术产业开发区、产业集聚区、商务中心区、特色商业区发展的支持和带动作用。

（二）加大融资租赁业支持力度

将融资租赁业明确为全省支持和重点发展的行业，积极申报融资租赁企业国家试点，大力支持工业制造、大型工程及基础设施建设等具有产业背景的大型企业开展融资租赁业务，鼓励服务运营商、各类投资机构等非厂商机构投资设立融资租赁公司，促进投资主体多元化。大力支持国内外的各类融资租赁机构在河南成立总部或开设分支机构，在资金进入、公司登记等各方面简化手续，提供“一站式”服务。积极研究出台融资租赁业扶持政策，鼓励各市制定相关配套措施，强化政策与配套措施的激励效应，通过政策引导促进对实体经济的支持。对已经落户我省的融资租赁企业，支持其在我省拓展业务，做大做强，形成集聚效应，提高我省融资租赁业的整体实力。

（三）创新融资租赁企业经营模式

推动融资租赁行业不断创新，保持活力，促进其在融资租赁理念、行业环境、经营手段、经营风险等方面创新。鼓励推进杠杆租赁、经营租赁、转租赁和回租等租赁业务，发挥各自优势，集中发展优势业务领域，突出经营特色，实现差异化发展。加快业务创新，借鉴沿海地区经验，综合采用多种业务模式开展融资租赁业务，提升企业发展能力。引导融资租赁企业优化产品组合、交易结构、租金安排、风险控制等设计，创新新盈利模式，提升服务水平。

（四）大力开拓海外资产租赁市场

鼓励制造商采用融资租赁方式开拓国际市场，发展跨境租赁，扩大出口份额。引导融资租赁企业加强与海外施工企业合作。开展施工设备的海外租赁，积极参与国外基础设施建设。支持有实力的企业开展跨境兼并重组。鼓励商业保险机构发展海外租赁保险业务，引导对海外租赁业务的拓展。

（五）拓宽融资租赁企业融资渠道

引导融资租赁企业增加中长期资金来源，规避资金风险。支持融资租赁企业运用保理、上市、发行债券、信托、基金等方式拓展融资渠道，降低融资成本。鼓励企业通过资产证券化等方式盘活租赁资产，创新融资模式。鼓励融资租赁企业加强与银行、信托等金融机构合作。支持设立融资租赁产业基金，引导民间资本加大投入。

（六）提高融资租赁企业风险防范能力

指导融资租赁企业加强风险控制体系和内控管理制度建设，建立健全客户风险评估机制，增强风险防范能力。强化资产管理能力，积极稳妥发展售后回租业务，严格控制经营风险。建立市场预警机制，定期发布行业发展报告，加强信息引导，鼓励保险公司开发租赁保险产品。

（七）加快融资租赁相关产业发展

加快建立标准化、规范化、高效运转的租赁物与二手设备流通市场。进一步提高我省装备制造企业销售能力，加快大型企业储备和生产设备的更新。鼓励融资租赁企业发挥融资与融物的功能，支持开展外向型制造、物流运输设备、金融服务设备、会展旅游设施、节能减排设备、农产品加工设备等关键设备设施融资租赁业务。进一步加大对科技型企业、微小型企业的融资力度。鼓励融资租赁企业与我省设备制造企业开展产业联动，以融资租赁业发展带动我省装备制造业发展，实现产业联动。支持专业咨询、技术服务、鉴定评估等相关服务业发展。

四、保障措施

（一）建立健全融资租赁业管理体制

积极推动建立统一的融资租赁行业管理制度，进一步加强行业指导与管理。积极争取我省更多融资租赁企业纳入国家试点，积极引导外资开展融资租赁业务。逐步建立融资租赁企业管理信息系统，强化监管手段，完善行业监管机制。在健全市场机制，优化市场环境，规范经营秩序的同时，简化管理程序，建立相对统一的行业管理体制。

（二）提高融资租赁业社会认知度

利用传统媒体、网络媒体等多种渠道，加大融资租赁理念和知识的宣传和普及，不断提高融资租赁业的社会影响力和认知度，为行业发展创造良好的舆论氛围。加强行业交流与合作，支持举办省内外研讨会等各类交流活动。

（三）加强融资租赁人才队伍建设

加强人才队伍建设，研究建立从业人员资格认定和准入制度，积极推动高等院校设立融资租赁专业，支持企业组织从业人员开展法律、销售、税收、金融、财务会计等方面的基础培训，提高从业人员的综合素质，培养一批具有国际视野和专业能力的融资租赁人才。

（四）组建融资租赁行业协会

推动设立全省性融资租赁行业协会，大力支持行业协会开展信息咨询、统计分析、预测预警、培训教育、经验推广、业务交流等工作，发挥行业协会作为企业和政府主管部门之间的桥梁作用，增强行业协会在行业自律、监督、协调、服务等方面的功能。

河南省商务厅

2013 年 9 月 12 日

河南省安阳市人民政府办公室关于促进融资租赁业发展的意见

安政办〔2012〕114 号

各县（市、区）人民政府，市人民政府各部门及有关单位：

融资租赁业是一种新兴服务业，是集融资与融物、贸易与技术服务于一体的现代交易方式，已成为当今我国服务业的重要组成部分。为促进我国融资租赁业快速发展，国家商务部于2011年12月专门出台了《关于“十二五”期间促进融资租赁业发展的指导意见》（商服贸发〔2011〕487号）。目前我市工业经济发展的现状，迫切需要加快融资租赁业发展，为重点行业和企业拓展市场、产业升级提供必要的金融服务，更好地促进我市工业经济快速发展。为促进我市融资租赁行业发展，特制定如下意见：

一、重要意义

加快融资租赁业发展，对有效扩大相关行业投资、支持中小企业融资、帮助企业开拓市场、带动现代服务业快速发展具有十分重要的意义。

改革开放初期，融资租赁作为一种新的交易方式，为我国吸引外资、引进国外先进设备、支持国内企业技术改造等作出了积极贡献。经过三十年的发展，我国融资租赁企业经营规模和能力显著提高，服务领域日益广泛，业务范围不断拓展。但是，由于多方面原因，我市融资租赁业务开展很少，尚无一家融资租赁企业。因此，加快发展我市融资租赁服务，繁荣金融市场，构建多层次、多领域金融体系，对于有效利用社会资本、缓解中小企业融资难等问题，具有十分重要的现实意义。

二、基本模式

根据我市的主导产业发展情况，结合融资租赁公司的行业特点，发展融资租赁业，可以参照以下基本模式。

（一）以装备制造龙头企业为发起人，成立融资租赁公司。装备制造业是我市的支柱产业和优势产业，鑫盛机床、安阳锻压、林州重机等装备制造龙头企业，在行业中具有一定技术优势和市场占有率，生产的主要产品单件（套）价值较高，非常适合开展融资租赁业务，应作为开展融资租赁业务的重点行业。可以由这些龙头企业作为主要发起人，分别成立专业化的融资租赁公司，主要服务本企业大型产品的市场客户。

（二）以行业协会会员为主要发起人，成立融资租赁公司。在我市的纺织行业、制药行业、食品加工行业等传统支柱产业中，分布着众多的中小企业，这些企业普遍面临着扩大规模和设备更新的现实需求。然而由于企业实力规模较小，又难以获得银行信贷支持，融资难问题十分突出。因此，在这些行业开展融资租赁业务，有利于化解融资难题。可以这些行业的协会部分会员为主要发起人，成立专业化的融资租赁公司，主要服务本行业协会会员在新建生产线购进大型设备时的融资需求。

（三）以社会法人和自然人为主要发起人，成立融资租赁公司。充分利用民间资本，由社会上有资金实力的法人和自然人作为发起人，组建融资租赁公司，支持我市企业改造升级，满足企业采购新型装备和生产线的资金需求，服务全市中小企业在新建生产线购进大型设备时的融资需求。

（四）引进外商为主要发起人，成立融资租赁公司。积极引进战略投资人在我市组建融资租赁公司，特别是鼓励国内有实力、管理经验丰富的大型融资租赁公司在我市开办分公司，服务全市中小企业在新建生产线购进大型设备时的融资需求。

三、资金来源

要引导融资租赁企业增加中长期资金来源，规避资金风险。支持融资租赁企业运用保理、上市、发行债券、信托、基金等方式拓宽融资渠道，降低融资成本。鼓励企业通过资产证券化等方式盘活租赁资产，创新融资模式。鼓励融资租赁企业加强与银行、信托等金融机构合作。支持设立融资租赁产业基金，引导民间资本加大投入。

四、风险防范

积极引导融资租赁企业加强风险控制体系和内控管理制度建设，建立健全客户风险评估机制，增强风险防范能力。强化资产管理能力，积极稳妥发展售后回租业务，严格控制经营风险。建立市场预警机制，定期发布行业发展报告，加强信息引导。推动建立融资租赁信用担保体系，支持担保公司开展融资租赁担保业务，鼓励保险公司开发租赁保险产品。

五、措施保障

（一）营造氛围。充分认识融资租赁业务对于我市发展资本市场、建设金融综合改革试验区和区域性金融中心的重要意义，利用各种媒体加大融资租赁理念和知识的宣传和普及，广泛宣传融资租赁对于促进企业发展的优势和作用。

（二）加强指导。结合我市经济和产业发展实际，制定我市加快融资租赁业发展的实施意见，促进融资租赁业快速发展，为解决企业发展和资金问题提供可行的途径。

（三）出台政策。认真落实国家关于支持融资租赁业发展的各项财税优惠政策，研究制订促进我市融资租赁业发展的扶持政策，在成立和引进融资租赁企业、培养和引进专业人才等方面给予扶持。

（四）优化服务。在政策咨询、工商登记、税务征稽等方面为融资租赁企业提供良好的政府服务。加强行业交流与国际合作，积极搭建资金和项目对接平台，支持举办国内外研讨会等各类交流活动，为融资租赁企业提供经营便利。

二〇一二年七月三十日

福建省晋江市人民政府关于促进融资租赁业发展的若干意见

晋政文〔2012〕350号

各镇人民政府、街道办事处，经济开发区管委会、安平管理处，市直各单位：

为促进金融业和先进制造业的紧密结合，引导融资租赁企业在晋江聚集和发展，发挥融资租赁支持现代服务业和先进制造业发展的重要作用，根据国家、省相关法律法规规定，结合本市实际制定本意见，请认真贯彻执行。

一、适用对象

本意见适用于经国家有关部门批准设立，工商、税务登记、注册地在我市，经市金融办备案，具有独立法人资格的内资、外资、中外合资融资租赁公司。

二、鼓励措施

（一）设立奖励

1. 按融资租赁公司注册资本金额的1%给予一次性资金奖励，最高奖励金额500万元，奖励资金在注册资金到位后拨付。注册资金5亿以上的设立奖励政策采取“一企一议”办法研究确定。

2. 融资租赁公司在我市租用办公用房的，按其实缴租金（租金参考同期市场行情）的30%予以连续3年的奖励，累计奖励资金不超过30万元；购置自用办公用房的，按其购房总价款的10%给予一次性奖励，奖励金额最高不超过100万元。

（二）纳税奖励

1. 自融资租赁公司注册年度起，参照其缴纳的营业税地方留成部分，前2年按87.5%比例、后3年按50%比例给予资金奖励。

2. 自融资租赁公司注册年度起，参照其缴纳的企业所得税地方留成部分，前2年按

35% 比例，后 3 年按 25% 比例给予奖励。

3. 融资租赁公司缴纳的印花税可根据融资租赁合同所载租金总额按借款合同计税贴花，即按借款金额万分之零点五贴花；对分别签订购销合同和融资租赁合同的，按规定分别贴花。

（三）人才奖励

融资租赁公司的高管人员和具有硕士以上学位并取得精算师、注册会计师、高级风险控制总监资格的人员，参照《晋江市人民政府关于加快培育投融资产业的若干意见》（晋政文〔2012〕95 号）和《关于加快引进优秀人才的若干意见》（晋委发〔2011〕7 号）相关规定，符合条件的，享受个人所得税缴纳奖励和优秀人才住房保障、人才津贴政策。

（四）投资奖励

1. 融资租赁公司购入的船舶、高端装备制造设备、新能源生产设备、医疗设备、高端包装印刷设备并被我市企业租赁使用的，按照合同金额 5‰ 给予奖励，单一企业单笔业务奖励金额不超 20 万元，总奖励金额不超过 200 万元；融资租赁公司购入我市企业生产的符合产业政策导向的设备开展业务的，按照合同金额 6‰ 给予奖励，单一企业单笔业务奖励金额不超 30 万元，总奖励金额不超过 300 万元。

2. 融资租赁公司未分配利润转增股本而缴纳的企业所得税、个人所得税，按地方留成部分的 100% 给予奖励。

3. 融资租赁公司根据承租人财务、经营管理和租金逾期期限等因素，可按年度净利润 1.5% 计提一般风险准备金。

三、行政支持

（一）市政府行政审批服务中心设立绿色通道，为办理企业名称预先核准并取得前置许可的融资租赁公司的注册、登记等各项手续办理提供便利。

（二）晋江市内的政府采购、公用事业建设、基础设施建设等各类政府财力投资项目建设，在同等条件下优先考虑采用融资租赁方式融资。

（三）支持融资租赁公司与我市产业投资基金、创投基金的合作；支持融资租赁公司发行金融债券，增加资本金，降低负债率，增强流动性，扩大资产业务规模。支持租赁公司通过上市和发行企业债券、公司债券、短期融资券、中期票据等方式，拓宽直接融资渠道，扩大直接融资规模；支持租赁公司通过信托方式融资、转让租赁资产。

（四）青阳陈村金融集聚区建成后，入驻金融集聚区的融资租赁公司可享受入区优惠政策，若集聚区优惠政策条款与本办法类似项目的，优惠政策就高不就低。

四、附　则

（一）享受本意见办公用房奖励的，自其获得奖励第 1 个年度起，属购置的房产 5 年之内不得对外租售，属租用的房产 5 年之内不得转租。

（二）对在申请政策资金过程中，有弄虚作假骗取、套取政策资金等违法违纪的行为，政策主管部门、财政部门有权依法依规取消其享受政策资金资格，追回骗取、套取的政策资金，并限制其五年内不得申请政策资金。同时，有关部门可依照《财政违法行为处罚处分条例》（国务院第 427 号令）的规定对当事企业予以处罚，并依法追究公司责任人责任；构成犯罪的，移交司法部门依法追究刑事责任。

（三）本意见自 2013 年 1 月 1 日起生效；本意见由市金融办组织实施并负责解释。

晋江市人民政府

2012 年 11 月 28 日

龙海市推动开办融资租赁业务解决中小企业融资需求的意见

为加强对中小企业的金融支持和服务工作，推动中小企业充分利用融资租赁等融资工具解决生产资金需求，改善企业融资结构，促进企业更新技术设备，提升产品科技含量，增强市场竞争能力，现根据有关金融支持中小企业政策精神及银行业金融产品创新情况，结合龙海实际，提出以下工作意见：

一、充分认识利用融资租赁融资工具的重要意义

融资租赁是指出租人根据承租人对租赁物件和供货人的选择，向供货人购买租赁物件提供给承租人使用，承租人支付租金。租赁期限结束后，一般由承租人以象征性的价格购买租赁物件，租赁物件的所有权由出租人转移到承租人。而普通租赁一般是承租人对出租人已有的物件交付租金后，取回使用，租赁期满后，将物件完好地退还给出租人。融资租赁业近几年来在我国已取得了较大的发展，在国民经济的诸多领域都发挥着重要作用。

（一）融资租赁以为客户专门购置设备为基础进行融资，有利于控制贷款方向，也有利于促进设备贸易的发展。因为融资租赁在融资的同时也购了物，严格锁定了贷款的用途，从这个意义上讲，对贷款的安全和它的投向有很好的保证。

（二）由于融资租赁是直接和购物联系在一起，对于贸易的发展也是有好处的。在发达国家，飞机、信息设备、工程机械、商用车辆、船舶、设备、通用加工机械等贸易额中很多都是通过融资租赁来实现的。据统计，其中比较低的占比约 50%，占比高的达 80%。

（三）融资租赁能够解决小企业缺少抵押物的难题，帮助它获得设备投资的融资。很多小企业要生产，它没有抵押物，融资租赁就可以解决这个问题。

二、融资租赁的要点

（一）融资租赁的种类

1. 按照租赁物的来源划分

（1）直接租赁

（2）售后回租

2. 按照会计准则对租赁的分类

（1）融资性租赁（表内融资）

（2）经营性租赁（表外融资）

3. 按照特殊租赁物分类

船舶租赁

4. 其它产品

（1）厂商租赁

（2）厂商促销租赁

（3）应收租赁款转让。委托租赁；联合租赁；船舶租赁。

（二）开办融资租赁的优势

1. 融资租赁期限长：期限一般为 3—5 年，可长达 15—20 年。对应产品：所有租赁产品。

2. 资金可灵活使用

（1）将已有固定资产出售给租赁公司，获得所需资金，同时租回使用。

（2）资金可灵活使用。对应产品：售后回租。

3. 交易结构灵活

根据客户需求，采取多种方式灵活安排交易结构。如共同承租人、设备预付款融资、

委托购买。对应产品：所有租赁产品。

4. 全额融资

可实现设备100%融资，其中20%为建安费用。对应产品：直接租赁。

5. 租金支付灵活

根据企业现金情况灵活安排租金支付，包括等额本息、等额本金、前高后低、前低后高、设置宽限期、不均衡还款等多种还款方式。对应产品：所有租赁产品。

6. 价格自由议定

价格组成：利率、租赁手续费、保险费等一次性费用。委托租赁的价格由委托方与承租人协商确定。

7. 改善财务指标

（1）控制或降低资产负债率。

（2）调整费用结构。

（3）提高ROA、资产周转率。

（4）减少应收账款，加快现金回笼。对应产品：经营租赁、厂商租赁。

8. 资产管理

（1）对轮船等设备，客户可在租赁期结束后选择返还给出租人，实现灵活的资产管理，保持设备先进性。

（2）将多余现金和设备用于委托租赁，获取投资收益。对应产品：经营租赁、委托租赁。

9. 促进销售

为下游客户购买设备提供融资来源，扩大或稳定市场份额。对应产品：厂商租赁、厂商促销租赁。

（三）融资租赁的主要特点

1. 售后回租融资租赁

（1）盘活存量固定资产。

（2）融资资金可灵活使用。

（3）调整企业融资期限结构（即在无法获得银行固贷时，获取中长期融资，以建筑、公路、港口等最突出）。

2. 直接融资租赁

（1）满足企业（或项目）在启动阶段进行设备融资的需要。

（2）按照项目进度发放租赁融资款项，节约客户财务费用。

3. 直接经营租赁

（1）表外融资，满足企业快速应对市场的需求。

（2）改善财务状况，包括不提高资产负债率、提高企业ROA和ROE。

（3）满足企业在启动阶段进行设备融资的需求。

4. 厂商租赁（需厂商回购）

（1）为其中小买家提供融资，稳定或扩大厂商市场份额。

（2）减少应收账款，加快现金回笼。

（3）全部操作在厂商所在地进行，效率高。

（4）单笔交易标准化操作，高效便捷。

5. 厂商促销租赁（无须回购）

（1）为其大中型买家提供融资，稳定或扩大厂商市场份额。

（2）减少应收赃款，加快现金回笼。

（3）不需厂商提供回购担保。

6. 船舶租赁

（1）进行海外融资，降低客户融资成本。

（2）获得某些税收好处。

（3）满足航运企业挂外旗需求。

7. 委托租赁

（1）为委托方剩余资金、剩余设备提供新的投资渠道。

（2）投资方通过租赁公司拥有设备所有权的要求，控制风险。

8. 联合租赁

（1）满足客户朝大额融资需求。

（2）节省银行授信额度。

（3）流程比银团贷款简便。

（4）融资条件较发债等直接融资产品更灵活。

（四）融资租赁工作程序

1. 相关银行的金融租赁股份有限公司（简称公司）或分行获取客户需求申请信息→分行对客户进行评级、授信、收集相关材料；公司审查客户→公司进行项目预赛选→公司发送客户建议书→公司内部审批→公司与客户签署合同→公司放款→公司与分行对客户共同进行租后管理。

2. 融资租赁与贷款流程的比较

（1）贷款：客户选择设备和出卖人→客户购买设备（购买合同）→银行提供贷款（借款合同）→客户偿还贷款

（2）融资租赁：客户选择设备和出卖人→租赁公司购买设备（购买合同）→客户租赁（租赁合同）→客户支付租金→租期满，客户可选择续租回购或退回

三、加强利用融资租赁工具的组织协调工作

（一）强化组织保障，健全协调工作制度。融资租赁是有效帮扶企业技术改造、解决融资难的一种融资工具，政府各职能部门要高度重视，积极与金融部门联合推动。为了更好推动开办中小企业融资租赁业务，结合我市实际情况，决定成立推动开办中小企业融资租赁业务工作协调小组，由周建明常务副市长任组长，政府办康清河副主任、人民银行叶水武行长为副组长，发改局、工业办、经贸局、外经局、各银行（社）为成员单位，研究制定推动开办中小企业融资租赁业务工作计划和具体工作措施，出台相关扶持政策，协调解决推动开办中小企业融资租赁业务过程中遇到的问题，督促有关政策的落实。人民银行要充分发挥“窗口指导”作用，为申请办理业务的企业办理融资租赁登记，在银行、企业中积极协调引导，带领金融部门为企业提供金融服务。政府各职能部门应积极支持和帮助我市中小企业开办融资租赁业务，在银行、企业办理相关手续时给予提供便利。

（二）加大宣传力度，引导使用直接融资工具。政府各职能部门及金融部门要积极向中小企业宣传开办融资租赁业务的意义，引导企业树立开办融资租赁业务解决企业资金需求的意识，帮助拓宽融资渠道。举办业务培训，邀请有开办融资租赁业务的金融机构向企业高管及财务主管宣讲开办融资租赁业务的政策规定、意义、种类、条件、程序，让企业充分了解和掌握开办融资租赁业务的优势和特点，提高开办中小企业融资租赁业务的积极性，优化企业融资结构。特别要针对我市产业集聚明显、中小企业众多的特点，鼓励那些成长性好、市场潜力大、技术更新改造意向强的中小企业开办融资租赁业务，促进中小企业转型升

级，提升产品科技含量，增强市场竞争能力，优化银行信贷资产质量，调整好信贷结构。

（三）加强政策扶持，合力推动融资租赁业务。目前，我市开办中小企业融资租赁业务尚处于探索和起步阶段，加上企业对开办融资租赁业务不熟悉、不习惯等因素，企业积极性不高，影响了融资租赁业务的推进，为鼓励开办中小企业融资租赁业务，政府各职能部门及金融部门要对有意向开办融资租赁业务的中小企业，从政策优惠鼓励、手续简便快捷、提高优质服务等方面进行扶持。

四、本意见自发布之日起实施，有效期五年。

龙海市人民政府办公室

二〇一一年九月二十七日

福建省人民政府关于加强企业融资服务八条措施的通知（节录）

闽政〔2014〕17号

……

八、强化融资租赁和信托资金对企业的支持

加快制定促进我省融资租赁业发展的政策措施，对融资租赁公司售后回租业务中承租方出售资产的行为，不征收增值税和营业税；对承租人出售资产的行为，不确认为销售收入；对融资性租赁的资产，仍按承租人出售前原账面价值作为计税基础计提折旧；对以融资租赁方式获得的租赁设备，视同技术改造项目，按技术改造补助政策给予支持。开展农机金融租赁服务，创新抵（质）押担保方式，发展农村产权交易市场。鼓励融资租赁公司探索开展融资租赁与风险投资相结合、租赁债权与投资股权相结合的风险租赁业务。支持信托公司与银行、担保机构等合作，发行各类中小企业信托产品和资金信托计划；鼓励信托公司以固有资金参与私人股权投资信托，并通过信托计划对未上市企业股权、上市公司限售股等进行投资。

福建省人民政府

2014年4月21日

福建省人民政府办公厅关于支持福建自贸试验区融资租赁业加快发展的指导意见

闽政办〔2015〕123号

福州、厦门市人民政府，平潭综合实验区管委会，省人民政府各部门、各直属机构，中央驻闽各机构：

为引导自贸试验区融资租赁业发展，拓宽企业融资渠道，鼓励跨境融资租赁，服务产业转型升级，经省政府同意，现提出以下指导意见。

一、明确业态发展重点。鼓励自贸区融资租赁企业开展智能装备制造、新一代信息技术、节能环保等战略性新兴产业的融资租赁业务，拓展飞机、汽车、船舶等运输工具的专业融资租赁服务，推进医疗、教育、检验检测等装备融资租赁服务。鼓励自贸区外企业利

用自贸区融资租赁平台开展业务，引导地铁、机场、高速公路、高速铁路等基础设施建设项目采用融资租赁方式融资。各自贸片区可以根据实际选择重点扶持的融资租赁业态。

二、引进和培育重点企业。支持国内外知名融资租赁公司在自贸试验区设立总部或开设分支机构。鼓励台湾金融机构、企业集团到自贸试验区设立融资租赁公司。在自贸试验区已设立、新设或迁入的融资租赁公司和金融租赁公司，自贸区所在地政府可以根据到资情况给予一次性财政补助。注册资本实缴5000万元（含）~5亿元的，可以给予不超过100万元补助；注册资本实缴5亿元（含）~10亿元的，可以给予100万元~300万元补助；注册资本实缴10亿元以上的，可以给予不超过500万元补助。

三、支持和鼓励业务创新。支持融资租赁企业（金融租赁公司除外）兼营与主营业务相关的商业保理业务，鼓励融资租赁企业设立项目公司，允许经营大型设备、成套设备、不动产租赁业务和境内外租赁业务；设立专业子公司的（金融租赁公司专业子公司除外），可以不设最低注册资本限制。允许转让和受让融资租赁资产。拓宽融资租赁的租赁产品，允许以工厂厂房、仓储用房、商业地产等用于生产经营的不动产作为租赁物；允许以软件、技术等无形资产作为租赁产品。探索开展物业售后回租相关业务，在自贸区所在地政府监管下，根据融资租赁双方合同约定，可以延期办理不动产转让产权登记。

四、拓宽境内外融资渠道。支持融资租赁企业通过境内外资本市场上市融资，在全国中小企业股份转让系统、海峡股权交易中心挂牌融资。对已实现上市融资或挂牌融资且募集资金全部用于投资自贸区内项目的企业，自贸区所在地政府给予一次性专项补助。鼓励注册在区内的融资租赁公司（金融租赁公司除外）在净资产10倍与上年末风险资产的差额范围内借用外币资金，在不超过净资产10倍范围内借用人民币资金。支持融资租赁公司赴境外发债和探索通过资产证券化盘活租赁资产。引导境外各类基金及保险机构对区内融资租赁公司进行周期匹配的股权投资，改善融资租赁公司资产负债结构。

五、实施经营业绩奖补。自贸区所在地政府可以根据融资租赁企业的经营主业和经营业绩给予奖补。对入驻自贸区企业租用自用办公用房，可按照租金市场指导价的一定比例给予1年~3年的租金补助。对购入设备并被自贸试验区企业租赁使用的融资租赁公司，按照合同履行金额3‰~5‰给予奖励。对购入智能制造设备、飞机、船舶、新能源生产设备、医疗设备等符合自贸区产业政策设备的融资租赁公司，可以按5‰~10‰弹性给予奖励。自贸区所在地政府可以约定单一企业单笔业务奖励和总奖励的最高金额，也可以设定申请奖励的融资租赁企业的业绩门槛。

六、落实专业人才激励措施。支持自贸区融资租赁高层次人才申报福建自贸试验区高层次人才引进计划，符合条件的由省级人才专项经费给予25万~200万元的安家支持，并相应纳入自贸区所在地政府引进高层次人才计划给予相应的政策支持。对新引进国内外知名融资租赁总部企业的高层次人才，自贸区所在地政府可按其经营业绩给予住房和生活补助。

七、做好相关服务。坚持平等保护、物权法定、一物一权、物权公示和物权公信原则，做好办理租赁物权属的登记公示和查询。融资租赁公司根据人民银行相关规定和工作安排接入中国人民银行企业征信系统。融资租赁公司在动产融资统一登记平台办理融资租赁物登记、租金等应收账款质押和转让登记，并在开展资产抵押、质押和受让等业务时，查询相关标的物权属状况。登记主管部门要公示租赁登记申报材料，简化登记流程，在规定时限完成租赁不动产权属变更登记和动产抵押变更登记等手续。对船舶、农机、医疗器械、飞机等设备融资租赁简化相关登记许可或进出口手续。在经营资质认定上同等对待租赁方式购入和自行购买的设备。对申请开办医疗器械设备租赁等特定业务的融资租赁公司，可以简化经营场所房屋属性、面积等要求，下放经营许可权限。海关设立绿色通道，简化租赁企业进出口业务通关手续。落实飞机租赁等企业税收优惠政策，加快办理租赁物出口退税。

八、加强引导和防控风险。福州市政府、厦门市政府、平潭综合实验区管委会要结合实际加强引导，10月1日前制定并出台各片区融资租赁业发展的具体指引方案和扶持奖励办法，报省政府办公厅备案。福建银监局、省金融办、经信委、商务厅要按照职责分工，加强对融资租赁业的监管及服务，对企业经营情况及经营风险进行持续监测，建立重大情况通报机制、风险预警机制和突发事件应急处置机制，防范融资租赁行业经营风险，严厉打击非法集资等违法行为。引导租赁各方及时通过诉讼或者仲裁等方式解决争议，支持行业协会等组织及时调处和化解租赁各方的纠纷。

福建省人民政府办公厅

2015年9月4日

泉州市技术改造专项资金管理规定（节录）

泉财企〔2014〕119号

一、总　则

……

（三）本规定所称的市级技术改造专项资金（以下简称“专项资金”），是由市本级财政统筹安排的专项资金，主要用于补助我市企业实施的技术改造项目，主要方式分为无偿补助、贷款贴息和设备融资租赁补助三种。

……

3. 企业租赁使用融资租赁公司购入生产设备的项目，一般采用设备融资租赁补助方式，以企业技术改造项目实施期限内（一般不超过2年）已签订的融资租赁合同为依据，按照融资租赁合同中设备投资额（扣除增值税、融资租赁费用）按比例给予补助，并设定最高补助限额。

……

泉州市财政局

泉州市经济贸易委员会

2014年3月27日

厦门市人民政府
关于印发促进金融业加快发展意见的通知（节录）

厦府〔2015〕27号

……

（二十）积极发展融资租赁业务。融资租赁（金融租赁）公司购入设备并被我市企业租赁使用的，按照租赁合同、发票金额的5‰给予奖励，单一企业单笔业务奖励金额不超过20万元，总奖励金额不超过200万元。融资租赁（金融租赁）公司购入我市地产设备开展业务的，按照租赁合同、发票金额6‰给予奖励，单一企业单笔业务奖励金额不超过

30万元，总奖励金额不超过300万元。支持融资租赁（金融租赁）公司在海关特殊监管区域设立SPV公司。鼓励融资租赁（金融租赁）公司通过境外金融机构、进入银行间同业拆借市场、发行债券、引入保险资金等多渠道进行融资。政府采购、公共事业建设、基础设施建设等各类政府财力投资项目建设，在同等条件下优先考虑采用融资租赁方式融资。

……

（二十八）完善地方准金融行业监管体系。按照指导企业自律、加强行业约束、鼓励中介监督、实施政府管理、坚守法律底线的原则，建立多层次监管机制。支持交易场所、小额贷款、融资性担保、融资租赁、私募股权投资基金、互联网金融等准金融行业协会在厦筹建和发展，制定发布自律公约，加强行业自律规范，强化市场经营主体守法、诚信、自律意识，树立新兴金融诚信规范经营、服务经济社会发展的正面形象。

……

七、其他规定

（三十一）本意见所称“法人机构”，是指经中国人民银行、中国银监会、中国证监会、中国保监会等国家金融监管部门批准，在厦门注册并具有法人资格的银行、信托公司、证券公司、证券投资基金管理公司、期货公司、保险公司、汽车金融公司、金融租赁公司、集团财务公司等经营性金融机构。

（三十二）本意见所称“金融机构”和“金融机构总部”，是指经国家金融监管部门批准，在厦门注册并具有独立法人资格的银行、证券公司、保险公司、基金管理公司、期货公司、信托投资公司、金融租赁公司、金融控股公司等经营性金融企业。本意见所称“区域性分支机构”，是指金融机构总部在厦门设立的以厦门为中心管理周边地区分支机构或者业务的区域性机构。

……

（三十九）我市现有政策与本意见不一致的，按本意见执行。同一机构、同一项目按就高、就优的原则申请奖励，不重复享受本意见的不同政策及其他财政相关扶持政策。享受本意见奖励或补贴的相关机构，应当提供有关材料，并承诺十年内不迁离厦门。享受本意见奖励或补贴的机构及个人不履行承诺的义务或者采取弄虚作假等手段骗取优惠政策的，除责令限期纠正外，取消享受优惠政策资格，并按有关规定收回已享受的奖励或补贴。涉嫌犯罪的，依法追究法律责任。

（四十）本意见自2015年1月1日起实施，有效期五年。厦府〔2011〕442号文件同时废止。各部门要根据本意见制定相关细则，确保意见落实。

厦门市人民政府办公厅

2015年2月5日印发

厦门市海沧区人民政府
关于鼓励在海沧保税港区开展融资租赁业务的意见

根据国家有关鼓励海关特殊监管区开展融资租赁业务的政策，为充分发挥海沧保税港区政策优势，利用融资租赁功能，促进产业和核心港区业务发展，制定如下意见：

一、鼓励入驻奖励

对新引进的在海沧保税港区注册的融资租赁企业

（一）注册资金1亿元人民币（含）及以上的，给予一次性奖励100万元人民币；

（二）注册资金5亿元人民币（含）及以上的，给予一次性奖励200万元人民币；

（三）注册资金10亿元人民币（含）及以上的，给予一次性奖励500万元人民币。

二、经营贡献奖励

（一）自本意见实施起三年内，凡在海沧保税港区注册、并在海沧缴纳税收的融资租赁企业，按企业年度税收区级留成部分给予五年奖励，其中前两年给予80%的奖励，后三年给予50%的奖励。

（二）自本意见实施起三年内，凡在海沧保税港区注册、并在海沧缴纳税收的融资租赁企业，利用商业贷款购买大型设备用于开展租赁业务的，每套设备按照年贷款利息的20%给予补贴，补贴期限3年，单套设备最高补贴50万元人民币。

（三）自本意见实施起三年内，凡在海沧保税港区注册、并在海沧缴纳税收的融资租赁企业，利用商业贷款购买由厦门市范围内企业建造生产的大型设备（单台套价格达到200万元人民币及以上）用于开展租赁业务的，每套设备按照年贷款利息30%给予补贴，补贴期限3年，单套设备最高补贴80万元人民币。

（四）自本意见实施起三年内，为海沧区企业提供融资租赁服务、当年融资租赁总额达到5000万元人民币及以上的融资租赁企业，根据其当年为海沧区企业提供融资总额，给予融资总额0.5%的补贴，最高补贴300万元人民币。

三、服务产业发展奖励

（一）自本意见实施起三年内，凡是以融资租赁方式在海沧保税港区购买、租赁大型生产设备（单台套价格200万元人民币及以上，如飞机、船舶、码头设备）的企业，前三年按每台（套）设备年租赁费用的3%给予补贴，后两年按照1%给予购租企业补贴。单一年度单一企业最高补贴50万元人民币。

（二）自本意见实施起三年内，在厦门工商登记注册、缴交税收的企业，以融资租赁方式在海沧保税港区购买、租赁大型生产设备（单台套价格200万元人民币及以上），前三年按每台（套）设备年租赁费用的10%给予补贴，后两年按照5%给予购租企业补贴。单一年度单一企业最高补贴100万元人民币。

（三）自本意见实施起三年内，在海沧工商登记注册、缴交税收的企业，以融资租赁方式在海沧保税港区购买、租赁大型生产设备（单台套价格200万元人民币及以上），前三年按每台（套）设备年租赁费用的20%给予补贴，后两年按照10%给予补贴。单一年度单一企业最高补贴200万元人民币。

四、鼓励发展航空航运租赁业务

在2014年12月31日之前，利用融资租赁方式购买航空航运大型设备自用，在海沧保税港区注册设立融资租赁公司的，除享受上述鼓励扶持政策外，给予开办补助100万元人民币。

五、保税港区融资租赁企业高管人才可以申请享受海沧相关的人才、住房、个人所得税、子女教育和就业等方面的奖励政策。

六、其它事项

（一）融资租赁企业开展业务情况，需提供当年度海沧保税港区一线进口报关单、融资租赁合约和相关的生产经营证明材料。

（二）厦门市范围内企业建造的大型生产设备需提供能证明产地的相关材料。

（三）高管人才需提供银监会、证监会、保监会等部门出具的相关资格认定材料。

七、本意见涉及的扶持政策与我区出台的其他优惠政策重复的，企业可以择优享受，但不得重复享受。

八、本意见由海沧保税港区管委会办公室、海沧区财政局负责解释，并根据本意见制定实施细则。

九、本意见自发布之日起实施，有效期三年。

厦门市海沧区人民政府
2013年9月2日

中国（福建）自由贸易试验区厦门片区租赁业发展办法

厦府办〔2015〕193号

为鼓励租赁业在自贸试验区内集聚与发展，拓展租赁企业服务实体经济大众创业、万众创新功能，根据《国务院关于印发中国（福建）自由贸易试验区总体方案的通知》（国发〔2015〕20号）、《国务院办公厅关于加快融资租赁业发展的指导意见》（国办发〔2015〕68号）、《福建省人民政府办公厅关于支持福建自贸试验区融资租赁业加快发展的指导意见》（闽政办〔2015〕123号）以及《厦门市人民政府关于促进金融业加快发展的意见》（厦府〔2015〕27号）等有关规定和政策，结合我市实际，制定本办法。

一、支持租赁企业设立发展

（一）鼓励机构入驻。鼓励国内外知名租赁企业、台湾金融机构与企业集团、民间资本到自贸试验区内依法投资注册租赁企业，包括金融租赁公司、商业租赁公司及其总部运营中心、分支机构。租赁企业（金融租赁公司除外）为隔离风险而设立从事飞机、船舶、大型设备等租赁业务的租赁项目子公司（特殊目的公司）不设最低注册资本金限制。允许同一租赁项目子公司持续经营多个租赁项目，允许隶属于同一母公司的租赁项目子公司实行住所集中登记，其住所可与母公司相同。

（二）统一内外资待遇。贯彻落实《中国（福建）自贸试验区总体方案》，在自贸试验区内统一内外资租赁企业准入标准、设立审批和事中事后监管，允许注册在自贸试验区内由有关主管部门准入的内资租赁企业享受与现行内资试点企业同等待遇。

（三）拓展经营范围。支持租赁企业开展的租赁财产购买、残值处理及维修，交易咨询和担保，向第三方机构转让应收账款、接受租赁保证金等业务。允许租赁企业兼营与主营业务有关的商业保理业务，符合条件的租赁企业经依法批准可开展与租赁业务相关的贸易和小额贷款试点。

二、支持租赁市场发展

（四）减少租赁市场发展制约。进口租赁物涉及配额、许可证、自动进口许可证等管理的，在承租人已具备相关配额、许可证、自动进口许可证的前提下，不再另行对租赁企业提出购买资质要求。根据租赁特点，便利租赁企业申请医疗器械经营许可或办理备案。除法律法规另有规定外，承租人通过融资租赁方式获得设备与自行购买设备在资质认定时享受同等待遇。支持租赁企业依法办理租赁交易相关担保物抵（质）押登记。加大政府采购支持力度，鼓励市、区政府在提供公共服务、推进基础设施建设和运营、市政交通设备采购、公私立医院医疗设备采购中购买租赁服务。探索租赁业务与政府和社会资本合作（PPP）融资模式相结合。

（五）鼓励跨境融资与经营。鼓励注册在自贸试验区内的租赁企业（金融租赁公司除外）在净资产10倍与上年末风险资产的差额范围内借用外币资金，在不超过净资产10倍范围内借用人民币资金。支持租赁企业通过境内外资本市场上市融资，在全国中小企业股份转让系统、两岸股权交易中心挂牌融资，符合条件的可按现行上市扶持政策享受相应的“绿色通道”待遇、工作经费补助和奖励。支持租赁企业赴境外发债和探索通过资产证券化盘活租赁资产。引导境外各类基金及保险机构对自贸试验区内租赁企业进行周期匹配的股权投资，改善资产负债结构。

租赁企业开展境外租赁业务不受现行境内企业境外放款额度限制；依法对外提供担保的，可自行办理担保合同签约，无须到外汇管理局办理事前审批手续；向境外支付担保费无须核准，可直接在银行办理购付汇手续。境外公司为租赁企业提供本外币贷款（不含委托贷款）担保的，租赁企业可自行办理担保合同签约。担保履约后，境内金融机构可直接与境外担保人办理担保履约。

（六）开展租赁资产交易试点。支持在自贸试验区内建立以人民币计价、结算的跨境租赁资产交易平台，允许租赁企业参与交易、转让租赁资产，为投资者合理退出创造机制。支持符合条件的金融机构以租赁债权为基础资产开展资产证券化业务。支持金融资产管理公司和地方资产管理公司按照《金融企业不良资产批量转让管理办法》（财金〔2012〕6号）等有关规定，批量收购和依法处置租赁企业的不良资产，开展租赁资产托管、风险控制、残值处理和价值维护等专业管理服务。

三、优化租赁相关业务办理

（七）简化外汇管理。租赁企业可按照中国（福建）自贸试验区厦门片区外汇管理相关实施细则办理相关外汇业务，在其经营范围内办理境内租赁业务时可收取本、外币租金，可在银行开立境外放款专用账户，用于保留对外租赁租金收入，账户内外汇收入结汇可直接向银行申请办理。

（八）提供通关便利。海关为符合条件的企业发展租赁进出口业务提供便利化服务。创新跨境租赁异地监管模式，允许企业使用“属地申报，口岸验放”、“区域通关一体化”等通关模式。在自贸试验区海关特殊监管区域内注册的租赁企业进出口飞机、船舶和海洋工程结构物等大型设备，根据物流实际需要，可向主管海关申请，实行厦门海关管辖范围内的海关异地委托监管。

（九）支持第三方代办。支持中介机构为租赁企业提供公允全面的第三方服务、受租赁企业委托代办行政审批申请事项。租赁企业可与代办中介机构建立单项业务或打包业务等委托代办业务关系。有关部门对代办中介机构办理代办业务，应视同租赁企业并给予同样便利和支持，并按照规定的事项、流程和时限办结。中介机构受租赁企业委托提供专业服务，按照双方签署的合同提供优质高效服务。

四、实施扶持奖励政策

（十）实施落户奖励。对在我市新设立或从厦门域外新迁入的租赁法人企业，根据其到资情况给予落户奖励：注册资本实缴5000万元~10亿元（含10亿元）的，按注册资本的1%给予奖励，最高奖励1000万元；注册资本实缴在10亿元以上（不含10亿元）的，超过部分每增加1亿元增加200万元的奖励，最高奖励3000万元，其中注册资本实缴不足1亿元部分按比例折算。在厦门域外的租赁企业在自贸试验区内设立总部营运中心或区域性分支机构，一次性奖励50万元。租赁法人企业增加注册资本金，按照新设立或新迁入的租赁法人企业奖励标准的50%给予奖励，奖励最高限额1500万元。租赁企业申请以上奖励应在注册资本全额到位后的两年内申请，每年申请的奖励金额最高不超过租赁企业当年实际租赁额的0.5%。租赁法人企业经认定为我市总部企业后，可享受我市总部经济相关扶持政策。租赁企业聘用的高级管理人员及相关金融人才可参评厦门市“海纳百川”人才计划高层次紧缺型金融人才，并享受相应的优惠政策。

（十一）实施购租房补贴。对在我市新设立或从厦门域外新迁入的租赁法人企业，给予购地、购房或租房补贴：对于购地自建办公用房建筑面积自用率达60%以上的，经市政府批准，给予办公用房建设费用补贴；购买自用办公用房的租赁法人企业按购房房价的10%给予一次性补贴（每平米最高不超过1000元），最高不超过500万元，分五年平均支付；对于租赁自用办公用房的租赁法人企业，连续五年给予租房补贴，其中前三年内每年按经核定的房屋租金水平的40%给予补贴，后二年按经核定的房屋租金水平的25%给予补贴。租用办公用房的价格如低于经核定的房屋租金水平，则以其实际租价为基准计算租房补贴。享受补贴期间，租赁企业须承诺不转租办公用房。

（十二）实施业绩奖补。对年实际租赁额超过5000万元（含5000万元）的租赁企业实施配套业绩奖补：租赁企业购入设备并被我市企业租赁使用的，按照该笔业务当年度开具增值税发票的不含税金额的5‰给予奖励，单一租赁企业每年度总奖励金额不超过200万元；租赁企业购入我市生产设备开展业务的，按照该笔业务当年度开具增值税发票的不含税金额的6‰给予奖励，单一租赁企业每年度总奖励金额不超过300万元；租赁企业购入智能制造设备、飞机、船舶、新能源生产设备、医疗设备等符合自贸试验区产业政策设备的，按照该笔业务当年开具增值税发票的不含税金额的10‰给予奖励，单一企业每年度总奖励金额不超过500万元。单一企业每年度享受的总奖励金额不超过当年对我市地方财力贡献。

（十三）落实税收政策。符合条件的租赁企业提供有形动产融资租赁服务的，按照《财政部国家税务总局关于将铁路运输和邮政业纳入营业税改征增值税试点的通知》（财税〔2013〕106号），对其增值税实际税负超过3%的部分实行增值税即征即退优惠政策；试点纳税人中的一般纳税人，以厦门地区营改增试点实施之日（2012年11月1日）前购进或者自制的有形动产为标的物提供的经营租赁服务，试点期间可以选择按照简易计税方法计算缴纳增值税。租赁企业的租赁设备符合加速折旧条件的，可按照企业所得税法、实施条例以及现行税收政策规定执行，采取缩短折旧年限、双倍余额递减法或年数总和法加速折旧。融资租赁货物出口退税按照《财政部海关总署国家税务总局关于在全国开展融资租赁货物出口退税政策试点的通知》（财税〔2014〕62号）执行。其中，飞机租赁企业税收政策按照《国务院办公厅关于加快飞机租赁业发展的意见》、《财政部海关总署国家税务总局关于租赁企业进口飞机有关税收政策的通知》（财关税〔2014〕16号）有关优惠政策执行。

五、支持租赁企业防控风险

（十四）开展租赁业务增信。鼓励保险公司研发租赁业务配套保险产品，支持租赁企业通过投保信用保险化解经营风险，市财政自租赁企业设立起连续三年对其厦门域内租赁业务实际保险费用支出给予20%的补助。支持融资性担保公司开展融资租赁债权担保业务。

（十五）完善征信登记。租赁企业应按照中国人民银行征信中心中征动产融资统一登记平台操作规则和登记指引的规定，如实办理租赁登记，公示租赁物权利状况。各金融机构及其他权利人在办理动产抵押、质押和受让等业务时，可登陆查询相关标的物的权属状况。租赁企业办理应收账款质押、转让业务，应当对应收账款的权属状况在中征动产融资统一登记平台予以登记公示。租赁企业办理房地产等不动产抵押登记参照银行业金融机构操作要求执行。

（十六）计提风险准备金。支持租赁企业在每年年度终了根据承租人财务、经营管理和租金逾期期限等因素，分析应收租赁款的风险程度和回收可能性，对承担风险和损失的资产计提风险准备金：对于正常业务，风险准备金可按风险资产期末余额的1%–1.5%比例计提；对于风险业务，可比照金融机构五级分类法分类分级并提取相应的风险准备金，并按照有关税收规定在税前据实扣除。租赁企业实际发生的资产损失，可按照企业所得税法有关规定在税前据实扣除。

（十七）加强统计分析。按照“谁审批，谁监管”的原则，加强租赁行业日常监管信息化手段，建立行业统计制度、综合评价体系和分级管理体系。租赁企业在每个季度结束后向主管部门报送企业运行数据，在每会计年度结束后向归口监管部门报送年度审计报告。建立市场预警机制，定期发布行业发展报告，指导租赁企业加强风险控制体系和内控管理制度建设。

（十八）做好风险防范。市金融工作办会同有关部门统筹监督管理租赁企业经营风险，各注册地相关管理部门按属地监管原则，做好租赁企业风险处置工作。严禁租赁企业借租赁的名义开展非法金融活动。租赁资产交易平台资金须进行第三方托管，并严格遵守交易场所管理的相关法规开展业务。

本办法从印发之日起执行，由市金融工作办会同相关部门组织实施，有效期三年。同一租赁企业同一项目按就高原则，不重复享受本办法的不同政策或其他财政扶持奖励政策。租赁企业依照本办法享受的扶持奖励资金，市、区受益财政按照财政体制分别承担。具体申报按照《厦门市人民政府关于促进金融业加快发展的意见》（厦府〔2015〕27号）的实施细则执行。

厦门市人民政府办公厅

2015年10月8日印发

关于支持中国（福建）自由贸易试验区平潭片区融资租赁业加快发展的实施办法

岚综管办〔2015〕205号

为引导中国（福建）自由贸易试验区平潭片区（以下简称“平潭自贸片区”）融资租赁业发展，拓宽企业融资渠道，鼓励跨境融资租赁，服务产业转型升级，根据《福建省人民政府办公厅关于支持福建自贸试验区融资租赁加快发展的指导意见》（闽政办〔2015〕123号），结合我区实际，现制定以下实施办法。

一、鼓励企业入驻

支持国内外知名融资租赁公司在平潭自贸片区设立总部或开设分支机构。鼓励台湾金融机构、企业集团在平潭自贸片区设立融资租赁公司。对在平潭自贸片区内已设立、新设或迁入的融资租赁公司和金融租赁公司，按实缴注册资本金分五年平均给予开办补助：

（一）注册资本实缴5000万元（含）~5亿元的，给予补助100万元；

（二）注册资本实缴5亿元（含）~10亿元的，给予补助300万元；

（三）注册资本实缴10亿元以上的，给予补助500万元。

二、拓宽融资渠道

支持区内融资租赁企业通过境内外资本市场上市融资。

（一）对在福建海峡股权交易中心挂牌交易的区内融资租赁公司，给予一次性奖励10

万元。

（二）对在全国中小企业股份转让系统实现上市融资的区内融资租赁公司，给予一次性奖励30万元。

（三）对已实现上市融资或挂牌融资且募集资金全部用于投资平潭自贸区内项目的融资租赁企业，按照投资金额给予1%的专项补助，最高金额不超过300万元。

（四）允许区内融资租赁公司（金融租赁公司除外）在净资产10倍与上年末风险资产的差额范围内借用外币资金，在不超过净资产10倍范围内借用人民币资金。

（五）支持、鼓励区内融资租赁企业通过银行间市场、债券市场等金融市场发行债券，利用金融创新工具开展债券、票据及其他方式的融资。允许平潭自贸片区内融资租赁企业通过保函、信用证等开展赴境外融资业务。借用的外债可根据需要调回区内结汇使用。

（六）注册在平潭综合实验区内的基金及保险机构对区内融资租赁公司进行股权投资的，且年度投向区内融资租赁公司总额超过1亿元的，给予投资资金1%的风险补助，年度奖励最高不超过300万元。

三、经营贡献奖励

对注册在平潭自贸片区内的融资租赁企业（金融租赁公司除外）开展经营业务给予以下奖补：

（一）在平潭自贸片区内经营期满一年，且年度缴纳入库地方级税收在100万元以上的融资租赁企业，自满足奖补条件年度起五年内，按照年缴纳入库地方级税收的50%给予奖励，年缴纳入库总税收达2000万元及以上的，按年缴纳入库地方级税收的70%给予奖励；

（二）对租用平潭自贸片区内商务营运中心及其他我区统一承建的办公楼，按实际缴纳租金的30%予以补助，补助期限为三年；

（三）对购入单台（套）设备在100万元人民币及以上的，并被平潭自贸片区企业租赁使用的融资租赁公司，按照合同履行金额5‰给予奖励，单一企业单笔业务奖励金额不超过20万元，总奖励金额不超200万元；

（四）对购入智能制造设备、飞机、船舶、新能源生产设备、医疗设备等符合《平潭综合实验区产业指导目录》设备的融资租赁公司，按照合同履行金额8‰给予奖励，单一企业单笔业务奖励金额不超过30万元，总奖励金额不超300万元。

四、专才激励措施

（一）对平潭自贸片区内融资租赁企业的高管及专业人才，年度缴纳个人所得税在5万元及以上的，前两年按每年缴纳个人所得税地方级分成部分的80%奖励、第三年起按60%奖励，企业高管人员及专业人员的贡献奖励，用于其个人购房、租房等补贴。

（二）支持平潭自贸片区融资租赁高层次人才申报福建自贸试验区高层次人才引进计划；

（三）鼓励平潭自贸区内融资租赁企业引进国内外知名总部企业的高管人员和专业技术人才，凡符合我区优秀人才引进条件的，在职称评审、子女入学、户籍迁入等方面，按照《平潭综合实验区关于加强中高层次人才引进工作的若干规定（试行）》（闽岚综实管综〔2014〕59号）和《平潭综合实验区中高层次人才住房保障办法（试行）》（闽岚综实管综〔2014〕60号）的规定执行奖励。

五、做好相关服务

坚持平等保护、物权法定、一物一权、物权公示和物权公信原则，经发局、市场监督管理局、交通建设局等部门做好办理租赁物权属的登记公示和查询。人民银行平潭综合实验区支行根据相关规定，安排平潭自贸片区内融资租赁公司接入中国人民银行企业征信系统。融资租赁公司在动产融资统一登记平台办理融资租赁物登记、租金等应收账款质押和转让登记，并在开展资产抵押、质押和受让等业务时，查询相关标的物权属状况。经发局作为主管登记主管部门要公示租赁登记申报材料，简化登记流程，在规定时限完成租赁不动产权属变更登记和动产抵押变更登记等手续。平潭海关对船舶、农机、医疗器械、飞机等设备融资租赁简化相关登记许可或进出口手续。在经营资质认定上同等对待租赁方式购入和自行购买的设备。区市场监督管理局对申请开办医疗器械设备租赁等特定业务的融资租赁公司，可以简化经营场所房屋属性、面积等要求，在职责范围内办理经营许可权限。平潭海关设立绿色通道，简化租赁企业进出口业务通关手续。

六、强化风险防控

区经发局、金融办要按照职责分工，加强对融资租赁业的监管及服务，对企业经营情况及经营风险进行持续监测，建立重大情况通报机制、风险预警机制和突发事件应急处置机制，防范融资租赁行业经营风险，严厉打击非法集资等违法行为。引导租赁各方及时通过诉讼或者仲裁等方式解决争议，支持行业协会等组织及时调处和化解租赁各方的纠纷。

七、其他事项

1. 按照“一表申请、一口受理、分类管理”的原则，统一在区行政服务中心设立优惠政策受理窗口，其中，中高层次人次奖励由党群工作部负责认定办理，其他奖补由区经发局负责认定办理，从受理到办结限定 5 个工作日内完成。

2. 本实施办法所述的“年度缴纳入库税收总额”，均不含海关税收，不含多元化经营企业在区内的房地产、建筑施工类项目缴纳的税收，含上缴省级后实际返还我区的税收。

3. 本实施办法所列的优惠政策与我区制定的其他优惠政策如有重复，企业可择优申报，不得重复享受。

4. 本实施办法适用中国（福建）自由贸易试验区平潭片区内已设、新设或迁入的融资租赁公司，综合实验区内融资租赁企业参照本实施办法执行。

5. 本实施办法自印发之日起实施，有效期至 2020 年 12 月 31 日。

6. 本实施办法由区经济发展局、区金融办负责解释。

平潭综合试验区管委会办公室
2015 年 10 月 22 日

宿迁市政府关于促进融资租赁业发展的意见

宿政发〔2014〕85 号

各县、区人民政府，市各开发区、新区、园区、景区管委会，市各有关部门和单位：

为认真贯彻落实市委、市政府《关于近两年深化改革的若干要点》（宿发〔2014〕1 号）精神，推动我市融资租赁业发展，建设多层次金融服务体系，为实体经济提供融资支持，加快地方经济发展，现就促进融资租赁业发展提出如下意见：

一、总体发展目标

以政策扶持促培引、以优化环境促发展，全力打造淮海经济区融资租赁中心，力争 2014 年融资租赁机构设立取得实质性突破，争取培引融资租赁机构 3~5 家，到 2016 年融资租赁机构数量达到10家以上，年融资租赁业务总量突破500亿元。

二、加大培引力度

加大各类融资租赁机构招引力度，吸引国内外融资租赁机构在我市设立总部或分支机构；鼓励市内外各类社会资本及境外资本以独资、控股、参股等方式在我市投资设立金融租赁、融资租赁、经营性租赁及租赁业中介服务等机构。

三、强化政策扶持

（一）机构设立奖励。凡在市区新设或迁入的金融租赁公司和融资租赁公司法人机构，由工商注册地受益财政部门给予一次性资金补助。在约定期限内，对注册资本在10亿元以上的，累计实现净利润3亿元的补助2000万元；注册资本在5亿元以上10亿元以下的，累计实现净利润达2亿元的补助1500万元；注册资本在2亿元以上5亿元以下的，累计实现净利润达1亿元的补助1000万元。以上补助在注册资本到位后3年内实现约定净利润的即可兑现。

（二）办公用房补助。凡在市区新设或迁入的金融租赁公司和融资租赁公司法人机构及分支机构，在本市区购建的自用办公用房，根据面积由受益财政按500元/平方米标准分5年予以补贴，每年补贴20%，累计补贴不超过500万元。对其按照缴纳契税扣除征收手续费后的全额实行等额奖励。对租用的办公用房每年按房屋租金的50%给予补贴，连续补贴5年。若实际租价高于市场平均房屋租金的，按市场平均房屋租金价格水平计算。

租赁机构在享受补贴期间，若将受补贴的办公用房出（转）租、出售、改变用途的，则停止补贴，并按比例追偿前期支付的补贴资金。如确因提高房屋利用效率而需出（转）租出售的，则按比例退回所享受的补贴资金。

（三）上缴税收奖励。凡在市区新设或迁入的金融租赁公司和融资租赁公司法人机构，自开业年度起，前三年按其净入库税收（企业所得税、增值税）市以下留成部分实际金额由受益财政实行等额奖励、后三年实行减半奖励。

（四）高管人员奖励。对新设的融资租赁公司的董事长、总经理及其他全职在宿工作的高级管理人员（原则上不超过5人）所缴纳的个人所得税地方留成部分的实际金额，自其在我市缴纳个人所得税年度起，前三年由受益财政实行等额奖励、后三年实行减半奖励。

（五）引进人才补助。市区融资租赁企业从市外全职引进的紧缺急需专业人才，在宿工作并签订3年以上劳动合同的具有全日制博士学位（或正高职称）、硕士学位（或副高职称）以及"985"高校本科毕业生纳入"宿迁英才计划"，按照"宿迁英才计划"人才补助标准给予相应补贴。

四、营造发展环境

（一）建立联席会议制度。建立市融资租赁工作联席会议制度，由市政府分管领导召集，市金融办牵头，市商务、财政、工商、人行、银监、国税、地税等相关部门参加，研究协调融资租赁发展中的有关问题。市商务局负责帮助申请人做好融资租赁公司或分支机构的设立申报工作，宿迁银监分局负责帮助申请人做好金融租赁公司或分支机构的设立申报工作，市工商局负责帮助办理工商注册登记手续，人民银行宿迁市中心支行负责银租合作相关工作，市财政局、国税局、地税局、金融办做好优惠政策落实及兑现工作。市各有关部门和单位要结合自身职能，密切配合，共同推进我市融资租赁业发展。

（二）优化服务。对新设、引进融资租赁机构，我市在资金引入、公司登记等各方面简化手续，提供"一站式"注册审批服务。将融资租赁业明确为全市支持和重点发展的行业，帮助推介优质项目，搭建与银行、担保、保险等金融机构合作平台，做大做强融资业务，切实提供优质服务。

（三）设立融资租赁业发展基金。为推动融资租赁业发展，市、区设立融资租赁业发展基金，主要用于融资租赁机构引进设立等补助，促进融资租赁机构的健康快速发展。

本意见由市金融办负责解释，自公布之日起施行。

宿迁市人民政府

2014 年 5 月 28 日

陕西省人民政府办公厅关于促进融资租赁业发展的实施意见

陕政办发〔2015〕94 号

各设区市人民政府，省人民政府各工作部门、各直属机构：

为贯彻《国务院办公厅关于加快融资租赁业发展的指导意见》（国办发〔2015〕68 号），积极复制推广上海自由贸易试验区改革试点经验，促进我省融资租赁业加快发展，经省政府同意，现提出以下实施意见。

一、确立融资租赁业重要发展地位

（一）将融资租赁业列为我省优先发展产业。鼓励境内外投资者在陕设立金融租赁企业、外商投资融资租赁企业、内资试点融资租赁企业及特殊项目公司（SPV）。鼓励我省装备制造、工程机械、电力设备、能源机械、汽车及新能源汽车等具有优势产业背景的大型企业设立融资租赁公司，发展厂商融资租赁企业。鼓励融资租赁企业参与我省城乡公共基础设施建设。积极稳妥发展居民家庭消费品和文化产业租赁市场。面向现代农业，鼓励发展大型农用机械设备租赁。鼓励为创新、创业类中小微企业提供融资租赁服务。（省商务厅、省级相关部门单位负责。排名第一者为牵头单位，下同）

（二）促进融资租赁业突破发展。“十三五”期间力争在我省形成千亿级的融资租赁产业板块。培育 10 家左右注册资本超 10 亿元人民币、业务量超 100 亿元人民币、纳税超过 1 亿元人民币、专业特色鲜明的融资租赁龙头企业。融资租赁市场渗透率达到 5% 以上，融资租赁成为全社会投融资体系中的重要组成部分。（省商务厅、省级相关部门单位负责）

（三）设立陕西省融资租赁产业发展子基金。在我省产业发展母基金的构架下，设立陕西省融资租赁产业发展子基金，向融资租赁企业提供融资及其他增值服务，支持我省融资租赁产业不断发展壮大。（省商务厅、省发展改革委、省财政厅、陕西金融控股集团负责）

（四）推进融资租赁产业聚集发展。积极复制推广上海自由贸易试验区融资租赁业发展经验，支持西安国际港务区建设融资租赁业聚集区，率先进行融资租赁业政策、功能和制度创新。（西安国际港务区、省级相关部门单位负责）

（五）探索和推广融资租赁作为开发区新型融资服务平台。支持各类开发区采用与社会资本合作模式（PPP）设立为区内主导产业发展服务的融资租赁企业，促进产融结合、区融结合。（省商务厅、各开发区负责）

（六）支持融资租赁企业创新发展。支持融资租赁企业与互联网融合发展，加强与银行、保险、信托、基金等金融机构合作，创新商业模式。充分利用大数据、云计算、物联网、互联网等现代科技手段，探索融资租赁服务供应链融资的模式，可设立集融资租赁、保理、贸易为一体的融资租赁企业。引导融资租赁公司不断优化产品组合、交易结构、租金安排、风险防控等设计，加快业务创新。（省商务厅、省发展改革委、陕西银监局等负责）

（七）大力发展飞机租赁。依托我省航空制造优势，进一步统筹航空产业及其配套服务业发展，支持我省融资租赁企业开展商用飞机、通用飞机租赁业务。（省发展改革委、省级相关部门单位负责）

（八）开拓跨境融资租赁市场。围绕国家"一带一路"战略，以融资租赁推动我省企业"走出去"开拓海外市场。鼓励融资租赁企业使用跨境人民币、海外融资开展业务。简化融资租赁企业设立境外项目公司和特殊目的公司的备案手续。支持通过融资租赁引进国外先进设备，扩大高端设备进口，提升技术装备水平。（省商务厅、省发展改革委、国家外汇管理局陕西省分局、省级相关部门单位负责）

二、优化融资租赁产业发展环境

（九）简化融资租赁企业设立审批程序。推行外商投资融资租赁企业设立直报和限时办结制度。对外商投资融资租赁企业资料齐备的，省级行业主管部门5个工作日内办结。对内资试点融资租赁企业资料齐备的，省级行业主管部门5个工作日内上报国家商务部门并跟踪办理审批手续。对金融租赁企业，省级银监部门要及时受理符合条件的设立人的申请，并帮助申请人争取国家行业主管部门审批。（省商务厅、陕西银监局负责）

（十）完善和创新管理措施，支持融资租赁业务开展。进口租赁物涉及配额、许可证、自动进口许可证等管理的，在承租人已具备相关配额、许可证、自动进口许可证的前提下，不再另行对融资租赁公司提出购买资质要求。除法律法规另有规定外，承租人通过融资租赁方式获得设备与自行购买设备在资质认定时享受同等待遇。便利融资租赁公司申请医疗器械经营许可或办理备案。规范机动车交易和登记管理，简化交易登记流程，便利融资租赁双方当事人办理业务。（省商务厅、西安海关、陕西出入境检验检疫局、省食品药品监管局、省交通运输厅、省公安厅负责）

（十一）增加融资租赁业开放领域。实行外商投资融资租赁企业资本金意愿结汇。允许融资租赁公司兼营与主营业务有关的商业保理业务。融资租赁公司设立的单机、单船子公司不设最低注册资本限制。（国家外汇管理局陕西省分局、省商务厅负责）

（十二）加强融资租赁专业人才培养。依托我省教育资源优势，制定融资租赁专业人才培养规划，定向培养融资租赁业专业人才。力争近三年内，每年培养融资租赁高级专业人员100人左右，解决融资租赁企业对人才的紧急需求。鼓励教育部门和相关院校，增设融资租赁专业或开设相关专题，培养融资租赁业风控、财务、管理、法务、运营等专门人才。在融资租赁产业聚集区建立引进和培养融资租赁专业人才的激励机制和奖励政策。鼓励融资租赁企业及社会团体对从业人员开展形式多样的培训，不断提高融资租赁业从业人员业务能力和水平。（省教育厅、西安国际港务区负责）

三、加大对融资租赁业的支持力度

（十三）将融资租赁业发展纳入政府产业资金支持范围。在我省产业结构调整引导资金等政府支持产业资金中增加融资租赁专项。企业通过融资租赁方式实施技术改造、转型升级、节能减排、环保涉农、科技创新项目等，在其申报政府相关支持发展的产业引导资金上，实际使用者可享受补贴。（省发展改革委、省财政厅、省级相关部门单位负责）

（十四）加大税收支持力度。在融资租赁产业聚集区，实行外商投资融资租赁企业与内资融资租赁企业同等待遇，可比照西部大开发政策享受税收优惠。对开展融资租赁业务（含融资性售后回租）签订的融资租赁合同，按照其所载明的租金总额比照"借款合

同”税目计税贴花。（西安国际港务区、省发展改革委、省国税局、省地税局负责）

（十五）优化租赁货物通关流程，开展保税租赁业务。设立绿色通道，为融资租赁企业发展租赁进出口业务提供便利化服务。创新跨境租赁异地监管模式，实施区域通关和一体化通关监管模式。在西安综合保税区省内特殊监管区域注册的融资租赁公司从国外进口租赁标的等物，实行保税。海关对融资租赁货物按照审查确定的分期缴纳的租金分期征收关税和增值税。租赁物在租赁期间接受海关监管，购入时按相关规定提供税款担保，符合条件的融资租赁企业可以保证书方式提供担保。（西安海关、陕西出入境检验检疫局负责）

（十六）鼓励融资租赁企业拓宽融资渠道。引导融资租赁企业增加中长期资金来源，支持融资租赁企业综合运用保理、上市、发行债券、信托、基金、内保外贷及资产证券化等方式融资。鼓励股权投资基金、保险资金等各类资金进入融资租赁业。鼓励融资租赁企业开展跨境融资业务。支持融资租赁企业应收账款融资。（省金融办、国家外汇管理局陕西省分局、陕西银监局、人民银行西安分行负责）

四、加强融资租赁企业的风险防控

（十七）落实省级政府属地管理责任。融资租赁企业的事中事后监管由各省级行业主管部门负责。省级行业主管部门要强化对重点环节及融资租赁公司吸收存款、发放贷款等违法违规行为的监督，对违法违规融资租赁公司要及时要求整改或进行处罚，加强风险监测、分析和预警，切实防范区域性、系统性金融风险。建立融资租赁企业评估和退出机制。融资租赁企业应按国际会计准则对融资租赁的会计核算和相关信息予以揭示，并按照规定及时向行业主管部门报送企业运行数据及相关财务报告。行业主管部门应加快完善融资租赁业统计指标体系，及时跟踪产业发展动态，健全信息发布制度，建立企业报送信息异常名录和黑名单制度。（省商务厅、陕西银监局负责）

（十八）提高融资租赁企业风险防控能力。融资租赁企业应加强风险控制体系和内部管理制度建设，形成良好的风险资产管理制度，建立健全客户风险评估制度，强化资产管理能力，严格控制经营风险。推动融资租赁企业与保险、担保等金融机构进行合作，支持担保公司开展融资租赁担保业务，鼓励保险机构开展融资租赁保险等信用保险业务，化解融资租赁企业经营风险，提供专业化风险管理服务。（省商务厅、陕西银监局、省级相关部门单位负责）

（十九）推广企业征信服务系统。融资租赁企业可按照相关规定，接入人民银行企业征信系统，按要求报送企业客户相关信息，查询交易对手的信用报告，主要包括企业基本信息、财务信息、贷款违约信息等，防范交易风险。（人民银行西安分行、省商务厅负责）

（二十）完善融资租赁相关登记公示制度。融资租赁企业开展租赁业务时，须按照国家法律规定在工商行政管理部门及相关部门办理融资租赁物的权属登记手续，融资租赁企业和社会公众可依法查询抵押登记信息。鼓励融资租赁企业在商务部“全国融资租赁企业管理信息系统”及“中国人民银行征信中心融资租赁登记公示系统”办理融资租赁物登记、租金等应收账款质押和转让登记，并在开展资产抵押、质押和受让等业务时，查询相关标的物权属状况。金融机构办理资产抵押、质押和受让等业务，应登录“中征动产融资统一登记平台”查询相关标的物的权属状况。加强融资租赁业标的物发票管理，确保交易的真实性。（省商务厅、人民银行西安分行、省工商局负责）

各地、各部门要加强组织领导、建立工作机制，结合实际制定工作措施。省商务厅要加强统筹协调，及时对本意见落实情况进行跟踪分析和监督检查，切实将本意见的各项任务落到实处。

陕西省人民政府办公厅

2015 年 10 月 8 日

西安经济技术开发区融资租赁行业发展扶持办法（暂行）

为进一步优化区域金融环境，鼓励融资租赁企业入驻西部融资租赁产业基地，促进融资租赁行业聚集发展，结合经开区实际，特制定本扶持办法。

第一条 鼓励范围

纳入鼓励范围的融资租赁企业须属于融资租赁行业，注册资本金 2 亿元人民币以上，实收资本金 2 亿元人民币以上，并且入驻西部融资租赁产业基地（凯瑞大厦 B 座、D 座），工商、税收及统计关系在经开区。

第二条 鼓励标准

经开区设立总规模 5 亿元的融资租赁专项产业扶持资金、总规模 1 亿元的融资租赁行业高端人才激励基金以及总规模 5 亿元的融资租赁投资引导基金，由财政出资，分 5 年到位，每年到位 20%。具体支持内容为：

1. 办公场地租金减免

根据企业规模为每家企业提供不低于 500 平米的办公用房，该办公用房从企业注册之日起三年内免租金、第四年至第六年按照市场价格收取 50% 的租金。

企业采用“先入驻、后付租金”的方式，每年度 3 月末对入驻企业前一年度经营情况进行一次审核，并根据企业经营情况进行评审，评审通过后给予减免。

2. 产业扶持

根据融资租赁企业发展情况给予产业扶持资金支持，支持融资租赁企业发展壮大。

入驻企业在每年度 3 月份申请前一年的扶持资金，按照经开区管委会的要求报送申请材料，由经开区管委会对企业前一年度经营情况进行评审，评审通过后给予不同金额的扶持资金支持，每家企业每年度最高扶持资金不超过 1000 万元。

3. 高端人才激励

以融资租赁行业高端人才激励基金对入驻的融资租赁企业的高管给予奖励，鼓励企业在经开区安居创业，帮助企业留住高端经营人才。

入驻融资租赁企业每年度 3 月份申报前一年度的高端人才激励基金，每家企业每年度限报 3 人，由经开区管委会进行评审，评审通过后给予每人不超过 100 万元的奖励。

4. 员工子女入学保障

对入驻的融资租赁企业的长期稳定工作并符合相关政策规定的员工子女，优先保障其在经开区运营管理的学校入学。

5. 再融资优惠担保

对入驻的融资租赁企业，经开区管委会下属西安经金融资担保公司择优对经营规范的企业给予担保授信，单户最大授信额度不超过 2.25 亿元，协助融资租赁企业从金融机构再融资，并收取最低 0.5% 的优惠担保费率。

6. 股权投资支持

经开区管委会发起设立总规模 5 亿元的融资租赁投资引导基金，基金规模首期到位

1 亿元，对入驻的融资租赁企业，采用普通股、优先股以及普通股和优先股结合的方式，按照不超过其实收资本的 20% 给予股权投资支持，其中，普通股不超过其实收资本金的 5%，优先股投资期限 3 年，每年收取同期银行贷款基准利率计算的股息，到期后收回本金。也可对存续企业给予再融资支持，单户企业再融资金额不超过引导基金总规模的 20%。

第三条 申请材料

1. 申请报告（包括但不限于拟设公司情况、公司基本情况、经营情况及申请奖励事项等）;

2. 营业执照、组织机构代码证、税务登记证复印件（新设企业提供名称预核准通知书）;

3. 入驻基地协议复印件;

4. 其他需提供的资料。

第四条 办理程序

1. 对于新入驻企业，由主要发起人向经开区财政局（金融办）提出申请，并按要求提供相关资料，经开区财政局（金融办）初审后，报融资租赁行业发展领导小组进行评审，评审完成后，报主任办公会议审定。

2. 对存续企业，于每年 3 月 31 日前，向经开区财政局（金融办）提出申请，并提交相关资料，由财政局（金融办）进行初审，必要时可以到企业和相关机构调查，出具初审意见，交融资租赁行业发展领导小组进行评审，评审完成后，报主任办公会议审定。

3. 对审议通过的企业，在经开区政务网、企业服务网对拟鼓励企业进行为期一周的公示，公示期满无异议后，拨付资金。公示期有异议的企业，由财政局提出意见报管委会主要领导批准后，视情况确定是否拨付资金及拨付金额。

第五条 监督管理

经开区融资租赁行业发展领导小组全程监督扶持资金的使用，审计局定期对入驻企业获取的扶持资金使用情况进行专项审计，审计结果作为企业申请下年度扶持资金以及其他扶持政策的参考，对于虚假申报、套取管委会扶持资金以及不按照规定使用资金的企业和个人，列入黑名单，不再受理该企业的其他政策申请。

第六条 本办法与《西安经济技术开发区鼓励新金融产业发展办法》和《西安经济技术开发区引进和鼓励高端人才发展暂行办法和实施细则》中规定的优惠政策不能同时享受。

第七条 本办法由财政局（金融办）制定具体的评审细则并报管委会主任办公会审定。

第八条 本办法由西安经开区管委会负责解释。

第九条 本办法自发布之日起实行。

西安经济技术开发区融资租赁投资引导基金管理办法（暂行）

第一章 总 则

第一条 为进一步优化区域金融环境，促进融资租赁企业聚集发展，支持入驻西部融资租赁产业基地（以下简称“基地”）的租赁企业做大做强，发挥资本金的杠杆作用，放大租赁企业的融资能力，为经开区装备制造业等实体经济发展提供资金支持，特设立西安经开区融资租赁投资引导基金，并制定本管理办法。

第二条 西安经济技术开发区融资租赁投资引导基金（以下简称“引导基金”）主

要用于充分利用经开区财政引导资金，引导社会资金、中省市引导基金（包括产业扶持专项资金）参与，以普通股、优先股以及普通股和优先股结合的投资入股的方式，支持融资租赁企业入驻西部融资租赁产业基地时将资本金做大，放大融资租赁企业融资杠杆，并为租赁企业后续融资提供资金支持，支持企业发展壮大。

第三条 引导基金总规模5亿元，分5年到位。首期到位资金1亿元，由经开区财政出资1亿元，后续资金由基金向社会资金和中省市引导基金（包括产业扶持专项资金）募集，经开区财政出资补足。

第四条 引导基金不以营利为主要目的，实行保本微利的运营方式。引导基金的宗旨是创新政府资金扶持方式、通过发挥财政资金的杠杆效应，撬动社会资金进入融资租赁领域，支持融资租赁企业做大资本金，放大融资租赁企业的融资杠杆，支持融资租赁企业发展，促进融资租赁行业发展，从而促进融资租赁企业更好地为实体经济服务。

第五条 在设立初期，引导基金委托西安经诚风险投资有限公司作为出资代表，西安经诚风险投资有限公司持有被投资企业的股权；在被投资企业数量达到一定规模后（超过5家），设立融资租赁股权投资中心（有限合伙企业），并将西安经诚风险投资公司持有的股权划转至融资租赁股权投资中心；引导基金完成全部投资后继续滚动发展，并为融资租赁企业提供再融资服务；引导基金的日常管理机构为财政局；经开区西部融资租赁产业基地领导小组负责引导基金使用的监督和管理。

第二章 引导基金的支持方式

第六条 在发展出资，引导基金采用普通股、优先股或普通股和优先股相结合的方式，对融资租赁企业在入驻基地时进行股权投资支持。在融资租赁企业发展到一定阶段后，引导基金转化为再融资基金，为企业提供再融资服务。

第七条 满足以下条件的融资租赁企业发起人发起设立融资租赁企业时，可以申请引导基金的股权投资：

（一）符合国家、省级商务部门关于融资租赁企业设立的标准；

（二）企业的注册资本和实收资本金不低于2亿元人民币；

（三）企业的经营管理团队具有相应的从业管理经验；

（四）接受投资的租赁企业承诺3年内为区内企业的融资支持额不得低于引导基金投资资金的2倍；

（五）企业股东具有较强的出资实力，并愿意为优先股的投资提供无限连带责任担保；

（六）企业具有良好的公司治理架构，并制定严格的关联交易管理制度。

满足以下条件的存续融资租赁企业可以申请再融资：

（一）企业的注册资本和实收资本金不低于2亿元人民币，设立满一年；

（二）企业经营良好，业务发展符合融资租赁行业管理的相关规定；

（三）企业前期申请的股权投资资金使用规范并已经兑现相关股息，所承诺事项已经全部兑现；

（四）经引导基金聘请的审计机构审计，经营过程中的关联交易管理规范，不存在股东占款和股东融资的行为。

第八条 引导基金的投资评审决策程序如下：

（一）企业申报。拟入驻基地的融资租赁企业发起人向财政局提交引导基金入股申请（从区外迁入基地的融资租赁企业，由企业提出申请）。

（二）评审决策。财政局（金融办）对申请项目进行初审，并提出投资方案，由西部融资租赁产业基地领导小组对投资方案进行评审，报管委会主任办公会审议。

（三）社会公示。经主任办公会审议通过的投资项目，在管委会官方网站上进行公示，公示期为 1 周。

（四）投资实施。公示通过后，由财政局（金融办）组织实施，并由西安经诚风险投资公司（或后续设立的融资租赁股权投资中心）与申请企业股东签订投资入股协议。

引导基金的再融资评审决策程序如下：

（一）入驻基地的融资租赁企业向财政局提交引导基金再融资申请，并按照要求提供相关资料。

（二）评审决策。财政局（金融办）委托中介机构对申请企业进行审计，就企业的经营情况、管理情况等出具审计报告，并依据审计报告对申请事项进行初审，提出审核意见，报西部融资租赁产业基地领导小组评审，报管委会主任办公会审议。

（三）社会公示。经主任办公会审议通过的再融资项目，在管委会官方网站上进行公示，公示期为 1 周。

（四）实施。公示通过后，由财政局（金融办）组织实施，并由西安经诚风险投资公司（或后续设立的融资租赁股权投资中心）与申请企业股东签订再融资相关协议。

第九条　引导基金股权投资（包括普通股和优先股）规模不超过租赁公司注册资本金（实收资本）的 20%，其中，普通股的投资规模不超过被投资公司注册资本的 5%，优先股的投资期限最长为 3 年，优先股股息按照当期贷款基准利率执行，按季付息，到期由其他股东回购。

引导基金再融资规模按照申请企业的资产质量确定，单笔最高金额不超过引导基金规模的 20%。

第三章　引导基金的退出方式

第十条　引导基金的普通股退出可选择转让方式，包括但不限于省内产权交易平台交易、协议退出以及上市退出等，退出价格按照退出时第三方机构出具的审计报告确认的企业净资产或市场化估值为依据确定。

优先股按照签订的投资入股协议退出，再融资资金由企业按期偿还。

第十一条　引导基金以普通股或优先股投资入股时，需在《投资入股协议》和被投资企业《章程》中明确下列事项：

（一）在有受让方的情况下，引导基金普通股可随时选择退出；

（二）融资租赁企业的其它发起股东不得先于引导基金退出，经引导基金同意的除外；

（三）融资租赁企业的其它发起股东需向引导基金以被投资租赁企业的股权提供质押担保。

引导基金以再融资方式支持企业时，企业需明确以下事项：

（一）融资租赁企业需向引导基金提供优质资产作为抵质押措施；

（二）融资租赁企业的其它发起股东需向引导基金以被投资租赁企业的股权提供质押担保；

（三）在再融资清偿以前，融资租赁企业不得向引导基金以外的股东分红，引导基金书面同意的除外。

第四章　引导基金的管理和监督

第十二条　财政局定期向经开区西部融资租赁产业基地领导小组和管委会主任办公会提供引导基金投资经营情况报告。

第十三条　审计局对引导基金每年进行一次审计，审计的内容包括项目投资合规情况、被投资企业资金使用情况等。

第五章 附 则

第十四条 本办法由财政局（金融办）制定具体的操作细则。

第十五条 本办法由经开区管委会负责解释，自发布之日起实施。

昆明市人民政府
关于促进昆明金融产业聚集发展的实施意见（节录）

昆政发〔2011〕5号

……

二、引导金融机构聚集，促进金融产业快速发展

……

（六）新设立并入驻昆明金融产业园区的金融机构，除根据市委、市政府《关于支持金融业发展的若干意见》（昆通〔2008〕65号），按照对不同金融行业配套的实施意见（《昆明市关于加快银行业发展的实施意见》、《昆明市关于加快保险业发展的实施意见》、《昆明市关于加快资本市场发展的实施意见》、《昆明市关于加快担保业发展的实施意见》、《昆明市关于加快融资租赁业发展的实施意见》）执行有关补助政策外，再给予其注册资本金0.5%的补助。

……

二〇一一年一月十日

青海省人民政府办公厅转发省金融办
关于促进金融租赁行业发展实施意见的通知

青政办〔2015〕212号

各市、自治州人民政府，省政府各委、办、厅、局：

省金融办《关于促进金融租赁行业发展的实施意见》已经省政府同意，现转发给你们，请认真贯彻落实。

青海省人民政府办公厅

2015年11月20日

关于促进金融租赁行业发展的实施意见

为贯彻落实国务院办公厅《关于促进金融租赁行业健康发展的指导意见》（国办发〔2015〕69号），加快推进我省金融租赁行业发展，助力实体经济发展，现结合省情实际，提出以下实施意见。

一、积极推动设立金融租赁公司

支持境内外具有独立法人资格的商业银行、境内符合条件的大型制造业企业和境内外融

资租赁公司来我省发起设立金融租赁公司。支持设立面向“三农三牧”、中小微企业的金融租赁公司，支持民间资本发起人设立自担风险的金融租赁公司。积极引进境内外金融租赁公司在我省设立专业子公司。

二、促进金融租赁公司稳健发展

（一）强化资本实力。积极引导各类民间资本进入金融租赁行业，支持符合条件的金融租赁公司上市和发行优先股、次级债，丰富金融租赁公司资本补充渠道，持续强化资本实力，提升市场竞争力。

（二）实现特色化发展。推动金融租赁公司明确市场定位，突出融资和融物相结合的特色，根据自身发展战略、企业规模、财务实力以及管理能力，深耕具有比较优势的特定领域，实现专业化、差异化发展。

（三）完善内部管理。促进金融租赁公司制定有效的内部控制机制，完善公司治理结构，建立合理的薪酬激励机制、有效的业务创新发展机制、科学的风险防控机制，形成权责明晰、制衡有效、激励科学、运转高效的内部治理体系。

（四）提升金融服务水平。以“防范金融风险、满足客户需要、推动企业发展、促进实体经济、实现自身收益”为原则，支持金融租赁公司不断加强金融创新，鼓励推进设备租赁、实物转租、回购返租等业务，深耕市场，不断创新租赁业务手段和产品，扩大业务规模、支持金融租赁公司顺应“互联网+”发展趋势，利用物联网、云计算、大数据等技术，提升经营效益和金融服务水平。

（五）支持金融租赁公司多渠道融资。支持符合条件的金融租赁公司通过发行债券和资产证券化等方式多渠道筹措资金，扩大直接融资规模。深入探索保险资金投资金融租赁资产，支持保险企业用债权、股权或债转股等方式投资金融租赁行业。鼓励金融租赁公司利用境外资金开展业务。建立形式多样的租赁产业基金，为金融租赁公司提供长期稳定资金来源。

（六）加快人才队伍建设。支持金融租赁公司自主创新发展，与相关高等院校开展校企合作。支持我省相关高等院校与国内金融专业培训机构合作建立金融租赁人才培训基地，开设相关课程，为我省金融租赁行业发展提供人才智力支撑。

三、大力开展金融租赁业务

（一）支持重点领域发展。支持金融租赁公司发挥扩大设备投资、支持技术进步、促进产品销售、增加服务集成等作用，创新业务协作和价值创造模式，支持电力、盐湖化工、石油天然气、有色金属等我省支柱产业以及冶金、药材、建材、农畜产品加工等优势产业发展；支持先进信息技术、高端装备制造、新能源、新材料、节能环保和生物制药等战略性新兴产业发展；加大对教育、文化、医药卫生等民生领域支持力度；在公交车、出租车、公务用车等领域鼓励通过金融租赁发展新能源汽车及其配套设施。鼓励通过金融租赁引入国外先进设备，提升省内技术装备水平，同时要注重支持使用国产设备。

（二）支持薄弱环节壮大。支持金融租赁公司发挥融资便利、期限灵活、财务优化等优势，开发适合“三农三牧”特点、价格公允的产品和服务，积极开展大型农机具、农畜产品加工设备、农畜产品仓储运输等金融租赁试点，支持农业大型机械、生产设施、加工设备更新。探索将生物资产作为租赁物。加大对科技型、创新型、创业型中小微企业支持力度。支持符合条件的金融租赁公司通过发行金融债券增强服务“三农三牧”、小微企业的能力。

四、优化行业发展环境

（一）加强宣传引导。加强对金融租赁理念、知识的宣传和普及，提升公众和企业认知度。强化信息披露，定期发布金融租赁行业数据。

（二）强化制度建设。根据金融租赁行业相关法律法规制定我省具体的操作制度，研究建立具有法律效力的租赁物登记制度，发挥租赁物的风险保障作用，维护金融租赁公司的合法权益。规范机动车、船舶等适用于金融租赁的固定资产交易和登记管理，简化交易登记流程，便利金融租赁公司办理业务。推动建设区域性租赁物二手流通市场，拓宽租赁物处置渠道，丰富金融租赁公司盈利模式。加大政府采购支持力度，地方各级人民政府在提供公共服务、推进基础设施建设和运营中购买金融租赁服务。

（三）增强财税支持。切实贯彻落实省政府支持金融发展的政策措施，允许符合条件的金融租赁公司享受财政贴息和财政奖励。建立有效的激励机制，引导金融租赁公司加大对“三农三牧”、中小微企业融资支持力度，允许租赁农机等设备的实际使用人按规定享受农机购置补贴，将通过金融租赁方式进行的企业技术改造和设备购置纳入鼓励政策适用范围，省内金融租赁公司在规定的信贷扶持范围内发生的损失，按财政信贷风险补偿专项资金规定给予一定的补偿。

（四）着力优化服务。对新设、引进的金融租赁公司，在资金引入、公司登记等方面简化手续，提供“一站式”注册审批服务。帮助推介优质项目，搭建与银行、担保、保险等金融机构合作平台，做大做强融资业务，切实提供优质服务。

五、提高行业金融风险防控水平

（一）健全风险防控机制。支持金融租赁公司全面加强金融风险管理工作，强化实物资产处置能力，建立健全风险监测预警机制，深入排查各类风险隐患，完善风险应急预案。完善资产分类和拨备管理，增强风险抵御能力。加强合规体系建设，增强金融租赁行业合规经营意识，建立健全合规管理长效机制。

（二）优化监管服务模式。监管部门要切实落实简政放权、放管结合、优化服务工作要求，着力加强事中事后监管，优化监管资源配置，加强行业顶层制度建设。加强协调配合，防止风险交叉传染。完善以风险为本、资本监管为核心，适合行业特点的监管体系，在风险可控前提下，促进金融租赁行业健康发展，守住不发生系统性区域性金融风险底线。

第七编

国际公约与
部分国家、地区租赁法律

第18章　国际公约

移动设备国际利益公约
关于空间资产特定问题的议定书[①]

由德国政府召集、国际统一私法协会主持的审议《移动设备国际利益公约关于空间资产特定问题的议定书》的外交会议于2012年2月27日至3月9日在柏林召开，外交会议通过了议定书草案，形成了此议定书终稿。

本议定书各缔约国，

考虑到需要按照《移动设备国际利益公约》（以下称为“公约”）序言中阐明的宗旨，实施公约中与空间资产有关的规定，

认识到有必要使公约适应对空间资产的特殊需求和特殊用途，并尽可能有效地为空间资产的取得和使用提供融资，

考虑到公约和本议定书将扩大空间服务和融资，从而使所有国家从中受益，

铭　记联合国国际空间条约和国际电信联盟文书等所包含的业已确立的各项空间法原则，

回　顾各缔约国为实施本议定书项下的资产转移计划，要考虑到联合国国际条约所确立的责任和义务对各缔约国的约束，

认识到国际商业航天工业的不断发展以及建立一套统一的、可预见的、用以规范空间资产和相关权益并能够促进空间资产融资的规则之预期利益，

兹就空间资产达成协议如下：

第一章　适用范围和总则

第一条　定义

1. 除非另有规定，本议定书所用术语含义依从公约规定。

2. 本议定书所用术语含义如下：

（a）“债务人权利”，是指对任何人就空间资产向债务人所负有的到期或即将到期的支付义务或其他履行义务所享有的权利；

（b）“保证合同”，是指一方作为保证人订立的合同；

（c）“保证人”，是指为确保经担保协议或其他协议担保的债权人利益而出具或签发担保书、即付保证、备付信用证或任何其他形式的信用保险以履行义务之人；

（d）“与破产有关的事件”，是指（i）破产程序的开始；或（ii）在债权人向债务人提起破产程序或实施公约项下的救济权利受到法律或国家行为阻止或中止时，债务人声明

---

① 《移动设备国际利益公约关于空间资产特定问题的议定书》（草案）中文译本由李剑刚、段康翻译，王冀莲审校；《移动设备国际利益公约关于空间资产特定问题的议定书》（终稿）中文译本是由北京市汇融律师事务所冯尧、王雅洁参考上述议定书（草案）中文译本，结合国际统一私法协会在其官方网站上公布的《移动设备国际利益公约关于空间资产特定问题的议定书》（终稿）（英文版）修订而成。

中止支付意图或实际中止支付的行为；

（e）“许可”，是指由国家、政府间或其他国际机构或当局行使监管职权时授予、颁发或依其职权赋予的制造、发射、控制、使用或运营空间资产，或者使用轨道位置以及向或者自空间资产传播、发射或接收电磁信号的任何许可、授权、特许或其他等效文书；

（f）“义务人”，是指应当履行与债务人权利相应的到期或即将到期的支付义务或其他义务的个人；

（g）“主要破产管辖地”，是指债务人主要利益中心所在地的缔约国；就此目的而言，包括债务人的法定住所地，或者在没有法定住所地的情况下，债务人的注册地或设立地，但另有其他证明者除外；

（h）“权利转让”，是指债务人向债权人让渡债务人现在享有的或者将来享有的全部或部分权益（包括所有权利益），以确保债务人对债权人现在所负有的或者将来所负有的任何义务得以履行，或者确保债务人的此等义务得以减少或免除的合同；根据设定或规定该国际利益的协议，债务人对债权人的此等义务，是由该协议所涉及的空间资产做担保的，或者是与该协议所涉及的空间资产相联系的；

（i）“权利再转让”，是指（i）债权人向受让人或受让人向其后的受让人转让权利转让合同中的全部或部分权益的合同；或（ii）本议定书第十二条第4款（a）项中的债务人权利的转让；

（j）“空间”，是指外空，包括月球和其他天体；

（k）“空间资产”，是指位于空间或计划发射到空间的特定的可识别人造资产，包括（i）航天器，如卫星、空间站、太空舱、航天舱、宇宙飞行器或可重复使用的发射工具，不论是否包括以下（ii）项或（iii）项中的空间资产；（ii）依照规章可以单独进行登记的有效载荷（不论是用于通信、导航、观测、科研或其他）；或iii依照规章可以单独进行登记的航天器部件或有效载荷部件，如转发器，包括所有安装、组装或附带的配件、零件和设备以及所有相关数据、说明书和记录。

3. 为定义公约第一条（n）项中“内部交易”，空间资产作为空间资产，当其不在地球上时，该空间资产应被视同位于登记空间资产的缔约国或空间资产登记处所在缔约国：

（a）1967年1月27日在伦敦、莫斯科和华盛顿签署的《关于各国探索和利用外层空间包括月球与其他天体活动所应遵守原则的条约》；

（b）1975年1月14日在纽约签署的《关于登记射入外层空间物体的公约》；

（c）1961年12月20日联合国大会通过的第1721（XVI）B号决议；

4. 公约第四十三条第1款以及本议定书第二十二条提及的物体或空间资产所在缔约国，就空间资产不在地球上时，是指下列缔约国：

（a）前款所称的缔约国；

（b）颁发空间资产运营许可的缔约国；或

（c）空间资产任务作业中心所在缔约国。

第二条　公约对空间资产、债务人权利和航空器的适用

1. 公约应当按照本议定书规定的条款适用于空间资产、权利转让及权利再转让。

2. 公约和本议定书是指适用于空间资产的移动设备国际利益公约。

3. 本议定书不适用于《移动设备国际利益公约关于航空器设备特定问题的议定书》定义的航空器，除非该航空器主要为外空使用而设计，即使该用于外空使用的航空器没有位于外空。

4. 本议定书不能适用于仅仅被设计为只能暂时位于外空的航空器。

第三条 空间资产上权利和利益的保留

空间资产的所有权权益或其他权益不受以下情形的影响：

（a）空间资产与其他空间资产在外空进行对接；

（b）将空间资产安装在其他空间资产上或从其他空间资产上移除；或

（c）空间资产从外空返回。

第四条 公约对销售和损余利益的适用

1. 适用本议定书第四十条和公约下列条款时，设立或规定国际利益的协议是指销售合同，国际利益、预期国际利益、债务人和债权人分别是指销售、预期销售、出售人和买受人：

第三条和第四条；

第十六条第 1 款（a）项；

第十九条第 4 款；

第二十条第 1 款（关于销售合同或预期销售合同的登记）；

第二十五条第 2 款（关于预期销售）；和

第三十条。

此外，公约第一条、第五条、第四章至第七章、第二十九条（被本议定书第二十三条所取代的第二十九条第 3 款除外）、第十章、第十二章（第四十三条除外）、第十三章和第十四章（第六十条除外）的一般规定应适用于销售合同和预期销售合同。

2. 本议定书中适用于权利转让的条款也适用于向空间资产买受人所转让的接受任何人就空间资产对出售人所负有的到期或即将到期的支付义务或其他义务所享有的权利，在此情形下，债务人和债权人分别指出售人和买受人。

3. 公约及本议定书均不影响保险人依照准据法对损余收益所享有的法律上或契约性的权利，“余损收益”是关于或来源于空间资产归属于保险人后保险人空间资产损失履行支付义对空间资产享有的法律上或契约性的权利或利益。

第五条 销售合同的形式、效力和登记

1. 为本议定书之目的，销售合同：

（a）须以书面形式订立；

（b）涉及出售人有权处置的空间资产；和

（c）能够使空间资产依照本议定书予以识别。

2. 销售合同按其条款约定将出售人的空间资产利益转移给买受人。

3. 销售合同的登记长期有效。除非被撤销或登记中规定了期限且该期限届满，预期销售的登记保持有效。

第六条 代表身份

一个人可以以代理人、信托人或代表人身份就空间资产订立销售协议或销售合同，实施公约第十六条第 3 款中定义的登记行为，主张公约项下的权利和利益。

第七条 空间资产的识别

1. 为公约第七条（c）项和本议定书第五条、第九条之目的，对空间资产的描述含有下列内容即足以构成对该空间资产的识别：

（a）按条目描述；

（b）按型号描述；

（c）声明协议涵盖现存的和将来的所有空间资产；或

（d）声明协议涵盖除特定条目和型号之外的现存的和将来的所有空间资产。

2. 为公约第七条之目的，担保人、附条件的出售人或出租人取得空间资产处置权时，依前款识别的未来空间资产上的利益即应被认定为国际利益，而无需任何新的转让行为。

第八条　法律选择

1. 除非缔约国根据本议定书第四十一条第 2 款（a）项做出声明，否则本条将适用。

2. 协议、销售合同、权利转让协议、权利再转让协议、或相关的担保合同或附属协议的当事方可以约定用以规范其全部或部分合同权利和义务的法律。

3. 除非另有约定，前款所指当事方选择的法律是指所选定国家的国内法律规范；如果该国由若干领土单位组成，则是指所选定领土单位的国内法。

第九条　权利转让协议的形式要件

债务人权利转让采用书面形式且满足下列条件时即视为权利转让合同：

（a）能够使债务人权利作为权利转让合同之标的得到识别；

（b）能够使与上述权利相关之空间资产得到识别；

（c）对于通过担保方式进行的权利转让合同，能够确定该协议所担保的义务，但无需说明担保的金额或最高金额。

第十条　权利转让的效力

1. 符合第九条的权利转让合同将权利转让之标的，即债务人权利，在准据法允许的范围内转让给债权人。

2. 义务人对债权人的抗辩权和抵销权由准据法确定，但不影响第 3 款的适用。

3. 义务人可在任何时候，以书面形式同意放弃前款所述的全部或任何抗辩权和抵销权，但由债权人的欺诈行为而产生的抗辩权除外。

第十一条　未来权利的转让

权利转让合同中转让债务人未来权利的条款，将所转让的权益在其形成之时即让渡给债权人，而无需任何新的转让行为。

第十二条　权利转让或代位取得记录作为国际利益登记的部分

1. 依据权利转让合同或代位取得债务人权益的空间资产国际利益或预期国际利益持有人，在登记国际利益或预期国际利益时或者对登记事项进行修改时，可以将权利转让合同或代位取得作为登记事项的一部分记录下来。该记录可以对转让的权利或代位取得的权利作出具体说明，亦可声明债务人已经转让、或国际利益或预期国际利益持有人已取得全部或部分债务人权利，而无需另加具体说明。

2. 公约第十八条、第十九条、第二十条第 1 款至第 4 款、第二十五条第 1、2、4 款和第三十条适用于根据前款所做的记录，此处：

（a）国际利益是指权利转让；

（b）登记是指权利转让记录；

（c）债务人是指义务人。

3. 根据公约第二十二条出具的查询凭证应包括所记录的具体内容。

4. 权利转让合同已作为国际利益登记的一部分进行记录并随后根据公约第三十一条和第三十二条予以转让的，国际利益的受让人取得以下权利：

（a）权利转让合同项下的债权人的全部权利；和

（b）在记录中被注明为权利转让合同受让人的权利。

5. 国际利益登记撤销时，第 1 款中构成登记组成部分的任何记录也同时撤销。

第十三条　已经记录的权利转让合同的优先权

1. 在不影响对公约第二十九条第六款与本条第 2 款的适用的情况下，已经记录的权利转让合同优先于除了在其之前已经记录的权利转让合同以外的任何其他债务人权利的转让行为，（不论其是权利转让合同与否）。

2. 记录在预期国际利益登记中的权利转让合同只有在预期国际利益成为国际利益后才应视为已记录的权利转让合同，在此情形下该权利转让合同先于公约第七条规定的国际利益成立时自记录时起享有优先权。

第十四条 义务人对债权人的义务

1. 债务人权利已根据权利转让合同让与债权人的，义务人受该项权利转让合同的约束，并有义务向债权人履行支付或其他义务，但条件必须是：

（a）义务人已经收到债务人或经其授权者关于该权利转让合同的书面通知；并且

（b）该通知指明了债务人权利。

2. 为前款之目的，债权人在债务人不履行任何由权利转让合同担保的义务后发出的通知，视为经过了债务人授权发出的通知。

3. 不论义务人基于何种其他理由而通过给付或履行义务解除其责任，为此目的的给付或履行义务的行为只要是根据第 1 款做出的，即为有效。

4. 本条规定不影响竞争性权利转让合同之间的优先次序。

第十五条 权利再转让

1. 本议定书第九条和第十四条适用于债权人或其后的受让人所做的权利再转让，此时债权人或持有人是指受让人或其后的受让人。

2. 与空间资产国际利益相关的权利再转让合同只可作为向权利再转让的受让人转让国际利益的登记部分予以记录。

第十六条 议定书条款的适用限制

当事方可以通过书面协议排除对本议定书第二十一条的适用，并可在其相互关系中限制或者变更本议定书中任何条款的效力，但第十七条第 2 款除外。

第二章 不履行的救济，优先权和转让

第十七条 有关空间资产不履行救济条款的修订

1. 公约第八条第 3 款不应适用于空间资产。公约就空间资产提供的任何救济均应以商业上合理的方式实施。依据协议条款实施救济即应视为以商业上合理的方式实施救济，除非该条款明显不合理。

2. 担保权人将出售或租赁建议提前十四个或十四个以上工作日书面通知利害关系人，则视为满足了公约第八条第 4 款关于“合理的预先通知”的要求。前述规定并不妨碍担保权人与担保人或保证人约定更长的预先通知时间。

3. 除非另有约定，如果某项空间资产与另一空间资产实体相连且另一实体相连的空间资产上的国际利益和销售先于该项空间资产上的国际利益进行登记，该空间资产的债权人不得实施该空间资产以至于对另一实体相连的空间资产造成有形损害或致使其无法操作；为实现本款目的，根据本议定书第四十条的定义，在公约生效之前成立的某项销售或相当于国际利益的某项利益在公约生效日起三年内登记的，根据具体情况视为该项销售或国际利益在成立时登记。

第十八条 与权利转让和权利再转让相关的不履行救济

1. 在通过担保方式实施的权利转让合同中，债务人不履行义务时，对于债务人与债权人之间的关系适用公约第八条、第九条和第十一条至第十四条的规定，（对于债务人权利，则在此等规定可以适用于无形财产的范围内予以适用），适用时：

（a）担保债务和担保利益是指权利转让合同所担保的债务和权利转让合同所产生的

担保利益；

（b）标的物是指债务人权利。

2. 在通过担保方式实施的权利再转让合同中，转让人不履行义务的，适用前款规定，适用时权利转让是指权利再转让。

第十九条 数据和资料的安置

在不影响本议定书第二十六条适用的情况下，协议当事方可与另一人就指令码及相关数据和资料的安置专门订立协议，以便债权人能够占有、控制或者操作空间资产。

第二十条 最终裁决前救济条款的修订

1. 本条仅在缔约国依照本议定书第四十条第3款所做声明的效力和范围内适用。

2. 为公约第十三条第1款之目的，就获得救济而言，“快速”是指从呈报救济申请之日起算，在申请提出地缔约国所做的声明中予以规定的若干个工作日内。

3. 公约第十三条第1款在（d）项之后增加下述条款后适用：

“（e）在债务人和债权人在任何时候作出具体约定的条件下，销售和使用销售所产生的收益”，且

公约第四十三条第2款在将“第十三条第1款（d）项或第十三条第4款规定的其他临时救济”替换为“第十三条”后适用。

4. 基于前款的销售行为而转移的债务人所有权或其他利益，不受依照公约第二十九条规定债权人的国际利益优先于其他利益的制约。

5. 债权人或债务人或其他利害关系人可以书面约定排除公约第十三条第2款的适用。

第二十一条 破产时的救济

1. 作为主要破产管辖地的缔约国依照本议定书第四十条第4款做出声明的，适用本条。

方案A

2. 一旦发生与破产有关的事件，在不影响本条第8款和本议定书第二十六条第2款适用的情况下，破产管理人或者债务人，依其所属，应至迟于下述日期中较早的日期将空间资产交由债权人占有或控制：

（a）等待期终止之日；和

（b）若未适用本条，债权人有权占有或控制空间资产的日期。

3. 一旦发生与破产有关的事件，在不影响本条第8款和本议定书第二十六条第2款适用的情况下，破产管理人或者债务人，依其所属，应至迟于下述日期中较早的日期将权利转让合同涵盖的债务人权利交由债权人占有或者控制：

（a）等待期终止之日；和

（b）债权人有权占有或控制权利转让合同涵盖的债务人权利的日期。

4. 就本条而言，“等待期”为主要破产管辖地缔约国在声明中指明的期间。

5. 本条提及的“破产管理人”，是指此人的职务而非个人身份。

6. 除非并直到债权人依据第2款占有或控制空间资产或依据第3款占有或控制债务人权利：

（a）破产管理人或债务人，依其所属，应根据协议保全和维护空间资产并保持其价值；且

（b）债权人有权申请根据准据法可获得的任何其他形式的临时救济。

7. 前款（a）项不排除为了保全和维护空间资产并保持其价值而使用该空间资产。

8. 破产管理人或者债务人，依其所属，在第2款或第3款规定的时间之前消除了除

因破产程序开始而产生的不履行之外的所有不履行情况，并同意按照协议履行全部未来义务的，可以保留对空间资产及权利转让合同所涵盖的债务人权利的占有和控制。在履行此种未来义务时发生不履行的，不得适用第二个等待期。

9. 在第 2 款或第 3 款规定的日期之后，公约或本议定书准许的各项救济一律不得受到阻止或拖延实施。

10. 未经债权人同意，协议项下债务人的义务一律不得变更。

11. 前款的规定不得被推定为可以影响破产管理人根据准据法所拥有的终止协议的权力。

12. 除了根据公约第三十九条第 1 款所做的声明中包含的非约定权利或利益之外，其他权利或利益在破产程序中一律不得优先于已登记的利益。本款规定不得减损本议定书第二十六条第 2 款的规定。

13. 经本议定书第十七条修改的公约条款适用于本条项下任何救济的实施。

方案 B

2. 一旦发生与破产有关的事件，应债权人要求，破产管理人或者债务人，依其所属，应在缔约国根据第四十条第 4 款所作声明中指明的期间内通知债权人其是否准备：

（a）按照协议及相关交易文件，消除除因破产程序开始而产生的不履行以外的所有的不履行情况，并且同意履行全部未来义务；或

（b）根据准据法，给予债权人占有或控制和运营空间资产的机会。

3. 前款（b）项提及的准据法可以准许法院要求其采取任何附加措施或者提供任何附加保证。

4. 债权人须为其主张提供证据并证明其国际利益已经登记。

5. 如果破产管理人或者债务人，依其所属，没有根据第 2 款发出通知，或者已经宣布要给予债权人占有或控制和运营空间资产的机会，但未实行，法院可以准许债权人按照法院酌情指定的条件占有或控制和运营空间资产，并可以要求采取任何附加措施或者提供任何附加保证。

6. 在法院对有关请求和国际利益做出判决之前，不得出售空间资产。

第二十二条　破产协助

1. 本条仅在缔约国根据本议定书第四十条第 1 款做出声明的情况下适用。

2.（i）空间资产所在地缔约国；（ii）空间资产控制所在地缔约国；（iii）债务人所在地缔约国；（iv）空间资产登记地缔约国；（v）授予空间资产有关许可证的缔约国；或（vi）与空间资产有其他紧密联系的缔约国各法院，应根据该缔约国的法律，尽最大可能与外国法院和外国破产管理人合作，以执行本议定书第二十一条的规定。

第二十三条　优先权条款的修订

1. 已登记销售的空间资产的买受人取得该资产上的利益的，不受在其之后登记利益和未登记利益的约束，即使买受人实际上知道未登记利益的存在。

2. 已登记销售的空间资产的买受人所取得的该资产上的利益受在其之前已登记利益的制约。

第二十四条　转让条款的修订

1. 公约第三十三条第 1 款在（b）项之后增加下述条款后适用：

“且（c）该债务人书面同意转让，不论此种同意是否在转让前做出或是否指明受让人。”

第二十五条　债务人条款

1. 如果不存在公约第十一条意义上的不履行，债务人有权根据协议不受干扰地占有和使用空间资产以对抗：

（a）根据公约第二十九条第4款（b）项或者以买受人的身份本议定书第二十三条第1款债务人不受其利益制约的债权人和任何利益的持有人，但债务人另作同意并在此同意限度内的除外；和

（b）根据公约第二十九条第4款（a）项或者以买受人的身份本议定书第二十三条第2款，债务人的权利或利益受其制约的任何利益的持有人，但仅在该持有人同意的限度内。

2. 只要所涉及的协议与空间资产有关，公约和本议定书不影响准据法下债权人的违约责任。

第二十六条　缔约国权力的保留

1. 本议定书不影响缔约国颁发许可证、批准、许可或授权发射或操作空间资产或通过使用、支持空间资产提供任何服务的权力。

2. 本议定书将不：

（a）使任何根据缔约国的法律和法规或缔约国的契约性或管理性规定的可转让或可分配的许可证、批准、许可或授权不可被转让或被分配；

（b）对缔约国就使用空间资产的轨道位置和频率的授权进行限制；或

（c）影响缔约国根据其法律和法规对本议定书第十九条规定的指令码、相关数据和材料的安置进行禁止、限制或附加条件。

3. 对本议定书下述内容的解释不得使在缔约国识别或执行空间资产上的某项国际利益时同该缔约国的法律或法规发生冲突：

（a）出口受管制货物、技术、数据和服务；或

（b）国家安全。

第二十七条　关于公共服务救济的限制

1. 如果债务人或债务人控制的实体与公共服务提供商订立合同，约定使用空间资产向缔约国的一个公共服务项目提供其所需的服务，合同当事方和缔约国可同意公共服务提供商登记一个公共服务通知。

2. 为本条之目的：

（a）“公共服务通知”是指在国际登记处登记的通知。该通知依照有关规章说明，合同约定的服务旨在对相关缔约国法律确认的公共服务提供支持；

（b）“公共服务提供商”是指缔约国的实体、位于缔约国并经缔约国指定为公共服务提供商的其他实体或根据缔约国法律确认为公共服务提供商的实体。

3. 根据第9款，持有公共服务通知所涉空间资产上国际利益的债权人，在出现不履行的情形下，在第4款所述的缔约国声明的期限届满之前，不得实施公约第三章或本议定书第二章规定的使空间资产无法用于提供相关公共服务的任何救济行为。

4. 为前款之目的，缔约国可在批准、接受、核准或加入本议定书时通过第四十一条第1款项下的声明指明自债权人在国际登记处登记通知之日起算不少于三个月或不超过六个月的期限，如果债务人在声明所载期限内不消除不履行情况，债务人可以实施任何救济行为。

5. 第3款不影响经过有关授权的债权人在债务人不能运营空间资产时临时运营或确保空间资产继续运营的行为。

6. 债权人应立即将第3款中通知的登记日期及期限届满日期通知债务人和公共服务

提供商。

7. 在第 3 款所指的期限内：

（a）债权人、债务人和公共服务提供商应善意合作以便找到使公共服务能够继续进行的商业上合理的解决方案；

（b）应债务人申请而向其颁发公共服务通知所涉及的空间资产运营许可证的缔约国管理机关，应当给公共服务提供商以机会，使其能够参与债务人在缔约国可能参与的、旨在通过管理机关颁发新的许可证指定另一运营人的任何程序；且

（c）债权人可以参与启动根据缔约国管理机关的相关规则由另一运营人代替债务人运营空间资产的程序。

8. 尽管有第 3 款和第 7 款的规定，如公共服务提供商在第 3 款所述及的期间内未能履行第 1 款所述及的合同项下的义务，则债权人有权实施公约第三章和本议定书第二章中规定的任何救济行为。

9. 除当事方另有约定外，第 3 款规定的对债权人救济的限制不得适用于第 1 款规定的公共服务通知之前已经登记的国际利益，例如：

（a）国际利益依据在第 1 款规定的与公共服务提供商订立的合同成立前的协议产生；

（b）国际利益在国际登记处登记之时债权人不知道该项公共服务合同已经订立。

10. 前款规定不适用于在空间资产初次发射不迟于六个月登记公共服务通知的情形。

第三章　空间资产国际利益登记处条款

第二十八条　监管机关

1. 监管机关应由为通过开普敦公约空间资产议定书而召开的外交会议指定或根据该会议的决议指定，且该监管机关能够胜任并且愿意承担监管责任。

2. 作为国际实体或以其他身份，监管机关及其官员和雇员应享有对他们适用的规则所规定的任何法律和行政程序的豁免权。

3. 监管机关可设立一个由谈判国提名且具备必要资格和经历的专家组成的专家委员会。监管机关可委托专家委员会协助该机关履行职责。

第二十九条　首部规章

监管机关应当制定首部规章，以便与本议定书同时生效。

第三十条　为登记目的的空间资产识别

含有空间资产制造商名称、制造商序号和空间资产型号，且符合规章中设定的其他要求的对空间资产的描述内容，是以国际登记处登记为目的的空间资产识别的必要和充分条件。

第三十一条　指定接入点

缔约国可以在任何时候指定一个或数个实体通过其领土内一个或数个入境地点将除公约第四十条或其他国家的法律规定的国际利益或权利或利益的登记通知之外的登记所需的信息传输至国际登记处。

第三十二条　登记处条款的补充修订

1. 公约第十六条在第 1 款后增加下述内容后适用：

“国际登记处也应提供：

（a）权利转让合同的记录；

（b）代位取得债务人权利的记录；

（c）本议定书第二十七条第 1 款规定的公共服务通知的登记；和

（d）本议定书第二十七条第 3 款规定的债权人通知的登记。”

2. 为公约第十九条第 6 款之目的，空间资产的查询标准应是本议定书第三十条述明的标准。

3. 为公约第二十五条第 2 款之目的并在其规定的情形下，已登记预期国际利益的持有人或已登记国际利益预期转让合同的持有人，应当在收到该款所述明的要求后五个工作日内，在其权力范围内采取措施注销登记。

4. 公约第十七条第 2 款（h）项所述及的收费标准的确定应当能够收回建立、运营和管理国际登记处的合理费用，以及监管机关依照本公约第十七条第 2 款履行相关职能、行使相关权力和执行相关职责所产生的合理费用。

5. 国际登记处的核心职能由登记官每天 24 小时进行运作和管理。

6. 公约第二十八条第 4 款所述及的保险或财务保证，应能承担登记处根据公约在规章所规定的范围内的赔偿责任。

7. 公约任何条款都不能妨碍登记官为公约第二十八条规定的登记官不承担责任的事件办理保险和财务保证。

第四章 管辖权

第三十二条 主权豁免的放弃

1. 在不违背第 2 款的情况下，对公约第四十二条或第四十三条规定的法院管辖权放弃主权豁免的，或者对涉及公约项下空间资产权利和利益的执行放弃主权豁免的，此种放弃具有约束力；在此类管辖或此类执行所需的其他条件满足时，此种放弃即行生效，分别不同情况接受管辖或者准许执行。

2. 根据前款规定对主权豁免做出的放弃必须以书面形式，并且还应当包含有根据本议定书第七条的规定对空间资产所作的描述。

第五章 与其他公约的关系

第三十三条 与《国际统一私法协会国际融资租赁公约》的关系

就本议定书事项而言，在均为两公约的缔约国之间，适用于空间资产的公约部分应取代《国际统一私法协会国际融资租赁公约》。

第三十四条 与《联合国外空条约》和《国际电信联盟文书》的关系

适用于空间资产的公约部分，不影响现有《联合国外空条约》和《国际电信联盟文书》项下的缔约国权利和义务。

第六章 最后条款

第三十五条 签字、批准、接受、核准或加入

1. 本议定书于　　在　　向参加于　　至　　在　　举行的关于开普敦公约空间资产特定问题议定书的外交会议的国家开放签字。　　之后，本议定书应在　　向所有国家开放签字，直至议定书依照第三十七条生效。

2. 本议定书须由已经签署的国家批准、接受或核准。

3. 未签署本议定书的任何国家可随时加入。

4. 在向保存机关交存有关正式文书后，批准、接受、核准或加入即行生效。

5. 只有公约的缔约方才能成为本议定书的缔约方。

第三十六条 地区经济一体化组织

1. 由主权国家组成的地区经济一体化组织，对本议定书所规范的某些事项具有权能的，可同样签署、接受、核准或加入本议定书。在此情况下，该地区经济一体化组织在其对本议定书所规范的事项具有权能的限度内，享有缔约国的权利和义务。本议定书涉及缔约国数目之处，在已计算地区经济一体化组织中属于缔约国的成员国数目之外，该

组织不应计为一缔约国。

2. 地区经济一体化组织在签署、接受、核准或加入本议定书时，应向保存机关做出声明，说明对本议定书所规范的哪些事项的权能已由成员国转移给该组织。地区经济一体化组织应及时通知保存机关依据本款做出的声明中所说明的权能分配的任何变更，包括新的权能转移。

3. 在有此需要的情况下，凡议定书中提及“缔约国”或“各缔约国”或“缔约方”或“各缔约方”之处，均同样适用于地区经济一体化组织。

第三十七条　生效

1. 本议定书于下列较晚之日期在交存了（a）项所述及文书的缔约国之间生效：

（a）自【第五份】批准书、接受书、核准书或者加入书交存之日三个月届满后的第一个月的第一天；和

（b）【监管机关】向保存机关交存确认国际登记处全面运行证书之日。

2. 对于其他国家，本议定书于下列较晚之日期后第一个月的第一天生效：

（a）批准书、接受书、核准书或者加入书交存之日后三个月届满；和

（b）前款（b）项所述及之日期。

第三十八条　领土单位

1. 如果一个缔约国有若干个领土单位，且在各个领土单位中对于本议定书涉及的事项适用不同的法律制度，该缔约国可以在批准、接受、核准或者加入本议定书时声明本议定书适用于其所有的领土单位或者其一个或几个领土单位，并可随时提交另一声明以修改其声明。

2. 任何此种声明应明确说明本议定书适用的领土单位。

3. 缔约国未按第 1 款做出声明的，本议定书适用于该缔约国的所有领土单位。

4. 缔约国将本议定书适用于其一个或几个领土单位的，可依照本议定书就每个领土单位做出声明，而且就某个领土单位做出的声明可以不同于就另一领土单位做出的声明。

5. 根据第 1 款的声明，本议定书适用于缔约国一个或几个领土单位的：

（a）债务人仅在以下情况下才被视为位于缔约国内：债务人是根据公约和本议定书所适用的领土单位的现行有效的法律组建或设立，或其注册办公机构或法定住所、管理中心、营业场所或惯常住所位于公约和本议定书所适用的领土单位内；

（b）标的物位于缔约国，是指标的物位于适用公约和本议定书的领土单位内；和

（c）缔约国的管理机关，应解释为适用公约和本议定书的领土单位内具有管辖权的管理机关。

第三十九条　过渡条款

就空间资产而言，公约第六十条应修订如下：

（a）第 2 款（a）项中，在“所在国”之后插入“在权利或利益设定或产生时”；

（b）第 3 款由以下内容代替：

缔约国可在其依照第 1 款做出的声明中，指明该声明生效三年以后的某一日期，自此日期起，经本议定书修订或补充的公约第二十九条、第三十五条和第三十六条将适用于债务人在该缔约国时订立的协议所产生的先期存在的权利或利益，但仅以其声明中指明的范围和方式为限。如果该权利或利益在声明中指明的期限届满前在国际登记处进行了登记，根据该国法律该权利或利益的任何优先权在可适用的范围内应当继续，不论在其之前是否登记了其他权利或利益。

第四十条　关于某些条款的声明

1. 缔约国可在批准、接受、核准或加入本议定书时声明：

（a）不适用第八条；

（b）适用第二十二条和第二十六条的任何一条或两条。

2. 缔约国可在批准、接受、核准或加入本议定书时声明，（全部或部分）适用第十七条。

3. 缔约国可在批准、接受、核准或加入本议定书时声明，全部或部分适用第二十条。对第二十条第 2 款做此种声明的，必须指明该款所要求的期间。

4. 缔约国可在批准、接受、核准或加入本议定书时声明，全部适用第二十一条方案 A 或者全部适用方案 B。做出此种声明的，须说明适用方案 A 或方案 B 时所要适用的破产程序的类型。根据本款做出声明的缔约国必须指明第二十一条所要求的期间。

5. 缔约国各法院必须按照主要破产管辖地缔约国所做的声明适用第二十一条。

第四十一条　公约下的声明

除非另有说明，在公约下所做的声明，其中包括根据公约第三十九、四十、五十三、五十四、五十五、五十七、五十八和六十条所做的声明，亦被视为在本议定书下所做的声明。

第四十二条　保留和声明

1. 对本议定书不可做出保留，但可依照第三十八、四十、四十一、四十三条的规定做出声明。

2. 依照本议定书做出的声明、后续声明或声明的撤销，应书面通知保存机关。

第四十三条　后续声明

1. 缔约国可在本议定书对其生效后，在第四十一条规定的公约第六十条下的声明之外，通过向保存机关提交通知的方式做出后续声明。

2. 此种后续声明于保存机关收到通知之日后六个月届满后的第一个月的第一天生效。通知中对声明规定较长生效期限的，于保存机关收到通知之日后较长的期限届满后生效。

3. 尽管有前述各款的规定，在此种后续声明生效之前，视同没有做出此种声明，本议定书继续适用于此前产生的所有权利和利益。

第四十四条　声明的撤销

1. 除第四十一条规定的公约第六十条下的声明外，在议定书下做出声明的缔约国可于任何时候通知保存机关撤销其声明。此种撤销于保存机关收到通知之日后六个月届满后的第一个月的第一天生效。

2. 尽管有前款的规定，在此种撤销声明生效之前，视同没有做出此种声明，本议定书继续适用于此前产生的所有权利和利益。

第四十五条　退出

1. 缔约国可书面通知保存机关退出本议定书。

2. 此种退出应于保存机关收到通知之日后十二个月届满后的第一个月的第一天生效。

3. 尽管有前述各款的规定，在此种退出生效前，视同没有做出退出声明，本议定书继续适用于此前产生的所有权利和利益。

第四十六条　复审大会、修正案及有关事项

1. 保存机关应与监管机关磋商，每年或在视情况所需的其他时间为缔约国编制报告，介绍有关公约设立并经本议定书修订的国际制度的实际运作方式。在编制此种报告时，保存机关应考虑监管机关编制的关于国际登记系统运行情况的报告。

2. 应不少于百分之二十五的缔约国的要求，保存机关应与监管机关磋商后，随时召

开缔约国复审大会，以审议：

（a）经本议定书修订的公约的实际运作及其在促进其条款中所涵盖的空间资产抵押融资和租赁方面的成效；

（b）对本议定书和规章的条款所做的司法解释以及条款的适用情况；

（c）国际登记系统的运行情况、登记官的表现，以及监管机关对登记官的监督，在审议时应考虑监管机关的报告；和

（d）是否应修订本议定书或者变更有关国际登记处的安排。

3. 对本议定书的修订，须经出席前款所述大会的至少三分之二的多数缔约国核准，并在根据第三十七条中有关生效的规定经【五个】国家批准、接受、核准后，对已批准、接受、核准该修订的国家生效。

第四十七条 保存机关及其职能

1. 批准书、接受书、核准书或加入书应交存于　　，该　　被指定为保存机关。

2. 保存机关应：

（a）向全体缔约国通报下列情况：

（i）每项新的签署或者批准书、接受书、核准书或加入书的交存及其日期；

（ii）本议定书生效的日期；

（iii）依照本议定书所做的每项声明及其日期；

（iv）声明的撤销或变更及其日期；和

（v）退出本议定书的通知及其日期和退出的生效日期；

（b）将核证无误的议定书副本分送全体缔约国；

（c）向监管机关和登记官提供每份批准书、接受书、核准书或加入书的副本及其交存日期；每项声明、撤销声明或变更声明的副本；每份退出通知的副本及其日期，以使全体缔约国易于获得其中所载全部资料；和

（d）履行保存机关的其他例行职责。

第19章　部分国家、地区租赁法律

塞舌尔共和国融资租赁法[①]

为规范融资租赁交易行为，明确融资租赁交易中出租人、承租人、供货人的权利和义务，加强对融资租赁公司的审批、管理和监督，明确融资租赁行业发展中的相关问题，制定本法。

第一部分　前　言

1. 本法名称为《融资租赁法》(2013年)。

2. 在本法中，

"租赁物"，是指融资租赁交易的标的物，包括任何有形动产，但不包括：

（a）对土地所做的任何改良，但可以被从土地上拆除且不因此遭受任何实质性损害的附着物或不动产除外；

（b）货币、股票、投资、有价证券、任何金融工具或者在塞舌尔共和国其有偿流通依法受到限制的其他动产；

"负责人"，就融资租赁公司而言，是指担任融资租赁公司的董事或执行董事，就外国融资租赁公司在境内的分支机构而言，是指根据《公司法》第313条第（1）款的规定被任命为经营管理代表的人；

"经费"，就外国融资租赁公司在境内的分支机构而言，是指由总公司提供给其分支机构的全部资金；

"转让"，是指将权利和义务转让给第三人，包括对融资租赁项下租赁物的产权和所有权、权利和应收租金账款的转让；

"银行"和"银行业务"，具有《金融机构法》(2004年)赋予的含义。

"委员会"是指中央银行委员会；

"近亲关系"，就融资租赁公司的负责人或对融资租赁公司拥有实质利益的自然人而言，是指其配偶、父母、子女或与其有抚养关系的亲属；

"中央银行"，是指依据《塞舌尔共和国中央银行法》(2004年)第3条成立的塞舌尔共和国中央银行；

"公司法"，是指《公司法》(1972年)；

"控制"，就融资租赁公司而言，是指融资租赁公司与其他任何法人之间，融资租赁公司：

（a）直接地、间接地或通过一人或多人拥有、控制或享有对该法人百分之二十或以上的有表决权的股权或有权选举该法人的过半数董事；或

（b）对其施加中央银行决定的控制性影响；

"存款"，具有《金融机构法》(2004年)第2部规定的含义。

---

① 《塞舌尔共和国融资租赁法》中文译本由北京市汇融律师事务所索伊洛达赖、冯尧、王雅洁翻译，张稚萍、马长春审校。

“董事”，具有《公司法》第 2 条第（1）款规定的含义，就外国融资租赁公司在境内的分支机构而言，包括根据《公司法》第 313 条第（1）款规定任命的经营管理负责人；

“融资租赁”，是指本法第 4 条定义的出租人和承租人之间的合同；

“融资租赁交易”，是指为提供融资租赁项下资产而进行投资的交易；

“融资租赁公司”，是指依据本法许可或批准的从事融资租赁交易的公司；

“融资租赁许可证”，是指依据本法获准从事融资租赁交易的许可证；

“外国融资租赁公司”，是指在依据《公司法》第 310 条登记的根据塞舌尔共和国之外的其他国家法律设立，并依照本法取得融资租赁许可证的境外公司。

“行长”，是指根据《塞舌尔共和国中央银行法》(2004 年）第 6 条任命的塞舌尔共和国中央银行行长。

“密切关联客户群”，是指——

（a）除非另有约定，由于两个或两个以上主体中，一方直接地或间接地控制另一方或其他各方，从而将该两个或两个以上主体共同视为一个责任主体；

（b）两人或两个以上主体之间没有上述第（a）项定义的控制关系，但是由于相互之间存在关联关系，如其中一方发生财务问题，另一方或其他各方很有可能出现还款困难，则将该两个或两个以上主体共同视为一个责任主体；

“出租人”，是指被许可或批准从事融资租赁交易、将占有和使用租赁物的权利转让给承租人的主体；

“承租人”，是指融资租赁交易中支付约定的租金，在约定的期间内享有占有、使用租赁物的权利的主体；

“境内融资租赁公司”，是指依据塞舌尔共和国法律设立的融资租赁公司；

“部长”，是指负责金融的在任部长；

“净利润”，是指扣除管理费用和税款后的利润；

“重大利益”，是指单独或与其他人共同直接或间接地持有公司或企业的百分之十或百分之十以上的资本或表决权，或根据中央银行的决定直接或间接地对公司、企业施加控制性影响；

“子公司”，是指任何法人团体被其他主体或其他多个主体共同拥有：

（a）直接或间接的百分之五十或百分之五十以上表决权；或

（b）重大利益，以使该其他主体或其他多个主体对该子公司的管理层或决策实施有效控制；

“监管事项”，包括与洗钱和恐怖主义融资相关的事项；

“供货人”，是指以融资租赁为目的提供资产并将对该资产的所有权转让给出租人以交付给承租人的人；

“供货合同”，是指融资租赁交易中，出租人和供货人签订的约定由供货人提供资产的合同；

“第三人”，是指就某资产开展的融资租赁交易的当事人以外的人。

3. 适用

本法适用于符合以下条件的任何融资租赁交易——

（a）融资租赁交易的标的物在塞舌尔共和国境内；

（b）承租人主要营业地在塞舌尔共和国境内；或

（c）融资租赁合同约定适用塞舌尔共和国法律。

第二部分　融资租赁的构成

4. 融资租赁合同

（1）融资租赁合同是指双方当事人订立的，出租人将租赁物出租给承租人并收取金钱报酬，包括以下交易条件：

（a）租赁物为由出租人同意向承租人选择并决定的供货人处取得的资产，出租人拥有租赁物的全部所有权，在融资租赁期间，承租人享有对租赁物的占有权和使用权；

（b）经出租人同意，承租人有权：

（i）在租赁期限届满时选择行使以双方当事人同意的价款留购租赁物的权利；

（ii）将租赁物返给出租人；或

（iii）要求延长融资租赁期限；和

（c）融资租赁中当事人约定的租赁期限届满时的留购价格，应当以融资租赁期届满时租赁物的资产余值为基础；

（2）融资租赁包括如下特征：

（a）承租人选择租赁物，并未主要依赖出租人的技能和判断；

（b）出租人为融资租赁或在先租赁之目的而取得租赁物或取得租赁物的占有和使用权，且供货人已知晓该事实；

（c）租赁物的供货人应了解租赁物是为融资租赁之目的而取得。

5. 合同形式

融资租赁合同应该以书面形式签订，并且应满足以下条件：

（a）约定当事人同意订立融资租赁合同；

（b）约定潜在承租人是否在未依赖出租人的技能和判断的前提下选择了租赁物和供货人；

（c）对租赁物进行描述；

（d）约定承租人应向出租人支付的全部租金；

（e）约定承租人应当向出租人支付的每期应付租金；

（f）约定每期租金到期应付的日期或者该日期的确定方式；

（g）约定承租人承诺、确认并声明，在融资租赁期间，除作为承租人外，其不对租赁物享有任何财产上的所有权、产权或权益，系在出租人授权许可的前提下占有租赁物；

（h）约定全部租金支付的期限；

（i）约定承租人确认并承诺融资租赁合同项下的支付义务是不可撤销的全额支付义务；和

（j）约定在融资租赁期届满时，除非当事人续签合同或出租人同意将租赁物卖给承租人，承租人应将租赁物在良好状态下交付给出租人，租赁物的正常损耗除外。

6. 租赁物

融资租赁交易项下的租赁物可以是由出租人拥有或占有的资产，或者为与承租人达成交易而由出租人生产或从供货人处取得的资产。

7. 融资租赁合同项下价款的支付

融资租赁交易下作为租赁物使用的价款的支付可主要以租赁物全部或绝大部分的价值以及出租人的利润的分期偿还为基础来计算，支付方式以当事人约定为准。

8. 不可撤销性和独立性

一旦融资租赁合同和供货合同成立，且融资租赁交易项下的租赁物被承租人接受，承租人对出租人所承担的义务即不可撤销。

9. 租赁物交付和接受

（1）当承租人接受融资租赁交易项下的租赁物，融资租赁合同的条款和条件即为不可撤销，承租人应当履行包括支付义务在内的融资租赁合同全部条款项下的义务。

（2）为了本条前述第（1）款中的目的，当符合以下任一条件时，构成承租人接受租赁物：

（a）承租人向出租人或供货人确认租赁物符合供货合同的约定；

（b）承租人在得到合理的验收机会之后没有拒绝接受租赁物；或

（c）承租人使用了租赁物。

（3）承租人接受租赁物后，如果租赁物不符合供货合同，承租人仅有权向供货人行使索赔权，合同当事人另有约定的除外。

10. 合同自由

除本法或其他法律另有规定外，出租人和承租人可以在融资租赁合同中做出对本法的规定加以限制或变更的约定。

第三部分　权利，义务和责任

11. 出租人权利和义务

（1）出租人应——

（a）允许承租人平静占有租赁物，不受因出租人的疏忽、故意或不履行义务导致的第三人对租赁物拥有或提出权利主张的任何影响；

（b）出租人不对租赁物的任何瑕疵或不符合任何特定目的等承担任何责任，本法另行规定或在融资租赁合同中另行约定的除外。

（2）出租人对租赁物权利瑕疵的责任不应在合同中加以限制；

（3）由于出租人下列事项迟延的原因导致租赁物未交付给承租人，

（a）与供货人订立供货合同；或

（b）按时向供货人支付价款，

则承租人有权中止履行融资租赁合同项下的相关义务。

（4）尽管有本条前述第（3）款中的规定，承租人可以给予出租人一定宽限期，以使其履行合同项下的义务。

（5）当发生本条上述第（3）款中规定的事项时，承租人可以——

（a）请求完全履行融资租赁合同，并就因迟延导致的实际损失支付赔偿金。

（b）终止融资租赁合同，并要求出租人对因其未履行合同义务导致的承租人的损害和损失承担赔偿责任；

（6）除本法另有规定外，出租人不对租赁物造成的承租人的任何损失承担任何责任。

（7）尽管本条上述第（6）款的规定，因出租人如下故意侵权行为或非法行为造成的租赁物损害，出租人向承租人承担责任——

（a）使租赁物发生损害或缺陷；

（b）限制承租人对第三人的权利；或

（c）侵犯承租人对租赁物的平静占有、使用的权利。

12. 供货人义务

（1）为本法目的，融资租赁交易中向出租人提供租赁物的供货人应当向承租人承担与其在供货合同项下就租赁物质量以及是否符合约定而向出租人所承担的责任相同的责任，并应当就租赁物的重大瑕疵向承租人承担责任。

（2）在承租人在与该供货合同有关的融资租赁交易项下享有的利益的范围内，承租人应当就以下内容享有与出租人相同的利益：供货合同项下供货人对出租人所做出的承诺以及全部保证，无论明示或默示，包括第三人的承诺和保证，以及任何与供货合同有关或者作为供货合同一部分所做出的保证。

（3）承租人有权就租赁物的重大瑕疵直接向租赁物的供货人采取法律手段，供货人就同一损害不应同时向出租人和承租人承担责任。

（4）由于承租人与供货人之间不存在直接合同关系的原因导致承租人无法针对供货人就供货人在供货合同项下的承诺或保证主张权利的，出租人有义务采取商业上合理的措施协助承租人。

13. 承租人权利和义务

（1）承租人在融资租赁期间有权平静占有租赁物。

（2）承租人应当——

（a）按照融资租赁合同的约定对租赁物给予适当的维护；

（b）按照符合规定的正常使用的合理方式使用租赁物；和

（c）使租赁物保持交付时的状态，但正常损耗和融资租赁合同当事人同意的对租赁物的改进除外。

（3）承租人应按照融资租赁合同约定使用租赁物。

（4）承租人承担租赁物正常维护的义务，在融资租赁期间依据合同当事人的约定为租赁物购买保险并支付保险费。

（5）在承租人占有租赁物期间，租赁物由于第三人原因受损时，承租人应当对此承担维修责任。

（6）承租人根据本条上述第（5）款对租赁物进行损害维修的，承租人有权采取法律手段请求第三人赔偿由于租赁物维修而产生的费用或赔偿出租人由此遭受的任何损失。

（7）承租人应当履行融资租赁合同项下的义务，融资租赁合同不得被单方解除，即便出租人被宣布破产。

（8）在租赁期届满时，承租人应当将租赁物返还给出租人，除非出租人同意续租或承租人同意向出租人购买租赁物。

（9）在不影响出租人对承租人或供货人的权利的前提下，承租人有权就供货人的义务履行及其要求供货人赔偿由于其违约行为导致的损失而直接向供货人采取法律行动。

（10）供货人未交付、迟延交付或交付的租赁物不符合约定的，承租人不得向出租人主张索赔权。

（11）由于承租人的违约导致出租人和供货人之间的供货合同被解除的，如果出租人系根据承租人的要求支付价款购买了租赁物，出租人有权要求承租人按照融资租赁合同的约定支付应付租金。

（12）经出租人事先书面同意，承租人可以以与融资租赁合同相同的条件将租赁物转租给转承租人。

14. 租赁物返还

融资租赁合同期限届满或根据本法规定提前终止，承租人应以本法第 13 条第（2）款规定的状态将租赁物返还给出租人，除非承租人承诺留购租赁物或延长期限续租。承租人未返还租赁物的，出租人有权取回租赁物。

15. 供货合同

（1）未经承租人书面同意合同的条款条件、保证和规格，出租人不得就融资租赁交易项下租赁物与供货人订立供货合同。

（2）出租人根据本条上述第（1）款项下约定的条件订立供货合同，且合同项下租赁物已在约定的交付时间或之前完成交付的，如果租赁物符合合同约定的条款条件、保证和规格，承租人应当接受所交付的租赁物。

16. 供货合同条款的终止或变更

（1）未经出租人同意，承租人不得终止或撤销供货合同。

（2）本法赋予承租人对于供货合同的权利不受任何合同中条款、条件、保证或规格变更的影响，除非承租人书面同意此种变更。

17. 出租人就租赁物毁损的免责条款

（1）对于承租人遭受的融资租赁合同项下租赁物的任何毁损，出租人不向承租人承担任何责任，除非租赁物的毁损系由于承租人依赖于出租人的技能和判断选择了租赁物或出租人干预了承租人对供货人或租赁物规格的选择。

（2）作为融资租赁合同项下出租人，出租人不对承租人使用租赁物所造成的任何人的死亡、人身伤害或财产损害向任何人承担责任。

18. 出租人对抗第三人和承租人破产的优先请求权

在任何情况下，出租人或出租人的受让人在融资租赁合同项下对任何租赁物享有的所有权或利益应当优先于包括承租人的债权人在内的第三人的请求权，但如果该融资租赁未经登记，则不得对抗租赁物的善意买受人。

19. 第三人主张和破产

（1）除本法另有规定外，融资租赁合同依当事人之间的约定具有法律效力并且可执行，并具有对抗租赁物的买受人及当事人的债权人的效力。

（2）第三人对租赁物主张权利的任何行为应向出租人主张。

（3）第三人对租赁物所有权提出任何主张或实施任何干预租赁物平静占有的行为，承租人应在收到此类索赔主张的 14 日内书面通知出租人有关事项。

（4）如果承租人未按照本条上述第（3）款中的规定通知出租人，则承租人应当对由此给出租人带来的任何费用或损失承担赔偿责任。

（5）出租人可以申请作为共同被告加入第三人对租赁物主张任何权利的任何法律行动当中。

（6）在融资租赁期间，承租人不得就租赁物设定任何请求权或任何权利负担，违反规定设定的请求权或权利负担均为无效，承租人的债权人无权向出租人主张上述对租赁物的请求权或权利负担项下的权利。

20. 承租人的破产管理人或债权人

（1）本法下出租人的权利可以对抗承租人的破产管理人或承租人的任何债权人，包括已经取得租赁物执行文书的任何债权人。

（2）为本条上述第（1）款的目的，“破产管理人”包括清算人、管理人或其他被指定为承租人的债权人利益管理承租人财产的人。

21. 融资租赁合同转让

（1）经承租人在订立融资租赁合同时或订立后的书面同意，出租人有权将其在融资租赁合同项下作为出租人的全部权利或者其对融资租赁合同项下对任何租赁物的权利或者将上述二者权利一并转让给其他融资租赁公司。

（2）除有其他规定，在书面通知承租人后，出租人可以转让融资租赁合同项下的权利和义务。出租人有权随时转让其在融资租赁合同中收取应付租金的权利，且无需事先通知承租人。

（3）出租人有权单方面向第三人转让融资租赁项下的权利和义务，但不得侵犯承租人对租赁物的平静占有。

（4）融资租赁的受让人对承租人拥有和履行融资租赁合同约定或法律规定的与原出租人相同的权利和义务，承租人按约履行其在融资租赁合同项下的义务的情况下，承租人继续拥有对租赁物平静占有的权利。

（5）出租人任何此种转让均应取得中央银行的批准。

22. 承租人的租赁物的权利的转让

除非基于出租人书面同意以及基于第三人的任何权利，承租人不得将其在融资租赁合同项下占有和使用任何租赁物的权利转让给任何人。

23. 未经出租人许可的租赁物出境

（1）未经出租人事先书面同意，承租人或其代理人、代表不得将租赁物从塞舌尔共和国转移出境；

（2）承租人违反本条前述第（1）款的规定，应当处以不低于租赁物市场价值二倍的罚金，或处以一年以下的监禁，或者同时处以相同的罚金和监禁；

（3）如果出租人认为，未按照本条上述第（1）款的规定经出租人同意，租赁物已被转移或正在被转移出境，出租人有权采取法律手段要求将租赁物返还塞舌尔共和国境内。

24. 担保优先权

租赁物成为不动产的附着物且承租人有其他债权人的，承租人的其他债权人以及租赁物所附着土地的权利持有人，在行使权利时受融资租赁合同的制约，且不得妨碍承租人的任何利益。

25. 承租人违约

承租人未按照融资租赁合同的条款条件履行义务构成对融资租赁合同的根本违约的，根据本法第 26 条的规定，出租人有权采取以下任何一种措施：

（a）按照融资租赁合同的约定要求承租人提前支付融资租赁合同项下的应付款项；

（b）一旦承租人未按照本条前述第（a）项规定提前支付应付款项，则出租人有权终止融资租赁合同，且——

（i）取回租赁物占有权；且

（ii）要求赔偿出租人的全部损失，该损失相当于如果承租人按照融资租赁合同的约定履行合同的情况下出租人可以获得的利益。

26. 提前支付或通知终止

（1）出租人根据前述第 25 条的规定要求提前支付或者终止融资租赁合同，应提前以挂号信通知承租人——

（a）说明造成融资租赁合同根本性违约的情形；

（b）指定违约纠正的期限，该期限应不少于收到通知后 21 天，以纠正本条本款第（a）项规定的违约情形。

（2）承租人未在本条上述第（1）款规定的通知要求的时间之前纠正违约行为，或者未就此给出合理原因的，承租人有权根据本法第 25 条采取相关措施。

27. 取回租赁物

（1）承租人未按照融资租赁合同约定履行租金支付义务的，出租人有权要求支付欠付款项以及利息并要求赔偿损失；

（2）当发生以下情形时，

（a）承租人死亡，破产，清算或解散；或

（b）融资租赁合同届满；或

（c）承租人构成融资租赁合同任何条款的违约，包括未支付任何一笔租金的任何款项且未在融资租赁合同约定的期限内纠正，或者在融资租赁合同项下没有上述约定的情况下，未在30日内纠正的。

出租人有权取回租赁物，该租赁物不应当被列为承租人的债权人享有权益的破产财产或资产池；

（3）受本条第（4）款的约束，承租人在融资租赁项下未按时支付应付款项，或有其他违约的，出租人有权终止融资租赁合同，且在合同终止后——

（a）取回租赁物；和

（b）获得损害赔偿，该损害相当于如果承租人按照融资租赁合同的约定履行合同的情况下出租人可以获得的利益；

（4）承租人发生违约后或根据法律规定出租人有权取回租赁物时，承租人在收到要求向出租人返还租赁物的通知后仍未交付租赁物的，出租人可以——

（a）自力取回租赁物，但出租人不得有扰乱社会秩序的行为；或

（b）向法院申请取回或恢复租赁物的执行令。

（5）出租人取回租赁物的权利不影响出租人根据其他法律有权采取的措施，包括但不限于在承租人发生融资租赁合同项下违约情形时向其要求损害赔偿的权利。

（6）根据本条规定做出取回租赁物的执行令后，承租人应立即支付融资租赁合同剩余期限的应付款项，除非合同另有规定。

（7）当事人在融资租赁合同中约定，取回租赁物时的未付租金总额应根据取回租赁物时的租赁物公允价值予以相应减少，并扣除出租人的任何管理费用，包括但不限于法律费用和运输费用。

（8）如出租人未采取合理措施以减少损失，在由此导致的损失范围内，出租人无权请求损害赔偿。

28. 融资租赁合同项下应付款项的收回

（1）为适用本法第27条规定，出租人可以申请取回租赁物的执行令，也可以申请融资租赁合同项下任何应付款项的支付令，届时，出租人应在起诉状中阐明应付款项金额和用于确定该等事项的必要事实。

（2）本法第27条第（4）款和第（5）款的规定同样适用于本条第（1）款项下规定的执行令，法院可以根据上述款项的规定发出执行令，包括追回相关款项的执行令。

（3）根据本条第（2）款规定做出的执行令具有与要求赔偿款项的判决相同的执行效力。

29. 其他损失的救济

本法第28条规定的救济方式应当构成出租人依法为取回融资租赁合同项下任何租赁物或者要求支付任何应付款项而有权采取的救济措施的补充，且不得因此影响出租人采取该等其他救济措施的权利。

第四部分　融资租赁合同和租赁物的登记

30. 融资租赁登记

（1）经部长批准，中央银行可以以公报通知的方式指定一个登记机关负责办理融资租赁交易项下租赁物的登记，该登记应向公众开放并接受查询。

（2）融资租赁交易的当事人应在融资租赁登记中对融资租赁租赁物进行登记。

（3）经登记的融资租赁租赁物应当被视为对租赁物第三方买受人做出的租赁物上已存

在权利的公示。

第五部分　行业准入

31. 获得融资租赁经营许可证

（1）未取得中央银行融资租赁业务的经营许可证，任何人不得对外广告宣传或从事经营融资租赁业务。

（2）任何人无权取得本法规定的经营许可，除非其具备以下条件——

（a）一家依据公司法成立的公司；或

（b）一家依据公司法登记的境外公司；

主营业地位于塞舌尔共和国境内，拥有中央银行规定的最低实收资本，且经营业务仅限融资租赁业务。

（3）依据本法获得的融资租赁经营许可证是书面的，无固定期限的，且不可转让。经营许可证应指定许可证持有人的经许可从事的经营活动范围，以及经营许可证签发的条款条件。

（4）尽管有本条上述第（1）款的规定，但在本法生效时已从事融资租赁业务的，可以在本法生效日起 1 年内继续从事融资租赁经营活动，但本法生效日后的一年内须根据本法规定提交申请并获得融资租赁经营许可证，方可继续从事融资租赁经营活动。

（5）未按照本条前述第（4）款规定申请融资租赁经营许可证，或其申请被依法拒绝，则在本条前述第（4）款规定的期限届满前或者在融资租赁经营许可证申请被拒绝之日以前达成的融资租赁交易（根据具体情况确定）仅在融资租赁合同签订时确定的合同期限内有效。

32. 吸收存款的许可

（1）依据第 31 条第（1）款取得的经营许可证仅授权被授权人从事融资租赁经营活动，但不包括吸收存款。

（2）根据第 31 条第（1）款规定经许可从事融资租赁经营活动的公司，可以向中央银行申请将经营范围扩展到吸收公众存款业务。

（3）申请人对所经营业务具备充分、有效的风险管理能力的，中央银行应同意该申请人根据本条第（2）款提出的申请。

（4）未经取得本条规定的许可而自行持有通过吸收公众存款获得资金的，应依据中央银行的指令返还资金，且该行为应构成犯罪。

33. 申请经营许可证

（1）申请应以书面方式做出，并按照中央银行规定的方式提交，包括以下方式：

（a）应提交经核证的申请人成立的登记证副本及公司章程或规章（如有），以及总公司地址；

（b）申请人的注册资本和认缴资本，包括已实缴的出资或塞舌尔共和国境外设立的公司的分公司的授权资本；

（c）管理人的姓名、国籍、居所地、职务、专业领域以及其资质和专业经验的详细说明，并至少有三个推荐人；

（d）重大利益人的名字、国籍、居所地、职务和专业领域，并提供至少两个以上推荐人的资信证明文件，如重大利益人是法人，则需提供最近三年的经审计的年度资产负债表和损益表（取适用者）；

（e）股东名单和股权的最终受益所有人名单，以及各自的名称、地址及所持股份；

（f）所有管理人和重大利益人均应提供经本人签字的声明书，声明是否有过犯罪记录，过去或现在参与经营管理的公司是否有过破产程序，是否有过个人破产记录；

（g）申请人最近三年经审计的资产负债表和损益表，新成立的公司需提供未来三年的财务规划；

（h）商业计划书，包含经营目标、拟设立的融资租赁公司的业务类型、选择的商业模式、公司组织结构的描述、公司治理、所需资源、业务经营管理和员工继续教育计划、内部控制和风险管理程序以及预期的未来三个财务年的资产负债表、损益表和现金流量表。

（i）包括以下内容的操作手册——

（i）融资租赁的期限；

（ii）融资租赁应付款项的支付方式；

（iii）融资租赁合同项下出租人对承租人就租赁物享有对抗请求权的保护；

（iv）融资租赁期限届满后租赁物的处置；

（v）融资计划；

（vi）为审查申请而必需的其他补充信息；和

（vii）审查机关要求的其他特定内容。

（j）选定的审计师出具的表明审计师愿意承担这一任务的声明；

（k）申请人持有股权的其他公司名单，并具体说明股权数额和以上公司的注册地址；

（l）提交主营业地或其他位于塞舌尔共和国境内或境外的经营业务的地址，如无固定营业地，需提供服务区域；

（m）境外公司提出申请，另外需要——

（i）经营代理人的委任证书，内容包括经营代理人的姓名、国籍、居所地及其业务和职务。上述经营代理人作为负责人、代理人或其他在塞舌尔共和国的负责经营融资租赁业务以及负责全面工作的人员。

（ii）申请人公司所在国家中对其负责监管的监管机关的声明，声明表述监管机构已获知申请并会实施综合监管；

（n）境外公司欲在塞舌尔共和国成立分支机构的，还需提交其首席执行官出具的承诺书，并附有其董事会的合法决议，承诺根据中央银行的要求按照中央银行指定的货币和地点承担为融资租赁经营许可证授权的融资租赁业务的全部义务和责任所需的全部资金；

（o）中央银行规定的申请费付款凭证；

（p）中央银行规定的其他此类文件的合法证明文件以及副本。

（2）申请书和根据本条前述第（1）款的规定提交的全部文件均应当由申请人的董事或经申请人授权的主要负责人签名。如果文件并非以英文制备，须提供经核证的英文翻译版本。

34. 授予经营许可证

（1）中央银行收到根据本法第 33 条规定提交的经营许可证申请，应当进行其认为必要的调查，申请人满足以下条件的，授予经营许可证。

（a）依照本法第 33 条第（1）款提交的材料是合法有效的；

（b）（i）财务状况；和

（ii）申请人的历史沿革；

（c）管理人的基本信息和专业经验；

（d）所有人的身份及基本信息，特别是重大利益人的相关信息；

（e）充足的资本结构；

（f）能够承担从事经营许可证授权的范围内经营业务的全部义务和责任；

（g）拟运营项目的合理性；

（h）可行性报告和操作手册；

（i）可能影响塞舌尔共和国国际形象和良好声誉的任何风险和企业活动；

（j）中央银行认为必要的其他条件。

（2）为满足本条第（1）款第（c）项和第（d）项的要求，中央银行应当注意以下内容——

（a）申请人从事拟定业务和承担责任的资格、专业能力和经验以及决策能力；

（b）申请人承担或可能承担上述责任的承诺；

（c）申请人以及其他人员的受教育程度和专业资格以及专业团体或者其他可申请的相关团体的会员关系；

（d）申请人对需要承担的专业责任所具备的知识和理解能力；

（e）有证据证明申请人有任何包括欺骗或违反任何保护社会公众的法律的行为，包括任何欺骗、无资格经营行为、玩忽职守、清偿或未清偿全部债务的破产或者不能清偿债务的其他情形；

（f）其他引起中央银行注意的信息。

（3）中央银行应当自接到申请的 30 日内，通知申请人申请文件是否完整，或者指明需要进行补充提交的申请资料。

（4）中央银行应当自收到完整的申请之日起 90 日内，做出——

（a）授予经营许可证；

（b）通知申请人拒绝授予申请人经营许可证，并阐明理由。

如有下列情形，中央银行有权拒绝授予经营许可证且无需阐明理由——

（i）法律所禁止的；

（ii）中央银行遵守与任何政府部门或执法部门之间的保密条款的前提下而获悉的信息；或

（iii）中央银行遵守根据中央银行或者塞舌尔共和国加入的谅解备忘录、协议或条约而达成的中央银行与其他国家监管机关之间的保密协议的条款条件的前提下而获悉的信息。

（5）中央银行对申请书中包含的信息以及依照本法第 33 条所提供的全部相关文件、信息进行审查，并进行必要的调查后，认为申请人符合从事融资租赁交易申请条件，从国家经济利益的角度考虑，授予申请人开展融资租赁交易的经营许可证。

（6）依照本法授予申请人经营许可证后，中央银行将在公报或者在具有相同效果的地方报纸上公布融资租赁公司的名称及经营许可证上所授权的营业范围。

（7）如果中央银行未根据本条第（3）款规定在 90 日内决定是否颁发经营许可证，则应当认为经营许可证申请被拒绝，申请人可以重新提交申请，对于再次申请的，中央银行在重新申请后 30 日内对重新提交的申请做出决定。

35. 批准

（1）中央银行同意授予经营许可证的，应当详细说明融资租赁公司应当遵守的相关条款和条件；

（2）融资租赁公司在向中央银行缴纳第一年度的年费前不得开展经营活动；

（3）拥有经营许可证的融资租赁公司不得从事规定业务以外的活动；

（4）融资租赁公司应当将其经营许可证摆放在其主要办公场所中明显的位置。

36. 持有金融经营许可证的商业银行参与融资租赁业务的批准

（1）尽管有《金融机构条例》第四章的规定，持有金融许可证的商业银行从事融资租赁业务，应当取得中央银行的事先批准。

（2）本条前述第（1）款规定的要求应当按照中央银行规定的方式和要求完成。

（3）持有金融许可证的商业银行从事融资租赁业务应当提交本法第 33 条第（1）款第（h）、（i）、（o）、（p）项规定的资料。

（4）中央银行应当就所有可获得的信息以及该申请对银行和经济的金融稳定性的潜在影响对本条上述第（2）款规定提交的申请进行审查。

（5）中央银行认为根据本条第（2）款提交的申请符合要求的，中央银行应当自完整的申请书递交之日起 30 日内与申请银行联系。

（6）中央银行拒绝批准根据本条第（2）款提交的申请的，中央银行应当依照本法向申请银行发出书面通知，阐明拒绝批准的原因，申请行可以重新进行申请。

（7）中央银行应当对融资租赁经营情况进行监测、管理、持续评估。

37. 经营许可证年费

（1）融资租赁公司应当于每个日历年的最后两个月内向中央银行缴纳规定的年费。

（2）中央银行可以根据不同类型的融资租赁公司确定不同等级的年费，同一类型的融资租赁公司缴纳相同数额的年费。

（3）除被授予融资租赁经营许可证的第一年外，融资租赁经营许可证的持有者如果没有按照本条第（1）款的要求在新一年度开始前的年费缴纳期内按时缴纳年费的，该融资租赁公司按日加收年费总额 1% 的额外附加费用。

38. 经营许可证持有者所应遵循规则规定

（1）融资租赁公司的运营应当遵循本法的相关规则规定以及中央银行依照本法、塞舌尔中央银行法或其他成文法不时做出或发布的决定、通知或其他要求。

（2）在不违反《公司法》的情况下，境内融资租赁公司未经中央银行事先书面批准，不得改变其公司设立的相关文件。

（3）中央银行不得决定批准与本法、《公司法》或其他相关法律冲突的修改。

（4）在不违反《公司法》第 312 条或其他相关条款的情况下，境外融资租赁公司应当自其公司设立文件变更之日起 30 日内通知中央银行。

（5）融资租赁公司应当在其登记的股东发生任何变动、其机构发生的任何股权变动或知晓上述变动的 21 日内（二者中较后者）通知中央银行，上述股东是指持有或将要持有超过实缴资本 5% 的股东。

39. 分公司的许可

（1）发生下列任一情形，应当取得中央银行的事先书面批准——

（a）融资租赁公司在塞舌尔共和国的任何地区设立或关闭分公司，或变更其在塞舌尔共和国境内的任何现存营业场所的地址；

（b）境内融资租赁公司在塞舌尔共和国境外设立或关闭分公司的。

（2）上述第（1）款做出的批准需符合中央银行的相关规定或批准书中所列明的具体要求。

40. 用语的限制

（1）未经中央银行事先书面批准，融资租赁公司以外的任何人，不得在塞舌尔境内设立公司、登记注册或者从事商务活动时在其名称、权利描述中使用“融资租赁公司”一词或者任何语言中的“融资租赁公司”的派生词。

（2）仅为设立公司并依照本法规定申请经营许可证的目的使用本条前述第（1）款规定的词语或者其在任何语言中的派生词的，不受本条前述第（1）款的限制。

（3）任何人使用与现存融资租赁公司的名称相近似的名称，中央银行认为可能导致误导公众的，则不得被授予权利或者继续持有已取得的经营许可证。

（4）未经中央银行事先书面批准，任何融资租赁公司不得使用或对外使用依照本法获得批准使用的名称以外的名称。

（5）中央银行根据本条第（5）款规定批准变更名称的，中央银行应当将新的名称发布在公告或者可发挥同样效果的地方报纸上。

41. 经营许可证批准的撤销

（1）持证人出现下列情况的，中央银行有权撤销或变更融资租赁经营许可证的相关条款和条件——

（a）通过采取欺诈、欺骗性的陈述或其他经营许可证申请中的重大不法行为获取经营许可证的；

（b）自中央银行颁发经营许可证之日起 6 个月或者中央银行书面批准的更长时间内未开始运营的；

（c）未遵守经营许可证上的条款和条件或中央银行依照本法第 38 条所要求的纠正措施；

（d）不再具有本法所要求的最低资本金或本法规定要求的准备金，或被认为无法履行其对债权人的义务以及无法继续对受托资产提供担保；

（e）未经中央银行事先批准转让融资租赁公司重大利益；

（f）发生以下情形的，被视为破产或出现明显破产迹象：融资租赁公司未清偿全部到期债务的视为出现明显破产迹象；或者中央银行认为融资租赁公司的根据风险调整法确定的资本金未达到法律所规定的最低资本金要求的 25%，或者融资租赁公司的资本基数不足总资产价值的 8%，或者融资租赁公司的资产减负债所得资本额未超过融资租赁公司未加权有形资产价值的 1.5%；

（g）合并、兼并、重组或者分立；

（h）违背本法的重要条款或经营许可证、持证人应当遵守的法律、法规、命令或要求等；

（i）作为银行，已经停止经营吸收公众存款或者其他偿付基金业务长达三个月以上，或其延长银行自有资产的履行期限；

（j）逾期 14 日仍未缴纳年费或手续费的。

（2）当出现下列任何一种情况时，中央银行可以撤回或变更根据本法颁发的批准：

（a）批准是通过虚假陈述或其他违规行为获取的；

（b）自获得中央银行批准之日起 6 个月或者中央银行书面批准的更长时间内未开始批准授权的经营活动的；

（c）未遵守批准书上载明的条款和条件或中央银行根据本法第 71 条做出的其他纠正措施的；

（d）不再具有本法所要求的最低资本金及准备金，或无法履行其对债权人的义务以及无法继续为受托资产提供担保；

（e）未经中央银行事先批准转让融资租赁公司重大利益；

（f）发生以下情形的，被视为破产或出现明显破产迹象：融资租赁公司未清偿全部到期债务的视为出现明显破产迹象；或者中央银行认为融资租赁公司的根据风险调整法确定的资本金未达到法律所规定的最低资本金要求的 25%，或者融资租赁公司的资本基数不足根据总资产价值的 8%，或者融资租赁公司的资产减负债所得资本额未超过融资租赁公司未加权有形资产价值的 1.5%；

（g）合并、兼并、重组或者分立；

（h）违背本法的重要条款或经营许可证、持证人应当遵守的法律、法规、命令或要求等；

（i）作为银行，已经停止经营吸收公众存款或者其他偿付基金业务长达三个月以上，或其延长银行自有资产的履行期限；

（j）逾期 14 日仍未缴纳年费或手续费的。

（3）中央银行应当依据本法的相关条款对本条上述第（1）款和第（2）款的内容做出说明。

（4）根据本条第（5）款，因依照本条第（1）款做出的对经营许可证的撤销或变更以及根据本条第（2）款做出的对批准的撤销或变更，自中央银行对上述持证人发出通知之日起 30 日期满日生效。

（5）在收到依照本条前述第（4）款做出的通知之日起 15 日内，受害方可以根据具体情况向中央银行提交其认为其经营许可证或批准的条款和条件不应当被撤销或变更的原因，受害方也可以提供证据来证明其已纠正导致上述撤销或变更的原因的不符合之处。

（6）依照本条第（4）款、第（5）款做出的撤销或变更事项生效之日前的 3 日内，中央银行应当：

（a）确认撤销或变更事项有无纠正；

（b）无条件的撤回撤销或变更事项；

（7）中央银行根据本条第（5）款所采取的任何行动，应当在官方的公报上或者至少一家境内报纸上公布。

42. 中央银行禁止持证人运营的权力

中央银行按照本法第 41 条第（3）款的要求发出撤销通知的，中央银行应当向持证人发出指引——

（a）禁止获批准扩展经营业务的融资租赁公司向公众吸收现金存款或其他偿还基金；

（b）禁止融资租赁公司通过任何特定方式处置指引中特定的资产；

（c）禁止融资租赁公司缔结指引中特定的任何交易或者任何种类的交易；

（d）禁止获批准扩展经营业务的融资租赁公司转让存款；

（e）即使融资租赁公司在接到撤销通知后，被要求采用特定步骤或采取特定行为的，持证人仍然应当遵循上述要求。

43. 紧急措施

（1）在需要采取措施的紧急情况下，中央银行可以撤回融资租赁公司的经营许可证或其他根据本法第 41 条第（1）款和第（2）款做出的任何批准，以应对紧急措施。

（2）中央银行在撤回经营许可证时应当在尽早向融资租赁公司发出通知。通知中应当说明采取紧急措施的原因。融资租赁公司可以根据本法第 44 条进行上诉申请，上诉期间不影响中央银行任何决定的执行。

44. 上诉

（1）中央银行对下列行为做出决定——

（a）根据本法第 34 条的规定决定拒绝颁发经营许可证；

（b）根据本法第 39 条的规定做出拒绝融资租赁公司开立或停止分支机构的请求；

（c）根据本法第 47 条的规定做出撤回或变更依照本法第 39 条授予批准的条款和条件；

（d）根据本法第 41 条第（5）款的规定做出确认对经营许可证条款和条件进行撤回或变更的决定；

自收到上述中央银行的决定之日起 15 日内，受害方可以向中央银行申诉。申诉期间不影响中央银行做出的任何决定的执行。

（2）中央银行应当给予受害方提出书面申辩的机会，当受害方要求时，应举行委员会听证。中央银行应当在 90 日内对具体案件做出最终决定。

（3）如果受害方对中央银行根据本条规定做出的最终决定持有异议，受害方可以在规定的申诉期内，按照民事上诉程序，向高级法院申诉。

（4）尽管其他法律有所规定，法庭不得对实施本法第 41 条第（1）款所产生的或者可能发生的或主张发生的任何损害或损失采取任何行动或程序。

45. 对撤回经营许可证时的经营中止

（1）当中央银行根据本法第 44 条第（2）款做出撤回经营许可证的最终决定时，中央银行应当——

（a）指导融资租赁公司立刻暂停经营许可证上授权的业务；

（b）接管融资租赁公司全部账本、档案和资产；

（c）采取其他防止融资租赁公司继续经营的措施。

（2）当境内融资租赁公司被最终做出撤回经营许可证的决定时，中央银行应当立刻采取适当的措施，以符合《金融机构法》中关于停业清理的相关规定。

（3）当境外融资租赁公司被最终做出撤回经营许可证的决定时，在不影响《金融机构法》（2004 年）第五章规定的情况下，中央银行应当要求境外融资租赁公司的总公司立即根据本法第 33 条第（1）款第（n）项的要求，完全履行其融资租赁经营许可证规定的融资租赁公司在相关经营活动中的相关义务和责任。

（4）除本条上述第（1）、（2）、（3）项规定的程序以外，中央银行可以采取其认为适合的其他替代措施，包括安排融资租赁公司与其他任何融资租赁公司或有意愿与其合并的融资租赁公司合并。

46. 注销经营许可证

（1）根据本条规定，持证人经中央银行事先书面批准后，可以向中央银行申请注销其经营许可证。

（2）当依照本条第（1）款申请注销其经营许可证的持证人为履行其经营业务项下相关债务做出合理安排的，中央银行可以允许其注销经营许可证的申请。

（3）在做出本条第（2）款的批准时，中央银行应当确定注销行为生效的日期。

（4）当根据本条第（2）款提出的注销申请获得批准时，持证人应当在本条第（3）款指定的日期起 30 日前，在境内报纸及国际性金融报纸上公布经中央银行批准的注销经营许可证的公告以及该注销发生效力的具体日期。

（5）本条对经营许可证的注销与本法对经营许可证的撤回具有同样的法律效力。

（6）中央银行应当尽早在公报和境内日报上公布根据本条规定注销经营许可证的事实，但并迟延发布或未发布该通知，不影响注销决定的效力。

47. 分支机构批准的撤消与变更

（1）中央银行可以根据特殊原因撤消或变更依照本法第 39 条所作的批准中的条款和条件，包括下令关闭融资租赁公司的分支机构。

（2）任何本条第（1）款的措施应当由中央银行与该融资租赁公司联系，融资租赁公司应当执行其分支机构的全部义务并承担起全部负债。

（3）中央银行应当就其依照本条第（1）款做出的决定释明原因。

（4）当依照本条第（1)款做出关闭决定时，中央银行应当采取必要的措施以保证——

（a）所有在该分支机构中有存款的人均在一定期限内有机会取回其存款；和

（b）所采取的措施能够保障存款人的利益。

48. 未取得经营许可证开展融资租赁业务的后果

（1）中央银行认为任何人未依本法规定取得经营许可证而开展融资租赁业务的，中央银行或中央银行授权的任何部门可以向其发出通知要求其提供相关信息和中央银行认为必要的资料，以查明事实。

（2）中央银行或中央银行授权的部门在经过审查根据本条第（1）款提交的信息和文件后，根据本法规定认定当事人确属无证经营融资租赁业务的，中央银行应当发出书面通知，要求当事人立即停止相关融资租赁交易。

（3）任何人收到本条第（2）款项下通知而未在指定的时间内遵守通知要求的，中央银行可以采取可能会导致下列情况的措施——

（a）以违反本法为由提起诉讼；和

（b）向最高法院申请获得禁止当事人继续从事融资租赁交易的禁令，直到其根据本法获得合法的经营许可证。

（4）此类申请应当向最高法院提出，并且应当采用民事诉讼程序进行审理。

（5）最高法院应当对根据本条第（3）款所作的申请进行审查，当其认定当事人确属无证经营融资租赁业务的，其应当颁发禁令以禁止当事人继续从事融资租赁交易，直到其根据本法获得合法的经营许可证的判决。

49. 对融资租赁公司的检查

（1）中央银行认为有必要对融资租赁公司进行检查或确定融资租赁公司是否遵守本法时，有权对该融资租赁公司进行检查，检查应当由中央银行职员或中央银行指定的人员进行。

（2）如果中央银行的检查涉及总部在其他国家的境外融资租赁公司在塞舌尔共和国境内的分公司或子公司的经营活动，或者被检查的境内融资租赁公司对某境外融资租赁公司持有重大利益，或者某境外融资租赁公司对被检查的塞舌尔共和国境内融资租赁公司持有重大利益，上述检查还应包括对境外政府中负责对金融机构的货币行为或者审慎经营进行监管的职员或雇员的检查。

（3）中央银行和其他依照本条被授权检查融资租赁公司的人应当依照《中央银行法》第 11 章的规定，对根据本条规定执行检查任务的过程中获取信息：

（a）要求融资租赁公司的管理人、职员、雇员或代理人提供检查所需的信息；或

（b）为检查需要，要求管理人、职员、雇员或代理人在其职权范围内制作包括或可能包括任何所需信息的任何账本、档案或其他文件。

第六部分　审慎要求

50. 审慎要求

（1）无论其他法律做何规定，融资租赁公司应当遵守本部分的相关要求。

（2）中央银行应当就以下各事项制定融资租赁公司应当遵守的审慎要求：

（a）最低资本金和储备金；

（b）流动性风险管理；

（c）外汇风险；

（d）租赁资产的配置和分类；以及

（e）其他包括信用、投资、成熟期利益匹配、资产的最高配比和风险、风险加权资产、表外资产项目和其他资本类审慎要求。

51. 其他职责

任何融资租赁公司均应当履行下列职责，以保证——

（a）贯彻执行了中央银行规定的租赁资产的供应和分类体系；

（b）依法适用并采取措施防止洗钱和恐怖主义融资。

第七部分　会计、审计信息和检查

52. 年度资产负债表等

（1）在每个日历年期满前——

（a）境内融资租赁公司从事的塞舌尔共和国境内外的全部交易；和

（b）境外融资租赁公司通过其在塞舌尔共和国境内的分支机构从事的全部融资租赁交易，应依照国际认可的财务报告框架，编制直至该年度最后一个工作日的该年度资产负债表、损益表和现金流量表。

（2）各融资租赁公司的资产负债表、损益表和现金流量表应当是真实并且公允地体现该机构在该日历年最后一日的财务状况。

（3）中央银行可以规定融资租赁公司制定财务报表的相关会计准则。

（4）中央银行可以制定指引要求公司通过资产负债表、损益表和现金流量表披露相关事项：

（a）通过附注的方式；

（b）通过附加的声明或报告。

53. 审计

（1）融资租赁公司每年应当指定审计师根据中央银行的批准对其会计账目进行审计。审计师应当是独立的，拥有金融机构审计的经验，在一家在塞舌尔共和国境内或境外设立的会计师事务所注册，并拥有中央银行认定的合并报表基础上对金融机构进行审计工作的必要资质。

（2）融资租赁公司不得在未获得中央银行的豁免授权下，持续超过五年指定同一个审计师。

（3）融资租赁公司应当在变更审计师后21日内将变更审计师相关事项通知中央银行，如中央银行要求，融资租赁公司应当阐述变更原因。

（4）如果融资租赁公司未指定符合中央银行要求的审计师，中央银行有权另行指定。

（5）无论是由融资租赁公司指定或是中央银行指定，审计师的薪酬应当由融资租赁公司支付，根据本条第（4）款和第（10）款的规定，由中央银行指定审计师的，审计师的薪酬由中央银行来确定。

（6）审计师应当：

（a）就境内融资租赁公司，向其股东出具报告；或

（b）就境外融资租赁公司，向其总公司出具报告，包括财务报告、年度资产负债表、损益表和账目。

（7）审计报告应当自会计年度结束之日起3个月内做出，在审计报告中，审计师应当说明——

（a）审计师就资产负债表、损益表和现金流量表是否完全、公允和正确阐述观点；

（b）是否认为融资租赁公司业务真实和公正；

（c）是否依法履行受托义务；以及

（d）如果审计师要求融资租赁公司的管理人、雇员或代理人做出解释或提供信息，所做出的解释或提供的信息是否符合要求。

（8）审计报告——

（a）对于境内融资租赁公司，审计报告应当在年度股东大会上与融资租赁公司的董事报告一同被审阅；

（b）境外融资租赁公司，应当提交至其总部。

（9）融资租赁公司应当最迟不超过审计报告制成后 30 日内并在上一会计年度结束后 4 个月内，取二者较晚者，将审计报告的副本提交给中央银行。

（10）中央银行不认可审计报告的，应当在指定时间内指定新的审计师重新出具新的审计报告。

（11）除本条第（7）款中规定的职责外，中央银行可要求审计师做出——

（a）向中央银行提交中央银行认为有必要的与审计有关的其他信息；

（b）根据中央银行要求提交报告、实施任何其他检查或执行任何程序；

（c）向中央银行提交关于融资租赁公司财务、会计、内部治理制度的报告。

（12）审计师履行其在本法规定的职责的过程中，注意到一个融资租赁公司的交易或条件可能影响该融资租赁公司的安全和良性运营，审计师有理由认为——

（a）融资租赁公司的交易内在风险已经发生实质性变化并有可能影响该融资租赁公司维持自身安全和良性运营的能力；

（b）发生多次违反本法条款的情形，尤其是有关保护存款人、贷款人利益的条款；

（c）已经发生或可能发生包括欺诈或其他不诚实行为在内的刑事犯罪；

（d）未适当实施避免洗钱或恐怖主义融资的任何措施；并且

（e）根据具体情形，当该融资租赁公司的实收资本或分配资本已经减少了 50% 或以上，审计师应当立即将此情形以书面形式向中央银行报告。审计师履行该报告义务不得被视为该审计师对职业保密义务的违反。

54. 审计委员会

（1）获准从事融资租赁交易的境内融资租赁公司均应当设立审计委员会。审计委员会应由至少由两名人员组成，其中一名成员必须是该融资租赁公司的非执行董事。审计委员会的成员不得是在银行执行行政职能的董事或常务董事或管理人员。对于境外的融资租赁公司，应有相似的代表性机构可以实施与审计委员会相同的职能，并且向其在塞舌尔共和国的经营代理人报告。

（2）审计委员会应特别就以下事项向董事报告——

（a）在董事会批准审计师报告和财务报表之前先行审查；

（b）审查和评估会计、内部控制及财务披露程序的适当性；

（c）审查引起审计委员会注意的可能给融资租赁公司的良好财务状况带来不利影响的投资或交易；

（d）审查是否遵守应适用的法律、规章和指导方针；

（e）中央银行规定的其他事项。

（3）负责内部审计的人员应参加审计委员会会议。外部审计师应根据审计委员会的要求参加此类会议。

（4）审计委员会的任何成员应保密并且不能向任何第三人透露在行使职权过程中获得的任何信息。本法另有规定的除外。

55. 资产负债表等财务报表的公开和展示

（1）境内融资租赁公司就其进行的所有交易和境外融资租赁公司就其在在塞舌尔共和国境内进行的任何交易均应向中央银行提交经审计的财务报表，即资产负债表、损益表和现金流量表，提交日不迟于各种报表有效做出后 30 日，且最迟在财务年度结束后的四个月之内提交，取二者较晚者。此外，境外的融资租赁公司应就其全球范围内的业务在合并报表的基础上向中央银行提交经审计的年度财务报表，且在不迟于年度财务报表有效做出 30 日内提交。

（2）每个融资租赁公司应于每个日历年结束后的四个月内在公报和境内的日报公布本条第（1）款要求的资产负债表和损益表，和本法 53 条要求的审计师做出的任何报告。

（3）任何一个融资租赁公司均应在财务年度结束后的三个月内向中央银行提交审计报告初稿、财务报表并向中央银行咨询。

（4）任何一个融资租赁公司均应在根据本条第（2）款公布之前咨询中央银行。

（5）任何一个融资租赁机均应在下一个年度中在其每个经营场所的公共位置显著地放置其本条第（2）款要求公开的资产负债表及损益表的副本。

56. 记录

（1）任何一个融资租赁公司均应在塞舌尔共和国保存以下可以清晰正确的展示其业务经营状况、解释其交易和财务状况的记录至少 7 年，以确保中央银行能够决定该融资租赁公司是否遵守本法——

（a）在客户关系存续和终止之后有关客户身份信息的记录；

（b）同每个客户之间的每日交易记录，尤其是同客户账户的往来记录，与客户或通过客户发生的收支记录；

（c）一项交易的申请文件、合同文件以及批准这项交易的决定的书面记录；

（d）有关交易方的财务记录和任何其他该融资租赁公司所获得的批准进行该项交易的证明文件；

（e）中央银行规定的其他文件。

（2）每份记录应以书面形式或电子数据形式保存，并且该融资租赁公司有义务确保数据恢复系统和程序的适当性。

57. 定期报告

融资租赁公司应以中央银行要求的形式向中央银行提交定期报告。

58. 披露标准

融资租赁公司应当根据中央银行签发的任何指令使用清晰易懂的语言定期向其客户通知与交易有关的条款条件，包括年利率、费用和其他花费。

59. 融资租赁公司的检查

（1）中央银行可以在其认为有必要时检查融资租赁公司，以查明该融资租赁公司是否遵守本法，中央银行可指派其官员或者为此目的指定的其他人实施检查。

（2）如果一项检查涉及总部设在其他国家的境外融资租赁公司在塞舌尔共和国的分支机构，或者涉及对某境外机构拥有重大利益的境内融资租赁公司，或者涉及境外机构拥有重大利益的境内融资租赁公司，中央银行的检查可包括境外机构所在国家当局负责对融资租赁公司进行货币政策以及审慎经营行为监管的政府官员或雇员。

（3）就履行本条规定的职责过程中获取的相关信息，中央银行和根据本条经授权对融资租赁公司实施检查的人员应当遵守《中央银行法》第 11 条的规定，可以要求提供获取以下任何信息——

（a）为实现检查目的，要求融资租赁公司的管理人、高级职员、雇员或者代理人提供其认为检查所需的必要信息；

（b）为实现检查目的，要求前述管理人、高级职员、雇员或者代理人提供的任何账本、记录及其掌握的含有或可能含有该等信息的其他文件。

第八部分　中央银行和高级职员的权力

60. 适格管理人

（1）融资租赁公司在任命或选举管理人之前应获得中央银行的书面批准。

（2）曾有如下情形的人不应被选举或任命为融资租赁公司的管理人——

（a）曾被判决破产、有未决债务或者与其债权人达成和解；

（b）曾被法庭认定犯有重罪或其他包括欺诈、不诚实的刑事犯罪。

（3）曾担任管理人职务的融资租赁公司被法院强制清算或被撤销其融资租赁经营许可证，任何人不得再担任任何融资租赁公司的管理人。

在某些特定情况下，对部分满足资格、职业经历和就业表现条件的人员，在清算或停业清理满 6 年后，中央银行可以对其不适用本款前项规定。

（4）在以下情形下，融资租赁公司的管理人应停止任职：

（a）发生本条第（1）款和第（3）款规定的禁止任职的情形；

（b）发生永久不能履行其职责的情形；或

（c）已经被判处有罪并且中央银行决定该管理人不适合任职。

61. 向中央银行做出管理人变更的通知

融资租赁公司应在管理人变更或知晓管理人变更后的 21 日内（取较后者）通知中央银行。

62. 管理人公布个人利益

（1）融资租赁公司的管理人从其任职的融资租赁公司的任何融资租赁交易中获得任何直接或间接利益的，应根据具体情况尽早向该机构的董事或总部汇报其所获得利益的性质。

（2）为本条第（1）款的目的，管理人就其在融资租赁交易中所获利益进行汇报后，所汇报的利益被融资租赁公司延期实现的，该利益汇报应被视为是对延期实现的融资租赁交易所获利益的充分汇报，如果——

（a）详细说明了利益的性质和内容；且

（b）该利益的性质和范围在延期时并未因该延期而变化或扩大。

（3）管理人向境内融资租赁公司做出本条第（1）款中的汇报后，该管理人应当将其汇报提交其后召开的董事会会议并在董事会议上宣读，董事会会议应将该汇报列入董事会会议记录。

（4）境内融资租赁公司管理人所任其他职务或其占有任何财产与其作为管理人的职责或利益产生任何直接或间接冲突的，根据本条第（5）款规定，该管理人应向该融资租赁公司的董事会就该冲突或潜在冲突的事实、性质、内容以及范围做出全面的陈述。

（5）本条第（4）款规定的陈述应在以下情形发生后召开的第一次董事会会议上做出——

（a）在其成为该融资租赁公司的管理人；或

（b）如果其已经担任管理人，在该冲突或潜在冲突显现后，且该陈述应列入董事会会议记录。

（6）与融资租赁公司的融资租赁交易有直接或间接利益关系的管理人，不得参与就该融资租赁交易所做的任何决定。

63. 贿赂和勾结

融资租赁公司的管理人、高级职员、雇员或代理人，不得为其个人或与其有亲近关系的人的利益，或者为任何人从融资租赁公司获准、获取或者试图获准、获取融资租赁交易的目的，要求或接受或同意接受任何礼物、佣金、酬金、服务、消费、金钱、财产或其他有价物品。

64. 重大利益的获得

（1）任何人直接或间接或者通过他人或与他人合作向从融资租赁公司提出重大利益收购，应至少提前三十天通知中央银行并取得中央银行的事先批准。

（2）上述收购意向的通知应包括——

（a）每个有收购意向的人或最终受益人的名称、国籍、住所、职业和专业，及至少两份良好资信状况的证明；

（b）每个有收购意向的人或最终受益人根据本法第 33 条第（1）款第（f）项规定做出的承诺函；

（c）拟收购的人或最终受益人是法人组织的，根据需要还应提供最近三年经审计的资产负债表和损益表；

（d）用于上述收购的资金的性质、来源和金额；

（e）关于该融资租赁公司经营、法人结构或管理方面的重大变化的计划或提案；和

（f）中央银行要求的其他信息。

（3）中央银行应对该融资租赁公司财务稳定性的预期效果进行评估，并且拟所有人尤其是重大利益持有人的身份、条件应符合中央银行的要求。

该重大利益收购将实质性减弱竞争、危及该融资租赁公司的财务稳定或侵害该融资租赁公司存款人利益的，中央银行不得批准本条第（1）款规定的收购意向。

（4）任何融资租赁公司在知晓对其发起的重大利益收购的意向，应在收购实施前至少提前 30 日或者在得知该意向后立即（二者较早者）通知中央银行。

65. 并购

（1）非经中央银行的事先批准，任何一个融资租赁公司不得与其他金融机构合并或者直接或间接收购其他金融机构的资产或承担其他金融机构支付存款的义务。

（2）任何拟从事本条第（1）款规定的合并、收购或债务承担的融资租赁公司应至少提前三十日通知中央银行，并且向中央银行提供中央银行要求的信息。

（3）中央银行应对现存及拟变更后的融资租赁公司的财务和管理资源以及未来前景进行评估。中央银行不得批准本条第（2）款规定的实质性减弱竞争的交易，除非该交易的预期积极效果超过其限制竞争的效果。

66. 吸收存款的禁止

（1）发生无法清偿到期债务或有明显迹象显示其无法清偿到期债务时，经营吸收存款业务的融资租赁公司不得吸收存款。

（2）经营吸收存款业务的融资租赁公司无法清偿到期债务或有明显迹象显示无法清偿到期债务时，该机构的管理人、高级职员、雇员或代理人知道或在适当履行其职责的过程中应当知道该机构无法清偿到期债务或有明显迹象显示无法清偿到期债务时不得接受或授权接受任何存款。

67. 受限信息的披露

（1）具有下列身份获取信息的人——

（a）融资租赁公司的管理人、高级职员、雇员或代理人；或

（b）融资租赁公司的审计师、审计委员会成员、重组代理人、清算人或监管代表，不得向任何人或政府机构披露客户的身份、资产、责任、交易及客户的其他相关信息，除非——

（i）有客户或其受益人、继承人或法定代理人的书面授权；

（ii）根据本法为履行其受雇或被任命的范围内职责为目的；

（iii）境外融资租赁公司向其总部；

（iv）在塞舌尔共和国有合法管辖权法院的要求下进行披露；

（v）向中央银行；

（vi）向依据《证据（银行账簿）法》的规定获得授权的警察；

（vii）根据反洗钱法的规定；

（viii）根据本法第 69 条规定；或

（ix）无论《商业税法》或《社会安全法》如何规定，经法官要求并经宣誓向法官充分证明该等信息是依据《商业税法》或《社会安全法》的规定进行相关调查所需要的信息时，方可向税务部部长或社会安全部部长披露。

（2）本条第（1）款的规定不影响融资租赁公司基于合法的业务要求对外提供综合信用评级。

（3）根据本法的任何明确要求，融资租赁公司的任何管理人、高级职员、雇员或者代理人应当对其履行职责过程中获悉的有关融资租赁公司的任何事项、任何客户的事务承担保密或协助保密的义务。

除根据本条第（1）款规定另行准许或要求外，融资租赁公司的任何管理人、高级职员、雇员或者代理人，在其履行职责之前应签署声明保证对本条第（3）款规定的事项承担严格的保密义务并不向其他任何人披露。

68. 信息的保密

（1）中央银行及中央银行的高级职员、雇员应当对所有的文件、银行账簿、陈述以及中央银行及中央银行的高级职员或雇员掌握或控制的有关融资租赁公司业务的其他信息保守秘密。

（2）除非最高法院根据本条第（3）款发出指令，中央银行、中央银行的高级职员和雇员不得被要求向塞舌尔共和国或其他地区的任何法院、审判委员会、调查委员会或其他有权机构提供、披露本条第（1）款规定的应当保守秘密的任何信息。

（3）最高法院不得发出指令要求提供或披露本条第（1）款要求保守秘密的任何信息，除非能够向法院充分证明该等信息是为调查、审判目的或者涉及非法交易管制药品、非法交易武器、洗钱或恐怖主义融资以及涉及《刑事程序法》项下的其他严重犯罪等而善意要求披露。

（4）本条不应影响——

（a）塞舌尔共和国在任何国际条约、公约、协定或《国际刑事互助法》（1995 年）项下的责任；

（b）中央银行与任何外国的中央银行、金融监管当局及监管部门签署的任何协议项下的责任；

（c）中央银行向资信调查系统的成员机构提供相关信息的责任。

69. 信息交换

（1）无论是否基于谅解备忘录，如果中央银行认为外国或本国监管机关、外国或本国

公共部门机构或执法机关能够对中央银行提供的信息保密，中央银行可以在互惠原则下依法与外国或本国监管机关、外国或本国公共部门机构或法律执行机构交换监管事项相关信息。

（2）中央银行可以在互惠原则下同本国或外国监管机关就交换信息的范围、程序及其他详细情况签署谅解备忘录。

70. 中央银行公开信息

中央银行可以在其认为合适的时间决定部分或全部公开根据本法规定掌握的任何信息、数据，但中央银行不得公开可能导致受本法第 67 条保护的融资租赁公司或个人事务被披露的信息、数据，除非已经获得关于公开事宜的事先书面同意或拟公开的数据已为公众所知。

71. 中央银行针对不安全行为的权力

（1）中央银行认为融资租赁公司或该机构的所有人、管理人有下列任一行为——

（a）违反本法、任何规章和中央银行的任何指令或命令中的任何条款；

（b）违反中央银行与融资租赁公司之间就该机构可采取的救济措施事宜所达成的协议中的任何条款；

（c）违反该融资租赁公司的经营许可证或中央银行向融资租赁公司颁发的任何批准的条款和条件；或

（d）从事不安全的、不良的融资租赁公司经营行为，

中央银行有权对该融资租赁公司采取下列措施：

（a）签发书面警告；

（b）召开由该融资租赁公司股东或其他所有人与管理人组成的会议，讨论并就将来采取的救济措施达成一致；

（c）签发停止违法行为以及采取救济措施的书面命令或者签发书面指令要求该融资租赁公司满足与该类融资租赁公司通常适用的审慎要求不同的特殊审慎要求；

（d）签发书面命令，规定适用于银行的任何资金给付和接受（包括存款）以及或有负债的利率、期限或其他条件；

（e）向该融资租赁公司签发书面命令，要求中止支付股息或其他任何形式的利润分配；

（f）为该融资租赁公司指定一名顾问；

（g）为该融资租赁公司任命一名外部审计师，按照中央银行要求的条件实施财务或运营审计，费用由融资租赁公司承担；

（h）永久或暂时停止一个或多个管理人在该融资租赁公司履行职责；

（i）签发书面命令，持有融资租赁公司重大利益的一方或多方应当在收到该书面命令后三十日内依法出售或者通过其他方式处分其持有的利益。

（j）在该融资租赁公司的经营许可证上附加条件，以令其纠正违法行为；

（k）根据本法第 88 条的规定为其任命重组代理人；

（l）根据本法第 41 条的规定撤销融资租赁公司的经营许可证。

（2）本条规定的救济措施应由中央银行根据具体情形决定。救济措施应当根据违法行为的严重性、侵害行为对该融资租赁公司资产的影响加以适用。

（3）本条第（1）款项下的命令自该命令中载明的时间生效，在中央银行通知该融资租赁公司废止该命令时失效，中央银行可以在该命令的生效日之前或之后通知融资租赁公司具体的命令废止日。

（4）本条第（1）款规定签发的命令有效期届满日前30日，该融资租赁公司可向中央银行申请重新审查该命令，中央银行应在该机构提出前述申请后的15日之内做出最终决定。

72. 申请不中止相关措施的实施

本法第71条第（4）款的规定提出的申请不中止中央银行采取的任何措施。

73. 禁止行为

（1）尽管有任何其他成文法的规定或任何合同的约定，融资租赁公司不得直接或间接——

（a）除从事本法许可范围内的活动或者为实现担保的目的外，从事购买、出售货物或进行以货易货贸易；

（b）从事任何贸易；或

（c）为他人购买、出售货物或以货易货，从事本法许可范围内活动的除外。

（2）根据本条第（3）款的规定，除为获得债务清偿目的而取得其他公司股权外，融资租赁公司持有其他任何公司、企业及其他组织的股权的总价值不得超过该融资租赁公司实收资本或分配资本和准备金金额的25%。

（3）为实施经营业务中其作为出租人、受任人、执行人、被委托人、受托人及其他职责的目的，经中央银行根据《金融机构法》书面批准，并且由中央银行在合并报表的基础上对融资租赁公司进行监管的前提下，融资租赁公司持有其设立的子公司、商行或其他企业的股权的，不适用本条第（2）款。

（4）如果融资租赁公司为获得到期债务清偿目的而取得的股权份额超出了本条第（2）款规定的最大限额，该融资租赁公司应当在最早的合适时机处分超出本条第（2）款规定的部分股权。

（5）除办公或员工住房的用途等自身经营目的外，融资租赁公司不得对不动产或不动产上的权利享有任何利益。如果对该等不动产或不动产上的权利的处分无任何不当延误，则本款不适用于融资租赁公司因实现其在经营过程中获得的担保权的目的而取得的任何不动产或不动产上的权利。

（6）即使在融资租赁公司的设立文件中有相反规定，融资租赁公司或其股东也不得发行无记名股票。

74. 转让资产的许可

融资租赁公司不得——

（1）未经中央银行事先书面批准，以低于或高于市场价值出售、转移、转让或处置该融资租赁公司拥有的任何不动产；

（2）使资产估值高于在该融资租赁公司账面价值。

75. 总体指导

为确保融资租赁公司在履行其责任时维持高效标准的目的，中央银行在认为有必要时有权签发包括对下列事项的总体指导——

（a）融资租赁公司收取款项的最高费率；

（b）关于收款方式的事宜；

（c）融资租赁交易的条款条件；

（d）针对任何资产或不同种类的资产，承租人首次付款最低限额的要求，该付款最低限额以资产价值总额的百分比的形式表述；或

（e）损失计算。

第九部分　其他条款

76. 被放弃的财产的管理

就经营吸收公众存款业务的融资租赁公司在经营业务过程中获得的被废弃的财产的管理，中央银行可以做出相关规定。

77. 犯罪

（1）任何人——

（a）违反本法第 31 条第（1）款、第 35 条第（2）款或第 35 条第（3）款的规定从事融资租赁交易；

（b）不遵守本法第 35 条第（4）款的规定；

（c）未缴纳本法第 37 条规定的经营许可证年费；

（d）未经中央银行批准而改变操作手册、备忘录或公司章程中的内容；

（e）违反根据本法制定的任何规章或未遵守根据本法发出的任何指令或通知，

均构成对本法规定的违反。

（2）持经营许可证的融资租赁公司的任何董事、经理、高级职员或雇员——

（a）故意或促使在持经营许可证的融资租赁公司的任何账簿或记录中做出虚假记载；

（b）故意遗漏融资租赁公司的任何账簿或记录的登记项，或故意使此类登记项被遗漏；

（c）故意修改、摘录、隐匿、或破坏融资租赁公司任何账簿或记录的登记项，或故意使此类登记项被修改、摘录、隐匿或破坏，

均构成违反本法的行为。

78. 法律责任

（1）任何人违反本法规定，应被判处两年以下监禁，或不少于 1000 赛舌尔卢比不超过 400000 赛舌尔卢比的罚金，或并处前述监禁及罚金。

（2）如果违反本法规定的主体为团体，则——

（a）如团体为法人组织的，法人组织的全部董事、经理或秘书；

（b）如团体是非法人团体的，非法人团体的每一个人成员；

（c）如团体是一个组织的，组织的每一个合伙人；

应当就其违反本法的行为定罪，但董事、经理、秘书、个人或合伙人证明其不知晓违反本法行为的实施或者其为防止违反本法行为的发生尽到了全部注意义务的除外。

79. 诉讼保护

中央银行或其董事会的任何成员，但不包括中央银行任何高级职员、雇员或代表，应当受到基于善意而实施或未实施本法赋予中央银行的权责项下、执行或拟执行该权责过程中或与该权责有关的任何行动、请求、或者对任何人的责任的约束。

80. 司法审查

部长或中央银行依据本法颁布的法令、指令、命令、指示或决定应受司法审查的约束。

81. 规章

为更好地执行本法，经与部长讨论，中央银行有权制定以下规章——

（a）规定本法规定或拟规定的任何事项；

（b）规定下列收费——

（i）申请、异议、申请或证明；

（ii）为实施本法规定服务或者与本法规定有关的服务；和

（c）规定融资租赁公司提供服务收取的费用。

82. 法庭规则

（1）首席法官可以制定本法中关于法庭程序的规则，包括——

（a）规定任何庭审开始前应付的费用和花费；

（b）原则性规定操作事项和程序以及由任何程序引起的偶发事项。

（2）根据上述第（1）款制定的任何法庭规则，所采用的形式和应遵守的法庭程序应尽可能与现行的普通民事案件的形式和法庭程序相近。

83. 不适用本法的情形

除非本法或其他成文法有其他明文规定，本法的全部或部分规定不适用于规章规定的主体。

84. 合并处罚

（1）融资租赁公司或其他主体以书面形式同意对其违反本法应当判处罚金的行为合并处罚的，中央银行经与首席检察官协商，可以根据规定进行合并处罚。

（2）根据本条规定的合并处罚应具有对被指控的行为宣告无罪的效果。

85. 公司法的适用

本法任何规定不影响《公司法》关于融资租赁公司的设立和清算条款的适用，本法有明确规定的除外。

本法为于 2013 年 10 月 29 日经全国大会审议通过的法案的准确文本。特此证明。

Azarel Ernesta

全国大会书记员

附　录

《融资租赁法律手册》（2010年版）

收录的法律、法规、文件效力变化情况一览表

编号	原版文件名称	效力	修订/替换/废止情况
4	《中华人民共和国民用航空法》	修订	已于2015年4月24日被修订
6	《最高人民法院关于审理融资租赁合同纠纷案件若干问题的规定》	失效	已于2014年3月1日废止，同时《最高人民法院关于审理融资租赁合同纠纷案件适用法律问题的解释》颁布实施
8	《最高人民法院关于审理涉外民事或商事合同纠纷案件法律适用若干问题的规定》	失效	已于2013年4月8日被《最高人民法院关于废止1997年7月1日至2011年12月31日期间发布的部分司法解释和司法解释性质文件（第十批）的决定》废止
22	《中华人民共和国国际海运条例实施细则》	修订	已于2013年8月22日由交通运输部重新修订
26	《中国人民银行关于对交银函〔1996〕063号文的答复》	失效	答复依据已作废
36	《北京市汽车租赁管理办法》	修订	已于2012年3月1日被修订
39	《金融租赁公司管理办法》	修订	已于2014年3月13日被修订
42	《非银行金融机构行政许可事项实施办法》	修订	已于2015年6月5日被修订
49	《中华人民共和国船舶登记条例》	部分失效	本法规中第七条第一款及第五十三条中的“擅自雇用外国籍船员或者”已于2014年7月29日被《国务院关于修改部分行政法规的决定》第三条废止
59	《公安部关于车辆管理所机动车登记行为行政复议管辖问题的批复》	失效	已于2011年1月18日被《公安部现行有效规章及规范性文件目录》和《公安部决定废止的规范性文件目录》废止
71	《国内水路运输经营资质管理规定》	失效	已于2015年1月3日废止，《国内水路运输管理规定》（后于2015年5月12日修改），同时颁布实施
80	《湿租外国民用航空器从事商业运输的暂行规定》	失效	已于2007年9月10日被《中国民用航空总局关于废止部分民用航空规章和规章性文件的决定》废止
84	《财政部、国家税务总局关于调整对外修理修配飞机免抵退税政策的通知》	失效	已于2012年5月25日被《财政部、国家税务总局关于出口货物劳务增值税和消费税政策的通知》废止
86	《国家税务局关于国际航空运输业务若干税收问题的通知》	失效	已于2011年1月4日被《国家税务总局公告2011年第2号——全文失效废止、部分条款失效废止的税收规范性文件目录》废止

续表

编号	原版文件名称	效力	修订 / 替换 / 废止情况
92	《财政部、国家税务总局关于营业税若干政策问题的通知》	部分失效	本篇法规中的第一条第（四）项、第二条第（六）项、第四条、第五条已于 2009 年 5 月 18 日被《财政部、国家税务总局关于财政部、国家税务总局关于公布若干废止和失效的营业税规范性文件的通知》废止 本篇法规中的第三条第（十六）和第（十八）项已于 2013 年 5 月 24 日被《财政部、国家税务总局关于在全国开展交通运输业和部分现代服务业营业税改征增值税试点税收政策的通知》[失效] 废止
98	《中华人民共和国营业税暂行条例实施细则》	修订	根据 2011 年 10 月 28 日《关于修改〈中华人民共和国增值税暂行条例实施细则〉和〈中华人民共和国营业税暂行条例实施细则〉的决定》修订 将《中华人民共和国营业税暂行条例实施细则》第二十三条第三款修改为："营业税起征点的幅度规定如下：（一）按期纳税的，为月营业额 5000—20000 元；（二）按次纳税的，为每次（日）营业额 300—500 元。" 本决定自 2011 年 11 月 1 日起施行
101	《国家税务总局关于营业税若干政策问题的批复》	失效	已于 2011 年 1 月 4 日被《国家税务总局公告 2011 年第 2 号——全文失效废止、部分条款失效废止的税收规范性文件目录》废止
102	《国家税务总局关于印发〈金融保险业营业税申报管理办法〉的通知》	部分失效	第十二条、第十七条、第二十五条已于 2009 年 3 月 4 日被《国家税务总局关于公布废止的营业税规范性文件目录的通知》废止、本篇法规中"第四章第十四条中'金融商品转让业务，按股票、债券、外汇、其他四大类来划分。同一大类不同品种金融商品买卖出现的正负差，在同一个纳税期内可以相抵，相抵后仍出现负差的，可结转下一个纳税期相抵，但年末时仍出现负差的，不得转入下一个会计年度'内容"已于 2013 年 11 月 6 日被《国家税务总局关于金融商品转让业务有关营业税问题的公告》废止 本篇法规中的第十八条已于 2006 年 4 月 30 日被《国家税务总局关于发布已失效或废止的税收规范性文件目录的通知》废止
105	《财政部、国家税务总局关于转发〈国务院关于调整金融保险业税收政策有关问题的通知〉的通知》	部分失效	第一条、第二条、第八条、第九条已于 2009 年 5 月 18 日被《财政部、国家税务总局关于公布若干废止和失效的营业税规范性文件的通知》废止
112	《中华人民共和国增值税暂行条例实施细则》	修订	根据 2011 年 10 月 28 日《关于修改〈中华人民共和国增值税暂行条例实施细则〉和〈中华人民共和国营业税暂行条例实施细则〉的决定》修订，将《中华人民共和国增值税暂行条例实施细则》第三十七条第二款修改为："增值税起征点的幅度规定如下：（一）销售货物的，为月销售额 5000—20000 元；（二）销售应税劳务的，为月销售额 5000—20000 元；（三）按次纳税的，为每次（日）销售额 300—500 元。"

续表

编号	原版文件名称	效力	修订 / 替换 / 废止情况
113	《财政部、国家税务总局关于调整国内航空公司进口飞机有关增值税政策的通知》	失效	已于 2013 年 8 月 29 日被《财政部、国家税务总局关于调整进口飞机有关增值税政策的通知》废止
116	《海关总署关于调整国内航空公司进口飞机增值税政策的通知》	失效	已于 2013 年 8 月 29 日被《海关总署关于调整进口飞机进口环节增值税有关问题的通知》废止
122	《财政部、国家税务总局关于执行企业所得税优惠政策若干问题的通知》	部分失效	本篇法规中“第八条”已于 2014 年 4 月 18 日被《国家税务总局关于扩大小型微利企业减半征收企业所得税范围有关问题的公告》废止 本篇法规中“第七条”已于 2015 年 3 月 13 日被《财政部、国家税务总局关于小型微利企业所得税优惠政策的通知》废止
125	《国家税务总局关于房地产开发业务征收企业所得税问题的通知》	失效	已于 2011 年 1 月 4 日被《国家税务总局公告 2011 年第 2 号——全文失效废止、部分条款失效废止的税收规范性文件目录》废止
127	《财政部、国家税务总局关于民航系统租赁外国企业飞机租金征免预提所得税问题的通知》	失效	已于 2011 年 2 月 21 日被《财政部关于公布废止和失效的财政规章和规范性文件目录（第十一批）的决定》废止
129	《国家税务总局关于执行〈企业会计制度〉需要明确的有关所得税问题的通知》	失效	已于 2011 年 1 月 4 日被《国家税务总局公告 2011 年第 2 号——全文失效废止、部分条款失效废止的税收规范性文件目录》废止
132	《国家税务总局关于金融保险企业所得税若干问题的通知》	失效	已于 2011 年 1 月 4 日被《国家税务总局公告 2011 年第 2 号——全文失效废止、部分条款失效废止的税收规范性文件目录》废止
133	《国家税务总局关于印发〈企业所得税税前扣除办法〉的通知》	失效	已于 2010 年 11 月 29 日被《税务部门现行有效失效废止规章目录》废止 本篇法规的变更情况请参考：国务院关于第三批取消和调整行政审批项目的决定（发布日期：2004 年 5 月 19 日）
134	《国家税务总局关于企业所得税若干业务问题的通知》	失效	已于 2011 年 1 月 4 日被《国家税务总局公告 2011 年第 2 号——全文失效废止、部分条款失效废止的税收规范性文件目录》废止
135	《金融企业呆账损失税前扣除管理办法》	失效	已于 2010 年 11 月 29 日被《税务部门现行有效失效废止规章目录》废止
136	《中华人民共和国印花税暂行条例》	修订	已于 2011 年 1 月 8 日被《国务院关于废止和修改部分行政法规的决定》修订，将《中华人民共和国印花税暂行条例》第十四条中的“《中华人民共和国税收征收管理暂行条例》”修改为“《中华人民共和国税收征收管理法》”
137	《国家税务局关于印花税若干具体问题的规定》	部分失效	本篇法规中第一条的“6%”和第二条已于 2011 年 1 月 4 日被《国家税务总局公告 2011 年第 2 号——全文失效废止、部分条款失效废止的税收规范性文件目录》废止
142	《财政部、国家税务总局关于廉租住房经济适用住房和住房租赁有关税收政策的通知》	部分失效	本篇法规中“有关廉租住房税收政策的规定”已于 2014 年 8 月 11 日被《财政部、国家税务总局关于促进公共租赁住房发展有关税收优惠政策的通知》废止

续表

编号	原版文件名称	效力	修订 / 替换 / 废止情况
144	《国家税务总局关于安徽省若干房产税业务问题的批复》	部分失效	本篇法规中的第二条已于 2009 年 11 月 22 日被《财政部、国家税务总局关于房产税城镇土地使用税有关问题的通知（2009）》废止
152	《国家税务总局关于保税物流中心及出口加工区功能拓展有关税收问题的通知》	失效	已于 2012 年 6 月 14 日被《国家税务总局关于发布〈出口货物劳务增值税和消费税管理办法〉的公告（一）》废止
153	《海关总署关于明确特定减免税货物向金融机构设定抵押贷款若干问题的通知》	失效	已于 2010 年 12 月 6 日被《海关总署公告 2010 年第 76 号——废止及决定宣布失效的海关总署规范性文件目录》废止
160	《财政部、国家税务总局关于民航系统租赁外国企业飞机租金征免预提所得税问题的通知》	失效	已于 2011 年 2 月 21 日被《财政部关于公布废止和失效的财政规章和规范性文件目录（第十一批）的决定》废止
161	《财政部关于对民航进口客运飞机征税问题的通知》	失效	已于 2006 年 3 月 30 日被《财政部关于公布废止和失效的财政规章和规范性文件目录（第九批）的决定》废止
175	《金融企业呆账准备提取管理办法》	失效	已于 2012 年 3 月 30 日被《财政部关于印发〈金融企业准备金计提管理办法〉的通知》废止
179	《国家税务局关于从事信贷、租赁业务的外商投资企业和外国企业计提坏账准备金问题的批复》	失效	已于 2011 年 1 月 4 日被《国家税务总局公告 2011 年第 2 号——全文失效废止、部分条款失效废止的税收规范性文件目录》废止
180	《财政部关于对民航运输企业融资租赁飞机残值有关财务处理的通知》	失效	已于 2011 年 2 月 21 日被《财政部关于公布废止和失效的财政规章和规范性文件目录（第十一批）的决定》废止
184	《国家外汇管理局关于对中国商业对外贸易总公司诉新疆博湖县蕃茄制品厂借款合同纠纷案中有关外汇额度问题的答复》	失效	答复依据已作废
188	《非银行金融机构外汇业务管理规定》	失效	已于 2011 年 1 月 5 日被《中国银监会关于发布银行业规章和规范性文件清理结果的公告》废止
189	《国家外汇管理局关于金融机构领证后六个月以上未经营外汇业务的标准的规定》	失效	规定依据已失效
190	《国家外汇管理局关于完善外债管理有关问题的通知》	失效	已于 2013 年 5 月 13 日被《国家外汇管理局关于发布〈外债登记管理办法〉的通知》废止。另,《外债登记管理办法》已于 2015 年 5 月 4 日被《国家外汇管理局关于废止和修改涉及注册资本登记制度改革相关规范性文件的通知》修改
192	《国家计委关于借用国外贷款实行全口径计划管理的通知》	失效	已于 2011 年 6 月 30 日被《国家发展和改革委员会决定废止、宣布失效、修改的规章和规范性文件目录》废止
193	《国家外汇管理局、国家税务总局关于服务贸易等项目对外支付提交税务证明有关问题的通知》	失效	已于 2013 年 9 月 1 日被《国家税务总局、国家外汇管理局公告 2013 年第 40 号——关于服务贸易等项目对外支付税务备案有关问题的公告》废止
196	《国家外汇管理局关于解释境内机构提供对外担保有关规定的函》	失效	已于 2014 年 5 月 12 日被国家外汇管理局关于发布《跨境担保外汇管理规定》的通知废止

续表

编号	原版文件名称	效力	修订 / 替换 / 废止情况
197	《国家外汇管理局关于境内居民通过境外特殊目的公司融资及返程投资外汇管理有关问题的通知》	失效	已于 2014 年 7 月 4 日被《国家外汇管理局关于境内居民通过特殊目的公司境外投融资及返程投资外汇管理有关问题的通知》废止
198	《国家外汇管理局关于取消部分资本项目外汇管理行政审批后过渡政策措施的通知》	失效	已于 2015 年 3 月 19 日被《国家外汇管理局关于公布废止和失效 50 件外汇管理规范性文件的通知》废止
203	《境内外汇划转管理暂行规定》	部分失效	本篇法规中“第七条第一项、第三项、第四项、第六项”已于 2015 年 5 月 29 日被《中国人民银行公告〔2015〕第 12 号——关于对〈境外外汇账户管理规定〉等 2 件部门规章和〈境内外汇划转管理暂行规定〉等 5 件规范性文件予以修改的公告》废止
205	《境内机构对外担保管理办法》	失效	已于 2014 年 6 月 8 日被《中国人民银行公告〔2014〕第 13 号——关于废止有关规章和规范性文件的公告》废止
206	《境内机构对外担保管理办法实施细则》	失效	已于 2014 年 6 月 1 日被《国家外汇管理局关于发布〈跨境担保外汇管理规定〉的通知》废止
214	《国务院关于投资体制改革的决定》	部分失效	本篇法规中的“附件：《政府核准的投资项目目录（2004 年本）》”已于 2013 年 12 月 2 日被《国务院关于发布政府核准的投资项目目录（2013 年本）的通知》废止，目前现行有效的为《政府核准的投资项目目录（2014 年本）》
217	《船舶工业调整和振兴规划》	失效	规划期为 2009 —2011 年
224	《财政部、国家税务总局关于支持天津滨海新区开发开放有关企业所得税优惠政策的通知》	失效	已于 2011 年 2 月 21 日被《财政部关于公布废止和失效的财政规章和规范性文件目录（第十一批）的决定》废止
225	《天津新技术产业园区鼓励投融资发展暂行办法》	失效	本办法自 2009 年 4 月 12 日起施行，有效期至 2014 年 4 月 11 日失效
228	《南京市人民政府关于加快南京金融业发展的意见》	部分失效	本篇法规附件四：《关于河西金融集聚区发展专项扶持政策的实施办法》自 2008 年 7 月 1 日起施行，至 2010 年 12 月 31 日失效

注明：编号按照《融资租赁法律手册》（2010 年版）索引编辑而成，如有需要请自行查阅。

跋

融资租赁是连接金融和实体经济的桥梁，能有效地控制资金流向，直接服务实体经济，促进我国产融结合的发展。今年9月，国务院办公厅对融资租赁连发两份指导意见，将社会对融资租赁业的认知提升到一个新的高度。

融资租赁的发展离不开健全规范的外部环境，监管、税收、会计、法律成为融资租赁业的四大支柱，经过融资租赁业界同仁及行业组织30多年的不懈努力，特别是市场主体的不懈推动，融资租赁行业的发展环境日益改善。特别是在近几年中，随着我国经济改革的深入、经济结构战略转型，国家通过完善行业监管、明晰税收政策、加强法律环境建设等大量卓有成效的工作，使融资租赁理念的社会认知程度得到了迅速普及和大幅提高，有力地推动着行业的健康发展。

监管方面，商务部于2013年9月18日发布、自2013年10月1日起施行的《融资租赁企业监督管理办法》，统一了内外资融资租赁企业监管制度，引导、促进融资租赁行业的健康发展。银监会于2014年3月13日修订发布了《金融租赁公司监督管理办法》，降低了金融租赁公司准入门槛。该《办法》进一步促进金融租赁公司健康发展，引导各种所有制资本进入金融租赁行业，进一步推动商业银行设立金融租赁公司试点进程。新的《办法》将给金融租赁行业带来诸多利好，金融租赁市场主体以及资产规模有望加速扩容。

税收政策方面，“营改增”试点初期，售后回租的税收政策变化造成融资租赁企业税负加重，造成行业在2013年第三季度全国业务总量出现环比零增长，行业发展一度停滞。在业内外人士的共同努力下，财政部门及时修订了相关税收政策，明确了售后回租属于融通资金的金融服务应税行为，实施差额纳税，为行业发展扫清障碍。

与此同时，融资租赁业在法律制度方面也取得了突破。最高人民法院制定了《关于审理融资租赁合同纠纷案件适用法律问题的解释》(以下简称“融资租赁司法解释”)，并于2014年2月24日公布，自2014年3月1日起施行。其中，售后回租业务的定性、融资租赁合同的认定和效力问题、租赁物的公示、合同的解除、违约责任和诉讼时效等内容，都在融资租赁司法解释中得到体现。中国人民银行征信中心依据物权法的授权建立了融资租赁登记公示系统（http://www.zhongdengwang.com）。该登记系统首先在天津市进行试点，登记系统在司法实践方面的先行先试，使得天津市融资租赁法律环境得到很大改善。随后，中国人民银行为了配合最高人民法院融资租赁司法解释，积极推动融资租赁登记公示系统法律地位的提升，保护融资租赁交易当事人和第三人的合法权益，促进资产支持融资行业的健康发展，维护金融资产安全，降低信贷交易风险，于2014年3月20日发布了《关于使用融资租赁登记公示系统进行融资租赁交易查询的通知》(银发〔2014〕93号)，要求银行等机构作为资金融出方在办理资产抵押、质押和受让等业务时，应当对抵押物、质物的权属和价值，以及实现抵押权、质权的可行性进行严格审查，并登录融资租赁登记公示系统查询相关标的物的权属状况，以避免抵押物、质物为承租人不具有所有权的租赁物而影响金融债权的实现。中国人民银行发布该通知推动和完善了融资租赁物权保障制度，并将融资租赁登记公示系统推向全国。

另外，融资租赁信用体系建设问题也在积极推进着。除金融租赁公司外，一些外商投资租赁公司和内资试点租赁公司也逐步被纳入征信系统，可以登记和查询承租人的信用信息。

国家层面上对融资租赁行业的高度重视，监管机构、财税部门和司法机关的认知提升，都为融资租赁的发展环境改善和更加广阔的发展空间铺平了道路，也为进一步推动融资租赁债权交易市场的建立和融资租赁资产证券化奠定了坚实基础。融资租赁业的蓬勃发展将会更好地助力于我国经济结构调整，实现战略转型，服务实体经济可持续发展。

北京市汇融律师事务所将本书作为2010年版《融资租赁法律手册》的续篇，将2010年起至2015年11月止出台的包括租赁法律、租赁监管、租赁税收、外汇管理、租赁业促进等方面的法律、法规汇编成书，以对融资租赁的行业法律环境的变化做出梳理。本书作为融资租赁行业的法律工具书，对融资租赁从业人员、法律工作者及其他读者都具有积极的指导意义。

希冀有更多人士关注、参与、支持我国融资租赁业的发展。

屈延凯*

2015年12月14日

* 屈延凯先生系原中国外商投资企业协会常务理事、租赁业委员会专职常务副会长、国家开发银行专家委员会租赁专家。